景洪水力式升船机

《景洪水力式升船机》编写组 著

科学出版社

北京

内 容 简 介

景洪水力式升船机作为世界高坝通航建设技术上的一次全新尝试，技术创新贯穿工程的设计、建设、调试和运行各个阶段，提供了强有力的支撑。本书分享景洪水力式升船机科研、设计、建设经验，从升船机水力驱动系统、水工建筑物、机械同步系统、钢丝绳与浮筒平衡重系统、承船厢及其设备、闸首金属结构设备、运行控制系统、调试与观测、建设管理等方面系统介绍景洪水力式升船机设计、科研中的创新成果，总结运行管理经验。

本书可供升船机工程设计科研人员参考，也可作为大专院校相关专业教学参考用书。

图书在版编目(CIP)数据

景洪水力式升船机/《景洪水力式升船机》编写组著. —北京：科学出版社，2024.1
ISBN 978-7-03-073136-4

Ⅰ. ①景⋯ Ⅱ. ①景⋯ Ⅲ. ①升船机-景洪 Ⅳ. ①U642

中国版本图书馆 CIP 数据核字(2022)第 168767 号

责任编辑：周 丹 沈 旭/责任校对：任云峰
责任印制：赵 博/封面设计：许 瑞

科学出版社 出版
北京东黄城根北街 16 号
邮政编码：100717
http://www.sciencep.com

北京建宏印刷有限公司印刷
科学出版社发行 各地新华书店经销

*

2024 年 1 月第 一 版 开本：787×1092 1/16
2025 年 8 月第二次印刷 印张：28 1/2
字数：700 000

定价：399.00 元
(如有印装质量问题，我社负责调换)

《景洪水力式升船机》编写指导委员会

主　任：

袁湘华（华能澜沧江水电股份有限公司）

孙　卫（华能澜沧江水电股份有限公司）

副主任：

张洪涛（华能澜沧江水电股份有限公司）

王子伟（华能澜沧江水电股份有限公司）

鲁俊兵（华能澜沧江水电股份有限公司）

张之平（华能澜沧江水电股份有限公司）

艾永平（华能澜沧江水电股份有限公司）

周　华（华能澜沧江水电股份有限公司）

钏毅民（华能澜沧江水电股份有限公司）

张宗亮（中国电建集团昆明勘测设计研究院有限公司）

李　云（水利部交通运输部国家能源局南京水利科学研究院）

委　员（以姓氏笔画为序）：

毛　华（华能澜沧江水电股份有限公司）

刘金山（华能景洪水电工程建设管理局）

许义群（华能澜沧江水电股份有限公司）

李正凡（华能澜沧江水电股份有限公司）

李志兴（华能澜沧江水电股份有限公司）

肖海斌（华能澜沧江水电股份有限公司）

何进元（华能澜沧江水电股份有限公司）

邹　锐（华能澜沧江水电股份有限公司）

易　魁（华能澜沧江水电股份有限公司）

周科衡（华能澜沧江水电股份有限公司）

胡晓林(华能澜沧江水电股份有限公司)
南冠群(华能澜沧江水电股份有限公司)
查荣瑞(华能澜沧江水电股份有限公司)
曹以南(中国电建集团昆明勘测设计研究院有限公司)

《景洪水力式升船机》编写组

主　编：

马洪琪(华能澜沧江水电股份有限公司)

副主编：

胡亚安(水利部交通运输部国家能源局南京水利科学研究院)

参编人员(以姓氏笔画为序)：

马　璟(中信重工机械股份有限公司)

马仁超(中国电建集团昆明勘测设计研究院有限公司)

王　洋(西安航天自动化股份有限公司)

王　新(水利部交通运输部国家能源局南京水利科学研究院)

王处军(中国电建集团昆明勘测设计研究院有限公司)

王虎军(西安航天自动化股份有限公司)

田智洪(中国水利水电第八工程局有限公司)

付云权(华电郑州机械设计研究院有限公司)

代　敏(中国电建集团昆明勘测设计研究院有限公司)

吉　勇(中国葛洲坝集团股份有限公司)

刘　锦(西安航天自动化股份有限公司)

刘同欣(中信重工机械股份有限公司)

刘同斌(中国水利水电第八工程局有限公司)

刘展华(中国水利水电建设工程咨询中南有限公司)

杜　波(中信重工机械股份有限公司)

杜建民(华能景洪水电工程建设管理局)

杨丽娜(中国电建集团昆明勘测设计研究院有限公司)

李中华(水利部交通运输部国家能源局南京水利科学研究院)

李学义(水利部交通运输部国家能源局南京水利科学研究院)

吴一红（中国水利水电科学研究院）
吴晓峰（中国葛洲坝集团股份有限公司）
何庆周（华能景洪水电工程建设管理局）
余俊阳（中国电建集团昆明勘测设计研究院有限公司）
张　蕊（中国水利水电科学研究院）
张永红（中信重工机械股份有限公司）
张步斌（中信重工机械股份有限公司）
陈兆新（华能澜沧江水电股份有限公司）
林　建（中信重工机械股份有限公司）
金　英（水利部交通运输部国家能源局南京水利科学研究院）
钟　宇（中国葛洲坝集团股份有限公司）
袁昌耀（南京晨光集团有限责任公司）
徐永福（中信重工机械股份有限公司）
郭　超（水利部交通运输部国家能源局南京水利科学研究院）
高文君（中信重工机械股份有限公司）
凌　云（中国电建集团昆明勘测设计研究院有限公司）
黄　群（华能景洪水电工程建设管理局）
曹秀芳（南京晨光集团有限责任公司）
曹学兴（华能澜沧江水电股份有限公司）
梁秀华（中国葛洲坝集团股份有限公司）
程孙维（中国葛洲坝集团股份有限公司）
程建文（中国葛洲坝集团股份有限公司）
普建广（华能景洪水电工程建设管理局）
谢思思（中国电建集团昆明勘测设计研究院有限公司）
薛　淑（水利部交通运输部国家能源局南京水利科学研究院）

前　言

发展内河航运是我国的国家战略。通航建筑物作为沟通内河水运网络的咽喉节点，直接关系高等级航道网的"通"和"畅"两方面，一直是世界各国综合运输体系和水资源综合利用的重要基础设施。

升船机作为重要的通航建筑物形式，在解决 50m 以上枢纽通航方面与船闸相比具有明显的优势。景洪水力式升船机为世界首创、中国原创的新型升船机，综合了船闸和传统升船机的特点，利用水能替代传统升船机的电机作为驱动承船厢升降运行的动力和安全保障措施。景洪水力式升船机技术团队历经 15 年的艰辛探索，建立并形成了完整的水力式升船机设计理论和方法，在水力式升船机船厢抗倾斜机理、水力驱动系统设计、对接运行控制、施工安装与调试等方面取得重大进展，提出了保证水力提升系统同步的输水系统布置形式、提高船厢运行对接控制精度的主辅阀门控制方案、增加船厢运行平稳性的竖井平衡重间隙控制技术等一系列创新技术，形成了由水力稳定均衡系统、主动抗倾覆机械同步系统、承船厢自反馈抗倾覆稳定系统构成的具有工程实用价值的水力式升船机。

2016 年，景洪水力式升船机建成并投入运行，现场观测资料表明升船机运行状态良好，各项技术指标与设计预期一致，充分验证了本书研究成果的可靠性，证明了我国自主研发的新型升船机是成功的，与其他类型升船机相比，在技术先进性、安全可靠性、经济合理性等方面具有较大优势，特别在应对下游水位变幅、船厢漏水和安全保障与运行维护方面具有明显的优越性，尤其适合大吨位、大水位变幅的升船机建设，具有广阔推广应用前景。

景洪水力式升船机是世界高坝通航建设技术上的一次全新尝试，技术创新贯穿工程设计、建设、改造和调试各个阶段，提供了强有力的支撑。为了进一步发挥这些研究成果的作用，有必要对它们进行分析整理，这也是我们编写本书的初衷。

本书的出版在华能澜沧江水电股份有限公司主持下，由水利部交通运输部国家能源局南京水利科学研究院统筹编写，编写过程中得到中国电建集团昆明勘测设计研究院有限公司、华能景洪水电工程建设管理局、中信重工机械股份有限公司、中国葛洲坝集团股份有限公司、中国水利水电第八工程局有限公司、西安航天自动化股份有限公司、中国水利水电科学研究院等公司和单位的支持与帮助，特别感谢马洪琪院士和已故的梁应辰院士对景洪水力式升船机工程的坚定支持。科学出版社为本书的出版给予了大力支持，保证了出版质量，在此一并表示深切的谢意。

本书共分为 12 章，第 1 章绪论，重点介绍国内外升船机建设发展史、典型的升船机工程及我国发明的水力式升船机的研究历程和工作原理；第 2~10 章，重点介绍景洪水力式升船机的研究与实践，从升船机水力驱动系统、水工建筑物、机械同步系统、钢丝绳与浮筒平衡重系统、承船厢及其设备、闸首金属结构设备、运行控制系统、调试与观测等方面系统介绍景洪水力式升船机的设计、科研的创新成果；第 11 章重点介绍景洪升船机建设过程和管理工作的创新、升船机的运行管理等；第 12 章系统总结景洪水力式升船机设计、科研、建设和运行管理中的创新成果。

由于作者写作水平有限，本书难免存在不足和疏漏之处，敬请广大读者批评指正。

《景洪水力式升船机》编写组

2021 年 1 月 1 日

目 录

前言
第1章 绪论···1
  1.1 升船机发展概况···1
  1.2 升船机主要形式···6
     1.2.1 垂直升船机···6
     1.2.2 斜面升船机···9
     1.2.3 旋转式升船机··12
     1.2.4 升船机适应范围及特点···13
  1.3 水力式升船机···14
     1.3.1 水力式升船机的提出··14
     1.3.2 工作原理···16
     1.3.3 安全保障机制··18
     1.3.4 适应范围与特点··19
第2章 景洪水力式升船机概况···21
  2.1 工程概况···21
  2.2 升船机形式比选···22
  2.3 升船机总体布置···28
  2.4 工程基本特性表···30
第3章 水力驱动系统···38
  3.1 水力驱动系统设计方法···38
     3.1.1 水力驱动系统设计流程···39
     3.1.2 适用水位条件··40
     3.1.3 浮筒式平衡重设计··40
     3.1.4 竖井布置···42
     3.1.5 输水系统设计··42
     3.1.6 输水阀门选型与布置··45
     3.1.7 运行计算仿真··46
  3.2 水力驱动系统关键技术···49
     3.2.1 竖井水面-平衡重-船厢耦合作用··49
     3.2.2 竖井水位同步性··53
     3.2.3 竖井液面稳定性··56
     3.2.4 阀门防空化技术··60
  3.3 景洪升船机水力驱动系统水力设计···65

3.3.1　适应水位计算··66
　　3.3.2　平衡重及竖井设计··66
　　3.3.3　输水系统布置设计··69
　　3.3.4　充泄水阀门选型与防空化设计··70
3.4　水力驱动系统运行特性··74

第4章　水工建筑物···79
4.1　概述···79
4.2　塔柱···79
　　4.2.1　水力式升船机塔柱结构特点··80
　　4.2.2　塔柱结构设计··81
　　4.2.3　竖井钢衬结构设计··91
　　4.2.4　主机房结构设计··91
　　4.2.5　塔柱及竖井施工··94
4.3　输水管道···104
　　4.3.1　输水管道结构设计··104
　　4.3.2　输水管道施工··115
4.4　闸首结构···123
　　4.4.1　上闸首结构设计··124
　　4.4.2　下闸首结构设计··126
4.5　上下游引航道工程···128
　　4.5.1　浮式导航堤··128
　　4.5.2　上游停泊区··129
　　4.5.3　下游引航道··131
4.6　水工建筑物安全监测···135
　　4.6.1　安全监测设计··135
　　4.6.2　安全监测设计布置··136
　　4.6.3　安全监测资料分析··138

第5章　机械同步系统···141
5.1　机械同步系统布置···141
5.2　特点及抗倾理论···142
　　5.2.1　机械同步系统特点··142
　　5.2.2　机械同步系统基础理论··144
　　5.2.3　机械同步系统设计方法··171
5.3　机械同步系统结构设计···174
　　5.3.1　总体设计··174
　　5.3.2　卷筒装置··175
　　5.3.3　同步轴··186
　　5.3.4　膜片联轴器··196

		5.3.5 锥齿轮箱	199
		5.3.6 制动系统	207
	5.4	机械同步系统制造与安装	212
		5.4.1 机械同步系统制造	212
		5.4.2 机械同步系统整体安装	215

第6章 钢丝绳与浮筒平衡重系统 224

6.1	概述		224
6.2	浮筒平衡重系统		224
	6.2.1	平衡重结构设计	225
	6.2.2	平衡重制造与安装	226
6.3	钢丝绳		231
	6.3.1	钢丝绳设计及主要技术参数	231
	6.3.2	钢丝绳制造要求	232
	6.3.3	钢丝绳安装	234
6.4	均衡系统		240
	6.4.1	均衡系统设计	240
	6.4.2	均衡系统安装	241
6.5	船厢-浮筒平衡重-钢丝绳系统总装		244
	6.5.1	总装工艺	244
	6.5.2	总装特点	245

第7章 承船厢及其设备 247

7.1	承船厢总体布置		247
7.2	下水式船厢体型研究		248
	7.2.1	船厢出入水附加水动力荷载特性	248
	7.2.2	影响因素研究	250
	7.2.3	下水式船厢结构体型	255
7.3	承船厢设计		256
	7.3.1	承船厢结构设计	256
	7.3.2	承船厢卧倒门及启闭机	258
	7.3.3	夹紧装置	259
	7.3.4	顶紧装置	259
	7.3.5	对接密封装置	260
	7.3.6	防撞装置	261
	7.3.7	导向系统	262
	7.3.8	液压调平系统	272
7.4	承船厢制造与安装		273
	7.4.1	承船厢制造与安装方式	273
	7.4.2	景洪升船机承船厢制造安装特点	274

第8章 闸首金属结构设备

- 8.1 概述 ······ 286
- 8.2 上闸首工作闸门 ······ 288
  - 8.2.1 闸门结构设计 ······ 288
  - 8.2.2 启闭机布置 ······ 291
  - 8.2.3 间隙水充排设计 ······ 292
- 8.3 上闸首事故闸门 ······ 293
- 8.4 下闸首检修闸门 ······ 294
- 8.5 输水系统快速事故检修闸门 ······ 294
  - 8.5.1 进水口事故闸门及拦污栅 ······ 294
  - 8.5.2 出水口事故闸门 ······ 295

第9章 运行控制系统

- 9.1 运行控制系统组成 ······ 296
- 9.2 运行控制系统设计 ······ 297
  - 9.2.1 运行控制系统特点 ······ 298
  - 9.2.2 运行控制系统结构 ······ 299
  - 9.2.3 主要设备配置 ······ 302
  - 9.2.4 运行控制方式 ······ 309
- 9.3 运行控制方法 ······ 310
  - 9.3.1 运行控制特点 ······ 310
  - 9.3.2 承船厢升降运行控制 ······ 311
  - 9.3.3 承船厢上下游快速对接 ······ 319
  - 9.3.4 紧急停机控制功能 ······ 322
  - 9.3.5 承船厢静态自动调平 ······ 322
  - 9.3.6 承船厢内快速充排水 ······ 323
  - 9.3.7 承船厢超高超低极限保护 ······ 326
- 9.4 运行控制流程 ······ 327
  - 9.4.1 控制主流程 ······ 327
  - 9.4.2 控制子流程 ······ 329
  - 9.4.3 主要闭锁关系 ······ 338
- 9.5 运行控制系统检测 ······ 339
  - 9.5.1 总体设计 ······ 339
  - 9.5.2 检测内容 ······ 340
  - 9.5.3 检测方法 ······ 341
- 9.6 事故工况分析 ······ 343
  - 9.6.1 一般故障检测 ······ 343

(7.4.3 承船厢制造 ······ 275
7.4.4 承船厢安装 ······ 277)

9.6.2　事故工况的措施分类································344
第 10 章　调试与观测··355
　10.1　升船机调试方法与要求···································355
　　　10.1.1　分系统调试··355
　　　10.1.2　船厢无水联合调试··································357
　　　10.1.3　船厢有水联合调试··································359
　　　10.1.4　实船试验··362
　10.2　调试阶段原型观测·······································367
　　　10.2.1　原型观测概况······································367
　　　10.2.2　观测内容··367
　　　10.2.3　观测方法及仪器设备································368
　　　10.2.4　通航水流条件专项观测······························376
　　　10.2.5　主要观测成果······································379
　10.3　实船试航观测···382
　　　10.3.1　试航概况··382
　　　10.3.2　观测方法··383
　　　10.3.3　主要观测成果······································385
　10.4　典型事故工况试验及应对措施·····························393
　　　10.4.1　船厢空中急停试验··································393
　　　10.4.2　船厢漏水运行试验··································394
　　　10.4.3　船厢快速运行过程中空压机停机试验··················395
　　　10.4.4　制动器意外上闸试验及应对措施······················396
　　　10.4.5　下游引航道水面波动对升船机运行的影响观测··········400
　　　10.4.6　安全控制指标统计··································401
第 11 章　建设管理··402
　11.1　建设管理体制、模式与机制································402
　　　11.1.1　建设管理体制······································402
　　　11.1.2　建设管理模式······································404
　　　11.1.3　建设管理工作机制··································404
　11.2　工程安全管理···405
　　　11.2.1　安全管理体系······································405
　　　11.2.2　安全管理管控措施··································406
　　　11.2.3　安全管理重要抓手··································407
　　　11.2.4　安全管理工作成效··································408
　11.3　工程质量管理···409
　　　11.3.1　质量管理体系······································409
　　　11.3.2　质量管理措施······································411
　　　11.3.3　质量管理重点项目··································413

11.3.4　质量管理成效 ………………………………………………………… 415
　11.4　工程进度管理 ………………………………………………………………… 415
　　11.4.1　进度管理体系 ………………………………………………………… 416
　　11.4.2　进度管理措施 ………………………………………………………… 417
　　11.4.3　进度实施情况 ………………………………………………………… 419
　　11.4.4　进度管理成效 ………………………………………………………… 420
　11.5　工程验收管理 ………………………………………………………………… 420
　　11.5.1　验收准备 ……………………………………………………………… 421
　　11.5.2　验收实施 ……………………………………………………………… 421
　　11.5.3　验收管理经验 ………………………………………………………… 424
　11.6　试运行管理 …………………………………………………………………… 424
　　11.6.1　试运行组织机构 ……………………………………………………… 424
　　11.6.2　过坝时间及船舶要求 ………………………………………………… 425
　　11.6.3　通航条件规定 ………………………………………………………… 425
　　11.6.4　船舶过坝流程 ………………………………………………………… 426
　　11.6.5　安全保障要求 ………………………………………………………… 427
　11.7　建设管理感言 ………………………………………………………………… 427
　　11.7.1　平凡数字不平凡 ……………………………………………………… 427
　　11.7.2　创新管理建奇功 ……………………………………………………… 428
　　11.7.3　辛勤实干结硕果 ……………………………………………………… 430

第 12 章　结论与展望 …………………………………………………………… 432
　12.1　大吨位水力式升船机水力驱动系统优化研究 ……………………………… 432
　12.2　2×1000t 级水力式升船机总体布置 ………………………………………… 434

参考文献 ……………………………………………………………………………… 436
大事记 ………………………………………………………………………………… 438
工程照片 ……………………………………………………………………………… 440
后记 …………………………………………………………………………………… 442

第1章 绪　　论

本章回顾国内外升船机建设发展史，讲述不同类型传统升船机的结构形式、适应范围及特点。结合我国中西部高库大坝通航对升船机的要求，阐述传统升船机的技术特点和适用条件。最后介绍水力式升船机的工作原理、研究历程、适应范围与特点。

1.1　升船机发展概况

内河水运作为综合运输体系和水资源综合利用的重要组成部分，与其他交通方式相比，在环境友好、节能减排、节约土地、运价低廉等方面有着明显优势，一直受到世界各国重视。

通航建筑物是内河水运中实现河流渠化、沟通不同水系的重要部分，它与内河航道之间是点与线段的关系，河流各梯级枢纽间航道由通航建筑物连接成为全线畅通的航道，不同水系间航道依靠通航建筑物连接成四通八达的内河航运网，通航建筑物也是影响航道通过能力的控制性节点工程，在水运交通中占有重要地位。

通航建筑物主要有船闸和升船机两种形式。船闸主要利用连通管工作原理，帮助船舶克服大坝上下游水位差。以船舶上行为例，船舶由下游进入船闸闸室后，开启连接闸室和上游间输水廊道上的阀门，闸室水位在连通管原理作用下逐渐上升，最终与上游水位平齐，船舶就可以顺利进入上游。船闸是历史最悠久和数量最多的通航建筑物形式。据不完全统计，目前全世界约有船闸3000座，约占通航建筑物总数的90%，其中我国有约900座船闸，约占世界船闸总数的三分之一。

升船机是通航建筑物的另一种主要形式，依据不同的承船厢运动轨迹可分为垂直、纵向斜面、横向斜面、水坡等多种类型。目前国内外应用较多的主要是钢丝绳垂直提升式升船机，这类升船机工作原理和一般的垂直电梯类似，船舶进入承船厢后，通过设置在升船机塔柱顶部的电机系统将承船厢、厢内船舶和水体等提升到大坝上游或降低至下游，因此升船机也被誉为"船舶的电梯"。

升船机作为一种船舶过坝建筑物，其原始雏形为黏土滑道上拖运小型船只过坝的设施，以人工木绞盘为动力设备。升船机的历史可追溯至三国时期。三国孙吴赤乌八年(245年)在江南破岗渎(古运河，位于今江苏句容与丹阳间)上连续修建了12个堰埭(拦河低坝)。堰埭即早期的斜面升船机，堰埭的上下游坝坡很缓，以便顺斜面拖船过坝，拖大船时需在两岸架设绞车，并在堰埭表面涂抹水草、稀泥润滑。此外，还有一种磨堰埭，其斜坡滑道宽度大于船长，过坝船舶顺堰埭坡面靠泊，用滑道两边的绞车轮流将船头、船尾沿坡面往上拉，使其过坝，这种埭可以说是最原始的横向斜面升船机。国外升船机的发展历史最早可以追溯至公元前600多年，当时的古希腊在连接其大陆与伯罗奔尼撒的科林斯地峡修建了一条长约600m的滑道，船舶依靠这个滑道被拖拽上岸从而通过地峡。

近代机械化升船机最早出现在英国,此后在法国、德国、比利时等欧洲国家发展起来。18~19 世纪升船机提升高度大多在 15m 以下,个别可达到 30m;船舶吨位一般在 100t 以下,个别可达到 300t。1910~1940 年是升船机建设发展的第二个时期,德国为了在水运与铁路、公路的竞争中缩短水运时间、提高竞争力,采用升船机克服高达 30~40m 的水位差,以代替多级船闸,使用的升船机大多为机械式垂直升船机和浮筒式升船机。1934 年德国首先建成尼德芬诺(Niederfinow)齿轮齿条爬升式垂直升船机,标志着升船机的发展和建设达到一个新的阶段和水平[图 1-1(a)]。

(a) 德国尼德芬诺齿轮齿条爬升式垂直升船机　　(b) 比利时斯特勒比钢丝绳卷扬式垂直升船机

图 1-1　国外典型升船机

大约从 20 世纪 60 年代开始,欧洲升船机的建设进入第三个时期,苏联在克拉斯诺亚尔斯克附近的叶尼塞河上建成了世界上第一座与高水头(水头为 100.7m)水利枢纽配套的斜面式升船机,解决了高坝通航问题。在法国,1967 年以来,除了在马恩—莱茵运河上修建了阿尔兹维累横向斜面升船机外,还于 1973 年在加龙河支运河上的蒙特施建造了世界上第一座水坡式升船机。在德国,1962 年建成的新亨利兴堡(Henrichenburg)双浮筒式垂直升船机,是世界上浮筒式升船机的一个典型;而 1975 年建成的吕讷堡升船机,则以其巨大的规模、先进的技术在 20 世纪 70 年代的平衡重式垂直升船机中首屈一指。2001 年,比利时建成了当时世界上提升重量最大的垂直升船机——斯特勒比钢丝绳卷扬式垂直升船机[图 1-1(b)],该升船机最大提升高度达 73.8m,承船厢有效尺寸为 112m×12m×3.75m,可以通过 2000t 自航驳船。

在英国的苏格兰,建成了世界上第一台旋转升船机,该旋转升船机可把船从两条水平面不同的运河中的一条运河传送到另一条,从而使北海和大西洋通过运河形成了一个通道。每次传送时,船只驶进和驶出升船机需要 15min,升船机旋转一次费时 8min。这台造价为 1.17 亿美元的升船机于 2002 年 5 月投入使用。

我国机械化升船机的建设起步较晚,20 世纪 50 年代才开始升船机的设计研究工作,直至 80 年代,所建升船机几乎都是运载船舶为 50t 以下的小型干运斜面升船机。我国在 20 世纪 80 年代前已建的最大升船机为湖北丹江口水利枢纽的垂直斜面升船机,最大干运 150t 铁驳船或湿运 50t 船舶,其近期提升高度分别为 45m 及 35.5m,克服总水头 68.5m,

最大提升总重量450t，后期克服水头可提高至81.5m，垂直升船机提升高度改为62m。1980年以前我国已建升船机约63座，这些升船机中绝大多数设备简陋，没有专门的安全保障设施，安全性差；采用船舶干运方式；提升重量小，没有平衡系统，运转功率大、费用高，加之设计布置、安装施工存在的缺陷及管理水平的落后，导致已建升船机与国外升船机的差距较大。

20世纪80年代开始，我国升船机的研究水平、设计思想有了质的突破，升船机建设水平有了大幅提升，至21世纪初已先后建成红水河岩滩、闽江水口、清江隔河岩、清江高坝洲等一系列钢丝绳卷扬提升式升船机，其中已安全运行二十余年的闽江水口升船机(2×500t级)，以其较大的提升重量、较先进的安全保障及控制系统跻身世界先进升船机的行列。

近十年来，我国大型垂直升船机发展迅速，长江三峡3000t级、金沙江向家坝1000t级齿轮齿条爬升式升船机，乌江思林、沙沱、彭水500t级钢丝绳卷扬提升式升船机，嘉陵江亭子口2×500t级钢丝绳卷扬提升式升船机，澜沧江景洪500t级水力式升船机，乌江构皮滩三级垂直升船机陆续建成投运，还有红水河龙滩、岩滩改扩建，右江百色等多座垂直升船机正在建设或设计研究中。国内部分已建成的大型升船机照片见图1-2和图1-3。

(a) 水口升船机　　(b) 岩滩升船机　　(c) 思林升船机

图1-2　国内部分钢丝绳卷扬提升式升船机

(a) 三峡升船机　　(b) 向家坝升船机

图1-3　国内部分齿轮齿条爬升式升船机

国内外主要大型升船机技术参数指标见表1-1。

表 1-1 国内外部分垂直升船机主要技术指标一览表

升船机	国家-河流	升船机型式	过船吨位/t	提升高度/m	升降速度/(m/min)	船厢水域有效尺寸(长×宽×水深)/m	船厢总重量/t	平衡方式	驱动方式	安全保证方式	建成年份
尼德芬诺(旧)	德国-霍亨索伦运河	全平衡式齿轮齿条爬升垂直升船机	1000	36	7.2	85×12×2.5	4300	平衡重	链轮沿固定链梯爬升	长螺母柱-短螺杆	1934
尼德芬诺(新)	德国-霍亨索伦运河	全平衡式齿轮齿条爬升垂直升船机	3110	38	14.4	115×12.5×4	9000	平衡重	齿轮沿固定齿梯爬升	长螺母柱-短螺杆	在建
吕讷堡	德国-易北河支运河	全平衡式齿轮齿条爬升垂直升船机	1350	38	12	100×12×3.5	5700	平衡重	齿轮沿固定齿条爬升	长螺杆-短螺母柱	1975
三峡	中国-长江	全平衡式齿轮齿条爬升垂直升船机	3000	113	12	120×18×3.5	15500	平衡重	齿轮沿固定齿条爬升	长螺母柱-短螺杆	2016
向家坝	中国-金沙江	全平衡式齿轮齿条爬升垂直升船机	1000	114.2	12	116×12×3	9200	平衡重	齿轮沿固定齿条爬升	长螺母柱-短螺杆	2018
斯特勒比	比利时-中央运河	全平衡式钢丝绳卷扬提升垂直升船机	1350	73.8	12	112×12×3.35~4.15	7500~8800	平衡重	钢丝绳卷扬	安全制动器	2001
水口	中国-闽江	全平衡式钢丝绳卷扬提升垂直升船机	2×500	59	12	114×12×2.5	5500	平衡重	钢丝绳卷扬	安全制动器+沿程锁定	2005
隔河岩	中国-清江	全平衡式钢丝绳卷扬提升垂直升船机	300	42/82	7/15	42×10.2×1.7	1495	平衡重	钢丝绳卷扬	安全制动器+沿程锁定	2008
彭水	中国-乌江	全平衡式钢丝绳卷扬提升垂直升船机	500	66.6	12	59.0×11.7×2.5	3250	平衡重	钢丝绳卷扬	安全制动器+沿程锁定	2013
罗滕湖	德国-中德运河-易北河	浮筒式垂直升船机	1000	18.67	15	85×12×2.5	5400	浮筒浮力平衡	螺母绕固定螺杆转动	短螺母柱-长螺杆	1938
亨利兴堡(新)	德国-多特蒙德-埃姆斯运河	浮筒式垂直升船机	1350	14.5	15	90×12×3.0	5000	浮筒浮力平衡	长螺杆在固定螺母柱内转动	长螺杆-短螺母柱	1962
中央运河	比利时-中央运河	水液压式垂直升船机	300	16.93		45×5.8×3.5	974~1048	水压平衡	超载水重力		1917

续表

升船机	国家-河流	升船机型式	过船吨位/t	提升高度/m	升降速度/(m/min)	船厢水域有效尺寸(长×宽×水深)/m	船厢总重量/t	平衡方式	驱动方式	安全保证方式	建成年份
彼得伯勒	加拿大-特伦特-塞文河	水液压式垂直升船机	800	19.81		42.67×10.06×2.13	1542	水压平衡	超载水重力		1904
科克菲尔德	加拿大-特伦特-塞文河	水液压式垂直升船机	800	14.39		42.67×10.06×2.13	1700	水压平衡	超载水重力		1907
岩滩	中国-红水河	部分平衡式钢丝绳卷扬垂直升船机(下水)	250	68.5	11.4	40×10.8×1.8	1430	平衡重部分平衡	钢丝绳卷扬	安全制动器	2000
构皮滩	中国-乌江	部分平衡式钢丝绳卷扬式垂直升船机(1、3级下水)	500	50/79	8	59×11.7×2.5	3250	平衡重部分平衡	钢丝绳卷扬	安全制动器	2021
丹江口(旧)	中国-汉江	钢丝绳卷扬提升移动式垂直升船机	150	45	8	24×10.7×0.9(干运32×10.7)	450	平衡重部分平衡	钢丝绳卷扬	安全制动器	1973
丹江口(新)	中国-汉江	钢丝绳卷扬提升移动式垂直升船机	300	62	5	28×10.2×1.4(干运34×10.2)	890	平衡重部分平衡	钢丝绳卷扬	安全制动器	2013
景洪	中国-澜沧江	水力式升船机	500	66.86	12	58×12×2.5	3140	浮筒式平衡全平衡	水力式	浮筒+制动器	2016
高坝洲	中国-清江	卷扬垂直提升船机	300	40.3	12	42×10.8×1.7	1560	平衡重	钢丝绳卷扬	安全制动器	2008
思林	中国-乌江	卷扬垂直提升船机	500	76.7	12	59×12×2.5	3300	平衡重	钢丝绳卷扬	安全制动器	2017
沙沱	中国-乌江	卷扬垂直提升船机	500	74.9	12	59×12×2.5	3300	平衡重	钢丝绳卷扬	安全制动器	2017

1.2 升船机主要形式

升船机依据承船厢运动轨迹，一般分为垂直升船机、斜面升船机(含水坡)和旋转式升船机三大类。

1.2.1 垂直升船机

垂直升船机的承船厢沿垂直方向升降，是目前国内外建设最多的升船机形式。按照升船机承船厢平衡和驱动方式不同，主要分为钢丝绳卷扬提升式、齿轮齿条爬升式、浮筒式和水液压式等形式。

1. 钢丝绳卷扬提升式垂直升船机

在世界升船机技术发展史上，钢丝绳卷扬提升式垂直升船机是20世纪70年代出现的一种新形式升船机。80年代，我国在多座水利水电枢纽的通航建筑物设计中选择钢丝绳卷扬提升式垂直升船机作为船舶过坝的通航设施，并于21世纪初先后建成了红水河岩滩、闽江水口、乌江彭水、清江隔河岩和高坝洲等垂直升船机，乌江构皮滩、思林、沙沱、右江百色等升船机也陆续建成或正在建设之中，因此其设计研究和建设与世界上该机型的技术发展基本同步进行，我国也是建成该形式升船机工程实例最多的国家。

升船机主体由承船厢和其机电设备、平衡重系统，以及钢筋混凝土承重结构和其顶部机房等组成，以卷扬机作为船厢驱动设备，通过卷扬机提升机构的正、反向运转驱使承船厢沿塔柱升降运行，承船厢及厢内水体的重量由多根钢丝绳悬吊的平衡重块平衡。卷扬机上设有安全制动器和工作制动器，在停机状态对卷扬机实施安全锁定，并在事故状态对卷扬提升机构实施制动。钢丝绳卷扬提升式垂直升船机总布置见图1-4。

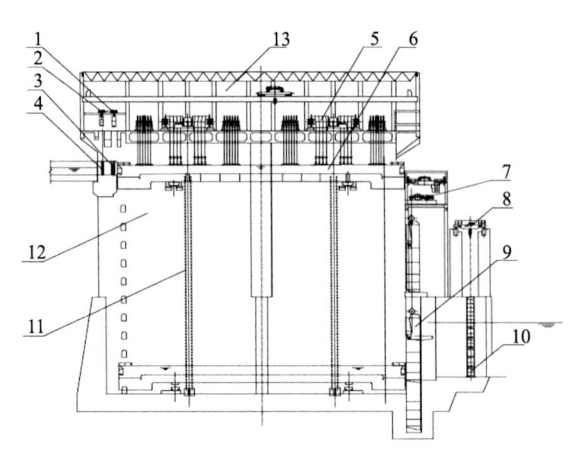

1.上闸首检修门启闭机；2.上闸首工作门启闭机；3.上闸首检修门；4.上闸首工作门；5.主提升机；6.承船厢；7.下闸首工作门启闭机；8.下闸首检修门检修桥机；9.下闸首工作门；10.下闸首检修门；11.平衡链；12.混凝土承重结构；13.机房

图1-4 钢丝绳卷扬提升式垂直升船机总布置示意图

根据承船厢提升重量与配置平衡重的比例不同,钢丝绳卷扬提升式垂直升船机分为钢丝绳卷扬提升式全平衡垂直升船机和钢丝绳卷扬提升式部分平衡垂直升船机两种形式,后一种形式的升船机在下游对接时承船厢可直接进入船池及引航道水域,省去了相应的下闸首设施,能够适应引航道较大的水位变幅和较快的水位变率,一般简称为船厢下水式升船机。它与钢丝绳卷扬提升式全平衡垂直升船机基本相同,只是为了克服承船厢入水到预定深度后产生的浮力,必须减少重力平衡重的重量,采用部分平衡的方式,从而极大地增加了拖动系统电机的驱动功率。钢丝绳卷扬提升部分平衡式垂直升船机总布置见图1-5。

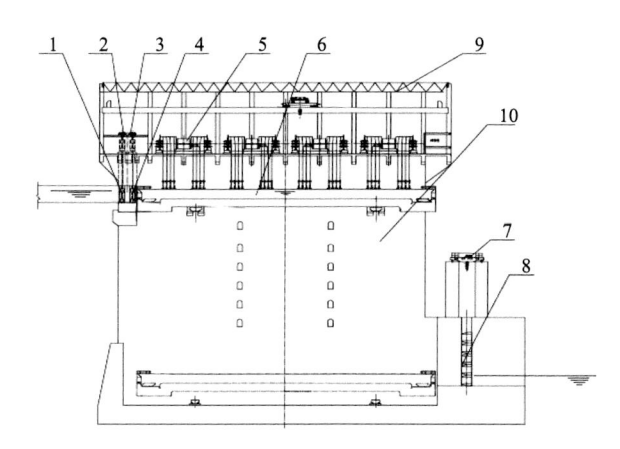

1.上闸首检修门;2.上闸首检修门启闭机;3.上闸首工作门启闭机;4.上闸首工作门;5.主提升机;
6.承船厢;7.下闸首检修门检修桥机;8.下闸首检修门;9.机房;10.混凝土承重结构

图1-5 钢丝绳卷扬提升部分平衡式垂直升船机总布置示意图

2. 齿轮齿条爬升式垂直升船机

齿轮齿条爬升式是垂直升船机的一种重要设计形式,具有较高的安全可靠性,其组成与钢丝绳卷扬提升式垂直升船机基本相同,船厢的全部重量需要通过平衡重平衡,但承船厢驱动设备的形式与布置以及安全保障系统不同。齿轮齿条爬升式垂直升船机承船厢的驱动设备布置在船厢上,采用开式齿轮或链轮,沿竖向齿条或齿梯,驱动船厢升降。事故安全机构采用"长螺母柱-短螺杆"式或"长螺杆-短螺母柱"式,通过机械轴与相邻的驱动机构连接并同步运转。船厢正常升降时,安全机构螺母与螺杆的螺纹副间保持一定的间隙。当升船机的平衡状态遭到破坏时,驱动机构停机,螺杆或螺母停止转动,在不平衡力作用下,安全机构螺纹副的间隙逐渐减小直至消失,最后使船厢锁定在长螺母柱或长螺杆上。齿轮齿条爬升式全平衡垂直升船机总布置见图1-6。

3. 浮筒式垂直升船机

浮筒式垂直升船机承船厢的重量由其底部浸没在密闭的盛水竖井中的若干个钢结构浮筒的浮力平衡,承船厢由钢结构支架支承在浮筒上,浮筒及其支架设有导向装置。水下浮筒的浮力与承船厢、筒体及支架等活动部件的总重量相等,保持升船机处于全平衡

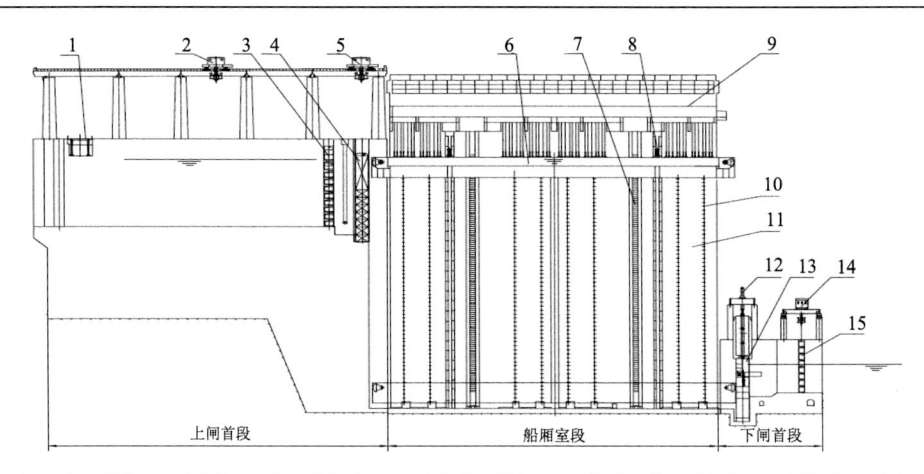

1.活动桥；2.上闸首辅助门启闭机；3.上闸首辅助门；4.上闸首工作门；5.上闸首工作门启闭机；6.承船厢；7.齿条；8.螺母柱；9.机房；10.平衡链；11.混凝土承重结构；12.下闸首工作门启闭机；13.下闸首工作门；14.下闸首检修门启闭机；15.下闸首检修门

图 1-6　齿轮齿条爬升式全平衡垂直升船机总布置示意图

状态。在浮筒内部注入压缩空气，防止浮筒进水造成浮力降低。承船厢及浮筒的升降由 4 套通过机械同步的螺杆-螺母驱动系统实现。驱动方式有"螺杆固定、螺母旋转"和"螺母固定、螺杆旋转"两种。螺杆-螺母驱动系统螺纹副的螺旋角小于其材料的摩擦角。当平衡状态破坏时，驱动系统停机，船厢即自行锁定。浮筒式垂直升船机总布置见图 1-7。

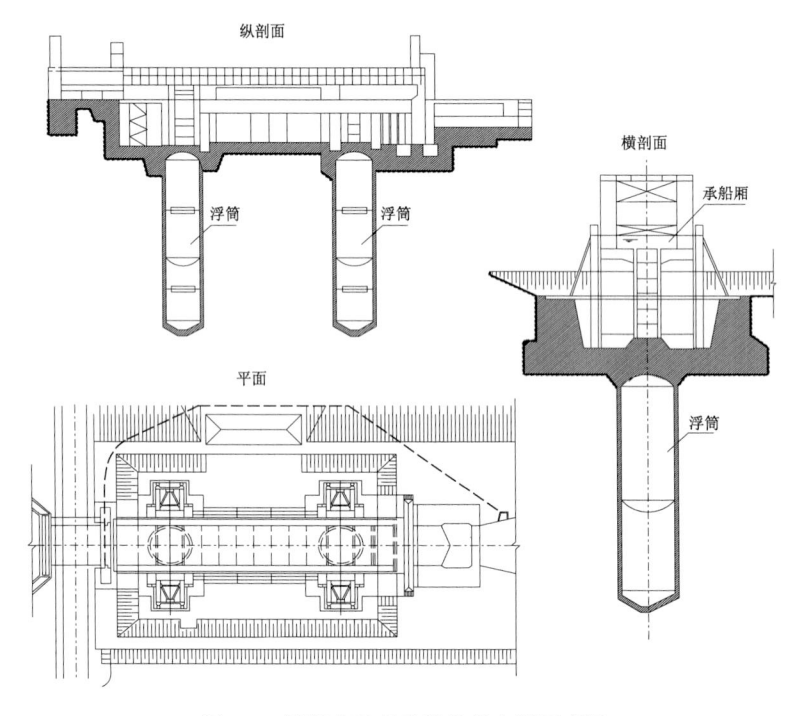

图 1-7　浮筒式垂直升船机总布置示意图

4. 水液压式垂直升船机

水液压式垂直升船机采用双线布置，基于流体静压平衡原理工作。承船厢底部连接有活塞，由活塞井中作用在活塞上的水压力平衡承船厢的重量。活塞在充满压力水且密闭的活塞井内上、下运动，带动承船厢升降。两线升船机的活塞井通过管路连通，当两线升船机承船厢的载水量相等时，两线承船厢处于静止状态。升船机运转时，下行承船厢在上游位置时，通过在承船厢内多装载一部分水体，并打开设在管路上的阀门，使两线升船机的井与井之间连通，驱动下行一线的承船厢下降，同时带动另一线承船厢上升，在船厢到达对接位置时，将多装载的水体泄掉，恢复两线升船机之间的平衡状态。如再对处于上位的承船厢多装载部分水体，并控制设在管路上的连通阀，则可实现两线升船机的承船厢周而复始地上下升降。水液压式垂直升船机工作原理见图 1-8。

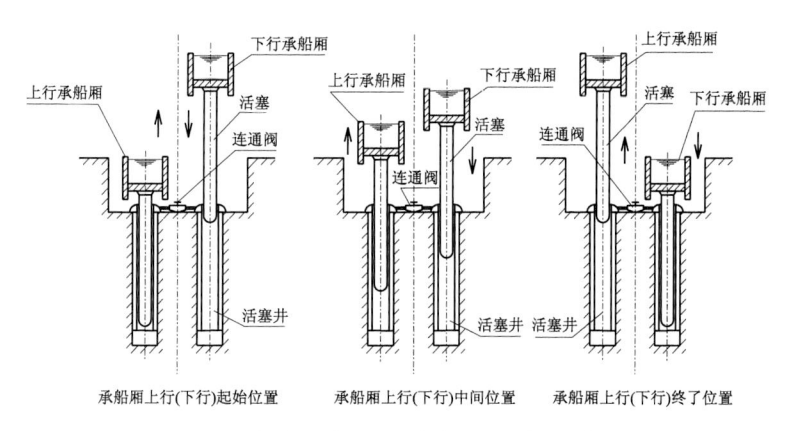

图 1-8 水液压式垂直升船机工作原理示意图

1.2.2 斜面升船机

1. 全平衡钢丝绳牵引纵向斜面升船机

在顺河道轴线方向布置斜坡道，在斜坡道上下游两端分别设上下闸首，在承船厢两侧的主纵梁上布置两列支承台车，通过机械驱动牵引钢丝绳，承船厢在上下闸首之间沿铺设在斜坡道上的两条轨道上下升降。承船厢及其设备的重量，由通过斜坡道顶部滑轮与承船厢的牵引钢丝绳连接并在斜坡道上行走的平衡重车全部平衡。为使钢丝绳的张力均衡，在钢丝绳与船厢的连接处设液压均衡油缸。多套卷扬机之间通过机械同步轴联结。全平衡钢丝绳牵引纵向斜面升船机总布置见图 1-9。

2. 全平衡钢丝绳牵引横向斜面升船机

全平衡钢丝绳牵引横向斜面升船机上下闸首、承船厢轨道、平衡重车及其轨道等的布置与纵向斜面升船机相似，但是斜坡道是垂直于河道轴线方向布置的，这种形式可以适应陡坡。全平衡钢丝绳牵引横向斜面升船机总布置示意见图 1-10。

(a) 平面

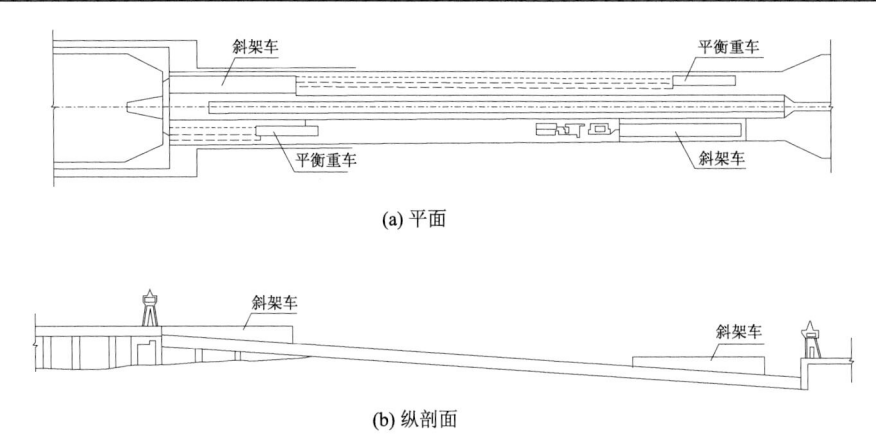

(b) 纵剖面

图 1-9　全平衡钢丝绳牵引纵向斜面升船机总布置示意图

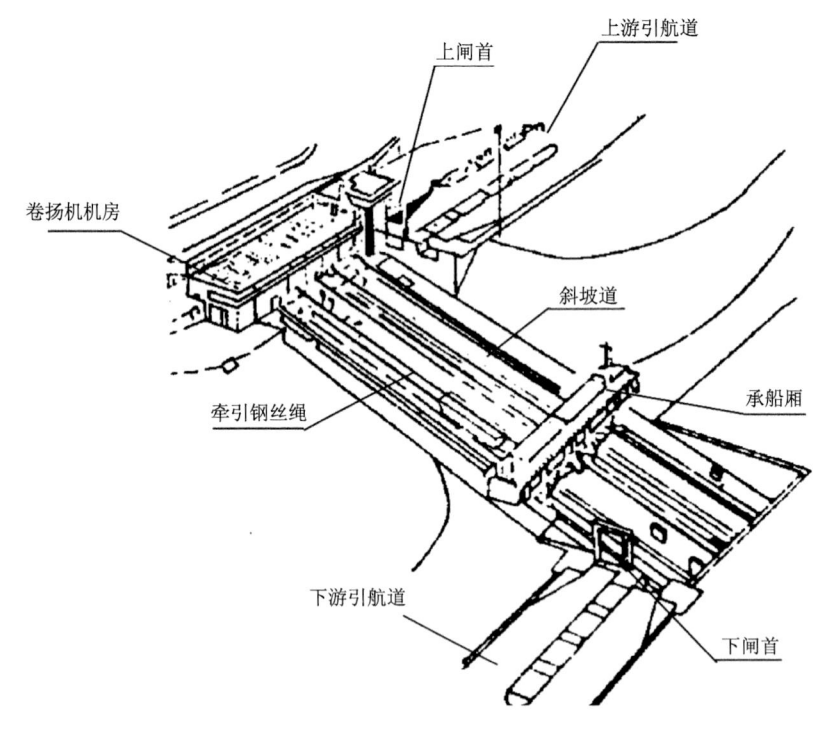

图 1-10　全平衡钢丝绳牵引横向斜面升船机总布置示意图

3. 下水式斜面升船机

下水式斜面升船机承船厢不设平衡重，主要有自行式和钢丝绳牵引双坡式两种形式。

1) 自行式纵向斜面升船机

这种形式的升船机分为在下游设置斜坡道的单坡式和在上下游均设置斜坡道的双坡式两种。例如，上下游斜坡道不在同一轴线时，升船机在坡顶两侧斜坡道的交会处需设置供承船厢在坡顶转向的转盘；承船厢通常采用液压马达驱动，沿斜坡道上的齿轨上下行走。自行式纵向斜面升船机总布置示意见图1-11。

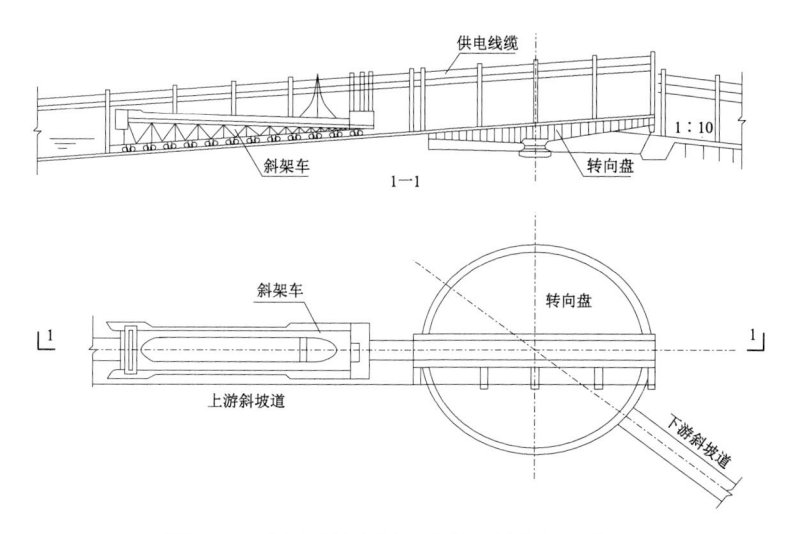

图1-11 自行式纵向斜面升船机总布置示意图

2) 钢丝绳牵引双坡式纵向斜面升船机

这种形式的升船机不设闸首，承船厢无平衡重，船舶过坝一般为干运，在上下游直接下水。升船机在上下游斜坡道的坡度相同，在坝顶交会处两条轨道的布置呈"驼峰"形式，卷扬机布置在"驼峰"下方或两侧。承船厢设置高低轮，靠摩擦装置、转盘或惯性等多种驱动方式实现出换轨、改变钢丝绳驱动方向和通过坝顶。纵向斜面升船机摩擦驱动通过"驼峰"布置示意见图1-12。

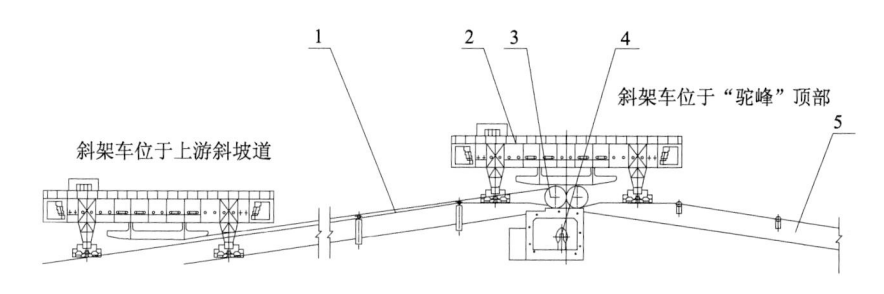

1.上游斜坡道；2.斜架车；3.天轮；4.地轮；5.下游斜坡道

图1-12 纵向斜面升船机摩擦驱动通过"驼峰"布置示意图

4. 水坡式升船机

这种形式的升船机在斜坡道上设置U形槽，在槽内设置带有严密止水、可沿斜坡道上下滑动的挡板，由机械驱动挡板带动槽内的楔状水体和船舶沿斜坡道升降。水坡式升船机推板机示意见图1-13。

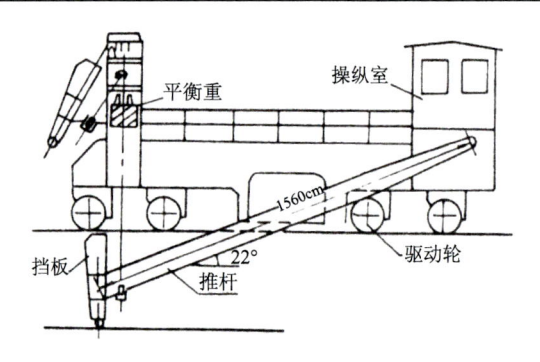

图 1-13　水坡式升船机推板机示意图

1.2.3　旋转式升船机

旋转式升船机由一对旋转支臂组成，旋转支臂两侧各有一个对称的船厢，支臂中部有轮轴，升船机采用绕轮轴旋转的方式升降两侧船厢。当船舶要由高水位行至低水位时，船舶将通过上游渡槽驶入与其对接的上游船厢内，待船舶驶入后关闭船厢门，吊臂旋转180°，处于上游的船厢旋转至下游，打开船厢门，船舶可驶入下游运河。旋转式升船机示意见图 1-14。旋转式升船机两侧船厢可同时驶入船舶，经旋转后，一次性完成船舶的上行和下行需求，有效提高了船舶上行、下行的效率。此外，由于两侧的船厢是对称的，船舶驶入后，两侧船厢的重量非常接近，所以旋转式升船机运行所需的能量并不大。

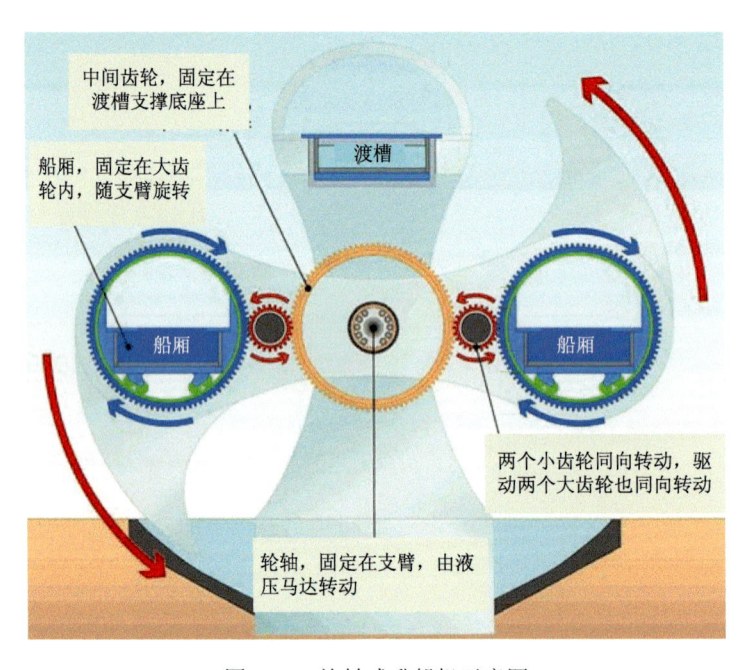

图 1-14　旋转式升船机示意图

福尔柯克轮升船机是世界上第一座、也是目前唯一一座旋转式升船机（图 1-15），位于苏格兰中部福尔柯克镇。福尔柯克轮升船机由一对 15m 长的旋转支臂构成，用于升降船只，两条支臂相距约 35m，中部轴直径 3.5m。它在 2002 年 5 月投入使用，能在 15min 内将 4 艘船(包括船厢及厢内水体)起吊到 35m 的高度。

图 1-15 福尔柯克轮升船机

1.2.4 升船机适应范围及特点

1. 钢丝绳卷扬提升式垂直升船机

全平衡钢丝绳卷扬提升式垂直升船机技术成熟，设备制造、安装难度，以及工程造价相对较低，可满足很大的提升高度要求，且由于是柔性接触，对承重结构精度要求较低。根据防止事故的要求，这种升船机形式可以设置不同类型的安全装置，保证升船机运行安全可靠，广泛应用于升船机工程设计和建设中。部分平衡钢丝绳卷扬垂直升船机，如下水式钢丝绳卷扬垂直升船机，可适应较大的航道水位变幅和变率，应对承船厢漏水事故的能力较强，设备相对简单、运行环节较少，但主提升机构规模和电机驱动功率较大，工程总造价和运转费用一般高于全平衡钢丝绳卷扬提升式垂直升船机。

2. 全平衡齿轮齿条爬升式垂直升船机

全平衡齿轮齿条爬升式垂直升船机应对承船厢漏水事故能力强，设备安装和混凝土承重结构施工精度要求高，设备制造和工程施工难度大，工程造价高。在 1934 年德国首座这种形式的升船机建成后，德国新尼德芬诺、吕讷堡两座升船机陆续采用该形式，其中，吕讷堡升船机于 1975 年建成运行，新尼德芬诺升船机仍在建。我国三峡、向家坝两座升船机均为全平衡齿轮齿条爬升式垂直升船机。

3. 浮筒式垂直升船机

浮筒式垂直升船机通航规模和提升高度不能过大，驱动系统兼作安全机构，其螺纹副的自锁可靠性相对较差。因此，该形式升船机自问世以来，在工程中应用较少。

4. 水液压式垂直升船机

水液压式垂直升船机必须双线同时修建，互为平衡，且两线承船厢上下必须同时交替运行，运行效率较低。该形式升船机承船厢重量不可能太大，提升高度也不可能太高，因此问世以来未见再次采用。

5. 斜面升船机

纵向斜面升船机对地形条件和通航水位变化的要求较高，船厢水力学条件复杂，运行中断电的安全问题的解决方案有待进一步探索。横向斜面升船机对河道地形条件有较高要求，斜坡道坡度比纵向斜面升船机可适当加大，但多组牵引钢丝绳之间的同步要求高。纵向和横向斜面升船机均对水利枢纽上下游引航道水位变化适应能力差。

6. 下水式纵向斜面升船机

下水式钢丝绳牵引的纵向斜面升船机可以适应航道水位变化，设备布置相对简单，技术比较成熟。但是承船厢过"驼峰"时难以做到绝对平稳，存在一定的速度变化和冲击，不宜用于湿运方案。在多沙的河道上，斜坡道水下部分有泥沙淤积，对承船厢下水运行不利。该形式在规模较小的货运升船机中有一定应用前景。

7. 水坡式升船机

水坡式升船机推板机与土建坡槽之间止水的可靠密封难度大，使用寿命短。斜坡槽的坡度不能大，线路较长，驱动功率较大。上下游引航道不能有太大的水位变化，因此适应的水头和规模较小。

升船机在德国、法国、比利时等欧洲国家的运河上应用较多，而在我国升船机大多应用于中西部高库大坝通航，升船机提升高度大、上下游水位变幅大且变率快，受枢纽电站运行影响显著，其建设难度和运行安全问题明显高于国外运河上的同类升船机。

1.3 水力式升船机

1.3.1 水力式升船机的提出

1. 原理探索

早在 1932 年，苏联的 Н·Л·普则列夫斯基提出了一种不需外加提升动力的半水力式垂直升船机，承船厢带水的全部重量由平衡重、浮筒加以平衡，浮筒装在圆形竖井中升降，向竖井中充泄水使浮筒升降，从而驱动升船机升降。1959 年在三峡升船机选型阶段，对半水力式进行了专门研究。郑大迪于 20 世纪 90 年代提出了水力浮动式转矩平衡重升船机，将半水力式升船机的平衡重也改变为在竖井中运行的浮筒，并建立了比尺为1∶40 的原理性模型，探讨了其工作原理。长江勘测规划设计研究院于 2000 年对水力式升船机用于三峡工程的总体布置及升船机设备、结构布置等方案进行了比选研究。中国电建集团贵阳勘测设计研究院有限公司在沙沱水电站的通航过坝设施设计中，曾经将水力式升船机作为比选方案，就升船机的总体布置，以及承船厢、平衡重浮筒装置结构进行了初步设计。

以上工作主要针对水力式升船机的布置进行研究,尚无具体的运行特性研究成果,缺乏对该型升船机充泄水水力学问题的认识。

2. 理论研究

从 2000 年开始,在科技部、交通运输部、国家自然科学基金委员会等部门支持下,华能澜沧江水电股份有限公司、中国电建集团昆明勘测设计研究院有限公司、南京水利科学研究院、中国水利水电科学研究院等单位,对水力式升船机基础理论、设计方法、施工建设及安装调试等开展了十多年的研究与实践,研究过程主要经历以下阶段:

(1)2000~2003 年,南京水利科学研究院在交通部西部交通建设科技项目的资助下,结合那吉工程建立了比尺为 1∶20 的国内外第一座全面模拟水力式升船机整体运行特性的整体物理模型,对水力式升船机开展了原理性试验研究,并进行了一些探索性的基础研究工作。

(2)2004~2008 年,依托景洪工程先后建立了 1∶10 的景洪水力式升船机整体物理模型、1∶16.7 输水系统局部模型、1/8 整体模型平衡重与竖井间隙比局部模型等,对水力式升船机布置、稳定运行控制技术、运行监控与故障诊断技术及其输水系统相关水力学进行了系统研究。确定了船厢出入船池时的控制流量、影响船厢加速度及船舶停泊条件的影响因素;提出了解决水力式升船机多竖井水位同步的输水系统布置方法,减小了船厢运行速度波动的合理平衡重-竖井间隙,采用主辅阀门控制方法解决了水力式升船机运行及准确对接等一系列难题。

(3)2009~2014 年,在科技部、国家自然科学基金委员会、交通运输部等相关部门支持下,通过系列大比尺物理模型试验和数学模型计算对水力式升船机非定常多竖井水位同步技术、水力式升船超高水头阀门防空化技术、非恒定流作用下的承船厢运行稳定性、船厢水面波动影响特性、水力式升船机超高塔柱结构设计技术、升船机全相似模拟技术、水力式升船机运行安全保障技术等大量水力式升船机基础理论问题开展了全面深入的研究。

3. 应用实践与提升

(1)2011~2015 年,景洪升船机处于建设调试阶段。通过 1∶10 的充泄水阀门常(减)压模型,提出了阀门后设置突扩体及阀门前通气措施,提高了升船机输水效率,解决了阀门空化和振动问题。通过对原景洪水力式升船机 1∶10 整体模型同步系统、导向系统及阀门段廊道的局部改造,利用改造后的升船机整体模型结合 4 次现场原型观测,对水力式升船机船厢抗倾斜机理及相关工程措施进行了研究和论证。

(2)2015 年 6~12 月,景洪升船机进行了输水系统、导向系统、同步系统的局部改造,在改造过程中同步启动了原型观测,为改造工作提供依据,在每项局部改造完成后均进行了调试观测,以验证改造方案的效果。观测表明,采用阀前强迫掺气和突扩体体型妥善解决了 60 米级高水头工业阀门的空化问题,充泄水效率即升船机的运行速度大幅提升;采用抗倾导向系统能够保证与旧同步系统安全运行,具有优越的抗倾安保功能;采用加强轴和膜片联轴器后同步系统具备足够的抗倾能力,升船机运行平稳收敛。在经过局部改造后,景洪水力式升船机的运行达到设计指标。

(3) 2016 年 1~11 月,开展了景洪水力式升船机事故工况及应对措施现场试验,全面论证了景洪升船机运行的安全性。2016 年 8 月,完成了设计船舶实船试航观测,考察了升船机的适航性能,研究了船舶过机流程升船机的工作特性、船舶的停泊条件、航行参数等,为船舶安全过机控制指标的确定提供了依据。

1.3.2 工作原理

水力式升船机主要由与船闸类似的输水系统、充泄水阀门、竖井与浮筒式平衡重等组成的水力驱动系统,承船厢,机械同步系统等构成,见图 1-16。它利用水能作为提升动力和安全保障措施,通过输水管道对竖井充泄水,驱动浮筒式平衡重升降,从而带动承船厢升降运行;在承船厢荷载发生变化时,利用平衡重浮筒淹没水深的相应变化,使承船厢与平衡重浮筒之间达到新的平衡状态。其平衡系统具有自平衡的特点,能解决承船厢入水对接、严重漏水等传统电机驱动升船机难以克服的技术难题。

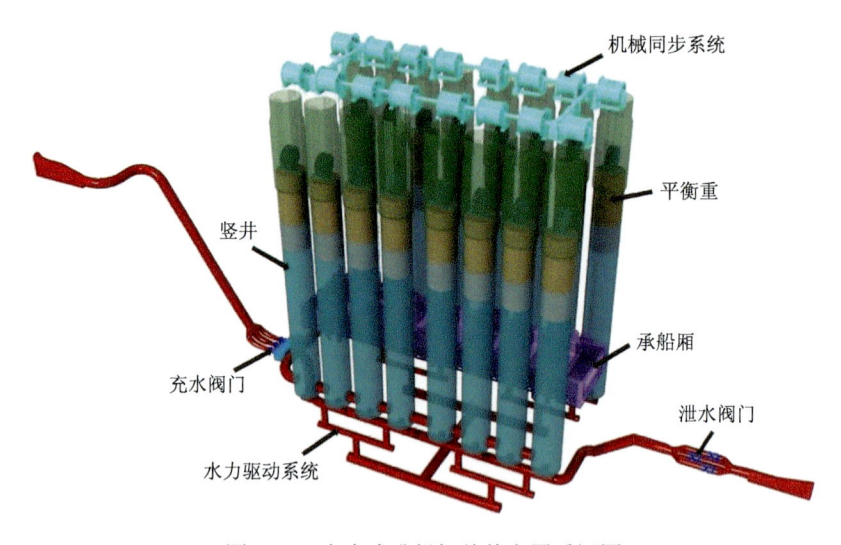

图 1-16 水力式升船机总体布置透视图

水力式升船机基本原理是将平衡重做成重量和体积合适的浮筒式平衡重(简称浮筒或平衡重),竖井(又称浮筒井)布置在升船机塔楼中,承船厢布置在两侧塔楼的中间,悬吊承船厢的钢丝绳布置在承船厢两侧,钢丝绳绕过升船机塔楼顶部的机械同步系统上的卷筒、穿过浮筒式平衡重顶部的动滑轮组后,固定在钢丝绳固定端均衡梁上。浮筒式平衡重及配重重量大于承船厢及其承载水体和船体的重量,利用充泄水工作阀门实现竖井内水位的升降,改变浮筒式平衡重的入水深度,以实现浮筒式平衡重的浮力变化,利用此浮力变化在承船厢重与平衡重之间产生的差值来驱动承船厢升降运行。水力式升船机承船厢上升时通过开启输水管道上的泄水阀门,竖井水位与下游连通,竖井内的水位下降,平衡重受到的浮力减小并随竖井水位同步下降,平衡重通过塔楼顶部机械同步系统驱动承船厢及厢内船舶上升运行,下降过程与之相反,工作原理如图 1-17 所示。

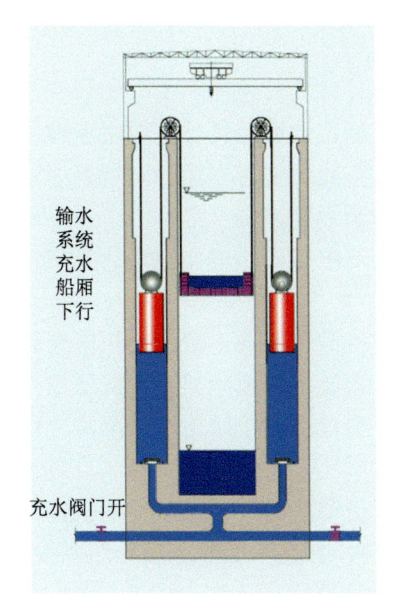

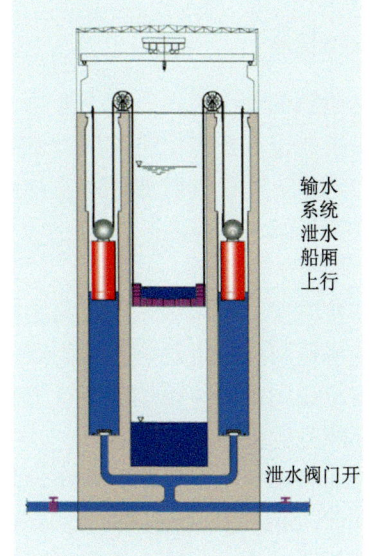

图 1-17 水力驱动全平衡式垂直升船机工作原理示意图

水力式升船机承船厢典型的上升运行方式如下。

(1) 承船厢出水启动阶段：开启辅泄水阀门，竖井水位缓慢下降，浮筒式平衡重所受浮力减小，浮筒式平衡重随竖井水位缓慢向下运行；承船厢在浮筒式平衡重作用下缓慢启动，低速出水；通过辅泄水阀门控制竖井泄水流量，调整承船厢出水速度。

(2) 承船厢在空气中高速上升阶段：承船厢完全出水后，开启主泄水阀门，增大竖井泄水流量，提高承船厢运行速度，承船厢在空气中高速上升运行。

(3) 承船厢减速阶段：完全关闭主泄水阀门，辅泄水阀门调整至小开度，竖井小流量泄水，承船厢减速准备与上游对接。

(4) 承船厢对接阶段：辅泄水阀门保持小开度，承船厢以极小速度接近上游对接位置，承船厢到达对接位置，辅泄水阀门快速全关。

水力式升船机承船厢下降运行方式如下。

(1) 承船厢启动阶段：开启辅充水阀门，输水系统向竖井内小流量输水，承船厢启动向下运行。

(2) 承船厢在空气中高速下降阶段：调整主、辅充水阀门开度，加大进入竖井流量，提高承船厢运行速度，承船厢在空气中高速下降运行。

(3) 承船厢减速下水阶段：承船厢开始下水前，完全关闭主充水阀门，降低承船厢速度，承船厢减速准备下水；调整辅充水阀门开度，控制承船厢下水速度，承船厢在小流量下，缓慢下水对接。

(4) 承船厢对接阶段：承船厢接近对接位置时，进一步关小辅充水阀门开度，承船厢以极小速度接近下游对接位置；承船厢到达对接位置，辅充水阀门快速全关。

1.3.3 安全保障机制

水力式升船机的安全保障系统主要由水力稳定均衡系统、主动抗倾覆机械同步系统、承船厢自反馈抗倾覆稳定系统等构成。水力式升船机通过水力稳定均衡系统来控制承船厢初始倾覆力矩值大小，同时通过水力稳定均衡系统来降低竖井水位差和承船厢运行速度波动，最终降低水力式升船机水力驱动系统对承船厢不均匀荷载、抵抗承船厢内水体的扰动。

通过主动抗倾覆机械同步系统提高承船厢抗倾覆能力，即通过抗倾覆机械同步系统的微量变形使承船厢产生主动抗倾覆力矩，以控制承船厢倾斜量、降低同步轴扭矩，并在承船厢倾斜量或同步轴扭矩达到设计值时，通过主动抗倾覆机械同步系统的安全装置锁定卷筒，保障升船机整体安全。

通过承船厢自反馈抗倾覆稳定系统，可在主动抗倾覆机械同步系统消除间隙充分发挥抗倾覆能力前，为承船厢提供抗初始倾覆力矩，并在承船厢倾斜量达到设计允许值时，发挥承船厢倾斜限位作用，防止承船厢倾斜继续增大，对承船厢提供安全保护。

通过上述的水力稳定均衡系统、主动抗倾覆机械同步系统、承船厢自反馈抗倾覆稳定系统的联合作用，为升船机承船厢提供抗倾覆能力，以确保水力式升船机安全、可靠运行。水力式升船机安全保障系统作用机制见图 1-18。图中 AB 为船厢倾斜产生的倾覆力矩变化曲线，JHC 为承船厢自反馈抗倾覆稳定系统产生的抗倾覆力矩曲线，EF 为主动抗倾覆机械同步系统的抗倾覆力矩曲线，JHI 为三大系统能提供的抗倾覆力矩。

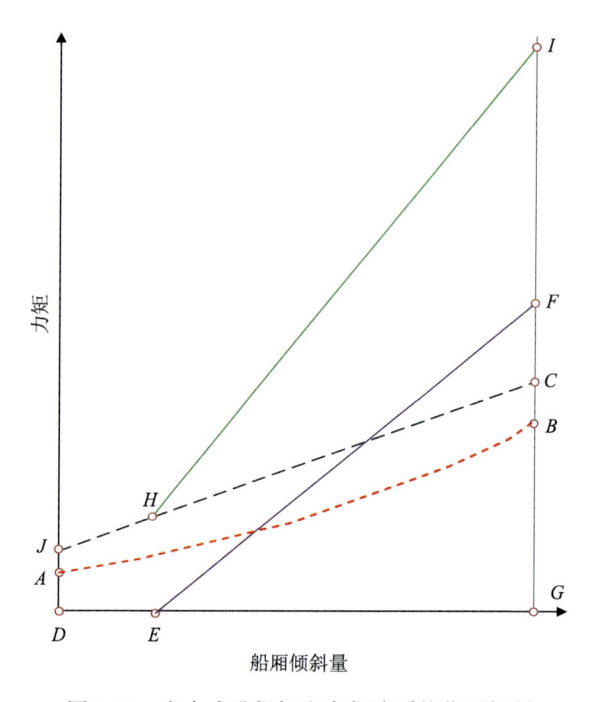

图 1-18 水力式升船机安全保障系统作用机制

水力稳定均衡系统主要控制承船厢初始倾覆力矩 A 值大小。水力稳定均衡系统通过降低竖井水位差和承船厢运行速度波动，消除承船厢不均匀荷载及承船厢内水体的扰动。在图 1-18 中表现为降低承船厢 AB 倾覆力矩曲线的初始扰动倾覆力矩 A 值的大小。

承船厢自反馈抗倾覆稳定系统预压荷载和刚度主要控制抗承船厢初始倾斜扰动能力 J 值大小。机械同步系统间隙影响机械同步系统开始发挥抗倾覆能力的承船厢初始倾斜量 E 值大小。承船厢自反馈抗倾覆稳定系统和机械同步系统刚度的大小决定 JHC 和 EF 抗倾覆力矩曲线斜率，刚度越大，斜率值越大，系统抗倾覆能力越强。

承船厢自反馈抗倾覆稳定系统和主动抗倾覆机械同步系统的作用关系分三个阶段发挥船厢整体抗倾覆作用：第一阶段，同步系统间隙消除前（DE），机械同步系统还没有充分发挥抗倾覆能力，承船厢自反馈抗倾覆稳定系统承担承船厢初始倾覆力矩，起维持承船厢稳定的主导作用。第二阶段，同步系统间隙消除后到承船厢自反馈抗倾覆稳定系统工作区间（EG），承船厢自反馈抗倾覆稳定系统和主动抗倾覆机械同步系统共同承担抗船厢倾覆作用，且机械同步系统起主要的承船厢抗倾覆作用，二者在承船厢抗倾覆作用中的比例与承船厢自反馈抗倾覆稳定系统和主动抗倾覆机械同步系统的刚度大小相关，机械同步系统刚度越大，EG 阶段主动抗倾覆机械同步系统抗倾覆作用比例越大。第三阶段，承船厢倾斜超过承船厢自反馈稳定系统工作范围（>G 点），承船厢自反馈抗倾覆稳定系统发挥承船厢倾斜限位作用，继续增加的承船厢倾覆力矩由主动抗倾覆机械同步系统继续承担。承船厢倾斜量超过 G 后，水力稳定均衡系统关闭，升船机承船厢停止运行，机械同步系统卷筒上安全装置投入工作，承船厢继续增加的倾覆力矩由卷筒上的安全装置承担。

1.3.4 适应范围与特点

1. 适应范围

我国升船机大多应用于中西部高库大坝通航，升船机提升高度大、上下游水位变幅大且变率快，受枢纽电站运行影响显著，其建设难度和运行安全问题明显高于国外运河上的同类升船机。如何在水头 100~200m 的高水头枢纽上，建造运送 1000~2000t 甚至更大吨位船舶过坝的合理的升船机方案和结构方案；对上下游水位变幅达到 30~40m 时，如何给出解决承船厢与水位变幅相适应的有效对接方案等是我国今后升船机研究和建设的重点。

水力式升船机是具有我国自主知识产权的新型升船机，相对于传统电机驱动的升船机，具有自平衡的特点，承船厢提升重量的快速大幅变化不会给升船机的安全及设计带来不可逾越的技术障碍，更易实现承船厢入水对接，不仅省去了下闸首工作门及顶紧、密封机构等部分辅助设备，缩短船只过坝时间，而且可根据下游航道水位变化随机、简便地寻找适当的减速点和准确的停位点减速停机，能较好地解决我国高库大坝通航枢纽水位大幅快速变化的升船机对接难题，具有广阔的应用前景。

2. 特点

水力式升船机的最大特点是利用水的浮力驱动平衡重升降控制升船机运行，升船机升降简化为较成熟的船闸灌泄水问题，在诸如船厢失水甚至船厢内水体全部漏空、船厢出入水等各种状态下都能依靠平衡重的不同淹没深度的自动变化实现自动平衡，不需要提升电机和复杂的驱动机械设备，也不需要复杂的安全保护装置（如盘式制动器、抱闸式安全装置及螺母螺杆保安装置等），其平衡重兼有平衡、提升、同步、安全多种功能，避开了升船机设计、制造、安装等方面的难题，简化了升船机传动机构及控制系统，提高了运行安全可靠性。

与其他形式升船机相比，水力式升船机优势如下。

1) 安全保障机构简单

钢丝绳卷扬式与齿轮齿条爬升式垂直升船机的平衡系统一端是平衡重装置，重力恒定，另一端连接船厢，一旦船厢端的受力发生变化（如船厢漏水），原来的平衡系统被打破，必须有一套复杂的机械设备和电气控制系统保证船厢运行的安全。水力式升船机则具有自动改变平衡重浮筒的淹没水深以适应船厢荷载变化的特点，使升船机系统始终处于平衡状态，无须复杂的安全保障机构。

2) 适应船厢出入水

我国中西部地区河流具有河流水量及水位随季节变化大的特点，下水式升船机应运而生——船厢直接进入下游引航道对接，运行十分方便。若下水式升船机采用电力驱动方式，在船厢出入水过程中载荷变化非常大，导致主机负荷和规模大，运行能耗高；而水力式升船机则能够通过改变平衡重的淹没深度自动适应船厢侧力的变化，巧妙地解决了下水式升船机电机出力大的问题。

3) 传动机构控制系统结构简单

水力式升船机利用水的浮力驱使承船厢升降运行，其提升机构简单，不需要传统电力驱动式升船机的电气控制系统和传动机构，便于大型升船机设计、制造、安装。

4) 适应大吨位的船舶

传统电力升船机的电机提升功率制约了提升重量，只适合提升小型船舶，成为设计瓶颈，降低了升船机的效率；而水力式升船机的提升动力是浮力，能满足升船机提升重量大的要求，因此水力式升船机在超大提升重量的升船机中优势凸显。

第 2 章 景洪水力式升船机概况

本章介绍景洪水电站工程概况，阐述升船机多方案比选及最终形式的确定方法和过程，描述升船机总体布置，介绍水力式升船机各部分构筑物及各种设备的功能、结构与布置方式，以及基本特性参数。

2.1 工 程 概 况

景洪水电站为澜沧江干流中下游河段梯级规划的第六级水电站，位于西双版纳傣族自治州景洪市北郊约 5km 处，距昆明 581km。电站以发电为主，兼顾航运、防洪、城市供水、旅游等综合利用效益。景洪水电站水库总库容 11.39 亿 m^3，装机容量 1750MW。本工程属一等工程，工程规模为大(1)型，采用堤坝式开发，枢纽由拦河坝、泄洪冲沙建筑物、引水发电系统、垂直升船机、变电站等组成。电站坝址控制流域面积 14.91 万 km^2，混凝土重力坝最大坝高 108m，坝址多年平均流量 $1820m^3/s$，多年平均年径流量 574 亿 m^3。

景洪水电站通航建筑物采用右岸水力式升船机方案，初期设计标准为Ⅴ级航道、300t 级船型，塔柱和承船厢等主要结构及设备按照 500t 级单船过坝能力建设。通航建筑物主要由升船机主体建筑物、导航建筑物、靠船建筑物组成，其总体布置格局见图 2-1。船厢有效尺度为 58.0m×12.0m×2.5m，船厢净宽为 12m，船厢标准水深为 2.5m。上游最高通航水位为水库正常蓄水位 602.00m，最低通航水位为水库死水位 591.00m；下游最高通航水位为两年一遇洪水位 544.90m，最低通航水位为 95%保证率对应水位 535.14m（相应流量 $495m^3/s$）。

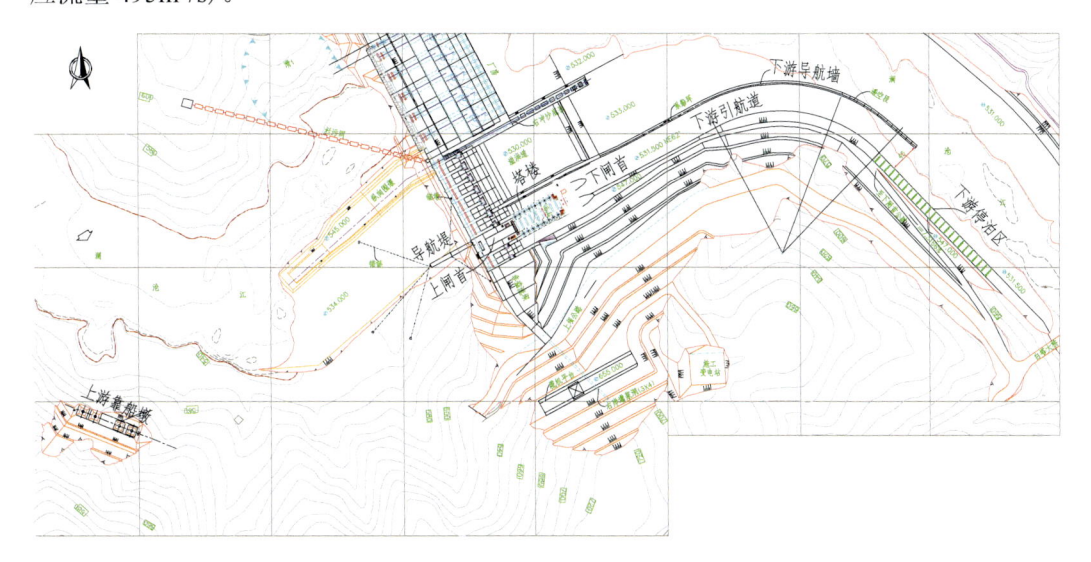

图 2-1 景洪水电站通航建筑物总平面布置图

2.2 升船机形式比选

在招标设计阶段前期，根据近年来国内外升船机建设情况，对景洪水电站垂直升船机提升方式进行深入调研和分析，对于各种垂直升船机方案，从总体布置、结构形式、施工技术、工程投资等方面进行综合比较后，重点对水力式升船机的可行性进行研究。

1. 升船机设计历程

在1993～1997年完成的预可行性研究阶段，设计单位从通航规模(100t级、300t级、500t级)、过坝方式(船闸、垂直升船机、斜面升船机)和布置位置(左岸、右岸)等方面，进行了综合经济技术比较，并推荐了右岸垂直升船机方案。

1999年3月本项目预可行性研究报告审查意见指出："鉴于景洪坝址位于澜沧江下游Ⅵ级航道的河段上，以现有通航能力和货运量为基础，同意按Ⅴ级航道，300t级船型的标准设计过坝建筑物，下一步应结合枢纽布置研究过坝建筑物的布置和形式，并留有远景发展余地，以适应澜沧江航运不断发展的需要。"

在可行性研究阶段，根据地形、地质条件，结合左岸厂房方案，就通航过坝建筑物的形式和布置拟定了以下四个方案进行研究：①右岸垂直升船机方案；②左岸垂直升船机方案；③右岸二级船闸方案；④左岸二级船闸方案。从工程造价、运行费用、地质条件、下游水位变幅大、下游引航道防淤、口门区水流条件、与主航道的连接条件、与枢纽总体布置的协调性等方面进行综合比较，推荐了右岸垂直升船机方案。

随后，又进一步对钢丝绳卷扬提升式(以下简称钢丝绳卷扬式)和齿轮齿条爬升式升船机(以下简称齿条爬升式)进行了比较研究。两者的结构布置基本一致，只是塔柱内部的孔口尺寸略有不同，而齿条爬升式方案运行安全可靠，事故隐患较少，并在德国等地有多年成功的应用经验可资借鉴。此外，齿条爬升式方案由于提升设备设置在船厢上，而钢丝绳卷扬式方案提升设备位于塔柱顶部，故提升机房的顶高齿条爬升式方案较钢丝绳卷扬式方案降低了8m，结构抗震性能有所改善。因此，在可行性研究阶段推荐选用右岸300t级齿条爬升式升船机方案。

2003年本项目筹建工作开展后，设计、科研和建设单位根据近年来国内外升船机的建设情况，对景洪水电站升船机提升方式又重新进行了调研和讨论分析，重点对水力式升船机这种新型升船机的可行性及其优势进行初步研究，并于2004年8月提出《景洪水电站升船机提升方式比选研究报告》。研究结论认为：

(1)水力式升船机通过输水管道对竖井充泄水驱动平衡重浮筒的升降带动承船厢升降运行，在船厢荷载发生变化时，浮筒淹没水深的相应变化使船厢与平衡重浮筒之间达到新的平衡状态。当运行过程中荷载发生较大变化时，升船机仍可以继续安全运行，解决了船厢漏水等极端事故状态下升船机的安全问题。

(2)根据水力式升船机的布置，景洪水电站现有的条件能满足升船机主机房、竖井、充泄水阀门及管路布置的需要。塔柱采用内设竖井钢衬的钢筋混凝土结构，通过初步分析，在承受竖井顶部的竖向荷载、竖井内水压力、带水承船厢、地震及风力等荷载作用下，其结构可以满足稳定和强度要求。

(3) 相对钢丝绳卷扬式升船机来说，其机械设备和金属结构制造较为简单。但由于布置的需要，钢丝绳卷筒尺寸较大，需对制造厂家的生产加工能力进行必要的调研，对钢丝绳卷筒须进行有限元结构分析计算。

(4) 水力式升船机尚未在其他工程中通过实践检验，而该形式升船机的关键技术问题是充泄水系统、竖井的水力学及船厢运行的准确停位控制等问题。目前根据初步研究成果，利用等惯性充泄水管路布置措施，可以保证竖井水位的同步升降，使升船机平稳运行。但在升船机运行过程中，充泄水流量、流速，竖井充水过程中水流能量情况对升船机平稳运行的影响，水位检测设备的可靠性，阀门开关的准确性，以及如何通过阀门的开关控制船厢的准确停位等问题，尚需通过试验进一步研究落实。

(5) 景洪水电站通航过坝采用水力式升船机是可行的，而且节约了投资，并解决了运行中极端事故状态下的安全问题，但具体的实施还存在大量待深入研究的问题。

2004 年 8 月的专家咨询意见认为：

(1) 为适应景洪水电站下游水位变幅较大的特点，升船机采用船厢下水式方案。通过对钢丝绳卷扬式和水力式两种提升方式的综合比较发现，两种提升方式都是可行的，有关技术问题通过研究可以解决。考虑到水力式升船机在安全可靠、机电设备和金属结构制造、控制系统、工程投资及运行维护等方面具有的优越性，景洪水电站通航建筑物采用水力式垂直升船机方案是合适的。

(2) 由于水力式升船机需要在塔柱及基础内部分别布置竖井和输水系统，水力学问题和结构布置较为复杂，对此设计单位应高度重视。

2009 年 4 月景洪水电站通航建筑物由齿条爬升式升船机方案变更为水力式升船机方案的《云南澜沧江景洪水电站升船机设计变更专题报告》最终完成并通过审查核定。

2. 升船机提升方式比选

景洪升船机选型过程中对钢丝绳卷扬提升式、齿轮齿条爬升式和水力式三种形式的升船机方案进行了全面的技术经济比较论证，见表 2-1。经过全面的技术经济比较，论证认为，水力式升船机能较好地适应景洪水电站下游水位变化较快、变幅较大、承船厢下水的要求，提高了承船厢漏水等极端事故状态下升船机的安全性。其安全性能较另外两种形式有一定的优势。

1) 钢丝绳卷扬提升式升船机方案

钢丝绳卷扬提升式升船机主体结构布置在枢纽区溢流坝段右侧 6#、7# 坝段内，右邻 1# 表孔，左邻 2# 表孔，包括上闸首、塔柱、下闸首、顶部提升机房及相关设施。

上闸首位于右岸 1# 和 2# 表孔坝段之间，长 71.12m，宽 30m，坝段高程为 612.00m，作为挡水坝段的一部分，设有上闸首通航槽、上闸首检修事故门、上闸首工作门、防撞梁及顶部交通桥等。

表2-1 三种方案升船机比较分析汇总表

项目	水力式方案	钢丝绳卷扬提升式方案	齿轮齿条爬升式方案
土建结构	该方案设置了输水系统管道、上下游阀门，使得土建结构布置较为紧凑，形式较为复杂，且结构受到的荷载也较为复杂	上下闸首结构形式较为简单，布置简洁；塔柱结构布置紧凑，结构形式复杂，作用荷载简单	上下闸首结构形式较为简单，布置简洁；塔柱结构布置紧凑，结构形式复杂，作用荷载简单
机电设备	采用水力驱动，实现承船厢下水与下游航道对接以及平衡重浮筒具有的多种功能。故节省了主提升电机及相应的变速精度及其配套设备等，主机房布置只有卷筒及机械同步装置，机房布置非常简约，避开了大型重载升船机的传动机构方面的难题，使升船机的设计、制造、维护等方面十分简单、易于制造、安装，还简化了升船机的运行监控系统，使运行过程十分安全可靠。但是增设了上下游大直径阀门，阀门运行成为运行可靠性的关键	为适应下游水位变幅较大的特点，减少运行环节，需要采用承船厢下水型式的方案，在承船厢入水过程中将产生较大的浮力破坏原来的平衡系统，所以需要采用调控平衡力随时调控，较大的提升力用于保证提升力来平衡这部分浮力。较大的提升力也保证升船机不会发生承船厢漏水所产生的恶性事故，但是主要升力将大大增加，主驱动电机容量也相应增加，运行费用将增大。设备布置复杂性也造成了主机房布置所需空间较大。设备布置紧凑，增加了后期安装、维修的难度。机械设备多，后期维护的工作量较大	平衡重系统简单，对钢丝绳的精度要求不高，塔柱顶部机房布置也相对简单，但作为安全装置的4大螺杆或螺母的螺纹保持均匀同步空转，与相应的4条大螺杆井安装精度要较高，对塔柱齿条做同步空转。对设备的制造和安装精度的控制也有较高的要求。而且承船厢结构变形，设备制造安装误差，温度荷载、地震荷载等均会对齿条咬合产生影响，影响因素较多，不但增加了齿条驱动装置安装结构的复杂性。船厢的重量及平衡力均大、齿条爬升式升船机在国内尚无成功经验，技术难度大，研制费用也较高。此外，齿条专利，引进费用较大
通过能力	124.5万t，满足通过能力要求	147.1万t，满足通过能力要求	118.8万t，满足通过能力要求
施工条件	水力式方案土建结构较为复杂，增加了进水口、输水系统管道、竖井系统及上下游控制阀室，且竖井钢衬施工精度要求较高，故此方案土建结构施工难度较大。该方案的机电设备和金属结构制造和安装简单、周期较短	上、下闸首结构比较简单，施工难度不大，塔柱结构较为复杂，故塔柱是该方案土建施工的关键。该方案的升船机对制造、安装的要求较高，故设备的机电设备多，较为复杂，制造安装较为复杂	上、下闸首结构简单，施工难度不大，塔柱结构复杂，且对塔柱体型精度要求较为严格，故塔柱是该方案土建施工的关键。该型式的升船机对制造、安装的要求较高，对齿条咬合的影响因素也较多，故制造、安装、调试的周期较长

续表

项目	水力式方案	钢丝绳卷扬提升式方案	齿轮齿条爬升式方案
安全性	该方案升船机在发生漏水事故时依然保持平衡,即使承船厢内水体全部漏空,平衡关系也不会被破坏,从根本上解决了承船厢漏水等极端事故状态下升船机的安全问题,安全性高	该型式升船机一旦发生承船厢漏水事故,平衡将被破坏,需要借助安全装置提供的制动力来平衡,安全性一般	利用安装在承船厢上的可随承船厢移动的旋转大螺母与安装在承船厢室侧壁的保安螺杆相旋合,与爬升机构齿轮同步运转。当发生超载工况时,如升船机或漏水或爬升机构爬升力超过设计值,驱动装置停止运转,爬升机构的螺母也停止转动,安全装置自动投入。安全装置中的螺母和螺杆之间的自锁作用,承船厢被锁定在保安螺杆上,防止事故下滑,安全性较高
适用性	承船厢可下水,仍能保持完全平衡关系	部分平衡,承船厢可下水	全平衡,承船厢不下水,难以适应下游较大、较快的水位变幅
节能	运行中节约能源,不排放废气,绿色环保	运行中消耗大量的电能	运行中消耗一定的电能
技术创新	技术先进,具有我国自主知识产权,世界尚无类似工程实例	在我国已有建成实例(岩滩水电站升船机),但运行较少	在欧洲低水头升船机中应用技术成熟,我国拟在三峡工程采用(由德国设计)
工程静态投资比/%	97.4	100	110.5
每年运行与维护成本比/%	49.0	100	117.1

备注:工程静态投资仅为升船机本体部位的土建及机电设备投资。

塔柱位于上闸首的下游，长76.6m，最大宽度为40m，塔柱顶部高程为612.50m，作为承船厢垂直运行的主体结构，由混凝土底板、两侧箱形薄壁结构的塔柱、塔柱联系梁等组成。

下闸首布置在塔柱段的下游，长62m，宽40m，顶部高程为553.00m，设有下闸首通航槽、下闸首事故检修门等。

升船机提升机房位于塔柱顶部，为一大型钢结构框架，平面尺寸为76.6m×30.8m，机房底板高程为612.50m，顶高程为628.50m。

2）齿轮齿条爬升式升船机方案

齿轮齿条爬升式升船机主体结构布置在枢纽区溢流坝段右侧6#、7#坝段内，包括上闸首、塔柱、下闸首及顶部机房等。

上闸首位于右岸1#和2#溢流表孔坝段之间，长71.12m，坝顶高程612.00m，作为挡水坝段的一部分，设有通航槽、上闸首检修事故门、上闸首工作门、防撞梁及顶部交通桥等。

塔柱位于上闸首段的下游，长69.6m，最大宽度40m，塔柱顶部高程为612.50m，作为承船厢垂直运行的主体结构，由混凝土底板、两侧箱形薄壁结构的塔柱、塔柱联系梁等组成。

下闸首用来挡御下游水位，以形成在升船机承船厢池室内无水运行的条件。下闸首段布置在塔柱的下游，长62m，宽40m，顶部高程为553.00m，设有带有卧倒小门的下沉式工作闸门、下闸首事故检修门、防撞梁等。

提升机房布置于塔柱顶部，为一大型钢筋混凝土框架结构，平面尺寸为69.6m×33.3m，机房底高程为612.50m，顶高程为620.50m。

3）水力式升船机方案

与齿轮齿条爬升式方案和钢丝绳卷扬式方案一样，水力式升船机主体结构也布置在枢纽区溢流坝段右侧6#、7#坝段内，右邻1#溢流表孔，左邻2#溢流表孔，包括上闸首、塔柱、下闸首、输水系统、顶部机房及相关辅助设施等，见图2-2。

上闸首位于右岸1#和2#溢流表孔坝段之间，长71.12m，宽30m，坝顶高程为612.00m，作为挡水坝段的一部分，设有上闸首通航槽、充水系统、上游控制阀室、中央控制楼、上闸首检修事故门、防撞梁、上闸首工作门、顶部交通桥、主阀吊物孔、工作电梯及楼梯井等。

塔柱位于上闸首段的下游，长76.6m，宽40m，塔柱顶部高程为614.00m，作为承船厢垂直运行的主体结构，主要由设有充泄水系统的混凝土底板、两侧带竖井的塔柱、塔柱联系梁、顶部机房及安全撤离电梯、楼梯井组成。

下闸首段布置在塔柱的下游，长62m，宽40m，顶部高程为553.00m，设有下闸首通航槽、下游控制阀室、泄水系统、主阀吊物孔、下闸首事故检修门等。

主机房布置于塔柱顶部，为一大型钢结构框架，平面尺寸为102m×40m，机房底高程为614.00m，顶部采用网架结构，机房内布置16个卷筒装置、机械同步轴系统及检修桥机。

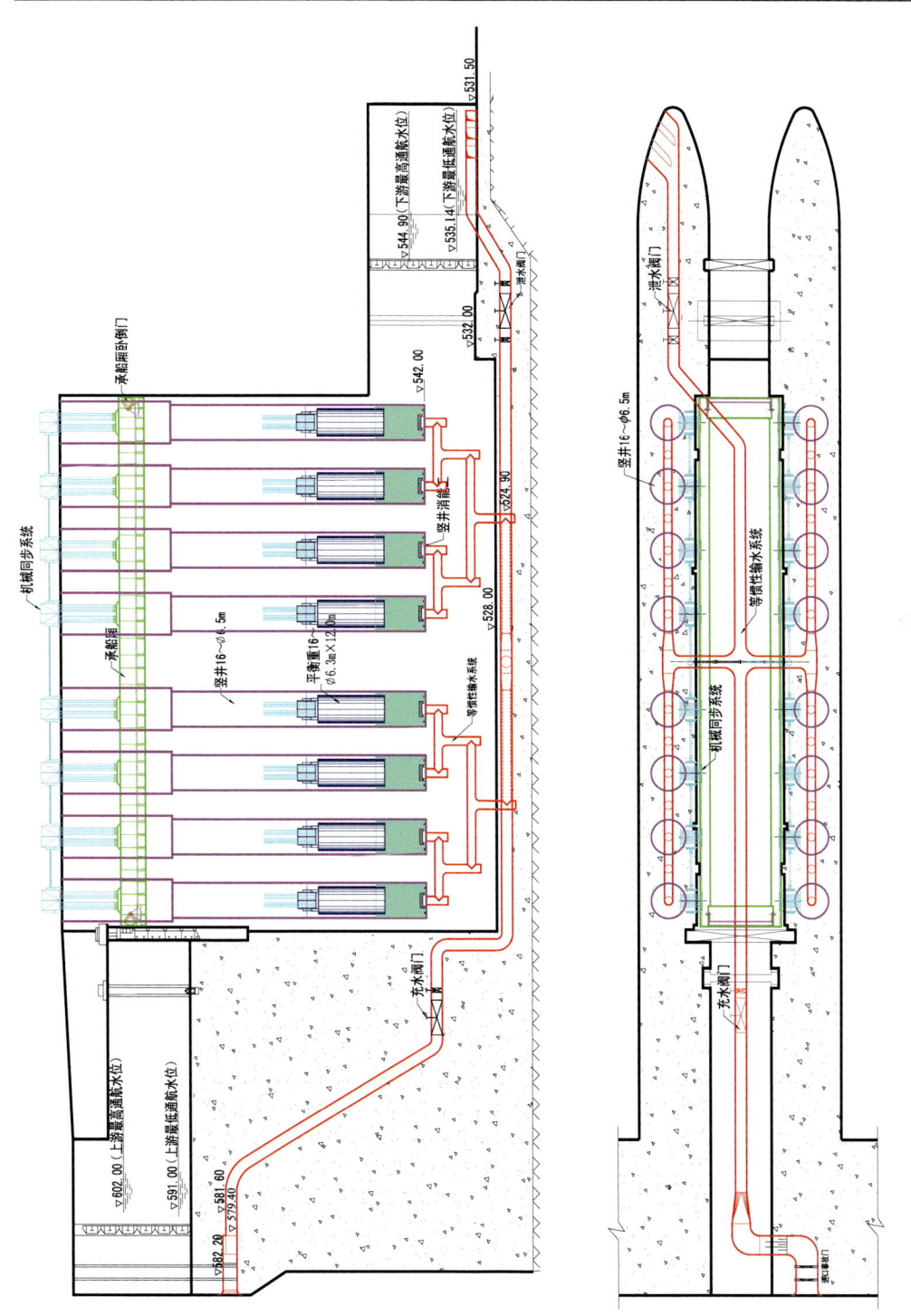

图 2-2 水力式升船机纵剖面布置图（单位：m，结合原图修改）

输水系统的管道采用压力钢管，在上闸首右侧设进水口引水经上游控制阀室至承船厢池底部的充泄水管道中，然后分别引入两侧各 8 个竖井中，充泄水管道采用等惯性布置。泄水管道沿承船厢池底部引入下闸首段左侧的下游控制阀室，然后通过出水口将水排入 2#表孔泄槽中。

2.3　升船机总体布置

景洪水力式升船机主要由水工建筑物和金属结构设备及相关辅助建筑物构成，主体建筑物见图 1-16。水工建筑物主要由上闸首、塔柱、下闸首、输水管道及上下游导航建筑物组成，主要设备布置在上、下闸首及塔柱，包括闸首金属结构设备、水力系统设备、承船厢及其设备、机械同步系统设备、钢丝绳与平衡重、运行控制系统设备等。

1. 水工建筑物

上闸首兼有挡水坝段和升船机闸首的双重功能，位于右岸 1#和 2#溢流表孔坝段之间，长 71.12m，宽 30m，坝顶高程为 612.00m，设有上闸首检修事故门、上闸首工作门、上游控制阀室、中央控制楼、顶部交通桥、主阀吊物孔、工作电梯及楼梯井等。

塔柱位于上闸首段的下游，长 76.6m，宽 40m，塔柱顶部高程为 614.00m，主要由布置充泄水系统的混凝土底板、两侧带竖井的塔柱、塔柱联系梁、顶部机房及安全撤离电梯、楼梯井组成。主机房布置于塔柱顶部，结构形式为下部钢格构柱+顶部钢网架，平面尺寸为 102m×40m，机房底高程为 614.00m，机房内布置卷筒装置、机械同步轴系统及检修桥机。

下闸首段布置在塔柱的下游，长 62m，宽 40m，顶部高程为 553.00m，设有下闸首通航槽、事故检修门及桥机排架、下游控制阀室、主阀吊物孔等。

输水管道的上游取水口布置在升船机上闸首段右侧，自取水口引水至承船厢池底部的充泄水管路中。充泄水系统采用等惯性布置，分别引入承船厢室两侧塔柱内的竖井中。为进一步保证各个竖井水位同步升降，在每侧的竖井之间及左右两侧竖井的上游底部均设置有连通管。在引水管的水平段布置上游控制阀室，阀室包含主充水阀和辅充水阀，并设置检修桥吊。泄水管沿承船厢池底部引入下闸首段左侧，通过出水口将水排入 2#表孔泄槽中。在下闸首段左侧位置设置下游控制阀室，包含主泄水阀和辅泄水阀及检修桥吊。竖井的充水由上游充水阀门控制，泄水由下游泄水阀门控制。上游取水口进口设有平面快速事故闸门供检修输水管道和充水阀门时使用，且当充水阀门出现事故时可快速关闭闸门迅速切断水流，以保护升船机安全。平面闸门前设置拦污栅，防止污物进入输水管路。

导航建筑物包括上下游引航道、上游浮式导航堤和下游导航墙。上游引航道位于水电站库区的右侧，从上游停泊区至上闸首段，引航道长约 600m。

上游浮式导航堤位于上游引航道左侧，由两艘长 35m、宽 7m 的趸船组成，趸船一端与上闸首通航槽左侧边墩相连，另一端通过锚链与水下的混凝土锚块连接。

下游引航道与下闸首相接，长为 508.5m，宽 40m，渠底高程为 531.50m。受河道地形条件限制,下游引航道部分布置在近73°的弯段内,转弯半径222m。下游导航墙位于下游引航道的左侧,导航墙为重力式挡墙,长为443.227m,导航墙顶高程为547.00m。靠船建筑物主要为过坝船只在进出闸时停靠使用,包括上游停泊区、下游停泊区。上游停泊区布置在距坝轴线约600m的库区右岸岸边,由4个独立的靠船墩构成,总长为100m。下游停泊区位于下游引航道的右岸边坡,长为240m,由一系列布置在边坡上的系船柱和系船环组成。

2. 主要设备

闸首金属结构设备包括上闸首事故闸门、上闸首工作闸门、下闸首检修闸门及各自的启闭机械设备。上闸首事故闸门由坝顶门机启闭。上闸首工作闸门由液压启闭机启闭。下闸首检修闸门由桥机启闭。上闸首事故闸门设置于上闸首前段,在坝顶门机轨道范围之内;主要功能是当上闸首工作闸门出现事故时可动水关闭事故闸门,或当水库水位超过升船机上游最高通航水位时关闭孔口,保证升船机及相关建筑物的安全。上闸首工作闸门布置在上闸首通航明渠的末端,始终处于常闭挡水状态。当船只在上游进出承船厢时应能与承船厢密封对接,且提供船只进出承船厢的通道,当水库水位变化时能调整进出通道的门槛高程,以保证船只通航所需水位深度,保证通航船只正常航行。下闸首检修闸门平时锁定在下游引航道右墩顶部平台,当承船厢池设备需要检修或者承船厢需要在承船厢池中检修时下闸挡水。

水力系统的主要功能是把上游库水引到各个竖井中驱动浮筒升降以带动承船厢上下运行,通过对输水流量的调节控制升船机的运行。水力系统设备主要包括进口快速事故闸门及启闭机、充水管路、充水控制阀门及掺气系统、突扩体、等惯性输水系统、竖井、泄水管路、泄水控制阀门及掺气系统、出口快速事故闸门及启闭机。为保证各个竖井水位同步升降,每侧的竖井之间及左右两侧竖井的上游底部均设置有连通管。在引水管的水平段布置上游控制阀室,布置三台充水阀门,并排平行布置,中间为主充水阀门,两侧为辅充水阀门。为消除充水阀门运行过程中的振动、空化等现象,充水阀门需进行必要的掺气。突扩体布置在上游流量调节阀后。突扩体能够有效改善阀后流态,减少阀体振动,让阀体的过流能力得以充分发挥。在下闸首段左侧位置设置下游控制阀室,包含主泄水阀和辅泄水阀及检修桥吊。在下游阀室平行布置三台泄水阀门。中间为主泄水阀门,两侧为辅泄水阀门。为消除泄水阀门运行过程中的振动、空化等现象,泄水阀门也需进行必要的掺气。

承船厢有效长度为58m,承船厢净宽为12m,承船厢标准水深为2.5m;承船厢允许误载水深为±0.2m,承船厢结构及设备自重为825t,设计水深下厢内水体的重量为2295t,设计运行速度为0.2m/s。景洪升船机上下游水位条件可以满足动滑轮设置条件。

承船厢装设在由上、下闸首及塔柱构成的承船厢室内,由64根钢丝绳悬吊,沿设在塔柱上的4条夹紧轨道升降运行。承船厢是船只过坝的载运容器,是盛水结构和承载结构为一体的焊接钢结构。承船厢为钢质槽型薄壁结构,两端分别设一扇平面卧倒闸门。厢体结构包括主体结构和附属结构,承船厢设备包括各种功能的机械设备、电气控制和检测设备等。在承船厢两侧顶部平台上设有对外交通通道,一旦发生事故,船上人员可从通道疏散到塔柱廊道并通过楼梯撤离。承船厢两侧甲板上设置系缆桩，系缆桩单侧设置 5 组，间距 13m 左右，两侧对称布置。承船厢上游端设有充压密封装置。承船厢上的夹紧装置、顶紧装置、导向轮、密封装置等设备安装在相应的机架上，机架与承船厢结构连接为整体。

机械同步系统设备由卷筒、同步轴、联轴器、锥齿轮箱、制动系统等组成，沿卷筒轴线布置，在卷筒组的上下游两端通过锥齿轮箱转换，形成环形闭环同步系统。卷筒及同步系统由 16 个卷筒、4 个锥齿轮箱及卷筒间的同步轴等组成，在主机房内分 16 个吊点区对称布置。每套卷筒布置三个制动器，卷筒端面配制动盘。同侧的卷筒通过浮动同步轴及联轴器连接，两侧的卷筒通过锥齿轮箱转换后再经过浮动同步轴连接。每只卷筒上绕 4 根钢丝绳，共 64 根钢丝绳。钢丝绳的一端通过调平油缸与承船厢连接，另一端绕过动滑轮组后通过均衡油缸与固定均衡梁连接。钢丝绳绕过卷筒时，利用压板将钢丝绳固定在卷筒上，卷筒之间由同步轴连接。同侧同步轴直接支承在卷筒轴承座上，上下游异侧同步轴轴段分别支承在 4 个机架及 2 个锥齿轮箱上，轴承座采用剖分式结构，每个轴承座设两个支点，采用双列向心球面滚子轴承，由集中润滑泵站供油润滑。

钢丝绳组件包括钢丝绳、承船厢调平系统及钢丝绳均衡系统。钢丝绳一端通过承船厢调平系统与承船厢连接，另一端从卷筒缠绕出来绕过动滑轮后，与设在机房平面的钢丝绳均衡系统连接。承船厢调平系统布置在钢丝绳吊头与承船厢吊耳之间。承船厢调平系统包括机械调平装置及承船厢调平油缸总成(含内置式行程检测传感器、联结轴承及紧固件等)。承船厢调平油缸总成一端与机械调平装置连接，另一端与承船厢吊耳连接。钢丝绳均衡系统布置在钢丝绳吊头与均衡梁吊耳之间。钢丝绳均衡系统包括机械调平装置及钢丝绳均衡油缸总成(含内置式行程检测传感器、联结轴承及紧固件等)。钢丝绳均衡油缸总成一端与机械调平装置连接，另一端与钢丝绳均衡梁吊耳连接。平衡浮筒设置于升船机塔柱两侧的竖井内，可在其内随竖井水位上下升降。浮筒筒内装水，顶部布置动滑轮，钢丝绳从卷筒缠绕出来绕过动滑轮后，与设在机房平面的调节装置连接。

监控检测设备包括升船机整体运行的检测装置和状态监护监测装置两部分，它是电气控制系统中控制参数和状态信息的依赖基础，检测装置分散安装在升船机各检测部位，主要由前端检测、数据采集单元和与之配套的数据处理、传输单元组成。升船机在运行过程中，检测设备必须按预定程序向现地控制单元发送一系列相关的被控参数和状态信息，计算机系统通过对这些数据的采集、分析、比对，对各类数据的可信度做出实时评价，以便及时发现、处理和预防各种可能出现的故障，并对系统进行控制，保证升船机安全、可靠地运行。

2.4　工程基本特性表

景洪水力式升船机总体特征参数和关键结构基本参数分别见表 2-2 和表 2-3。

表 2-2 景洪升船机工程总体概况表

名称	数值	单位	备注
上游最高通航水位	602	m	
上游最低通航水位	591	m	
下游最高通航水位	544.9	m	
下游最低通航水位	535.14	m	相应流量 495m³/s
年通航天数	330	d	
每天工作时间	21	h	
日均运行次数(单向)	27	次	
单次运行最大耗水量	18502	m³	
年过坝能力	124.5	万 t	

表 2-3 景洪升船机关键结构基本参数表

	名称	数值或数量	单位	备注
	水力驱动系统			
竖井	竖井最大充水流量	46.1	m³/s	
	竖井与平衡重间隙比	0.09		
	竖井总面积	530.93	m²	
	竖井上部方形断面尺寸	7.2×7.9	m	
	竖井下部圆形断面直径	6.5	m	
	同侧的中间两个竖井间距	10.2	m	
	同侧的其余竖井相邻间距	8.2	m	
	两侧竖井中心间距	28.4	m	
	竖井高	72	m	
	竖井水位最大变幅	45.95	m	包含船厢出入水
输水系统	充水阀门的最大作用水头	56.95	m	
	泄水阀门的最大作用水头	55.86	m	
	主输水管道及二级支管直径	2.5	m	
	三、四级输水支管直径	1.6	m	
充水阀门	阀门公称直径	1.6	m	
	压力等级	1	MPa	
	流量(主充水阀)	0~58500	m³/h	
	流量(辅充水阀)	0~14300	m³/h	
	阀门启闭电机功率	4	kW/台	
泄水阀门	阀门公称直径	1.6	m	
	压力等级	1	MPa	
	流量(主泄水阀)	0~58500	m³/h	
	流量(辅泄水阀)	0~16000	m³/h	
	电机功率	4	kW/台	

续表

名称		数值或数量	单位	备注
水工建筑物					
塔柱	塔柱段顺向河长	76.6	m	
	塔柱段横河向宽	40	m	
	塔柱段高	92	m	
	塔柱顶高程	614	m	
主机房	机房底高程	614	m	
	机房结构形式	下部钢格构柱+顶部钢网架		
	机房平面尺寸	102×40	m	
机械同步系统					
同步轴	同步轴外径	800	mm	
	同步轴内径	680	mm	
	同步轴额定扭矩	190	kN·m	
	额定转速	≤1	r/min	
	剖分轴承外径	1090	mm	
	剖分轴承内径	800	mm	
	剖分轴承静态额定载荷	≥4.0×10^5	N	
	胀紧套公称扭矩	945	kN·m	
膜片联轴器	工作方式	断续工作，年最大工作频次为 27 次升或降/d×330d		
	公称扭矩	800	kN·m	
	转速范围	0~5	r/min	
	补偿能力	角向 0.5°，轴向±5.0mm（单膜片）		
	单个片组周向间隙最大值	20~30	μm	
	单个片组扭转刚度	不低于 5.0×10^{5}kN·m/rad（400kN·m 时的检测值）		
制动器	制动器形式	盘式制动器，机械弹簧上闸、液压松闸		
	制动器数量	共 16 套装置，每套 3 对制动器		
	每对制动头工作负载	750	kN	
	制动盘摩擦直径	5000	mm	
	安全系数	≥1.7		
	每套装置的制动器个数	3	对	
	每对制动器的摩擦力	≥300	kN	
	单套制动力×制动半径	600	kN·m	
	摩擦副摩擦系数	≥0.4		
	制动单元上闸时间	≤0.5	s	
	制动单元松闸时间	≤5	s	
	制动单元松闸时间差	≤0.3	s	
	全部制动单元松闸时间（由一台泵站带动时）	≤11	s	
	卷筒直径	4250	mm	

续表

	名称	数值或数量	单位	备注
卷筒	每根钢丝绳在卷筒上的工作圈数	5	圈	
	最大提升高度	66.86	m	
	卷筒体外形尺寸	4226×3650	mm	
	卷筒钢板材料	Q345C		
	卷筒单件重量	57.5	t	
锥齿轮箱	锥齿轮箱额定转速	≤1	r/min	
	锥齿轮箱额定扭矩	190	kN·m	
	设计寿命	≥30	a	
承船厢及其设备				
承船厢	承船厢外形尺寸	68.9×15.8×6.7	m	长×宽×高
	承船厢有效水域尺寸	58.0×12.0×2.5	m	
	承船厢有效长度	58	m	
	承船厢净宽	12	m	
	承船厢允许误载水深	±0.2	m	
	设计运行速度	0.2	m/s	
	总提升重量	3140	t	
	船型尺寸	46.2×7.6×1.75	m	长×宽×吃水深
	通航净高	8	m	
	承船厢升降时间	17	min/次	单向、空中及入水
	船只进出船厢允许航速	≤0.5	m/s	
	最大提升高度	66.86	m	
	承船厢出入水速度	0.04	m/s	
	升降加速度	±0.01	m/s²	
	水中升降加速度	±0.005	m/s²	
	事故减速度	0.05	m/s²	
	承船厢停位精度	±3	cm	
	承船厢结构及设备自重	825	t	
	设计水深下厢内水体重量	2295	t	
	承船厢有效水域宽度	12	m	
	标准水域深度	2.5	m	
	水深运行偏差	−0.2~0	m	
	承船厢结构及设备重量	673	t	
	有效水域长度	58	m	
	标准载水水体重量	2242	t	
	最大载水水体重量	2408	t	
	吊点数量	64		

续表

名称	数值或数量	单位	备注
承船厢卧倒门闸门形式	平面卧倒门		
承船厢卧倒门孔口尺寸	12.68×2.65	m	
承船厢卧倒门总水压力	575.1	kN	
承船厢卧倒门闸门数量	2		
承船厢卧倒门启闭机操作条件	静水启闭		
承船厢卧倒门启闭机启闭速度	1.25	m/min	
承船厢卧倒门启闭机操作设备	双作用液压启闭机		
承船厢卧倒门启闭机开门拉力	2×300	kN	
承船厢卧倒门启闭机闭门推力	2×400	kN	
承船厢卧倒门启闭机工作行程	1133	mm	
承船厢卧倒门启闭机最大行程	1155	mm	
钢丝绳与浮筒式平衡重			
钢丝绳直径	70	mm	
钢丝绳工作载荷	561	kN	
整绳最小破断拉力	≥4200	kN	
钢丝抗拉强度等级	1960	N/mm²	
钢丝绳安全系数	7.5		
钢丝绳总数量	64	根	
每根钢丝绳长度	212.2	m	
平衡重结构形式	焊接钢结构		
浮筒式平衡重底面直径	6.2	m	
浮筒式平衡重总截面积	483.05	m²	
浮筒式平衡重有效高度	12.52	m	
底部富余水深	2.19	m	
顶部富余水深	2	m	
总高度	16.72	m	
平衡重数量	16	套	
浮筒材料	Q345B		
浮筒外径	6.2	m	
浮筒高度	19.49	m	
单个浮筒重量	110	t	
盛水后的重量	418	t	
均衡油缸正常工作载荷	561	kN	
油缸最大工作压力	15	MPa	
活塞杆表面	镀铬		
有效工作行程	800	mm	
最大行程	900	mm	

续表

	名称	数值或数量	单位	备注
		闸首金属结构及设备		
上闸首工作大门	上闸首工作闸门	工作大门设"凹"字形缺口及工作小门		
	工作大门门体的梁系结构	实腹式同层布置结构		
	工作大门闸门主梁	变截面设计		
	工作大门闸门底节主梁	箱形梁结构		
	上游最高通航高程	602	m	
	上游最低通航高程	591	m	
	孔口尺寸	上游侧：12×13.5	m	
		下游侧：16.8×13.5	m	
	设计水头	13.8	m	
	闸门支承距	17.4	m	
	孔数/扇数	1孔/1扇		
	操作条件	动水启闭，每0.5m为一个开度		
	启闭机形式	柱塞式液压启闭机		
	启闭机容量	2×2500	kN	
	工作行程	10.7	m	
上闸首工作小门	工作小门门体的梁系结构	实腹式同层布置结构		
	孔口尺寸	3.3×12	m	
	设计水头	3.06	m	
	孔数/扇数	1孔/1扇		
	操作条件	动水启闭，全开全关		
	启闭机形式	柱塞式液压启闭机		
	启闭机容量	2×300	kN	
	工作行程	3.5	m	
上闸首事故闸门及启闭机	孔口形式	露顶式结构形式：平面、滑动式		
	孔口尺寸	12.0×20.9	m	宽×高
	水封尺寸	12.12×21.10	m	宽×高
	支承跨度	12.6	m	
	门槽底槛高程	588.5	m	
	设计水头	20.9	m	
	闸门上段总水压力	2560	kN	
	闸门下段单节最大总水压力	8333	kN	
	闸门总水压力	26471	kN	
	门叶材料	Q345、Q235		
	埋件材料	Q345		
	门体支承	主支承MGA-2工程塑料合金、反向钢滑块、侧向简支式侧轮		
	启闭机形式	门式		

续表

	名称	数值或数量	单位	备注
上闸首事故闸门及启闭机	起重机容量(主小车/副小车)	3500/1000	kN	
	启闭机数量	1	台	
	启闭机扬程(主小车/副小车)	85/20	m	
	主起升速度	0.21～2.1/2.1～4.2	m/min	
	副起升速度	0.21～2.1/2.1～4.2	m/min	
	大车行走速度	2～20	m/min	
	主小车行走速度	0.48～4.8	m/min	
	副小车行走速度	0.4～4.2	m/min	
	轨道间距	14	m	
	抓梁形式	液压自动抓梁		
下闸首检修闸门及启闭机	孔口形式	露顶式结构形式		
	孔口尺寸	12.00×13.20	m	宽×高
	水封尺寸	12.16×13.20	m	宽×高
	支承跨度	12.6	m	
	门槽底坎高程	531.7	m	
	设计水头	13.2	m	
	总水压力	10594	kN	
	门叶材料	Q345		
	埋件材料	Q345		
	门体支承	主支承为复合材料，侧导向采用悬臂侧轮，反向支承采用弹性反向滑块导向		
	门槽形式及主要材料	采用Ⅰ型门槽，采用工字形焊接工字钢作为闸门主支承		
	水封装置	下游止水，侧止水P45A橡塑水封、底止水Ⅰ105-16		
	充水方式	上游阀室充水阀充水		
	平压门体吊点	双吊点		
	启闭条件	静水启闭		
	启闭机形式	2000kN检修桥机		
	检修桥机形式	双向单小车桥机1台，滑触线供电		
	大车轨距	15	m	
	大车轮距	6.15	m	
	额定起升荷载	2000	kN	
	起升高度	40	m	
	起升速度	0.15～1.5(带载调速范围)	m/min	
		0.3～3.0(无载调速范围)	m/min	
	吊点形式	单吊点		
	小车行走速度	1.1～11.0(变频调速)	m/min	
	大车行走速度	2.2～22.0(变频调速)	m/min	

$$H_f = \frac{V_{fz}}{S_{fz}} \tag{3-9}$$

最后根据确定的平衡重总横截面面积和高度,结合竖井和输水系统布置,综合考虑确定平衡重平面形状和数量。

对于其他形式,首先根据下式初步确定平衡重高度。

不设动滑轮:

$$H_f \leqslant H_顶 - h_{uu} \tag{3-10}$$

设动滑轮船厢不入水:

$$H_f \leqslant H_顶 - h_{ud} \tag{3-11}$$

式中,$H_顶$为升船机升降平台顶高程,m。

再根据下式综合考虑确定平衡重平面形状和数量:

$$S_{fz} = nS_f \geqslant \frac{V_{fz}}{H_f} \tag{3-12}$$

式中,n为平衡重数量;S_f为单个平衡重横截面面积。

3.1.4 竖井布置

充泄水系统与升船机的竖井布置和尺寸直接相关,而竖井布置和尺寸又与平衡重浮筒的重量和尺寸直接相关。

竖井布置原则如下:

(1)竖井数量必须满足承船厢钢丝绳吊点和机械同步系统布置要求。

(2)兼顾等惯性输水系统布置要求,一般而言,根据目前国内外升船机船厢尺寸,可考虑每侧布置8~16个。

(3)竖井面积涉及平衡重的稳定运行、耗水量、运行时间等因素,竖井壁与平衡重浮筒的间隙初步可考虑选择10~15cm。

竖井底部与输水管道连接部位应设置消能工,以降低出流能量,避免水流直接冲击平衡重浮筒底部,改善平衡重浮筒底部水流条件,减小水流对平衡重浮筒的扰动。消能工可采用高水头船闸中常用的盖板消能。

承船厢双向运行一次最大耗水量($V_耗$)可按下式计算:

$$V_耗 = \frac{1}{2}S_{jz} \cdot H_{max} + k \times (S_{jz} - S_{fz}) \times H_{fs} \tag{3-13}$$

式中,S_{jz}为竖井总面积,m^2;S_{fz}为平衡重总面积,m^2。

3.1.5 输水系统设计

输水系统的基本设计流程如下。

(1)综合承船厢尺度、塔柱结构、机械同步系统布置等因素,确定输水系统总体布置形式。

为了保证水力式升船机平衡重同步上升(下降),输水系统可采用等惯性设计,即输

第3章 水力驱动系统

$$M_{cz} = M_c + M_s + M_z + \Delta m \frac{H_{max} - H_{cx}}{H_{max}} \tag{3-2}$$

式中，M_c 为承船厢净重，kg；M_s 为承船厢标准水体重量，kg；M_z 为允许超载水体重量，kg；Δm 为钢丝绳重量，kg；H_{cx} 为承船厢行程，m；承船厢向上运行取正，向下运行取负。

平衡重总重量（M_{fz}）按下式计算：

$$M_{fz} = \frac{\varphi \cdot M_{cz}[\varphi\gamma|a| + g(1\pm\tau)] + F_f - \varphi F_c}{g(1\mp k) - \frac{\gamma|a|}{\varphi}} \tag{3-3}$$

式中，g 为重力加速度；k 为船厢系数，船厢为下水式，$k=1$，船厢为不下水式，$k=0$；F_c 为承船厢的浮力；F_f 为平衡重的浮力；a 为平衡重加速度，m²/s；τ 为系统摩擦系数；γ 为安全系数，一般大于 20；φ 为系数，平衡重用动滑轮取 2，不用动滑轮取 1。

平衡重最小总重量按下式计算：

$$M_{fz} \geqslant \frac{\varphi \cdot M_{cz}[\varphi\gamma|a| + g(1\pm\tau)]}{g(1\mp k) - \frac{\gamma|a|}{\varphi}} \tag{3-4}$$

(2) 计算确定的平衡重总重量，按船厢下水计算平衡重总体积（V_{fz}）：

$$V_{fz} \geqslant \max(V_{fz\max 1}, V_{fz\max 2}) \tag{3-5}$$

$$V_{fz\max 1} = \frac{(M_{fz} + \Delta m)\left[(1+\tau)g - \frac{\gamma|a|}{\varphi}\right] - \varphi M_c[(1-\tau)g + \gamma|a|]}{\rho g} \tag{3-6}$$

$$V_{fz\max 2} = \frac{M_{fz}\left[(1+\tau)g - \frac{\gamma|a|}{\varphi}\right] + \varphi\left(\frac{M_c}{\rho_{铁}} + M_s\right)}{\rho g}$$

$$- \frac{\varphi(M_c + M_s + \Delta m - M_z)[(1-k)g - \gamma|a|]}{\rho g} \tag{3-7}$$

式中，ρ 为平衡重密度；$\rho_{铁}$ 为船厢材料铁的密度。

(3) 结合输水系统总体布置和竖井允许水位变幅，确定平衡重数量、横截面面积和高度。平衡重外形一般采用柱状体，应遵循：①承船厢入水形式中应首先确定平衡重数量及面积，再确定平衡重高度，其他形式应首先确定平衡重高度，再确定平衡重数量及面积；②尽量加大平衡重高度，减少平衡重数量，降低运行耗水量；③平衡重横截面应满足平衡重上吊点钢丝绳的布置要求；④平衡重底部采用锥形或流线型，以降低竖井充水时水流对平衡重的扰动。

对于承船厢入水形式，首先根据下式计算平衡重总横截面积（S_{fz}）：

$$S_{fz} \geqslant \frac{\varphi \cdot V_c}{H_{min} - 0.5H_{max}} \tag{3-8}$$

式中，V_c 为承船厢最大排开水体体积，m³。

再根据下式确定平衡重高度：

(1)根据上游、下游水位条件,确定是否可采用水力式升船机方案,确定竖井允许水位变化区间;

(2)确定输水系统总体形式,确定是否采用等惯性输水系统;

(3)浮筒式平衡重及竖井的设计,根据升船机提升重量、船厢尺度、上下游水位确定浮筒式平衡重总重量、总体积;

(4)结合输水系统总体布置,确定平衡重数量;

(5)根据竖井允许水位变幅,确定平衡重高度和横截面面积;

(6)根据平衡重横截面面积,按照一定的间隙比初步确定竖井尺寸,进行耗水量计算,确定竖井尺寸;

(7)输水系统水力设计,根据工作水头、升船机设计运行速度、管道最大允许流速等,计算主廊道尺寸和输水系统目标流量系数,确定阀门选型,并进行输水管路、进出水口的设计;

(8)计算运行特性,根据上述输水系统设计尺寸,计算输水系统各部位阻力系数,根据水力式升船机阀门运行控制理论建立水力学方程,进行数值模拟计算,得到升船机运行特性,若满足设计要求,则进行细部参数优化设计,若不满足设计要求,则调整主廊道尺寸,重新进行输水系统水力设计,直至升船机运行特性达到设计指标后,再进行细部参数优化设计;

(9)细部参数优化设计,主要包括平衡重底部锥形体、竖井与平衡重间隙优化设计等。

3.1.2 适用水位条件

水力式升船机为适应上下游水位变化,一般在平衡重吊点上设置一组动滑轮,平衡重的最大行程只有升船机最大升程的一半。水力式升船机对上下游通航水位有一定要求,上下游通航水位必须满足式(3-1)才可以采用水力式升船机:

$$2(H_{min} - kH_{fs}) \geqslant H_{max} \tag{3-1}$$

式中,H_{max}为升船机最大升程,$H_{max} = h_{uu} - h_{dd}$,$h_{uu}$为上游最高通航水位,$h_{dd}$为下游最低通航水位,m;$H_{min}$为升船机最小升程,$H_{min} = h_{ud} - h_{du}$,$h_{ud}$为上游最低通航水位,$h_{du}$为下游最高通航水位,m;$H_{fs}$为平衡重有效高度,$H_{fs} = H_f - H_{fc} - H_{fa}$,$H_f$为平衡重高度,$H_{fc}$为平衡重初始淹没深度,$H_{fa}$为平衡重富余高度,m;$k$为船厢系数,船厢下水时$k=1$,船厢不下水时$k=0$。

3.1.3 浮筒式平衡重设计

水力式升船机的浮筒式平衡重集中了传统升船机的平衡、提升、同步、安全四种功能,因此平衡重设计将关系到整个升船机系统运行的安全可靠性,是水力驱动系统设计的基础。

浮筒式平衡重基本设计流程如下。

(1)根据承船厢侧最大提升重量计算浮筒式平衡重总重量。承船厢侧最大提升重量主要考虑承船厢净重(含设备)、承船厢标准水体重量、允许超载水体重量等。

承船厢侧最大提升重量(M_{cz})可按下式计算:

(1) 如何提高竖井水位的同步性，使各平衡重同步升降，降低水力驱动系统对承船厢不均匀荷载的影响，控制承船厢倾斜力矩初值；

(2) 如何减小竖井水面波动，使平衡重平稳运行，降低水力驱动系统对承船厢内水体的扰动；

(3) 如何控制承船厢运行速度，减小承船厢运行速度波动；

(4) 如何解决高水头调节阀的空化和振动问题；

(5) 如何提高输水效率。

水力驱动系统设计关键点：

(1) 输水系统等惯性+等阻力设计方法，保证输水管道在狭窄垂直空间内各分支管路的流量相等；

(2) 竖井底部水位平衡廊道设计方法，有效降低竖井水位差；

(3) 支管出口消能工的设置，改善竖井水流流态，提高平衡重运行稳定性；

(4) 竖井与浮筒的间隙比最优区间设计，提高水力系统水动力特性变化及动力输出的稳定性；

(5) 阀门采用"主辅"的形式，精确控制船厢速度；

(6) 阀门前设有环向强迫通气装置，阀门后设置减振稳压箱，解决输水阀门的空化及振动问题，减小压力脉动，使阀门的大开度开启时间提前，提高输水效率。

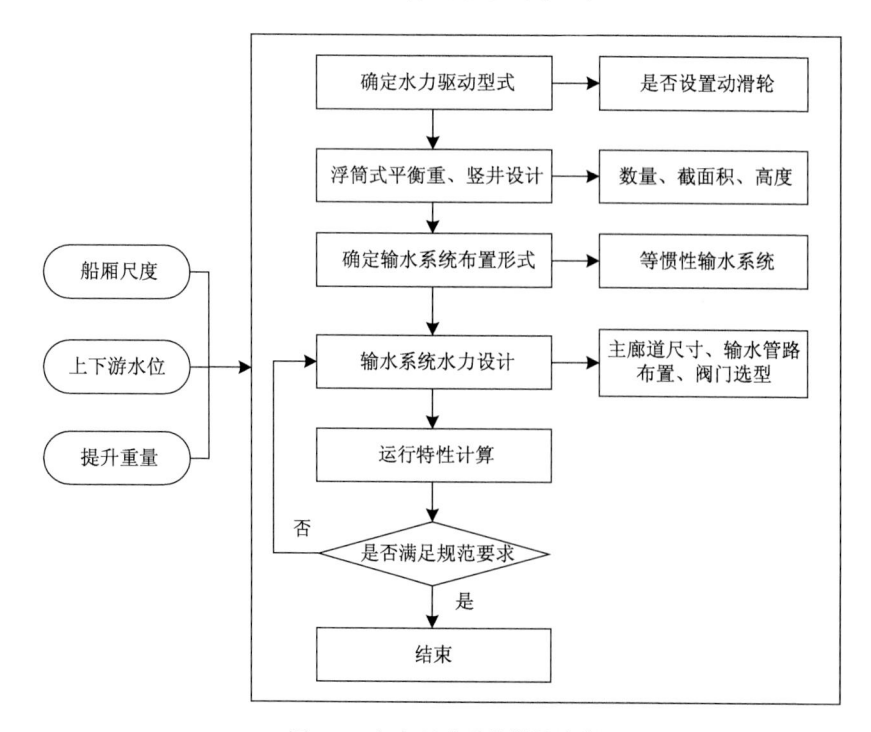

3.1.1 水力驱动系统设计流程

水力驱动系统设计流程见图 3-2。具体包括以下步骤：

图 3-2 水力驱动系统设计流程

第 3 章　水力驱动系统

本章介绍水力驱动系统设计流程和方法，分析水-浮筒-船厢耦合的作用、竖井水位同步性、竖井液面稳定性及阀门防空化等水力驱动系统重点问题；结合景洪升船机上下游通航水位条件，介绍竖井内适应水位计算结果，阐述景洪升船机水力驱动系统各组成部分设计成果及应用效果。

3.1　水力驱动系统设计方法

水力驱动系统基本构成如图 3-1 所示，由输水主管路、分支管路、竖井、充泄水阀门等构成的输水系统及平衡重浮筒组成。为解决多竖井水位同步和高水头输水阀门空化问题，在分支管路出口、竖井底部等设置有消能工、水位平衡廊道、通气减蚀装置、减振稳压箱等设施。

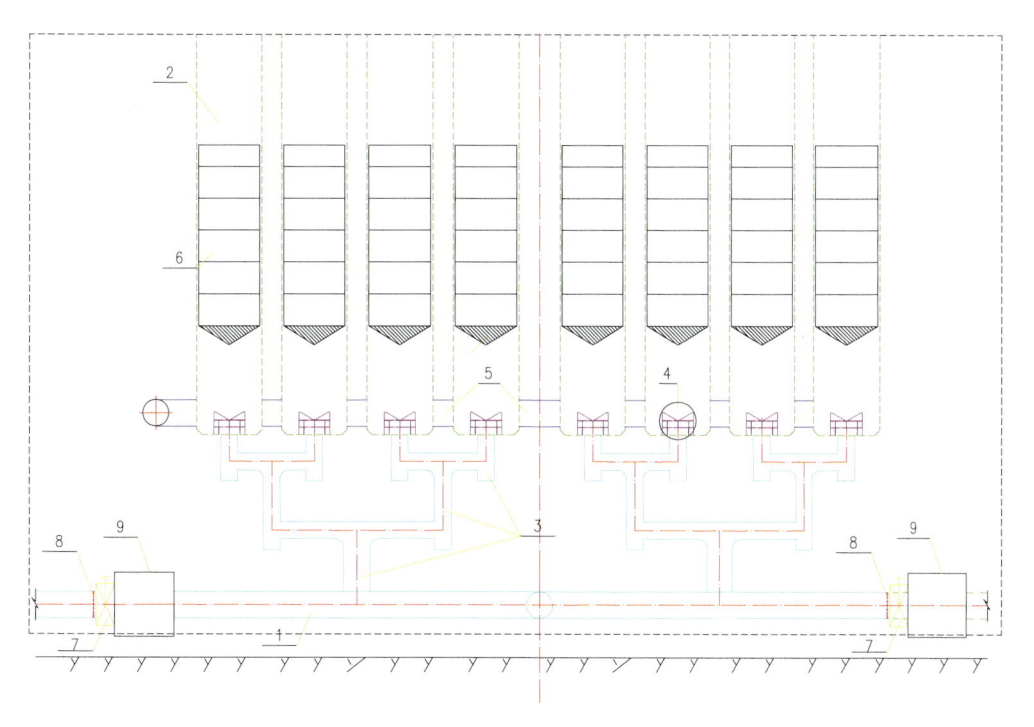

1.输水主管路；2.竖井；3.分支管路；4.消能工；5.水位平衡廊道；6.平衡重浮筒；7.充泄水阀门；8.通气减蚀装置；9.减振稳压箱

图 3-1　水力驱动系统基本构成

水力驱动系统在设计中应重点关注以下问题：

续表

名称	数值或数量	单位	备注
运行控制系统			

	名称	数量	单位	安装位置
控制系统主要设备配置	数据服务器	2	套	计算机台
	操作员工作站	2	套	控制台
	工程师工作站	1	套	控制台
	网络服务器	1	套	计算机台
	网络交换机（MS20-1600SAAEHC）	2	套	控制台
	网络交换机（RS20-0800M2M2SDAEHC）	8	台	现地控制柜
	GPS 时钟系统	1	套	中控室
	UPS B6KVA，6kVA 冗余型	2	套	计算机房
	公用 LCU 子站	2	套	子站控制柜
	上闸首 LCU 子站	2	套	子站控制柜
	承船厢 LCU 子站	2	套	子站控制柜
	驱动 LCU 子站	2	套	子站控制柜
	控制软件系统 无限点服务器版	2	套	操作员站
	数据库软件	2	套	数据服务器

水主管道进/出口至竖井的各级分支管道长度、截面几何尺寸完全相同，理论上可实现输水管路充泄水过程水流惯性长度完全相等。从几何构造来看，该输水系统的分支管道是完全对称的，水流每经过一级分流口后均利用弯管改变流向进入下一级分流。图 3-3 为两种典型等惯性输水系统布置示意图，布置原则可参考船闸设计规范等资料。

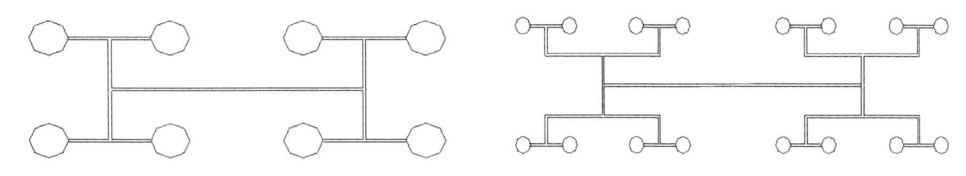

图 3-3 典型等惯性输水系统布置示意图

(2) 根据上下游通航水位、承船厢升降运行时间及确定的竖井尺寸，计算输水系统控制断面主尺寸，一般以阀门处主廊道作为控制断面。

输水系统主廊道控制断面面积主要受水力式升船机运行时间、提升高度、竖井面积等影响，输水系统阀门段廊道面积（S_k）可按下式估算：

$$S_k = \frac{2S_{jz} \times (\sqrt{H_b} - \sqrt{H_e})}{\mu T \sqrt{2g} \times [1-(1-\alpha_k)k_{vk}-(1-\alpha_g)k_{vg}]} \tag{3-14}$$

式中，T 为充水或泄水时间，s；μ 为阀门全开流量系数；$k_{vk} = \dfrac{t_{vk}}{T}$，$t_{vk}$ 为阀门开门时间，s；$k_{vg} = \dfrac{t_{vg}}{T}$，$t_{vg}$ 为阀门关门时间，s；α_k、α_g 为系数，取 0.5~0.6；H_b 为起始作用水头，充水时 $H_b = h_{uu} - h_{du}$，泄水时 $H_b = h_{ud} - h_{dd} - h_c$，m；$H_e$ 为终止作用水头，充水时 $H_e = h_{uu} - h_{ud} + h_c$，泄水时 $H_e = h_{du} - h_{dd}$，m；船厢不下水时 $h_c = 0$，船厢下水时 $h_c = H_{fs}$。

输水系统的最大流量（Q_{max}）可按下式初步估算：

$$Q_{max} = \frac{\sqrt{\Delta H_b'}}{\dfrac{1}{2}\left(\sqrt{\Delta H_b'} + \sqrt{\Delta H_e'}\right)} \cdot S_{jz} \cdot \frac{1}{2}\overline{v_c} \tag{3-15}$$

式中，$\Delta H_b'$、$\Delta H_e'$ 为船厢仅在空气中运行时输水系统的起始水位差与终止水位差：竖井充水、船厢下行时，$\Delta H_b' = h_u - h_{jd}$，$\Delta H_e' = h_u - h_{ju} + H_{bu} + \dfrac{1}{2}H_x$；竖井泄水、船厢上行时，$\Delta H_b' = h_{ju} - H_{bu} - \dfrac{1}{2}H_x - h_d$，$\Delta H_e' = h_{jd} - h_d$；其中，$H_{bu}$ 为平衡重的有效高度，H_x 为厢内水深，S_{jz} 为竖井总截面积，$\overline{v_c}$ 为升船机的设计运行速度（即船厢在空气中运行的平均速度），h_u 为上游水库水位，h_{jd} 为竖井最低水位，h_{ju} 为竖井最高水位，h_d 为下游水位。

(3) 根据确定的输水系统总体布置形式及主廊道断面尺寸，参照《船闸输水系统设计规范》(JTJ 306)[①]确定上下游进出水口尺寸、高程；根据平衡重位置计算并确定竖井底高程。

---
① 本书所涉及的规程规范均为工程设计阶段所执行的有效版本。

(4)进行输水管路布置,每级分支管道总面积应大于上一级支管总面积。由于升船机塔柱段水平及垂直可用空间狭窄,采用等惯性设计,不能保障各分支管路的阻力和分流完全均匀,需在此基础上采用等阻力设计,即保证输水管道在狭窄垂直空间内各分支管路的流量相等,在最大程度上保证各分支管道进入竖井流量一致,为保证分支管道上的阻力相等,在分支管道上设置阻力均衡组件。分支管道阻力均衡组件设置方法如下:①分支管道最大流速<2m/s,设置第 1 类阻力均衡组件,见图 3-4,降低分支管道 90°转弯后分支管道内水流偏流现象;②分支管道最大流速<4m/s,设置第 2 类阻力均衡组件,见图 3-4,降低分支管路分叉后下级支管流量均匀;③分支管道最大流速<6m/s,同时设置第 1、第 2 类阻力均衡组件。

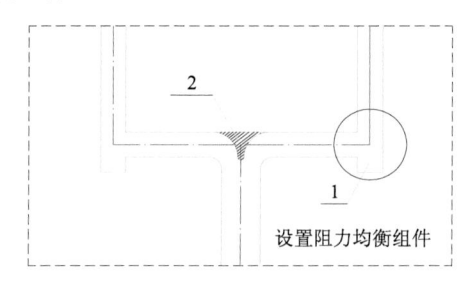

图 3-4 "T"形转弯示意
1 表示第 1 类阻力均衡组件;2 表示第 2 类阻力均衡组件

典型等惯性输水系统布置见图 3-5。

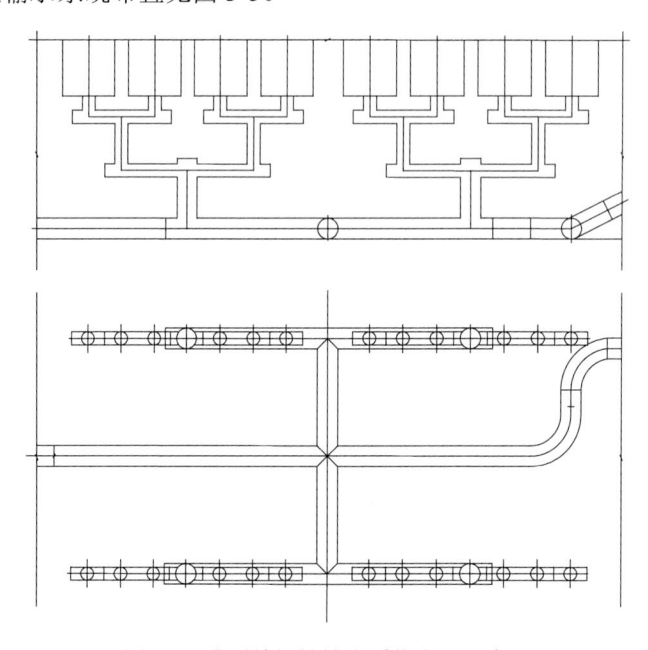

图 3-5 典型等惯性输水系统布置示意图

(5)设计竖井底部连通廊道尺寸。水力式升船机运行时随着充水阀门的开启,各竖井水位上升,如各分流口分流均匀,分流口间输水廊道尺寸、体型和糙率完全一致,各竖井水位将均匀同步上升(下降)，否则水位上升(下降)速度将不同，各竖井间会出现水位高低。即使分流口分流完全均匀，由于不可能保证廊道施工中其尺寸、体型和糙率完全一致，原型输水过程中各竖井间出现一定的水位差将难以避免。在输水过程中，第 i 个竖井输水流量为

$$Q_i = \mu_i A \sqrt{2g\left(H_u - Z_i - \frac{\sum l_i \mathrm{d}v_i}{g\mathrm{d}t}\right)} \tag{3-16}$$

式中，μ_i 为第 i 个竖井输水流量系数；A 为参考断面；H_u 为上游水位；Z_i 为第 i 个竖井水位；l_i 和 v_i 分别为廊道长度和各廊道对应的流速。输水中由于 μ_i 或 l_i、v_i 等的差别会引起竖井间水位差，如 Z_i 较其他竖井低，则 H_u-Z_i 必然较其他竖井大，到一定程度后随 H_u-Z_i 的加大，Q_i 一定会慢慢增大，至输水结束时平齐。

为进一步降低相邻竖井间的水位差，可在竖井底部设置水位平衡廊道，一旦竖井之间水位不一致，可自动互相调节，避免竖井之间水位差累积，水位平衡廊道最小横截面面积计算方法如下：

$$\omega = K\frac{2C\sqrt{H}}{\mu T\sqrt{2g}} \tag{3-17}$$

式中，ω 为水位平衡廊道最小横截面面积，m^2；C 为相邻竖井面积，m^2；H 为相邻竖井允许最大水位差，m；T 为最大水位差允许持续时间，s；μ 为水位平衡廊道流量系数；K 为安全系数，取 1.5~2.0。

3.1.6 输水阀门选型与布置

1. 总体原则

水力式升船机输水阀门处于大压降、大流量、高流速的工作环境，对阀门的性能要求很高，其选型的总体原则如下。

(1) 经济性原则：阀门应具有较高的性价比，才有利于水力式升船机的推广应用。

(2) 运行效率原则：$\sum t_i \leqslant T$，其中，t_i 为升船机各段运行时间，T 为设计运行时间。升船机实际运行总时间不能超过设计要求运行总时间，要求阀门流通性能较好，具有较高的流量系数，且阀门需适合制作超大口径以满足流量需求。

流量系数表征了阀门的流通特性，其定义如下：

$$\mu = \frac{1}{\sqrt{\xi}}, \quad \Delta P = \xi\frac{v^2\rho}{2} \tag{3-18}$$

式中，μ 为阀门处流量系数；ξ 为阀门处阻力系数；v 为水流流速；ρ 为流体密度；$\Delta P = P_1 - P_2$，P_1、P_2 分别为阀前、阀后参考断面压力，m(水柱)。

(3) 加速度控制原则：$\dfrac{\mathrm{d}Q}{\mathrm{d}t} \leqslant \alpha$，其中，$Q$ 为水流流量，m^3/s；α 为设定的流量变率。升船机在出入水及对接船厢过程中，需要对船厢运行加速度进行精确控制，要求阀门在小开度也具有线性稳定的流通性能。

(4)空化控制原则：$\sigma \geqslant \gamma \sigma_c$，其中，$\sigma$ 为工作空化数；σ_c 为初生空化数；r 为系数，默认为 1。为了保证阀门及输水管道的安全性，阀门空化强度必须控制在一定的范围内。该目标可以通过防空化措施来达到，但阀门也必须具有一定的抗空化性能。

空化数表征了阀门的空化性能，活塞式调流阀空化数定义如下：

$$K = \frac{P_2 + H_{at} - H_{d1}}{P_1 - P_2 + \dfrac{V^2}{2g}} \tag{3-19}$$

式中，P_1、P_2 分别为阀前、阀后参考断面压力，m(水柱)；H_{at}、H_{d1} 分别为当地大气压及水的饱和蒸汽压，m(水柱)；V 为参考断面流速，m/s。以 K_i 表征水流处于临界空化状态，$K > K_i$ 时，表明阀门段无空化；$K \leqslant K_i$ 时，表明阀门段存在空化。

水力式升船机阀门选型研究目标即是权衡目前工业阀门性价比及各种性能的优劣，确定综合性能最优的阀型。

2. 阀门布置

水力式升船机充泄水阀门一般采用主辅阀门联合布置形式，通过流量系数较小且抗空化能力较优的辅助阀门解决船厢的运行速度、对接、平衡调整等控制问题，利用流量系数较大的主阀提高承船厢的运行速度。图 3-6 为典型的"一主两辅"充泄水阀门并联布置形式，一台主阀位于中间，两台辅阀布置在主阀两侧。

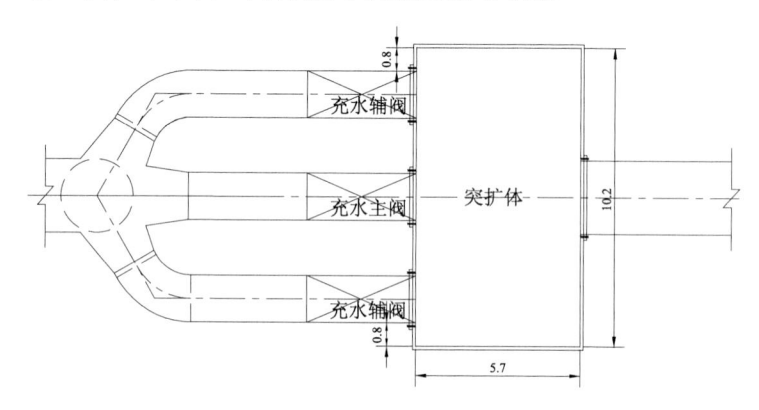

图 3-6 典型阀门布置形式示意图(单位：m)

充水阀门一般采用门后设置减振稳压箱+限制性通气措施，解决阀门空化问题；充水阀门如采用通气措施解决空化，应对通气量进行严格控制，并在门后适当位置布置排气设施，防止大量气体进入竖井，影响平衡重稳定。

泄水阀门一般在门前设环向强迫通气装置，采用掺气的方法解决阀门空化问题。泄水阀门对掺气量无严格要求，门后可不设排气设施。

3.1.7 运行计算仿真

根据水流连续方程、运动方程和能量方程，建立如下数学仿真模型，对水力式升船机整体运动规律进行初步计算。

(1) 连续方程:

$$\frac{\mathrm{d}h_\mathrm{s}}{\mathrm{d}t} = \frac{A_\mathrm{k}}{A_\mathrm{s总} - A_\mathrm{f总}} \cdot u - \frac{A_\mathrm{f总}}{A_\mathrm{s总} - A_\mathrm{f总}} \cdot \frac{\mathrm{d}h_\mathrm{f}}{\mathrm{d}t} \tag{3-20}$$

式中,h_s 为竖井水位高程,m;h_f 为平衡重底高程,m;A_k 为输水主廊道阀门处面积,m²;$A_\mathrm{s总}$ 为竖井总截面面积;$A_\mathrm{f总}$ 为平衡重浮筒的总截面面积;u 为阀门处流速,m/s;t 为时间,s。

(2) 运动方程:

$$\frac{\mathrm{d}^2 h_\mathrm{f}}{\mathrm{d}t^2} = \lambda h_\mathrm{s} - \lambda h_\mathrm{f} + \beta \tag{3-21}$$

式中,$\beta = -\dfrac{(1 \mp k\varphi)gM_\mathrm{fz} + \varphi F_\mathrm{c} - \varphi(1 \pm \tau)gM_\mathrm{cz}}{\varphi^2 M_\mathrm{cz} + M_\mathrm{fz}}$,$\lambda = \dfrac{A_\mathrm{f总} g}{\varphi M_\mathrm{cz} + M_\mathrm{fz}}$。

(3) 能量方程:

$$H_\mathrm{u} = h_\mathrm{s} + \frac{1}{2g} \cdot \left(\frac{\mathrm{d}h_\mathrm{s}}{\mathrm{d}t}\right)^2 \pm \xi \frac{u^2}{2g} \pm \frac{L_\mathrm{p}}{g} \cdot \frac{\mathrm{d}u}{\mathrm{d}t},$$

即

$$\frac{L_\mathrm{p}}{g} \cdot \frac{\mathrm{d}u}{\mathrm{d}t} = \pm \left[H_\mathrm{u} - h_\mathrm{s} - \frac{1}{2g} \cdot \left(\frac{\mathrm{d}h_\mathrm{s}}{\mathrm{d}t}\right)^2 \right] - \xi \frac{u^2}{2g} \tag{3-22}$$

式中,L_p 为输水系统惯性长度;ξ 为输水系统阻力系数;其他符号意义同前。式中向竖井充水时取正号,泄水时取负号。

式(3-20)和式(3-21)为多元高次微分方程组,令 $h_\mathrm{x} = \dfrac{\mathrm{d}h_\mathrm{f}}{\mathrm{d}t}$ 代入方程组可将以上多元高次常微分方程组转化为多元一次常微分方程组[式(3-23)]。因此,水力式升船机的基本运行特性仿真模型可由式(3-23)描述。

$$\begin{cases} \dfrac{\mathrm{d}h_\mathrm{f}}{\mathrm{d}t} = h_\mathrm{x} \\ \dfrac{\mathrm{d}u}{\mathrm{d}t} = \pm \dfrac{g}{L_\mathrm{p}} \cdot \left[H_\mathrm{u} - h_\mathrm{s} - \dfrac{1}{2g} \cdot \left(\dfrac{\mathrm{d}h_\mathrm{s}}{\mathrm{d}t}\right)^2 \right] - \xi \dfrac{u^2}{2g} \cdot \dfrac{g}{L_\mathrm{p}} \\ \dfrac{\mathrm{d}h_\mathrm{x}}{\mathrm{d}t} = \lambda h_\mathrm{s} - \lambda h_\mathrm{f} + \beta \\ \dfrac{\mathrm{d}h_\mathrm{s}}{\mathrm{d}t} = \dfrac{A_\mathrm{k}}{A_\mathrm{s总} - A_\mathrm{f总}} \cdot u - \dfrac{A_\mathrm{f总}}{A_\mathrm{s总} - A_\mathrm{f总}} \cdot \dfrac{\mathrm{d}h_\mathrm{f}}{\mathrm{d}t} \end{cases} \tag{3-23}$$

图 3-7 为景洪升船机竖井水位及流量的原型实测值与模型计算值对比。由图可见,仿真模型计算值与原型实测值吻合较好,在水力式升船机设计初期,可以通过上述运行特性数学模型,研究分析阀门开启时间、竖井面积、流量系数、船厢荷载、运行水位等对升船机运行特性的影响,按图 3-8 中流程对水力驱动系统进行优化。

(a) 竖井水位

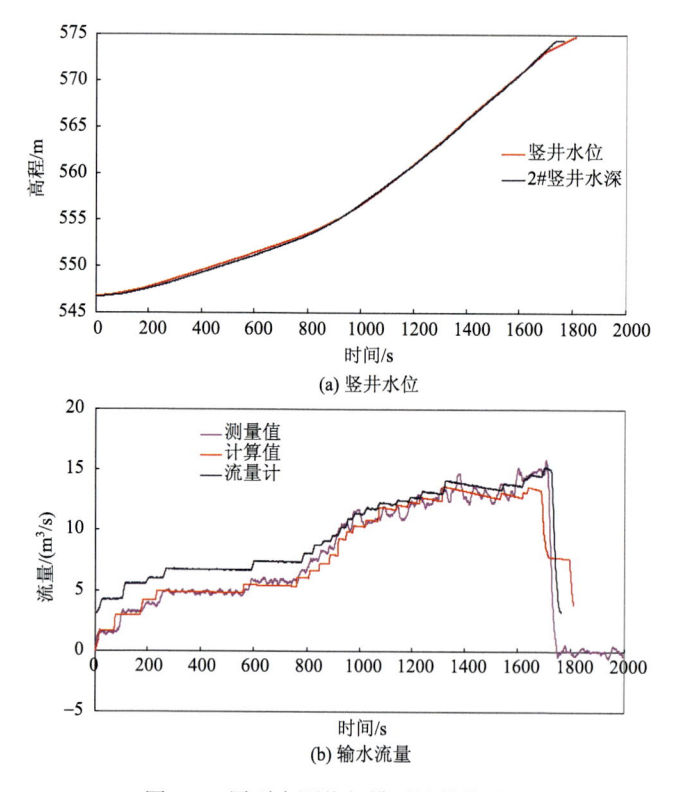

(b) 输水流量

图 3-7　原型实测值与模型计算值对比

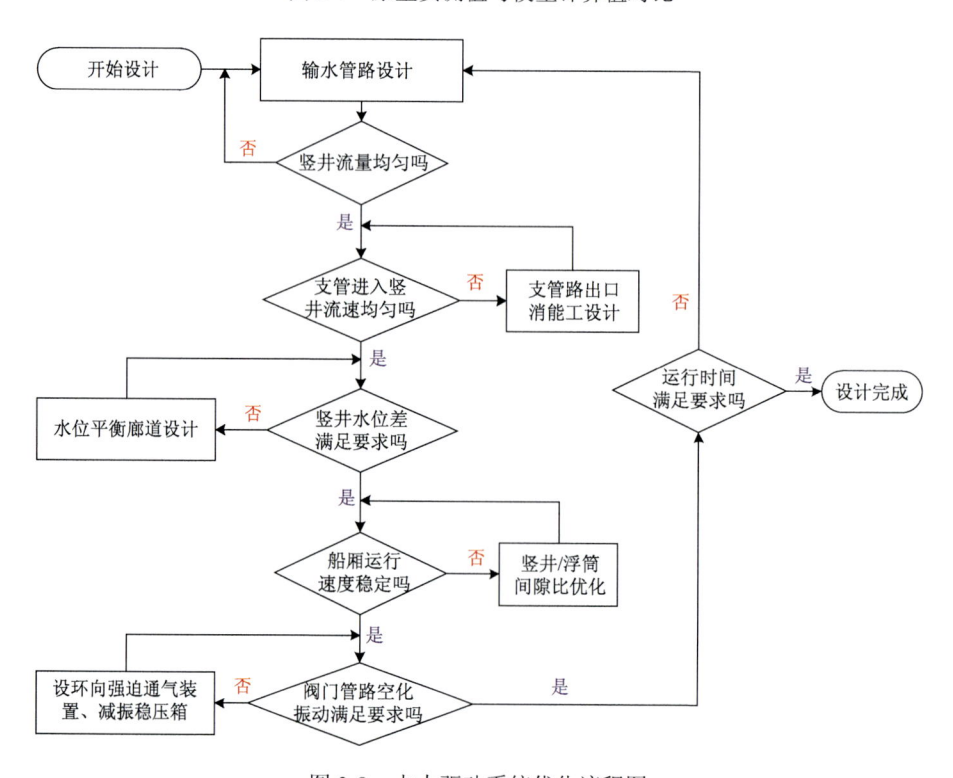

图 3-8　水力驱动系统优化流程图

3.2 水力驱动系统关键技术

3.2.1 竖井水面-平衡重-船厢耦合作用

水力驱动系统输水过程是一个非恒定流过程,竖井水位持续变化 $dH/dt \neq 0$ 才能驱动船厢升降,水力驱动系统竖井水面-平衡重-船厢间的耦合作用既是提供船厢升降的动力,又易引起船厢运行速度波动,若消除了三者间的耦合作用,船厢也就失去了升降的动力,因此既需要这种耦合作用又需对这种耦合作用进行控制。水力驱动系统设计不当会引起船厢运行速度振荡,危及升船机运行安全。本节重点介绍竖井水面-平衡重-船厢耦合的作用机理。

1. 输水系统和机械系统的耦合概化模型

根据水力升船机运行的原理与输水系统等惯性长度的设计原理,以及理想情况下各个钢丝绳受力一致的特点,将该动力系统概化成如图 3-9 所示的简单等效动力系统。

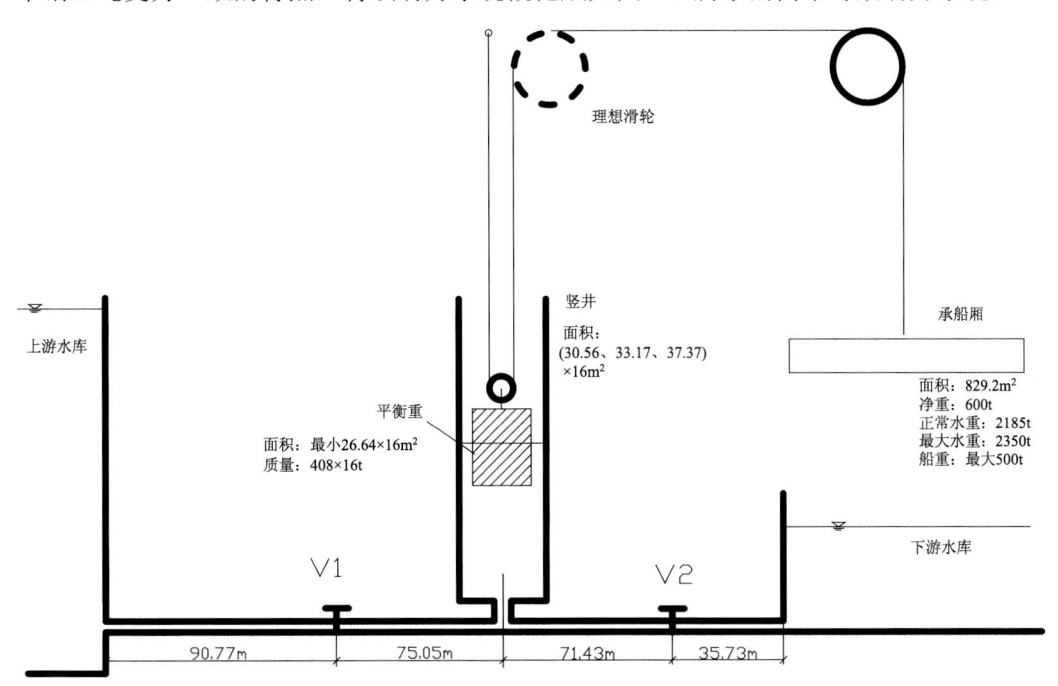

图 3-9 水力式升船机充泄输水系统数学模型概化图

由于充泄水系统管道较长,为了更好地了解水弹性作用下的输水动力反应过程,本书采用水击基本微分方程,控制方程如下。

水击运动微分方程:

$$g\frac{\partial h}{\partial s} + \frac{\partial v}{\partial t} + v\frac{\partial v}{\partial s} + \frac{\lambda}{2D}v|v| = 0 \tag{3-24}$$

水击的连续方程:

$$\frac{\partial h}{\partial t} + v\frac{\partial h}{\partial s} + v\sin\theta + \frac{c^2}{g}\frac{\partial v}{\partial s} = 0 \tag{3-25}$$

式中，s 轴原点在管道的进口处，并沿管轴指向下游；h 为水头；g 为重力加速度；λ 为水头损失系数；D 为管道直径；v 为流速矢量；c 为水击波波速；θ 为管道轴线和水平面的夹角。

通过受力分析(图3-10)，建立平衡重、钢丝绳、承船厢、滑轮、竖井水体构成的力学动力系统方程。方程如下：

对于平衡重有

$$F_{拉1} + F_{浮1} - M_1 g + M_1 a_1' = M_1 a_1 \tag{3-26}$$

对于动滑轮有

$$-F_{拉1} + 2F_{拉2} = 0 \tag{3-27}$$

对于承船厢有

$$kF_z - F_{拉2} + F_{浮2} - M_2 g + M_2 a_2' = M_2 a_2 \tag{3-28}$$

式中，M_1 为平衡重质量，kg；g 为重力加速度，m/s²；a_1' 为平衡重受到结构振动影响而产生的加速度；F_z 为系统阻力；k 为系数，充水时为 1，泄水时为–1；M_2 为承船厢质量，kg；a_2' 为承船厢流激振荡产生的加速度。

图 3-10 水力式升船机数学概化模型受力分析图

根据水量平衡关系可以得到该力学系统与水动力系统的耦合方程：

$$S_T \frac{dz}{dt} - S_M \frac{dh_w}{dt} = Q \tag{3-29}$$

式中，z 为竖井水位；S_T 为竖井(16 个)总面积；S_M 为平衡重(16 个)总面积；h_w 为平衡重淹没深度；Q 为输水流量。

由于过渡过程的物理量变化时间尺度往往很短，本书中力学系统的数值求解采用显格式的差分求解。

2. 承船厢内浅水船波振动耦合模拟

如果承船厢内的水体或通航船只发生大幅度振荡，必将严重地威胁升船机系统的安全和正常工作。因此对承船厢内浅水船波自然频率的研究是一个十分重要的课题。

根据以往研究成果，承船厢内浅水船波振动可简化为简谐振动，且振动频率可以由下式计算而得：

$$\omega = [(1+\alpha)s\rho g/(m+m_s)]^{1/2} \quad \alpha = s/s_f \tag{3-30}$$

式中，ω 为浅水船波振动频率；α 为船水线面积与自由水面面积的比；s 为船在平衡位置时水线面的面积；s_f 为自由水面面积；ρ 为水的密度；m 为承船厢和水体的总质量；m_s 为船的质量。

为了简便起见，假设承船厢内浅水船波振动的振幅在船厢运行过程中不变，且为船体吃水深的5%。

3. 钢丝绳的振动模拟

钢丝绳在外力作用(如风荷载等)下，将产生横向振动。通过对其受力的理论分析，可以得出如下关于振动频率的计算表达式：

$$\omega_n = \frac{n\pi}{l}\sqrt{\frac{F}{m_c}(1+\beta_n)} \quad n=1,2,3,\cdots \tag{3-31}$$

式中，l 为钢丝绳的长度；m_c 为钢丝绳均布的质量；F 为钢丝绳受到两端的拉力；β_n 为考虑钢丝绳弯曲刚度影响的修正系数。

注意到钢丝绳受到拉力作用而做径向振动，这方面的振动已包含在平衡重和承船厢的加速度中，此处不再考虑。

4. 概化模型计算成果分析

1) 振动周期的理论分析

充水过程中，由于系统静摩擦力比动摩擦力大，系统启动过程不自然平顺；泄水过程中，在船厢出水阶段，竖井中的水位下降速度较大，出水瞬间竖井水位变化较快。这些因素造成平衡重在液面做有阻尼的简谐振动，但由于液面本身的波动和钢丝绳的弹性作用，这种振动的振幅在振动过程中还可能增加。

水力式升船机带动滑轮的平衡重在竖井中的运动可以简化为图 3-11。设平衡时物体 A 的底面位置为 X 轴的原点，且正方向向下，并设平衡位置时液面与原点距离为 h_0。

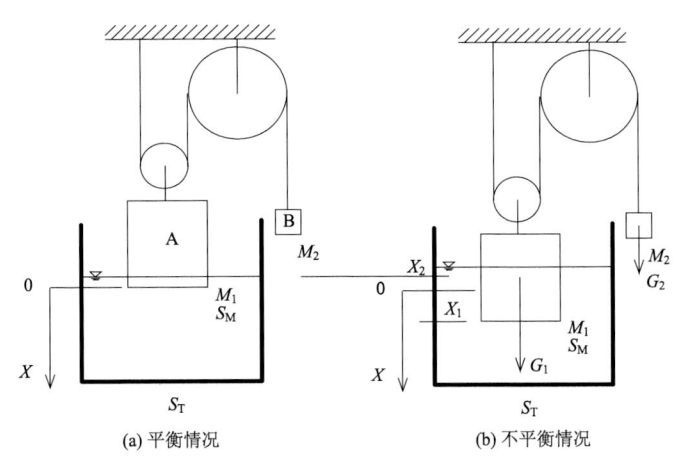

图 3-11 平衡重振动分析示意图

可得系统振动周期(T)为

$$T = \frac{2\pi}{\omega} = 2\pi \sqrt{\frac{M_1 + 4\alpha M_2}{\rho g S_M \frac{S_T}{S_T - S_M} + \frac{ES}{l}}} \qquad (3\text{-}32)$$

式中,ρ 为水的密度;E 为钢丝绳的弹性模量;S 为钢丝绳的横截面积;l 为钢丝绳长度;α 为小于 1 的系数;M_1、M_2 分别为物体 A、B 的质量,且 $M_1 > M_2$;S_M 为物体 A 底面积;S_T 为竖井面积;滑轮为理想滑轮。此理论解的缺点是尚没有考虑系统阻尼作用,阻尼的存在将使振动周期的理论值可能比实际运行的要小。

通过对物理模型试验 4 个正常运行工况振动周期的分析及对这些工况的模拟,得到振动周期对比,如表 3-1 所示。从表中可以发现数值模拟振动周期与物理模型较为接近,但数学模型所得的周期普遍比物理模型略小,可能是物理模型在钢丝绳弹性方面缩尺差异的影响,导致 $\frac{ES}{l}$ 项偏小。

表 3-1　理论振动周期与数值模拟及物理模型试验值的比较表

工况	船厢下降 1	船厢上升 1	船厢下降 2	船厢上升 2
物模周期/s	5.0	5.1	5.1	5.0
数模周期/s	4.0	4.1	4.0	4.0
理论计算/s		4.3		

2) 振动幅度的分析

所有振动必将影响平衡重相对于液面做周期性振动,并影响竖井中的水位变化,从而导致输水系统流量过程也有一定的波动,这些波动可以通过平衡重淹没深度体现。

(1) 竖井局部水头损失的影响。通过物理模型试验研究发现,在竖井底部加设消能工后,对竖井内水位波动改善明显。数学模型采取改变竖井局部水头损失系数的方法,通过比较平衡重淹没深度的变化过程,研究局部水头损失系数对水面波动的影响。计算了局部水头损失系数分别为 0.0、0.3、0.6、0.9 时的平衡重淹没深度变化过程,模拟结果如图 3-12 所示。从图中可以看出,局部水头损失系数不影响竖井液面波动的频率,但是增大局部水头损失系数有助于改善竖井液面波动程度,局部水头损失系数越大,水面波动越小。

(2) 钢丝绳弹性模量的影响。按照钢丝绳的强度变化范围为 $1.0 \times 10^{10} \sim 1.2 \times 10^{11} \text{N/m}^2$,钢丝绳长度约 100m,以最大承载量 2.95×10^6 kg 计算,景洪升船机钢丝绳将产生 0.02～0.27m 的弹性位移变形量。从图 3-13 可以看出,钢丝绳的弹性模量对平衡重的淹没深度变化过程影响较显著,刚性越大,竖井液面的波动将越大;同时,弹性模量越大,振动周期越短,这与上述理论研究结论相一致。

(3) 竖井与平衡重的间隙对竖井液面波动的影响。按照理论分析,竖井与平衡重的间隙对平衡重振动周期有较大影响。针对景洪升船机,比较了竖井与平衡重之间的间距为 10cm、15cm、20cm 三种情况,对应的间隙面积与竖井面积的间隙比分别为 0.06、0.09、

0.12。之后，进行了流固耦合数值模拟，模拟结果表明，竖井与平衡重间隙越大，竖井内液面波动也越大；竖井与平衡重间隙越大，振动周期越大，与理论分析、物理模型试验结论一致。

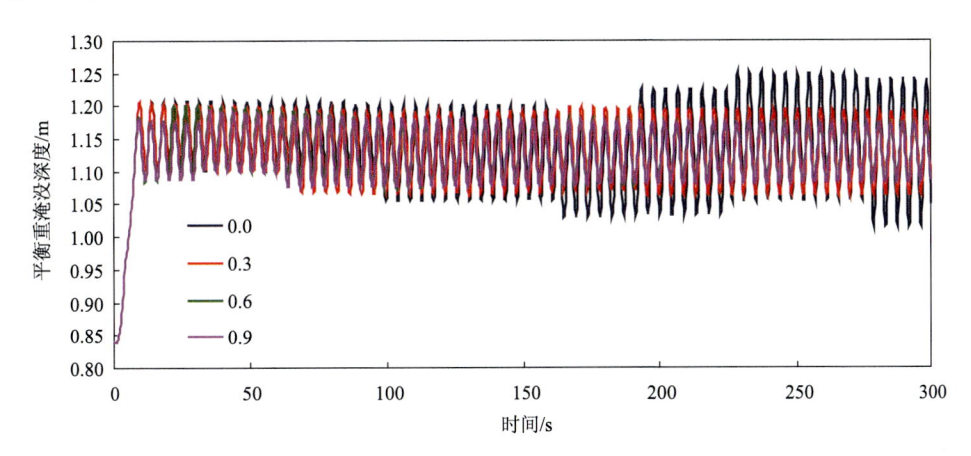

图 3-12　不同竖井局部水头损失系数条件下平衡重淹没深度变化过程

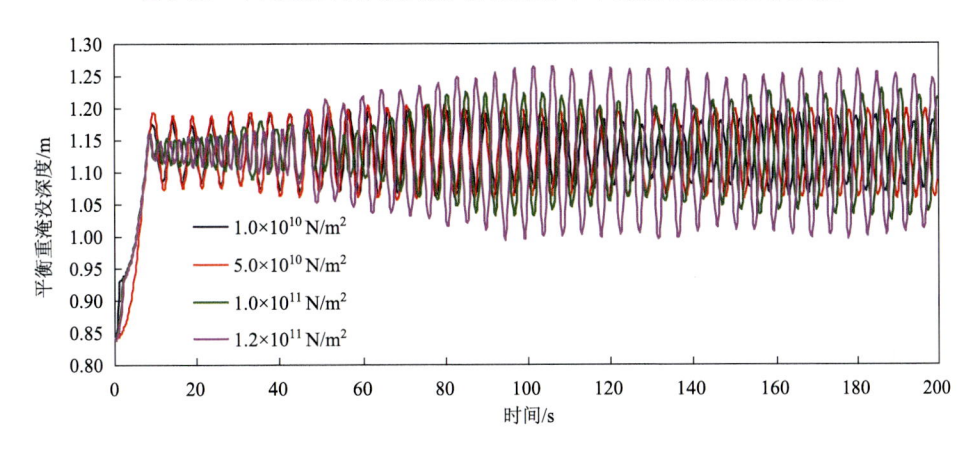

图 3-13　不同弹性模量钢丝绳对平衡重淹没深度过程的影响

考虑到一维数学模型经过了大量简化，没有从细部结果分析水流与平衡重及钢丝绳三者之间的耦合作用，下面建立"竖井水体-平衡重"二维流固耦合数学模型，详细探讨竖井水流及平衡重的运动规律，对竖井与平衡重间隙比、平衡重底部形式进行对比研究，提出合理的平衡重底部形式。

3.2.2　竖井水位同步性

根据水力式升船机的运行原理，竖井水位的同步性直接影响各平衡重浮筒受力，从而影响船厢的运行安全，因此该问题一直是研究的重点。

水力式升船机输水系统采用等惯性布置，尽量使水流能均匀平稳而且同步地进入或泄出竖井，但在实际工程中由于施工放样误差，混凝土浇筑时模板变形、错位，以及水流的随机性等原因，输水系统各个分支管道的水流惯性及水头损失难免出现偏差，分配到各竖井中的流量并不相等，引起各竖井间水位出现差异而不同步。

由于施工、安装误差等原因，输水管道各个管段的阻力系数有略微的差别，使得 16 个竖井水位不可能完全同步。在数值计算中，改变输水系统各分支管路的阻力系数，以模拟充水过程各个竖井水位上升的不同步现象。假设各管道阻力系数如表 3-2 所示，利用差分格式迭代计算得到输水过程中产生的各竖井水位差(图 3-14)。计算结果表明，在表 3-2 所示阻力系数的基础上，竖井底部中隔之间不设置连通廊道时，充水流量最大为 46.1m³/s。16 个竖井之间的水位不完全同步，见图 3-14。左右两侧竖井平均水位差最大为 51.34cm。左侧竖井间最大水位差为 15.34cm，右侧竖井间最大水位差为 16.51cm。

表 3-2　各管道阻力系数

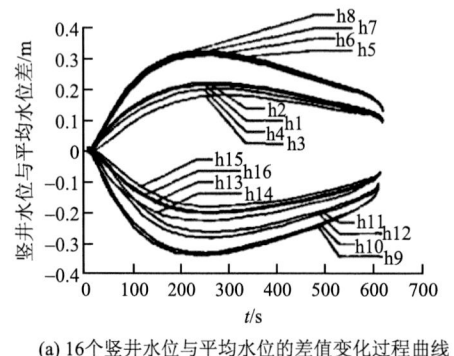

管道级别		阻力系数							
主管道	0	e_{00}							
		6.57							
第一级分管路	1	e_{11}	e_{12}						
		1.34	1.62						
第二级分管路	2	e_{21}	e_{22}	e_{23}	e_{24}				
		1.62	1.51	1.80	1.70				
第三级分管路	3	e_{31}	e_{32}	e_{33}	e_{34}	e_{35}	e_{36}	e_{37}	e_{38}
		2.20	2.22	2.25	2.32	2.50	2.31	2.55	2.44
第四级分管路	4	e_{41}	e_{42}	e_{43}	e_{44}	e_{45}	e_{46}	e_{47}	e_{48}
		2.00	1.92	2.40	2.12	2.40	2.32	2.00	1.95
		e_{49}	e_{410}	e_{411}	e_{412}	e_{413}	e_{414}	e_{415}	e_{416}
		2.32	2.20	2.12	2.38	1.95	2.30	2.12	2.35

(a) 16 个竖井水位与平均水位的差值变化过程曲线

(b) 左右两侧竖井平均水位差的变化过程曲线

图 3-14　竖井水位差

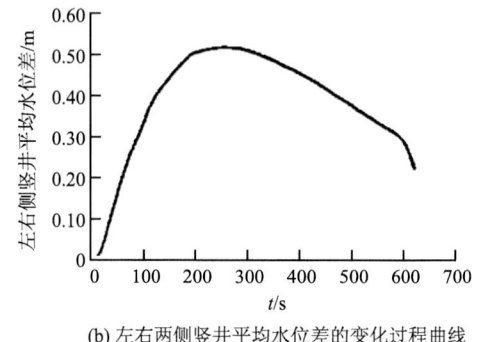

为了减小竖井之间的平均水位差，在同侧竖井底部之间设置连通廊道，同时连通左右两侧竖井。从计算结果看，连通廊道直径越大，竖井之间水位差越小。从图 3-15 至图 3-17 可以看出，当设置连通廊道且直径为 1.6m 时，左右侧竖井间的最大水位差已经

分别减小到 3.74cm 和 2.31cm，随着连通廊道直径的增大，同侧竖井间最大水位差值也逐渐越小，当连通廊道直径增加到 2.4m 时，左右侧竖井间的最大水位差已经分别减小到 1.28cm 和 0.91cm。

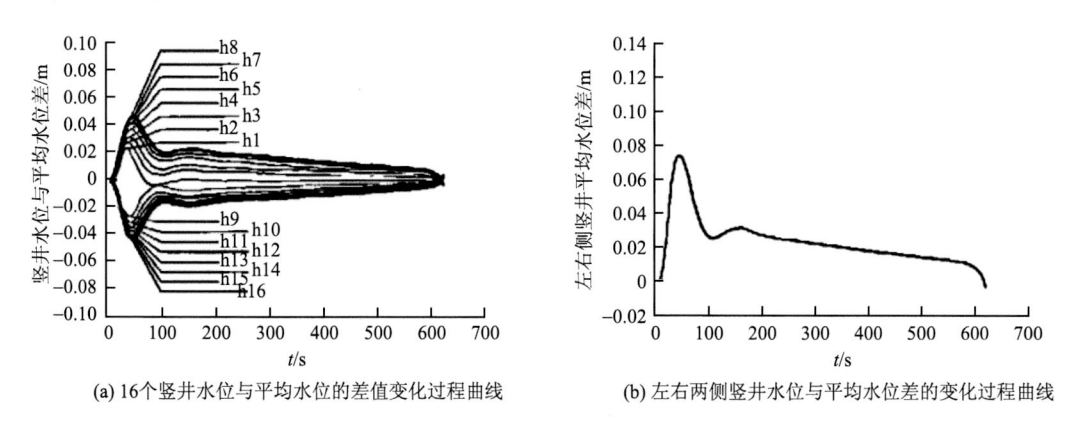

(a) 16个竖井水位与平均水位的差值变化过程曲线

(b) 左右两侧竖井水位与平均水位差的变化过程曲线

图 3-15　设置连通廊道(d=1.6m)后竖井水位差

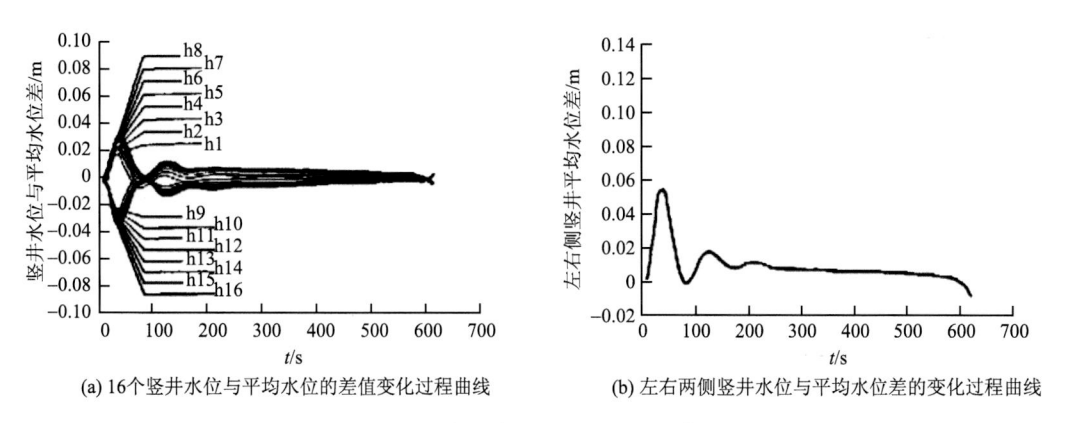

(a) 16个竖井水位与平均水位的差值变化过程曲线

(b) 左右两侧竖井水位与平均水位差的变化过程曲线

图 3-16　设置连通廊道(d=2.0m)后竖井水位差

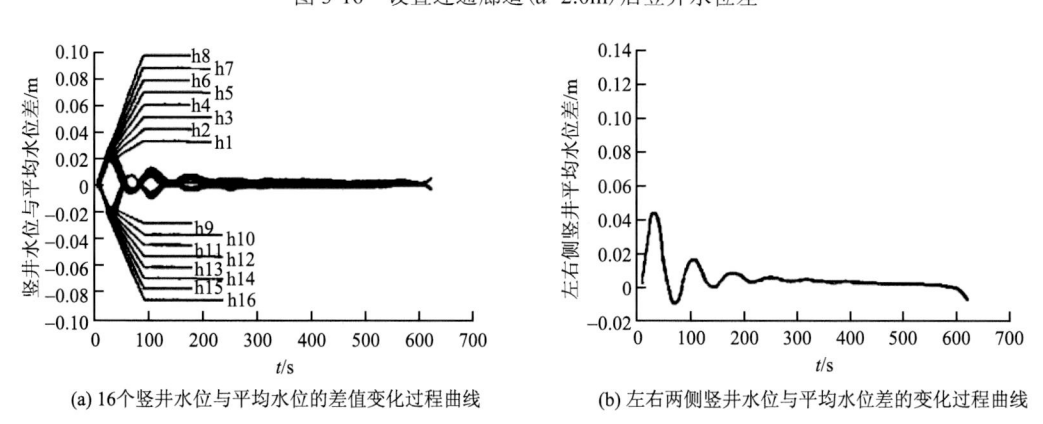

(a) 16个竖井水位与平均水位的差值变化过程曲线

(b) 左右两侧竖井水位与平均水位差的变化过程曲线

图 3-17　设置连通廊道(d=2.4m)后竖井水位差

3.2.3　竖井液面稳定性

受流固耦合作用影响，在水力式升船机运行过程中，竖井液面稳定性会影响船厢的运行平稳性。根据分析，下面几个问题直接关系到水力式升船机竖井液面的稳定性。

（1）支管出口消能工。支管出口消能工的设置，能避免水流直接冲击平衡重底部，改善竖井水流流态，提高平衡重和船厢运行稳定性。

（2）竖井与平衡重浮筒之间的间隙大小。水力式升船机通过输水管道向竖井中充泄水以改变平衡重浮筒所受浮力来驱动承船厢升降运行，若竖井与平衡重浮筒之间的间隙过大，不利于承船厢的平稳运行；若竖井与平衡重浮筒之间的间隙过小，不但增加了系统阻力，而且不利于施工及检修等。

（3）平衡重浮筒的底缘外形轮廓。在充泄水过程中竖井中水流与平衡重浮筒之间存在相对运动，作用于平衡重浮筒上的浮力实际上是其动水压力的合力，平衡重浮筒底部水流是否平顺稳定将直接改变其受力状态，从而对升船机的运行稳定性造成影响。

1. 竖井出口消能设施的影响

试验发现：充水阀门开启过程中，竖井内水流基本均匀。从水流流态看，竖井内水位上升过程中没有发现不利的横轴旋滚及洄流等局部水流现象，仅初始阶段竖井水面上方水流稍感汹涌，但随开启过程的进行，竖井内水位上升，水流即趋于平稳，竖井水面波动也反映了这一水力现象，如图 3-18 所示。初始阶段，竖井水面上方的水流紊动现象可能会对竖井中的平衡重浮筒产生一定的扰动，并进一步影响提升系统的稳定性。为了消除竖井出水口水流紊动现象，拟对出水口布置消能工。与常规的水工建筑物消能要求不同，这里要求对平衡重浮筒的扰动尽可能小，与船闸闸室出水口消能要求尽可能减小船舶受力的要求类似。因此消能工的设置可参照船闸输水系统出水口的布置。

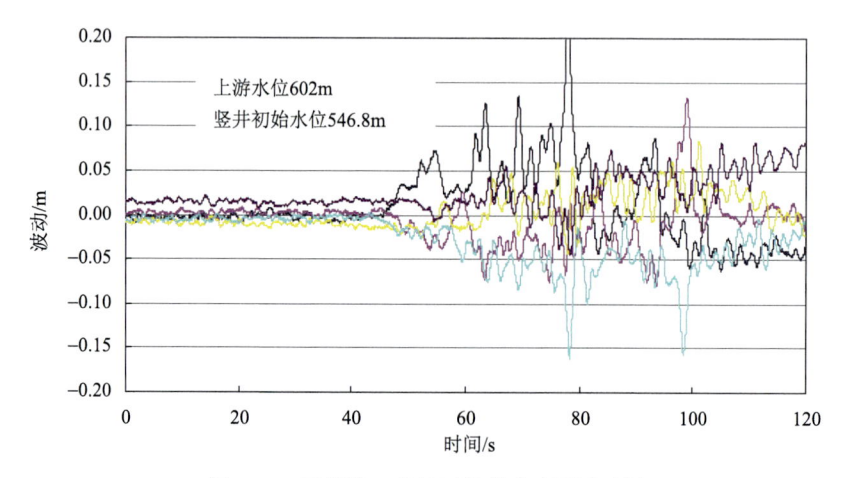

图 3-18　无消能工条件下竖井内水面波动图

不同颜色曲线代表单侧的 5 个竖井水位

2. 竖井与平衡重间隙的影响

建立二维数学模型对不同间隙比条件下竖井水流条件及平衡重受力状态进行动态模拟，重点对竖井内流场分布及平衡重上升过程中所受的横向力进行分析，并且对不同间隙比下平衡重上升过程的加速度进行统计。

1) 竖井内水流特性分析

竖井充水时竖井内水流的流场分布情况将直接决定平衡重的运行特性，因此分析不同间隙比时竖井内流场的分布，对进一步优化竖井与平衡重间隙比具有重要意义。

二维数学模型计算表明：竖井与平衡重之间间隙的大小，对竖井内水流特性影响很大，如图3-19所示。

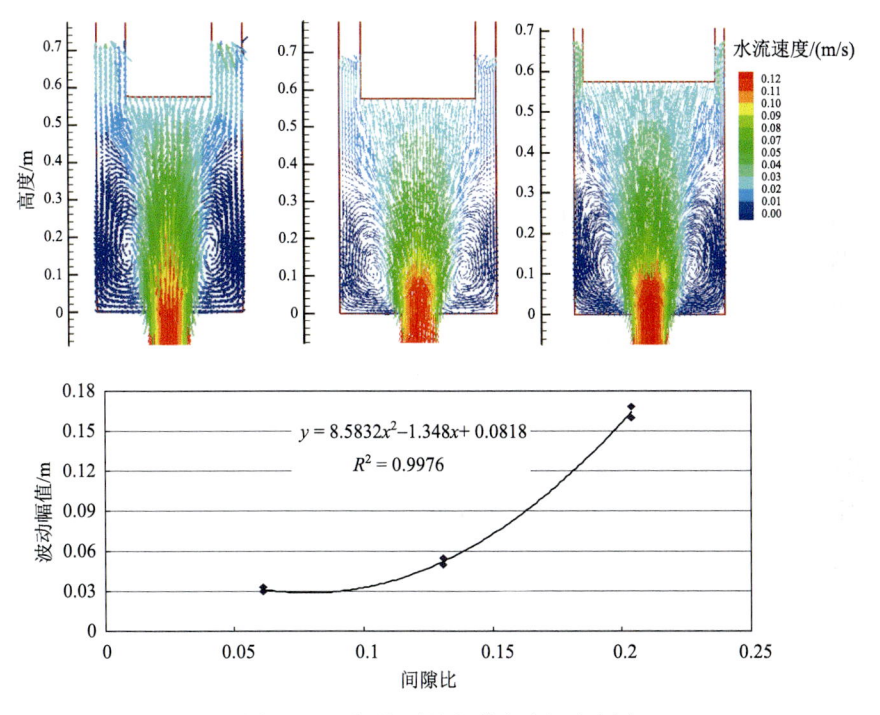

图 3-19 不同间隙比竖井内流场分布图

在启动加速阶段，间隙比越大，竖井水面波动越大，间隔之间流速分配越不均；相反，随着间隙比不断减小，受平衡重底部阻挡，回流区水流被控制在平衡重以下，进入间隙之间的水流紊动能减小，竖井水面波动减小，对平衡重稳定加速上升有利。

在稳定运行阶段，由于平衡重与进口距离增大，主流区流速对平衡重底部的冲击作用减弱。这一阶段间隙比越大，竖井与平衡重之间水流紊动越强烈，竖井水面波动越大，且间隙之间水流流速降低，平衡重上升缓慢；间隙比越小，竖井水面波动减小，间隙之间流速增大，有利于平衡重快速稳定上升，提高升船机运行效率。

2) 平衡重横向受力及加速度分析

竖井水面波动必然会对平衡重产生横向力，波动越大横向力越大，平衡重上升越不稳定；平稳运行阶段平衡重上升加速度变化幅度大小是衡量平衡重能否快速稳定运行的标准。不同间隙比下，平衡重所受横向力大小及上升过程加速度变化特性是评价升船机能否稳定运行的重要指标。

计算结果表明：竖井充水初期，间隙比较大时，主流绕过平衡重直接流到间隙之间，水面波动较大，造成平衡重所受最大横向力较大；间隙比越小，所受横向力越小。所以间隙比较大时，平衡重所受横向力主要由竖井内水面的波动引起；间隙比较小时，横向力主要由水流对底部的冲击作用引起。图 3-20 为不同间隙比下阀门全开后平衡重上升过程的加速度。由图可知间隙比越小，平稳运行阶段平衡重加速度波动越小，对升船机稳定运行越有利。

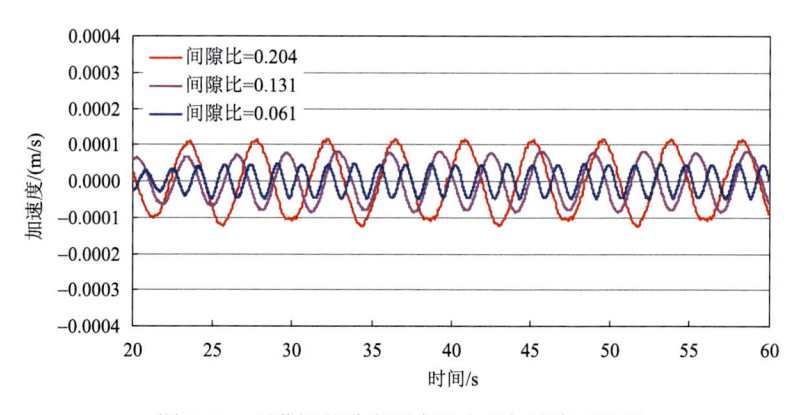

图 3-20　平稳运行阶段平衡重上升加速度对比图

3. 平衡重底部体型的影响

通过对不同间隙比下竖井内水流结构及平衡重运行特性的分析，得出间隙比越小，对平衡重稳定上升越有利，但间隙比较小时，水流对平衡重底部冲击作用较大。为了改善水流对平衡重底部的冲击作用，并使竖井与平衡重间隙之间流速均匀分配，将重点对平衡重底部体型进行优化。在二维模型的基础上，建立竖井水流与平衡重耦合三维数学模型。

1) 不同平衡重底部体型运行特性分析

根据计算结果(图 3-21)，平衡重底部体型为平底时，进口处左右两侧回流区已经延伸到竖井与平衡重间隔之间，且间隙之间流速分配不均匀，对平衡重加速阶段稳定上升极为不利；与平底体型相比，锥底体型可以有效解决水流对底部的冲击作用。将锥底顶角 90°与顶角 120°进行对比得出：顶角为 120°时，底部不仅起到消能作用，而且左右两侧水流分布均匀；顶角为 90°时，主流区水流有大部分直接进入间隙之间，没有达到消能效果，间隙之间紊动较大。

稳定运行阶段，随着平衡重的不断上升，两侧回流区也不断向上发展，此时对于平底体型，左右两侧会出现流速分配不均，间隙之间流速较小。锥底顶角 90°与 120°相比，顶角 90°时回流区向上扩散高度大于顶角 120°时，没有达到底部消能效果，水流对平衡重底部扰动增强。

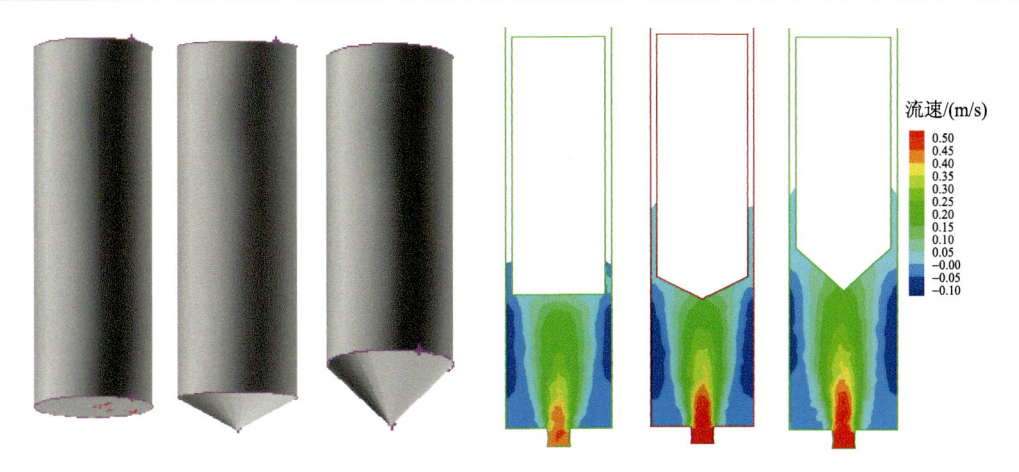

图 3-21 平衡重体型及出口消能设施影响

2)不同体型平衡重横向受力及加速度特性分析

根据计算结果(图 3-22),平衡重底部体型为平底时,加速度波动幅值约 $1.8\times10^{-4}\text{m/s}^2$,波动周期 1.4s;锥底 90°体型时,加速度波动幅值约 $5.42\times10^{-4}\text{m/s}^2$,波动周期 1.5s;而采用锥底 120°体型时,加速度波动幅度几乎为 0,有利于平衡重在平稳运行阶段快速稳定上升。如图 3-23 所示,结合平衡重横向受力分析可以得出:锥底 120°体型时,加速阶段平衡重受力特性及平稳运行阶段加速度波动特性均显示了其优越性。

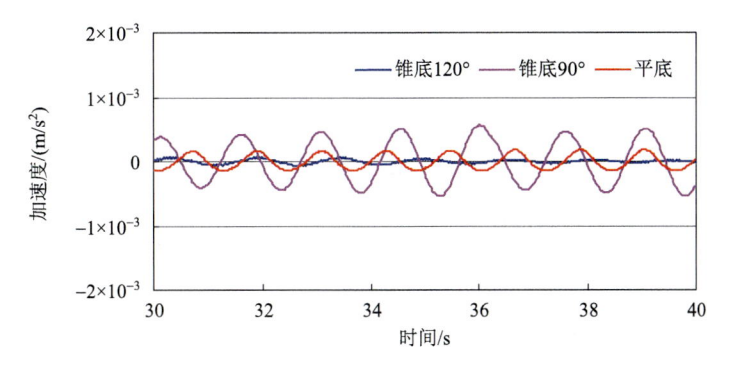

图 3-22 平稳运行阶段加速度对比

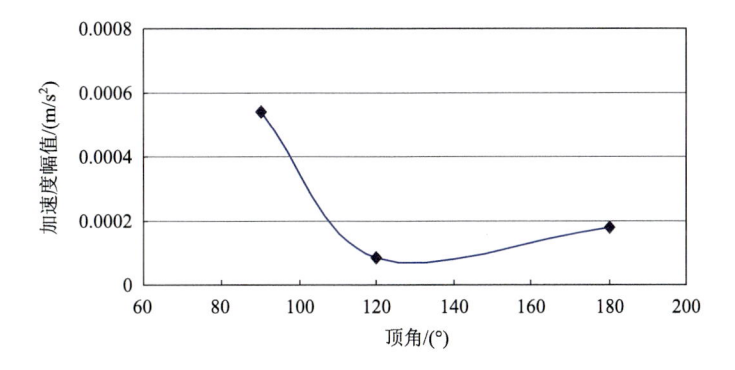

图 3-23 不同顶角下加速度幅值

3.2.4 阀门防空化技术

水力式升船机输水系统阀门段要面对不间断运行、频繁调节、高流速、大压降、高空化风险等恶劣工况，其流道体型设计和阀门选型是水力式升船机工程设计的重要内容。

水力式升船机阀门段采用一主阀、两辅阀三阀并联的形式，一般有门后突扩体和门后三岔管等布置形式，如图 3-24 所示。景洪升船机充水管道系统有压钢管直径 2500mm，三个阀门均选用活塞式流量调节阀。主阀公称直径 1600mm，出口调流部件型号为 SZ30-20，其水流特点是小开度时为侧孔口出流、大开度时为主流道出流；辅阀除出口调流部件改为 SZ20 外，其余部分与主阀相同，其水流特点为在各个开度时均为侧孔口出流。

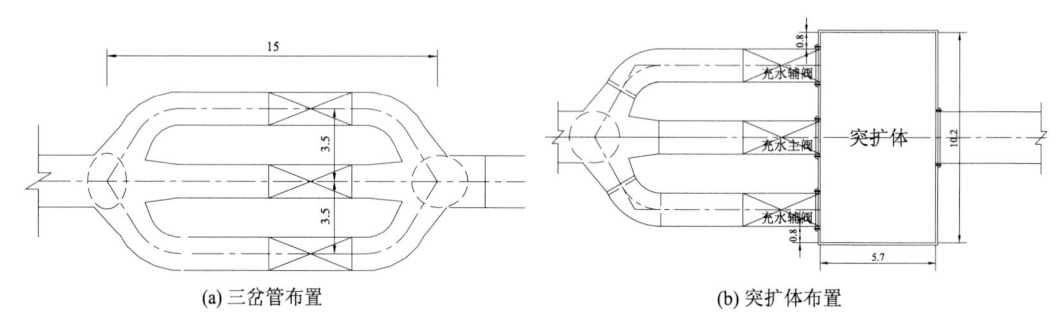

(a) 三岔管布置　　(b) 突扩体布置

图 3-24　水力式升船机阀门段流道体型示意图(尺寸单位：m)

1. 输水系统流量系数

流量系数是衡量输水系统过流能力的重要指标，是输水系统设计的重要参数。以输水管道断面平均流速为表征的输水系统流量系数(μ_c)定义为

$$\mu_c = \frac{Q}{A\sqrt{2g\Delta h}} \tag{3-33}$$

式中，Q 为输水系统体积流量，m³/s；A 为输水管道断面面积，m²；Δh 为上游水库与下游水库水头差，m；g 为重力加速度，m/s²。

图 3-25 为主阀单独开启情况下输水系统的流量系数与主阀开度的关系曲线，可以看出两种体型方案下输水系统的流量系数相差很小，只在主阀开度 n_1=1.0 时出现 6.5%的差别。图 3-26 为辅阀单独开启情况下输水系统的流量系数与辅阀开度的关系曲线，可以看出两种体型方案下输水系统流量系数差别依然很小，在辅阀开度 n_2=1.0 时出现最大差值 6.4%。以上结果说明阀门是输水系统过流能力的控制性因素，阀后流道体型对输水系统过流能力无较大影响，在大开度时矩形突扩体的非流线型设计较三岔管体型的流线型设计对水流的阻滞作用稍强。

2. 阀后流道边壁脉动压强

剧烈的脉动压强是高速水流的显著特征之一。对流道边壁脉动压强进行幅域分析，分析其时均值、均方根值等统计特征值，是研究高速水流紊动特性的重要手段，也是流

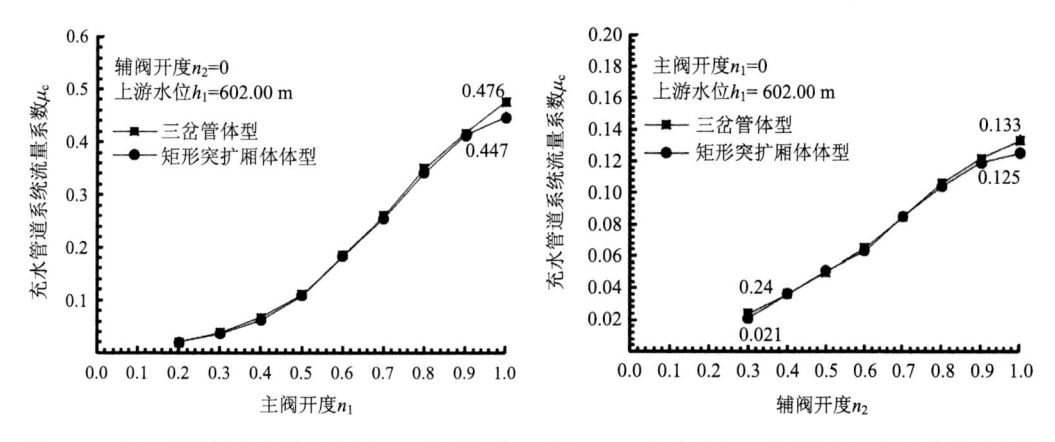

图 3-25 输水系统流量系数与主阀开度关系曲线　　图 3-26 输水系统流量系数与辅阀开度关系曲线

道体型设计关注的重要指标。

从该水力式升船机工程阀门开启过程中截取三个典型工况，即主阀开度 n_1=0.5、0.7、0.8，辅阀开度 n_2=1.0，上游引航道水位 h_1=602.00m，竖井水位 h_2=558.90m、568.00m、569.26m，分析三种工况、两种体型下边壁脉动压强时间过程。图 3-27 为主阀轴线后 0.4m 处流道顶部边壁脉动压强时间过程线。在相同工况下，两种体型方案阀后流道顶部边壁脉动压强时均相差不大，差别在 10%以内。但是，压强脉动强度差别明显：对于三岔管体型方案，主阀开度 n_1=0.5、下游水位 h_2=558.90m 工况下动水压强脉动较弱，均方根值为 14.70kPa；主阀开度 n_1=0.7、下游水位 h_2=568.00m 工况下出现间歇性剧烈压强脉动，但周期性不明显，均方根值达到 32.34kPa，反映出阀后水流流态的不稳定性；主阀开度 n_1=0.8、下游水位 h_2=569.26m 工况下阀后出现持续性剧烈压强脉动，其均方根值进一步增大到 58.80kPa。而在上述三种工况下，矩形突扩体体型方案相应测点均未出现动水压强剧烈脉动现象，反映出该体型在改善由阀后高速射流带来的流道边壁压强脉动等方面具有显著优势。

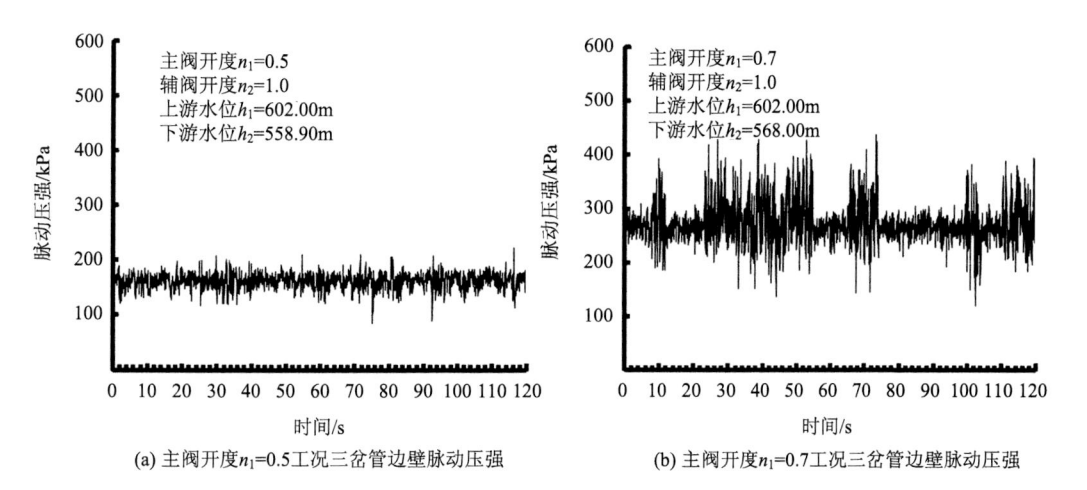

(a) 主阀开度n_1=0.5工况三岔管边壁脉动压强　　(b) 主阀开度n_1=0.7工况三岔管边壁脉动压强

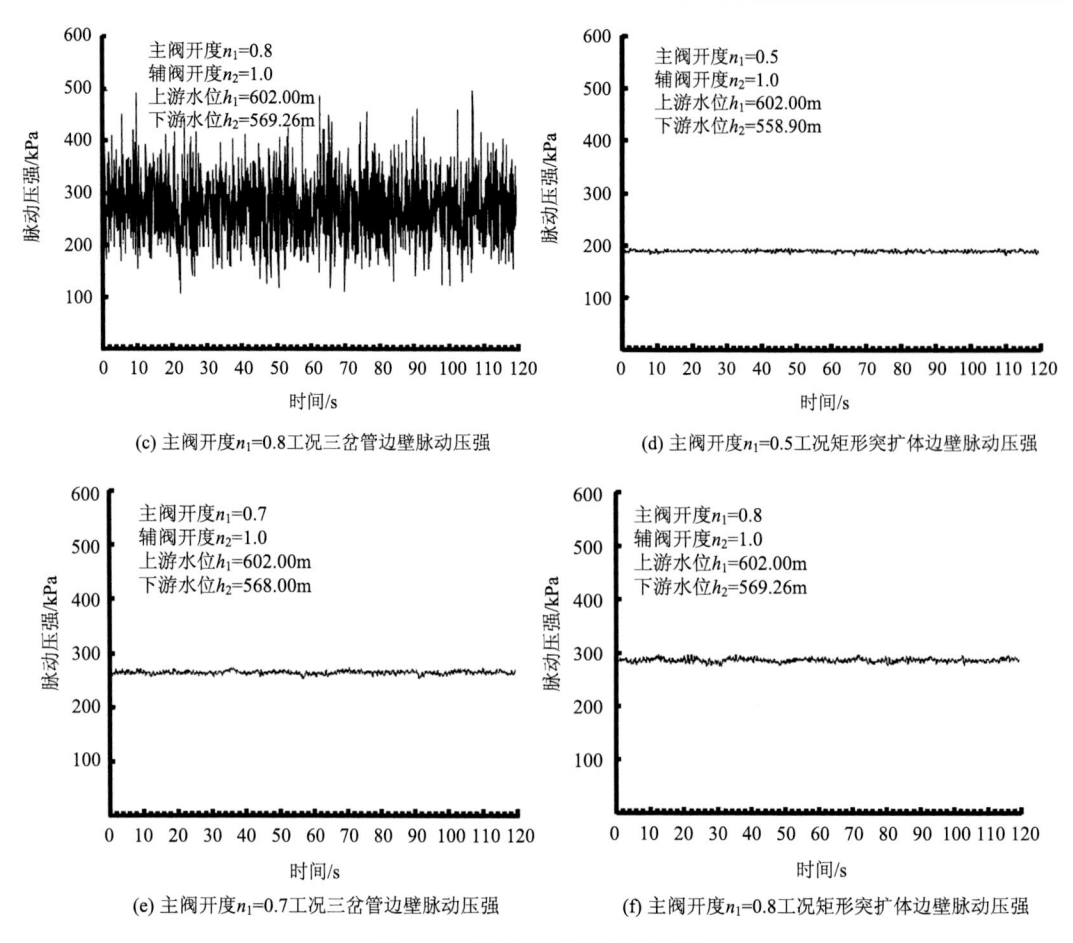

(c) 主阀开度n_1=0.8工况三岔管边壁脉动压强

(d) 主阀开度n_1=0.5工况矩形突扩体边壁脉动压强

(e) 主阀开度n_1=0.7工况三岔管边壁脉动压强

(f) 主阀开度n_1=0.8工况矩形突扩体边壁脉动压强

图 3-27　阀后流道边壁脉动压强

图 3-28 和图 3-29 分别为主阀开度 n_1=0.7、辅阀开度 n_2=1.0、上游引航道水位 h_1=602.00m、竖井水位 h_2=568.00m 工况下主阀后流道顶部边壁脉动压强时均值、均方根值的空间分布情况。由于阀后流道边壁动水压强时均值主要由上下游水位及阀门开度决定，故两种体型方案对应测点处的脉动压强时均值较为接近，相差在 7%以下。三岔管体型下，脉动压强时均值在阀后 0.9m 附近出现最小值 260.11kPa，之后随着行程的增加上升至 281.34kPa，而矩形突扩体体型则沿程更为均匀，基本在 263~273kPa。两种体型脉动压强均方根值分布差别较为明显。三岔管体型下，主阀后射流与流道边壁相互作用造成剧烈的压强脉动，主阀门后 0.4m 处流道顶部边壁脉动压强均方根值达到 32.60kPa，但沿程迅速减弱，至主阀后 5.2 m 即三岔管出口处仅剩 7.18kPa；矩形突扩体体型下，由于阀门射流与矩形突扩体内的水体进行了充分的混掺消能，且射流与边壁之间有一定体积的水体作为缓冲，突扩体顶部相应位置处的压强脉动较三岔管体型方案大为减弱，各测点脉动压强均方根值均在 10kPa 以下，沿程稍有增大，在主阀后 5.2m 即突扩体出口处与三岔管体型趋于同值。显然，突扩体体型较三岔管体型在减弱边壁压强脉动、降低结构极端荷载、降低结构物振动风险等方面具有显著优势。

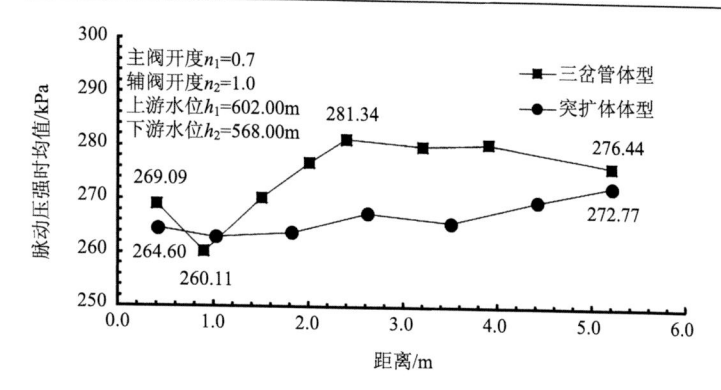

图 3-28 主阀后不同距离流道边壁脉动压强时均值

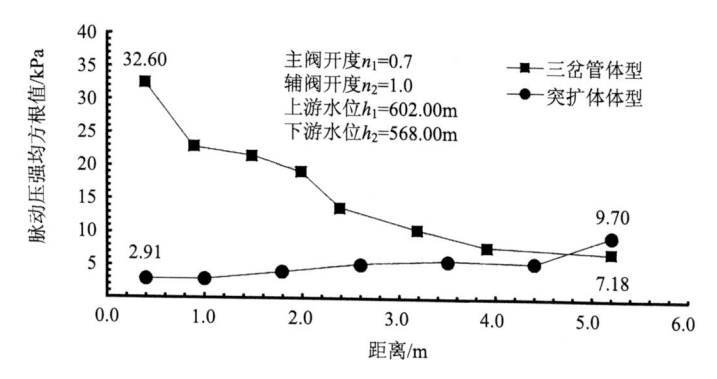

图 3-29 主阀后不同距离流道边壁脉动压强均方根值

3. 阀门临界空化数

空化数是判断特定边界和水流条件下空化是否发生的量纲为一的参数，本书所采用的活塞式流量调节阀的空化数(K)定义为

$$K = \frac{P_2 + P_{at} - P_d}{P_1 - P_2 + \frac{\rho V^2}{2}} \tag{3-34}$$

式中，P_1 为阀前参考断面特征压强，Pa；P_2 为阀后参考断面特征压强，Pa；P_{at} 为当地大气压强，Pa；P_d 为当地饱和蒸汽压强，Pa；V 为参考断面特征流速，m/s。研究阀后流道体型空化特性的试验在大型减压箱中进行，通过控制减压箱中的真空度可以控制阀门的空化状态，测定相关参数并计算阀门临界空化数。

由于主阀、辅阀所采用的出口调流部件有所差别，故其临界空化数呈现出不同的变化规律。对于主阀，其采用的是短型带孔圆柱出口调流部件，在中小开度时阀口出流为孔口出流，阀后体型对阀门空化状态的影响较小，故两种体型方案下临界空化数较为接近（图 3-30）；在大开度时为主流道出流，阀后流道体型对阀门空化状态影响较大，故两种方案的临界空化数呈现出一定差别，且三岔管体型较矩形突扩体型临界空化数更大，主阀开度 $n_1=1.0$ 时，相差 30%~40%，说明主阀在三岔管体型方案下更易发生空化现象。对于辅阀，由于其采用的是标准型带孔圆柱出口调流部件，故在阀门各开度范围内阀口出流均为侧孔口出流,阀后流道体型对阀门空化状态的影响较小(图3-31),两种方案下阀门各开度对应的临界空化数相差不大,差别在20%以内。总体趋势上,在两种体型方案下,辅阀临界空化数均较主阀临界空化数更大,说明辅阀相对于主阀显示出更高的空化风险。

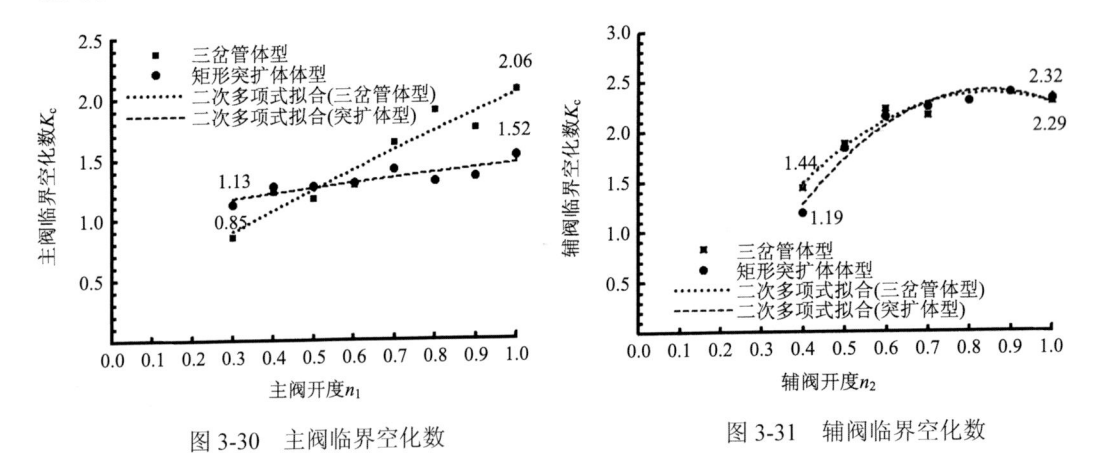

图3-30　主阀临界空化数

图3-31　辅阀临界空化数

4. 阀后空化形态

保持相同的上下游水库水位和减压箱真空度,观察两种体型下的阀后空化形态。由于主阀和辅阀同时开启时,其阀后空泡区域相互重合,不利于观察,故试验采用主阀单独开启和辅阀单独开启的工况对阀后空化形态进行观察。

在主阀开度 n_1=1.0、辅阀开度 n_2=0 工况下,两种方案阀后均可观察到明显的空化现象(图 3-32),在阀后一定区域范围内均观察到明显的空泡群。由于主阀采用的出口调流部件设计为大开度下主流道出流,且主阀轴线与下游主管道的轴线重合,故主阀在满开度下阀后呈现大流量射流,在阀后沿水流方向较长范围内出现空泡群。三岔管体型下,空泡群占满了主阀后整个流道断面(图 3-32),其中贴附边壁的空泡在溃灭时会对边壁造成冲击,造成流道边壁空蚀破坏及结构物振动。矩形突扩体体型下,主阀后虽然也存在大量空泡,但其均存于水体内部,空泡区域边界距离矩形突扩体边壁尚有一定距离,空泡溃灭的冲击波在水体内部得到了缓冲,故边壁的空蚀破坏概率大大降低。

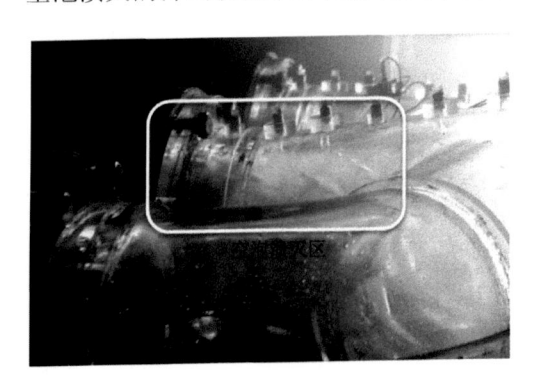

图3-32　主阀后空泡溃灭情况

在主阀开度 $n_1=0$、辅阀开度 $n_2=1.0$ 工况下，两种体型方案阀后空泡区呈现出较大差异(图 3-33)。由于辅阀采用的出口调节部件设计为大开度下仍为侧孔口出流，故流量和阀后射流长度均较主阀更小。三岔管体型下，辅阀后为弯管，辅阀满开度下的小流量射流受到弯管边壁的限制和影响，形成螺旋状前进水流，空泡分布范围较同体型下主阀更小，但依然延伸至边壁，贴附边壁的空泡溃灭依然会对边壁造成空蚀破坏并加剧结构物振动。矩形突扩体体型下，辅阀后一定空间范围内同样出现了空泡群，但其范围远小于同体型下的主阀，且与边壁之间有较大体积的水体作为缓冲，使得辅阀后流道边壁发生空蚀破坏的概率减小。

图 3-33 辅阀后空泡溃灭情况

通过上述研究，水力式升船机输水系统阀后突扩体体型较三岔管体型在解决阀门空化方面优势明显，总体来看：

(1) 三岔管体型顶部边壁动水荷载分布不均，总体上边壁压强脉动较为剧烈，在某些工况下存在由流态不稳造成的边壁压强脉动强度不断变化的现象；矩形突扩体顶部边壁动水荷载分布较为均匀，压强脉动剧烈程度远远小于三岔管体型。矩形突扩体体型在改善边壁压强脉动等方面具有显著优势。

(2) 主阀大开度($n_1 \geqslant 0.7$)情况下，采用突扩体体型可以明显降低主阀的临界空化数，改善主阀的空化特性；辅阀由于其结构设计特点，阀后体型对其临界空化数无显著影响。

(3) 在相同的极端工况下，三岔管体型下阀后空泡群范围延伸至边壁，空泡溃灭可能对边壁产生冲击破坏；而突扩体体型可以将阀后空泡区限制在水体内部，边壁发生空蚀破坏的概率大大降低。

3.3 景洪升船机水力驱动系统水力设计

水力驱动系统设计的优劣直接影响升船机的提升效率与运行安全。本节依据水力驱动系统设计流程和方法，综合考虑水力特性、运行特性等因素，给出景洪升船机水力驱动系统的进出水口、输水管路、竖井等详细设计，并采用非恒定流数值仿真方法论证了结构的合理性。本节还介绍景洪升船机输水系统进出口阀门选型和防空化设计，结合原型观测资料讨论景洪升船机水力驱动系统的应用效果。

3.3.1 适应水位计算

根据景洪升船机上下游通航水位条件,可以满足采用水力式升船的要求,竖井水位最大变幅 ΔH_{jmax}(包含船厢出入水)为

$$\Delta H_{\text{jmax}} = \frac{1}{2}H_{\max} + H_{\text{bu}} = 45.95\text{m} \tag{3-35}$$

竖井水位变化区间应满足以下两个基本条件:竖井最高水位低于上游最低水位,竖井最低水位高于下游最高水位。此外,竖井水位变化区间的确定还应该考虑输水阀门的空化状态,根据阀门空化数的定义,阀门空化的程度与水头差、下游淹没水深有关。竖井水位变化区间偏下则增加了充水阀门的工作水头,加剧充水阀门的空化空蚀,反而对泄水阀门不利。

初定竖井水位变化区间为 545.05~591.00m,则充水阀门的最大作用水头为 $\Delta H_{\text{cmax}} = 56.95\text{m}$,最小作用水头为 $\Delta H_{\text{cmin}} = 0\text{m}$;泄水阀门的最大作用水头为 $\Delta H_{\text{xmax}} = 55.86\text{m}$,最小作用水头为 $\Delta H_{\text{xmin}} = 0.15\text{m}$。在上下游四种极限水位组合下,计算船厢运行全程时输水系统的起始水位差 ΔH_{b} 与终止水位差 ΔH_{e}(表 3-3),以及船厢仅在空气中运行时输水系统的起始水位差 $\Delta H'_{\text{b}}$ 与终止水位差 $\Delta H'_{\text{e}}$(表 3-4),其中,H 代表船厢总行程,m;H' 代表船厢在空气中运行的行程,m。

表 3-3 船厢运行全程输水系统水位差变化

上下游水位	H /m	充水工况 ΔH_{b} /m	充水工况 ΔH_{e} /m	泄水工况 ΔH_{b} /m	泄水工况 ΔH_{e} /m
$h_{\text{uu}} + h_{\text{du}}$	57.10	56.95	15.88	41.22	0.15
$h_{\text{uu}} + h_{\text{dd}}$	66.86	56.95	11.00	55.86	9.91
$h_{\text{ud}} + h_{\text{du}}$	46.10	40.45	4.88	41.22	5.65
$h_{\text{ud}} + h_{\text{dd}}$	55.86	40.45	0.00	55.86	15.41

表 3-4 船厢在空气中运行输水系统水位差变化

上下游水位	H' /m	充水工况 $\Delta H'_{\text{b}}$ /m	充水工况 $\Delta H'_{\text{e}}$ /m	泄水工况 $\Delta H'_{\text{b}}$ /m	泄水工况 $\Delta H'_{\text{e}}$ /m
$h_{\text{uu}} + h_{\text{du}}$	52.10	56.95	30.90	26.20	0.15
$h_{\text{uu}} + h_{\text{dd}}$	61.86	56.95	26.02	40.84	9.91
$h_{\text{ud}} + h_{\text{du}}$	41.10	40.45	19.90	26.20	5.65
$h_{\text{ud}} + h_{\text{dd}}$	50.86	40.45	15.02	40.84	15.41

3.3.2 平衡重及竖井设计

1. 平衡重

根据式(3-4)计算得到平衡重最小配重应满足 $M_{\text{fz}} \geqslant 7118.4\text{t}$,为留有一定的安全裕

度，取平衡重总重 M_{fz}=7900t。

根据式(3-5)计算得到平衡重的总体积需满足 $V_{fz} \geqslant 6050 \text{m}^3$。

在确定平衡重的截面积与高度的值时，优先根据上下游水位确定平衡重截面积。由于动滑轮作用，平衡重最大理论行程为船厢最大行程的一半，即 $\frac{1}{2}H_{max}=33.43\text{m}$，竖井水位可实现的最大变幅为船厢最小行程，即 $H_{min}=46.10\text{m}$，因此平衡重的淹没深度可以实现的最大变幅（即平衡重的最大有效高度）为 $H_{bu\max}=H_{min}-\frac{1}{2}H_{max}=12.67\text{m}$。

平衡重总截面积 S_{fz} 满足 $S_{fz} \geqslant \dfrac{V_{fz}}{H_{bu\max}}=477.5\text{m}^2$。

此时可进行方案比选，确定平衡重的截面积与高度。如果平衡重截面积过大则会导致竖井截面积增加，升船机运行耗水量增加，同时也不利于塔柱的结构稳定；如果平衡重截面积过小则会导致高度增加，平衡重运行的稳定性降低，且安装维护不便。初步按竖井与平衡重间隙比为 0.1，计算双向运行最大耗水量。根据以上设计条件，平衡重不同的截面积及高度配比下升船机耗水量计算结果见表 3-5。

表 3-5 升船机耗水量

平衡重总截面积 S_{fz}/m^2	平衡重有效高度 H_{bu}/m	竖井总截面积 S_{jz}/m^2	单次运行最大耗水量 V_{max}/m^3
480	12.6	533.3	18502
500	12.1	555.6	19244
520	11.6	577.8	19987
540	11.2	600.0	20730
560	10.8	622.2	21473
580	10.4	644.4	22216

为了减小结构应力，将竖井与浮筒式平衡重设计为圆形截面，同时考虑升船机耗水量，确定平衡重底面直径为 6.2m，则平衡重总截面积 S_{fz}=483.05m²，有效高度 H_{bu}=12.52m，底部富余水深 2.19m，顶部富余水深 2.0m，总高度为 16.72m。

2. 竖井

通过专题试验研究，确定竖井与平衡重间隙比为 0.09，竖井总面积为 S_{jz}=530.93m²，共有 16 个直径 6.5m 的竖井，分别布置在两侧塔柱中，每侧塔柱设置 8 个，竖井和浮筒之间的间隙为 15cm。同侧的中间两个竖井间距为 10.2m，同侧其余竖井相邻间距为 8.2m。竖井在横向方向设置于塔柱中间位置，两侧竖井中心间距为 28.4m。

竖井的主要功能是通过水位的升降驱动浮筒的升降，要求竖井的结构满足浮筒式平衡重全行程平稳升降需要，以及竖井充水平稳无冲击。

竖井底部高程为 542.0m，输水管路分流支管布置于 542.0m 高程以下的塔柱中。为方便安装运行维护，竖井中设置检修操作平台，操作平台的高程为 594.5m，594.5m 高程以下为圆形截面，594.5m 高程以上为方形截面，检修操作平台位置设置浮筒锁定装置。

为保证竖井水位同步上升，在同侧和两侧竖井之间设置连通平压措施。同侧竖井的连通平压可在同侧竖井下部隔墙之间开平压孔洞，使同侧竖井水体连通。两侧竖井之间在上游侧设置连通管，使两侧竖井之间的水体连通平压。

为了消除竖井出水口水流紊动现象，对出水口布置消能工。与常规的水工建筑物消能要求不同，这里要求对平衡重浮筒的扰动尽可能小，与船闸闸室出水口消能要求尽可能减少船舶受力的要求类似。因此消能工的设置可参照船闸输水系统出水口的布置。

景洪水力式升船机推荐采用的消能工形式见图3-34，消能盖板设置为圆形，顶高程为543.3m，直径为3.0m，面积为7.06m^2，为出水口面积的3.52倍；周边超出孔口四周的距离为0.7m，四周出水口高度为0.50m，周边超出孔口的距离为盖板出水口净高的1.4倍。此外，在消能盖板与竖井之间还设置了一道消力槛，以阻挡水流侧向直接冲击竖井边壁，并形成小的消能明沟，以充分消耗水流能量。

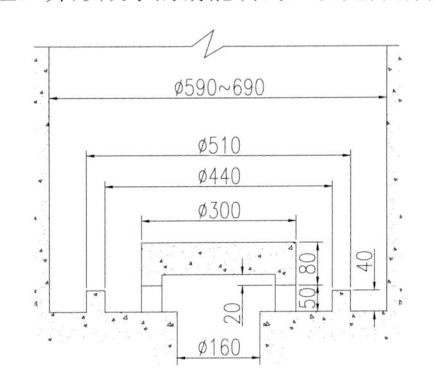

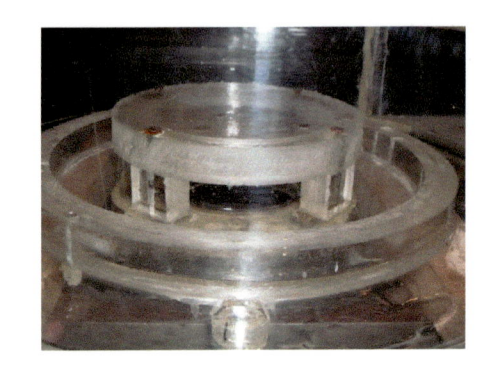

图3-34 竖井出水口消能工布置（单位：cm）

加设出口消能工后竖井内水流流态和竖井水面波动见图3-35。由图可见，加设出口消能工后，支孔射流有效地在盖板下碰撞消能，盖板四周水流均匀扩散，减小了水流紊动。即使在充水阀门开启初期，竖井内水流也较均匀，竖井内水面十分平稳，盖板消能作用明显。

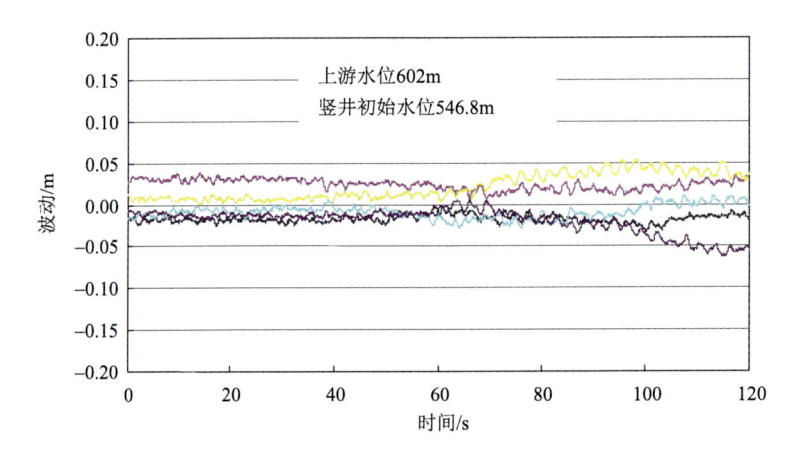

图3-35 设置消能工条件下竖井内水面波动图
不同颜色曲线代表单侧的5个竖井水位

3.3.3 输水系统布置设计

根据输水系统的最大流量 Q_{max} 计算公式[式(3-15)]，代入本书计算参数可得，上下游水位差最大时，输水系统的最大流量为 Q_{max}=46.24m³/s。

根据管道最大允许流速 10m/s，计算输水主廊道的最小面积为 ω_{min} = 4.62m²。初步拟定输水主管直径为 2.5m，则主管道面积为 ω = 4.91m²。升船机输水主管的最大流速为 v=9.42m/s。

根据等惯性输水系统分支管路的设计原则，下级支管总面积必须大于上级支管，确定一、二级支管直径为 2.5m，三、四级支管直径为 1.6m。

1. 输水管路总体布置

1) 进水口布置

输水系统进水口布置在上闸首右侧，距升船机中心线 10.88m，进水口中心高程布置兼顾淹没水深及防止泥沙淤积，淹没水深太小，取水时将形成空心漩涡带气，若管口高程过低则水流泥沙量加大，不利于充水系统的运行，综合考虑后将进水口中心高程确定为 580.50m。

进水口为矩形断面，其尺寸为 3.0m×4.5m(宽×高)，为减小进口水流流速，根据《水利水电工程进水口设计规范》(SL 285—2003)规定，进水口前端采用喇叭口形式布置，最大尺度为 7.0m×5.0m，面积为 35.0m²，则可计算出该断面处的流速为 1.5 m/s，小于《船闸输水系统设计规范》(JTJ 306—2001)允许值(2.5m/s)，满足要求。

输水系统最低取水水位为最低通航水位，即为死水位 591.00m，为避免进水口门前出现漩涡和吸气漏斗，按戈登公式计算最小淹没深度：

$$S=cVd^{1/2} \tag{3-36}$$

式中，d 为闸门高度，取为 4.5m；V 为闸孔断面平均流速；c 为系数，对于侧向进水取为 0.73。经计算进水口最小淹没深度为 6.08m，进水口淹没深度取为 7.25m，满足要求。

进水口拦污栅采用圆形，半圆形拦污栅布置于进水口前牛腿平台上。拦污栅外框半径 R=3.275m，过栅流速小于 1.5m/s。

2) 充泄水管道系统布置

为能使 16 个竖井水位能均匀平稳升降，充泄水管道系统采用等惯性布置，通过四次分流(一分二、二分四、四分八、八分十六)将输水系统主管道中的水流均匀地分配到 16 个竖井中。充泄水管道系统的主管道管径取为 ϕ2.5m，第三分流口后充泄水管道支管管径采用 ϕ1.6m。

充水管道接上游进水口，在 580.50m 高程经过一次水平转弯和一次空间转弯后在升船机中心线与坝后斜管相连，主管道在斜面上进行了一次分岔，分成三个 ϕ1.6m 岔管，然后进行一次转弯进入上游控制阀室，在充水阀后三个岔管又重新合并成 ϕ2.5m 主管道，主管道再经过两个垂直转弯下降至 526.00m 高程。在 526.00m 高程平面上布置第一次和第二次分流，然后在桩号 0-127.300m 和桩号 0-155.700m 立面上进行第三次和第四次分流，最后进入竖井系统。

泄水管道在 526.00m 高程平面经过一次水平转弯由升船机中心调整到左侧，然后经过一次斜面转弯由 526.00m 高程调整到 533.05m 高程进入下游控制阀室，在下游操作阀室中，首先将泄水管道分成三个 $\phi 1.6\text{m}$ 的岔管，在泄水阀门后，三个岔管又合并成一个 $\phi 2.5\text{m}$ 主管道，后接出水口。

3）出水口布置

出水口布置在下闸首的左边墩中，出水口中心高程为 533.05m，采用导墙上垂直多支孔出口布置，共有 4 个支孔，支孔采用左右对称布置，每侧 2 个。为使出水口水流尽可能均匀，每孔之间设中间导墙。

出水口孔口为矩形截面，另由于出口面临左侧 2#表孔泄槽，为防止表孔泄洪水流的冲刷，孔口外侧进行修圆处理。

2. 运行特性仿真计算

景洪水力式升船机采用以上设计参数，在上游最高水位与下游最低水位条件下，升船机上、下行运行特性曲线见图 3-36 和图 3-37。由图可见，船厢上升和下降运行时间分别为 690s、600s，最大运行速度分别为 0.17m/s、0.18m/s，最大输水流量分别为 44m³/s、47m³/s，满足设计要求。

3.3.4 充泄水阀门选型与防空化设计

1. 输水阀门选型

升船机运行期间，输水系统工况复杂，充泄水频繁。阀门的主要作用是通过控制水流进而控制升船机的运行特性，对其控制要求是快速、顺畅、高精度地控制通过阀门的水流。为此，充、泄水阀门均采用"一主两辅"的形式并联布置，三台输水阀门的直径均为 1.6m，则单组阀门面积为 $\omega_\text{v} = 2.01\text{m}^2$，阀门总面积为 $\sum \omega_\text{v} = 6.03\text{m}^2$。从流量控制、阀门防空化性能等综合考虑，选择采用活塞式调流阀。活塞式调流阀是通过阀体中内置的曲柄连杆等机构驱动活塞轴向移动，改变节流面积实现调节功能的阀门，按节流元件形式分为开槽型、开孔型、扇叶圈型、阀座环喷型、复合型等。景洪水力式升船机输水活塞式调流阀采用开槽型节流原件，结构示意图见图 3-38。

选择的充泄水阀门主要参数如下。

(1)充水阀门主要技术参数。

公称直径：DN1600；压力等级：1MPa；主充水阀门节流原件开槽面积比例：30%；开槽区长度占阀内出口流道长度的比例：20%；辅充水阀门节流原件开槽面积比例：20%；开槽区长度占阀内出口流道长度的比例：100%；流量（主充水阀）：0～58500m³/h；流量（辅充水阀）：0～14300m³/h；阀门启闭采用电动执行机构，电机功率：4kW/台。

(2)泄水阀门主要技术参数。

公称直径：DN1600；压力等级：1MPa；主泄水阀门节流原件开槽面积比例：30%；开槽区长度占阀内出口流道长度的比例：20%；辅泄水阀门节流原件开槽面积比例：25%；

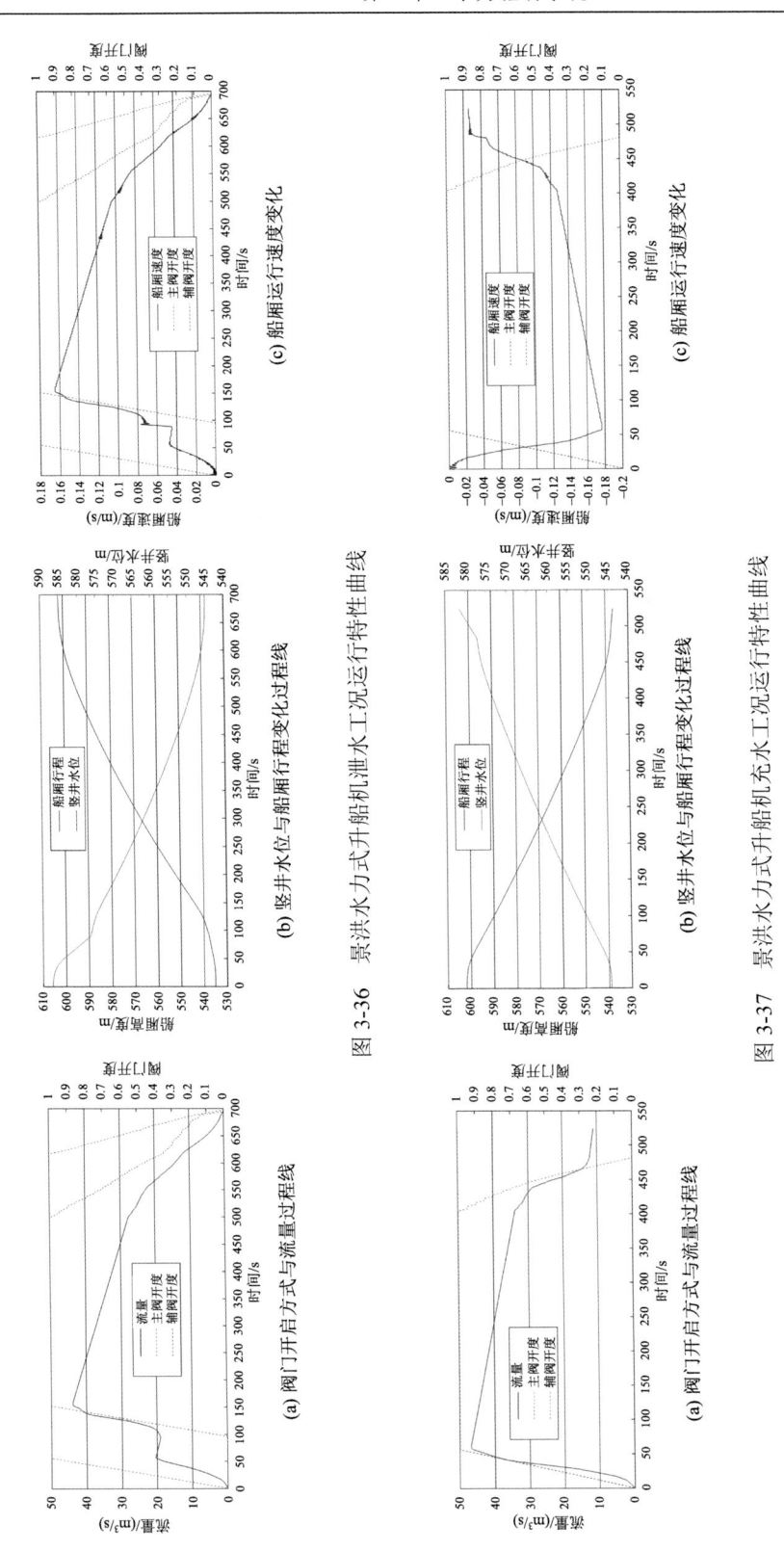

图 3-36 景洪水力式升船机泄水工况运行特性曲线

图 3-37 景洪水力式升船机充水工况运行特性曲线

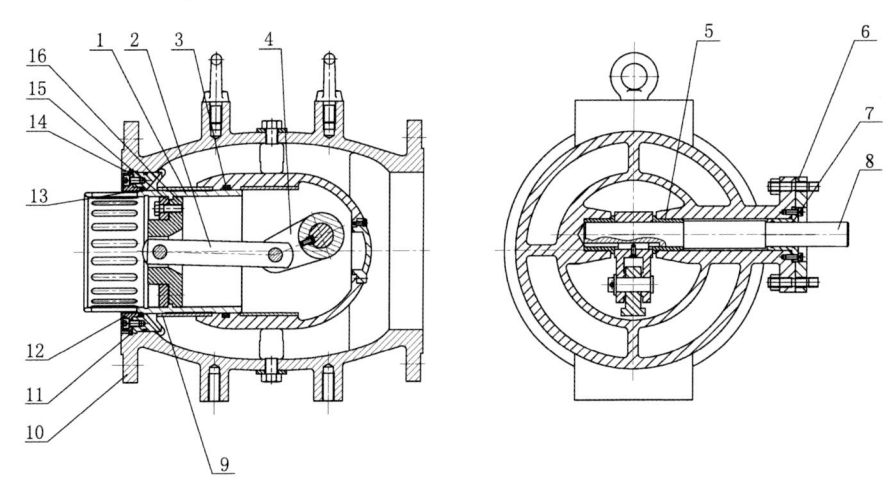

1.活塞；2.连杆；3.活塞动密封；4.曲柄；5.轴承；6.连接盘；7.阀杆密封；8.阀杆；
9.导轨；10.阀体；11.卡圈；12.压圈；13.主密封圈；14.阀座；15.压盘；16.内连接盘

图 3-38 开槽型活塞阀

开槽区长度占阀内出口流道长度的比例：100%；流量(主泄水阀)：0~58500m³/h；流量(辅泄水阀)：0~16000m³/h；阀门启闭采用电动执行机构，电机功率：4kW/台。

根据选择的阀门特性参数，主、辅全开时充泄水阀门段阻力系数见式(3-37)，换算到主管道面积，对应的充泄水阀门段阻力系数分别为 ζ_{c1}=8.06、ζ_{x1}=7.04。根据《船闸输水系统设计规范》(JTJ 306—2001)规定，计算输水系统各部分阻力系数，则充、泄水系统总阻力系数为 11.18、9.36。

阀门段阻力系数 ζ_1 的表达式为

$$\zeta_1 = \frac{\zeta_z \zeta_f \times \omega^2}{\left(\sqrt{\zeta_f} + 2\sqrt{\zeta_z}\right)^2 \times \omega_v^2} \tag{3-37}$$

式中，ζ_z 为主阀阻力系数；ζ_f 为辅阀阻力系数。

2. 充水阀门

"一主两辅"三台充水阀门平行布置在上游阀室中，中间为主充水阀门，两侧为辅充水阀门。主输水管管径 ϕ2.5m，在充水阀前分成 3 根管径 ϕ1.6m 的支管，分别与三台充水阀门连接。充水阀门后原布置"三进一出"的岔管结构，调试中出现岔管及其后的弯管内水流急促，流态极不稳定的情况，而且汇合管附近存在"螺旋流"，流量调节阀和管道振动较大。若在此工况下长期运行可能会导致阀和管道疲劳破坏。管道检修费时，万一输水系统出现故障将影响升船机运行的安全和通航效率。

通过专题研究论证后，提出了"阀门后突扩体+掺气"充水阀门防空化布置方案，即阀门后布置突扩体结构，为阀后水流营造较大的缓冲区，并在阀前设置掺气装置来减免空化。"阀门后突扩体+掺气"方案常压及减压模型试验表明，阀后空腔体水流消能充分，但流态依然紊乱，易造成其结构不稳定。同时考虑到充水阀门下游连接竖井，且输水廊道多弯道，采用掺气减免空化，掺入的气体如果随水流进入竖井，易造成竖井水面波动，影响升船机平衡重平稳运行，进而影响升船机的安全稳定工作。为减小不利水流条件对充水阀门段及升船机安全稳定运行的影响，结合现场条件，对突扩体进行了物理模型试验研究，最终突扩体体型优化方案见图3-39，其中充水阀门后的突扩体外形为一不规则的六面体形状，其顶面为一渐扩1∶5的斜面，顶面下游端部设有11.5m×1.0m×1.3m(长×宽×高)的集气槽，集气槽顶部设置3根直径0.3m的排气管。充水阀门前输水管上掺气位置焊接一圆环，圆环外壁均布开制4孔，与通气支管连接。圆环内腔输水管上均布开制60孔，以使气体能较均匀地掺入输水管内的水体中。气体经通气管输送到三台充水阀前掺气位置，再分成4根支管通入圆环内，最后经输水管上的60个小孔均匀地掺入水体中。主充水阀门为一条独立气路，两个辅充水阀门为一条独立气路，两条独立气路可分别进行控制操作，以便根据主、辅充水阀门各自的掺气要求进行适当掺气。最终的充水阀掺气系统布置见图3-40，充水阀门掺气系统空压机采用风冷螺杆式中压空压机，额定排气压力≥0.75MPa，单机排0.75MPa气量≥0.95m³/min。空压机出口过滤器采用中压过滤器，额定压力≥1.0MPa，流量≥18m³/min，精度等级≤1.0μm。储气罐选用立式中压储气罐，额定压力1.0MPa，容积2m³。

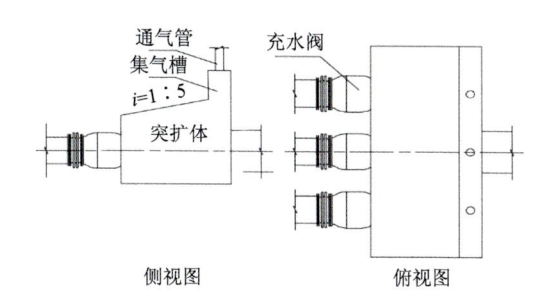

图3-39 突扩体顶渐扩1∶5体型

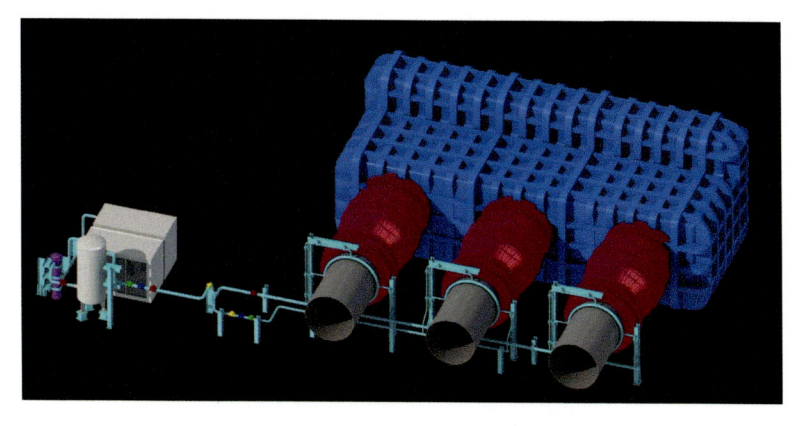

图3-40 充水阀门掺气系统布置

3. 泄水阀门

下游"一主两辅"三台泄水阀门平行布置在下游阀室内，中间为主泄水阀门，两侧为辅泄水阀门。主泄水管管径ϕ2.5m，在泄水阀前分成 3 根管径ϕ1.6m 的支管，分别与三台泄水阀门连接。泄水阀门掺气不会对竖井水位产生影响，因此采用阀前强迫通气措施解决泄水阀空化问题。在泄水阀门前输水管上掺气位置焊接一圆环，圆环外壁均布开制 4 孔，与通气支管连接。圆环内腔输水管上均布开制 60 孔，以使气体能较均匀地掺入输水管内的水体中，气体经通气管输送到三台泄水阀门前掺气位置，再分别分成 4 根支管通入圆环内，最后经输水管上的 60 个小孔均匀地掺入水体中。主泄水阀门为一条独立气路，两个辅泄水阀门为一条独立气路，两条独立气路可分别进行控制操作，以便根据主、辅泄水阀门各自的掺气要求进行适当掺气。泄水阀门布置见图 3-41。

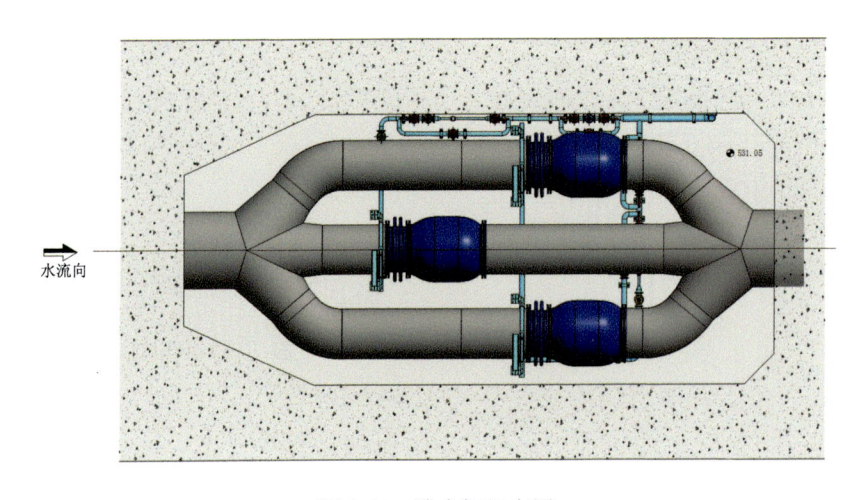

图 3-41　泄水阀门布置

泄水阀门掺气系统主要由空压机、过滤器、储气罐、球阀及单向阀等设备组成。由于下游阀室空间位置的限制，掺气系统主要设备均放置于底高程为 553.0m 的空压机房内。空压机采用风冷螺杆式中压空压机，额定排气压力≥0.75MPa，单机排 0.75MPa 气量≥0.95m³/min。空压机出口过滤器采用中压过滤器，额定压力≥1.0MPa，流量≥18m³/min，精度等级≤1.0μm。储气罐选用立式中压储气罐，额定压力 1.0MPa，容积 2m³。

3.4　水力驱动系统运行特性

景洪升船机水力驱动系统最终方案由进水口、充水管道、充水控制设备、等惯性输水系统、泄水控制设备、竖井及事故检修闸等系统、泄水管道、出水口等结构及设备组成，见图 3-42。等惯性输水系统由 1 根 2.5m 输水主管，通过 4 级"等惯性+等阻力"分解成 16 根直径 1.6m 的分支管路与布置在塔柱两侧的 16 个直径为 6.5m 的竖井相连接。输水系统采用创新的"等惯性+等阻力"设计方案，最大限度地保证各竖井输水流量的一致性和水位升降的同步性，为承船厢的平稳运行提供重要保障。充水控制设备布置在上游阀室，由充水阀门、减振稳压箱和限制性主动补气系统等组成。泄水控制设备布置在下游阀室，由泄水阀门和主动补气系统等组成。充泄水阀门是水力式升船机运行的主

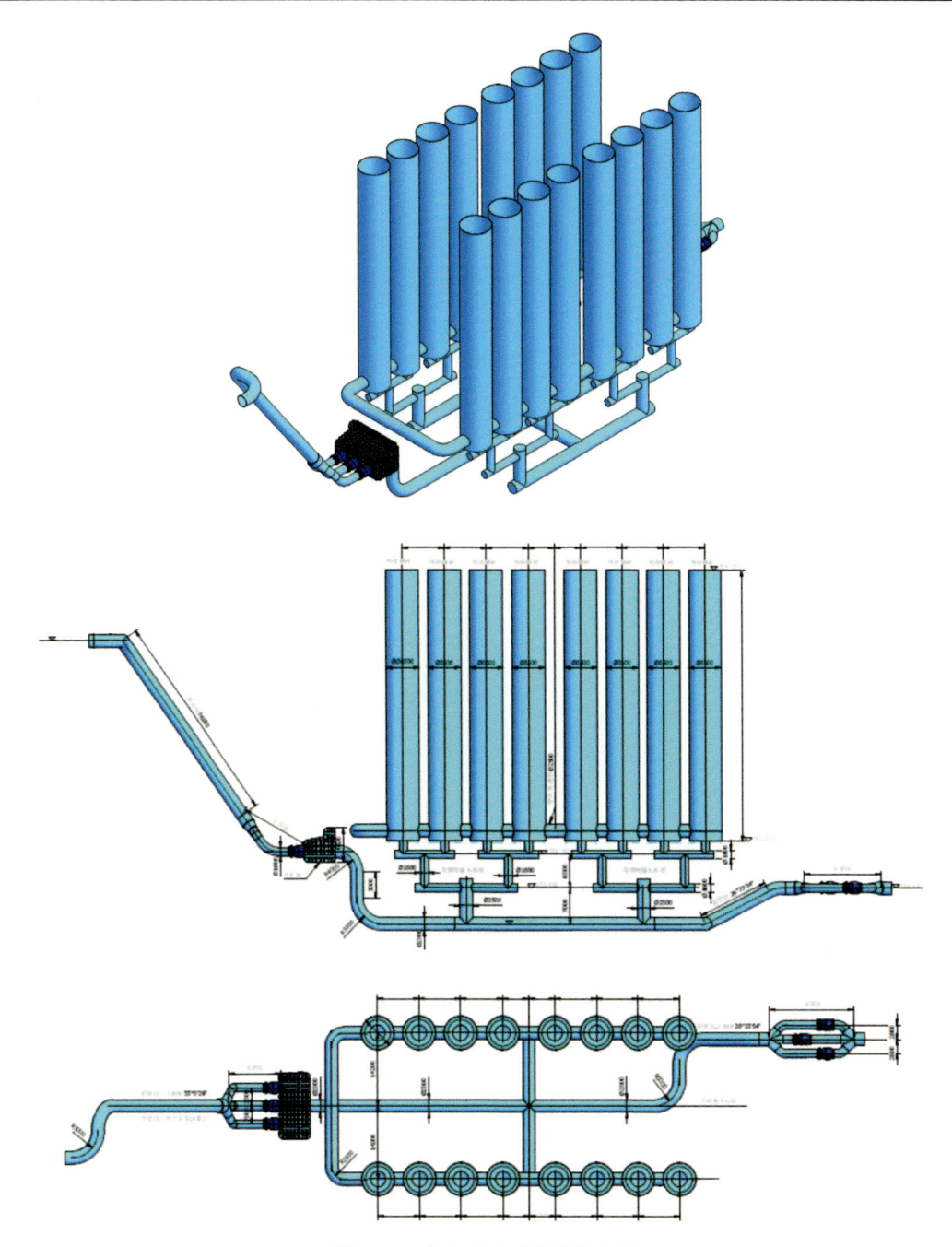

图 3-42 水力驱动系统总体布置

要控制设备,充泄水阀门各布置 3 台直径为 1.6m 的活塞阀,活塞阀控制输水流量的变化从而实现对升船机运行特性的精确控制。水力驱动系统的进水口布置在升船机坝段右侧,为保护升船机的安全,在主输水管路进出水口布置了快速事故闸门和启闭设备,当承船厢下行,在充泄水阀门出现设备故障时,该闸门可快速关闭,切断水流,保护升船机的安全。

根据现场原型观测资料,船厢快速上行,相邻竖井水位最大偏差约 0.06m;船厢快速下行,相邻竖井水位最大偏差约 0.04m,说明景洪升船机两侧 16 个竖井水位同步性很好。现场观测了 5 种不同运行速度下 16 个竖井水位的波动情况,竖井内最大水面波幅基本在 0.15m 以内,见图 3-43。船厢以特快、快、较快、中、慢 5 种速度升降运行,升降运行全程船厢最大加速度仅为 0.003m/s²(图 3-44),远小于设计的 0.01m/s² 要求。因此,景洪升船机采用"等惯性+等阻力"输水技术可以有效保障各竖井水位同步性升降,保证船厢平稳运行。

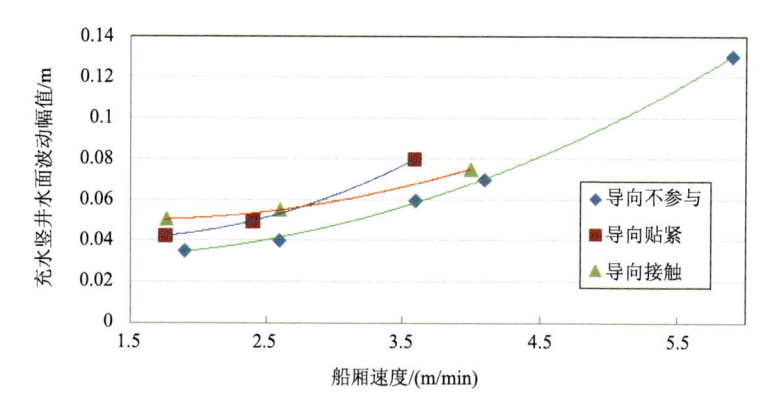

图 3-43 竖井水位波幅随船厢速度变化曲线(充水工况)

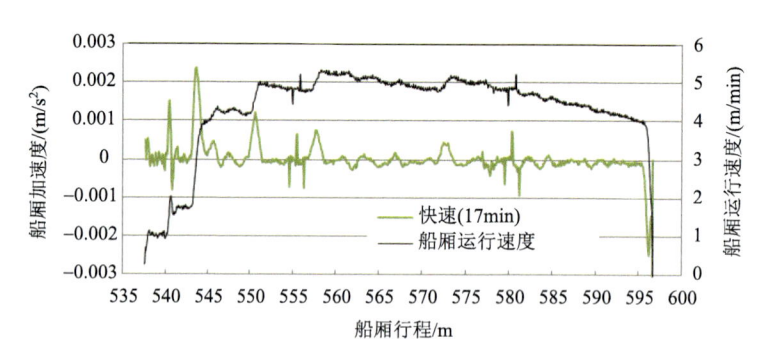

图 3-44 船厢快速上行入水速度与加速度过程线

现场原型观测资料表明,充水阀门后采用突扩体减振方案,辅充水阀门后脉动压力最大均方根值为 0.10m 水柱,主充水阀门后脉动压力最大均方根值为 0.09m 水柱,与三岔管方案相比,脉动压力分别降低 50%~95%。突扩体后,相同测点竖直向振动幅值由 10g 降低到 2g,两个水平方向振动也从 3g 降低到 1g(图 3-45),可见突扩体减振效果十分明显。此外,充水阀门后采用突扩体减振方案,主辅阀可承受的水头提高、最小相对空化数减小,有利于提高输水效率,充水时间由 35min 缩短到最快 15.4min。

泄水阀门采用掺气措施后,阀后管道典型测点的脉动压力均方根值稳定,并保持在较小范围内。辅阀可以迅速全开,主阀可在相对空化数 0.3 左右运行,压力管道振动普遍降低 60%~80%，掺气后泄水阀门空化、振动现象得到了充分抑制(图 3-46)，输水时间由 45~55min 缩短至 15min 以下，可见泄水阀门采用"掺气"工程措施效果极为显著。

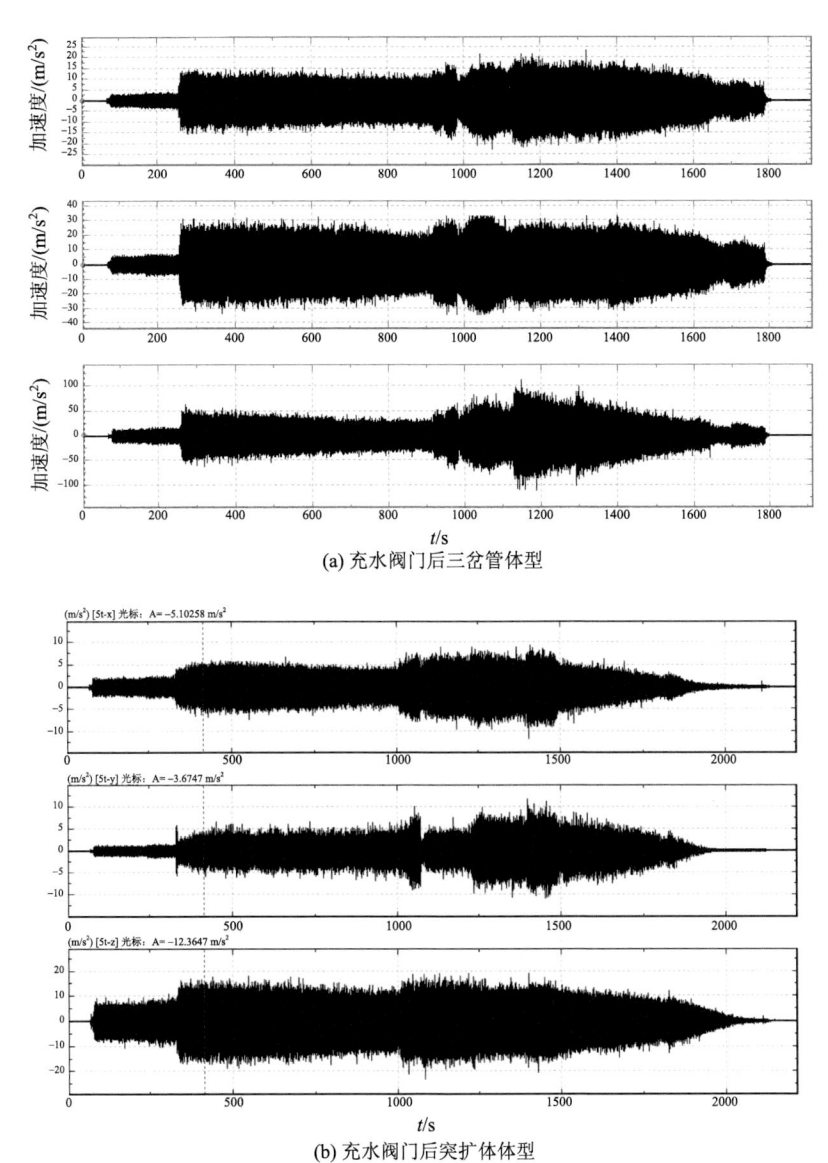

(a) 充水阀门后三岔管体型

(b) 充水阀门后突扩体型

图 3-45　相同工况振动对比

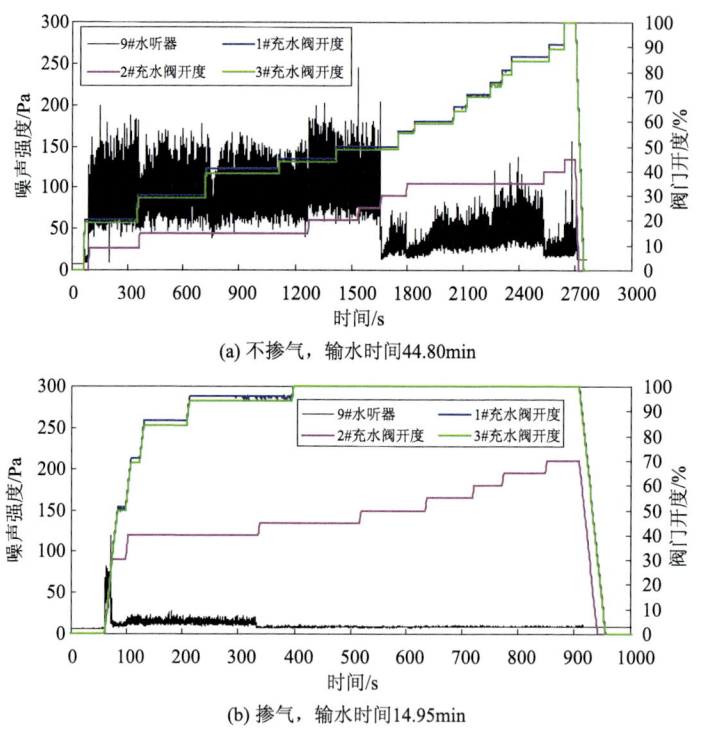

(a) 不掺气，输水时间44.80min

(b) 掺气，输水时间14.95min

图 3-46 掺气空化噪声强度对比

第 4 章 水工建筑物

本章首先介绍水力式升船机塔柱结构特点和设计方法，阐述塔柱竖井钢衬结构和输水管道结构设计和施工方法，之后讲述上下闸首结构和上下游引航道结构设计方法，最后讲述景洪升船机水工建筑物安全监测原则、方法和成果。

4.1 概　　述

水力式升船机主体建筑物包括上闸首、塔柱、下闸首、主机房、输水系统及相关辅助建筑物。

上闸首兼有挡水坝段和升船机闸首的双重功能，一般设有上闸首检修事故门、上闸首工作门、上游控制阀室、中央控制楼、顶部交通桥、主阀吊物孔、工作电梯及楼梯井等。

塔柱位于上闸首段的下游，主要由布置充泄水系统的混凝土底板、两侧带竖井的塔柱、塔柱联系梁、顶部机房、安全撤离电梯及楼梯井组成。

下闸首段布置在塔柱的下游，设有下闸首事故检修门及桥机排架、下游控制阀室、主阀吊物孔等。

主机房布置于塔柱顶部，机房内布置卷筒装置、机械同步轴系统及检修桥机。

输水系统在上闸首设进水口，引水经上游控制阀室至船厢池底部的充泄水管道中，然后分别引入两侧各8个竖井中，充泄水管道采用等惯性布置。泄水管道沿船厢池底部引入下闸首左侧的下游控制阀室，然后通过出水口将水排入下游引航道。

4.2 塔　　柱

塔柱是升船机的主要承重结构，垂直升船机的塔柱结构通常布置在承船厢两侧以支撑承船厢、平衡重及其他驱动设备。我国垂直升船机的塔柱一般以筒体和剪力墙为主要承载体，常用的塔柱结构主要有全筒式、开敞筒体式、筒体-箱梁式、墙-筒式四种结构形式，见图4-1。

(1)四种塔柱形式在横向上的刚度相差不大，纵向上的刚度则有较大的差别，以全筒式结构最大，筒体-箱梁式结构最小。

(2)开敞筒体式结构的温度效应较其他形式有明显改善，但受风时涡流最乱，风振系数不易正确确定，体型系数也最大，抗扭性能相对较弱。

(3)筒体-箱梁式结构横向迎风面较小，可改善风载对塔柱的影响。自重相对较轻，既可节省混凝土工程量，又可减少地震效应，闸室采光也最佳。但大跨度箱梁需施加预应力，施工工艺相对复杂，高空施工有一定的难度，同时，其结构体型比较单薄，地震时振形复杂，对机房相当不利。

(a) 全筒式　　(b) 开敞筒体式

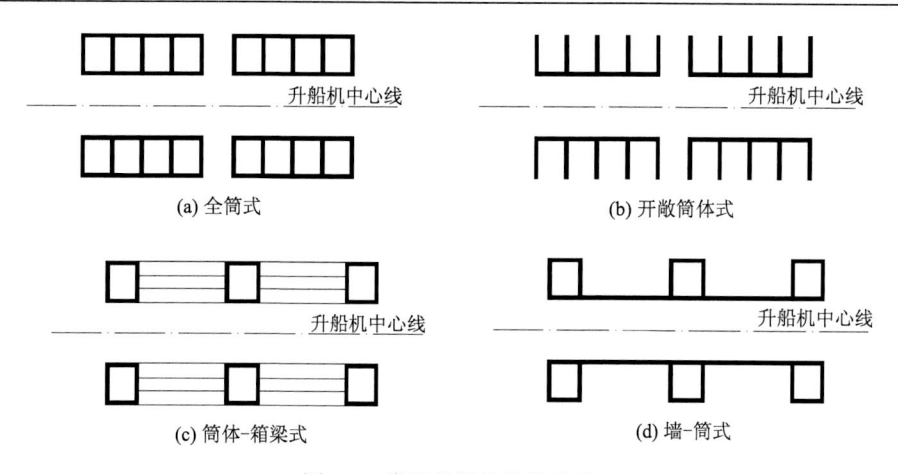

(c) 筒体-箱梁式　　(d) 墙-筒式

图 4-1　常见的塔柱结构形式

(4)墙-筒式结构受风面积最大，墙体风振脉动效应也最大。地震时筒体受扭较大，振动效应不易计算正确。

(5)全筒式结构横向迎风面较大，承受的风荷载相应较大，但结构具有足够的刚度，水平位移仍最小，在 4 种结构形式中，运行期温度应力最高，混凝土用量最大。全筒式结构的特点是整体性好，传力明确，整个结构体型无论在立面和平面上均布置规则、对称，质量分布和刚度分布均匀并基本重合，有利于抗震；在施工过程中，筒体的稳定性也最好，特别是结构刚度大，相对水平位移小，有利于筒顶机房和设备运行。

4.2.1　水力式升船机塔柱结构特点

钢丝绳卷扬提升式升船机塔柱结构是钢筋混凝土箱形结构，基础为钢筋混凝土整板，左右对称布置长方形薄壁筒体的塔柱承重结构，塔柱中设置独立的重力平衡重井、转矩平衡重井和安全平衡重井，塔柱顶部通过联系板梁联成整体，见图 4-2。该类型升船机塔柱结构承受承船厢、平衡重块等悬吊运行荷载，外部的水荷载及顶部机房设备荷载。景洪水力式升船机塔柱是高柔全筒式结构，以升船机中心线为轴线左右对称布置了两个塔柱，塔柱为高耸的中空薄壁钢筋混凝土结构，每个塔柱内各布置 8 个竖井，在塔柱底板和竖井下部布置了用于竖井充泄水的等惯性输水系统，竖井为平衡浮筒的运行通道，左右塔柱中间空腔为船厢池，是升船机承船厢的运行空间，见图 4-3。塔柱底部和塔柱内部布置了用于竖井充泄水的等惯性输水系统，同时塔柱为典型的高柔建筑物，对地震作用反应敏感，因此水力式升船机塔柱比传统钢丝绳卷扬提升式升船机受力复杂很多，不仅承受自重、承船厢荷载、顶部机房设备荷载和外部水荷载，而且附加竖井内水荷载、温度、风和地震荷载等共同作用，需开展多种荷载组合工况下应力应变安全分析。

传统钢丝绳卷扬提升式升船机通过卷扬机提升机构的正、反向运转驱使承船厢沿塔柱升降运行，船厢在无水空间升降运行。水力式升船机是将平衡重做成重量和体积合适的浮筒，利用水能替代传统升船机的电机驱动承船厢升降，通过充泄水工作阀门的运行实现竖井内水位的升降，改变平衡重浮筒的入水深度，实现浮筒的浮力变化，再利用此浮力变化在船厢重与浮筒重之间产生差值来驱动承船厢升降运行。该升船机运行方式具

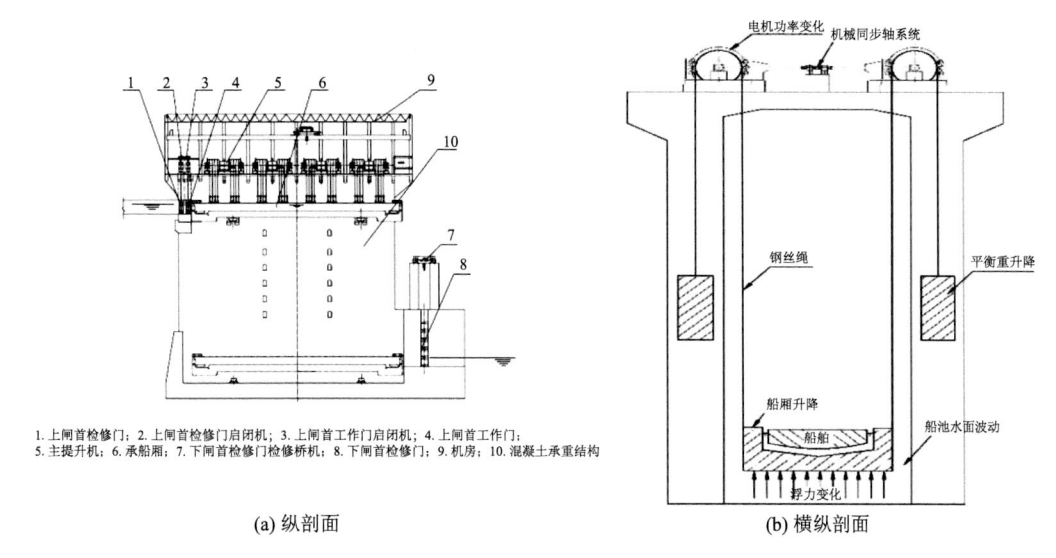

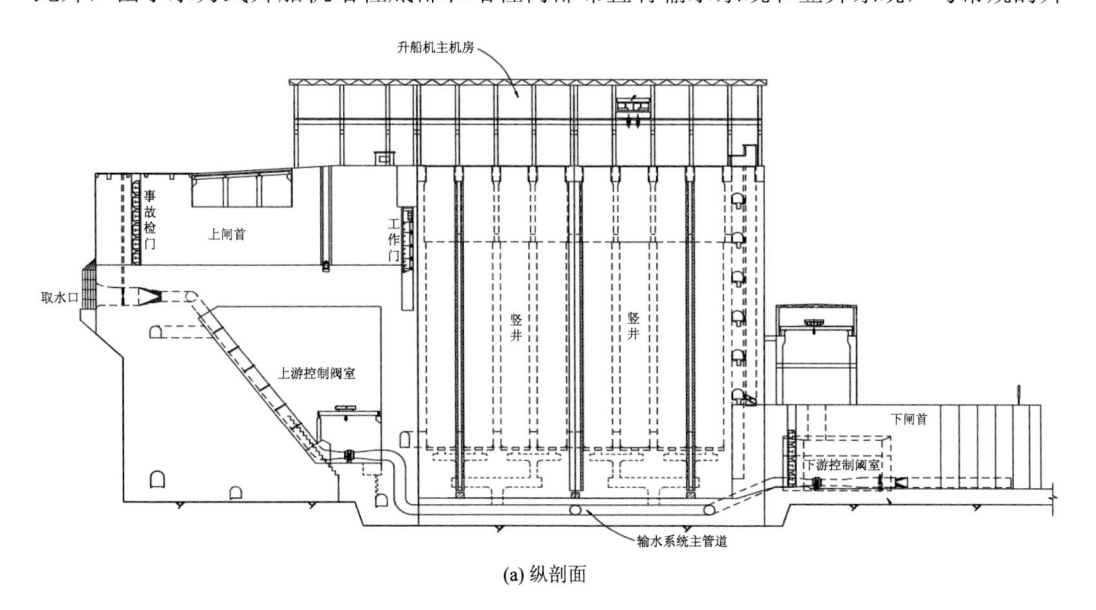

1. 上闸首检修门；2. 上闸首检修门启闭机；3. 上闸首工作门启闭机；4. 上闸首工作门；
5. 主提升机；6. 承船厢；7. 下闸首检修门检修桥机；8. 下闸首检修门；9. 机房；10. 混凝土承重结构

(a) 纵剖面 (b) 横纵剖面

图 4-2 钢丝绳卷扬提升式升船机总布置示意图

有自平衡的特点，当承船厢荷载发生变化时，利用平衡重浮筒淹没水深的相应变化，使承船厢与平衡重之间达到新的平衡状态，能解决承船厢入水对接、严重漏水等传统电机驱动升船机难以克服的技术难题。

4.2.2 塔柱结构设计

景洪升船机塔柱高达 92.0m，由于功能要求，它不同于一般的民用高层建筑。为了保证承船厢顺利提升，塔柱结构变位需要严格限制，同时应具有良好抗震、抗风性能。此外，由于水力式升船机塔柱底部和塔柱内部布置有输水系统和竖井系统，与常规的升

(a) 纵剖面

(b) 横剖面

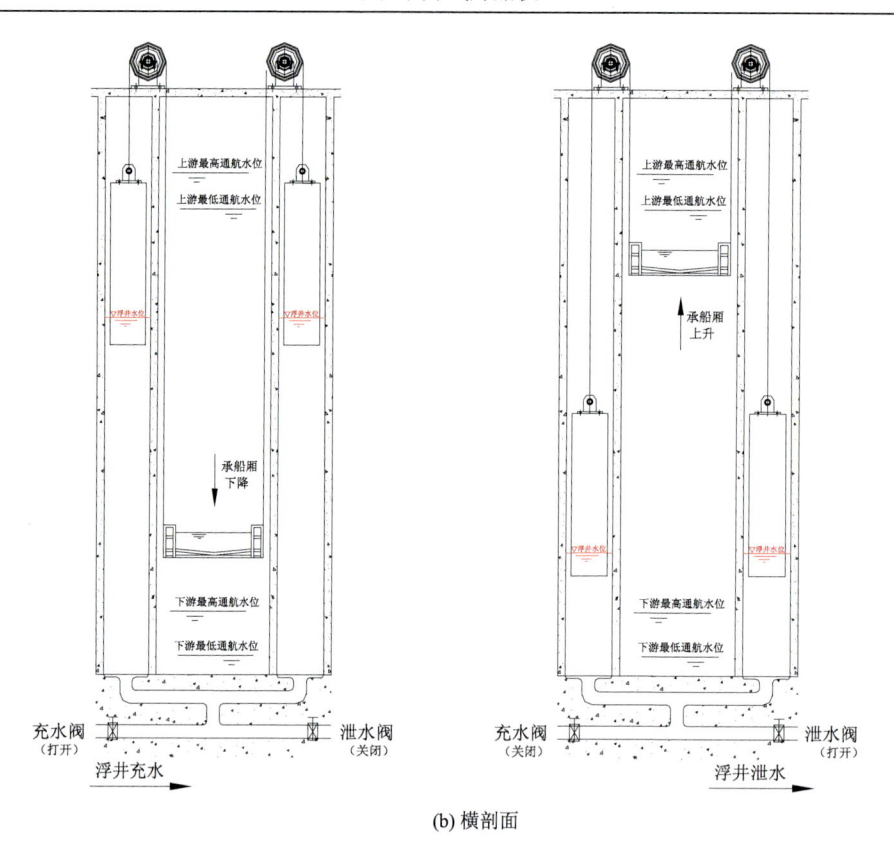

图 4-3 水力式升船机总布置示意图

船机塔柱结构相比，水力式升船机塔柱结构在自重荷载、上部设备荷载及竖井内水荷载共同作用下的应力状况较为复杂。同时中空薄壁钢筋混凝土结构塔柱为高耸结构，是典型的高柔建筑物，对地震作用十分敏感，目前在国内还没有指导性的规程可依循。

本小节介绍采用三维有限元方法对塔柱结构的计算分析，通过原型监测结果对设计方案的论证成果，为同类水力式升船机的塔柱设计提供借鉴。本研究成果可作为同类水力式新型升船机塔柱结构设计的依据。

1. 结构设计

景洪水电站升船机塔柱段顺河向长为 76.6m，横河向宽 40m，高 92m，塔柱顶部高程为 614.0m，主要由布置充泄水系统的混凝土底板、两侧带竖井的塔柱、塔柱联系梁、顶部机房及安全撤离电梯、楼梯井组成，见图 4-4。左右塔柱为高耸的中空薄壁钢筋混凝土结构，宽度均为 11.6m，两塔柱内各布置 8 个浮筒竖井，竖井高为 72m，竖井上部为方形断面，下部为圆形断面，断面尺寸分别为 7.2m×7.9m、ϕ6.5m。在塔柱底板和竖井下部布置有用于竖井充泄水的等惯性输水系统，左右塔柱中间空腔为船厢池，是升船机承船厢的运行空间，池长 69.6m，净宽 16.8m。

(a) 纵剖面   (b) 横剖面

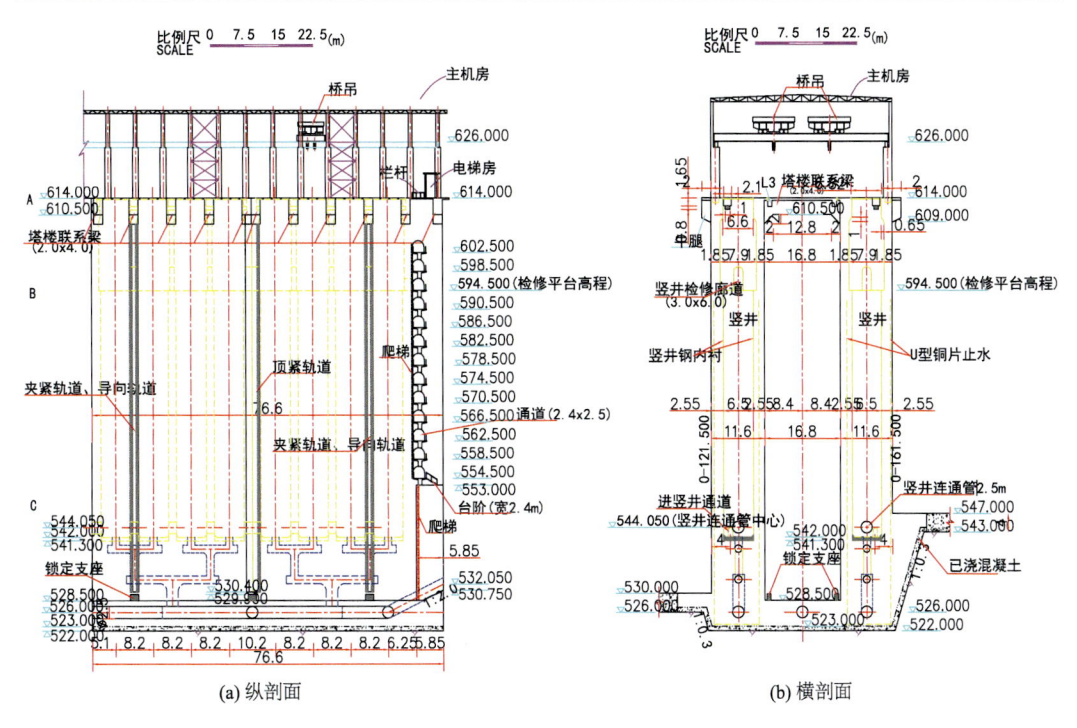

图 4-4 景洪升船机塔柱主体结构布置

1) 计算荷载及工况

水力式升船机作用于塔柱的荷载如下。①永久荷载：混凝土自重、顶部机房设备荷载、浮筒重量、承船厢重力；②可变荷载：水压力、风荷载、温度荷载、锁定荷载；③偶然荷载：地震荷载。主要计算荷载及工况见表 4-1，主要计算工况说明见表 4-2。

水力式升船机作用于塔柱的荷载与钢丝绳卷扬提升式升船机及齿轮齿条爬升式升船机相比增加了输水系统内水压力(竖井最高、最低水位)，在船厢漏水工况下，水力式升船机整体受力荷载减少，其他两种会出现偏载情况，对结构不利。

表 4-1 计算荷载及工况

结构状态	设计工况	结构自重	顶部机房设备荷载	承船厢重	浮筒重	静水压力	动水压力	风荷载	温度荷载	锁定荷载	地震荷载
持久状况	(1) 正常运行工况一	√	√	√	√	√		√	√		
	(2) 正常运行工况二	√	√	√	√	√		√	√		
	(3) 正常运行工况三	√	√	√	√	√		√	√		
	(4) 正常运行工况四	√	√	√	√	√		√	√		
短暂状况	(1) 检修工况一	√	√					√	√	√	
	(2) 检修工况二	√						√	√	√	
偶然组合	地震作用(偶然状况)	√	√	√	√	√	√	√			√

表 4-2 主要计算工况说明

结构状态	工况号	设计工况	工况说明
持久状况	一	正常运行一	自重+竖井内水压+船厢池水压+顶部设备荷载
	二	正常运行二	自重+竖井内水压+船厢池水压+设备荷载+风荷载
	三	正常运行三	自重+竖井内水压+船厢池水压+设备荷载+风荷载+温升荷载
	四	正常运行四	自重+竖井内水压+船厢池水压+设备荷载+风荷载+温降荷载
短暂状况	五	检修一	自重+风荷载+锁定荷载+温升荷载
	六	检修二	自重+风荷载+锁定荷载+温降荷载
偶然状况	七	地震+正常运行二	自重+静、动水荷载+顶部设备荷载+风荷载+地震荷载

2）主要荷载取值

景洪升船机塔柱荷载标准值一般可按荷载规范取值，这里只对地震荷载、风荷载和温度荷载的取值及设备荷载的分布进行讨论和说明。

(1) 地震荷载。塔柱为Ⅱ级建筑物。塔柱抗震设计烈度按坝址 50 年超越概率 10%的地震基本烈度，即Ⅶ度设防。

(2) 风荷载。塔柱结构在顺河向的弯曲刚度很大，且该方向的受风面积较小；而塔柱在横河向的刚度较小，且受风面积较大，故计算时只考虑了横河向风荷载对结构的影响。我国所有规范对风荷载的取值均按统一方法计算，即作用在塔柱结构单位面积上的风荷载标准值（w_k）按下式计算：

$$w_k = \beta_z \mu_z \mu_s w_0 \tag{4-1}$$

式中，w_0 为基本风压；μ_z 为风压高度变化系数；μ_s 为风荷载体型系数；β_z 为风振系数。

①基本风压 w_0。根据《建筑结构荷载规范》（GB 50009—2001）规定：景洪的基本风压值应取为 0.5kN/m^2。对重要的高耸结构，应按百年一遇的风压设计，应乘以重现期调整系数。根据《水工建筑物荷载设计规范》（DL 5077—1997）和《高耸结构设计规范》（GBJ 135—1990）的规定，对重要和有特殊要求的高耸结构，重现期调整系数可取为 1.20。另外由于景洪水电站处于山区，还应乘以可偏安全系数，可偏安全系数取为 1.5。故顺风向的基本风压为

$$w_0 = 1.2 \times 1.5 \times 0.5 = 0.9 \text{ kN/m}^2 \tag{4-2}$$

②风压高度变化系数 μ_z。风压高度变化系数应根据不同风向、不同地面粗糙度按荷载规范取值。对于景洪升船机塔柱，起控制作用的为横河向风，此时地面高程为 522.00m，塔柱高度为 92m，地面粗糙度取为 A 类，μ_z 取为 2.35。

③风荷载体型系数 μ_s。对应横河向风，按照《建筑结构荷载规范》（GB 50009—2001）和《高耸结构设计规范》（GBJ 135—1990）的规定，迎风面 $\mu_s = 0.8$，背风面 $\mu_s = -0.52$，实际上，升船机结构中间还有承船厢通道，塔柱的内立面也应有吸力存在，但荷载规范没有列出这类结构的 μ_s，套用《建筑结构荷载规范》（GB 50009—2001）中表 7.3.1 第 17 项"封闭式对立两个带雨篷的双坡屋面"的规定，两内立面 μ_s 分别为 -0.4 和 0.2。故塔柱结构总的横河向风体型系数 $\mu_s = 0.8 + 0.4 - 0.2 + 0.52 = 1.52$。

④风振系数 β_z。景洪升船机塔柱基本自振周期约为 0.884s,高度大于 30m,高宽比大于 1.5,所以须考虑风振影响。根据《建筑结构荷载规范》(GB 50009—2001)第 7.4.2 节规定,结构在 z 高度处的风振系数 β_z 可按下式计算:

$$\beta_z = 1 + \frac{\xi v \varphi_z}{\mu_z} \tag{4-3}$$

式中,ξ 为脉动增大系数;v 为脉动影响系数;φ_z 为振型系数;μ_z 为风压高度变化系数。又由 $\xi=1.44$,$v=0.47$,$\varphi_z=1.0$,则 $\beta_z=1.29$。

因此,作用于塔柱结构的风荷载为

迎风面:$w_k = 1.29 \times 2.35 \times 0.8 \times 0.9 = 2.183 \text{kN/m}^2$

背风面:$w_k = 1.29 \times 2.35 \times (-0.52) \times 0.9 = -1.419 \text{kN/m}^2$

内侧立面:$w_k = 1.29 \times 2.35 \times (-0.4) \times 0.9 = -1.091 \text{kN/m}^2$

$w_k = 1.29 \times 2.35 \times 0.2 \times 0.9 = 0.546 \text{kN/m}^2$

(3)温度荷载。考虑到升船机塔柱的施工周期较长,故结构计算的初始温度场为气温,取多年均值为 22.0℃,竖井及输水管道中水温取上游进水口 580.50m 高程的库水温的年均值 19.65℃,船厢池中水温取多年均值 18.5℃。计算中考虑温升与温降两种情况。

①温升。根据塔柱结构特点,高温场取为气温,取近 30 年月平均气温中最大值,即 1979 年 5 月的 27.7℃,同时塔柱外边界考虑到太阳辐射影响,其值增高 2.9℃,为 30.6℃;船厢池中水温为 5 月对应的值,即 20.4℃;竖井及输水管道中相应地取 5 月对应的库水温,即 19.8℃。

②温降。低温场取为气温,取近 30 年月平均气温中最小值,即 1975 年 12 月的 13.3℃,同样塔柱外边界考虑到太阳辐射影响,其值增高 2.9℃,为 16.2℃;船厢池中水温为 12 月对应的值,即 14.0℃;竖井及输水管道中相应地取 12 月对应的库水温,即 17.9℃。

以上气温值和船厢池的水温根据近 30 年景洪各月平均气温及水温多年月平均资料取得,竖井与输水管道中水温值是根据朱伯芳院士的库水温度计算公式计算获取的水库 580.50m 高程的对应月份水温。

(4)设备荷载。

①主机房吊车轮压,作用在主机房吊车梁上的轮压通过格构柱传至塔柱;

②塔柱 614.0m 平台设备荷载,包括卷筒装置底座、盘式制动器装置、锥齿轮箱底座、同步轴轴承座、液压站、干油润滑站及动滑轮钢丝绳固定端均衡梁等产生的拉压力;

③浮筒检修时,594.5m 平台锁定装置产生的荷载;

④528.5m 船厢锁定支座上的荷载。

3)塔柱结构强度计算模型

由于在塔柱中间部位设置了结构缝,则有限元计算选取塔柱前半部分为计算模型。塔柱结构三维实体模型见图 4-5,塔柱体形沿对称面剖面模型见图 4-6。

4)位移场计算分析成果

根据不同工况选取对应的荷载进行计算,塔柱结构整体变形不大。图 4-7~图 4-9 为典型截面的位移分布。

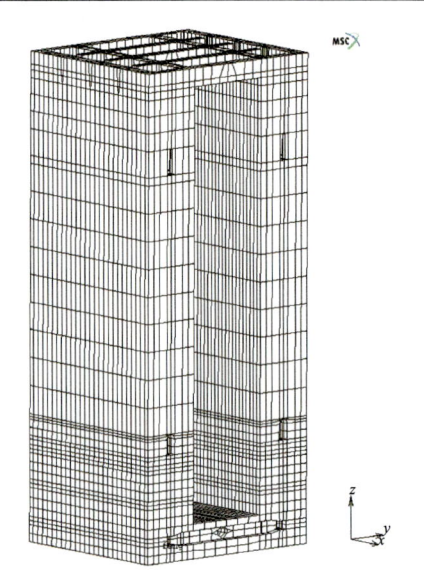

图 4-5　塔柱结构三维实体模型图 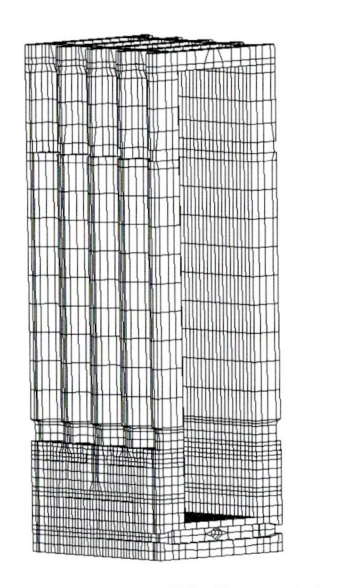　　　　图 4-6　塔柱体形沿对称面剖面模型

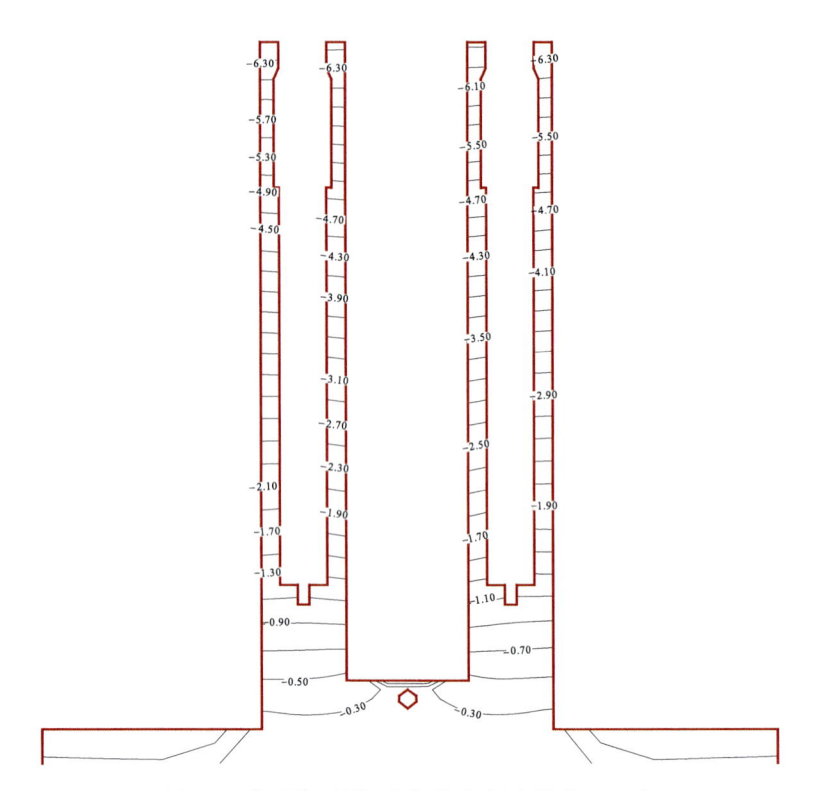

图 4-7　典型截面顺河向位移分布图(单位：mm)

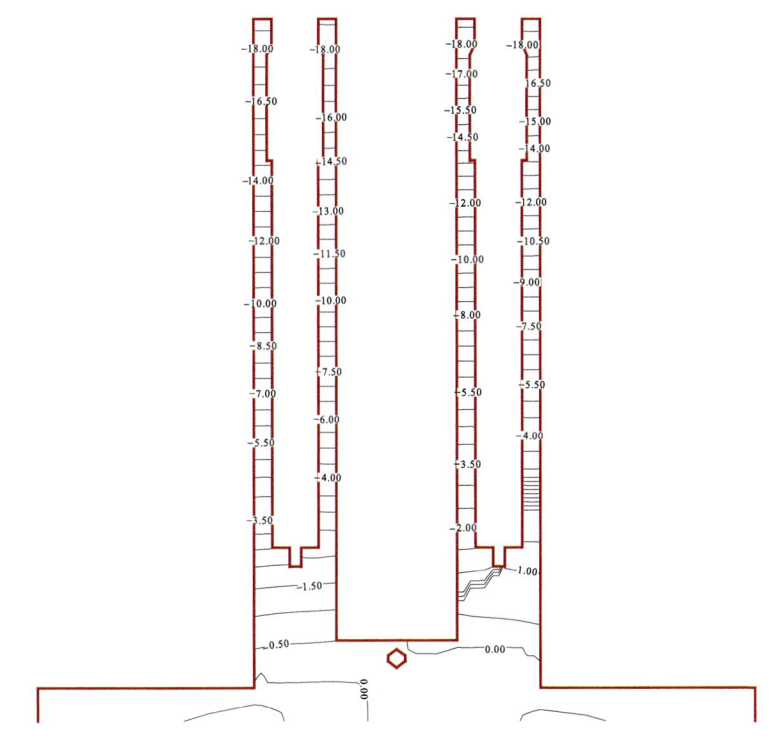

图 4-8 典型截面横河向位移分布图(单位：mm)

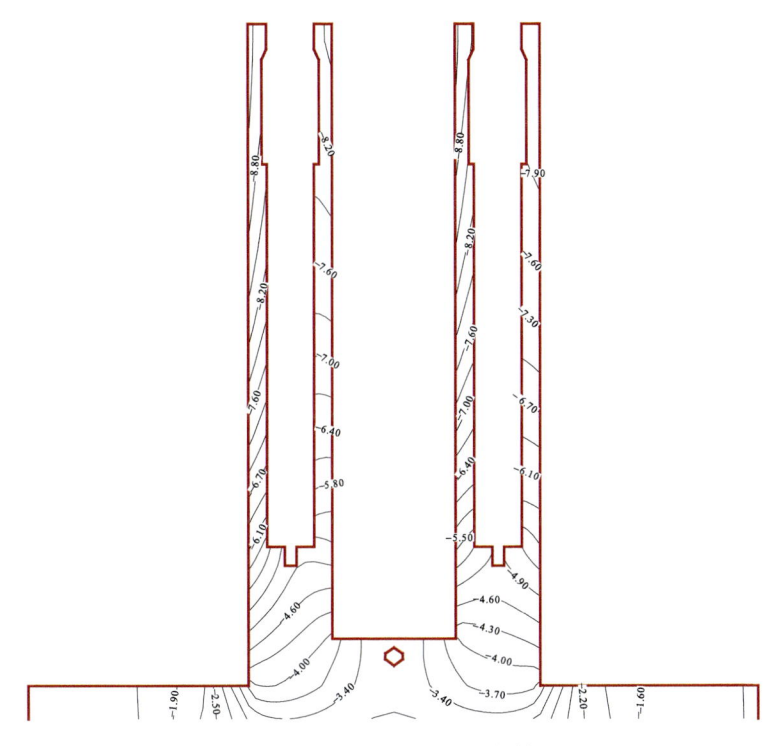

图 4-9 典型截面竖向位移分布图(单位：mm)

(1) 塔柱结构的顺河向最大位移出现在地震工况下，塔柱上游侧顶部有最大位移，约为–6.7mm，指向上游方向。在其他各工况下，塔柱顺河向位移均不大，数值均在 2.0mm 以下。

(2) 塔柱的横河向位移方向主要是指向右岸（风向），横河向最大位移也出现在地震工况下，塔柱顶部有最大位移，约为 19.0mm，指向右岸。在正常运行和检修工况下，主要受到风和温降荷载作用，塔柱顶部有最大为 7.70mm 的横向位移。

(3) 塔柱结构竖向位移主要受结构自重影响，基本为下沉。在正常运行工况下，加上温降荷载的影响，使得结构沉降值达到最大，为 12.50mm，越靠近结构顶部沉降值越大。

根据《高层建筑混凝土结构技术规程》(JGJ 3—2002)的规定：在正常使用条件下，结构应处于弹性状态，并有足够刚度，避免产生过大位移而影响结构的承载力、稳定性和使用条件。按弹性方法计算得到的高度不大于 150m 的高层结构顶部位移 u 与总高度 H 之比 u/H 不宜大于 1/1000。根据《高耸结构设计规范》(GBJ 135—1990)规定，高耸结构正常使用极限状态的控制条件应符合：在风荷载（标注值）作用下高耸结构任意点的水平位移不得大于该点离地面高度的 1/100，这一标准显然过低，它主要适用于电视塔、烟囱、水塔等建筑物，不适用于顶部建有机房的塔柱结构。考虑到升船机塔柱结构的重要性，三峡升船机塔柱顶部 u/H 限值严格控制在 1/2000～1/1500。按照三峡升船机的标准，景洪升船机塔柱高 92m，则水平位移限值 u 应在 46～61mm，各种工况下塔柱的水平位移远小于限值。

5) 应力场计算分析成果

塔柱在水压等荷载作用下，结构整体应力状态十分复杂。塔柱结构的应力场分布主要受水荷载、自重及地震作用等的影响，风荷载对塔柱结构的应力状态影响不大。图 4-10 为在地震工况下典型截面的应力分布。

(1) 塔柱竖井边墙顺河向应力受温度荷载影响较大。在温升情况下，边墙内侧（靠竖井一侧）为拉、外侧为压；在温降情况下，边墙外侧为拉、内侧为压。在检修工况下，边墙的内侧最大顺河向拉应力为 2.75MPa。在正常运行工况下，边墙外侧最大拉应力为 1.80MPa。竖井的底部在无温降荷载作用下，均出现了顺河向拉应力集中现象，最大拉应力出现在正常运行工况下，在竖井中水荷载和温升荷载的共同作用下，竖井底部出现了 2.30MPa 的拉应力，但拉应力区范围较小。

(2) 塔柱竖井间的隔墙主要在竖井内水压作用下，其横河向应力基本为拉应力，在竖井连通廊道的顶部出现了很显著的拉应力集中，最大拉应力在地震工况下，达到了 3.50MPa，在静力工况下，也达到了 3.40MPa 左右。在各种工况下，塔柱之间的联系梁梁底部也有较大的横河向拉应力，尤其是在地震工况下，最大拉应力达到了 4.00MPa，在其他工况下，最大拉应力在 1.00MPa 左右。塔柱底板在输水管道以上的部位受两侧塔柱自重和船厢池水压的影响，出现了较大的横河向拉应力，受拉区高度约为 1.25m，最大拉应力出现在承船厢检修工况，受温降荷载作用，最大拉应力为 1.75MPa。

(a) 顺河向正应力

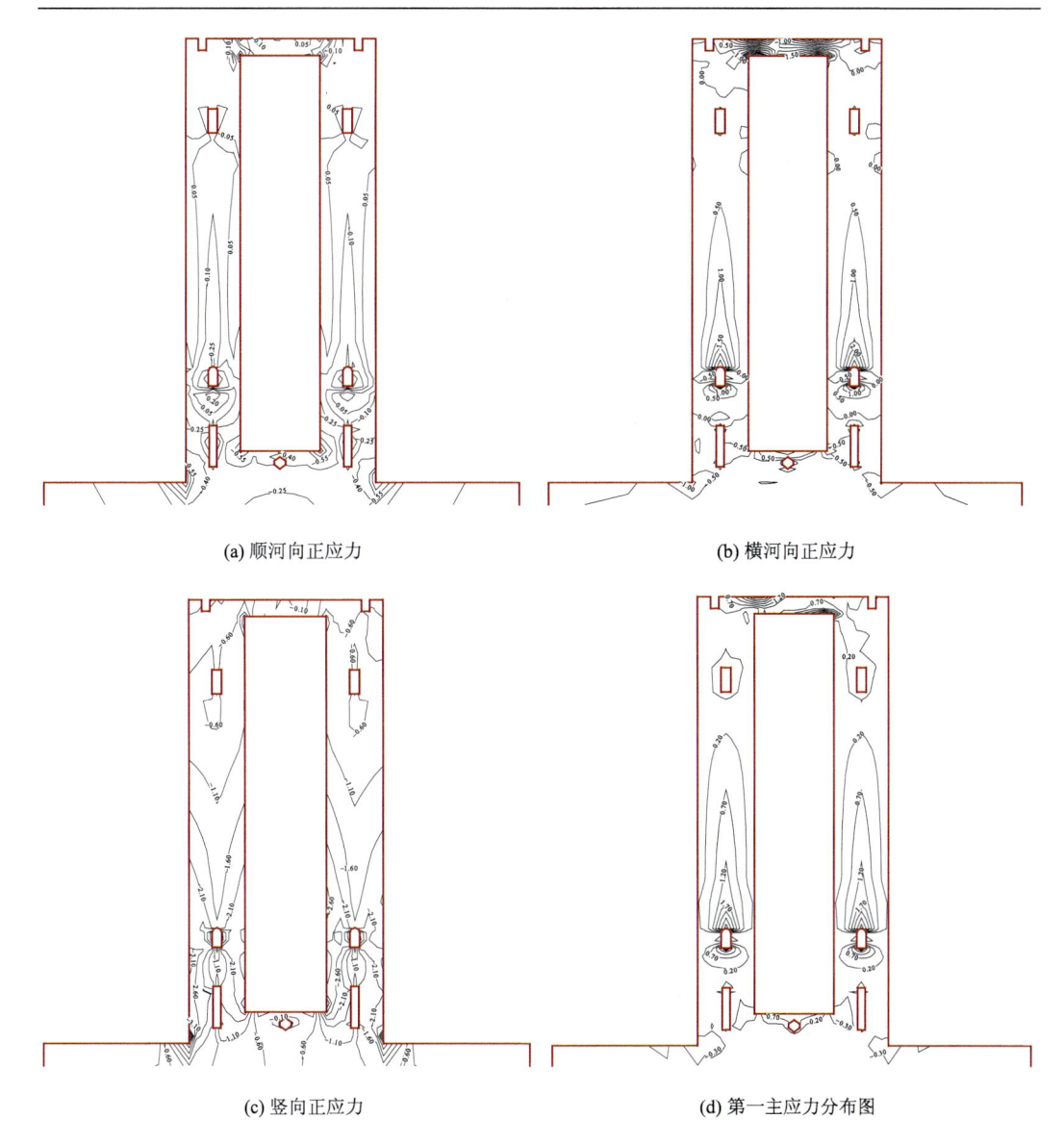

(b) 横河向正应力

(c) 竖向正应力

(d) 第一主应力分布图

图 4-10　在地震工况下典型截面的应力分布图(单位：MPa)

(3)塔柱在自重影响下，其竖向应力基本为压应力。在温升荷载影响下，竖井边墙内侧处于竖向受拉状态；在温降荷载影响下，竖井边墙外侧也处于竖向受拉状态。边墙的内侧最大拉应力约为 1.50MPa，出现在正常运行工况(温升)下；外侧最大拉应力约为 0.50MPa，出现在正常运行工况(温降)下。塔柱与基础接触面出现了较大的压应力集中，在地震工况下，最大压应力达到了–12.00MPa。

通过对计算结果的分析可知，塔柱由于其结构较为单薄，许多部位出现了较大拉、压应力，如竖井隔墙、联系梁、船厢池底板部位拉应力偏大，但采取一定的工程措施如配筋等可以改善这些部位的应力状况，详见下面的塔柱专项研究。

综上所述，有限元方法分析表明塔柱结构形式合理。景洪升船机运行期安全监测结果显示升船机塔柱整体稳定性良好,未发生任何超出规程、规范规定的位移变形,强度等均在安全范围内,塔柱处于安全运行状态。

2. 塔柱专项研究

1)塔柱结构局部设计

三维有限元静动力分析、静力和动力试验研究表明,在塔柱结构的局部区域,如塔柱边墙与联系梁连接部位区域、竖井变截面区域、闸室底板处及塔柱结构基础部位、连通廊道顶高程廊道的弧顶处等角隅处,拉压应力较大。可以通过配筋解决,对局部区域通过倒角或布置预应力锚索的方式解决。对竖井隔墙、承船厢底板、联系梁等应力较大部位,由于受输水系统布置等影响,空间局限较大,只能通过加强配筋或布置预应力锚索的措施来保证结构的强度和安全。参照《水工混凝土结构设计规范》(DL/T 5057—1996)附录 H 中的公式(H1),即

$$T \leqslant \left(0.6T_c + f_y A_s\right)/\gamma_d \tag{4-4}$$

进行塔柱结构关键部位的配筋计算分析(公式中各变量含义见规范)结合工程实际,对塔柱联系梁、船厢池底板、竖井、竖井连通管、输水系统管道、塔柱左右边墙等主要部位进行配筋分析,塔柱隔墙、竖井、边墙等的纵向、横向配筋率都在 0.4%以上,而钢筋直径和间距均满足规范《高耸结构设计规范》(GBJ 135—1990)和《高层建筑混凝土结构技术规程》(JGJ 3—2002)的要求。联系梁支座和跨中处的纵向受拉钢筋配筋率为 0.42%,也满足规范要求。

2)表孔泄洪对升船机塔柱结构振动的影响

针对 1#、2#溢流表孔泄洪对升船机塔柱结构振动的影响,通过水工模型试验进行研究。鉴于通过 1#溢流表孔下泄的水流没有消能设施,泄槽内水流流速较高且流态欠佳,建议在保证工程正常运行的情况下,尽量不开或者少开启 1#溢流表孔泄流;在满足泄洪的情况下,尽量不开启 2#溢流表孔泄流;将 1#和 2#溢流表孔泄流量分摊到其余几个溢流表孔。

从表孔闸门开启组合调度方式表(表 4-3)中可以看出,1#、2#溢流表孔在洪水≥20年一遇标准时才投入运行,开启频率很低。虽然塔柱结构在表孔泄洪时不会产生破坏性振动,但少开启 1#、2#溢流表孔泄洪确实可以减少对塔柱结构的影响,因此上述表孔开启方式和建议是可行的。

表 4-3 表孔闸门开启组合调度方式表

序号	频率/%	上游水位/m	溢流表孔 运行方式	泄流量/(m³/s)
1	50	591.00	3#、4#、6#、7#全开	3488
2	20	592.30	3#、4#、6#、7#全开	6361
3	10	594.70	3#、4#、6#、7#全开	8795
4	5	595.70	7孔全开	11588

升船机竖井钢衬埋件由竖井底部钢衬、竖井钢衬、塔柱段竖井连通钢衬、上闸首竖井连通钢衬等安装项组成，其制造和安装工程量约2650t，见表4-6。竖井钢衬根据到货钢板尺度进行分节制造，再将多节分节管摞拼成大节，大节为满足现场吊装及运输条件的厂内组拼件。竖井钢衬于升船机塔柱浇筑过程中一期安装，采取在竖井钢衬内、外加密支撑及科学的浇筑工艺，控制管壁的局部变形量；采取活动内支撑装置结合倒垂线浮式测点法检测方式，循环使用内支撑，固定竖井钢衬群管的中心基准点的浮式测量，消除检测数据的累积误差。逐节跟仓施工，一期浇筑成型，单孔竖井安装总高52.5m，共18个安装节。

表4-6 竖井钢衬埋件主要安装项统计

序号	名称	规格/mm	数量	总重/t
1	竖井底部钢衬	$\phi 7000$	16套	13.3
2	竖井钢衬	$\phi 6532\times 16$，$L=1500$	560节	2542.5
3	塔柱段竖井连通钢衬	$\phi 2532\times 16$	16节	44.8
4	上闸首竖井连通钢衬	$\phi 2532\times 16$	16节	42.1

竖井钢衬结构类似压力钢管，通常是一期埋设插筋，在预留钢管安装槽内安装，以二期浇筑方式确保其安装精度。竖井钢衬是景洪水力式升船机独有结构，属于超高大直径薄壁钢管结构。竖井钢衬在升船机塔柱浇筑过程中安装与塔柱一期浇筑成型，施工强度较大，质量要求较高。其与压力钢管安装主要指标的对比见表4-7。竖井钢衬浇筑过程中的内壁局部变形较难控制，竖井的垂直度、圆柱度等质量指标较为严格，采用传统压力钢管的安装工艺难以保证竖井钢衬的质量指标要求。

表4-7 竖井钢衬与压力钢管质量主要指标　　　　　　　　　　（单位：mm）

指标	序号	控制项目	竖井钢衬设计标准	《水电水利工程压力钢管制造安装及验收规范》(DL/T 5017—2007)
制造质量指标	1	钢管（钢衬）内径	$\phi 6500\pm 2.5$	$\phi 6500\pm 10$
	2	管内壁圆跳动	≤5	无要求
	3	管内壁圆柱度	≤5	无要求
安装质量指标	1	钢管（钢衬）内径	$\phi 6500\pm 5$	$\phi 6500\pm 16$
	2	管内壁圆柱度	≤10	无要求
	3	相邻竖井中心距偏差	±5	25
	4	中心轴线垂直度（52.5m高度范围内）	≤10	无要求

为确保竖井安装质量，施工实践选取了在第1#～第8#竖井钢衬底部6m以下范围（即浮筒非运行段）分别开展安装工艺渐进试验研究，通过针对一期砼的浇筑层高、振捣方式、竖井钢衬的吊装方式、内（外）支撑加固方式、检测工艺方法等方面的试验改进，实施最优的安装工艺措施，保障了竖井钢衬的整体安装质量，达到了设计要求。

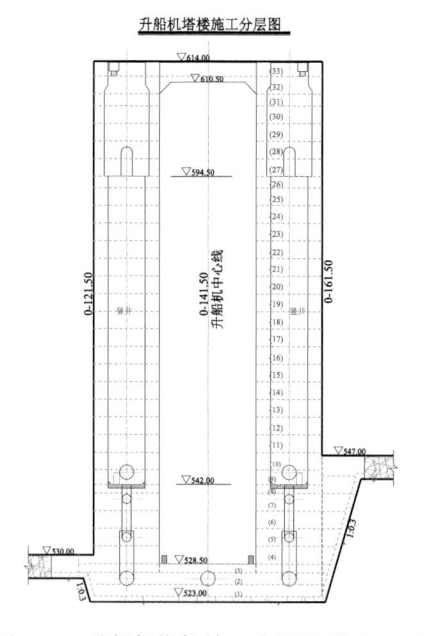

图 4-16 升船机塔柱施工分层图(单位：m)

2. 竖井施工

1) 竖井钢衬施工特点

景洪水电站升船机竖井对称布置于塔柱段左右两侧塔柱中间，每侧设置 8 个，共 16 个，见图 4-17。竖井钢衬内径 ϕ6500mm，底部高程 542.0m，顶端高程 594.5m，钢衬总高度 52.5m。同侧竖井间距 8200mm，中间两个竖井间距 10200mm，两侧竖井中心间距 28400mm。竖井钢衬采用板厚 16mm、材质 Q235C 的钢板制作。

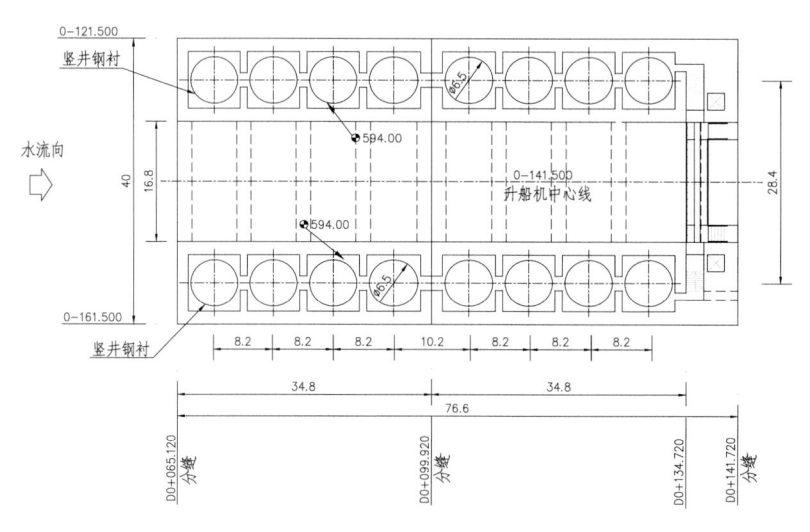

图 4-17 竖井平面布置图(单位：m)

筑；528.5～594.5m 高程左塔柱采用 C7050 塔机配 6m³ 罐浇筑；594.5m 高程以上采用 M900 塔机、C7050 塔机及两台 HBT60 泵机浇筑。

图 4-14　C7050 和 M900 塔机施工　　图 4-15　搅拌车配溜管浇筑

2) 塔柱混凝土施工分层及入仓强度

塔柱共分 34 层施工，分缝分块：为加快施工进度，在塔柱底板 D0+110m 设置临时施工缝(0-119～0-163、523～528.5m)。2#表孔消力池混凝土与塔柱分开施工(0-119、527～530m 处分缝)。塔柱底板：塔柱底板 528.5m 以下，分上下游两块浇筑，垂直高度分 4 层施工，即 523m—524m—525.5m—527.0m—528.5m。考虑钢管留槽安装，塔柱底板 524～527m 高程混凝土采用在部分直管及岔管段部位设置宽为 4.5m 的预留槽提前进行浇筑。

岔管部分：按结构缝分四块进行浇筑，一般考虑 3m 升层，岔管部分浇筑至 542m 后开始安装钢衬基座和其二期混凝土施工，即岔管部分分 5 层施工，为 528.5m—531.5m—534.5m—537.5m—540.5m—542.0m。

竖井钢衬部分：一般考虑 3m 升层，为方便竖井钢衬安装，第一层按照 2.2m 升层施工，最后一层按照 2.3m 升层施工，竖井钢衬部分共分 18 层，即 542.0m—544.2m—547.2m—550.2m—553.2m—556.2m—559.2m—562.2m—565.2m—568.2m—571.2m—574.2m—577.2m—580.2m—583.2m—586.2m—589.2m—592.2m—594.5m。

竖井非钢衬部分：一般考虑 3m 升层，共分 7 层施工，即 594.5m—597.5m—600.5m—603.5m—606.5m—608.5m—611.5m—614.0m。

塔柱联系梁部分：塔柱联系梁与竖井非钢衬部分同步上升，分 2 层施工，即 608.5m—611.5m—614.5m。

塔柱混凝土施工分层详见图 4-16。

竖井钢衬段钢衬要求精度高，必须采用平仓法浇筑，因此以左上塔柱 547.2～550.2m 为例进行分析，仓位面积 $11.6×41.8-4×3.14×6.5^2/4≈352m^2$，按照每坯层厚 50cm，每 4h 覆盖一坯层计算，入仓强度要求为 $352×0.5/4=44m^3/h$。

混凝土入仓手段以一台 C7050 塔机和一台 M900 塔机浇筑为主，按 M900 塔机吊 6m³ 罐、C7050 塔机吊 3m³ 罐考虑，由于竖井钢衬精度要求较高，按照每小时浇筑 6 罐计算，则混凝土入仓强度为 $(3+6)×6=54m^3/h$，可以满足入仓要求。

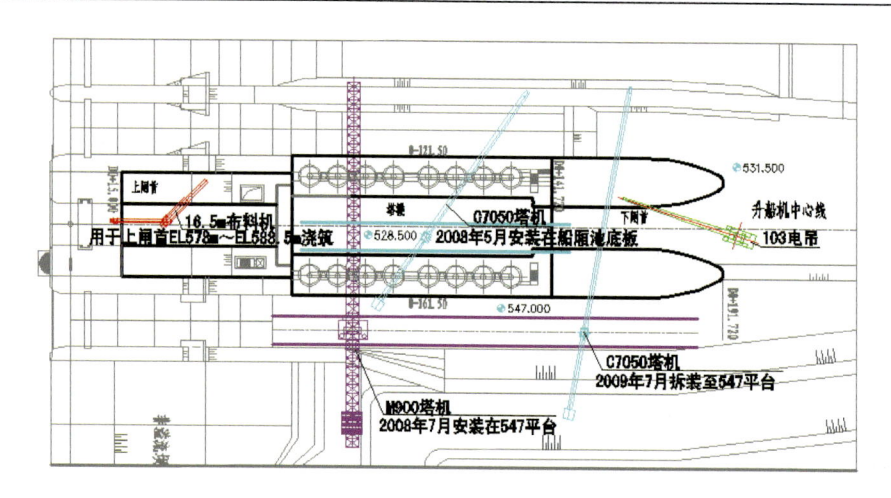

图 4-12 主要施工设备平面布置图

2008年5月在船厢池底板安装1台C7050型移动式塔机,在塔柱底板混凝土未浇筑之前,提前安装在与底板高程平齐的钢栈桥上,底板混凝土浇筑完成后,延伸轨道,再进行塔机移动行走,C7050塔机在船厢池底板运行至2009年7月。2008年7月在塔柱右侧547平台上安装1台移动式M900塔机,2009年7月将C7050塔机拆装至547平台上与M900塔机共同运行,M900塔机立面布置及性能表见图4-13。

M900塔机起重特性表

参数	浇筑工况	安装工况
工作级别(中国标准)	A7	A4
混凝土吊罐容量/m³	6	
工作幅度/m	70(最大工作半径)	
高度/m	86.7(12节)	
起重量/工作幅度/(t/m)	11/78	16/52.5
	21.7/40	32/28.7

C7050塔机起重特性表

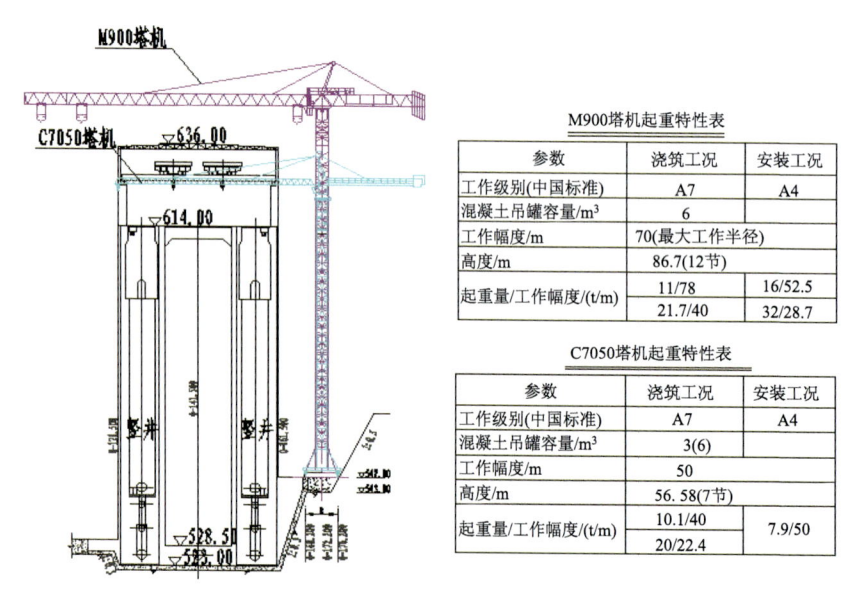

参数	浇筑工况	安装工况
工作级别(中国标准)	A7	A4
混凝土吊罐容量/m³	3(6)	
工作幅度/m	50	
高度/m	56.58(7节)	
起重量/工作幅度/(t/m)	10.1/40	7.9/50
	20/22.4	

图 4-13 升船机塔机立面布置图

施工过程中采用两台塔机(图4-14),另外采取在塔柱底板周围布置1台电吊挂吊罐入仓浇筑,以及在塔柱右侧547平台布置溜管利用搅拌车直接入仓浇筑右侧塔柱547高程以下混凝土等辅助措施(图4-15)。528.5m高程以下前期采用缆机浇筑,缆机拆除后采用C7050塔机和电吊联合浇筑;528.5~594.5m高程右塔柱采用M900塔机配6m³罐浇能模拟结构构件的拉、压、弯、剪、扭及翘曲等复杂的结构力学特性，桁架单元可以考虑构件的拉、压。计算结果表明：吊车水平作用下，格构柱柱顶最大位移为 6.8mm，水平变形为柱高的 1/1470；结构整体的最大变形为 86.6mm。恒荷载及活荷载作用下的最大变形为 51.4mm，挠度为 1/767。格构柱最大应力比为 0.93，发生在柱脚（设计中该段带有柱靴，计算模型中未考虑柱靴的影响），柱靴以上柱段中的最大应力比为 0.61。

4.2.5 塔柱及竖井施工

1. 塔柱施工

塔柱部位为升船机土建工程的关键线路，为最大限度地发挥塔机浇筑能力，减少压力钢管的安装占用直线工期，塔柱底板压力钢管岔管段及直管采取预留槽至 527m 高程（底板分块施工），然后进行预留槽内钢管的安装方式，2008 年 7 月底全线浇筑至船厢池底板 528.5m 高程。塔柱 528.5m 高程以上压力钢管及竖井钢衬安装结合混凝土浇筑分层进行，2008 年 12 月初浇筑至竖井钢衬底部 542m 高程，2009 年 10 月中旬全线浇筑至 594.5m 高程（竖井钢衬段全部浇筑完成），2009 年 12 月底全线浇筑至塔柱顶部 614m 高程，然后开始主机房排架柱施工，2010 年 2 月主机房桥机具备承船厢吊装能力。

1）塔柱主要施工设备布置及辅助入仓措施

景洪水电站布置有 2 台 30t 的移动式缆机，根据工程总体进度安排，在 2008 年 6 月发电之前以缆机为主（发电后缆机不能在升船机范围运行），塔柱下游缆机的盲区部分和下闸首则补充其他垂直运输入仓手段；2008 年 6 月以后升船机土建施工大型机械设备主要为 1 台 M900 塔机、1 台 C7050 塔机，还采取了 WK-4 电吊、泵机、皮带机+布料机、溜管+My-box 管等入仓措施，综合考虑了升船机混凝土施工强度需要及金属结构的吊运，完成了在升船机现场场地狭窄的实际条件下混凝土、钢筋、金属结构（包括竖井钢衬、输水钢管、闸门等）的垂直运输任务。主要施工设备见表 4-5，主要施工设备平面布置见图 4-12。

表 4-5 主要施工设备表

序号	设备名称	规格型号	单位	数量	布置部位
1	塔机	M900	台	1	布置在塔柱右侧 547 平台
2	塔机	C7050	台	1	前期布置在船厢池底板，后期布置在塔柱右侧 547 平台
3	电吊	WK-4	台	1	布置在下闸首、塔柱周边
4	混凝土泵机	HBT60	台	3	随机布置
5	布料机	旋转臂长 16.5m	套	1	布置在上闸首 579 平台，与皮带机配套
6	My-box 管	ϕ 325	套	若干	布置在上闸首，与溜管配套

续表

组合编号	组合方式	组合内容
9	组合13	1.2D + 1.4L + 1.4(0.6)−wy
10	组合16	1.0D + 1.4L + 1.4(0.6)wy
11	组合17	1.0D + 1.4L + 1.4(0.6)−wy
12	组合20	1.2D + 1.4(0.7)L + 1.4wy
13	组合21	1.2D + 1.4(0.7)L + 1.4−wy
14	组合24	1.0D + 1.4(0.7)L + 1.4wy
15	组合25	1.0D + 1.4(0.7)L + 1.4−wy
16	组合28	1.2(D+0.5L) + 1.3(1.0)Ey
17	组合29	1.2(D+0.5L) + 1.3(1.0)Ex
18	组合32	1.0(D+0.5L) + 1.3(1.0)Ey
19	组合33	1.0(D+0.5L) + 1.3(1.0)Ex
20	组合36	1.2(D+0.5L) + 1.3(1.0)Ey + 1.4(0.2)wy
21	组合37	1.2(D+0.5L) + 1.3(1.0)Ey + 1.4(0.2)−wy
22	组合38	1.2(D+0.5L) + 1.3(1.0)Ex + 1.4(0.2)wy
23	组合39	1.2(D+0.5L) + 1.3(1.0)Ex + 1.4(0.2)−wy
24	组合44	1.2(D+0.5L) − 1.3(1.0)Ey + 1.4(0.2)wy
25	组合45	1.2(D+0.5L) − 1.3(1.0)Ey + 1.4(0.2)−wy
26	组合46	1.2(D+0.5L) − 1.3(1.0)Ex + 1.4(0.2)wy
27	组合47	1.2(D+0.5L) − 1.3(1.0)Ex + 1.4(0.2)−wy
28	组合52	1.0(D+0.5L) + 1.3(1.0)Ey + 1.4(0.2)wy
29	组合53	1.0(D+0.5L) + 1.3(1.0)Ey + 1.4(0.2)−wy
30	组合54	1.0(D+0.5L) + 1.3(1.0)Ex + 1.4(0.2)wy
31	组合55	1.0(D+0.5L) + 1.3(1.0)Ex + 1.4(0.2)−wy
32	组合60	1.0(D+0.5L) − 1.3(1.0)Ey + 1.4(0.2)wy
33	组合61	1.0(D+0.5L) − 1.3(1.0)Ey + 1.4(0.2)−wy
34	组合62	1.0(D+0.5L) − 1.3(1.0)Ex + 1.4(0.2)wy
35	组合63	1.0(D+0.5L) − 1.3(1.0)Ex + 1.4(0.2)−wy

注：D-永久荷载，L-可变荷载，wy-风荷载，Ex-水平地震，Ey-吊车荷载。

3. 主机房结构强度分析

下部四管格构柱结构的主管采用 Q345B，依据《合金结构钢》(GB/T 3077—1999) 标准，管材厚度均小于等于16mm，因此按规范实际拉压弯设计强度取 $315N/mm^2$，抗剪强度取 $185N/mm^2$。其余材料采用 Q235B，管材采用 20 号无缝钢管，依据《合金结构钢》(GB/T 3077—1999) 标准，按规范实际拉压弯设计强度取 $215N/mm^2$，抗剪强度取 $125N/mm^2$。

采用通用有限元设计分析程序 MIDAS/Gen 进行结构计算，计算模型主要考虑钢结构空间作用，采用空间梁单元及桁架单元结构，其中梁单元每个节点具有 6 个自由度，

图 4-11　结构轴测图

1. 计算荷载标准值

根据《水工建筑物荷载设计规范》(DL 5077—1997)和《建筑结构荷载规范》(GB 50009—2012)及相关厂家资料得出以下内容：

(1) 屋面恒载：$0.5kN/m^2$（包含檩条重量）；

(2) 屋面活载：$0.5kN/m^2$；

(3) 基本风压值：$0.4kN/m^2$，地面粗糙度为 B 类；

(4) 基本雪压：$0kN/m^2$；

(5) 地震作用：按照设防烈度为Ⅸ度计算，取地震基本加速度为 $0.40g$（根据河海大学做的塔柱静、动力试验研究：对应于 $0.1g$ 的地面加速度地震动，塔柱横河向加速度最大响应在 $0.4g$ 数量级）；

(6) 吊车荷载：吊车自重 297t，最大起重量 320t。

2. 荷载工况组合

采用线弹性分析，考虑自重、恒荷载、活荷载、风荷载、水平地震、吊车作用等荷载，荷载工况组合见表 4-4。

表 4-4　荷载工况组合表

组合编号	组合方式	组合内容
1	组合 1	1.35D + 1.4(0.7)L
2	组合 2	1.2D + 1.4L
3	组合 3	1.0D + 1.4L
4	组合 4	1.2D + 1.4wy
5	组合 5	1.2D + 1.4−wy
6	组合 8	1.0D + 1.4wy
7	组合 9	1.0D + 1.4−wy
8	组合 12	1.2D + 1.4L + 1.4(0.6)wy

续表

序号	频率/%	上游水位/m	溢流表孔 运行方式	泄流量/(m³/s)
5	2	602.70	3#~7#全开	15920
6	1	600.30	7孔全开	18339
7	0.33	602.70	7孔全开	22287
8	0.2	603.80	7孔全开	24155
9	0.1	605.20	7孔全开	26581
10	0.02	609.40	7孔全开	34847

4.2.3 竖井钢衬结构设计

根据升船机总体布置，浮筒和竖井之间的间隙尺寸为15cm，竖井精度直接影响浮筒运动状态，精度控制不好将影响浮筒在竖井中的正常运行，进而影响升船机的运行。因此，必须确保浮筒、竖井各种偏差累积值应小于15cm。

在升船机运行过程中，船厢下水时，竖井和浮筒之间的合理间隙是保证船厢下水时的速度及各个浮筒之间的浮力平衡进而保证升船机系统稳定的重要参数。浮筒周边间隙不对称，将使浮筒周边阻力系数发生变化，影响浮筒的稳定，同时也使浮筒适应水力摆动的空间减小，增加了浮筒在竖井中卡阻的可能性。为保证浮筒外侧和竖井内壁之间间隙的精度，且考虑便于在竖井内壁设置浮筒的导向轨道和防旋转板及后期竖井内壁的维护，在竖井内壁设置钢衬是必要的。

竖井钢衬内径为$\phi 6.5m$，材料为Q235。钢衬设计中，主要考虑以下因素：

(1) 内水压力。钢衬外包混凝土结构，内水压力由其承担，故不须考虑。
(2) 钢衬外压力。控制工况为外包混凝土振捣时所产生的压力。
(3) 考虑制造、运输和安装过程中的刚度需要。

综合考虑后，竖井钢衬壁厚采用16mm。经核算，竖井钢衬满足抗外压稳定性的要求。

竖井钢衬分成3m一节，随竖井混凝土分层浇筑逐节锚固安装。竖井钢衬节与节之间通过现场焊接连接，每节四周均通过8根角钢焊接在预埋于混凝土中的锚板支承锚固。每节钢衬外壁设有间距为1m的三道宽度为130mm、壁厚为16mm的加劲环。

竖井钢衬内壁需防腐，宜采用热喷锌方案。

4.2.4 主机房结构设计

主机房布置于塔柱顶部，平面尺寸为102m×40m，机房底高程为614.0m。采用钢结构排架体系，下部为四管格构柱，上柱采用焊接H型钢，屋盖结构形式为管桁架结构；屋盖管桁架通过盆式橡胶支座支承于格构柱上，桁架之间设有系杆及纵向联系管桁架。结构轴测图见图4-11，机房内布置卷筒装置、机械同步轴系统及检修桥机。

2)竖井钢衬安装施工技术

(1)安装工艺顺序。

施工准备(工艺预埋板埋设)→测量放点→托架安装→竖井底衬、进人门底衬安装→底衬二期砼浇筑→底衬砼后复测、灌浆后灌浆孔封堵→竖井定位中心基准点测放→竖井钢衬 1/2 节安装→竖井钢衬 3/4 节安装→连通钢衬及进人门钢衬安装→砼浇筑(层高 2m)监测→试验总结→砼浇筑(3m)监测→竖井钢衬 5/6 节安装→砼浇筑→7/8、……、33/34 和 35 竖井钢衬分 15 个安装单元逐层安装→整体砼后复测→表面油漆整体涂装→验收。

其中,竖井钢衬安装流程见图 4-18。

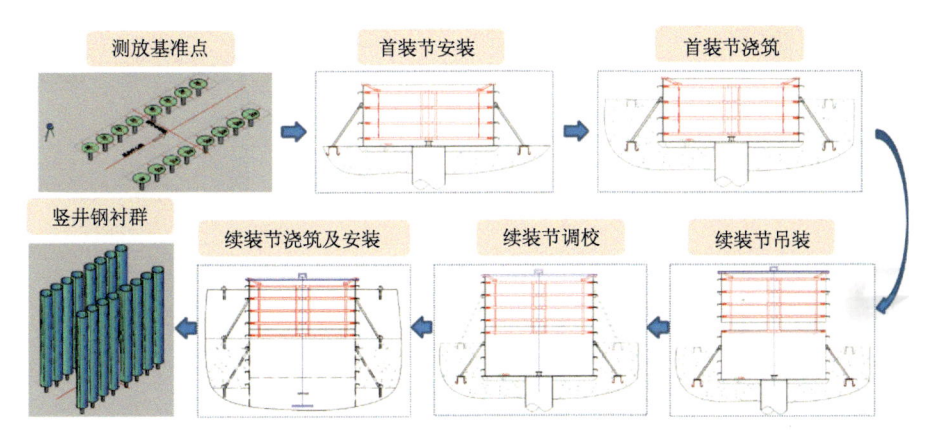

图 4-18 竖井钢衬安装流程示意图

(2)竖井钢衬首节安装工艺试验。

试验对象、场地、浇筑层高的选取:竖井底部钢衬浇筑二期混凝土且灌浆完成后,以第一组四个竖井底部的两个 3m 节高钢衬(1/2 和 3/4 管节)为安装试验对象,混凝土以第一层浇筑为试验对象。底部 3m 以下钢衬局部变形对浮筒运行(盲区)没有影响,故选取在原地进行试验;安装两个 3m 的钢衬,既有利于连通钢衬的安装,也有利于钢衬垂直度的监测;第一层混凝土按 2m 高浇筑,以后各层按 3m 高浇筑,利于现场环缝的焊接。

精度调整:沿管口均布的 16 点检查,用千斤顶、拉紧器和加密顶杆调整,使管壁垂直度≤2mm,上管口圆度≤10mm,上下管口中心偏差±2.5mm,且上下管口中心相对偏差≤2mm;在外部利用全站仪复测各竖井上口的倒垂线中心坐标偏差,偏差不大于 5mm,否则,再次调整直至满足要求。

焊接控制:组装竖井下管口与底钢衬之间的角焊缝;组装连通钢衬与竖井钢衬之间的连接焊缝;遵循对称原则分段焊接,尽量减小变形。

变形检测:混凝土浇筑过程中,通过检测管壁四周(沿管壁均布 8 根垂线,从下至上测量,上下管口各测一点,各加劲环处 1 点,两加劲环中间测 1 点)和采用倒垂线浮式测点法测量管口中心铅垂线的变化值,监控钢衬的整体变形情况,并据实指导均匀下料。测量时机:浇砼前全面测量一次,浇砼 0.5m 后测量上下管口变化,以后每浇砼 0.5m 全面测量一次,浇砼结束后全面测量,总结成果。

首节安装试验成果：经过首节安装试验、工艺的调整，16 个竖井钢衬 2 层一期浇筑成型，高程 542~549.5m 范围内，首节试验安装的 1~2 层管节的圆柱度存在少量不大于±7.5mm 超标测量点，竖井垂直度不大于 5mm；后续管节内壁的圆柱度和垂直度均达到设计标准以内。

(3) 竖井钢衬群安装测放基准及定位。

竖井钢衬安装前，利用全站仪测量 542.0m 高程压力钢管的 16 个输水口的实际中心坐标、水平高程、圆度和外径，根据输水口实际中心坐标与升船机横纵轴线的相对偏差，确定竖井钢衬群横纵向中心轴线的位置坐标，测放出竖井底衬输水口中心的安装样点，再安装底衬。底部安装浇筑完后，在每个底部钢衬输水口中心设置槽钢样架，见图 4-19，全站仪测放竖井钢衬安装基准点。

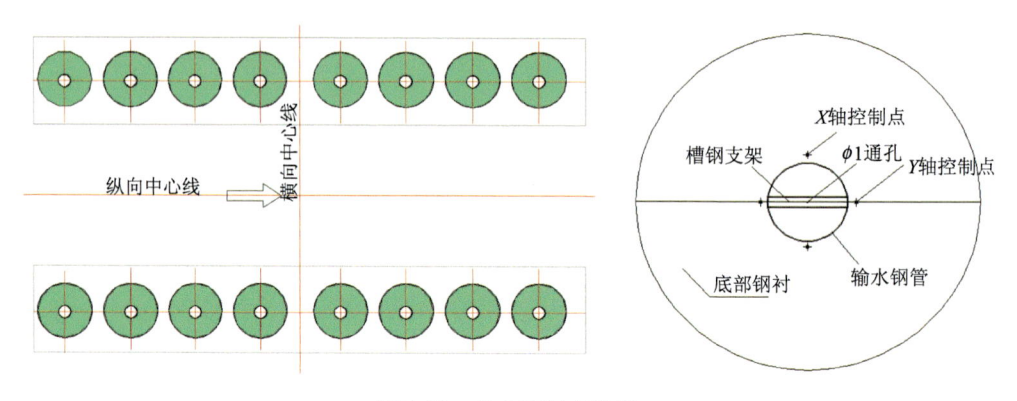

图 4-19 竖井底衬布置图

在每个底部钢衬安装中心设置槽钢支架上，测放安装中心基准点，并校核竖井钢衬井管群 X 轴和 Y 轴上的安装基础中心点偏差。全站仪测放点精度不大于 0.5mm。在槽钢上的中心基准点钻 ϕ1mm 通孔，向上引 ϕ0.7mm 倒垂线为浮式测量的中心基准线（即固定基准点）。

(4) 竖井钢衬同轴度倒垂线浮式测量方法。

浮桶放置到竖井钢衬上管口的测量支架上，调中，浮子与连杆通过圆形压板连接成整体，放到浮桶中；将钢丝线拉起与连杆底部的螺栓缠绕并压紧；调整连杆顶部的螺母，初步收紧钢丝线，向浮桶内注水至相应浮力刻线位置，再次调整连杆顶部的螺母使钢丝线满足拉力要求；检查浮子的复位误差精度满足要求后，方可开展测量作业。测量作业利用竖井钢衬内支撑铺设平台；通过标尺测量竖井钢衬内壁距离钢丝线的数据，进行偏差分析和调整（图 4-20）。

(5) 竖井钢衬活动内支撑调圆机架装置。

每层内支撑之间对称 4 个方向采用内支撑连杆，连杆之间为螺栓连接，便于拆卸重复利用，最上一层活动内支撑采用 4 个挂钩，挂装在井管壁，如图 4-21 所示。吊装前，将支撑杆两端的螺柱顶杆缩短，避免内支撑就位时发生卡阻，划伤筒壁涂层；就位后，根据管口实测圆度情况，先顶紧钢衬直径偏小处的螺柱顶杆，再顶紧钢衬直径偏大处的螺柱顶杆，顶紧同时进行测量，如图 4-22 所示。

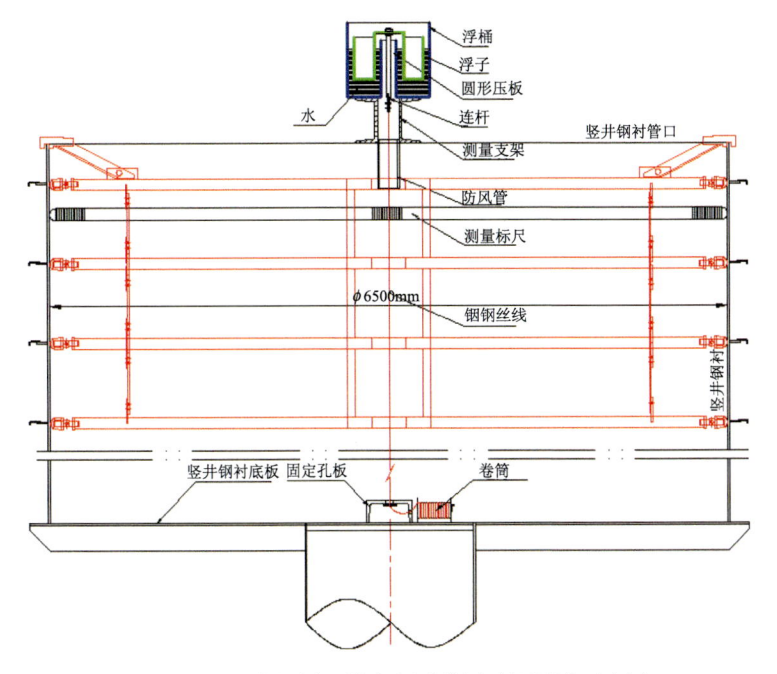

图 4-20　竖井钢衬同轴度倒垂线浮式测量法示意图

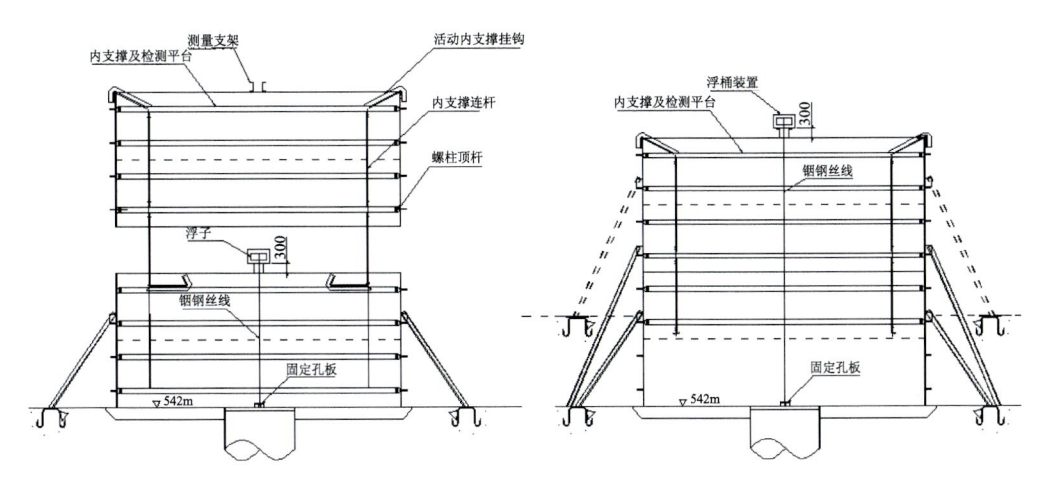

图 4-21　活动内支撑调圆机架装配图

(6)竖井钢衬外部支撑及浇筑工艺。

竖井钢衬外侧均布 12 处加固点，每处外加固点用型钢斜撑固定，保证钢衬在浇砼过程中的整体稳定性；在竖井钢衬每道加劲环上，均布 40 根锚钩，保证竖井钢衬在内支撑拆除后，局部不发生回弹变形。砼浇筑时，采取对称多点下料，钢筋网处采用高流态混凝土，下料点在钢筋网外侧；采取对称振捣，分层(层高 40cm)浇筑，同时监控竖井钢衬同轴度与垂直度质量指标，监控和调整下料位置与进料速度(图 4-23)。

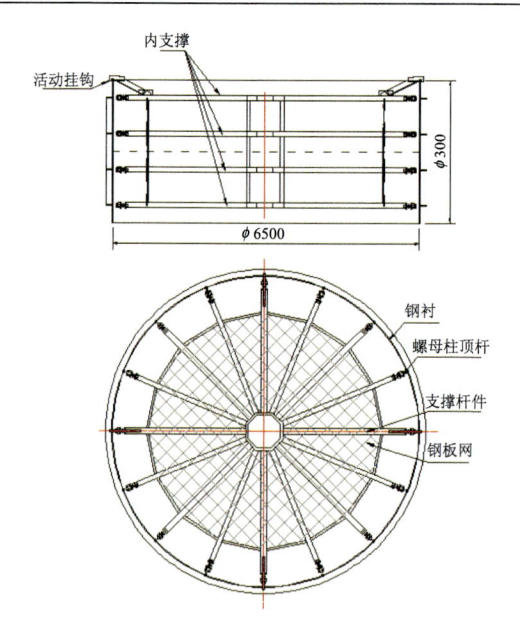

图 4-22　活动内支撑调圆机架平面图(单位：mm)

图 4-23　施工现场照片

3) 竖井钢衬混凝土施工控制

(1) 钢衬混凝土施工安排。

竖井钢衬部位工期紧张，并与土建交叉作业，混凝土布置三层钢筋，钢筋密集，部位狭小，混凝土入仓困难，且竖井钢衬安装精度要求很高。根据景洪电站升船机施工技术要求，竖井钢衬钢筋混凝土分层浇筑高度为 3m，与竖井钢衬标准节高度保持一致。根据塔柱结构分缝，塔柱共分 4 块，分别是左塔柱上游块、左塔柱下游块、右塔柱上游块、右塔柱下游块；塔柱浇筑至 542m 竖井底部钢衬高程后，第一层浇筑 2.2m 高，其余按 3m 升层，最后一层浇筑 2.3m 高，一共分 18 层。塔柱竖井钢衬段施工分层，见图 4-24，升船机塔柱施工分层见图 4-16。

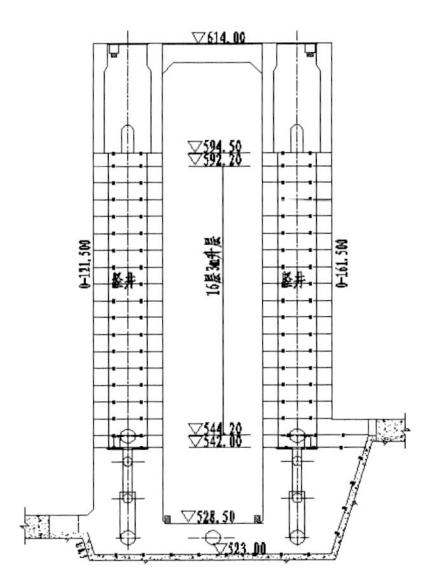

图 4-24 塔柱竖井钢衬段施工分层图(单位：m)

升船机塔柱竖井混凝土采用塔机挂吊罐入仓，整仓采用平仓法浇筑，为满足混凝土覆盖强度的要求，采用两台塔机同时入仓浇筑。由于两竖井之间间距仅为 1.7m，其周围钢筋为 6 层 $\phi 36$，钢筋量大且密集，同时其间还布置有竖井钢衬外支撑型钢。若按常规混凝土施工，难度很大，振捣困难，不易填充，容易出现"脱空"现象。因此，在经过配合比试验满足要求后，钢衬周边 1m 范围之内采用 C30 高流态混凝土进行浇筑，其余部位仍浇筑普通 C30 二级配混凝土。

浇筑时，采取对称多点下料，下料点在竖井钢衬的钢筋网外侧，采取对称振捣，分层浇筑，层高控制在 40～50cm，先对称浇筑普通二级配混凝土，且超前高流态混凝土 8～10m，然后再浇筑高流态混凝土(其塌落度大于 250mm、扩展度大于 600mm)，浇筑两个钢衬之间部位(6 层钢筋网)时，采用吊罐在其左右两侧或一侧下料，通过高流态混凝土的高流动性能达到要浇筑的部位。收仓面控制在距管口顶面 300mm 左右。收仓面过高，影响钢衬现场环缝的对装和焊接；收仓面过低，则钢衬管口在内支撑拆除后易产生变形。

(2)混凝土浇筑过程中的钢衬变形验算。

控制变形的措施主要有以下三条：①采用平浇法浇筑，减小钢衬两侧混凝土高差(控制在 40～50cm)；②对称下料，尽量使钢衬两侧受力均衡；③钢衬采用内外支撑加固，保证实际变形值控制在允许值范围内。我们将钢衬视作模板，模拟实际浇筑工况进行钢衬变形验算，结果表明采用平浇法进行 3m 升层浇筑，钢衬两侧浇筑高差控制在 0.5m 以内，可以满足钢衬变形要求。

(3)变形测量方法及时间。

根据钢衬的加固方案和以上变形计算，混凝土浇筑过程中钢衬变形值应控制在 1mm 内。按照《竖井钢衬埋件安装检测记录表》，检测钢衬内壁半径(沿管壁均布 8 根垂线，从下至上测量，四道加劲环各测一点)，并与浇筑前《竖井钢衬埋件安装检测记录表》的检测值进行对比，监测钢衬的变形情况，若有异常现象，及时调整混凝土浇筑方式或停仓，对钢衬进行加固。浇混凝土前全面测量一次，浇混凝土 0.5m 后测量上下管口变化，以后每浇混凝土 0.5m(约 4h)全面测量一次，浇混凝土结束后全面测量一次，测出混凝土浇筑过程中钢衬的变形值是否满足精度要求。

(4)竖井钢衬钢筋混凝土施工效果。

竖井钢衬属薄壁结构，采用一期方式埋设，因缺少相关的设计和施工经验，要达到设计提出的标准，难度极大。在施工初期(2008 年 11 月 21 日～2009 年 1 月 30 日)，竖井钢衬进行了 8 个仓位的专项试验，最终确定了与竖井钢衬施工标准相适应的施工工法。

竖井钢衬钢筋混凝土施工过程中，为确保钢衬在混凝土浇筑后的精度满足设计要求，经过不断摸索、总结经验，采用了高效的钢筋安装方法和科学合理的混凝土浇筑工艺，从 2008 年 11 月 21 日到 2009 年 10 月 25 日，总共浇筑 72 个仓位，优质、高效、安全地完成了景洪升船机 16 个直径 6.5m、高度 52.5m 的竖井钢衬施工，16 个竖井钢衬中心轴线的垂直度(高度 52.5m)均在 7mm 以内，钢衬内壁任意测点圆半径偏差均在±5mm 以内，单元工程优良率 100%，施工技术和施工质量均达到国内领先水平。

4.3 输水管道

4.3.1 输水管道结构设计

输水系统管道在上游接进水口段经过长 7.5m 的方渐变圆的渐变段后，进入压力钢管段，至下游出水口段前长 4.5m 的圆渐变方的渐变段。

输水系统主管道采用直径为 $\phi 2.5\text{m}$ 的压力钢管，在进入塔柱段第三个分流口后支管管道直径变为 $\phi 1.6\text{m}$，输水系统压力钢管采用 16MnR 钢。

1. 上闸首段管道结构设计

上闸首钢管在接渐变段后首先采用埋管形式，当管道转弯进入坝坡面后，沿坝坡面的斜管设计为浅埋式，钢管外包厚为 30cm 的混凝土，压力管道在上游控制阀室段为明管段。

考虑到上闸首压力钢管受到的内水压力相差较大，同时也兼顾到压力钢管制作、安装的方便，将压力钢管以 562.331m 高程为界分成上下两段分别计算分析。

1)钢管管壁厚度估算

根据钢管最低端的最大内水压力，并考虑钢材的容许应力降低 15%，按锅炉公式计算压力钢管的管壁厚度(t)，其公式如下：

$$t=\frac{\gamma_{w}HD}{2\varphi(1-0.15)[\sigma]}, \quad [\sigma]=0.55\sigma_{s} \tag{4-5}$$

式中，$[\sigma]$ 为钢管的许用强度；σ_s 为钢材的屈服强度；γ_w 为水的容重；H 为钢管受到的水头值；D 为钢管的直径；φ 为焊缝系数。

(1)562.331m 高程以上段。

H 取为 39.669m，D 取为 2.5m，φ 取为 0.95，故可得 $t=3.309$m；根据《水电站压力

钢管设计规范》(DL/T 5141—2001)的规定，钢管壁厚还应满足构造要求，即 $t \geqslant 8\text{mm}$。综合考虑钢管应力，该段钢管管壁厚度取为 20mm，含 2mm 壁厚裕量。

(2) 562.331m 高程以下段。

H 取为 62.0m，D 取为 2.5m，φ 取为 0.95，故可得 $t=5.159$m；另根据构造要求，钢管管壁厚度 t 还应 $\geqslant 8\text{mm}$。综合考虑钢管应力，该段钢管管壁厚度取为 22mm，含 2mm 壁厚裕量。

2) 钢管应力计算分析

根据输水系统压力钢管的受力特点，拟定了不利的工况进行钢管的应力分析。出于安全考虑，上闸首段压力钢管按明管进行应力分析。

荷载主要如下：①正常蓄水位的静水压力；②水锤压力；③钢管结构自重；④钢管内的满水重；⑤管道转弯处及作用在阀门上的水压力。表 4-8 和表 4-9 给出了上闸首 562.331m 高程以上段和上闸首 562.331m 高程以下段钢管典型断面上各控制点的相当应力，各值均小于钢材的许用应力，满足强度要求。

表 4-8 上闸首 562.331m 高程以上段钢管典型断面各控制点的应力强度校核（单位：N/mm²）

部位	$\theta/(°)$	$\sigma_\theta = \sigma_{\theta 1}$	σ_{x1}	σ_{x2}	σ_x	相当应力 σ	许用应力 $\varphi[\sigma]$
管顶点	0	29.284	−33.599	−5.585	−39.184	59.501	170.455
管水平轴线	90	29.772	−33.599	0	−33.599	30.259	170.455
管底点	180	30.259	−33.599	5.585	−28.014	50.479	170.455

表 4-9 上闸首 562.331m 高程以下段钢管典型断面各控制点应力强度校核（单位：N/mm²）

部位	$\theta/(°)$	$\sigma_\theta = \sigma_{\theta 1}$	σ_{x1}	σ_{x2}	σ_x	相当应力 σ	许用应力 $\varphi[\sigma]$
管顶点	0	41.333	−53.498	−89.156	−39.184	167.198	170.455
管水平轴线	90	41.773	−53.498	0	−33.599	82.715	170.455
管底点	180	42.212	−53.498	89.156	−28.014	39.346	170.455

3) 钢管抗外压稳定分析

(1) 562.331m 高程以上段。

该段压力钢管每 2m 设一个加劲环，加劲环高 120mm，厚度为 14m。

①钢管管壁抗外压稳定分析：

设有加劲环的钢管，在加劲环间管壁抗外压稳定分析中，临界外压值采用米泽斯 (Mises) 公式计算：

$$P_{\text{cr}} = \frac{E_s t}{(n^2-1)\left(1+\dfrac{n^2 l^2}{\pi^2 r^2}\right)r} + \frac{E_s}{12(1-v_s^2)}\left(n^2-1+\frac{2n^2-1-v_s}{1+\dfrac{n^2 l^2}{\pi^2 r^2}}\right) \times \left(\frac{t}{r}\right)^3 \quad (4\text{-}6)$$

式中，P_{cr} 为抗外压稳定临界压力计算值，N/mm²；E_s 为钢材的弹性模量，N/mm²；v_s 为钢材泊松比；t 为钢管管壁厚度，mm；r 为钢管内半径，mm；n 为最小临界压力的波数，

根据 $n = 2.74 \left(\dfrac{r}{l}\right)^{\frac{1}{2}} \left(\dfrac{r}{t}\right)^{\frac{1}{4}}$ 估算，取相近的整数；l 为加劲环间距，mm。

根据式(4-6)计算得到该段钢管的临界压力 $P_{cr}=3.15\text{N/mm}^2$，而该段钢管受到的实际最大外压值为 0.778N/mm^2，故该段钢管管壁抗外压稳定满足要求。

②加劲环抗外压稳定分析：

加劲环抗外压稳定分析中，临界外压值按下式计算：

$$P_{cr} = \frac{\sigma_s A_R}{rl} \tag{4-7}$$

式中，P_{cr} 为加劲环抗外压稳定临界压力计算值，N/mm^2；σ_s 为钢材的屈服强度，N/mm^2；A_R 为加劲环的有效截面积，mm^2。

由式(4-7)计算出该段加劲环的临界外压值 $P_{cr}=0.799\text{N/mm}^2 > 0.778\text{N/mm}^2$，满足要求。

(2) 562.331m 高程以下段。

该压力钢管每 2m 设一个加劲环，加劲环高 280mm，厚度为 22m。

①钢管管壁抗外压稳定分析：

根据式(4-6)可计算出该段钢管管壁的抗外压临界值为 $P_{cr}=4.114\text{N/mm}^2$，该段钢管受到的实际最大外压值为 1.49N/mm^2，故该段钢管管壁抗外压稳定满足要求。

②加劲环抗外压稳定分析：

根据式(4-7)计算出该段加劲环的临界外压值 $P_{cr}=1.5\text{N/mm}^2 > 1.49\text{N/mm}^2$，满足要求。

2. 塔柱段管道结构设计

塔柱段管道按等惯性原则布置在塔柱下部的混凝土中，为埋管式，主管采用直径为 $\phi 2.5\text{m}$ 的压力钢管，支管采用直径为 $\phi 1.6\text{m}$ 的压力钢管。

1) 钢管管壁厚度估算

(1) 主管的管壁厚度估算。

主管道中心线最低高程为 526.00m，则主管最低端中心最大水头为 76.0m，φ 取 0.95，主管道直径 D 取 2.5m，计算得管壁厚度 $t=6.324\text{mm}$。另根据构造要求，主管管壁厚度 t 应 $\geq 8\text{mm}$。综合考虑，主管管壁厚度取为 22mm，含 2mm 壁厚裕量。

(2) 支管的管壁厚度估算。

支管道中心线最低高程为 533.00m，则支管最低端中心最大水头为 58.0m，φ 取 0.95，支管道直径 D 取为 1.6m，计算得管壁厚度 $t=3.089\text{mm}$。另根据构造要求，支管管壁厚度 t 应 $\geq 8\text{mm}$。综合考虑，支管管壁厚度取为 14mm，含 2mm 壁厚裕量。

2) 钢管应力分析

考虑到塔柱结构受力复杂，在主管上半周 220°范围内设置弹性垫层，故主管按明管进行应力分析；支管为埋管式，出于安全考虑，支管也按明管进行应力分析。

主管和支管受到的荷载主要如下：①正常蓄水位的静水压力；②水锤压力；③钢管结构自重；④钢管内的满水重；⑤管道转弯处及作用在阀门上的水压力。表 4-10 和表 4-11

给出了塔柱段主管和支管典型断面上各控制点的相当应力计算结果,均小于钢材的许用应力,满足强度要求。

表 4-10　塔柱段主管典型断面上各控制点应力强度校核　　　　（单位:N/mm²）

部位	$\theta/(°)$	$\sigma_\theta = \sigma_{\theta 1}$	σ_{x1}	σ_{x2}	σ_x	相当应力 σ	许用应力 $\varphi[\sigma]$
管顶点	0	50.439	−60.329	−75.312	−135.641	166.686	170.455
管水平轴线	90	51.205	−60.329	0	−60.329	69.699	170.455
管底点	180	51.971	−60.329	75.312	14.983	46.333	170.455

表 4-11　塔柱段支管典型断面上各控制点应力强度校核　　　　（单位:N/mm²）

部位	$\theta/(°)$	$\sigma_\theta = \sigma_{\theta 1}$	σ_{x1}	σ_{x2}	σ_x	相当应力 σ	许用应力 $\varphi[\sigma]$
管顶点	0	41.16	−47.442	−40.909	−88.3514	114.615	170.455
管水平轴线	90	41.683	−47.442	0	−47.442	77.238	170.455
管底点	180	42.205	−47.442	40.909	−6.533	45.822	170.455

3）钢管抗外压稳定分析

(1) 主管抗外压稳定分析。

塔柱段主管每 2m 设一个加劲环,加劲环高 220mm,厚度为 22m。主管管壁的抗外压临界值为 $P_{cr}=4.61\text{N/mm}^2$,主管受到的实际最大外压值为 1.274N/mm²,主管管壁抗外压稳定满足要求。该段加劲环的临界外压值 $P_{cr}=1.328\text{N/mm}^2>1.274\text{N/mm}^2$,加劲环抗外压稳定满足要求。

(2) 支管抗外压稳定分析。

塔柱段支管每 2m 设一个加劲环,加劲环高 250mm,厚度为 16m。支管管壁的抗外压临界值为 $P_{cr}=2.167\text{N/mm}^2$,支管段受到的实际最大外压值为 1.137N/mm²,支管管壁抗外压稳定满足要求。该段加劲环的临界外压值 $P_{cr}=1.224\text{N/mm}^2>1.137\text{N/mm}^2$,加劲环抗外压稳定满足要求。

3. 下闸首段输水管道结构设计

下闸首段钢管除了在下游控制阀室中岔管部分为明管外,其余均为埋管。由于下闸首钢管与塔柱段主管的直径和管壁厚度相同,采用的加劲环也相同,且受到的内水压力和外压值要比塔柱段的小,故下闸首钢管可以满足应力和抗外压稳定的要求。

4. 输水钢岔管结构设计

1）设计条件及资料

(1) 材料参数。

根据本工程钢岔管的直径和水头等参数,岔管管壁和加强梁钢板采用 16MnR 钢材。钢筋采用 II 级;弹性模量 $E_s=2.06\times 10^5\text{MPa}$;泊松比 $\mu=0.3$;强度设计值:抗拉(压)310.0

MPa。外包混凝土标号为 C20，弹性模量 $E_c=2.55\times10^4$MPa，泊松比 $\mu=0.167$，抗压强度 $f_c=10.0$MPa，抗拉强度 $f_t=1.10$MPa，抗剪指标 $f'=\text{tg}\phi=1.0\sim1.1$，$c'=1.05\sim1.1$MPa，容重 $\gamma=24.0$kN/m³。

(2) 计算荷载与组合。

计算荷载：

自重为 G；正常工作情况最高内水压力为 H_1，内水压力 H_1（水击压力取 20%的静水头）：上游、下游和中部岔管分别按 0.74MPa、0.84MPa、0.91MPa 取值；外压力为 H_2，按一个大气压力考虑，即取为 0.1MPa。

计算工况：

①运行工况——持久设计状况。正常蓄水位升船机引水系统因故紧急关闭阀门情况，荷载组合为结构自重+内水压力（含水击压力，上游、下游和中部岔管分别为 0.74MPa、0.84MPa、0.91MPa）；

②水压试验工况——短暂设计状况。荷载组合为 1.25 倍设计内水压力，分别为 0.93MPa、1.05MPa、1.14MPa；

③放空检修工况——短暂设计状况。荷载组合为 1 个大气压力，即 0.1MPa。

2) 钢岔管体形设计

景洪水电站升船机上游输水岔管为一分三的三岔管形式，主管直径为 2.5m，最大内水压力（含水击压力）达 0.74MPa。从布置上讲可以采用三梁岔、月牙肋岔、球岔、无梁岔当中的任何一种。但根据已有的工程实践经验来看，无梁岔没有加强梁，但体形较大，承受的水压力不高，因此比较适用于低水头电站。球岔受力条件较好，适用于高水头电站，但球壳成型要采用锻造工艺和焊后整体退火处理，制造比较复杂，因此一般用于高水头、小直径的水电站。从结构受力和施工工艺的角度考虑，三梁岔和月牙肋岔比较适合于本工程。但是月牙肋岔管的肋板内伸，对于三岔管来讲，可能会对水流条件带来不利影响，因此梁式三岔管相对更好一些。

在升船机塔柱中心底部充泄水系统交会处为一正交的四通岔管，主管直径为 2.5m，最大静水压力 0.76MPa，假定水击压力为最大静水压力的 20%，那么最大内水压力取为 0.91MPa。对升船机引水管道下游岔管而言，梁式三岔管是合适的结构形式。分岔处最大内水压力（含水击压力）达 0.84MPa，如图 4-25 所示。

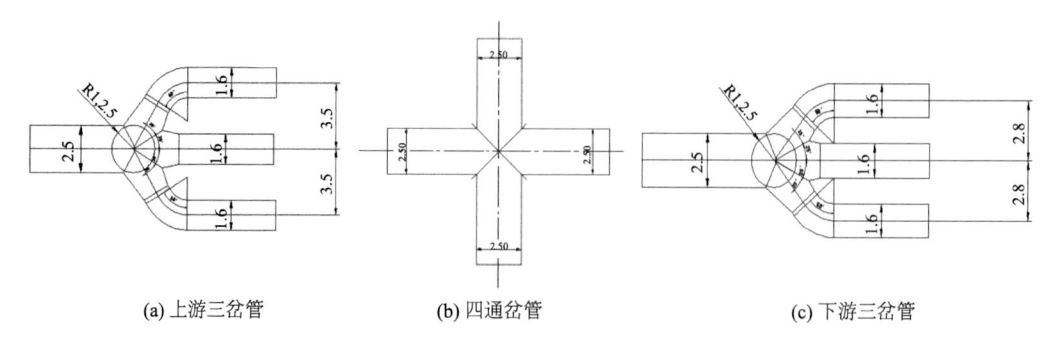

(a) 上游三岔管　　(b) 四通岔管　　(c) 下游三岔管

图 4-25　岔管布置图（单位：m）

3)梁式岔管三维有限元计算

模型计算范围的确定按不影响钢岔管单元应力、应变分布和满足足够的精度要求进行考虑。模型在主管和支管端部取固端全约束,为了减小约束端的局部应力影响,主、支管段轴线长度从分岔点向上下游分别取最大公切球直径的 1.5 倍以上。钢岔管网格剖分全部采用 ANSYS 中四节点板壳单元。钢岔管运行工况计算网格如图 4-26 和图 4-27 所示。

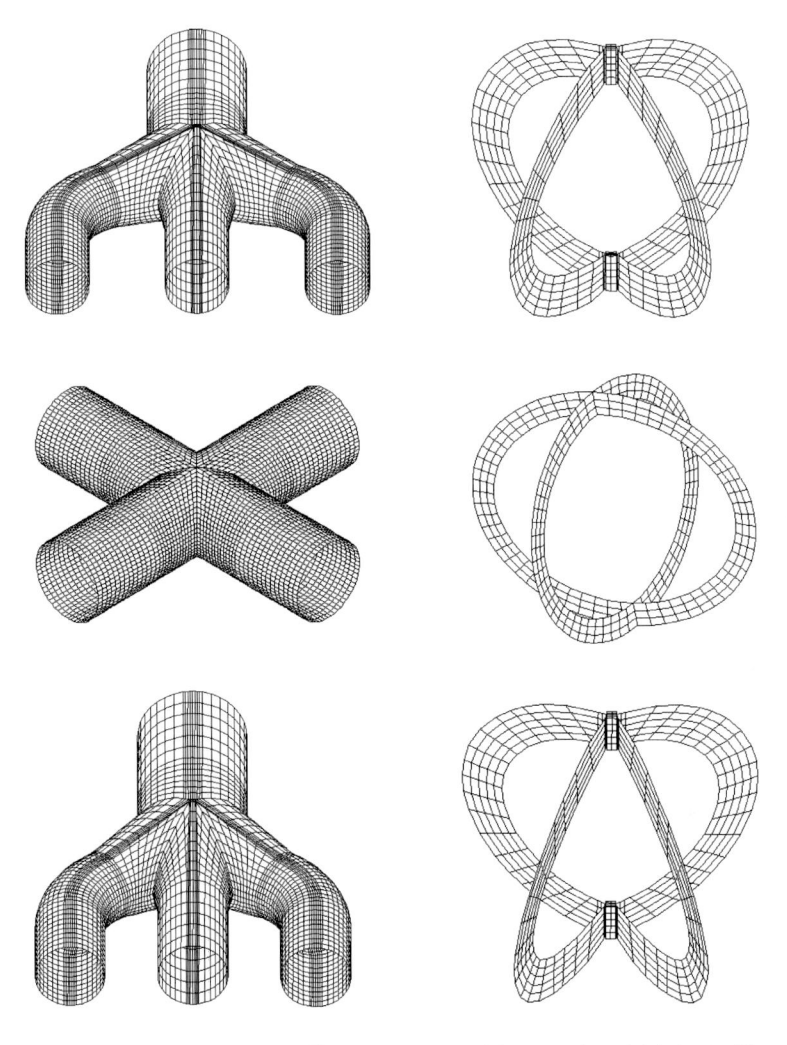

图 4-26 管壳有限元网格   图 4-27 加强梁有限元网格

考虑到结构及钢筋布置上的需要,上游岔管 U 形梁中间截面尺寸为 300mm×48mm,两腰梁截面尺寸为 300mm×48mm,岔管管壳部分厚度为 18mm。根据计算,管壳最大应力为 183.4MPa,出现在管壳与 U 形梁连接处,为局部应力,小于抗力限值 191MPa;U 形梁应力最大值为 180.3MPa,略大于抗力限值 178MPa。腰梁应力最大值为 102.3MPa,远小于抗力限值 178MPa。

中间四通岔管加强梁中间截面尺寸为 300mm×48mm;加强梁顶部截面尺寸为

300mm×48mm；岔管管壳部分厚度为 20mm，管壳最大应力为 190.7MPa，出现在管壳与 U 形梁连接处，为局部应力，小于抗力限值 191MPa。U 形梁最大应力为 163.6MPa，出现在 U 形梁中截面内侧，小于抗力限值 178MPa。四通岔管和梁的 Mises 应力和总位移计算云图见图 4-28。

(a) 管壳Mises应力(单位：MPa)

(b) 加强梁Mises应力(单位：MPa)

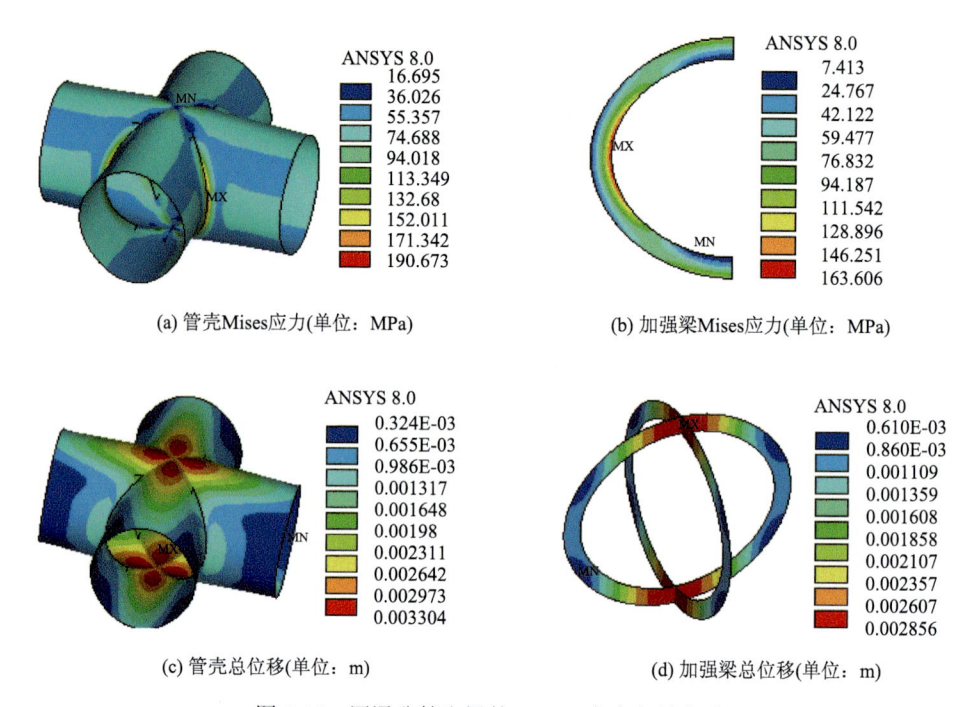

(c) 管壳总位移(单位：m)

(d) 加强梁总位移(单位：m)

图 4-28　四通岔管和梁的 Mises 应力和总位移

下游三岔管 U 形梁中间截面尺寸为 300mm×48mm，两腰梁截面尺寸为 300mm×48mm，岔管管壳部分厚度为 26mm，各加强梁均无内伸。根据计算结果（图 4-29），管壳最大应力为 186.8MPa，出现在管壳与 U 形梁连接处，为局部应力，小于抗力限值 191MPa；U 形梁应力最大值为 176.1MPa，小于抗力限值 178MPa。腰梁应力最大值为 98.9MPa，远小于抗力限值 178MPa。

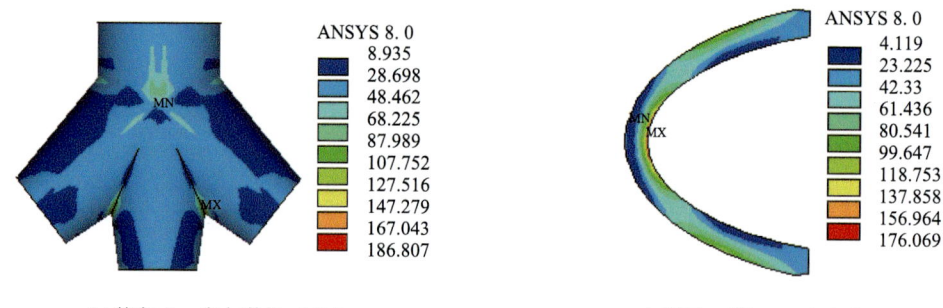

(a) 管壳Mises应力(单位：MPa)

(b) 加强梁U形梁Mises应力(单位：MPa)

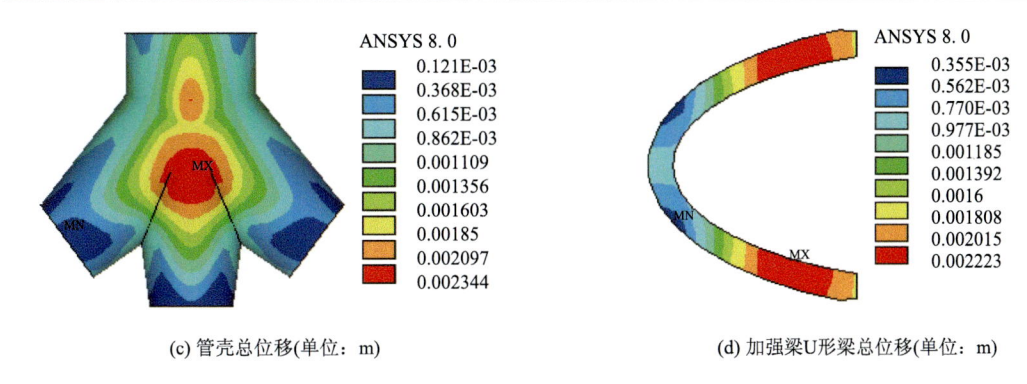

(c) 管壳总位移(单位：m)　　　　　　　　(d) 加强梁U形梁总位移(单位：m)

图 4-29　管壳、梁的 Mises 应力和总位移

4) 钢岔管水压试验分析

在上游三岔管、中间四通岔管和下游三岔管水压力计算模型中，水压试验分别按 1.25 倍设计水压力(1.25×0.74MPa)、1.25 倍设计水压力(1.25×0.91MPa)和 1.25 倍设计水压力(1.25×0.84MPa)进行计算。

(a) 管壳Mises应力(单位：MPa)　　　　　　(b) 加强梁Mises应力(单位：MPa)

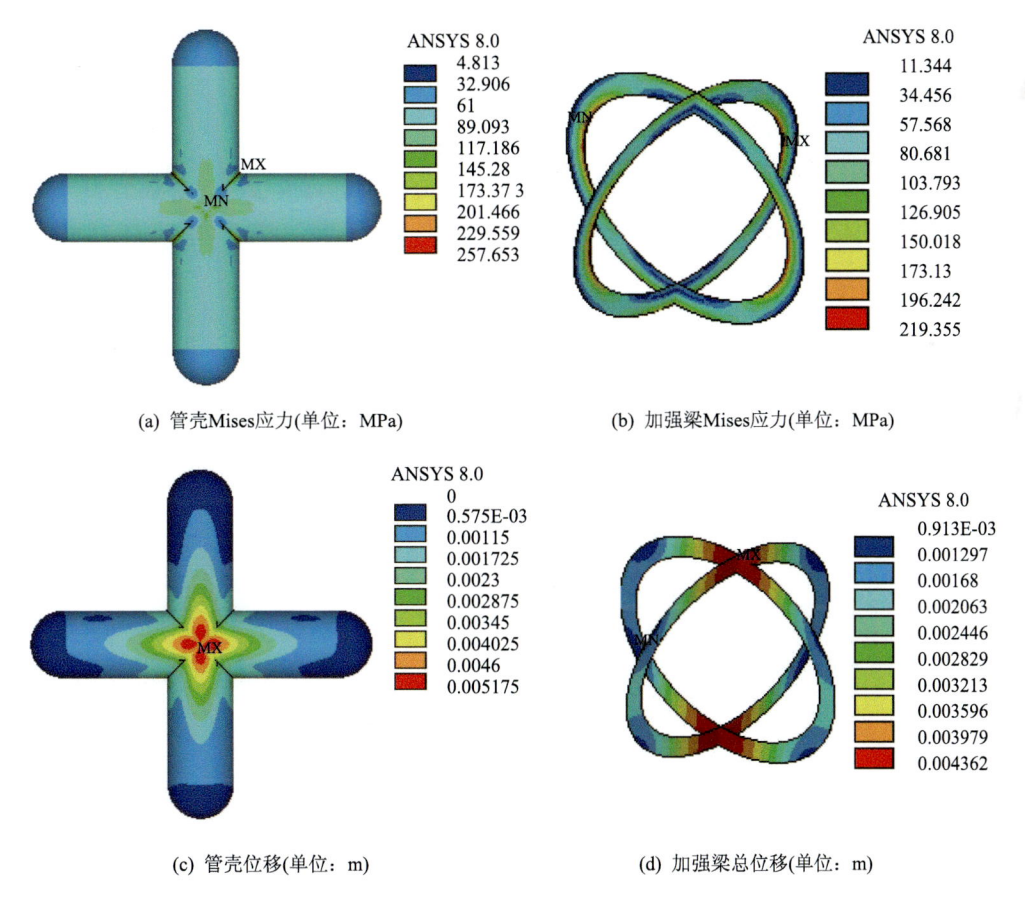

(c) 管壳位移(单位：m)　　　　　　　　(d) 加强梁总位移(单位：m)

图 4-30　水压试验钢岔管、梁的 Mises 应力和位移

上游三岔管计算表明，管壳最大 Mises 应力出现在管壳侧面与 U 形梁连接处，最大值达到 261.2MPa。另外，管壳顶部和管壳侧面与腰梁连接处的应力也较大，应力值在 200MPa 左右。闷头和直管壳的应力均较小，仅为 100MPa 左右，均小于钢材的抗力限值 275MPa。梁的最大应力出现在 U 形梁中截面内侧处，应力值高达 262.7MPa，大于抗力限值 218MPa，但仍然低于钢材屈服强度 280MPa。岔管厚度和加强梁基本上可以满足水压试验的要求。

中间四通岔管计算表明，管壳最大 Mises 应力出现在管壳侧面与 U 形梁接触处，最大值达到 257.7MPa。另外，管壳顶部应力最大值在 150MPa 左右。闷头和直管壳的应力均较小，仅为 100MPa 左右，均小于钢材的抗力限值 275MPa。梁的最大应力出现在 U 形梁中截面内侧处，应力值高达 219.4MPa，非常接近抗力限值 218MPa。所以，可以认为优化后的岔管厚度和加强梁基本上可以满足水压试验的要求。

由于水压力和边界条件作用，岔管总位移最大值出现在岔管顶、底部。岔管顶部和底部上下发生较大变形，侧部向内变形，见图 4-30。

下游三岔管计算表明，根据计算结果(图 4-31)，管壳最大 Mises 应力出现在管壳侧面与 U 形梁连接处，最大值达到 255.8MPa。另外，管壳顶部和管壳侧面与腰梁连接处的应力最大值在 140MPa 左右。闷头和直管壳的应力均较小，仅为 100MPa 左右，均小

(a) 管壳Mises应力(单位：MPa)

(b) 加强梁U形梁Mises应力(单位：MPa)

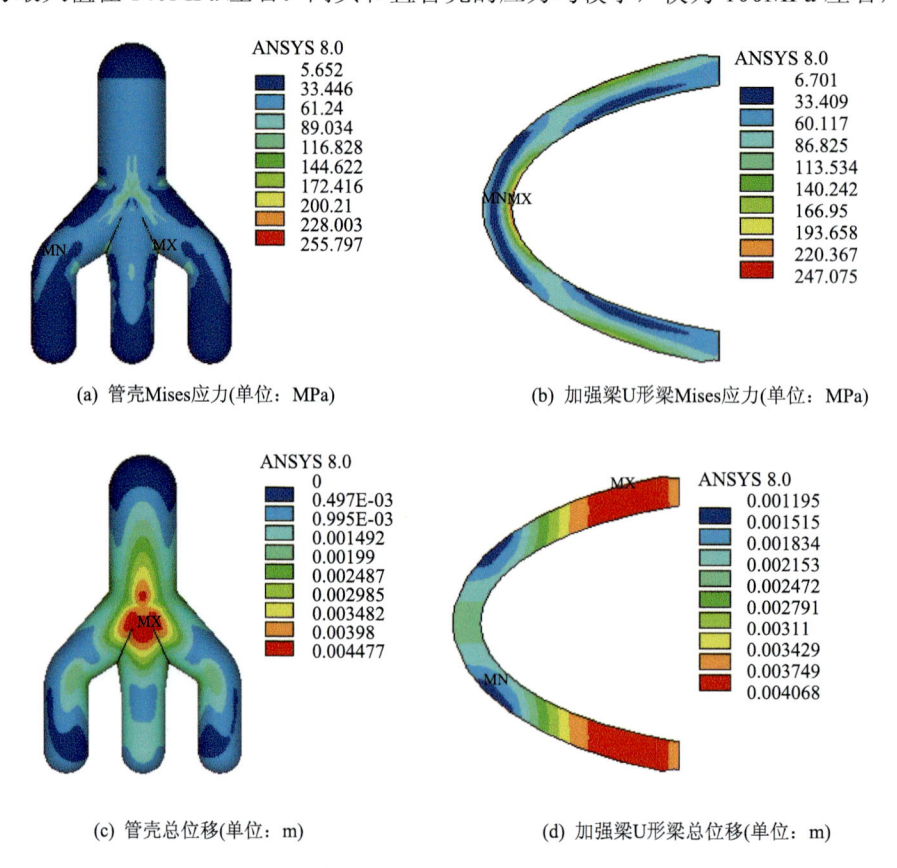

(c) 管壳总位移(单位：m)

(d) 加强梁U形梁总位移(单位：m)

图 4-31　水压试验钢岔管 Mises 应力和位移

于钢材的抗力限值 275MPa。梁的最大应力出现在 U 形梁中截面内侧处，应力值高达 247.1MPa，大于抗力限值 218MPa，但仍然低于钢材屈服强度 280MPa。在水压试验工况下优化后的岔管厚度和加强梁基本上可以满足应力要求。

由于水压力和边界条件作用，管壳总位移最大值出现在岔管顶、底部。岔管顶部和底部上下发生较大变形，侧部向内变形。两支管顶部虽然没有施加约束，但是由于分岔角偏小，岔管处整体结构刚度较大，水压力的不平衡作用效果不明显。

5) 钢岔管稳定分析

根据钢管规范的要求，对埋藏式钢岔管应校核抗外压稳定。但目前钢岔管尚无相应的抗外压稳定计算公式。一般仍近似按圆柱管(取岔管分岔处最大直径)校核其抗外压稳定。计算临界外压力时，首先按光面管采用规范推荐的阿姆斯图兹公式进行计算，根据前述计算的钢岔管各管节厚度就可以计算出光面管的临界外压力，见表 4-12。可以看出，钢岔管采用内水压力确定的管壁厚度，按光面管计算得到的岔管抗外压稳定安全系数均高于规范规定的 1.8，满足抗外压稳定要求。

表 4-12　钢岔管临界外压

岔管	上游	中部	下游
管节半径 r/mm	1250	1250	1250
管节壁厚 δ/mm	18	20	26
r/δ (扣除 2mm)	78.1	69.4	52.1
设计外压力 P/MPa	0.1	0.1	0.1
光面管临界外压力 P_{cr}/MPa	1.59	1.95	3.18
抗外压稳定安全系数	15.9	19.5	31.8

5. 减振突扩体设计

由于突扩体不规则的外形加之所处位置空间狭小，突扩体的结构设计和强度计算是很复杂的。在突扩体结构设计过程中，若仅在突扩体的壳体外部设置梁承担荷载，梁高会很大，为制造安装带来极大的麻烦且受空间限制，技术上几乎不可行。经过多次方案比较，最终采用内外梁系联合作用的方案，即在突扩体的内部也布置梁结构，外梁系的尺寸可根据内梁系进行调整，将外梁系的高度降至合理范围。考虑到内梁系对水流的影响，内梁系选用水力学条件良好的圆形截面钢管构成受力框架。

突扩体结构形式复杂，无法用常规理论计算进行分析，故采用 ANSYS 进行三维有限元计算。通过多次试算确定了外梁系和内梁系的截面尺寸，发现突扩体各部件的受力比较均衡，结构布置较为合理。由于外梁系主次梁纵横交错，弯曲段多，在与流量阀连接处还存在变截面，故设计采用 Inventor 软件，全三维设计，以直观地观察突扩体结构，避免主次梁的相互干扰。该结构在升船机输水系统上的运用属于首次，与岔管方案相比，能够有效改善阀后流态，减少阀体振动，让阀体的过流能力得以充分发挥。

突扩体的进出口管道的中心线高程为 540.0m，升船机竖井顶部高程为 594.5m，考虑竖井充满水时的极限工况,突扩体的极限承压水头为 54.5m,考虑动水荷载的作用,突扩体的设计水头选为 70m。根据《水电站压力钢管设计规范》的有关要求,对突扩体进行结构论证以替代水压试验。试验水头按规范要求取 1.25 倍的设计水头,即 87.5m。突扩体为一大容积空腔体型,且结构复杂,难以得到计算概化模型,按平面体系设计效果不理想。因突扩体为体型复杂、异形的钢结构,采用方案可行、技术完善的有限元法对其进行力学分析。分析发现,若突扩体采用在挡水壳体外部包裹梁系的结构形式承担水压,外梁高会达到 1m 以上,而腹板间距小于 0.6m,制造安装都很困难,几乎没有可行性。故考虑采用在挡水面板外部包裹外梁系,内部设置受拉内梁系,内外梁系联合作用的方案。内外梁系的尺寸可根据荷载分配进行调整,将外梁系的高度降至合理范围。设计的突扩体结构轴测图如图 4-32 所示,内梁系结构如图 4-33 所示。

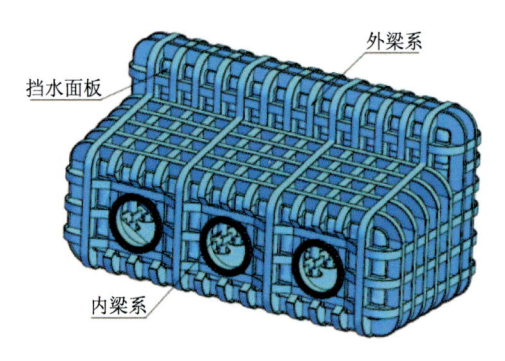

图 4-32　突扩体结构轴测图　　　　图 4-33　突扩体内梁系结构

采用有限元方法分析论证了突扩体在设计水头及试验水头下的静强度。为得到精确的计算结果且确保求解速度,在面板转角区域网格划分应足够细密。用 SOLSH190 单元对规则的外梁进行划分,用 SOLID186 单元划分外梁的复杂弯段,用 SHELL181 单元划分面板、钢管和内部斜支承,用 BEAM188 单元划分内梁。在 SHELL 单元与 SOLID 单元,以及 SHELL 单元与 BEAM 单元连接处设置多点接触,以协调不同单元节点的自由度。

计算模型的载荷和约束施加方式如下:添加 Z 轴负向的重力加速度模拟重力场;在底部主梁与地面的接触处施加无摩擦支承约束;在上下游主梁与支撑钢梁的接触处施加无摩擦支承约束;约束进出口钢管外侧面在 Y 轴向的自由度;在面板、进出口钢管和通气管内侧施加 70m 静水压力(水压试验工况为 87.5m);在外梁系的相应位置设置固定约束模拟突扩体与预埋板的焊接连接。

基于以上计算,选出结构突变处的点、局部应力峰值点和变形较大点等作为关键点,以便计算结果的提取。在突扩体的相应位置共布置 A~O 15 个关键点,其中关键点 A~I 布置在外梁系的外部翼缘板表面,关键点 J~O 布置在突扩体壳体上,见图 4-34。

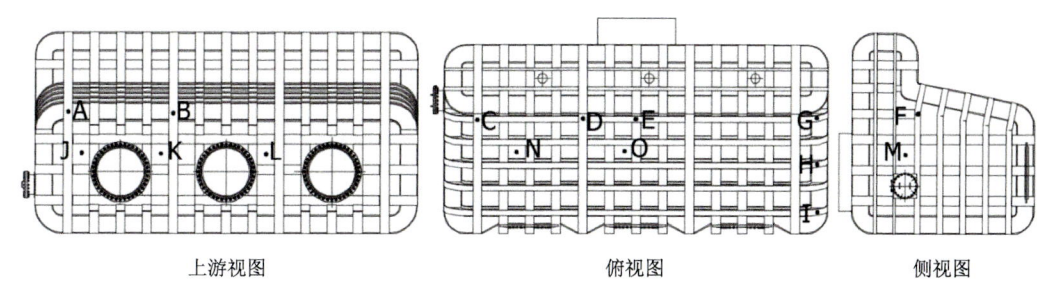

图 4-34 关键点位置示意

计算结果表明：突扩体结构在设计水头和试验水头压力下，关键点处的应力值小于构件的抗力限值，且 Mises 应力普遍小于 150MPa，因此突扩体结构不会被内水压力破坏，是安全的。突扩体的变形很小，在试验水头下，总体最大变形不到 7mm，该变形不会对突扩体的功能产生影响。

4.3.2 输水管道施工

1. 输水压力钢管安装施工

1) 施工特点

根据升船机的结构和施工特点，压力钢管分为三个部分：上闸首部分、塔柱部分、下闸首部分。压力钢管的安装主要集中在塔柱部分。考虑到优化安装方案和满足施工进度的要求，采用将单节直管拼装成大节进行安装，预拼装在安装前进行。由于钢管制作滞后，为实现在汛期前塔柱结构浇筑至 547m，塔柱部分 527m 以下钢管安装采取溜槽方案(图 4-35)，其他高程段钢管采取通常的一期直埋方式。

图 4-35 塔柱竖井下钢管溜槽方案

等惯性布置的压力钢管安装，主要控制每节钢管每个高程的输水分岔口的高程、横纵坐标，以及管口的圆度与水平度等技术指标。与传统压力钢管安装相比本工程要求非常高，施工实践采取全站仪测放仓外控制网，在每仓钢管的埋设安装现场，测放不小于二级测量控制精度的安装控制基准点和线，着重控制每节钢管的输水口横纵坐标位置和加固强度，避免安装的累积偏差，确保压力钢管的等惯性对称，安装偏差不大于 5mm；因钢管焊接收缩引起钢管组拼对接缝过大，采取在钢管坡口堆焊处理。

压力钢管安装总工程量为 1022t。钢管管壁采用 16MnR 低合金钢板，钢管管壁板厚为 18~26mm。

2）压力钢管安装

（1）安装施工流程。钢管安装程序应与土建混凝土施工相配合，以仓位分层确定钢管安装施工高程，按高程由低至高进行安装。安装施工流程：安装前准备工作(钢管拼装、插筋制作、加固材料准备)→土建砼施工时埋设插筋→在安装位置焊装安装平台→将大节钢管转运至安装现场→由缆机或建筑塔吊将钢管吊装到相应安装位置→调整、压缝→点焊→加固→焊接→焊接完成进行表面检查及超声波无损探伤→检测是否合格(不合格则进行处理)→外壁焊缝处补涂装→检查验收→砼施工范围内所有钢管安装完成→砼浇筑及接触灌浆→混凝土强度达到要求后拆除内支撑→内壁补涂装→后续钢管继续安装→总体清理及补涂→验收。

（2）钢管预拼接。钢管在厂内制作，因钢管尺度，卷制长度为 2m 一节，为安装方便及保证焊接质量，在安装现场加工场，将 3~4 节 2m 管拼装组焊为大节，最大预拼节总重量不大于现场吊装起重能力。

（3）焊接。钢管组拼主要控制焊接局部变形，采用均匀分布同向退步施焊方式。焊接完毕后，清除焊缝上的焊条药皮，并将焊缝打磨平滑，要求过流面平滑过渡。

3）压力钢管安装指标

（1）钢管圆度(指同端管口相互垂直两直径之差的最大值)的偏差≤3D/1000（D 为钢管内径），且不大于 30mm，每端管口至少测两对直径。

（2）钢管纵、环缝对口错边量的极限偏差应符合：环缝 δ≤30mm 时，极限偏差为 15%δ，且不大于 3mm。

（3）钢管支墩应有足够的强度和稳定性，以保证钢管在安装过程中不发生位移和变形。

（4）埋管安装中心的极限偏差符合表 4-13 的规定。

表 4-13 压力钢管埋管部分安装尺寸控制指标

钢管内径 D/m	始装节管口中心的极限偏差/mm	伸缩节、蝴蝶阀、球阀、岔管连接的管节及弯管起点的管口中心极限偏差/mm	其他部位管节的管口中心极限偏差/mm
D≤2	5	6	15
2<D≤5	5	10	20

（5）始装节的里程偏差不超过±5mm，弯管起点的里程偏差不超过±10mm，始装节两端管口垂直度偏差不超过±3mm。

（6）钢管安装后，管口圆度(指相互垂直两直径之差的最大值)偏差≤5D/1000，且不大于 40mm。至少测量 2 对直径。

2. 突扩体制造与安装

1) 概述

上游阀室突扩体属于大型异形承压容器钢结构，其最大外形尺寸为 12.74m×6.14m×6.52m。突扩体由壳体、外包梁和内支撑梁系三部分组成，形成约 300m³ 容积的大水箱，总重 208t，见图 4-36 和图 4-37。在厂内分为 6 块制造，分解后运输至现场安装，单块分别为异形不规则结构体，如图 4-38 所示。

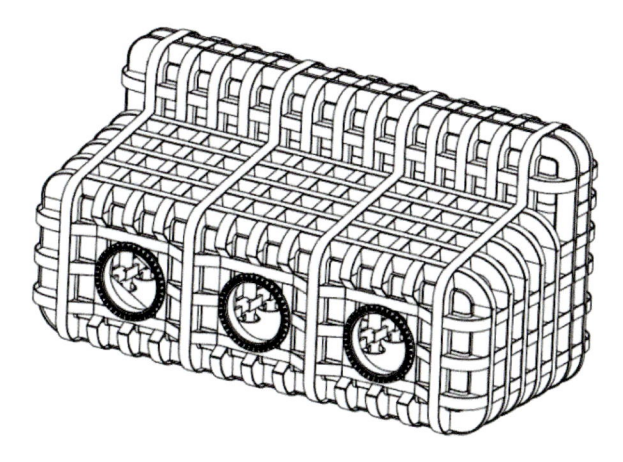

图 4-36 突扩体的三维概念图

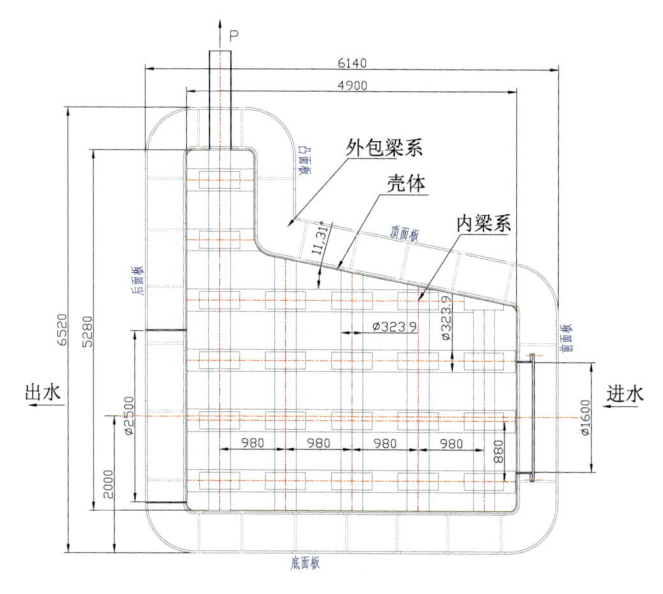

图 4-37 突扩体剖视图（单位：mm）

突扩体壳体采用厚度 δ=20mm 的 Q345R 材料锅炉压力容器专用钢板拼焊而成。外包梁采用 Q345R 材料 δ=30mm 钢板焊接而成 H=600mm 的工形梁，以网格分布形式，均匀铺设在水箱壳体外表面。内支撑钢管梁系由钢管（Q345 材质的无缝钢管 ϕ 323.9×

12.5mm)呈井字形相贯拼焊而成,共 4 列,分别与水箱壳体内壁焊接固定;将水箱分成与进水口相对应的 3 个区域。

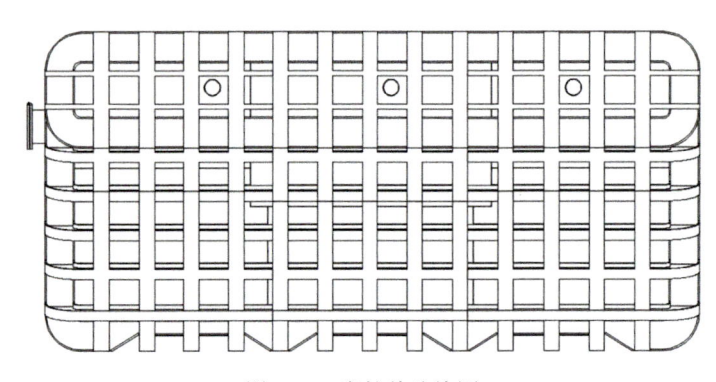

图 4-38　突扩体分块图

突扩体 6 个安装分块在厂内拆卸后,因结构复杂,现场组拼难度较大。突扩体安装在深低空间阀室内,空间狭小,无相应的起重手段,且施工手段设置受限。

突扩体安装实施方案:在吊物孔至突扩体安装位置之间设置工艺拼装平台,在吊物孔正下方两两组拼后,在工艺平台上从吊物孔下方滑动平移至安装位置附近,再次组拼为整体,并保证了底部分缝的焊接;然后在突扩体下部设置液压同步设备,将突扩体顶升起来,拆除工艺平台,再次逐步同步顶降突扩体,使突扩体平稳地降落至地面的埋件上,再将突扩体整体滑动平移与输水钢管装配,焊接及加固后完成安装。

突扩体安装就位后,上游的三个进水口颈管与充水阀门连接;出水口与塔柱段输水主管($\phi 2.5m$)连接;顶部设置 3 根通气管道($\phi 0.325m$)汇入通气主管($\phi 0.8m$),通气主管贴吊物孔墙壁垂直上引,管口末端高度超过上游通航水位 9m,与大气连通。

2)制造难点

难点一:突扩体外形尺寸较大,且各侧面连接方式均为弧形连接,需卷板;同时壳体拼接还要考虑分成 6 块及尽量减少焊缝和焊缝错开等问题,配料相当困难(图 4-39)。

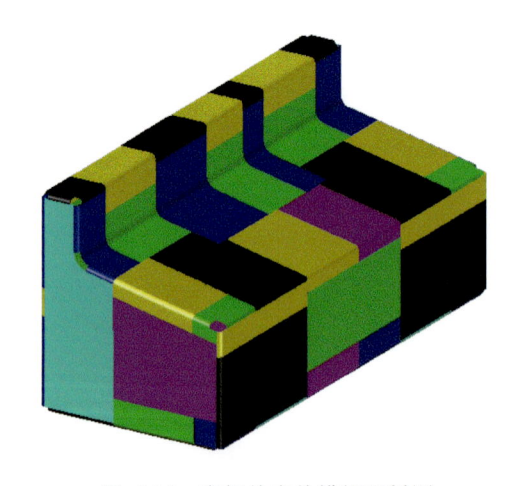

图 4-39　突扩体壳体模拟配料图

对策：在材料购买之前用 CAD 软件将壳体模拟出来，购买材料全采用双定尺钢板并对到货钢板进行编号，在壳体制作时将钢板编号和壳体位置一一对应，让制作与之前 CAD 模拟结果完全保持一致。

难点二：壳体的各个角落及侧面转角连接处为异球形结构，且处于受力最大的部位，对焊缝错开等要求极高，用冲压等普通方式无法制造（图 4-40～图 4-42）。

对策：转换思路，不用冲压等普通方式进行制造，转为使用 250mm 的钢锭作为原材料，用数控机床对其进行机加工的方式来进行制造。通过这一方式，制作出来的转角精度高，外观成型漂亮，无额外的焊缝，跟壳体完美对接。

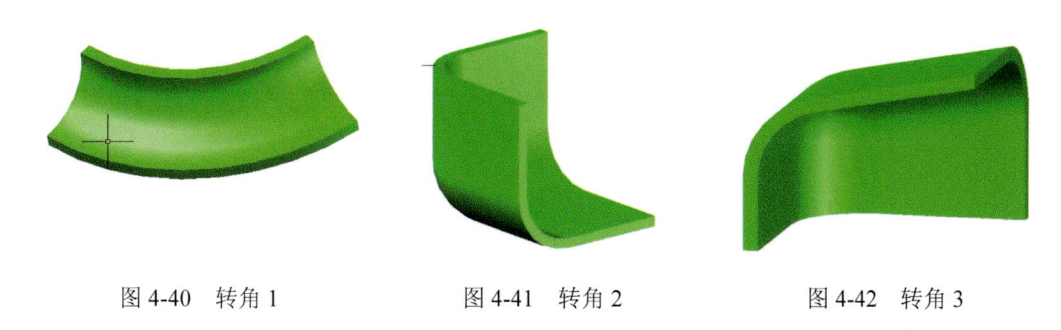

图 4-40　转角 1　　　　　　图 4-41　转角 2　　　　　　图 4-42　转角 3

难点三：外包梁是由大批工字梁焊接成的网状结构。其焊接量巨大，且对焊缝质量要求极高，绝大部分焊缝为探伤焊缝。这在焊接后不可避免地会导致工字梁因为焊接收缩而在尺寸上存在一定差异。

对策：对外包梁的焊接收缩采用如下措施。①严格控制焊缝质量，尽量减少焊缝返修；②加大质检力度，在焊接完成后对工字梁进行焊后检验，特别是重点检查工字梁的焊后高度及翼缘和腹板的垂直度；③统计焊后工字梁的高度，对工字梁进行统一配对，按焊后高度对工字梁进行编组，将相同高度的工字梁按整体分节位置组合焊接成一个大块进行使用，优先保证底部及背部的外包梁平面度，减少安装时突扩体与底部及背部背板之间的间隙。通过采取这些措施，整个背部及底部的外包梁平面度控制在 2mm 之内，满足安装需求。

难点四：相邻面连接位置的外包梁受弧度及拼装公差影响，可能会存在错位等现象。

对策：对转角外包梁下料时在长度方向每边多留 10mm 余量。同时优化拼装工艺，先将相邻面的直外包梁拼装到壳体上，最后来拼转角外包梁。通过实时测量的方法将每个转角外包梁的长度进行统计，然后按结果对 10mm 余量进行切割，保证转角外包梁与实际长度一一对应。

难点五：内支撑梁系是由钢管相贯焊接组成的网状结构，且钢管之间的焊缝质量要求按一类焊缝控制，要求进行无损探伤，焊接难度极大（图 4-43）。

对策：对内支撑梁系焊接采用如下措施。①在钢管下料切割相贯线的时候摒弃传统的放样后手工切割方式，采用专用的半自动钢管相贯线切割机（图 4-44），保证钢管下料相贯线的准确性；②相贯线焊接由于其自身的特性，越靠近顶部焊缝越接近角焊缝，中部及上下各 1/3 的区域是焊接重点，故在下料后用磨光机对坡口进行二次打磨，人为地给相贯线中间及上下各 1/3 的区域增加间隙,焊接时采用单面焊双面成型的工艺保证焊接质量达到一类焊缝的要求;③焊工在上岗前单独针对此种焊缝进行考试,筛选出焊接最好的焊工 5 名专门从事内支撑梁系的焊接。

图 4-43　内支撑梁系焊接　　　　　图 4-44　钢管相贯线切割机

难点六:突扩体整体焊接完成后要求进行退火消应处理,退火后突扩体面临变形的问题,给二次组拼增加了潜在的难度。

对策:结合突扩体的实际情况制定恰当的退火工艺。在退火前对每一大块突扩体在壳体内部用钢管进行加固,同时做好基准点,方便测量退火后的变形情况,为退火后二次组拼的调整做好准备。

难点七:与突扩体连接的进水管和出水管法兰安装完毕无法变动,导致突扩体上的 4 个法兰管无法按图施工。

对策:改进突扩体制造工艺,进水管和出水管法兰在退火完成的二次组拼时最后拼装。拼装时根据安装现场测量的数据,以突扩体中心为基准,用水平仪和经纬仪搭配进行测量,从左右(X 轴)、上下(Z 轴)、前后(Y 轴)3 个方向定位 4 个法兰的相对位置,保证与现场法兰对接后的螺孔错位控制在 1mm 以内。

3)突扩体安装施工技术

突扩体安装工艺流程如下。

(1)组拼流程:突扩体分块在吊物孔正下方的组装平台上的组装顺序为 1 分块和 2 分块在吊物孔下方组装→1/2 分块大节在平台上滑移至平台末端→3 分块和 4 分块组装→3/4 分块大节在平台上滑移至安装基线位置→以 3/4 分块大节为基准,将 1/2 大节与 3/4 大节组装→5 分块和 6 分块组对→5/6 大节在平台上滑移与 3/4 大节组装→突扩体整体组装尺寸检查(图 4-45)。

(2)突扩体顶降流程:利用三个行程即可将突扩体降至安装基面(图 4-46)。

突扩体安装工艺要点如下。

(1)突扩体分块组装工艺平台设计:突扩体分 6 块在工厂内制造,在深 76m 的地下阀室内现场安装,阀室内无可用的起重机吊装就位拼装;现场拼装工艺平台是采取突扩体安装的措施关键步骤。工艺平台的设置首先要解决如下几个方面的问题:①工艺平台的高度。分块组拼的底部焊缝的施焊空间必须满足焊接人员的操作作业要求,否则必将影响焊接质量;同时,工艺平台的高度又决定着突扩体降下来落在支撑钢梁上的行程,

第 4 章 水工建筑物

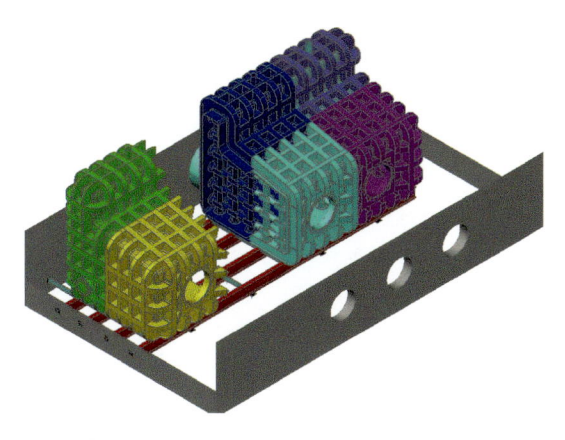

图 4-45 突扩体组拼平台及组装示意图

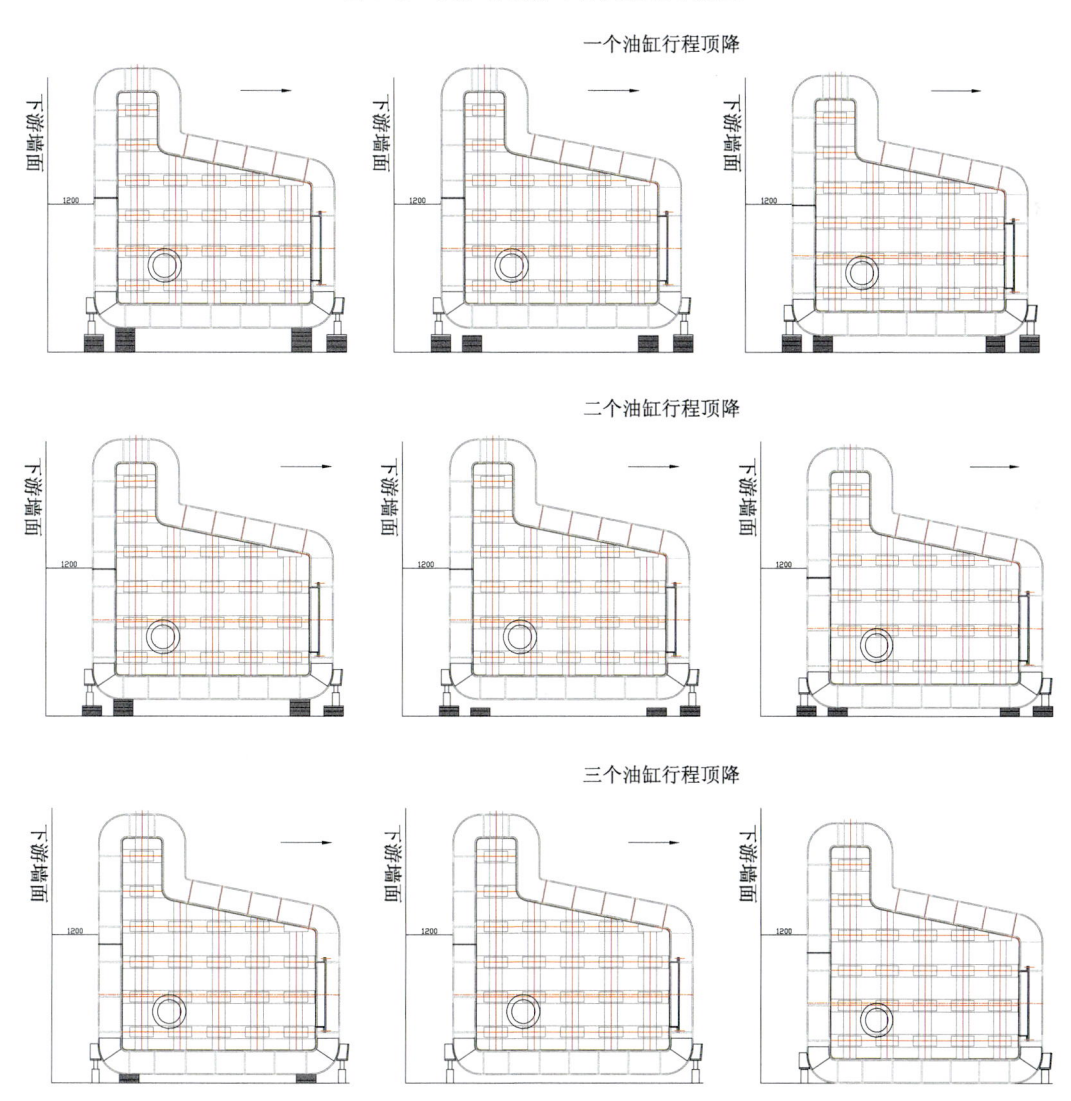

一个油缸行程顶降

二个油缸行程顶降

三个油缸行程顶降

图 4-46 突扩体顶降流程

高度大对突扩体顶降操作时的稳定性不利,且倒换顶降油缸时,存在不确定性风险;平台材料耗用量大。②工艺平台的强度。分块两两组拼后重量约 70t,其在平台上滑移,平台横、纵向的强度计算与稳定性校核选型方案的经济性。③工艺平台的长度。平台的起点在吊物孔正下方,可以利用主机房桥机在吊物孔口下方周围将分块组拼为整体,减少长距离滑移的稳定性风险,但会增加突扩体整体滑移的难度。

经过多方案的比较和计算,确定采用 4 列纵向 HN600 型钢预制平台,从吊物孔正下方安装至突扩体就位的位置的方案(图 4-47)。H 型钢纵向分别对应突扩体 4 圈外包圈梁纵向主梁的翼缘板,利于分块的滑移,H 型钢之间用 20#工字钢做横向支撑,间隔 2m 一组横撑装焊为整体,并采用基础板与侧墙进行锚固连接,保证突扩体分块在 H 型钢上表面横、纵向滑移的稳定,工艺平台具有足够的强度和整体稳定性;600mm 高度的底部空间,通过焊工模拟操作施焊,能够满足突扩体整体组装完成后,底部组装焊缝的焊接作业要求;高度 600mm 的 H 型钢平台极大地减小了突扩体整体顶降高度,降低操作风险;突扩体分块从吊物孔正下方直接滑移至突扩体就位的位置,施工过程中采用支撑斜杆撑地做防护,防止滑移中分块偏斜过大失稳;实践中,工艺平台满足了突扩体的分块组装,以及在平台上进行横、纵向的滑动要求,使其滑移至相应安装位置,进行整体组装。

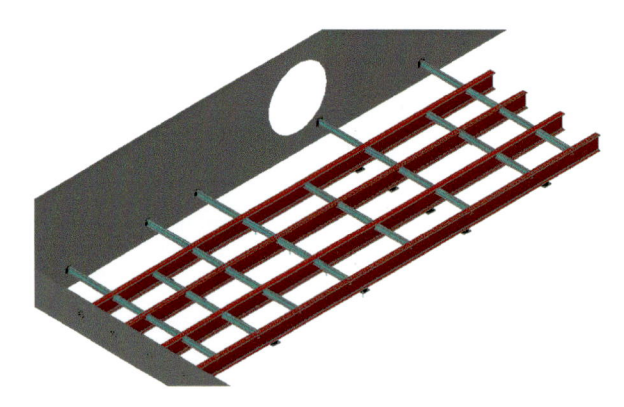

图 4-47 工艺平台安装示意图

(2)顶降滑移装置的设计:突扩体各分块在组装平台上组装焊接为整体,总量 208t,距离安装基面 0.6m;在深 76m 的充水阀室内,除吊物孔正下方可以利用主机房桥机起吊,其他的区域无任何可利用的吊装手段,如果突扩体损坏,将没有起重手段能吊出修复。

现场顶降措施设计主要考虑了液压千斤顶的行程大小,稳定性、可操作性,以及措施的风险程度;经过技术安全可靠性对比研究,应用了 4 个 320t 液压千斤顶同步顶降滑移装置,通过电动液压泵站控制泄压回流速度,实现同步顶降,将突扩体安全平稳高效地降至安装基面。

(3)顶降滑移装置的布置:320t 液压油缸布置在突扩体左右两侧的主梁上游和下游侧,四角各一个;根据油缸的最大行程尺寸,采用 2 层 170mm 高度的钢垫墩及多块调整用薄钢板,与油缸(油缸完全收回状态)组成高度 600mm 的支垫;且在油缸附近突扩体底部塞垫 3 层 180mm 高度的钢垫墩,并在钢垫墩上放置对楔,作为安全支垫措施,防止油缸意外失控或者操作不同步造成突扩体倾斜失控。同步顶降液压千斤顶布置如图 4-48 所示。

图 4-48 同步顶降液压千斤顶布置图

4) 突扩体试压检验

(1) 突扩体试验。

①充水检漏调试。在突扩体制作安装完成后,进行输水系统充水检漏及试验。其间,突扩体上游水位约 600m,突扩体下游侧竖井钢衬内充水水位最高至 591.8m,突扩体安装高程为 538.0m,安装焊缝无渗漏,调试过程中,突扩体结构稳定。

②突扩体静压变形测量。在充水试压时,测量突扩体的静压变形,测量点布置于突扩体变形相对较大的受关注的区域,测量工具采用百分表,测量值见表 4-14。测量点变形最大值位于突扩体顶部中间部位附近位置,最大值不大于设计计算值 4.7mm。

表 4-14 突扩体静压变形测量表

测量点号	A	B	C	D	E	F	G
变形值/mm	0.97	0.03	0.19	0.21	2.86	2.47	0.09

(2) 突扩体放空检查情况。

在运行调试半年后,将升船机浮筒锁定,输水系统放空,进行输水钢管及设备的维护,着重对突扩体内部进行检查,发现突扩体壳体内部进水口颈管边缘存在少量的空化点蚀锈迹,并进行了打磨及补涂;出水口焊缝处油漆完好无锈迹;壳体内部焊缝油漆完好;内支撑焊缝无明显锈迹,其他部位无异常。

4.4 闸首结构

闸首是连接升船机主体与上下游引航道的重要建筑物。上闸首是连接上游引航道与塔柱之间的结构,下闸首是布置在塔柱和下游引航道之间的结构,具有通航槽、挡水、取水等功能,是供船舶进出承船厢的通道。

4.4.1 上闸首结构设计

上闸首是枢纽挡水坝段的一部分，兼有挡水坝段和升船机闸首的双重功能，为Ⅰ级建筑物。上闸首洪水设计标准与拦水坝相同，即设计洪水标准为 $P=0.1\%$，相应库水位为 603.80m；校核洪水标准为可能最大洪水(probable maximum flood, PMF)，相应库水位为 609.40m，正常蓄水位为 602.00m，死水位为 591.00m。闸首的抗震设计烈度按坝址 100 年超越概率 2%的地震烈度，即Ⅷ度设防。上闸首挡水坝段下部混凝土重力式结构，顺河向总长 71.12m，横河向宽 30m。上闸首挡水坝段坝顶高程为 612.00m。

上游控制阀室布置于上闸首空腔中，阀室底板顺河向长 14.0m，横河向宽 22m，高程为 538.00m，阀室内设有检修桥机排架。为了便于将上游控制阀室中的充水阀吊出阀室检修，在上闸首通航槽左边墩上设置了主阀吊物孔，吊物孔平面尺寸为 6.0m×4.0m(长×宽)。用于操作人员进出阀室的电梯和楼梯布置在航槽右边墩上。上闸首右侧布置有升船机等惯性输水系统的取水口，引水管沿上闸首右侧水平走线至升船机中心线，然后沿上游阀室空腔斜坡下降至上游阀室，再垂直下落至塔柱底部的充泄水管路中。中央控制楼布置在上闸首顶部，顺河向长 12m，横河方向宽约 14m。上闸首结构布置图见图 4-49 和图 4-50。

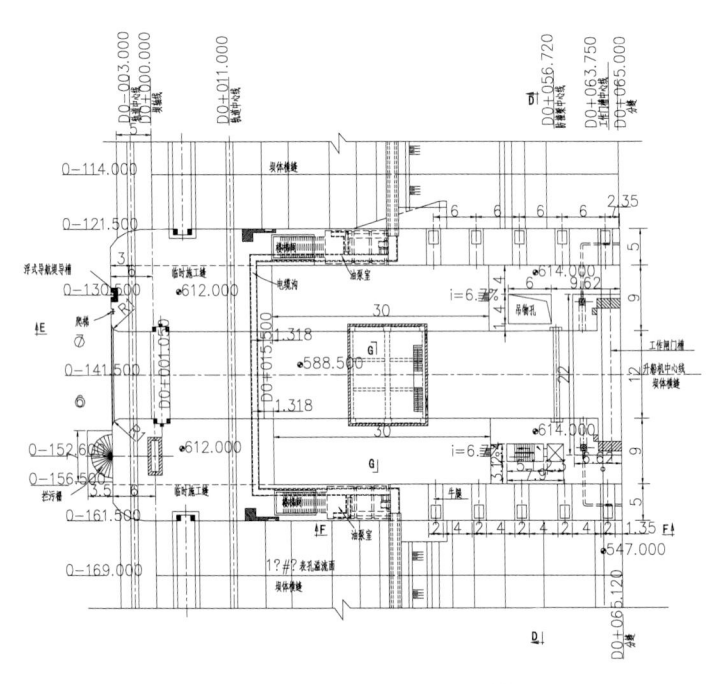

图 4-49 上闸首结构布置俯视图(单位：m)

上闸首结构采用整体式结构，结构正向承受荷载，依靠自重在坝基面上产生摩阻力维持其稳定，可将受到的顺河向荷载传递至地基。上闸首受到的主要荷载有混凝土自重、静水压力、扬压力、动水压力、地震荷载、泥沙压力、浪压力。

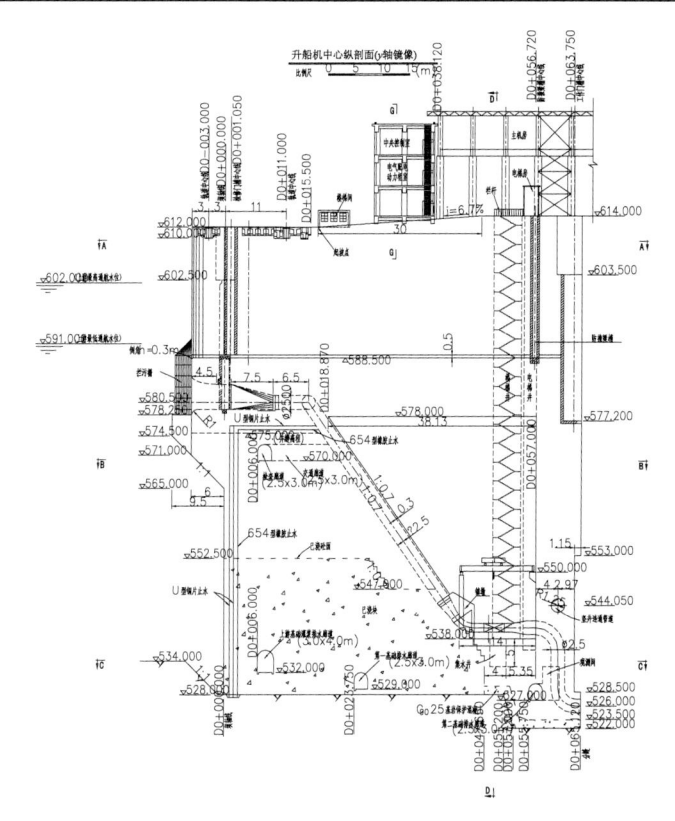

图 4-50 上闸首结构布置纵剖面图（单位：m）

上闸首抗滑稳定性计算工况如下。

(1) 正常运行工况：自重+上游最高通航水位+下游最低通航水位+泥沙压力。

(2) 检修工况：自重+上游最高通航水位+泥沙压力。

(3) 校核洪水位工况：自重+上游校核水位+下游校核水位+泥沙压力。

(4) 地震工况：自重+上游最高通航水位+下游最低通航水位+泥沙压力+动水压力+地震荷载。

通过对上闸首抗滑稳定计算可得到如下结果。

(1) 顺河向位移：上闸首在上游水压等荷载作用下，其顺河向位移基本为向下游的变位，在静力工况下指向下游的最大位移值为 1.92cm，出现在检修工况下坝顶的上游侧；在地震工况下坝顶最大顺河向位移为 4.08cm，指向下游。

(2) 竖向位移：在结构自重等荷载影响下，上闸首基本下沉，靠近下游侧的沉降值要大于靠近上游侧的值，在静力工况下，上闸首的最大沉降值为–2.20cm，出现在检修工况下坝顶的下游端；在地震工况下，上闸首最大沉降值为–2.62cm。

(3) 顺河向正应力：在静力工况下，坝踵出现了较小的顺河向拉应力，最大值为 0.05MPa（正常运行工况）；坝趾出现较大的压应力，最大值为–4.41MPa（检修工况）；上游折坡点有较小压应力，最大值为–0.50MPa（校核洪水位工况）。

上闸首空腔顶部（通航槽底板的底部）及空腔的底板在结构自重等荷载的作用下，产生了较大的顺河向拉应力,且空腔底板的拉应力较顶部的要大些,最大顺河向拉应力出现在空腔的底板上,最大值为 1.74MPa。与此同时,在空腔的顶部及底板的上下游角点出现了一定程度的压应力集中现象,最大压应力为-3.33MPa,出现在校核洪水位工况下的空腔底板上游角点处。

在地震工况下,静力作用对动力作用或叠加或抵消,使得坝踵出现较大拉、压应力,其值均在 3.18MPa 左右,坝趾出现较大压应力,其值为-7.53MPa。上闸首空腔顶部及底板中部的拉应力在加入地震荷载的作用下,其值有较大提高,最大值为 3.60MPa,出现在空腔顶部,同时空腔角点的压应力集中现象也有所加剧,最大压应力值达-6.93MPa,出现在空腔底板上游角点处。

(4)竖向正应力:上闸首在静力荷载作用下,上闸首的竖向正应力基本为压应力,最大压应力出现在坝趾部位,最大值为-6.39MPa(检修工况)。

在地震工况下,坝踵处出现了竖向拉应力集中现象,最大拉应力值为 2.20MPa;坝趾出现了较大的竖向压应力,其值为-11.0MPa。闸首空腔上下游角点也出现了较显著的压应力集中现象,最大竖向压应力出现在空腔顶部上游角点处,最大值为-9.93MPa。

在长期组合(正常运行工况)下,上闸首坝踵竖向应力为压应力,其值为-1.89MPa;在短期组合(检修工况)下,上闸首坝踵的竖向压应力为-1.91MPa;在地震工况下,坝踵的拉应力为 2.2MPa,其拉应力区宽度为 4.86m,小于坝踵至帷幕中心线的距离(7.5m),上闸首空腔中出现的拉应力均可通过布置钢筋来承担。

综上所述,上闸首强度满足要求,结构设计合理。

4.4.2 下闸首结构设计

下闸首顺河向总长为 50m,坝轴线方向宽 40m,顶部高程为 553.00m,最大高度为 30m。下闸首中间为宽 12m 的通航槽,在通航槽左右两侧为宽 14m 的闸墩,为满足过闸水流平顺的要求,闸墩下游墩头采用圆弧形。在通航槽中设有下闸首检修门,下闸首检修门用于升船机停航检修时挡下游水,门槽中心线距下闸首上游端头 5.93m。通航槽底板高程在检修门槽处为 531.70m,在检修门槽下游为 531.50m。在通航槽左侧的闸墩内布置了下游控制阀室,阀室的尺寸为 21m×9m×14m(长×宽×高),底板高程为 531.05m,阀室顶部高程为 545.050m。下游控制阀室左右边墙在 540.05m 高程以下厚为 2.5m,在 540.05m 高程以上厚为 1.5m,阀室上游墙厚 4m。下闸首结构布置见图 4-51。

为在承船厢检修时将船厢池内积水排出,在下闸首的右闸墩布置一抽水泵站,通过抽水泵将船厢池水排入下游引航道中。左闸墩建基面高程为 522.00m,其左边为 2#表孔的泄槽,泄槽的建基面高程为 526.00m,泄槽底板顶部高程为 531.50m,其右边的通航槽建基面高程为 527.50m。右闸墩建基面为一坡比为 1:0.3 的斜面,坡底高程为 527.50m,坡顶高程为 543.00m,其右边为 1#表孔的泄槽,泄槽底板高程 547.00m。下闸首检修门桥机布置在下闸首顶部,桥机排架由钢筋混凝土梁和柱组成,排架宽 19.1m,长 40m,总高 27m(不包括顶部网架)。

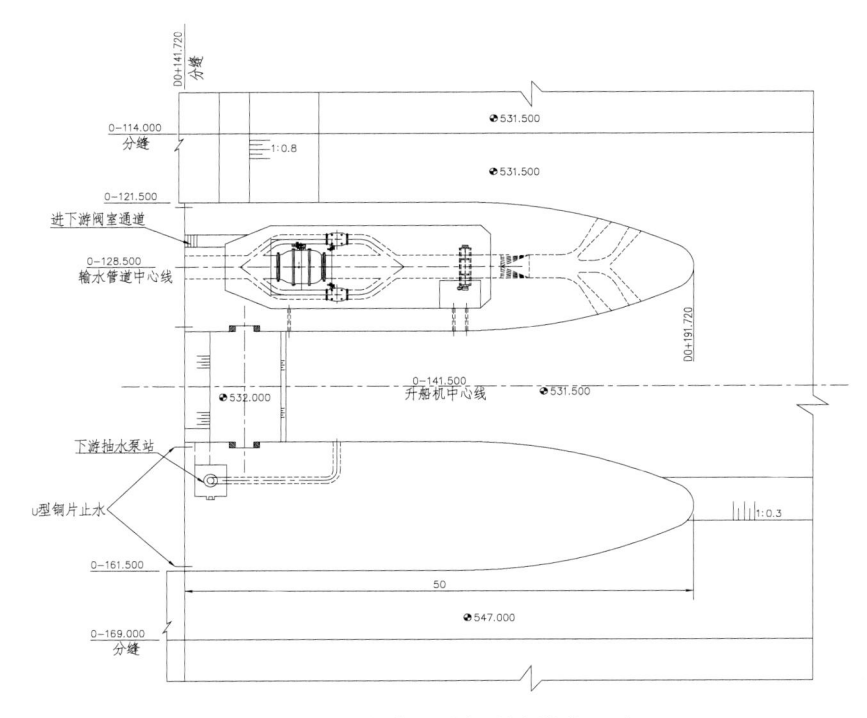

图 4-51 下闸首平面布置图(单位：m)

1)左闸墩

左闸墩最大高度为 31m，受到的主要荷载为结构自重、水压力、扬压力。由于左闸墩左右两侧作用的水头一致，故左闸墩抗滑、抗倾覆稳定均满足要求。但由于在左闸墩内设有一大尺寸空腔，需根据《船闸水工建筑物设计规范》(JTJ 307—2001)的规定，对左闸墩进行抗浮稳定演算。抗浮稳定计算时采用最不利工况，即当下游水位为校核水位，得到左闸墩抗浮稳定安全系数为 2.02，大于规范要求的值 1.1。

下游控制阀室边墙较薄，跨度又较大，最大厚度为 2.5m，最大跨度为 26m，因此在阀室上下游侧转角处进行了混凝土贴角处理，阀室平面形式类似于酒瓶状。同时，计算在下游控制阀室校核水位(564.00m)作用下结构的应力状态。下游阀室边墙顺河向应力、横河向应力及竖向应力计算结果表明，由于下游操作阀室顺河向跨度较大，阀室左右边墙内外侧面均出现了一定顺河向拉应力，同时由于边墙内外侧面也出现了一定的竖向拉应力，拉应力并不是很大，可以通过配置钢筋解决。为了减小阀室边墙顺河向的跨度，在边墙中部设置了暗柱。

2)右闸墩

右闸墩为实体混凝土结构，受到的主要荷载为结构自重、水压力、扬压力。由于右闸墩受到的水平荷载是作用在其左右的水压力，且左右两侧作用的水压力相同，故右闸墩抗滑、抗浮稳定及抗倾覆稳定均满足要求。

3)防洪门设计

在升船机下游阀室入口设置 1 孔 1 扇防洪闸门，闸门平时锁定在引航道右墩顶部 553.00m 平台上，当下游水位升高可能超过 553.00m 时下闸挡水。防洪门门体的梁系为实腹式同层布置,面板布置在下游,整体制造。防洪闸门由CD110-18型电动葫芦操作,无水启闭,由门后阀门操作泄水。闸门孔口为潜孔式,孔口尺寸为1.50m×2.50m(宽×高),水封尺寸为1.60m×2.55m(宽×高),支承跨度为1.77m,门体支承为钢滑块、弹性反向滑块导向,采用Ⅰ型门槽,采用焊接工字钢作为闸门主支承,门后阀门泄水。

4)防洪盖板设计

在升船机下游顶部553.00m平台设置了一吊物孔,用于下游阀室设备的吊装。为解决下游水位高于553.00m的防洪问题,在吊物孔设置了一防洪盖板。防洪盖板由下闸首2000kN检修桥机起吊。防洪盖板孔口尺寸为4.00m×6.00m(宽×长),支承跨度为4.27m×6.27m(宽×长),顶部高程为553.00m,设计水头为10.0m,总水压力为2500kN,盖板材料为Q345,埋件材料为Q345,封水装置为止水P45A橡胶水封,启闭条件为无水启闭,启闭机形式为2000kN检修桥机。

4.5 上下游引航道工程

4.5.1 浮式导航堤

1. 结构布置

上游引航道位于水电站库区的右侧,从上游停泊区至上闸首段,引航道长约600m。上游浮式导航堤位于上游引航道左侧,由两艘长35m、宽7m的趸船组成,趸船一端与上闸首通航槽左侧边墩相连,另一端通过锚链与水下的混凝土锚块连接,见图4-52。由于坝前水深较大,上游通航水位为591~602m,变幅达11m,通航坝段两侧均为溢流坝段,为保证船舶安全进出上游航槽,需设置浮式导航堤。导航堤主尺度及布置形式为两条35m×7m×2.2m×1.2m(长×宽×深×吃水)钢筋混凝土浮堤串联,由固定在上游河底的数根锚链定位,见图4-53。

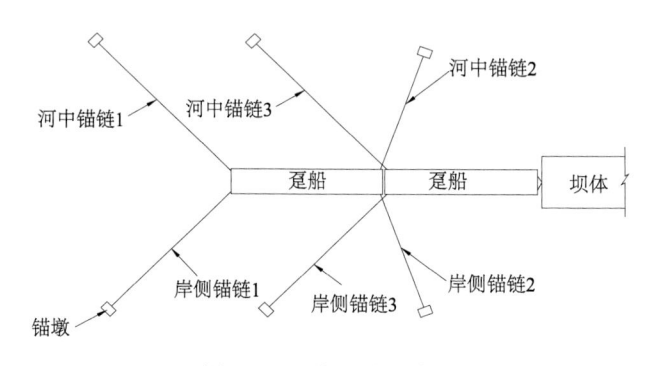

图4-52 趸船受力示意图

上游侧浮堤称1号浮堤,下游侧(与大坝连接的)称2号浮堤。柔性联接即将旧橡胶轮胎夹在中间,用钢索绞紧,联接处配过人便桥。每个浮堤内设10道横舱壁,分7个水密舱。两端尖舱各设两道纵舱壁,浮堤内各舱均为空舱。2号浮堤下游端板外设联接铰与大坝联接,并随浮堤上下移动,浮堤甲板上,在1号浮堤上游设4m×4m上部建筑物,其内分设值班室、配电室，其余甲板上设有锚泊用缆桩、锚链筒、停靠船用缆桩、下舱人孔、通风孔、灯杆、栏杆等，浮堤甲板上不考虑堆放货物。

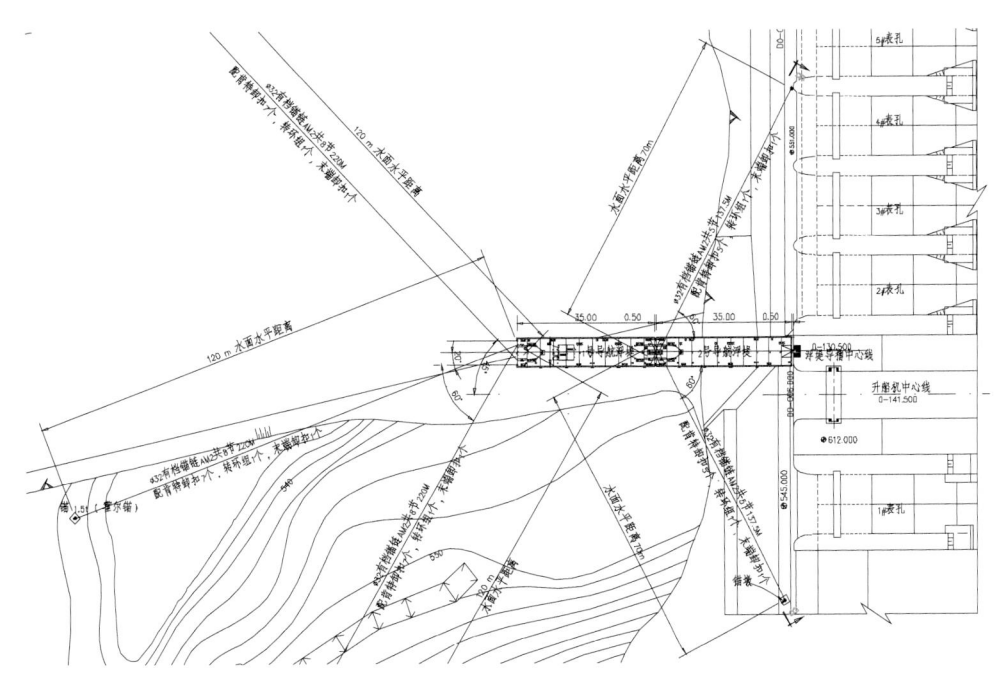

图 4-53 浮式导航堤设计（单位：m）

2. 结构设计

浮堤结构设计条件：①本浮堤为方舟形，两端设有斜角；②浮堤结构形式为混合骨架式，底板、甲板为纵骨架式，舷板为横骨架式；③浮堤主要材料为混凝土标号 C30，普通硅酸盐水泥，中粗砂，一级配碎石，钢筋Ⅰ级和Ⅱ级，钢板 Q235；④建造形式为装配整体式，即浮堤纵舱壁、横舱壁、舷板、端板、甲板分块预制，船台上装配联接，底板（底板梁）、舷边梁、端梁、接缝、设备加强部分为船台现浇混凝土。

经过浮堤锚泊及稳定计算分析和验算表明，实配上游端水中配 3 只霍尔锚，每只重 1500kg；锚链为焊接有挡链 AM2φ32，坝端 2 根用 AM2φ32 链与原链联接，链长根据现场定；上游端设 3 根链，每根长一般为水深的 4 倍。

4.5.2 上游停泊区

1. 总体布置

上游停泊区主要功能为过坝船舶停泊编队，上游靠船建筑物为Ⅳ级建筑物，其位于库区右岸，离坝轴线直线距离约为 600m，停泊区总长约 100m，轴线的方位角为 SE111°。停泊区由 4 个独立的圆形靠船墩组成，靠船墩上部断面为圆环形，外径 4m、内径 2m；下部断面为圆形，直径为 4m；底部为扩大的方形基础，基础底部最大断面尺寸为

10m×10m。中间两墩的间距为40m，其余墩距均为20m。靠近上游的两个靠船墩建基面高程为574.50m，靠近下游的两个靠船墩建基面高程为576.50m，靠船墩建基面基本处于强风化带中上部，各靠船墩顶部高程均高出上游最高通航水位3m，为605.00m。靠船墩最大高度为30.5m。

四个靠船墩在迎水面（临河侧）从592.50m高程至602.50m高程、在背水面（靠岸侧）从598.50m高程至602.50m高程分别布置一列龛式系船柱，间距为2m。在系船柱之间均设置了长度为1m的D型橡胶护舷。

2. 通航水流条件

上游最高通航水位为水库正常蓄水位602m，最低通航水位为水库死水位591m，较建库前的天然水位抬高了20m以上。水库蓄水后主槽段流速减缓，水流趋直，弯道环流作用减弱，水面纵坡比降将减小，流速趋于均匀化，流速较小。库前水面最大纵向流速在0.5m/s以下，横向流速小于0.1m/s，航道宽度达到800m以上，对船舶航行及进出升船机十分有利。从泥沙淤积分布与淤积剖面来看，大部分泥沙均淤积在深槽内，未发现由于泥沙淤积而引起主航道的碍行现象。由于水位抬升较多，即使是枯水年，水深也能满足航行、停靠和进出港作业的要求，不会对通航造成不利影响。综合分析，电站建成后，水位抬高较多等因素，明显改善了上游的通航条件，能满足船舶航行、停靠和进出港作业的要求。

3. 边坡开挖及支护设计

作用在边坡滑体上的荷载有自重、坡外水压力、地震力、锚固力。计算工况：①运行工况；②库水骤降工况；③地震工况。边坡平面抗滑稳定计算表明，在各种工况下上游停泊区边坡均不存在失稳问题，稳定安全系数均能满足控制标准。结合靠船墩体型和布置，上游停泊区后边坡（靠岸侧）首先从581.50m高程以1:0.8的坡比开挖至600.00m高程，在600.00m高程设置一台宽2m的马道，然后以1:1.0的坡比从600.00m高程开挖至开口线，在620.00m高程设一台宽2m的马道。靠船墩基础采用槽挖方式，从581.50m高程以1:0.5坡比挖至各靠船墩建基面。上游停泊区前边坡（临河侧）以1:1.1的坡比从581.50m高程平台开挖至588.50m高程平台。

边坡在605.00m高程以下处于水位变动区，故采用钢筋混凝土板+两排1000kN级系统锚索支护形式，在605.00m高程以上边坡出露的基本为全风化岩体，采用钢筋混凝土菱形网格梁进行支护，网格梁节点设置系统土锚钉，网格梁中植草护坡，开口线设置锁口锚筋桩。

4. 靠船墩结构设计

靠船建筑物主要为过坝船只在进出闸时停靠使用，包括上游停泊区、下游停泊区。上游停泊区布置在距坝轴线约600m的库区右岸岸边，由4个独立的靠船墩构成，总长为100m。下游停泊区位于下游引航道的右岸边坡，长为240m，由一系列布置在边坡上的系船柱和系船环组成。靠船墩结构形式是上部为圆筒形，外径为4m、内径为2m；下部为圆柱形，外径为 4m，底部为扩大的方形基础，基础最大断面尺寸为 10m×10m，基础高为 3.0m。靠船墩在迎水面(临河侧)从 592.50m 高程至 602.50m 高程、背面(靠岸侧)从 598.50m 高程至 602.50m 高程设置两列系船柱，间距为 2m，系船柱开孔尺寸为 1.0m×0.8m×0.7m(宽×高×深)。每两个系船柱之间均设置了长为 1m 的 D 型橡胶护舷。

靠船墩受到的主要荷载：①结构混凝土自重；②相应于最高通航水位(正常蓄水位)、最低通航水位(死水位)时的浮托力；③船舶的系缆力、挤靠力、撞击力；④地震荷载。靠船墩混凝土与基岩接触面的抗剪断摩擦系数 $f'=0.45$，抗剪断凝聚力 $C'=0.05MPa$。典型靠船墩的计算结果表明，靠船墩在各种工况下的抗滑稳定、抗倾覆稳定及抗浮稳定均满足规范要求。在各种工况下，靠船墩基础的最大竖向正应力均小于地基允许承载力，且地基承载力安全系数均大于 3.0；最小竖向正应力值小于 0.1MPa，满足《船闸水工建筑物设计规范》(JTJ 307—2001)的要求。

4.5.3 下游引航道

1. 结构布置

下游导航墙为Ⅳ级建筑物，与下闸首相接，长为 508.5m，宽 40m，渠底高程为 531.50m，受地形条件限制，下游引航道部分布置在近 73°的弯段内，转弯半径 222m。下游导航墙位于下游引航道的左侧，导航墙为重力式挡墙，长为 443.227m。桩号自 D0+257.000m 至 N0+700.227m，在桩号 D0+257.000m～D0+400.000m 间为直线段，桩号 D0+400.000m 至 N0+640.227m 间为圆弧段，圆弧的半径为 252m，导航墙顶高程为 547.00m，最大墙高为 24m。另为方便过坝船舶进出停靠，在导航墙直线段中布置了由系船柱和系船环组成的靠船段，系船柱和系船环间隔布置，间距为 10m。导航墙在 N0+640.227m 桩号以前为实体结构，在 N0+640.227m 至 N0+700.227m 为透空式结构，以减小内外水位差及均化水流波动。下游引航道及附属设施布置图如图 4-54 所示。

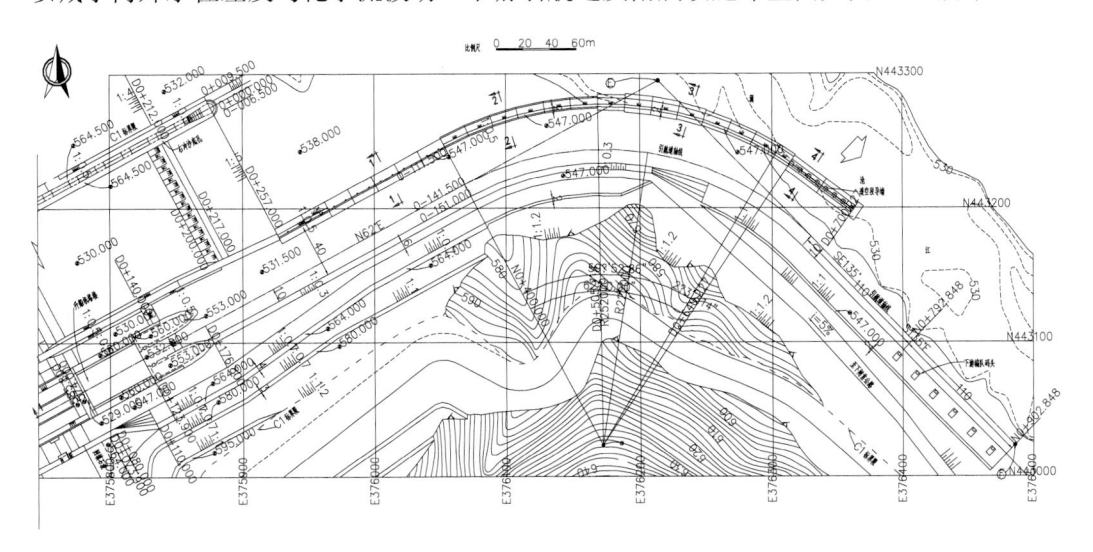

图 4-54 下游引航道及附属设施

2. 通航水流条件

通过 1∶100 的正态物理模型,进行了水力学模型与船模试验,研究论证了在各种运行工况下,下游近坝河段通航水流条件,并提出改善通航条件的措施。

试验结果表明,景洪水电站在枢纽下泄流量为 $Q \leqslant 3330\text{m}^3/\text{s}$ 时,升船机下游引航道口门区水流条件良好,纵横向流速及回流流速小,下游连接段河道流速、水面比降也较小,完全能够满足船舶在下游引航道口门区及下游连接段河道正常航行和安全进出下游引航道的要求。当该枢纽下泄流量为 $3330\text{m}^3/\text{s} < Q \leqslant 4950\text{m}^3/\text{s}$ 时,如开启左右冲沙底孔,下游引航道口门区纵向流速及回流流速大,流态差,下游连接段水面比降及流速也较大,不能满足船舶正常航行和安全进出闸的要求;如关闭右冲沙底孔,则下游引航道口门区的通航水流条件得到明显改善,除回流流速略超标外,其他各项指标能基本满足船舶安全航行的要求。当枢纽下泄流量达到 $Q > 4950\text{m}^3/\text{s}$ 时,在两种开启方式情况下口门区纵向外侧纵向流速有一定超标,口门至靠泊区均存在较大范围的回流,且回流强度较大,对船舶靠泊及安全航行带来较大影响。

3. 引航道修改方案

为了改善下游引航道口门区通航水流条件,特别是汛期较大流量时口门区的水流条件,有必要修改下游引航道口门区的布置。经反复对比试验,确定对下游引航道外导航墙进行如下修改:导航墙长度延长了 60.0m,并使之逐渐向河心扩展(平面),使扩展后的口门宽度(导航墙距右边坡坡脚)增宽至 45.0m,导航墙延长段采用透空式结构,以改善口门区水流流态,减小回流,利于船舶进出,修改方案如图 4-55 所示。针对该方案,试验观测了各级流量情况下,引航道口门区的水流条件,并着重测量了汛期较大流量 $Q=4950\text{m}^3/\text{s}$、$6000\text{m}^3/\text{s}$、$7100\text{m}^3/\text{s}$ 在不同泄洪工况下引航道口门区水流流速条件。试验观测结果表明,在中枯水流量时,引航道口门区水流条件较好,与修改前基本相同,均能满足《船闸总体设计规范》(JTJ 305—2001)的要求;在汛期较大流量时,口门区回流

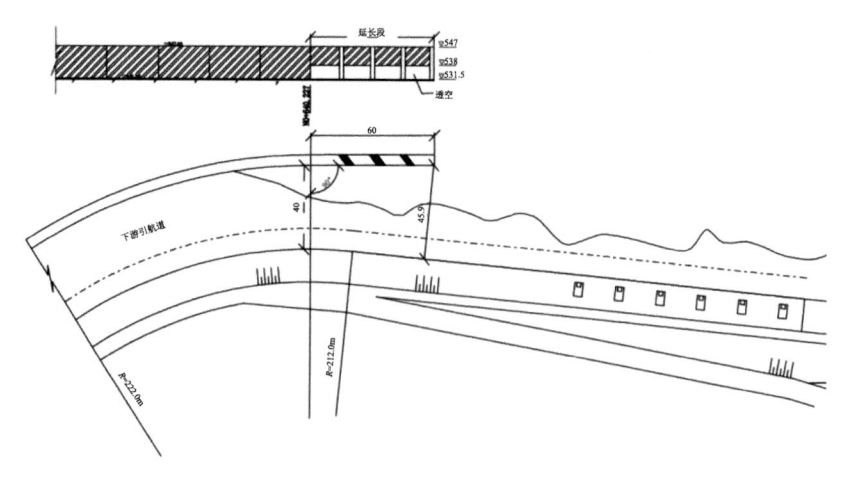

图 4-55 引航道隔流堤修改方案(单位:m)

范围及回流流速大幅度减小,流态得到明显改善。其中,当流量 Q=4950m³/s,左冲沙底孔和泄洪表孔泄流时口门区基本无回流,在左右冲沙底孔全开时口门区最大回流流速也由修改前的 0.92m/s 减小为 0.68m/s;当流量 Q=6000m³/s,在上述两种运行工况下,口门区最大回流强度分别由原设计的 0.75m/s 和 0.83m/s 减小至 0.23m/s 和 0.40m/s;在最高通航流量 Q=7100m³/s 时,两种运行工况下口门区最大回流分别由原设计的 0.87m/s 和 0.96m/s 减小至 0.45m/s 和 0.53m/s。在各级流量情况下,除口门区下段纵向流速超过 1.5m/s 外,其他各项水力指标均能满足要求。由此可见,下游引航道修改布置方案对口门区通航水流条件的改善效果较为显著。

在修改方案条件下,进行景洪枢纽下游引航道通航条件船模试验(图 4-56 和图 4-57)。船模试验成果表明,景洪电航枢纽升船机下游近坝航道,在船模试验中 Q=666m³/s(一台机发电)、Q=1998m³/s(三台机发电)、Q=3330m³/s(五台机发电)、Q=4950m³/s(五台机发电＋左冲)、Q=7100m³/s(五台机发电＋左冲＋表孔)时,除 Q=666m³/s 时,由于航道窄浅、船舶航行舵角稍偏大外,其余流量均是进出闸难度随流量的加大而加大。试验的五级流量中,船舶上下行最大舵角为 8.08°～15.29°,远未超过船模试验最大舵角安全限值(25°),上行最小航速为 0.64～2.68m/s,优于船模试验最低航速安全限值(0.4m/s)。只要谨慎驾驶,300t 机动驳可以较顺利地上下行通过口门区和连接段进出引航道并经过弯曲的引航道到达升船机闸门前。船模试验成果表明,景洪电航枢纽下游航道(含引航道内),在 Q≤7100 m³/s 时,可满足 300t 级船舶的通航要求。船模试验成果汇总见表 4-15。

图 4-56 船模试验情况(300t 机动驳上行通过上段航道)　　图 4-57　300t 机动驳 1/100 船模

最佳航线、驾驶方式和航行难点:上行进闸船舶应沿右岸,保持 80～100m 岸距上行,在通过白塔大桥后逐渐减小岸距向引航道靠拢,驶入引航道后要操舵调整好航向,适当抱引航道弯道凸岸,逐渐左转驶向升船机闸门。上行进闸的难点有两处,一是由于白塔大桥左岸桥台的壅水和挑流,在桥址附近流速高、比降大,使得大流量时船舶上行较困难;二是在船舶驶入弯曲的引航道后操纵需谨慎,船舶要调整好航线和航向,适当抱弯道凸岸(如抱凸岸过紧,则船头易擦凸岸;如抱凸岸过松,则船舶有可能碰擦凹岸),保持航线基本在引航道中部,方可安全逐步左转驶向升船机闸门。船舶出闸下行时,下行出闸的船舶先沿引航道中部下行,与进闸一样,在引航道的弯曲部分时操纵要谨慎,适时、适当操舵,使船舶沿引航道中部右转驶出引航道,在接近口门时适当操左舵,保

表 4-15 澜沧江景洪升船机船模试验成果汇总　　　（试验船队：300t 机动驳）

航段	航向	流量/(m^3/s)	工况	最大舵角/(°) 右	最大舵角/(°) 左	最大漂角/(°) 右	最大漂角/(°) 左	车档/(m/s) 最大	车档/(m/s) 最小	航速/(m/s) 最大	航速/(m/s) 最小	航程/m	航行时间/min	平均航速/(m/s)	备注
下游航道	上行	666	电站发电	8.27	11.34	1.07	8.38	5.00	5.00	3.96	2.68	1271	6.25	3.39	5次平均
		1998	电站发电	9.96	8.09	4.86	9.68	5.00	5.00	4.16	1.91	1302	7.30	2.98	5次平均
		3330	电站发电	10.38	10.29	5.01	9.96	5.00	5.00	4.13	1.52	1269	7.87	2.69	5次平均
		4950	表孔泄洪	12.30	12.71	7.32	11.81	5.00	5.00	4.23	1.14	1274	8.72	2.44	5次平均
		7100	表孔泄洪	15.29	13.18	17.62	13.42	5.00	5.00	4.28	0.64	1298	11.08	1.96	5次平均
	下行	666	电站发电	9.18	11.32	4.98	3.50	4.00	4.00	4.68	2.58	1279	5.78	3.68	5次平均
		1998	电站发电	8.25	5.93	8.50	4.52	4.00	4.00	5.27	2.65	1283	5.48	3.90	5次平均
		3330	电站发电	8.86	8.08	12.06	4.76	4.00	4.00	5.46	2.67	1283	5.28	4.05	5次平均
		4950	表孔泄洪	9.54	8.65	13.49	4.09	4.00	4.00	5.92	2.86	1285	5.05	4.26	5次平均
		7100	表孔泄洪	12.62	10.71	18.35	7.06	4.00	4.00	6.10	2.98	1285	4.88	4.39	5次平均

持船舶沿右岸 100～120m 下行，船舶通过白塔大桥后要及时操右舵，使船舶沿江心洲右侧航槽中部下行。下行出闸的难点同样是在引航道的弯道和白塔大桥附近，船舶的操纵需谨慎。

通过引航道修改方案的水流条件试验表明：

(1)当下泄流量为 $Q \leqslant 3330m^3/s$ 时，下游引航道口门区水流条件良好，纵横向流速及回流流速小，下游连接段河道流速、水面比降也较小，完全能够满足船舶在下游引航道口门区和下游连接段河道正常航行和安全进出下游引航道的要求。

(2)当下泄流量为 $3330m^3/s < Q \leqslant 7100m^3/s$ 时，通过优化下游导航墙的布置方案可使下游引航道口门区水流条件得到较大的改善，除口门区下段纵向流速超过 1.5m/s 外，其他各项水力指标均能满足要求。

(3)当下泄流量为 $Q > 3330m^3/s$ 时，电站泄洪建筑物的运行方式对下游引航道口门区通航水流条件具有一定影响，通过优化泄洪建筑物的运行方式可以较显著地改善下游引航道的水流条件。因此，在选择泄洪建筑物泄洪时，应尽可能使枢纽下泄流量沿河宽分布均衡。当枢纽下泄流量为 $3330m^3/s < Q \leqslant 4950m^3/s$ 时，应首先开启左冲沙底孔，再控制开启表孔泄流；当 $4950m^3/s < Q \leqslant 7100m^3/s$ 时，应首先开启左冲沙底孔，再开泄洪表孔泄流，待下游水位提高到一定程度后再开启右冲沙底孔，参与泄洪的表孔数量可随流量的增大而增加。

(4)当下泄流量为 $Q>3330\text{m}^3/\text{s}$ 时,在引航道连接段白塔大桥附近河段为船舶航行较为困难的区域,主要原因是该处河道相对狭窄,特别是白塔大桥左桥台突出原河道较多,阻水挑流作用较大,增加了其附近水域的流速及水面比降,造成船队航行难度增加。

综上所述,基于模型试验成果确定了景洪升船机下游引航道优化布置,在原设计方案的基础上,将隔流堤向下游延伸60m,并采用透空形式。在设计下泄流量下,通过调节电站运行方式,下游引航道口门区的水流条件能基本满足通航要求。

4.6 水工建筑物安全监测

4.6.1 安全监测设计

1. 监测目的

(1)通过对各重要建筑物和各重点部位实施监控,及时掌握其工作性态和运行规律,对建筑物的稳定性和安全度做出评估,以便及时发现异常情况,随时采取补救措施,防止事故发生,确保工程安全。

(2)检验设计方案和施工工艺的正确性,为设计方案优化和反馈分析提供数据,以及为改进施工工艺、确定设计参数提供依据。

2. 设计原则

在反映建筑物工作状态的前提下,符合"实用、可靠、先进、经济"的原则,以及符合国家安全监测的有关规程、规范,同时借鉴国内外现有类似工程的设计经验。安全监测设计遵循以下原则:

(1)根据本工程的规模等级、地质条件、筑坝材料和施工特点等实际情况,以及国家有关规程规范和《水库大坝安全管理条例》要求,以目的明确、重点突出、兼顾全面、便于实现自动化观测为基本原则。

(2)以保证工程安全运行,全面反映大坝及相关建筑物工作状态为主题,采取行之有效、经济可靠的监测方法,精心考虑监测仪器及设备的选择和布置。

(3)根据土建工程进度安排,对监测工作实行统一规划,分期实施,明确施工期和运行期监测的重点项目和具体要求。

(4)对于各部位、各区域的各类监测项目或仪器设备,应尽量使其具备相互配合、相互补充、相互校核的功能,确保监测资料的完整性、准确性和可靠性。

(5)表面变形监测的坐标系统和高程系统与施工坐标系统或大坝坐标系统应一致,并根据大坝的规模和等级确定监测精度标准。

(6)监测断面的选取原则:根据建筑物所处地形、地质条件,结合各工况下的计算成果,在地质条件较差部位、计算成果安全系数较小剖面及其他对评价建筑物工作状态有代表性的地方设置监测断面。

3. 监测范围及项目

景洪水电站工程安全监测系统构成包括枢纽区变形监测网、环境量、大坝及坝基、引水发电系统建筑物、升船机及工程边坡的安全监测。按照《混凝土坝安全监测技术规范》(DL/T 5178)的相关规定，升船机工程安全监测主要项目如下。

(1) 变形监测：包括表面变形、基础深部变形、接缝开合度；
(2) 应力应变及温度监测：包括钢筋应力、坝基压应力、混凝土温度及锚索荷载；
(3) 渗流监测：底板扬压力监测；
(4) 强震监测；
(5) 升船机引航道边坡。

4.6.2 安全监测设计布置

1. 环境量监测

1) 上下游水位监测

在大坝上游水流平稳地段和下游尾水处分别设置 1 支水尺，人工监测大坝上下游水位的变化情况。上下游水位自动化监测采用水情测报系统每日某刻瞬时数据。

2) 气温和降水量监测

在大坝坝前左岸设置了 1 座气象监测点，气温监测采用自记温度计，自记温度计安放在专用的百叶箱内。

在右岸大坝坝后临时指挥部设置了雨量计，对降水量进行监测。目前降水量数据来自澜沧江水情测报系统，为糯扎渡到景洪区间流域日降水量。

2. 变形监测

1) 塔柱顶部位移监测

在塔柱竖井边墙顶部顺河向桩号 0–160.500m 和 0–122.500m 各布置 1 条 4 点式引张线，同时在每条引张线测点处对应布置 1 个表观点和 1 个水准点，共计 8 个引张线测点、8 个表面变形监测点和 8 个水准点，以监测塔柱顶部水平及垂直位移(图 4-58)。

2) 挠度、倾斜监测

在上闸首桩号 0-128.500m 和 0-154.500m 各布置正倒垂线各 1 条，每条正垂线长 87m，倒垂线长 37m，监测上闸首的挠度变化，并作为塔柱顶部引张线基点。

在塔柱布置了 4 条正垂线。在两侧竖井内侧边墙桩号 D0+078.420 和桩号 D0+113.220，612.5m、596.5m、576.5m、556.5m 高程各布置 1 支倾斜仪，共计 16 支，监测两侧塔柱的倾斜变化情况。

3) 基础变形监测

沿升船机中心线在上闸首基础(桩号 D0+006.500m)和塔柱基础(桩号 D0+070.000m、桩号 D0+136.720m)各布置 1 套多点位移计，共计 3 套，监测基础变形。

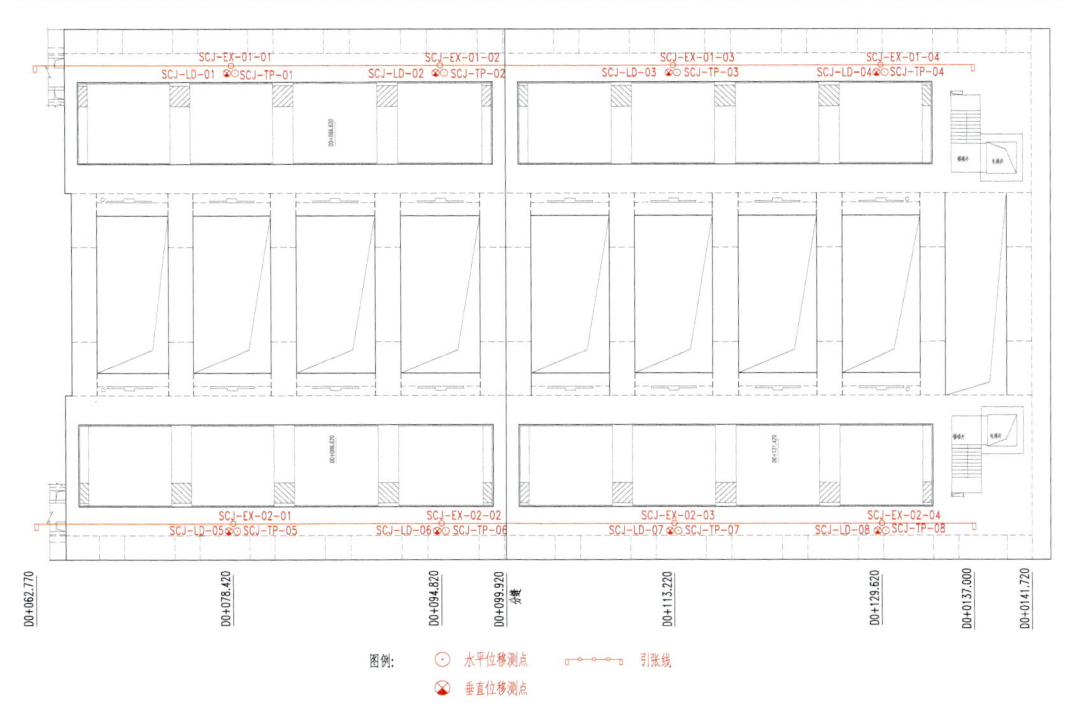

图 4-58 塔柱水平及垂直位移测点布置图

4)接缝监测

在上闸首与塔柱结构缝(桩号 D0+065.000m)、塔柱中部结构缝(桩号 D0+099.920m)处 538m、592m、603m 高程各布置 2 组双向测缝计,塔柱与下闸首结构缝(桩号 D0+141.720m、538m)处布置 2 组双向测缝计,共计 14 组,监测结构缝处水平向的错动及结构缝的张开。

3. 应力应变及温度监测

包括塔柱竖井边墙、隔墙、竖井底部及塔柱之间联系梁的钢筋应力监测,混凝土应变监测,塔柱内外温差引起的温度应力监测,塔柱基础压应力监测及锚索荷载监测等。

1)塔柱钢筋应力监测

在两侧竖井桩号 D0+078.420m 和桩号 D0+113.220m,541.5m、556.5m、576.5m、596.5m、612.5m 井筒边墙外侧竖直向钢筋上各布置 1 支钢筋计,共计 40 支;在 541.2m 各截面井筒最外侧及最内侧环向钢筋上各布置 4 支钢筋计,共 32 支;在两侧竖井桩号 D0+078.420m 和桩号 D0+113.220m 的井筒底部各布置 5 支钢筋计,共 10 支。另外,在桩号 D0+074.320m 和桩号 D0+125.520m 塔柱联系梁中部的横河向钢筋上各布置 9 支钢筋计,共 18 支。

2)混凝土应变监测

在升船机上闸首和塔柱混凝土内共布置 4 组应变计组和 4 支无应力计,监测升船机部位混凝土应变和自生体积变形。

3）塔柱混凝土温度应力监测

塔柱应力应变监测仪器兼测塔柱混凝土温度，此外在桩号 D0+078.420m 和桩号 D0+113.220 m，高程 606.5m 两侧竖井内外两侧边墙各布置 1 只温度计，以观测内外温差，以此推算温差引起的温度应力，总计 8 支温度计。

4）塔柱基础压应力监测

沿桩号 0-127.300m、0-155.300m 塔柱基础接触面从上游到下游各布置 3 支压应力计，共计 6 支，监测塔柱基础面的压应力情况。

5）锚索荷载监测

在桩号 D0+074.320m 和桩号 D0+125.520m 塔柱联系梁上选取工作锚索布置锚索测力计，监测工作锚索的荷载情况。

4. 渗流监测

在上闸首底板(0-141.500)、塔柱底板(0-127.300m、0-155.700m)各布置 3 支渗压计，共计 9 支，监测扬压力分布情况。

5. 强震监测

在两侧塔柱竖井内侧边墙顶部桩号 D0+086.620m、D0+121.420m 塔柱顶部各设置 1 个强震监测点，共 4 个测点，组成一个强震监测台阵。

6. 引航道边坡

下游引航道边坡，属于右岸上坝公路以下边坡部分，安全监测布置以表面变形、深部变形、锚索应力及地下水位监测为主。

共布置 12 个表面位移测点，4 个测斜孔，2 个水位孔，4 台锚索测力计，1 支渗压计（位于 T11B-2Ⅰ-IN-04 孔底）。

4.6.3 安全监测资料分析

1. 上闸首监测成果分析

(1)沿上闸首基础(桩号 D0+006.500m)布置 1 套多点位移计，监测上闸首基础变形。测点在埋设初期有一定的拉伸变形，之后保持平稳变化，与上游水位相关性不大。各深度历史绝对位移测值介于 0～3.42mm(孔口)，目前测值介于 0.66～3.28mm(孔口)。

(2)在上闸首布置 2 条倒垂线及 2 条正垂线，监测上闸首基础及上闸首顶部水平位移。上闸首基础横河向历史位移介于 –0.71～0.31mm。目前横河向位移分别为 –0.01mm、–0.05mm，微向右岸变形，位移测值较小，与上游水位及气温变化相关性不明显。基础顺河向历史位移介于 –1.53～1.93mm。目前顺河向位移分别为 –1.13mm、1.61mm，分别向上游、下游变化，与上游水位、气温相关性不明显。

上闸首顶部横河向历史位移介于 –4.91～5.82mm。目前右岸、左岸横河向位移分别为 –2.54mm、5.52mm，分别向右岸、左岸变化，与上游水位、气温无明显相关性。顶部顺河向历史位移介于−1.76~5.3mm。目前顺河向位移分别为−0.34mm、1.76mm，分别向上游、下游变化，与上游水位、气温相关性不明显。

(3)上闸首底板布置3支渗压计，监测扬压力分布情况。渗压计历史测值介于4.4~16.0m，渗压变化平稳或呈小幅波动变化，与上游水位有一定相关性。目前各测点测值介于3.5~12.5m，最大折减系数为0.19。

(4)正常运行工况下，上闸首顺河向位移设计计算值为±18.7mm。目前上闸首顶部实测顺河向历史位移介于−1.76~5.3mm，小于设计计算值。

2. 塔柱监测成果分析

(1)塔柱基础深部位移。沿塔柱基础布置四点式多点位移计，监测基础变形。基础多点位移计各深度历史绝对位移测值介于−9.71~37.45mm，目前测值介于−9.63~36.53mm。测值与上游水位相关性不大。

(2)塔柱挠度与倾斜。正垂线：塔柱顶部横河向历史位移介于−6.27~10.48mm。目前左侧、右侧横河向位移分别为−2.22mm、6.4mm，分别向右岸、左岸变化。与上游水位无明显相关性。右侧塔柱顶部横河向位移与气温呈负相关关系。

塔柱首顶部顺河向历史位移介于−5.92~3.72mm。目前顺河向位移分别为−0.61mm、−1.53mm，总体向上游变化。与上游水位无明显相关性。右侧塔柱顶部顺河向位移与气温呈正相关关系。倾角计在停测前已基本稳定，测值在±0.03°之间，塔柱没有出现明显倾斜。

(3)塔柱顶部水平位移。升船机顶部两侧对称各布置4个表面变形监测点，2014年11~12月对升船机外部变形进行自动化改造，采用极坐标法观测。升船机顶部顺河向对称各布设4点式引张线1条，测点位置与表面变形监测点相对应。

表观点：系统维护前(2017年6月底)，塔柱顺河向位移介于−6.4~11.6mm，左侧向上游，右侧向下游变化；横河向位移介于−8.4~1.9mm，由于测值精度不高，与气温相关性不明显。

引张线：左侧测点横河向位移介于−0.44~1.9mm，右侧测点横河向位移介于−0.3~13.89mm，总体向左岸变形。

(4)塔柱顶部垂直位移。升船机顶部两侧对称各布置4个水准点。塔柱顶部左右侧垂直变形趋势及数值相当，总体呈下沉趋势。各测点历史测值介于−2~5.5mm。目前水准点变形不大，当前测值介于0.3~0.8mm。顶部垂直位移与上游水位无明显相关性，与气温总体上呈明显负相关关系。温度上升，测值变小，测点呈上抬变化；温度降低，测值变大，测点呈下沉趋势。

(5)结构缝开合度。在上闸首与塔柱结构缝、塔柱中部结构缝、塔柱与下闸首结构缝处共布置14组双向测缝计，监测结构缝处水平向的错动及结构缝的张开，目前在测19支。

测缝计埋设初期，主要受施工期温度及混凝土硬化等影响，测缝计本身有一定的拉伸。后期测值变化渐趋平稳，呈一定的波动变化。与温度变化呈现负相关趋势。

目前上闸首与塔柱结构缝坝轴向开合度介于−0.02~1.58mm，水流向开合度介于−1.74~4.63mm；塔柱结构缝坝轴向开合度介于−0.44~3.46mm，水流向开合度介

–0.04～4.85mm；塔柱与下闸首结构缝水流向开合度在 6mm 左右。

（6）正常运行工况下，塔柱顺河向位移设计计算值为±2.0mm，横河向位移设计计算值为±7.7mm。塔柱顺河向位移限值为 20mm，横河向位移限值为 50mm。目前塔柱实测顺河向位移介于–6.4～11.6mm，横河向位移介于–8.4～1.9mm。

（7）正常运行工况下，塔柱垂直位移设计计算值为 12.5mm。目前水准点变形不大，当前实测测值介于 0.3～0.8mm。

第 5 章　机械同步系统

本章介绍景洪升船机机械同步系统布置特点和设计方法，重点讲述船厢抗倾斜创新技术，阐述景洪升船机机械同步系统的卷筒装置、同步轴、膜片联轴器、锥齿轮箱、制动器等主要结构的设计计算分析，以及机械同步系统制造与整体安装技术。

5.1　机械同步系统布置

景洪水力式升船机机械同步系统设置于 614.0m 的主机房平台，机械同步系统在平面上对称布置，其中心线与承船厢中心线重合，由卷筒、同步轴、联轴器、锥齿轮箱、制动器等组成，沿卷筒轴线布置，在卷筒组的上下游两端通过锥齿轮箱转换，形成环形闭环同步系统。同步轴系统是一个传递扭矩的封闭矩形结构，用以保证卷筒的同步转动，抗拒运行中系统的不平衡力矩，在维持承船厢平稳运行中起着重要作用。同步轴系统由传动轴、锥齿轮箱、轴承座、膜片联轴器、支架等部件组成，布置见图 5-1。在卷筒之间的轴1、轴2、轴3 上共布置12 套扭矩监测装置，实时监测同步轴系统的扭矩变化。

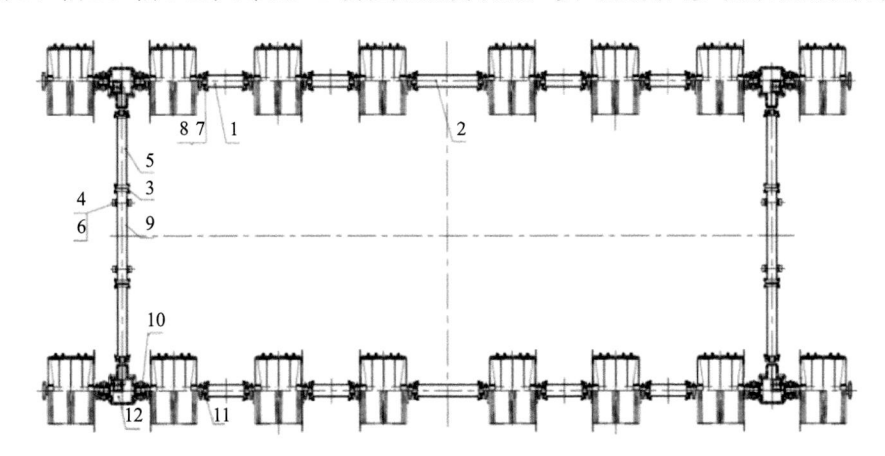

1.轴1；2.轴2；3.膜片联轴器 1；4.剖分轴承组件；5.轴3；6.轴承座支架；7.胀紧套；
8.膜片联轴器 2；9.轴4；10.膜片联轴器 3；11.轴套；12.锥齿轮箱及支架

图 5-1　同步轴系统布置图

每套卷筒配一套制动器，每套制动器有三个制动头，为弹簧上闸的液压松闸盘式制动器。制动系统主要由制动装置、液压站、电气控制柜、液压管路系统等组成，制动装置布置于每个卷筒制动盘处，在上游和下游分别设置一套液压站，上游处液压站控制上游的 8 套制动装置，下游处液压站控制下游的 8 套制动装置。两套液压站也可以一用一备，由一套液压站控制全部 16 套制动装置。

5.2 特点及抗倾理论

5.2.1 机械同步系统特点

机械同步系统是一个封闭的机械传动系统,由卷筒和卷筒间的同步轴组成。水力式升船机的机械同步系统功能如下:①实现连接承船厢及浮筒钢丝绳的换向及保证各个吊点之间的同步运行;②具备抗倾覆和传递均衡承船厢不均匀荷载功能,在承船厢受到不平衡荷载作用下,能通过机械同步系统的微量变形对承船厢主动产生抗倾覆力矩,达到控制承船厢倾斜量和减小同步轴扭矩的目的;③在承船厢倾斜量或同步系统扭矩达到设计值时,通过机械同步系统设置的安全装置锁定卷筒,保障升船机整体安全。

水力式升船机机械同步系统一般由卷筒、同步轴、联轴器、锥齿轮箱、安全制动器等组成,沿卷筒轴线布置,在卷筒组的上下游两端通过锥齿轮箱转换,形成环形闭环同步系统(图 5-2)。

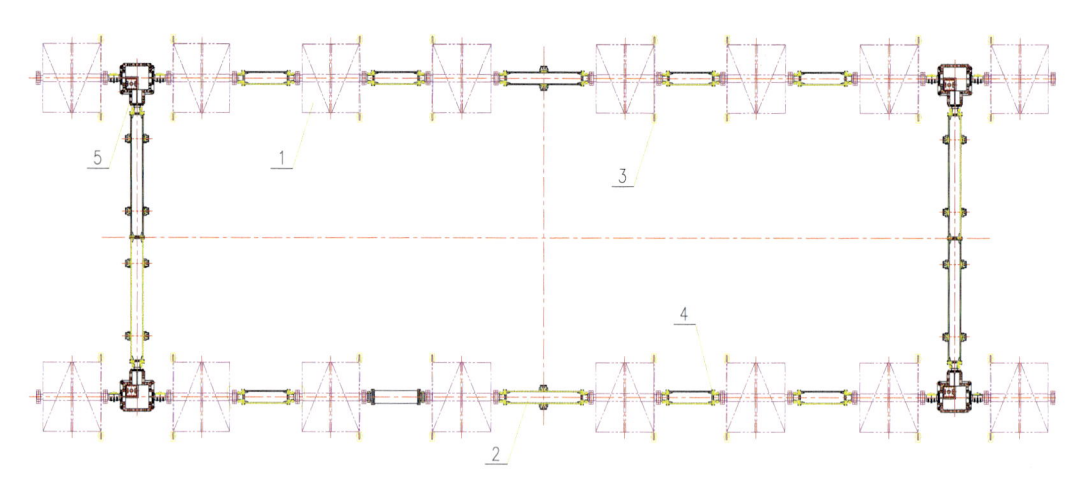

1.卷筒;2.同步轴;3.安全制动器;4.联轴器;5.锥齿轮箱

图 5-2 水力式升船机机械同步系统图

图 5-3 为传统钢丝绳卷扬提升式升船机的机械同步系统布置图。钢丝绳卷扬提升式升船机主要通过电机驱动船厢升降,同步轴系统的主要作用是保证主提升机构各卷筒输出转速相等,其特点如下。

(1) 主提升机构出现一台电机或两台电机失效时,其余电机可通过机械同步系统向失效电机所在的机械设备提供动力,从而保证主提升机在事故条件下能够运行。

(2) 难以将机械同步系统直接设计在提升卷筒上。传统电气驱动的升船机一般只有四个提升吊点,如果将机械同步系统直接设计在提升卷筒上,要通过机械同步轴克服各吊点电机出力不均及保证电机失效时整个提升系统的平衡和稳定,机械同步系统的尺寸将非常大,设计和制造将十分困难。

(3) 需采用大尺寸的减速器。电气驱动的升船机机械同步轴分别通过低速减速和高速减速器与提升卷筒和驱动电机连接,通过选择合理的减速机减速比,可以有效降低机械

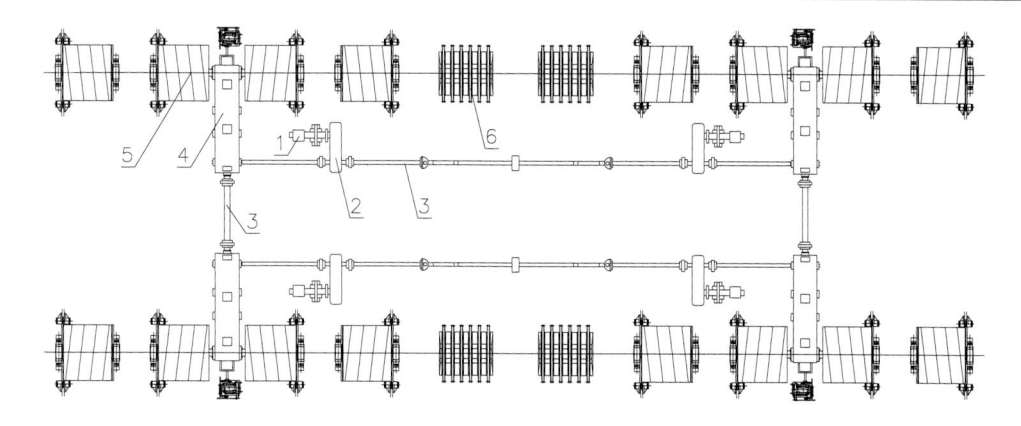

1.驱动电机；2.一级减速器；3.同步轴；4.二级减速器；5.卷筒；6.定滑轮

图 5-3　钢丝绳卷扬提升式升船机机械同步系统布置图

同步系统的制造难度，但这种提升系统增加了多台大尺寸的减速机，给整个提升系统的布置带来了难度。

(4) 对于电气驱动的升船机机械同步系统，同步轴间隙和扭矩作用下的扭转变形通过减速箱后再经卷筒传递到船厢，电机驱动的升船机同步轴和减速器内的间隙还可以通过电机预施力矩消除间隙，因此同步轴间隙与扭转变形大小对船厢倾斜量影响较小。

图 5-4 为典型的水力式升船机机械同步系统布置图，主要特点如下：

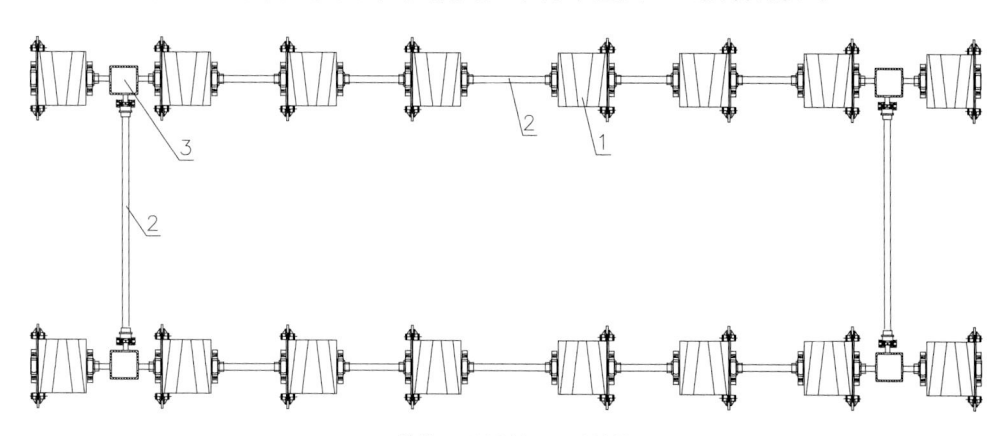

1.卷筒；2.同步轴；3.齿轮箱

图 5-4　水力式升船机机械同步系统布置图

(1) 水力式升船机船厢每个吊点都有水力驱动作用，所有吊点的水力驱动源均通过一个阀门控制，不会出现某个吊点水力驱动失效的情况，即使个别水力驱动源失效，由于整个水力提升系统驱动源较多，需要机械同步轴系统克服的不平衡荷载也不是很大，因此，可以在各卷筒间通过机械同步轴直接连接，大大简化了机械同步系统的设计。

(2) 水力式升船机同步轴直接与卷筒连接，同步轴扭转变形和同步系统间隙通过卷筒直接传递到船厢，同步系统间隙或扭转变形大小直接影响船厢的倾斜量大小。

(3) 水力式升船机不能预施荷载消除同步轴间隙。

(4) 在同步系统间隙完全消除前，同步轴不能充分发挥抵抗船厢倾斜的作用，这时船厢的倾斜量主要由同步系统间隙和系统摩擦力决定；同步系统间隙消除后，同步系统的整体刚度和间隙值共同决定了船厢的最大倾斜量。

比较两种升船机的机械同步系统布置特点，并由两种升船机荷载传递概化图（图 5-5）可见，电机驱动的升船机船厢侧出现较大倾斜力矩或不平衡荷载情况下，船厢受到的不平衡荷载通过船厢吊点传动到卷筒，再由卷筒通过减速器传递到同步轴，因此船厢的倾斜力矩和不平衡荷载对同步轴的扭矩影响较小。水力式升船机则相反，船厢受到的倾斜力矩和不平衡荷载直接通过卷筒传递到同步轴，相同船厢倾斜荷载作用下，水力式升船机同步轴的扭矩比电机驱动的钢丝绳卷扬提升式升船机大。因此，水力式升船机对同步系统间隙、同步轴强度和刚度等方面的要求比电机驱动的钢丝绳卷扬提升式升船机高。

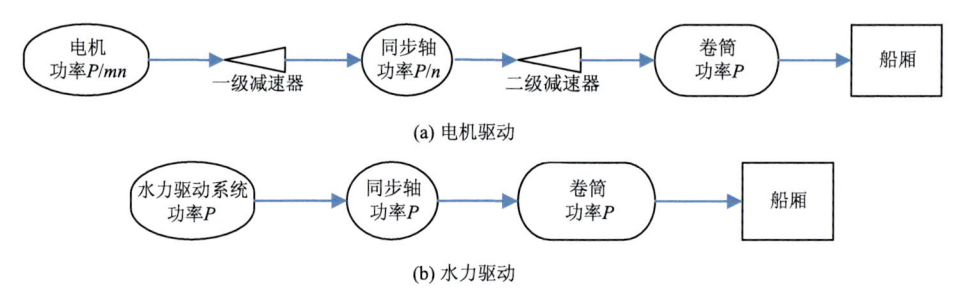

图 5-5 传统钢丝绳卷扬提升式和水力式升船机机械同步系统传动机制对比

P 为驱动功率；n 为经过一级减速器后功率缩小的倍数；m 为经过二级减速器后功率缩小的倍数

5.2.2 机械同步系统基础理论

1. 概化模型

假定同步系统左右两侧完全对称、船厢充分调平、各卷筒钢丝绳受力和摩擦力完全相同，忽略船厢和钢丝绳刚度影响，则船厢倾斜量和同步轴扭转角间存在以下关系（图 5-6）：

$$\Delta h = \theta R = (\theta_1 + \theta_2)R \tag{5-1}$$

$$\theta = \theta_1 + \theta_2 \tag{5-2}$$

$$\theta_1 = \frac{M_1 L_1}{GI_{p1}} + \frac{(M_1+M_2)L_2}{GI_{p2}} + \frac{(M_1+M_2+M_3)L_3}{GI_{p3}} + \frac{(M_1+M_2+M_3+M_4)L_4}{GI_{p4}}$$

$$+ \frac{(M_6+M_7+M_8)L_5}{GI_{p5}} + \frac{(M_7+M_8)L_6}{GI_{p6}} + \frac{M_8 L_7}{GI_{p7}} \tag{5-3}$$

$$M_i = \Delta F_i \cdot R - M_f \tag{5-4}$$

式中，Δh 为同步轴扭转产生的船厢倾斜量，m；θ_1 为同步轴受扭矩作用产生的转角，rad；θ_2 为同步轴间隙引起的同步轴转角，rad；R 为卷筒半径，m；I_p 为截面极惯性矩 $I_p = \frac{\pi D^4}{32}(1-a^4)$，$D$ 为同步轴外径，a 为同步轴内径与外径的比值；G 为同步轴刚度，kPa；M_i 为第 i 个卷筒承受的扭转作用，kN·m；L_i 为第 i 个卷筒与第 $i+1$ 个卷筒间同步轴长度，m；M_f 为单个卷筒摩擦力产生的扭矩，kN·m；ΔF_i 为作用于第 i 个卷筒两侧的钢丝绳不平衡力，kN。

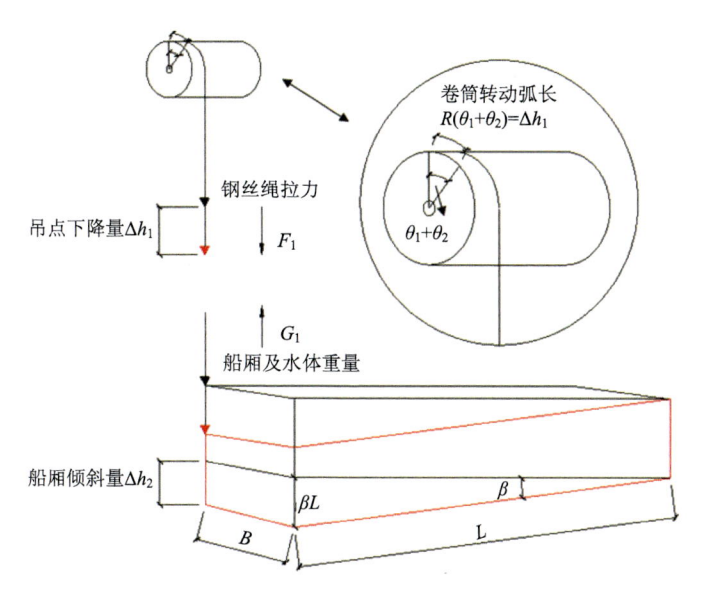

图 5-6　船厢倾斜量与同步系统关系概化图

图中 G_1 为船厢与水体重力，B 为船厢宽度，L 为船厢长度，β 为船厢纵倾角度

通过分析，在相同荷载作用下，机械同步系统发生扭转的最不利情况为荷载集中作用于同步系统两端部的卷筒，此时同步轴系统发生 Δh 的扭转，作用于卷筒上的不平衡力 ΔF 应满足以下关系：

$$\Delta F = \frac{\Delta h - \theta_2 R + 4M_f R \sum_{i=1}^{n} \frac{L_i}{GI_{pi}}}{R^2 \sum_{i=1}^{n} \frac{L_i}{GI_{pi}}} \tag{5-5}$$

船厢升降运行，船厢侧会对同步系统产生四种倾斜力矩：①同步轴间隙和变形使船厢发生 Δh 倾斜，导致船厢内水体质量分布不均产生的倾斜力矩；②升降运行过程走线误差等引起船厢发生 Δh_0 倾斜，导致船厢内水体质量分布不均产生的倾斜力矩；③船厢倾斜时船厢水面波动产生的水面波动倾斜力矩；④船厢自身重量分布不均出现偏心荷载产生的偏心倾斜力矩。分析同步轴扭转变形可知，最不利情况为完全由同步系统端部卷筒克服船厢倾斜力矩，因此作用于同步系统端部卷筒的最不利荷载 ΔP 为

$$\Delta P = \frac{(\Delta h + \Delta h_0)LB\rho g}{24} + \frac{M_b + M_p}{2L} \tag{5-6}$$

式中，M_b 为船厢水面波动引起的倾斜力矩，kN·m；M_p 为船厢偏心荷载引起的倾斜力矩，kN·m；Δh_0 为船厢升降运行卷筒、钢丝绳等加工安装误差引起的船厢倾斜量，m；L 为船厢长度，m；B 为船厢宽度，m；ρ 为水的密度，kg/m³。

因此，在不考虑同步轴强度破坏条件下，比较式(5-5)和式(5-6)可知：

(1) $\Delta F > \Delta P$，同步系统发生 Δh 偏转需要作用在卷筒上的荷载大于船厢发生 Δh 倾斜时作用在卷筒上的荷载，船厢倾斜量 Δh 将减小；

(2) $\Delta F = \Delta P$，船厢倾斜量达到 Δh 时船厢稳定；

(3) $\Delta F < \Delta P$，船厢倾斜量 Δh 继续增加，同步轴需要发生更大的扭转变形，产生更大的抵抗力，才能保证船厢达到平衡；

记 $\beta = \dfrac{LB\rho g}{24}$，$\delta = R\sum\limits_{i=1}^{n}\dfrac{L_i}{GI_{\text{p}i}}$；定义 M_{J} 和 M_{z} 分别为同步系统间隙和船厢走线误差引起的船厢倾斜产生的倾斜力矩，$M_{\text{J}} = 2\theta_2 R\beta L$，$M_{\text{z}} = 2\Delta h_0 \beta L$，根据船厢稳定时的条件 $\Delta F = \Delta P$，可知船厢稳定时应满足以下条件：

$$\Delta h = \frac{\theta_2 R}{1-\beta\delta R} + \frac{\Delta h_0 \beta\delta R}{1-\beta\delta R} + \frac{\delta R(M_{\text{b}}+M_{\text{p}})}{2L(1-\beta\delta R)} - \frac{4\delta M_{\text{f}}}{1-\beta\delta R} \tag{5-7}$$

$$K = \frac{1}{\sum\limits_{i=1}^{n}\dfrac{L_i}{GI_{\text{p}i}}} = \frac{R}{\delta} > \beta R^2 = \frac{LB\rho g R^2}{24} \tag{5-8}$$

由于 $\Delta h \geqslant 0$，式(5-7)成立的必要条件是 $1 > \beta\delta R$，即同步系统整体刚度 K 与船厢及卷筒尺度应满足式(5-8)。

因此，船厢运行过程中的最大倾斜量 ΔH 和同步轴扭矩 T_{N} 分别为

$$\Delta H = \Delta h + \Delta h_0 = \frac{\theta_2 R + \Delta h_0}{1-\beta\delta R} + \frac{\delta R(M_{\text{b}}+M_{\text{p}})}{2L(1-\beta\delta R)} - \frac{4\delta M_{\text{f}}}{1-\beta\delta R} \tag{5-9}$$

$$T_{\text{N}} = \frac{R(M_{\text{b}}+M_{\text{p}})}{2L(1-\beta\delta R)} + \frac{\beta R(\theta_2 R + \Delta h_0)}{1-\beta\delta R} - \frac{(1+3\beta\delta R)M_{\text{f}}}{1-\beta\delta R} + M_{\text{k}} + M_{\text{g}} \tag{5-10}$$

式中，M_{g} 为初始调平钢丝绳受力不均引起的扭矩，kN·m；M_{k} 为机械系统误差引起的扭矩，kN·m。

2. 船厢稳定性影响因素

分析船厢运行过程中的最大倾斜量 ΔH 的计算式[式(5-9)]可见，船厢最大倾斜量 ΔH 主要由三部分组成：

(1) 制造误差产生的倾斜量 ΔH_1，即同步系统间隙、钢丝绳走线误差等 $(\theta_2 R + \Delta h_0)$ 引起的船厢倾斜量。定义 $\gamma_1 = \dfrac{1}{1-\beta\delta R}$ 为制造误差倾斜系数，则 $\Delta H_1 = \gamma_1(\theta_2 R + \Delta h_0)$。根据定义，$\gamma_1$ 为与船厢尺度和同步系统刚度相关的系数，结合式(5-10)可知 $\gamma_1 \in [1, +\infty)$。根据系数 γ_1 定义，可知 γ_1 为一大于或等于 1 的数值；同步轴刚度越大，γ_1 值越小，但不会小于 1；当同步系统刚度无穷大时，$\gamma_1 = 1$，此时制造误差引起的船厢最大倾斜量为 $\theta_2 R + \Delta h_0$。

因此，γ_1 会对制造误差产生的船厢倾斜量起到放大作用，同步系统刚度越小，对制造误差产生的船厢倾斜量放大作用越大；同步系统刚度越大，对制造误差产生的船厢倾斜量放大作用越小。

根据同步系统原方案和加固方案的刚度进行计算，其制造误差倾斜系数 γ_1 分别为 1.98 和 1.18，可见加固方案同步轴系统对制造误差倾斜量的放大作用明显降低。

(2) 倾斜力矩引起的倾斜量 ΔH_2，即船厢水面波动、船厢偏心荷载等倾斜力矩作用下船厢发生的倾斜量。定义 $\gamma_2 = \dfrac{\delta R}{2L(1-\beta\delta R)}$ 为波动倾斜量系数，则 $\Delta H_2 = \gamma_2(M_b + M_p)$。根据定义，可知刚度无穷大时，$\gamma_2 \to 0$，此时水面波动倾斜力矩不会对船厢产生倾斜量；计算得到同步系统原方案和加固方案的 γ_2 分别为 9.71×10^{-6} 和 1.864×10^{-6}，因此，同步系统刚度 166.9kN·m/(°) 对降低波动倾斜力矩产生的船厢倾斜量较原值 53.4kN·m/(°) 有明显改善，但由于船厢正常升降运行过程 $M_b + M_p$ 一般较小($<10^4$kN·m)，则该项产生的倾斜量 ΔH_2 要小于制造误差倾斜量 ΔH_1。

(3) 系统摩擦力产生的船厢倾斜量 $\Delta H_3 = -\gamma_3 M_f$，定义 $\gamma_3 = \dfrac{4\delta}{1-\beta\delta R}$ 为倾斜量抵抗系数，可见系统摩擦越大，对降低船厢倾斜量越有利。

通过以上分析，船厢运行过程中的最大倾斜量 ΔH 可以表示为

$$\Delta H = \gamma_1(\theta_2 R + \Delta h_0) + \gamma_2(M_b + M_p) - \gamma_3 M_f \tag{5-11}$$

ΔH_2 远小于制造误差倾斜量 ΔH_1，因此，船厢的最大倾斜量主要由系统间隙、制造安装误差 $\theta_2 R + \Delta h_0$ 产生，加大同步轴刚度，只能减小对 $\theta_2 R + \Delta h_0$ 的放大作用，所以需要对 $\theta_2 R + \Delta h_0$ 进行严格控制。同时，由于摩擦力产生的扭矩 M_f 是一个 $0 \sim M_{f\max}$ 间的变化值，因此船厢倾斜量是以下区间内的一个不确定值：

$$\Delta H = \{\gamma_1(\theta_2 R + \Delta h_0) + \gamma_2(M_b + M_p) - \gamma_3 M_f,\ \gamma_1(\theta_2 R + \Delta h_0) + \gamma_2(M_b + M_p)\} \tag{5-12}$$

3. 同步轴扭矩影响因素

分析同步系统同步轴扭矩计算[式(5-10)]可见，同步轴扭矩主要由以下五部分组成：

(1) 船厢倾斜力矩 $M_Q = M_b + M_p + \cdots$，即船厢水面波动、船厢偏心荷载等产生的船厢倾斜力矩 M_Q，定义 $\varphi_1 = \dfrac{R}{2L(1-\beta\delta R)}$ 为倾斜力矩系数，则各种船厢倾斜力矩对同步轴产生的扭矩为 $T_1 = \varphi_1 M_Q$。

(2) 制造误差倾斜量 $\Delta h_Z = \theta_2 R + \Delta h_0$，即同步系统间隙、钢丝绳走线误差等可以产生的各种船厢倾斜量 Δh_Z，定义 $\varphi_2 = \dfrac{R\beta}{1-\beta\delta R}$ 为制造误差系数，则各种系统制造误差引起船厢倾斜可产生的扭矩 $T_2 = \varphi_2 \Delta h_Z$。比较系数可见，$\varphi_2 = 2L\beta\varphi_1$，记 $M_Z = 2L\beta\Delta h_Z = \dfrac{\Delta h_Z L^2 B\rho g}{12}$ 为误差倾斜力矩，则 $T_2 = \varphi_1 M_Z$；Δh_0 可近似认为是制动器松闸后，空船厢升降运行过程中船厢倾斜量的变化值。

(3) 系统摩擦力对同步轴产生的抵抗扭矩 $T_3 = -\varphi_3 M_f$，$\varphi_3 = 1 + \dfrac{4\beta\delta R}{1-\beta\delta R}$ 为摩擦力抵抗系数；可见系统摩擦越大，对降低同步轴扭矩值越有利。

(4) 由于同步系统传动轴不同心等加工安装因素，同步系统转动时在同步轴上产生的内部扭矩 M_k，制动器松闸后，空船厢上下升降运行时的相对扭矩变化幅值可近似为该值和摩擦力产生的抵抗扭矩之和，即 $M_k - \varphi_3 M_f$。

(5) 船厢初始调平，相邻卷筒钢丝绳受力不均对同步轴产生扭矩 M_g，相邻卷筒间钢丝绳按 1%的受力调平误差考虑，单个卷筒上即可产生 39kN·m 的调平初始扭矩；如初次调平误差较大，经多次松闸过程调平后，相邻卷筒钢丝绳受力误差为 0 的条件下，同步轴上仍可能存在与卷筒摩擦扭矩大小相等方向相反的初始扭矩，即 $|M_g| \leqslant |M_f|$。从安全角度考虑，摩擦力抵抗系数为 $\varphi_3 = \dfrac{4\beta\delta R}{1-\beta\delta R}$。

通过以上分析，同步轴最大扭矩可以表示为

$$T_N = \varphi_1[M_Q + 2L\beta(\theta_2 R + \Delta h_0)] - \varphi_3 M_f + M_k + M_g \tag{5-13}$$

根据模型和原型同步系统材料和尺寸，同步系统整体刚度分别为 147.9kN·m/(°) 和 166.9kN·m/(°)，可以计算出理论的倾斜力矩系数分别为 1.83×10^{-2} 和 1.78×10^{-2}。

船厢水面波动试验和集中荷载试验测试的倾斜力矩系数分别为 1.68×10^{-2} 及 1.67×10^{-2}，与模型理论值 1.83×10^{-2} 误差仅 7.6%左右，因此认为理论计算值基本合理可靠。考虑到模型试验的倾斜力矩系数是系列试验最大扭矩值的拟合值，因此模型试验拟合的倾斜力矩系数比理论计算的倾斜力矩系数略低，从同步轴安全考虑，建议原型倾斜力矩取 $(1.68\sim 1.78)\times 10^{-2}$。

此外，同步系统扭矩值要小于设计强度，因此同步轴扭矩还要满足以下条件：

$$\varphi_1[M_Q + 2L\beta(\theta_2 R + \Delta h_0)] - \varphi_3 M_f + M_k + M_g \leqslant M_{max} \tag{5-14}$$

式中，M_{max} 为同步轴设计最大扭矩。因此，对制造误差倾斜量 $\Delta h_Z = \theta_2 R + \Delta h_0$ 提出以下控制条件：

$$(\theta_2 R + \Delta h_0) \leqslant \dfrac{\dfrac{1}{\varphi_1}(M_{max} - M_k - M_g) + \dfrac{\varphi_3}{\varphi_1}M_f - M_Q}{2L\beta} \tag{5-15}$$

4. 数值仿真分析

1) 同步系统与船厢稳定性解析解及流固耦合数学模型计算

根据以上研究成果，在相同荷载作用下，机械同步轴发生扭转的最不利情况为分布在各卷筒上不平衡力的荷载集中作用于同步系统两端部的卷筒。同步轴及船厢受力系统属于超静定结构，难以通过静力平衡条件确定各卷筒之间的扭矩，因此考虑荷载集中作用于同步轴两端的最不利情况，据此建立同步轴系统抗倾概化模型。

假设船厢为刚体，同步轴左右两侧完全对称，忽略钢丝绳弹性模量的影响，同步轴受力系统简化见图 5-7。纵向同步轴上(下)游侧卷筒的拉力集中作用于上(下)游端部卷筒。

(1) 船厢纵向倾斜量解析式推导。

以承船厢为研究对象，建立刚体定轴转动的动力学方程如下：

同步轴转动间隙消除过程中，$\theta \leqslant \theta_a$（$\theta_a$ 为同步轴转动间隙产生的扭转角度，rad）时，

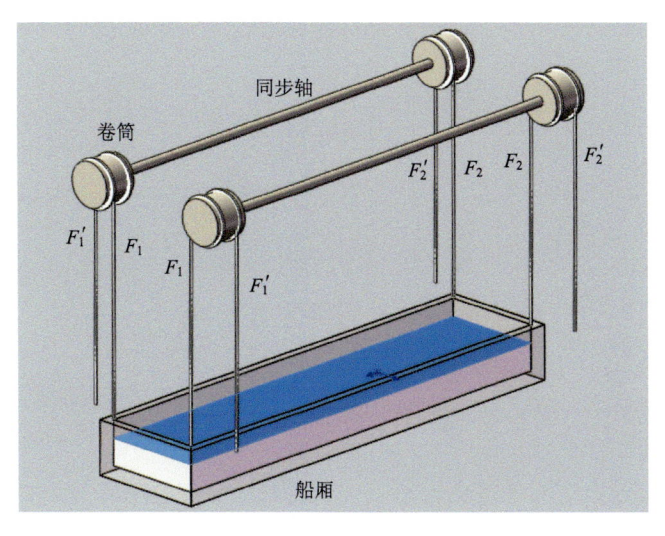

图 5-7 同步轴及船厢概化模型

$$X\Delta h(1+k) - Y\Delta h(1+q) = I\ddot{\varphi} = I(\Delta h/L)'' \tag{5-16}$$

同步轴转动间隙消除后，$\theta > \theta_a$ 时，

$$X\Delta h(1+k) - Y\Delta h(1+q) - 2\frac{\Delta h - \Delta h'}{R^2 \frac{L}{GI_p}}L = I\ddot{\varphi} = I(\Delta h/L)'' \tag{5-17}$$

式中，I 为船厢的转动惯量（以船厢纵向两端吊点连线的中心为转动轴心），kg·m²；φ 为船厢纵倾角度，rad；$\ddot{\varphi}$ 为船厢纵向两端转动的角加速度，rad/s²；$\Delta h'$ 为船厢倾斜量对时间的一阶导数；k 为船厢内水面波动对静态倾覆力矩的放大系数，反映动水对力矩的附加作用；q 为竖井水面波动对平衡重静态抗倾力矩的放大系数，反映竖井水面波动的附加作用；$X = \frac{1}{12}\rho g B L^2$，$Y = \tau X$，其中，$B$ 为船厢宽度，m；L 为船厢长度，m；τ 为平衡重抗倾系数，是与平衡重底面积、平衡重吊点位置相关的常数。

θ 与 φ 的关系为

$$\varphi = \frac{\theta R + \Delta h_c}{L} \tag{5-18}$$

式中，Δh_c 为机械制造误差（包括钢丝绳走线误差、卷筒偏心误差与椭圆度误差）造成的船厢倾斜量，m。

求解上述方程：

①在同步轴转动间隙消除过程（$\theta \leq \theta_a$）中，方程可记为 $\Delta h'' - \alpha^2 \Delta h = 0$，通解的形式为 $\Delta h = A_1 e^{\alpha t} + A_2 e^{-\alpha t}$，其中 $\alpha = \left\{[X(1+k) - Y(1+q)]\frac{L}{I}\right\}^{\frac{1}{2}}$，$A_1$、$A_2$ 为常数，船厢倾斜量 Δh 是关于 t 的双曲正弦函数，单调增加。

②同步轴转动间隙消除（$\theta > \theta_a$）后，方程可记为 $\Delta h'' + \Omega^2 \Delta h = f(t)$，本质上是弹簧的受迫运动方程式，反映了"悬吊船厢、平衡重的同步轴系统"的受迫扭转振动，Ω 为系

统固有频率，与同步轴刚度，船厢及平衡重的布置形式等因素有关。

在本书研究的问题中，$\Omega = \left\{\dfrac{L}{I}\left[\dfrac{2GI_p}{R^2} + Y(1+q) - X(1+k)\right]\right\}^{\frac{1}{2}}$；非齐次项 $f(t) = At + B\sin(\omega_j t) + C$，这三项分别反映了安装制造误差对船厢倾斜量的影响，其中 $A = \dfrac{2LGI_p}{R^2 I} \cdot \dfrac{\omega_j R}{H} \Delta h_{z\max}$ 代表钢丝绳走线误差的影响，$B = \dfrac{2LGI_p}{R^2 I} \Delta h_{p\max}$ 代表卷筒偏心误差与椭圆度误差的影响，$C = \dfrac{2LGI_p}{R^2 I} \Delta h_a$ 代表同步轴安装间隙的影响（$\Delta h_{z\max}$ 为船厢运行全程卷筒产生的走线误差，m；$\Delta h_{p\max}$ 为卷筒转动一周产生的最大偏心误差，m；Δh_a 为同步轴转动造成的船厢倾斜量，m）。

若不考虑施工过程中安装制造误差，$f(t)=0$，齐次方程 $\Delta h'' + \Omega^2 \Delta h = 0$ 通解的形式为 $\Delta h = B_1 \cos(\Omega t) + B_2 \sin(\Omega t)$，其中 B_1、B_2 为常数，船厢倾斜量 Δh 是关于 t 的三角函数，频率为 Ω。

(2)流固耦合数学模型研究。

根据上文推导的解析解，利用 Fluent 软件建立"同步轴-钢丝绳-船厢-厢内水体-船舶"系统的三维流固耦合数学模型，研究同步轴刚度、机械误差，钢丝绳弹性模量，厢内船舶的耦合作用等因素对船厢在运行过程中纵倾量的影响。

三维流固耦合数学模型的具体计算流程见图 5-8。根据船厢流固耦合数学模型计算流程，计算不同时刻厢内水面波动情况(图 5-9)。

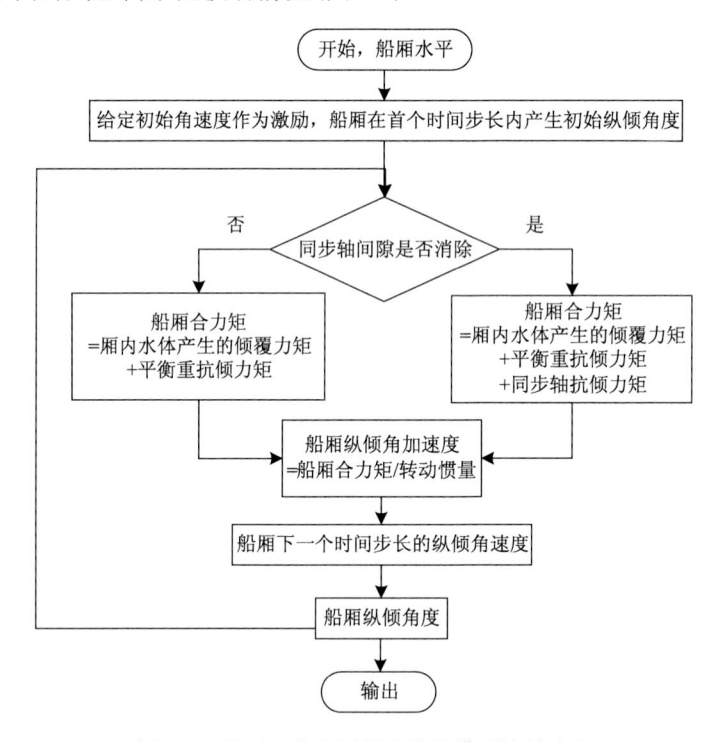

图 5-8 船厢三维流固耦合数学模型计算流程

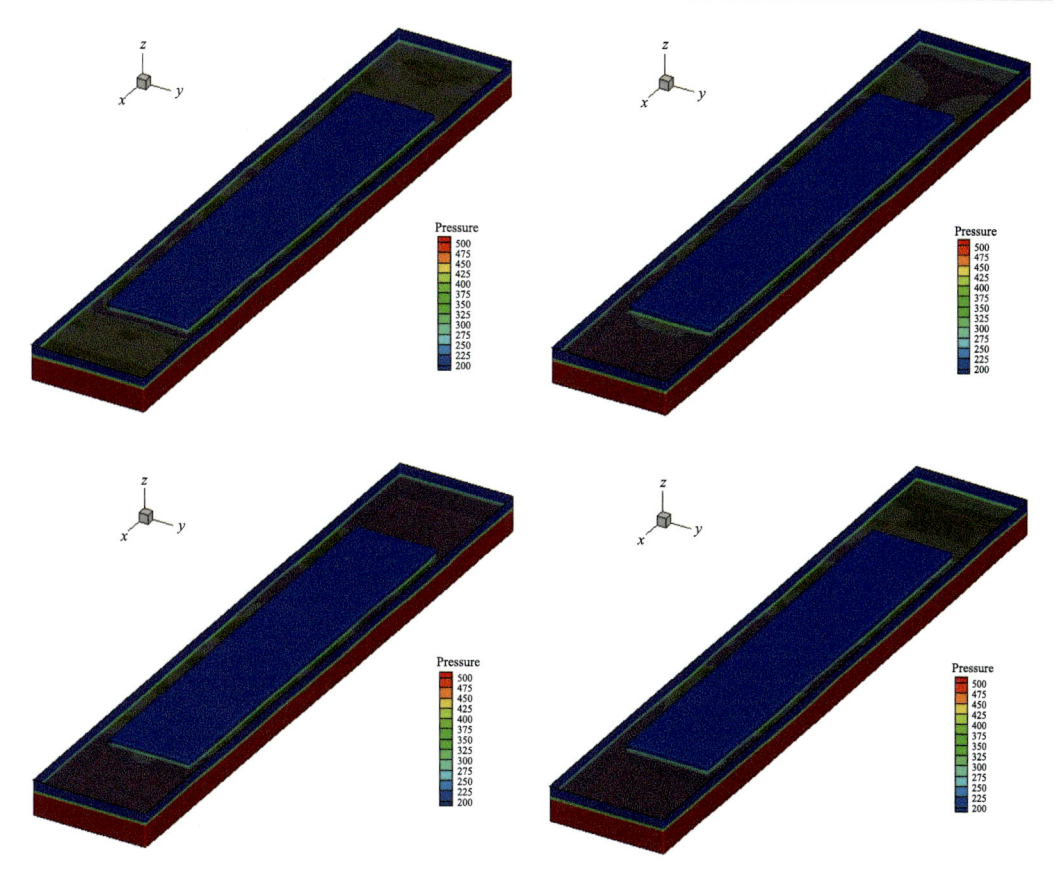

图 5-9 不同时刻及纵倾量条件下厢内水面波动

图示为某水平面(水面以下)的压力分布图,单位 Pa

数学模型试验表明,若同步轴刚度能满足船厢抗倾要求,在典型工况下,船厢纵向倾斜量随时间变化的过程见图 5-10,变化规律如下。

① 在消除同步轴转动间隙过程中,船厢倾斜量单调增加,同步轴间隙消除后,船厢纵倾量在某个位置附近振荡并缓慢衰减。

② 同步轴转动间隙完全消除后,船厢纵向倾斜量变化表现为两种不同频率的三角函数的叠加:

a. 高频振动反映了同步轴扭振的固有频率,由于船厢水体的阻尼作用,衰减得很快,符合指数衰减的规律:

$$y = a \cdot e^{-bx} \tag{5-19}$$

式中,b 为指数衰减常数,该值越大,衰减越快。

b. 低频振动反映了船厢内水体的纵向一阶自振频率,此时厢内水体的惯性作用相当于起到驱动的效果。数学模型中无法准确模拟系统阻尼及水体黏性的影响,因此衰减得很慢,实际工程中衰减更慢。

通过数学模型试验研究,得到同步轴刚度、同步轴转动间隙、钢丝绳弹性模量、卷筒绳槽底径公差、卷筒偏心及椭圆度误差、厢内船舶的耦合作用等因素对船厢纵倾量的影响规律如下。

图 5-10 船厢纵向倾斜量变化

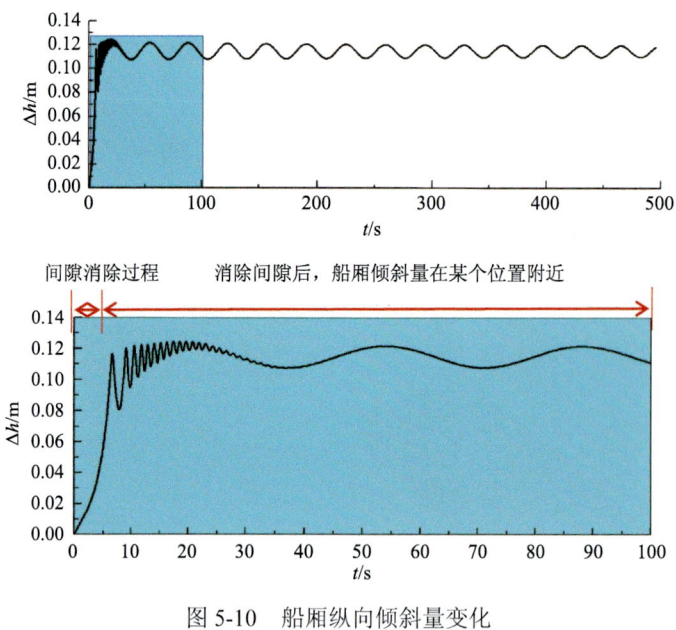

① 同步轴刚度对扭振有较大的影响，同步轴刚度越大，因同步轴固有扭振频率引起的船厢纵倾变化频率越高，衰减也越快；同步轴刚度的增加，可减小船厢水体晃荡引起的船厢纵倾幅值；同步轴刚度的增加降低了卷筒绳槽走线误差及卷筒安装偏心误差对船厢倾斜量的影响程度。

② 钢丝绳弹性模量越大，刚度越强，船厢水体纵向晃荡引起的船厢纵倾变化幅值越大。若不考虑钢丝绳弹性模量的影响，船厢的纵倾量将明显增大；随着钢丝绳弹性模量的减小，同步轴扭振引起的船厢纵倾衰减速度加快。

③ 同步轴转动间隙增加，同步轴扭振及船厢水体晃荡引起的船厢纵倾波动幅值也随之增加，但不影响船厢纵倾变化频率；钢丝绳走线误差产生的船厢纵倾增量随船厢行程的增加而增加，因此提升高度较大的水力式升船机需要特别注意对走线误差的控制；卷筒偏心度及椭圆度误差造成的船厢纵倾量与卷筒转动周期一致，卷筒转动一周可回复。

④ 船厢水体的纵向自振频率对以上因素的变化不敏感，但厢内船舶的耦合作用降低了水体的自振频率。

2) 三维虚拟样机技术

将升船机各构件力学模型之间的运动和受力传递关系作为约束条件，建立景洪水力式升船机整体动力学仿真模型，见图 5-11。该动力学仿真模型能够模拟同步系统的弹性变形及间隙、导向装置的弹性变形、导向装置导轮与导轨的间隙接触、钢丝绳的弹性变形和重量的转移、承船厢中水体的运动等对升船机整体系统运行的影响，还能反映出承船厢的纵向倾斜和横向倾斜状态及同步系统的整体运动状态。

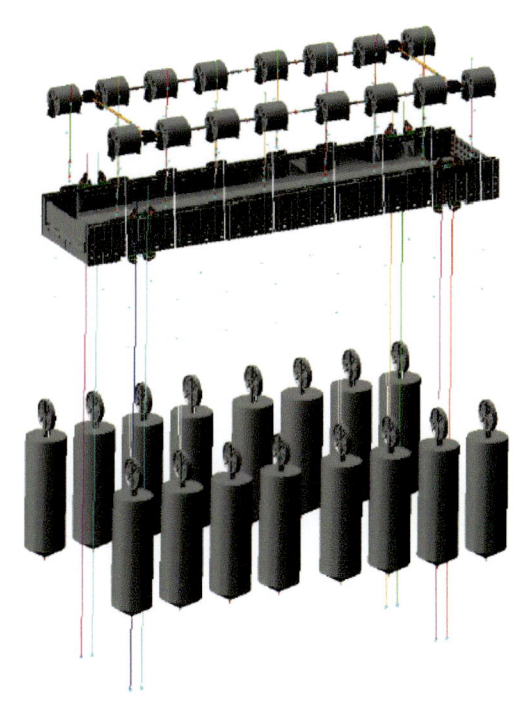

图 5-11　景洪水力式升船机整体动力学仿真模型

(1) 浮筒所受浮力变化对承船厢倾覆的影响。

船厢倾斜后，连接船厢较低一端的浮筒随之上升，浮筒所受浮力减小，浮筒侧相对变重，就会带动船厢较低一端上升；同理，船厢倾斜后，连接船厢较高一端的浮筒随之下降，浮筒所受浮力增加，浮筒侧相对变轻，就会带动船厢较高一端下降。因此，水力式升船机能够通过浮筒所受浮力的变化，为整体系统提供一定的抗倾覆作用。

利用景洪水力式升船机整体动力学仿真模型，计算得到水力式升船机浮筒所受浮力作用提供的纵向抗倾覆系数（k）为

$$k = K_{浮力}/K_{纵倾} = 0.153 \tag{5-20}$$

式中，$K_{浮力}$表示浮筒侧受浮力作用产生的抗倾力矩；$K_{纵倾}$表示承船厢内水体产生的倾覆力矩。

在中国电建集团昆明勘测设计研究院有限公司的《升船机调试分析及抗倾解决方案》专题报告中提到"经过分析计算，不考虑同步系统，在竖井中流动水体的作用下，水力式升船机纵向抗倾覆系数为 0.145，升船机具备部分自平衡能力。"可见利用景洪水力式升船机整体动力学仿真模型得到的计算结果与中国电建集团昆明勘测设计研究院有限公司专题报告的分析结果接近。

(2) 同步轴的刚度对升船机系统抗倾覆特性的影响。

利用景洪升船机整体动力学仿真模型，分析同步轴的刚度对升船机抗倾覆特性的影响。

在计算中同步系统的间隙不变，分别研究了同步系统各部位的刚度分别为设计刚度、0.95 倍设计刚度、0.90 倍设计刚度、0.65 倍设计刚度的情况下升船机的抗倾覆特性。结

果表明，当同步系统的间隙消除后，同步系统承受一定的扭矩抵抗船厢倾斜达到平衡。同步轴的刚度越低，船厢纵向水平偏差越大，同步轴各部位所受扭矩也相应增大。图 5-12 为船厢纵向水平偏差和同步轴不同刚度之间的关系曲线。

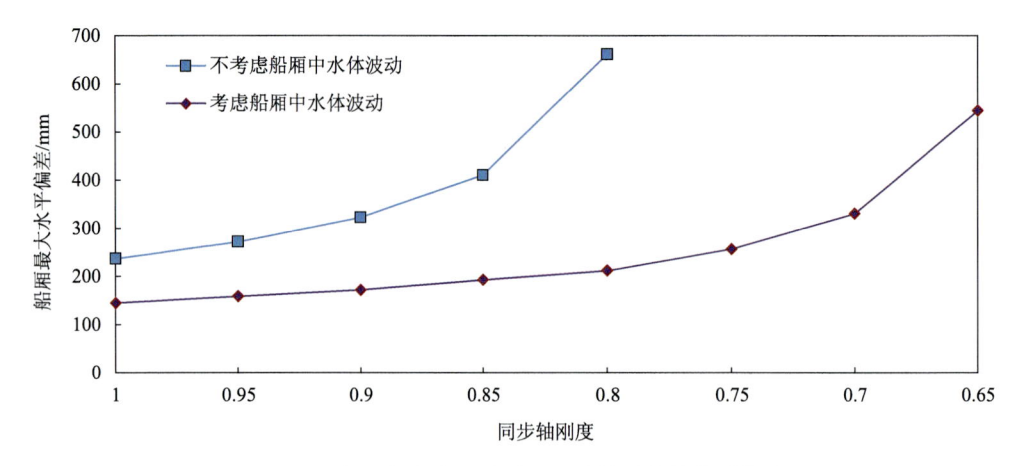

图 5-12　船厢纵向水平偏差和同步轴刚度的关系曲线

(3) 同步系统间隙对升船机抗倾覆特性的影响。

在计算中分别研究了同步系统各部位的间隙分别为设计间隙、2 倍设计间隙、3 倍设计间隙及 4 倍设计间隙的情况下升船机的抗倾覆特性(图 5-13)。计算结果表明，同步系统不同间隙情况下，升船机系统整体抗倾覆刚度不变；同步系统各连接部件的间隙越大，系统稳定后的船厢纵向水平偏差越大。若同步系统初始间隙太大，则在系统还未稳定前，同步系统就可能会先发生强度破坏，因此在原型同步系统连接部件的加工制作时应严格控制其间隙。

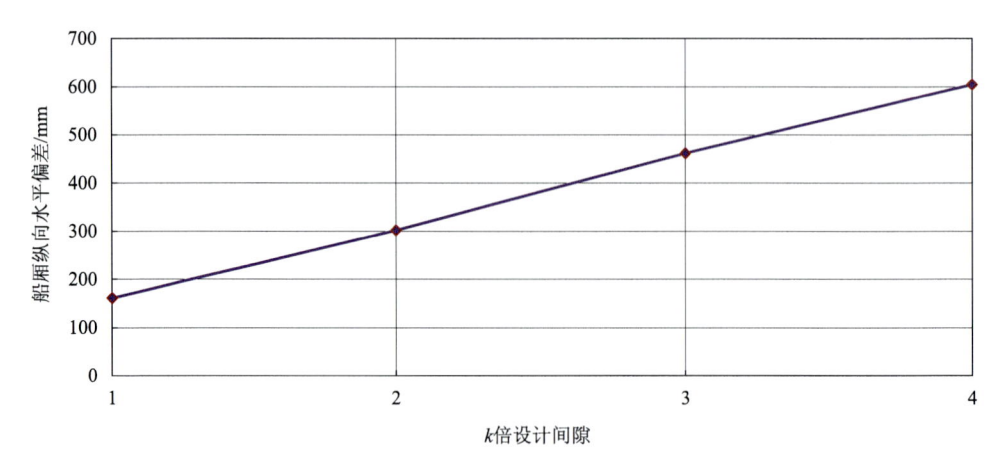

图 5-13　同步系统不同间隙情况的船厢纵向水平偏差

5. 物理模型试验

南京水利科学研究院通过 1∶10 升船机整体物理模型试验，研究了船厢水面波动、集中荷载变化及船厢水深调整、制动器松闸等各种工况下，船厢倾斜力矩、船厢倾斜量及同步轴受力等的变化特性，分析了船厢水面波动特性对船厢稳定性、同步系统受力的影响；根据模型试验成果，研究了船厢水面波动与船厢同步轴扭矩、船厢倾斜量之间的变化关系，并结合数学模型计算分析了船厢升降运行过程中，同步系统不同制造安装误差与产生的附加水荷载的变化关系。

1) 模型相似率

升船机整体物理模型试验须满足如下相似关系：几何相似、流体动力相似、结构力学相似、船厢刚度相似、运动相似和同步系统刚度相似等。

具体相似条件如下。

(1) 几何相似：

$$\lambda_L = L / L_m; \quad \lambda_A = \lambda_L^2; \quad \lambda_V = \lambda_L^3 \tag{5-21}$$

式中，λ_L、λ_A、λ_V 分别为长度、面积和体积的比尺；L 为厢体原型的特征长度，m；下标 m 表示模型值，下同。

(2) 流体动力相似：

由于研究对象为厢体中具有自由表面的水体，所以应满足重力相似准则，即弗劳德 (Froude) 数相同，即 $FF = \dfrac{v}{\sqrt{gL}} = \dfrac{v_m}{\sqrt{gL_m}}$，其中 v 为原型水体的特征速度，由此可得

$$\lambda_v = \lambda_L^{1/2} \tag{5-22}$$

由于流体流动属非定常流，故原型与模型应具有相同的施特鲁哈尔(Strouhal)数，即 $St = \dfrac{vT}{L} = \dfrac{v_m T_m}{L_m}$，从而可得出周期($T$)和频率($f$)的模型比尺为

$$\lambda_T = 1 / \lambda_f = \lambda_L^{1/2} \tag{5-23}$$

(3) 结构力学相似：

由物体质量 m 与体积 V 的关系，可得 $\lambda_m = \lambda_V = \lambda_L^3$，$\lambda_a = \lambda_v / \lambda_T = 1$ (λ_a 为加速度比尺)，从而结构受力的模型比尺为

$$\lambda_F = \lambda_L^3 \tag{5-24}$$

(4) 船厢刚度相似：

进行船厢结构模型研究，首先需得到船厢纵向抗弯刚度 EI 的模型比尺。由于承船厢的总体变形相似相比局部变形相似更为重要，在处理中，将承船厢简化为一根梁，且首先要求纵向二节点固有频率相似。根据梁的二节点固有频率计算公式 $f_2 = \dfrac{K}{L^2}\sqrt{\dfrac{EI}{m}}$，其中 m 为单位长度船厢质量，K 为钢丝绳的刚性系数。根据胡克定律公式 $F = Kx$ 可知，$\lambda_K = \lambda_L^2$。因此，结合梁的二节点固有频率计算公式可得出 $EI = f_2^2 L^4 m / K^2$，故

$$\lambda_{\mathrm{EI}} = \lambda_L^2 \tag{5-25}$$

(5) 运动相似：

主要指提升速度和提升高度相似，将卷筒视为刚性：

$$\lambda_v = \lambda_L^{1/2}; \quad \lambda_w = \lambda_L^{-1/2} \tag{5-26}$$

式中，λ_v 为系统提升速度的比尺；λ_w 为卷筒转动角速度的比尺。

(6) 同步系统刚度相似：

为精确模拟船厢倾斜量，需使同步轴的扭转角比尺等于1，即

$$\lambda_\theta = \frac{\theta}{\theta_m} = \frac{T\dfrac{L}{GI}}{T_m\dfrac{L_m}{G_m I_m}} = \frac{\lambda_L^4 \lambda_L}{\lambda_G \lambda_I} = 1 \tag{5-27}$$

式中，θ 为同步轴扭角；T 为作用于卷筒上的扭矩；G 为同步轴材料剪切模量；I 为同步轴截面极惯性矩；下标m表示模型值。

2) 船厢水面波动的影响

采用如图 5-14 所示的造波设备模拟船厢水面波动，试验时调整牵引车的速度和行驶距离，牵引造波板推动船厢内的水体形成不同的水面波动(图 5-15)。在船厢内布置波高仪测量船厢沿程水面波动曲线(图 5-16)，测量出船厢水面波动引起的船厢倾斜力矩，并同步测量船厢倾斜量。

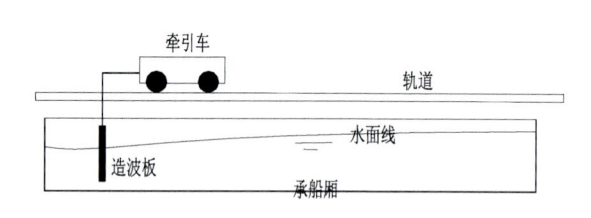

图 5-14　船厢造波装置

图 5-15　造波设备产生的船厢水面波动

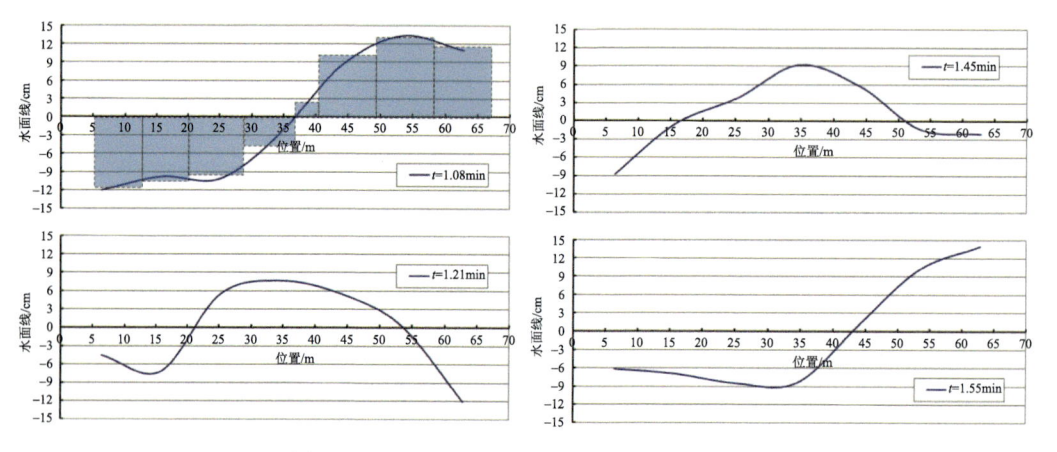

图 5-16　一个波动周期船厢内瞬间水面线变化

试验共模拟了 25 种不同大小和波形的船厢水面波动，波动幅值范围为 10.0~60.0cm，产生的水面倾斜力矩范围为 1.0×10^3~21.3×10^3 kN·m。

对比图 5-17 船厢不同水面波动倾斜力矩与船厢纵向倾斜量随时间变化的关系可见，船厢纵向倾斜量呈现出与船厢水面波动倾斜力矩一致的变化规律，船厢倾斜量随倾斜力矩的增大而增大，随倾斜力矩的减小而减小，且变化周期也基本在 20~30s，但船厢倾斜量变化较倾斜力矩滞后 6s 左右。由图 5-17 的船厢倾斜量收敛稳定变化过程可见，在水面波动初始倾斜力矩达到 2.3×10^4 kN·m（假定船厢水面为刚性，相当于船厢首尾有 48.7cm 的初始水位差），随着船厢水面波动逐渐衰减平稳，船厢最终保持稳定并恢复到初始水平状态，船厢未发生倾斜现象，但船厢收敛稳定时间较长，约 12min 才能恢复稳定，如倾斜力矩更大，船厢收敛稳定的时间需更长。由于存在系统摩擦阻力，摩擦力抵抗了船厢水面波动作用于卷筒上的部分扭矩，船厢水面波动衰减到一定幅值后，虽然还会产生一定的水面波动倾斜力矩，但船厢已处于稳定状态，同步系统摩擦阻力越大，对减小船厢倾斜量越有利。

(a) 水面倾斜力矩 5×10^3 kN·m

(b) 水面倾斜力矩 10×10^3 kN·m

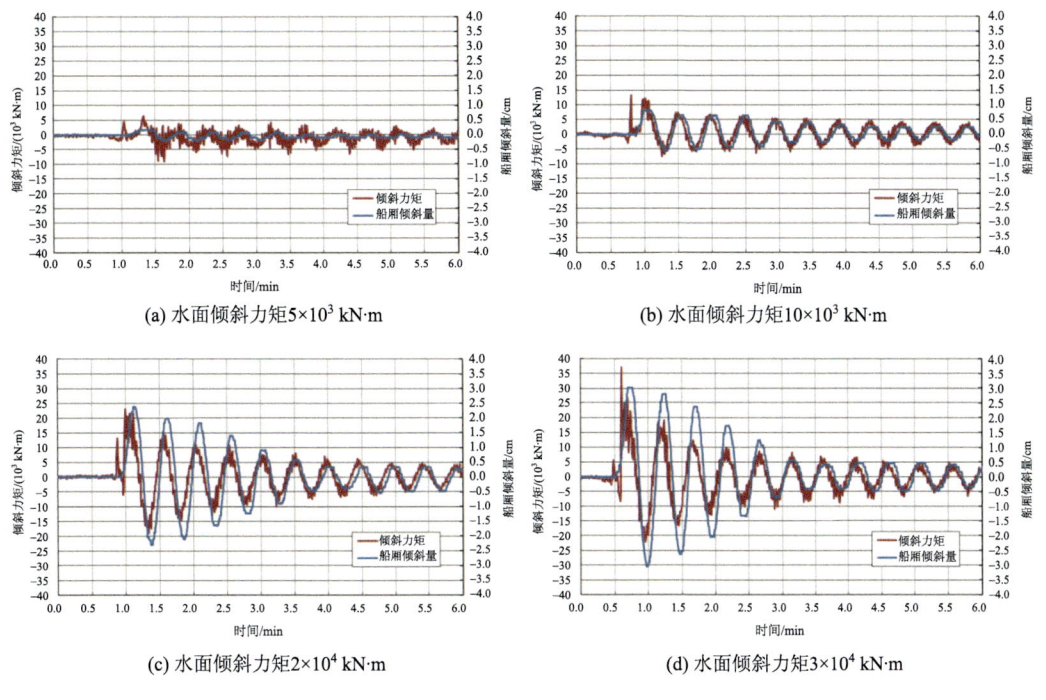

(c) 水面倾斜力矩 2×10^4 kN·m

(d) 水面倾斜力矩 3×10^4 kN·m

图 5-17 水面波动倾斜力矩与船厢纵向倾斜量随时间变化关系对比

图 5-18 是最大水面波动倾斜力矩与船厢最大倾斜量的统计情况，由图可见，相对而言，船厢最大水面波动倾斜力矩对船厢纵向倾斜量影响较为显著，船厢水面波动倾斜力矩为 2×10^4 kN·m 时，可以引起船厢产生 3.0cm 的纵向倾斜量；倾斜力矩为 10×10^3 kN·m 时，船厢纵向倾斜量约为 1.0cm。船厢水面波动倾斜力矩对船厢横向倾斜影响较小，船厢水面波动倾斜力矩为 2×10^4 kN·m 时，船厢横向倾斜量为 0.3~0.4cm，仅为船厢纵向倾

斜量的十分之一左右，因此可以忽略船厢水面波动对船厢横向倾斜的影响。

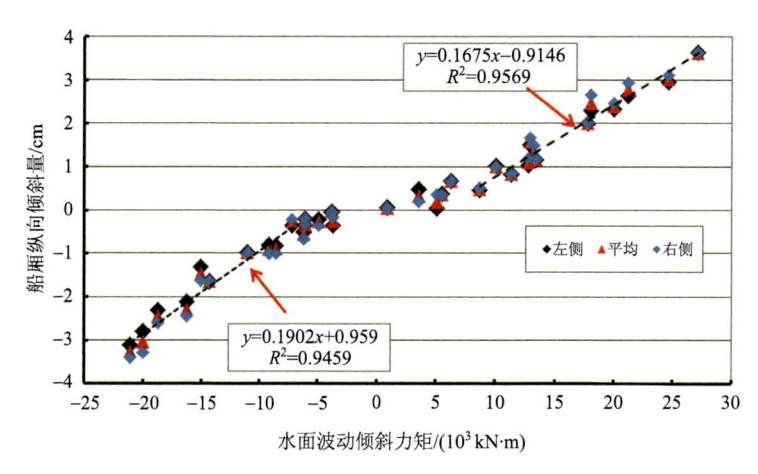

图 5-18 船厢纵向倾斜量与水面波动倾斜力矩关系

分析图 5-18 中船厢纵向倾斜量与船厢水面波动倾斜力矩的关系可知，船厢纵向倾斜量随船厢水面波动倾斜力矩的增大而增大，但由于系统摩擦力的存在，二者呈现非线性变化关系，倾斜力矩小于 5×10^3 kN·m，波动倾斜力矩对船厢纵向倾斜量影响较小，倾斜力矩大于 5×10^3 kN·m 后，船厢倾斜量基本随倾斜力矩的增大而线性增加。理论上数值相等的正向和反向的水面波动倾斜力矩产生的船厢倾斜量的大小相等而方向相反，因此通过对试验数据进行拟合，消除摩擦力影响后，船厢倾斜量与船厢水面波动倾斜力矩间存在以下关系：

$$\Delta h_w = 1.789\times 10^{-6}\times M_w \qquad (5\text{-}28)$$

式中，Δh_w 为水面波动引起的船厢纵向倾斜量，m；M_w 为水面波动纵向倾斜力矩，kN·m；1.789×10^{-6} 为波动倾斜量系数 γ_2，该值与理论计算值 1.864×10^{-6} 基本一致。

综上所述，若同步系统刚度为 166.9kN·m/(°)，如消除同步系统间隙、卷筒走线误差等因素影响，船厢水面波动实际引起的船厢倾斜量较小，即使船厢水面波动倾斜力矩达到 2×10^4 kN·m，船厢也仅产生 3.0cm 左右的纵向倾斜，因此同步系统刚度 166.9kN·m/(°) 能满足船厢水面波动的变化要求，重点需要考虑同步系统间隙、卷筒走线误差等引起的船厢倾斜，以及同步系统强度问题。

3) 船厢水体波动与同步系统受力

图 5-19 为各同步轴扭矩与水面波动倾斜力矩随时间变化的关系对比。由图可见，同步轴扭矩与水面波动倾斜力矩、船厢倾斜量变化周期基本一致，变化周期为 28～30s；各同步轴扭矩最大值出现时间比水面倾斜力矩最大值出现时间滞后 6s 左右，但与船厢最大倾斜量出现时间基本一致，即水面波动倾斜力矩最大值出现后 6s 左右，同步系统各同步轴和船厢倾斜量才基本同步达到最大值。

(a) 水面倾斜力矩 10×10³ kN·m (b) 水面倾斜力矩 20×10³ kN·m

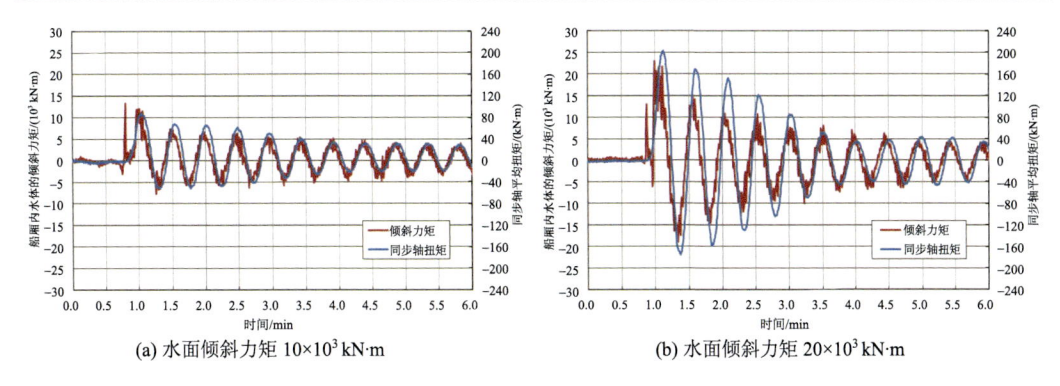

图 5-19　同步轴扭矩与水面波动倾斜力矩随时间变化对比

由图 5-20 可见，在各种水面倾斜力矩作用下，连接左右侧同步系统的横向同步轴扭矩最大值为 10～15kN·m，因此船厢水面波动对横向同步轴扭矩影响较小，不是同步轴强度设计控制条件。

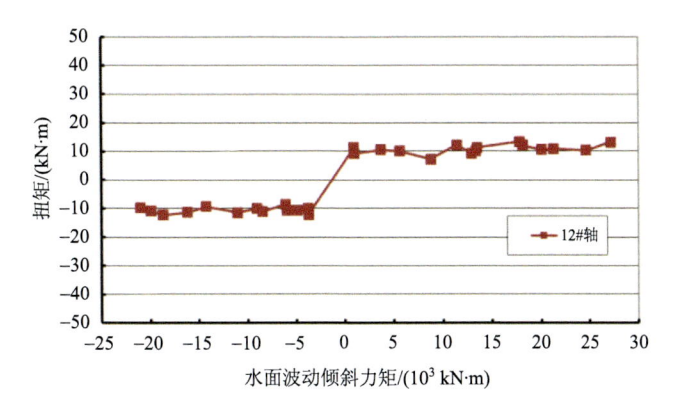

图 5-20　横向同步轴扭矩与水面波动倾斜力矩关系

由图 5-21 和图 5-22 可见，在船厢水面波动作用下，左右侧同步系统各同步轴最大扭矩值基本随水面波动倾斜力矩增大而增大，二者基本呈线性变化。水面波动倾斜力矩小于 $15×10^3$ kN·m 时，相同水面波动倾斜力矩作用下，各同步轴扭矩值差异不大；当水面波动倾斜力矩继续增大时，各同步轴扭矩大小出现一定差异，左侧同步系统最大扭矩出现在两端同步轴，右侧同步系统最大值出现在中间同步轴。通过分析，同步轴最大值出现位置与船厢刚度、同步轴刚度、同步轴间隙、系统摩擦阻力等多种因素密切相关。船厢及同步轴刚度较小、同步轴间隙较大时，最大扭矩一般出现在两端的同步轴上，相反则出现在中间的同步轴上。图 5-23 为同步系统中最大扭矩值与各同步轴平均扭矩的对比，可见同步系统最大扭矩值和平均扭矩值均与水面波动倾斜力矩值间呈现较好的线性变化关系。

同步轴扭矩最大值与船厢倾斜量间存在如图 5-23 中所示 A-B、B-C 和 C-D 三段典型的线性变化关系，B-C 区间水面波动倾斜力矩较小，系统摩擦阻力克服了水面波动倾斜力矩作用于同步轴上的部分扭矩，因此同步轴扭矩随水面波动倾斜力矩的变化较小，同

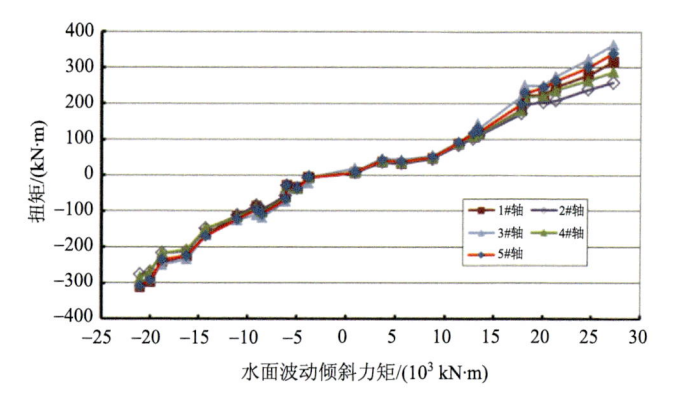

图 5-21 右侧同步轴扭矩与水面波动倾斜力矩关系

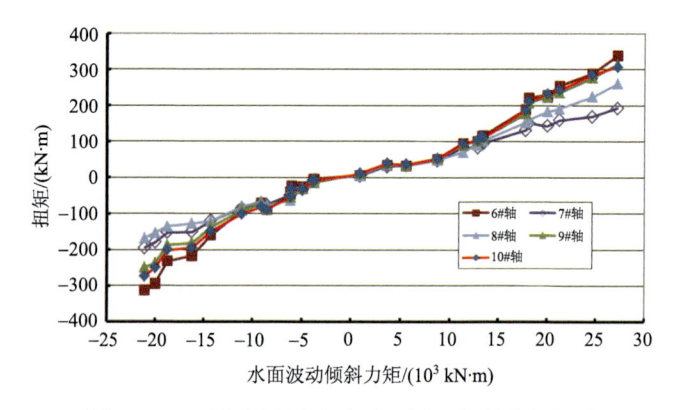

图 5-22 左侧同步轴扭矩与水面波动倾斜力矩关系

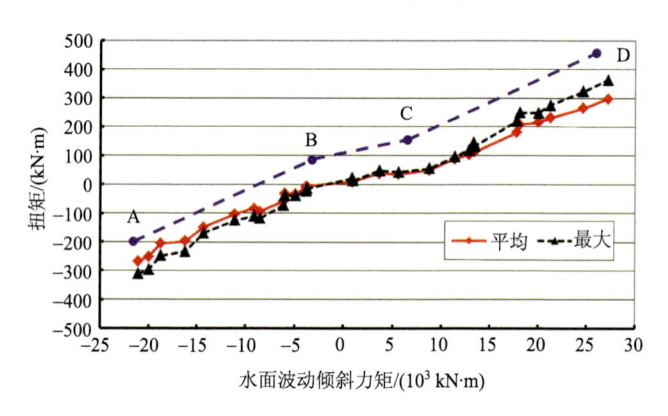

图 5-23 最大扭矩、平均扭矩与水面波动倾斜力矩关系

步轴扭矩最大值变化范围为–20~50kN·m。A-B 或 C-D 段,水面波动倾斜力矩产生的同步轴扭矩超过系统摩擦力的影响,同步轴扭矩随水面波动倾斜力矩变化较大,分析 A-B 或 C-D 区间同步轴扭矩最大值和水面波动倾斜力矩间的变化关系,可见水面波动倾斜力矩与同步轴最大扭矩存在以下关系:

$$|T_w| = 1.68 \times 10^{-2} \times |M_w| - B_w \tag{5-29}$$

式中,T_w 为船厢水面波动引起的同步系统同步轴最大扭矩,kN·m;M_w 为船厢水面波动

产生的纵向倾斜力矩，kN·m；B_w 为系统摩擦力克服的扭矩，kN·m，模型试验条件下 B_w =66.6kN·m。

根据卷筒两侧钢丝绳受力作用于卷筒上的典型扭矩变化情况可知，在水面波动倾斜力矩作用下，钢丝绳作用于同步系统卷筒上的扭矩呈现两端大、中间小的分布，其中最小扭矩出现在 3#、6#卷筒，最大扭矩出现在 1#、8#卷筒；并且钢丝绳作用于同步系统上、下游侧卷筒上的扭矩大小和方向变化相反。

根据钢丝绳作用右侧同步系统的合力变化过程可知，各种工况下，水面波动作用过程钢丝绳合力产生了 3~3.5t 的变化。通过分析可知，在船厢水面波动过程中，理论上船厢侧重量没有发生变化，浮筒侧的总合力也没有发生变化，钢丝绳作用于卷筒上的合力发生变化，主要是作用于卷筒上的摩擦力大小和方向发生了变化，因此根据测量的钢丝绳合力变化，模型中单个卷筒上摩擦力为 3~3.5t，相对于单个卷筒摩擦阻力将会产生 60~70kN·m 的抵抗扭矩。

根据卷筒钢丝绳受力直接计算的同步轴扭矩变化（不考虑卷筒摩擦力）与应变片直接测量的同步轴扭矩对比可知，由于忽略了摩擦力影响，根据钢丝绳受力直接计算的同步轴扭矩值比同步轴的实际受力大 50~80kN·m，考虑模型 60~70kN·m 的摩擦力作用后，根据钢丝绳受力计算的各同步轴最大扭矩值与应变片测量值基本一致。

图 5-24 为钢丝绳受力计算的同步系统最大值与直接测量最大扭矩的对比，由图可见，二者的变化规律基本一致，对钢丝绳受力计算的同步轴最大扭矩和水面波动倾斜力矩值进行线性拟合（$R^2=0.9867$），线性关系较好，因此不考虑卷筒摩擦力条件下，同步轴最大扭矩与水面波动倾斜力矩间存在以下关系：

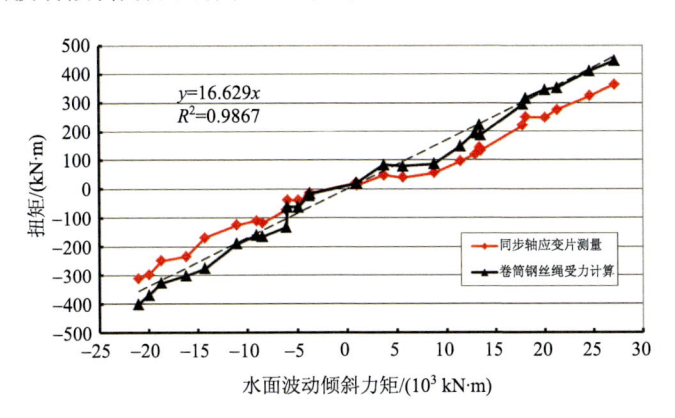

图 5-24 最大扭矩与水面波动倾斜力矩关系

$$|T_w| = 1.693 \times 10^{-2} \times |M_w| \qquad (5-30)$$

式中，T_w 为船厢水面波动引起的同步系统同步轴最大扭矩，kN·m；M_w 为船厢水面波动产生的纵向倾斜力矩，kN·m。比较式(5-29)和式(5-30)可见，式(5-30)没有考虑系统摩擦力对船厢水面波动倾斜力矩的抵抗作用；式(5-29)考虑了系统摩擦阻力的影响，但由于模型与原型摩擦阻力间存在差异，需要根据原型系统摩擦力对式(5-29)进行校正。比较这两个公式，消除摩擦力的影响，二者船厢水面波动产生的纵向倾斜力矩系数

$\varphi_1 = \dfrac{R}{2L(1-\beta\delta R)}$ 基本一致，分别为 1.68×10^{-2} 和 1.693×10^{-2}，与模型理论值 1.83×10^{-2} 误差仅 7.6%左右。因此，从安全角度出发，不考虑摩擦力的抵抗效果，船厢水面波动产生的原型同步系统最大扭矩可按式(5-30)进行估算。

4) 船厢升降运行水面动态倾斜力矩特性

由于同步系统间隙及安装误差影响，空船厢运行时船厢倾斜量会发生周期性的变化(图 5-25)，船厢有水升降运行时将会诱发船厢水面波动，从而产生船厢纵向倾斜力矩，根据 1∶10 船厢升降运行试验资料，在模型误差条件下，水面波动在同步轴上产生的波动倾斜力矩值是理论值的 1.68~1.7 倍。

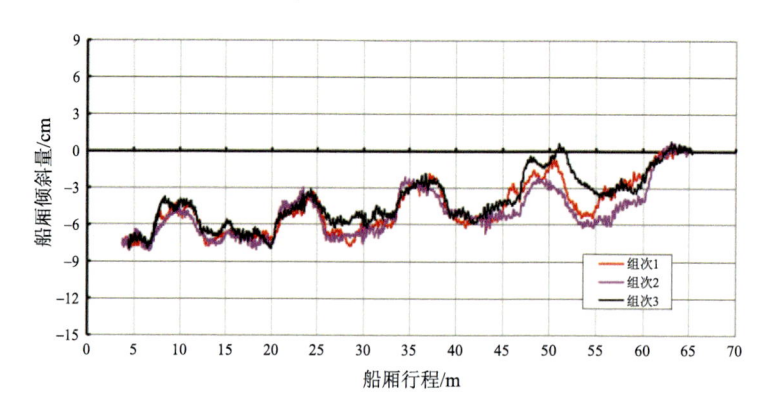

图 5-25 空船厢运行倾斜量变化

由于在物理模型上模拟船厢升降运行时的不同间隙和走线误差难度较大，而且根据现场原型观测，原型船厢走线误差最大仅 2.6cm，左右侧平均仅约 1.5cm。模型要达到如此小的误差，不仅模型加工安装难以实现，而且相关物理量的测量难度也非常大，因此通过三维数值模拟的方法，对船厢倾斜量动态变化引起的船厢水面波动倾斜力矩进行研究。

数学模型采用传统的多相流 $k\text{-}\varepsilon$ 紊流模型模拟船厢内水体和空气的流动，采用动网格技术模拟船厢的倾斜量变化，运用 VOF (volume of fluid) 方法模拟船厢水面波动，模拟时通过指定船厢倾斜量变化曲线来诱发船厢水面波动变化，船厢水面波动对船厢的倾斜力矩通过积分获取静动水压力作用在船厢上的荷载计算。图 5-26 是船厢计算区域网格划分及网格变化情况。

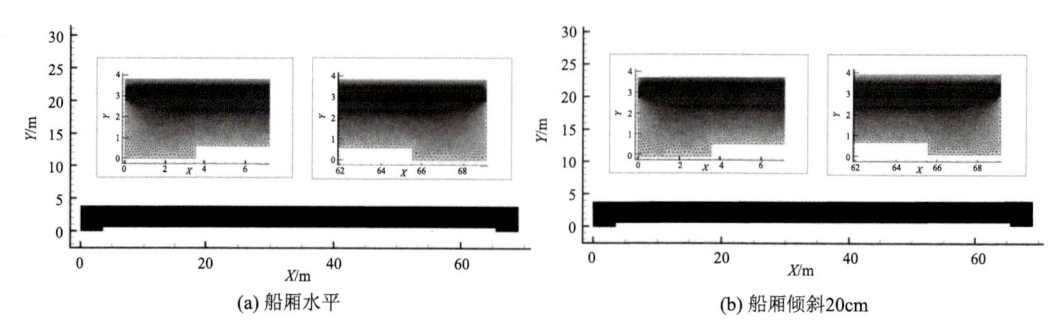

(a) 船厢水平　　　　　　　　　　　(b) 船厢倾斜20cm

图 5-26 船厢计算区域网格划分及网格变化

为了验证数学模型的可靠性，以整体模型实测的船厢有水升降运行过程船厢倾斜量变化作为边界条件(图 5-27)，计算了模型船厢倾斜量动态变化过程与船厢水面波动倾斜力矩的变化关系。数学模型计算时，为简化计算将模型实船的船厢倾斜量进行了滤波，即忽略了频率相对较高的船厢倾斜量变化，同时由于网格及计算能力限制，没有模拟船厢水面波动的短波影响，因此，数学模型计算的波动倾斜力矩变化没有反映出水面高频影响效果。从计算结果(图 5-28)可见，数学模型计算的船厢受到的倾斜力矩与模型实测的倾斜力矩总体变化趋势及大小基本一致，数学模型可基本反映船厢倾斜量变化时的水面倾斜力矩效果。

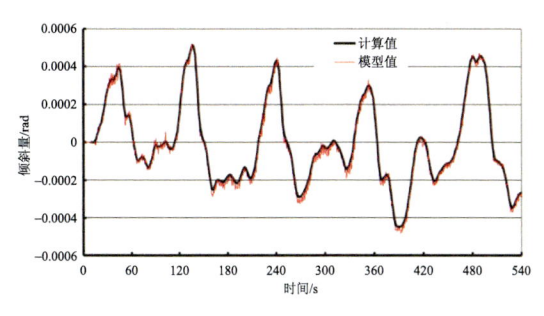

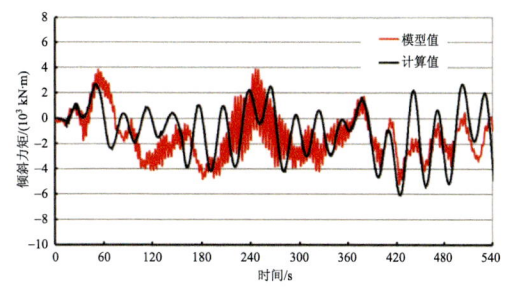

图 5-27　船厢倾斜量变化边界条件　　　　图 5-28　船厢倾斜力矩计算值与模型值对比

为了研究船厢倾斜量动态变化时的水面波动倾斜力矩，数学模型对船厢倾斜变化过程进行了概化，分别模拟了船厢 5s 内线性发生了 1cm、2cm、4cm、10cm、16cm 和 20cm 倾斜量时的水面波动及船厢受到的倾斜力矩变化。典型船厢水面变化及船厢受到的倾斜力矩变化见图 5-29、图 5-30 和表 5-1。由图表可见，随着船厢单位时间内倾斜量的增加，船厢受到的倾斜力矩基本随之迅速增加，而且船厢水面波动最大倾斜力矩要比船厢倾斜

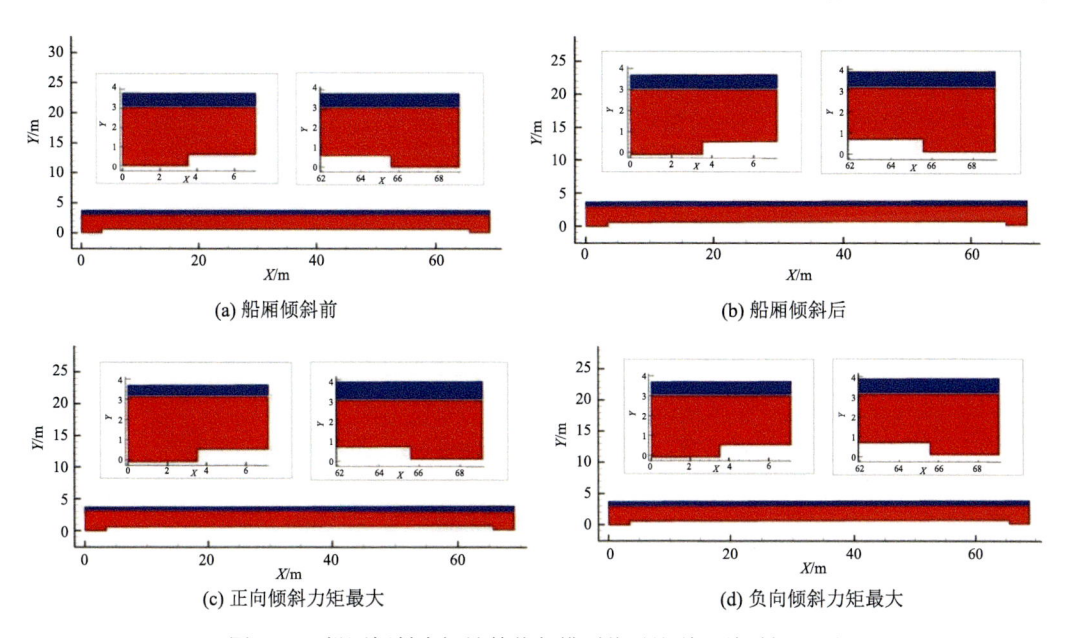

(a) 船厢倾斜前　　　　　　　　　　　　(b) 船厢倾斜后

(c) 正向倾斜力矩最大　　　　　　　　　(d) 负向倾斜力矩最大

图 5-29　船厢倾斜力矩计算值与模型值对比(船厢倾斜 20cm)

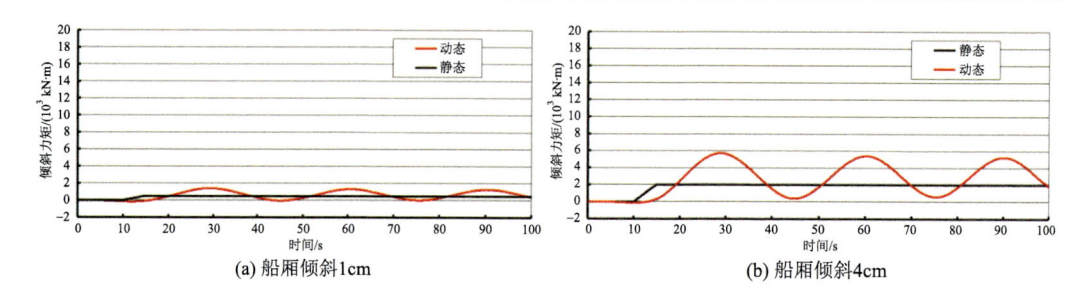

图 5-30 船厢突然倾斜产生的水面波动倾斜力矩变化

表 5-1 数模计算的水面波动倾斜力矩与静态力矩的关系

船厢倾斜/cm A	总倾斜力矩/(10^3kN·m) B	静态力矩/(10^3kN·m) C	波动力矩/(10^3kN·m) $D=B-C$	比值 $E=C/B$	比值 $F=D/C$
20.0	28.71	10.09	18.62	0.351	1.845
16.0	22.96	8.08	14.88	0.352	1.842
10.0	14.34	5.05	9.29	0.352	1.840
4.0	5.72	2.02	3.70	0.353	1.832
2.0	2.85	1.01	1.84	0.354	1.822
1.0	1.41	0.50	0.91	0.355	1.820

注：模型实测 $E=0.37$，$F=1.68\sim1.70$。

时理论的静态值大。船厢波动产生的附加倾斜力矩与静态倾斜力矩的比值在 1.820~1.845，且随倾斜量减小呈减小趋势，船厢倾斜大于 10cm 后该值基本稳定在 1.84~1.85。该比值与物理模型试验得出的水面波动倾斜力矩是静态理论值的 1.68~1.7 倍基本一致。船厢运行走线误差引起船厢内水面变化，水的黏性及表面张力影响不可忽略，模型测量的水面波动值将会比原型实际略为偏小，因此，从安全角度出发，船厢升降运行过程中船厢水面波动产生的倾斜力矩按船厢倾斜量理论值的 1.7 倍进行估算基本合理，建议采用。

6. 船厢倾斜量及同步轴扭矩分析预测

船厢升降运行过程，船厢倾斜量与同步轴运行中所受最大扭矩和船厢水面波动、船厢偏心荷载、制造误差、系统摩擦力、加工安装精度、船厢初始调平情况等因素有关。由于机械系统制作安装误差具有一定的随机性，而这些因素对船厢的倾斜量和同步轴扭矩影响十分关键，因此，需要通过物理模型试验结合现场原型观测资料，对同步系统不同制造安装误差条件下的船厢倾斜量和同步轴扭矩进行分析和预测。

1) 同步轴刚度影响

图 5-31 和图 5-32 是不同同步轴刚度条件下船厢倾斜量与船厢水面波动和机械误差对同步轴扭矩影响的对比。同步轴刚度由 53.4kN·m/(°)提升到 166.9kN·m/(°)，对降低船厢倾斜量和同步轴扭矩值效果十分显著。

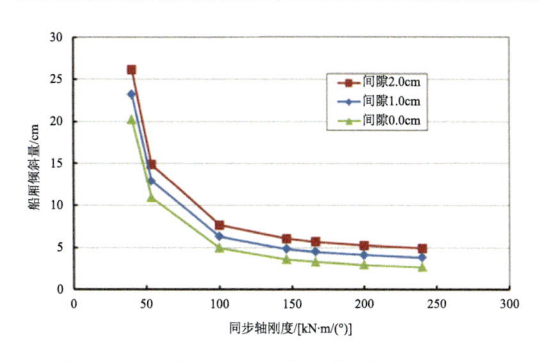

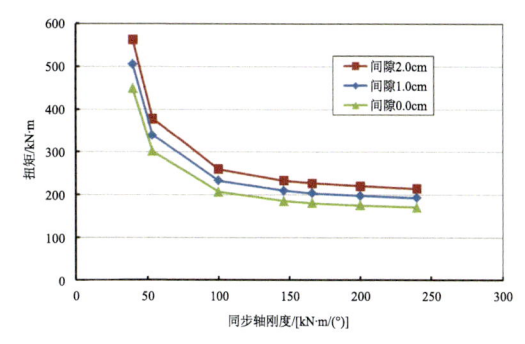

图 5-31 同步轴刚度对船厢倾斜量影响对比　　图 5-32 同步轴刚度对同步轴扭矩影响对比

船厢倾斜量方面，同步轴刚度大于 100~150kN·m/(°) 后，水面波动对船厢倾斜量的影响已不十分明显，船厢的倾斜量大小主要由同步轴间隙和钢丝绳走线误差控制。

同步轴扭矩方面，同步轴刚度大于 100kN·m/(°) 后，同步轴刚度对降低船厢水面波动产生的同步轴扭矩效果已不明显（图 5-32）。因此，改进方案同步轴刚度已达到 166.9kN·m/(°)，继续加大同步轴刚度对降低同步轴扭矩效果已十分有限，要降低同步轴扭矩，只能控制船厢允许产生的最大水面波动倾斜力矩。

综上分析，将同步系统刚度由 53.4kN·m/(°) 提升到 166.9kN·m/(°)，在降低船厢倾斜量和同步轴扭矩方面效果十分显著，但进一步提高刚度对降低船厢倾斜量和同步轴扭矩已意义不大，要有效控制船厢倾斜量和同步轴扭矩，需要对同步轴间隙和船厢内允许的最大水面波动进行控制，并适当提高同步系统抗扭强度。

2）船厢最大倾斜量

同步系统刚度为 53.4kN·m/(°) 和 166.9kN·m/(°) 条件下，制造误差倾斜系数 γ_1 分别为 1.98 和 1.18，波动倾斜量系数 γ_2 分别为 9.71×10^{-6} 和 1.864×10^{-6}，倾斜量抵抗系数 $\gamma_3 = \dfrac{4\delta}{1-\beta\delta R}$ 分别为 2.75×10^{-3} 和 8.78×10^{-4}。因此，根据式(5-11)可以估算出不同同步轴间隙和水面波动下船厢可能的最大倾斜量，见表 5-2。加大同步轴刚度，只能减小对制造误差 $\theta_2 R + \Delta h_0$ 的放大作用，不能消除和减小制造误差 $\theta_2 R + \Delta h_0$ 导致的船厢倾斜。比较表 5-2 和表 5-3，由同步系统刚度为 166.9kN·m/(°) 的制造误差倾斜量 ΔH_1 和水面倾斜力矩倾斜量 ΔH_2 可见，制造误差倾斜量 ΔH_1 在船厢倾斜量中占主导地位，是引起该方案船

表 5-2　同步轴间隙对船厢倾斜量的影响对比

轴间隙 $(\theta_2 R)$ /cm	走线误差 (Δh_0) /cm	制造误差 $(\theta_2 R + \Delta h_0)$ /cm	制造误差倾斜量 ΔH_1/cm 同步系统刚度 166.9kN·m/(°)	制造误差倾斜量 ΔH_1/cm 同步系统刚度 53.4kN·m/(°)	减少量
0.00	1.50	1.50	1.78	2.97	1.19
0.50	1.50	2.00	2.38	3.96	1.58
1.00	1.50	2.50	2.97	4.95	1.98
1.50	1.50	3.00	3.56	5.94	2.38
2.00	1.50	3.50	4.16	6.93	2.77

续表

轴间隙 ($\theta_2 R$) /cm	走线误差 (Δh_0) /cm	制造误差 ($\theta_2 R + \Delta h_0$) /cm	制造误差倾斜量 ΔH_1 /cm		
			同步系统刚度 166.9kN·m/(°)	同步系统刚度 53.4kN·m/(°)	减少量
2.50	1.50	4.00	4.75	7.92	3.17
3.00	1.50	4.50	5.35	8.91	3.56
3.50	1.50	5.00	5.94	9.90	3.96
4.00	1.50	5.50	6.53	10.89	4.36
4.50	1.50	6.00	7.13	11.88	4.75

表 5-3 水面波动倾斜力矩对船厢倾斜量的影响对比

水面波动倾斜力矩 M_b /(10^3kN·m)	倾斜力矩倾斜量 $\Delta H_2 = \gamma_2(M_b + M_p)$ /cm			说明
	同步系统刚度 166.9kN·m/(°)	同步系统刚度 53.4kN·m/(°)	减少量	
1.23	0.2	1.2	1.0	零间隙附加水面波动
1.5	0.3	1.5	1.2	卧倒门 2min 关闭水面波动
2.0	0.4	2.0	1.6	1cm 间隙附加水面波动
3.8	0.7	3.7	3.0	引航道水面波动
4.9	0.9	4.8	3.9	船池水面波动影响
6.4	1.2	6.2	5.0	卧倒门+船池水面波动
10.2	1.9	9.9	8.0	卧倒门+船池水面波动+引航道水面波动
18.5	3.4	18.0	14.6	船舶 0.6m/s 进船厢，产生水面波动
23.2	4.3	22.5	18.2	
35.3	6.6	34.3	27.7	

注：船厢偏心倾斜力矩 M_p，通过船厢初始调平消除。

厢倾斜的主要因素，需要对同步系统的最大间隙进行严格控制。该方案同步轴在 0cm 间隙和 1.0cm 间隙（走线误差 1.5cm）条件下，考虑船厢加水后升降运行产生的附加水面波动倾斜力矩影响，由制造安装误差 $\theta_2 R + \Delta h_0$ 产生的船厢倾斜量分别为 1.78cm 和 2.97cm；相同条件下，原方案最大可产生达 2.97cm 和 4.95cm 的倾斜。同步系统刚度为 166.9kN·m/(°) 时对制造安装误差 $\theta_2 R + \Delta h_0$ 的放大作用已明显减小。

表 5-4 是综合机械系统误差（同步轴间隙、船厢走线误差等）和船厢水面波动影响，预测的同步系统刚度为 166.9kN·m/(°) 时，船厢倾斜量变化情况。由表可知，同步系统刚度为 166.9kN·m/(°)，走线误差为 1.5cm（实测），同时考虑卧倒门 2min 关闭的水面波动（1.5×10^3kN·m）和船池水面波动（4.88×10^3kN·m）的影响，同步轴间隙为 0.0cm 时，船厢有水升降运行过程船厢最大倾斜量变化幅值预计不超过 2.98cm；同步轴间隙为 1.0cm 时，倾斜量变化幅值不超过 4.17cm。因此综合以上资料分析，对同步系统刚度为 166.9kN·m/(°) 而言，同步轴间隙是影响船厢倾斜量的主要因素。

表 5-4　同步系统刚度为 166.9kN·m/(°)时船厢升降运行可能的最大倾斜量　　（单位：cm）

$\theta_2 R$	M_b								
	0	1.5	3.8	4.9	6.4	10.2	18.5	23.2	35.3
0.00	1.78	2.08	2.48	2.68	2.98	3.68	5.18	6.08	8.38
0.50	2.38	2.68	3.08	3.28	3.58	4.28	5.78	6.68	8.98
1.00	2.97	3.27	3.67	3.87	4.17	4.87	6.37	7.27	9.57
1.50	3.56	3.86	4.26	4.46	4.76	5.46	6.96	7.86	10.16
2.00	4.16	4.46	4.86	5.06	5.36	6.06	7.56	8.46	10.76
2.50	4.75	5.05	5.45	5.65	5.95	6.65	8.15	9.05	11.35
3.00	5.35	5.65	6.05	6.25	6.55	7.25	8.75	9.65	11.95
3.50	5.94	6.24	6.64	6.84	7.14	7.84	9.34	10.24	12.54
4.00	6.53	6.83	7.23	7.43	7.73	8.43	9.93	10.83	13.13
4.50	7.13	7.43	7.83	8.03	8.33	9.03	10.53	11.43	13.73

注：M_b 为船厢水面波动倾斜力矩，单位 10^3kN·m；$\theta_2 R$ 为同步轴间隙，单位 cm；走线误差取原型值 1.5cm。

3）同步轴最大扭矩

通过前面的理论分析与模型试验验证，船厢运行过程中同步轴最大扭矩 T_N 可以表示为

$$T_N = \varphi_1[M_Q + 2L\beta(\theta_2 R + \Delta h_0)] - \varphi_3 M_f + M_k + M_g \tag{5-31}$$

式中，$\varphi_1 M_Q$ 表示船厢水面波动、船厢偏心荷载等产生的船厢倾斜力矩 M_Q 对同步轴扭矩的影响，原方案和加固方案的倾斜力矩系数 φ_1 分别为 2.97×10^{-2} 和 1.78×10^{-2}；$\varphi_2 = 2L\beta\varphi_1$ 表示船厢加水后，同步系统机械误差 $\theta_2 R + \Delta h_0$ 对同步轴扭矩的影响，原方案和加固方案的制造误差系数 φ_2，分别为 1427.5 和 856.7；前面这两项 $\varphi_1 M_Q + \varphi_2(\theta_2 R + \Delta h_0)$ 表示船厢内水体对同步轴扭矩荷载的影响。

空船厢升降运行时，该部分影响可以忽略，值为 0，因此空船厢升降运行时，同步轴扭矩可以表示为

$$T_{N空} = -\varphi_3 M_f + M_k + M_g \tag{5-32}$$

式中，$-\varphi_3 M_f$ 表示系统摩擦力对同步轴扭矩的抵抗作用；M_k 表示由于安装误差等在同步系统转动时产生的同步轴内部扭矩变化；M_g 表示船厢初始调平时，相邻卷筒钢丝绳受力不均对同步轴产生的初始扭矩。分析 $-\varphi_3 M_f$、M_k 和 M_g 产生的原因，可知原模间不存在相似性，即不能通过模型值推算原型值大小，但是该项值可以通过现场监测船厢调平解锁及空船厢升降运行过程的扭矩变化获取：①空船厢升降运行过程的相对扭矩变化值，反映了摩擦力和机械误差产生的同步轴内部扭矩 $-\varphi_3 M_f + M_k$，根据现场试验，空船厢升降运行时扭矩最大变化值约 40kN·m，即 $-\varphi_3 M_f + M_k = 40$kN·m（见图 5-33 同步轴扭矩值原型观测结果）。②船厢调平解锁过程同步轴扭矩的最大变化可近似认为是 M_g，根据现场原型观测，船厢调平解锁流程对同步轴产生的初始扭矩 M_g 大小影响十分显著，不合理解锁流程下，在同步轴上产生的初始扭矩已超过了 200kN·m；在优化解锁方式下，同步轴初始扭矩最大值约 79.0kN·m。因此，原型船厢调平解锁方式对同步轴初

始扭矩大小的影响十分显著。

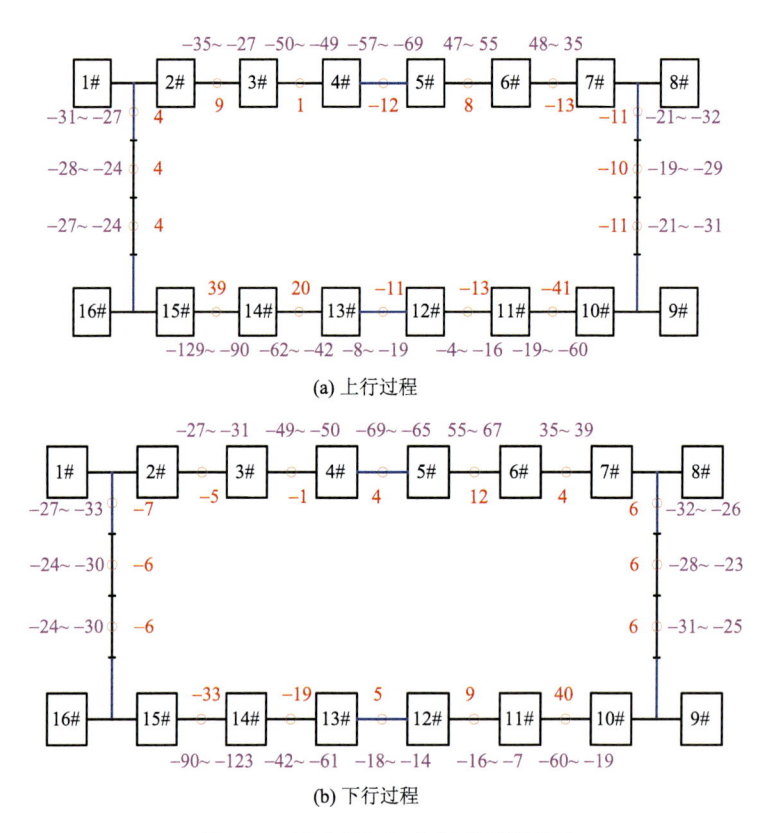

(a) 上行过程

(b) 下行过程

图 5-33　同步轴扭矩值原型观测结果

根据前面的试验和计算分析可知，同步轴安装制造误差 $\theta_2 R + \Delta h_0$ 对同步轴扭矩的影响主要体现在图 5-34 中的两方面：①制造安装误差导致船厢倾斜，产生船厢水体的静态倾斜力矩，该部分荷载对同步轴扭矩的影响可根据 $\varphi_2(\theta_2 R + \Delta h_0)$ 进行估算；②制造安装误差导致船厢倾斜，引起船厢水面波动产生附加动态倾斜力矩(包含水体在船厢内运动产生的惯性力影响)，根据模型试验和数学计算，该值可近似取静态倾斜力矩的 1.7 倍左右。

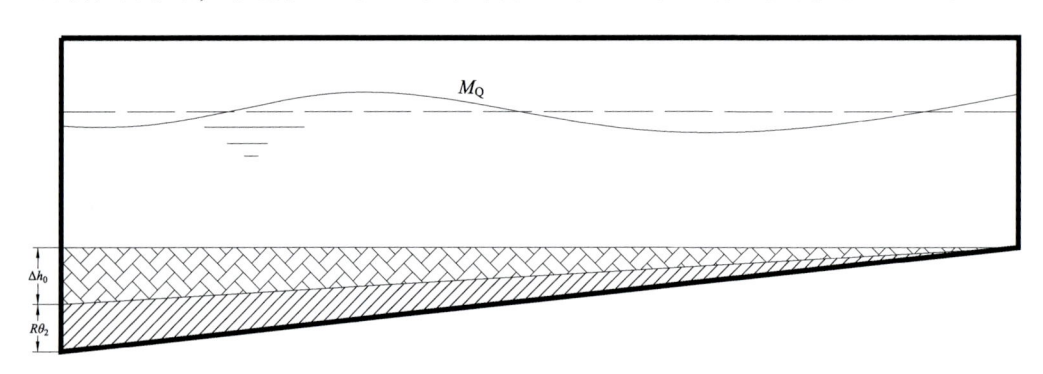

图 5-34　制造安装误差产生的倾斜力矩示意图

表 5-5～表 5-8 分别为同步轴不同间隙和船厢水面波动下船厢可能产生的同步轴最大扭矩。可见，提高同步轴刚度，减小了船厢倾斜量，相应地降低了船厢水荷载对同步轴扭矩的影响。相同刚度条件下，同步轴的最大扭矩值随同步轴间隙的增大而增大。同步系统刚度为 166.9kN·m/(°)、同步轴间隙为 0cm 时(船厢走线误差 1.5cm)，船厢加水升降运行过程中，同步轴会产生 34.7kN·m 的扭矩，其中静态扭矩 12.9kN·m，附加动态扭矩 21.8kN·m；同步轴间隙增加到 1.0cm，相应地总扭矩会增加到 57.8kN·m，其中静态扭矩 21.4kN·m，附加动态扭矩 36.4kN·m。

表 5-5 同步轴间隙对同步轴扭矩的影响对比

间隙($\theta_2 R$)/cm	制造误差 ($\theta_2 R + \Delta h_0$)/cm	静态扭矩/(kN·m) 同步系统刚度 166.9kN·m/(°)	静态扭矩/(kN·m) 同步系统刚度 53.4 kN·m/(°)	附加动态扭矩/(kN·m) 同步系统刚度 166.9kN·m/(°)	附加动态扭矩/(kN·m) 同步系统刚度 53.4 kN·m/(°)
0.00	1.50	12.9	21.4	21.8	36.4
0.50	2.00	17.1	28.5	29.1	48.5
1.00	2.50	21.4	35.7	36.4	60.7
1.50	3.00	25.7	42.8	43.7	72.8
2.00	3.50	30.0	50.0	51.0	84.9
2.50	4.00	34.3	57.1	58.3	97.1
3.00	4.50	38.6	64.2	65.5	109.2
3.50	5.00	42.8	71.4	72.8	121.3
4.00	5.50	47.1	78.5	80.1	133.5
4.50	6.00	51.4	85.6	87.4	145.6

表 5-6 水面波动倾斜力矩对同步轴扭矩的影响对比

水面波动倾斜力矩 M_b /(10^3kN·m)	同步系统刚度 166.9kN·m/(°)	同步系统刚度 53.4 kN·m/(°)	减少量	说明
1.23	21.9	36.5	14.6	零间隙附加水面波动
1.5	25.4	44.5	19.1	卧倒门 2min 关闭水面波动
2.04	36.4	60.6	24.2	1cm 间隙附加水面波动
3.8	67.9	112.8	44.9	引航道水面波动
4.9	92.6	144.9	52.3	船池水面波动影响
6.4	118.0	189.4	71.4	卧倒门+船池水面波动
10.2	185.9	356.4	170.5	卧倒门+船池水面波动+引航道水面波动

注：忽略船厢偏心倾斜力矩对同步轴扭矩影响。

表 5-7　同步系统刚度为 166.9kN·m/(°) 时船厢升降运行可能的最大扭矩变化　（单位：kN·m）

$\theta_2 R$	M_b						
	0	1.5	3.8	4.9	6.4	10.2	18.5
0.00	34.7	60.1	102.6	127.3	152.7	220.6	364.4
0.50	46.2	71.6	114.1	138.8	164.2	232.1	375.9
1.00	57.8	83.2	125.7	150.4	175.8	243.7	387.5
1.50	69.4	94.8	137.3	162	187.4	255.3	399.1
2.00	81.0	106.4	148.9	173.6	199	266.9	410.7
2.50	92.6	118	160.5	185.2	210.6	278.5	422.3
3.00	104.1	129.5	172	196.7	222.1	290	433.8
3.50	115.6	141	183.5	208.2	233.6	301.5	445.3
4.00	127.2	152.6	195.1	219.8	245.2	313.1	456.9
4.50	138.8	164.2	206.7	231.4	256.8	324.7	468.5

注：M_b 为船厢水面波动倾斜力矩，单位 10^3kN·m；$\theta_2 R$ 为同步轴间隙，单位 cm；走线误差取原型值 1.5cm。

表 5-8　不同组合荷载下同步轴扭矩增加值

间隙 ($\theta_2 R$)/cm	制造误差影响		卧倒门关闭 /(kN·m)	船池水面影响 /(kN·m)	引航道波动 /(kN·m)	船舶进出 /(kN·m)
	静态/(kN·m)	动态/(kN·m)				
0.0	12.9	21.8	—	—	—	—
	12.9	21.8	25.4	—	—	—
	12.9	21.8	—	92.6	—	—
	12.9	21.8	25.4	92.6	—	—
	12.9	21.8	25.4	92.6	67.9	—
	—	—	—	—	—	329.7
1.0	21.4	36.4	—	—	—	—
	21.4	36.4	25.4	—	—	—
	21.4	36.4	—	92.6	—	—
	21.4	36.4	25.4	92.6	—	—
	21.4	36.4	25.4	92.6	67.9	—
	—	—	—	—	—	329.7

注：走线误差取原型值 1.5cm。

相比较而言，在制造安装误差较小的条件下，卧倒门启闭、船厢出入水等过程中船厢倾斜力矩对同步轴扭矩的影响要大于间隙对其的影响，卧倒门 2min 关闭引起的水面波动倾斜力矩为 1.5×10^3kN·m，可在同步系统刚度为 166.9kN·m/(°) 和 53.4kN·m/(°) 的同步轴上分别产生 25.4kN·m 和 44.5kN·m 的扭矩；船厢出入水过程中，流量控制在 6.0m³/s，船池内水面波动可对船厢产生 4.88×10^3kN·m 的倾斜力矩，可在同步轴上分别产生 92.6kN·m 和 144.9kN·m 的扭矩变化；引航道水面波动、现场实测电站下泄流量为 3000m³/s 左右时，引航道水面波动引起的纵向倾斜力矩平均值为 2.0×10^3kN·m，纵向倾斜力矩最大值为 3.81×10^3kN·m，可在同步系统刚度 166.9kN·m/(°) 及原方案的同步轴上产生约

67.9kN·m 和 112.8kN·m 的扭矩变化最大值；船舶以 0.6m/s 速度进船厢，水面倾斜力矩为 $18.5×10^3$kN·m，则可产生达 329.7kN·m 和 549.4kN·m 的扭矩变化。

因此，同步系统刚度 166.9kN·m/(°)在降低同步轴扭矩方面效果也十分明显。同时，根据计算也可看出，在船舶进出船厢过程中，卷筒制动器如不制动，船厢水面波动将会在同步轴上产生较大的扭矩，影响同步系统安全。

表 5-7 为不同荷载组合下，同步系统刚度为 166.9kN·m/(°)、船厢有水升降运行时，同步轴扭矩最大增加值的预估值。由表可见，在同步系统零间隙和 1cm 间隙条件下，制造误差所造成的船厢静态和动态倾斜力矩在同步轴上产生的总扭矩分别为 34.7kN·m 和 57.8kN·m。同时考虑卧倒门关闭、船厢出入水船池水面波动及引航道水面波动的影响，则船厢有水升降运行中同步轴扭矩分别增加 220.6kN·m 和 243.7kN·m。

表 5-8 仅提供了船厢有水升降运行时同步轴扭矩的增加值，然而加工安装中同步轴初始扭矩、摩擦力和机械误差产生同步轴内部扭矩等对同步轴扭矩的绝对值大小影响十分关键，由于原模机械系统制造安装误差差异较大，且这些因素的变化具有一定的随机性，无法通过模型试验得出。同步轴系统加工改造后，同步轴初始扭矩、摩擦力和机械误差产生的同步轴内部扭矩也会发生改变，因此船厢有水升降运行时同步轴的扭矩绝对值需要有关单位根据原型升船机的实际情况提供同步轴初始扭矩、摩擦力和机械误差产生的同步轴内部扭矩等数据作为基础。

5.2.3 机械同步系统设计方法

1. 设计流程

水力式升船机机械同步系统的设计一般包括下列步骤：
(1) 分析升船机运行过程中机械同步系统可能的工况和荷载；
(2) 根据工况和荷载进行同步轴刚度和强度设计；
(3) 综合同步系统间隙和卷筒轴线误差，计算船厢倾斜量是否满足要求。

设计流程见图 5-35。

针对主动抗倾覆机械同步系统进行了深入研究，提出了同步系统的刚度、强度设计方法和间隙控制标准。假定同步系统左右两侧完全对称、船厢充分调平、各卷筒钢丝绳受力和摩擦完全相同，忽略船厢和钢丝绳刚度影响，对同步系统刚度和强度进行了设计计算。

2. 刚度设计

承船厢升降运行，船厢侧会对同步系统产生四种倾覆力矩：①同步轴间隙和变形使船厢发生 Δh 倾斜，导致船厢内水体质量分布不均产生的倾覆力矩；②升降运行过程走线误差等引起船厢发生 Δh_0 倾斜，导致船厢内水体质量分布不均产生的倾覆力矩；③船厢倾斜，船厢水面波动产生的水面波动倾覆力矩；④船厢自身重量分布不均，出现偏心荷载产生的偏心倾覆力矩。

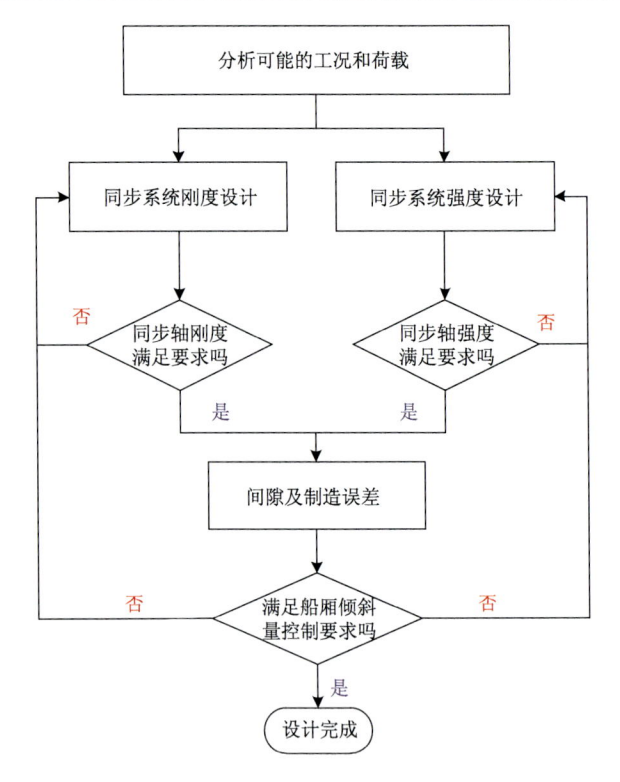

图 5-35 机械同步系统设计流程

船厢倾斜作用于同步系统的最大倾斜荷载 ΔP 根据下式计算：

$$\Delta P = \frac{(\Delta h + \Delta h_0)L_c B_c \rho g}{24} + \frac{M_b + M_p}{2L_c} \tag{5-33}$$

式中，Δh 为同步轴受不均匀荷载产生变形和同步轴间隙之和引起的船厢倾斜量，m；Δh_0 为船厢升降运行卷筒、钢丝绳等加工安装误差引起的船厢倾斜量；M_b 为船厢水面波动引起的倾覆力矩，kN·m；M_p 为船厢偏心荷载引起的倾覆力矩，kN·m；L_c 为船厢长度，m；B_c 为船厢宽度，m。

同步轴系统发生 Δh 的微小扭转变形，同步系统通过卷筒作用于承船厢的抗倾覆力 ΔF 根据下式计算：

$$\Delta F = \frac{\Delta h - \theta_2 R + 4M_f R \sum_{i=1}^{n} \frac{L_i}{GI_{pi}}}{R^2 \sum_{i=1}^{n} \frac{L_i}{GI_{pi}}} \tag{5-34}$$

式中，ΔF 为同步系统对船厢产生的抗倾覆力，kN；Δh 为同步轴受不均匀荷载产生变形和同步轴间隙之和，m；θ_2 为同步系统总间隙引起同步轴的转角，rad；R 为卷筒半径，m；L_i 为第 i 根同步轴长度，m；I_{pi} 为第 i 根同步轴的截面极惯性矩 $I_p = \frac{\pi D^4}{32}(1-a^4)$，$D$ 为同步轴外径，单位为 m，$a=d/D$，d 为同步轴内径，单位为 m；G 为剪切弹性模量，kPa；

M_f 为单个卷筒摩擦力产生的扭矩，kN·m。

因此，在不考虑同步轴强度破坏条件下，比较式(5-33)和式(5-34)可知：

(1) $\Delta F > \Delta P$，同步系统发生 Δh 偏转，同步轴卷筒对船厢提供的抗倾覆荷载 ΔF 大于船厢发生 Δh 倾斜产生的最大倾覆力矩 ΔP，船厢倾斜量 Δh 将减小；

(2) $\Delta F < \Delta P$，船厢倾斜量 Δh 继续增加，同步轴需要发生更大的扭转变形，产生更大的抵抗力，才能保证船厢达到平衡，船厢倾斜量 Δh 将继续增加；

(3) $\Delta F = \Delta P$，船厢倾斜量达到 Δh 时船厢稳定。

记 $\beta = \dfrac{L_c B_c \rho g}{24}$，$\delta = R \sum_{i=1}^{n} \dfrac{L_i}{G I_{pi}}$，根据船厢稳定时的条件 $\Delta F = \Delta P$ 可知，船厢稳定时应满足以下条件：

$$\Delta h = \frac{\theta_2 R}{1-\beta\delta R} + \frac{\Delta h_0 \beta \delta R}{1-\beta\delta R} + \frac{\delta R(M_b + M_p)}{2L_c(1-\beta\delta R)} - \frac{4\delta M_f}{1-\beta\delta R} \tag{5-35}$$

由于 $\Delta h \geqslant 0$，定义机械同步系统整体刚度 $K = \dfrac{1}{\sum_{i=1}^{n} \dfrac{L_i}{G I_{pi}}}$，式(5-35)成立即同步系统能保持船厢稳定的必要条件为

$$K > \frac{L_c B_c \rho g R^2}{24} \tag{5-36}$$

承船厢升降运行过程中船厢允许发生的最大倾斜量为 $\Delta h_{\max}$，则机械同步系统刚度还应满足：

$$\gamma_1(\theta_2 R + \Delta h_0) + \gamma_2(M_b + M_p) - \gamma_3 M_f \leqslant \Delta h_{\max} \tag{5-37}$$

式中，①$\gamma_1(\theta_2 R + \Delta h_0)$ 为制造误差产生的倾斜量，即同步系统间隙、钢丝绳走线误差等 $(\theta_2 R + \Delta h_0)$ 引起的船厢倾斜量，定义 $\gamma_1 = \dfrac{1}{1-\beta\delta R}$ 为制造误差倾斜系数。根据定义，γ_1 为与船厢尺度和同步系统刚度相关的系数，且 γ_1 为一大于或等于1的数值；同步轴刚度越大，γ_1 值越小，但不会小于1；当同步系统刚度无穷大时，$\gamma_1 = 1$，此时制造误差引起的船厢最大倾斜量为 $\theta_2 R + \Delta h_0$。因此 γ_1 会对制造误差产生的船厢倾斜量起到放大作用，同步系统刚度越小，对制造误差产生的船厢倾斜量放大作用越大；同步系统刚度越大，对制造误差产生的船厢倾斜量放大作用越小。②$\gamma_2(M_b + M_p)$ 为倾斜力矩引起的船厢倾斜量 ΔH_2，即船厢水面波动、船厢偏心荷载等倾斜力矩作用下船厢发生的倾斜量，定义 $\gamma_2 = \dfrac{\delta R}{2L(1-\beta\delta R)}$ 为波动倾斜量系数，刚度无穷大时，$\gamma_2 \to 0$，此时水面波动倾斜力矩对船厢产生倾斜量的影响较小。③$-\gamma_3 M_f$ 为系统摩擦力产生的船厢倾斜量抵抗量，定义 $\gamma_3 = \dfrac{4\delta}{1-\beta\delta R}$ 为摩擦力倾斜量抵抗系数，系统摩擦越大，对减小船厢倾斜量越有利。

因此，机械同步系统具备抗倾覆功能，机械同步系统刚度应同时满足式(5-36)和式(5-37)。

3. 强度设计方法

船厢运行过程中同步轴最大扭矩 T_N 可以表示为

$$T_N = \varphi_1[M_Q + 2L\beta(\theta_2 R + \Delta h_0)] - \varphi_3 M_f + M_k + M_g$$
$$= \varphi_1 M_Q + \varphi_2(\theta_2 R + \Delta h_0) - \varphi_3 M_f + M_k + M_g \quad (5\text{-}38)$$

式中，φ_1 为倾斜力矩系数；M_Q 为船厢倾斜力矩；φ_2 为制造误差系数；$\theta_2 R + \Delta h_0$ 为同步系统机械误差；$\varphi_1 M_Q$ 表示船厢水面波动、船厢偏心荷载等产生的船厢倾斜力矩 M_Q 对同步轴扭矩的影响；$\varphi_2(\theta_2 R + \Delta h_0)$ 表示船厢加水后，同步系统机械误差 $\theta_2 R + \Delta h_0$ 对同步轴扭矩的影响；前面这两项 $\varphi_1 M_Q + \varphi_2(\theta_2 R + \Delta h_0)$ 表示船厢内水体对同步轴扭矩荷载的影响；$\varphi_3 M_f$ 表示系统摩擦力对同步轴扭矩的抵抗作用；M_k 表示由于安装误差等在同步系统转动时产生的同步轴内部扭矩变化；M_g 表示船厢初始调平时，相邻卷筒钢丝绳受力不均对同步轴产生的初始扭矩。空船厢升降运行时，前面两项影响可忽略，因此空船厢升降运行时，同步轴扭矩可表示为

$$T_N = -\varphi_3 M_f + M_k + M_g \quad (5\text{-}39)$$

4. 间隙及制造误差控制条件

对于机械同步系统间隙 $\theta_2 R$、制造误差倾斜量 Δh_0，应按以下条件进行控制：

$$(\theta_2 R + \Delta h_0) \leqslant \frac{\Delta h_{\max} + \gamma_3 M_f - \gamma_2(M_b + M_p)}{\gamma_1} \quad (5\text{-}40)$$

$$(\theta_2 R + \Delta h_0) \leqslant \frac{(M_{\max} - M_k - M_g) + \varphi_3 M_f - \varphi_1 M_Q}{2L\beta\varphi_1} \quad (5\text{-}41)$$

式中，$\Delta h_{\max}$ 为承船厢允许发生的最大倾斜量，m；$M_{\max}$ 为机械同步系统允许的最大扭矩，kN·m。

5.3 机械同步系统结构设计

为保证船厢的纵倾稳定，同步轴需有足够的抗扭强度以抵抗抗倾力矩；为消除同步轴转动间隙，采用了设置机械同步系统刚度+微间隙大型膜片联轴器方案。

5.3.1 总体设计

机械同步系统由卷筒、同步轴、联轴器、锥齿轮箱、卷筒安全装置等组成(图 5-36)，沿卷筒轴线布置，在卷筒组的上下游两端通过锥齿轮箱转换，形成闭环同步系统。卷筒及同步系统由 16 个卷筒和 4 个锥齿轮箱以及卷筒间的同步轴等组成，在主机房内分 16 个吊点区对称布置。每套卷筒布置 3 个制动器，卷筒端面配制动盘。同侧的卷筒通过浮动同步轴及联轴器连接，两侧的卷筒通过锥齿轮箱转换后再经过浮动同步轴连接。每只卷筒上绕 4 根钢丝绳，共 64 根钢丝绳，钢丝绳的一端通过调平油缸与承船厢连接，另一

端绕过动滑轮组后通过均衡油缸与固定均衡梁连接。钢丝绳绕过卷筒时,利用压板将钢丝绳固定在卷筒上,卷筒之间由同步轴连接。同侧同步轴直接支承在卷筒轴承座上,上下游异侧同步轴轴段分别支承在4个机架及2个锥齿轮箱上,轴承座采用剖分式结构,每个轴承座设两个支点,采用双列向心球面滚子轴承,由集中润滑泵站供油润滑。

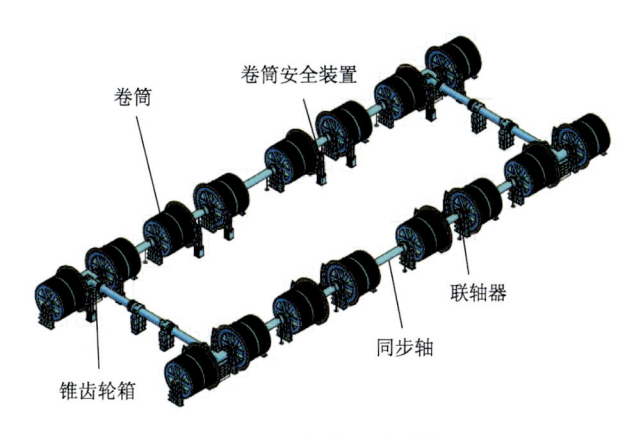

图 5-36 机械同步系统

同步系统的设计扭矩根据物理模型试验及数值仿真计算结果,考虑竖井间最大水位差和单个竖井可能出现的最大水位波动计算确定。根据试验及计算成果,单个竖井加连通管以后,竖井之间平均水位差不大于 0.1m,单个竖井内最大水位波动小于 0.2m。设计同步轴的扭矩按照竖井水位差 1m 所产生的不平衡力矩并考虑 1.2 倍的安全系数,将 190kN·m 作为额定计算扭矩,同侧、异侧同步系统按额定计算扭矩的 1.2 倍对同步轴系统进行疲劳强度计算和刚度计算,额定动态扭矩为 228kN·m。在额定扭矩作用下,同步轴的扭转角应不大于 0.2°/m,疲劳强度安全系数应不小于 2.0。据此技术参数设计同步轴为 $\phi 800mm/\phi 680mm$ 的无缝钢管,静强度可达到 800kN·m,静强度安全系数为 4.2。为了实时监控升船机同步系统的扭矩,在升船机每段同步轴上均安装扭矩传感器,共设置 12 个扭矩监测点,以实现对同步轴扭矩的实时监控。

根据同步系统的功能及水力式升船机的特点,同步系统应能实现无间隙传动。同步轴之间的联轴器应选用无间隙传动的联轴器。依据同步系统的额定扭矩,选择膜片联轴器(图 5-37)作为同步轴之间的连接件。整个同步系统共使用 44 个膜片联轴器,其中膜片联轴器(1-JZMJ32)4 套,膜片联轴器(2-JZMJ32)24 套,膜片联轴器(3-JZMJ32)16 套。

膜片联轴器与轴头之间的连接采用胀套加过渡套的方式,以尽量减小整个同步系统的传动间隙。

5.3.2 卷筒装置

卷筒装置是机械同步系统中重要的组成部分,主要作用是承载承船厢升降运行过程中的动载荷,与同步轴、膜片联轴器等共同作用,抗拒系统不平衡力矩,保障承船厢平稳运行。卷筒装置主要由卷筒轴(也称主轴)、卷筒、轴承、轴承座、支架、钢丝绳压板

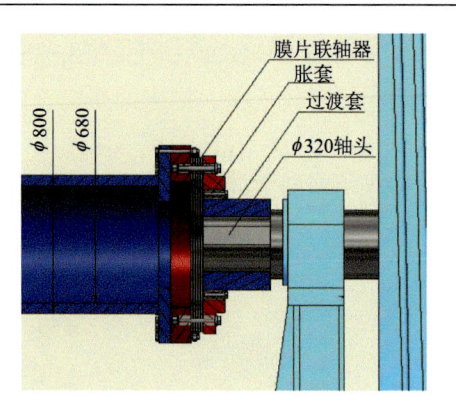

图 5-37 膜片联轴器与轴头连接

等部件组成,是升船机的重要工作机构。卷筒缠绕提升钢丝绳,承受各种正常载荷(包括固定载荷和工作载荷)及各种紧急事故情况造成的非常载荷,并将此载荷经过轴承传给基础。

1. 结构设计

1) 卷筒

主提升系统的 16 个卷筒通过同步轴连为一体,成为封闭系统,使 16 个卷筒处于同步工作状态。为了保证每个卷筒上钢丝绳受力相同,应保证钢丝绳在卷筒上的相对位置理论上趋于一致,即每个卷筒上钢丝绳的"入绳点"应一致。每个卷筒上共有 4 根钢丝绳,每根钢丝绳固定圈数为 2.5 圈,钢丝绳在卷筒上用压板固定。每根钢丝绳在卷筒上的工作圈数为 5 圈,对应最大提升高度 66.86m。

卷筒采用整体焊接结构,卷筒绳槽方向为左、右旋对称布置,绳槽为螺旋形绳槽。卷筒体外形尺寸为 $\phi 4226mm \times 3650mm$,所有钢板材料均为 Q345C,卷筒单件重量约为 57.5t。卷筒外圆面有左、右旋等长两段螺旋绳槽,每段轴向长度 $73 \times 22 = 1606mm$,螺距 73mm,槽深 23mm,绳槽表面粗糙度 Ra 6.3。绳槽底径的制造公差最大不超过 0.3mm,绳槽底径对卷筒轴线的径向跳动不大于 0.2mm。其中 8 套卷筒制动盘装配在左旋绳槽侧,另 8 套卷筒制动盘装配在右旋绳槽侧。

为了增加卷筒体的整体刚度,在卷筒体筒壳内部左、右辐板之间布置有 3 个支环,支环钢板厚度为 40mm,支环间距为 870mm。在卷筒左、右辐板与左、右支轮之间各有 6 块加强筋板,呈"米"字结构布置。卷筒体两侧辐板上各开有 6 个扇形人孔,见图 5-38。卷筒体结构剖面见图 5-39。

2) 绳槽

卷筒上绳槽为螺旋形绳槽。为保证每个卷筒上钢丝绳"入绳点"的一致性,设计中采用如下方法:每个卷筒轴上的键槽方向要求一致;同步轴系统锥齿轮箱的 3 个出轴上,键槽方向要求一致;每个卷筒上左、右旋绳槽的绳头、绳尾共 4 个点,设计为共线,在串联每个卷筒时,注意调整将此线对准,以保证所有卷筒一致;同步轴系统中采用胀紧套的连接方式,以调整封闭环连接件之间的累积误差。采用此措施,可以保证每个卷筒

图 5-38　卷筒体

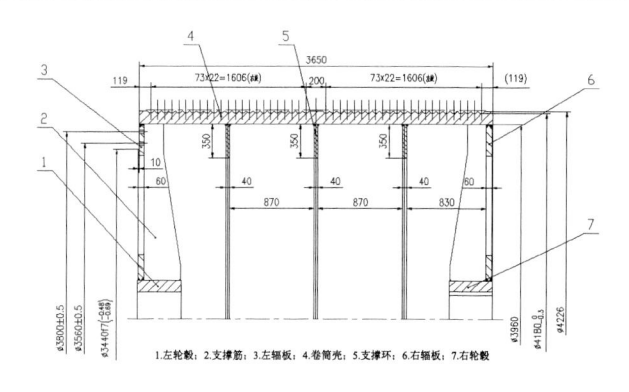

图 5-39　卷筒体结构剖面图(单位：mm)
1.左轮毂；2.支撑筋；3.左辐板；4.卷筒壳；5.支撑环；6.右辐板；7.右轮毂

上钢丝绳的排列方式基本趋于一致。

3) 钢丝绳缠绕方式

每个卷筒上钢丝绳槽有左、右两种旋向。旋向相同的相邻两根钢丝绳，其缠绕方式如下：在排绳缠绕时，工作圈数 5 圈是共用绳槽的；每根钢丝绳的两个绳头都竖直向下，相当于钢丝绳在卷筒上围包圈数增加 0.5 圈。

同侧同旋向的相邻两根钢丝绳，在卷筒上排绳缠绕时，对应于船厢处于上游、下游两个极限位置时，钢丝绳与卷筒的相切点也相应达到两个极限位置。两个切点之间，占用的有效绳槽圈数至少为 20 圈，这样才能完成整个 66.86m 高度的正常升降。

每种旋向的绳槽从起点到终点，正好走过 22 个完整的绳槽，但考虑到绳槽深度从 0 到最深 23mm 的过渡段(对应 90°圆心角，0.25 圈)不能作为有效的绳槽，所以实际加工的绳槽，其有效绳槽圈数为 22–0.25＝21.75 圈。因此，有效绳槽数为 21.75 圈＞20 圈，能够满足使用要求。

富裕的钢丝绳绳槽在有效圈数的两端是对称布置的，即不管钢丝绳缠绕到达哪个极限位置，前面都还有 1.25/2＝0.625 圈富裕绳槽。

升船机正常工作过程中，当卷筒上钢丝绳处于承船厢位于下极限位置和承船厢位于上极限位置时，两种工作状态之间卷筒正好转过 5 圈，即一个工作行程。

4) 钢丝绳防脱固定装置

主提升设备设置有 16 个卷筒装置，每个卷筒装置上同时有 4 根钢丝绳缠绕，共有 64 根钢丝绳，共同承担承船厢的载荷。为防止钢丝绳在卷筒上产生滑动位移，采用压板装置将钢丝绳固定在卷筒上，每个卷筒上共布置 4 套钢丝绳压板装置，分别用来固定相应的钢丝绳，相邻两压板装置的间距为 584mm。压板通过焊接的方式直接焊接到卷筒表面相应的绳槽中，以"高架桥"的形式通过压板区域并进行固定。压板在卷筒上的布置位置见图 5-40。在每个卷筒体上共焊接有 4 组钢丝绳压板组件，用来缠绕并固定钢丝绳，钢丝绳压板组件的结构见图 5-41，它由钢丝绳压板、钢丝绳卡和连接螺栓组成。

压板材料为 ZG230-450，采用连续的扇形环结构，采用偏心结构设计，内圆直径为 ϕ2090mm 与卷筒体绳槽底径相同，内圆与卷筒体外圆为同心圆。压板外缘和压板绳槽中心与卷筒中心不同心，设计偏心距离为 150mm，这样压板焊接到卷筒绳槽中后将出现

"中间高、两端低"的形态,钢丝绳通过压板固定区域时可实现钢丝绳平滑过渡。

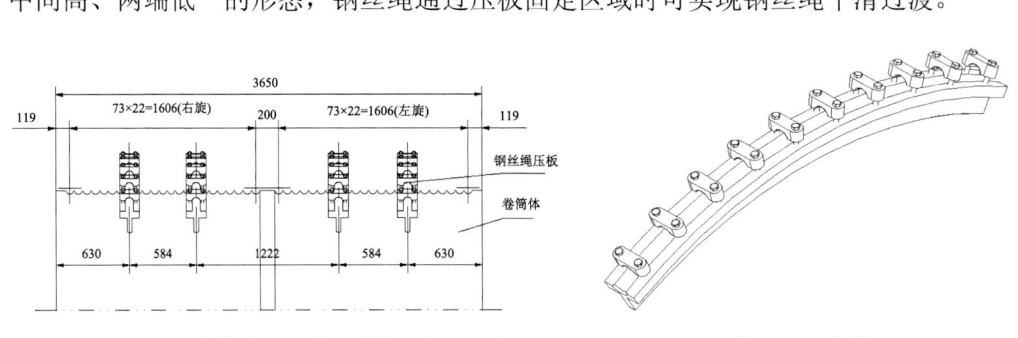

图 5-40　卷筒上压板的布置(单位:mm)　　图 5-41　压板组件

5)卷筒轴

卷筒轴(也称主轴)分两种形式,位于同步轴闭环四个角位置的卷筒轴为单轴伸,其余 12 个卷筒轴为双轴伸。4 个单轴伸的轴头均留有安装轴编码器的接口,可以用来安装轴编码器,另外现场缠绳时也可利用它来定位驱动装置的半联轴器。两种形式的卷筒轴结构见图 5-42。卷筒轮毂与卷筒轴间一端通过平键连接,另一端装配完毕后,在卷筒轮毂与卷筒轴间打骑缝销。卷筒轴支承在轴承座上,轴承选用进口 SKF 轴承。

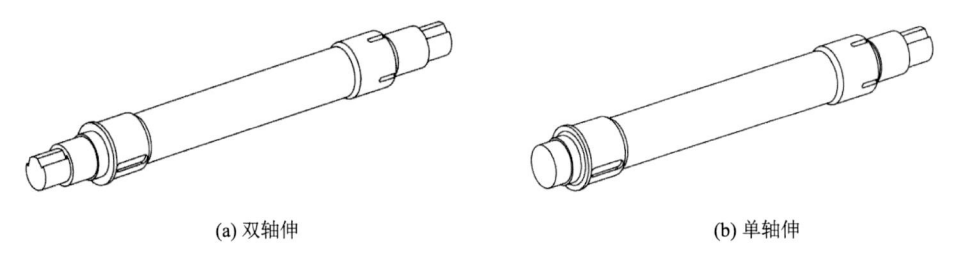

(a) 双轴伸　　(b) 单轴伸

图 5-42　卷筒轴

2. 关键部件设计计算

1)钢丝绳工作载荷

以船厢侧为例,钢丝绳工作载荷由以下几部分组成:船厢总重量(水体重量+船厢结构重量+船厢上设备重量)、钢丝绳悬垂重量、船厢侧调平油缸及连接装置重量,即卷筒钢丝绳最大静拉力为 T=561kN。

2)卷筒常规设计计算

(1)卷筒筒壳静强度计算。

卷筒体静强度:卷筒体整体许用应力不大于 100MPa。按正常工况载荷计算卷筒的疲劳强度,其中卷筒的提升力应考虑 1.3 的载荷不均匀及动载系数。

卷筒钢丝绳最大静拉力为 T=561kN,满足强度要求的条件为 $\sigma_y <[\sigma]$ ($[\sigma]$ 指许用应力)。

卷筒筒壳自由段压缩应力(σ_y)的计算为

$$\sigma_y = \frac{Tc}{\delta t} \tag{5-42}$$

式中，T 为钢丝绳最大静拉力，N；δ 为筒壳厚度，mm；t 为绳圈间距，mm；c 为钢丝绳拉力降低系数。$\delta=110$mm，$t=73$mm，钢丝绳拉力降低系数，一层缠绕时取 $c=1$，并考虑 1.3 的载荷不均匀及动载系数，则

$$\sigma_y = \frac{1.3Tc}{\delta t} = 90.82 \text{MPa}$$

可见，筒壳压缩应力小于设计许用应力，筒壳强度满足要求。

(2) 卷筒筒壳的稳定性计算。

二支环间筒壳的稳定性条件为

$$q = \frac{cT}{rt} \leqslant \frac{q_k}{n_0} \tag{5-43}$$

式中，r 为卷筒半径，mm；q_k 为筒壳表面的临界单位压力，kg/cm²；n_0 为筒壳的稳定性安全系数，$n_0 = 2 \sim 2.5$。临界压力可用下式计算：

$$q_k = 1.5 \times 10^6 \frac{\delta^{2.5}}{r^{1.5} L_k} \tag{5-44}$$

式中，L_k 为筒壳的临界长度，由式(5-44)得

$$L_k = 1.5 \times 10^6 \frac{\delta^{2.5}}{r^{1.5} q n_0} \tag{5-45}$$

取 $n_0 = 2$，并考虑 1.3 倍的载荷不均匀系数，计算获得筒壳的临界长度 L_k 为 2068.87cm，而筒壳左右两辐板间距离为 363.5cm，远远小于临界长度，故卷筒筒壳满足稳定性条件。

3) 卷筒主轴承寿命计算

假设主轴结构对称，两端轴承受力相同，钢丝绳额定载荷按最大静拉力 561kN 计算。卷筒装置中主轴承的受力主要由以下几部分组成：

(1) 正常提升时钢丝绳上载荷引起的每个轴承受力为 2244kN。

(2) 卷筒轴自重引起的每个轴承受力为 381kN。

(3) 钢丝绳直径 70mm，参考《粗直径钢丝绳》（GB/T 20067—2006），钢丝绳单位重量为 21.3kg/m，钢丝绳长度约 206m，每个卷筒上缠绕 4 根钢丝绳。钢丝绳自重引起的每个轴承受力为 87.7kN。

(4) 船厢侧每个钢丝绳调平油缸重量约为 1500kg。调平油缸重量引起的每个轴承受力为 30kN。

每个主轴承的受力总和为 2742.7kN。

轴承选用 SKF 产品，规格为 24080ECCJ/W33，外形尺寸为 400mm×600mm×200mm（内径×外径×宽度），额定动负荷 $C=4300$kN，额定静负荷 $C_0=8150$kN。主轴承受力 $R=2742.7$kN<8150kN，所以静承载能力通过。

最大提升高度：$H=66.86$m，卷筒直径：$D=4.25$m。正常运行时卷筒转速：$n=0.2946$r/min，轴承寿命按下式计算：

$$L_h = \frac{10^6}{60n}(C/p)^\varepsilon > 10^5 \tag{5-46}$$

式中，L_h 为轴承的基本额定寿命，h；n 为轴承转速，r/min；C 为基本额定动负荷，N；p 为当量动负荷，N；ε 为寿命指数，对滚子轴承 $\varepsilon=10/3$。

计算轴承寿命 L_h=253269h，按每天工作 16h，年工作日 300d 计算，则轴承实际使用寿命为 52.7a，满足 50 年要求。

4) 主轴强度计算

主轴材质为 34CrNi3Mo，主轴受力主要由两个轴承支反力 R_a、R_b 和卷筒辐板两个集中力 F_1、F_2 组成，由于主轴结构为近似对称结构，可认为轴承支反力与卷筒辐板集中力大小相等、方向相反，$R_a=R_b=F_1=F_2=2742.7$kN。另外，在主轴端部还承受 $T=190$kN·m 的最大不平衡扭矩。

(1) 计算截面的选取。

主轴结构见图 5-43。由于采用近似对称结构，在主轴左端选用四个截面进行验算，其他截面与前四个截面相同，或者比前四个截面偏于安全，所以不再考虑。

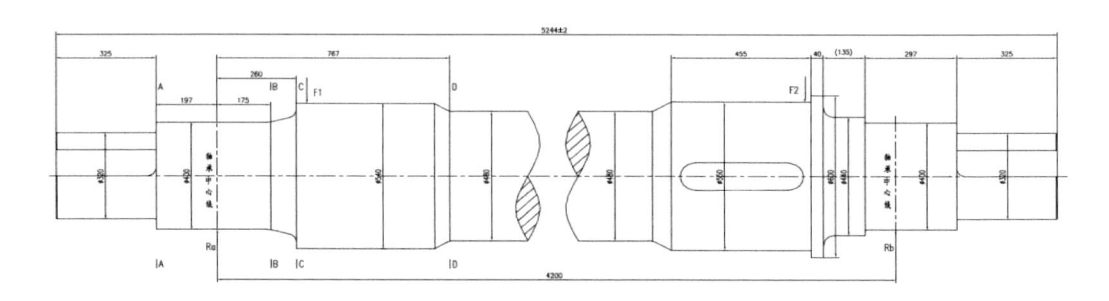

图 5-43 主轴结构(单位：mm)

截面 A-A：直径 $d_1=\phi320$mm，距离左端面 325mm；
截面 B-B：直径 $d_2=\phi400$mm，距离左轴承中心线距离 175mm；
截面 C-C：直径 $d_3=\phi540$mm，距离左轴承中心线距离 260mm；
截面 D-D：直径 $d_4=\phi480$mm，距离左轴承中心线距离 767mm；
两轴承处支反力认为近似相同，即 $R_a=R_b=274270$kg。

由于采用对称结构，两轮毂处集中力认为相同，并和轴承支反力大小相等，方向相反，即 $F_1=F_2=274270$kg。

(2) 计算截面的弯矩。

主轴总长 $L=5244$mm，主轴总重 $G=6976$kg，主轴单位长度重量 $q=G/L=6976/5244=1.33$kg/mm。工作载荷下各截面的弯矩值和扭矩值见表 5-9。各截面的弯曲应力值和扭转应力值见表 5-10。

(3) 计算截面的安全系数。

截面的安全系数计算公式见表 5-11。

表 5-9 弯矩值和扭矩值

序号	截面代号	直径 d/mm	距离 l/mm	弯矩 M/(kN·m)	扭矩 T/(kN·m)
1	A-A	320	325	2.165	190
2	B-B	400	175	479.973	190
3	C-C	540	260	713.102	190
4	D-D	480	767	809.097	0

表 5-10 各截面的弯曲应力值和扭转应力值

序号	截面代号	直径 d/mm	抗弯截面模量 $W=0.1\times d^3$/cm³	抗扭截面模量 $W=0.2\times d^3$/cm³	弯曲应力 $\sigma=M/W$ /MPa	扭转应力 $\tau=T/W_\tau$ /MPa
1	A-A	320	3276.8	6553.6	0.66	28.99
2	B-B	400	6400	12800	74.99	14.84
3	C-C	540	15746.4	31492.8	45.28	6.03
4	D-D	480	11059.2	22118.4	73.16	0

表 5-11 截面安全系数计算公式

弯曲安全系数	扭转安全系数	合成安全系数
$n\sigma = \dfrac{\sigma_{-1}}{\dfrac{K_\sigma}{\beta\times\varepsilon_\sigma}\times\sigma}$	$n\tau = \dfrac{\tau_{-1}}{\dfrac{K_\tau}{\beta\times\varepsilon_\tau}\times\tau}$	$n = \dfrac{n\sigma\times n\tau}{\sqrt{n\sigma^2+n\tau^2}}$

注：σ_{-1} 为对称循环应力下材料试件的弯曲疲劳极限；τ_{-1} 为对称循环应力下材料试件的扭转疲劳极限；K_σ 为弯曲时的有效应力集中系数；K_τ 为扭转时的有效应力集中系数；β 为表面质量系数；ε_σ、ε_τ 为绝对尺寸影响系数。

各截面的安全系数计算结果见表 5-12。

表 5-12 各截面的安全系数

截面代号	σ_{-1}/MPa	τ_{-1}/MPa	K_σ	K_τ	ε_σ	ε_τ	β	弯曲安全系数 n	扭转安全系数 n	合成安全系数 n
A-A	402.3	232.44	2.68	1.8	0.54	0.6	0.88	108.1	2.35	2.35
B-B	402.3	232.44	2.2	1.41	0.54	0.6	0.88	1.16	5.87	1.14
C-C	402.3	232.44	1.8	1.4	0.54	0.6	0.88	2.34	14.54	2.31
D-D	402.3	232.44	1	1	0.54	0.6	0.88	2.61	—	2.61

以上只是针对主轴单独进行的计算，截面 B-B 安全系数较小，实际上应该考虑把主轴和卷筒作为一个刚性整体来进行计算，即通过有限元方法对卷筒装置进行整体强度和刚度分析计算，这样更符合实际使用情况。

5）主轴挠度计算

由于作用在主轴上的载荷基本对称，主轴的最大挠度应该在主轴中点的附近，故只计算主轴中点挠度来代替最大挠度。主轴是阶梯轴，近似地按当量直径法计算：

$$d_v^4 = \frac{l}{\sum_{i=1}^{n}\dfrac{l_i}{d_i^4}} \tag{5-47}$$

两轴承支承点之间共有 8 个台阶，每段尺寸如表 5-13 所示。

表 5-13 支承段尺寸

序号	1	2	3	4	5	6	7	8
截面直径 d/mm	400	440	540	480	550	600	440	400
截面长度 l/mm	175	85	455	2755	455	40	135	100

代入数据计算得

$$d_v^4 = 5306880 \text{cm}^4 \tag{5-48}$$

当量直径 d_v=480mm。

主轴的惯性矩：

$$J = \frac{\pi d_v^4}{64} = \frac{3.1416 \times 5306880}{64} = 260501 \text{cm}^4 \tag{5-49}$$

当 $a<b$ 时，

$$f = \frac{pa}{48EJ}\left(3l^2 - 4a^2\right) \tag{5-50}$$

当 $a \geq b$ 时，

$$f = \frac{pb}{48EJ}\left(3l^2 - 4b^2\right) \tag{5-51}$$

其中，施加在轴上的载荷 p=274270kg、载荷作用点到一侧支点的距离 a=29.5cm、载荷作用点到另一侧支点的距离 b=29.5cm、跨距 l=420cm、惯性矩 J=260501cm^4、主轴材料弹性模量 E=2.1×10^{6}kg/cm^2 代入式（5-51）得 f_1=0.162cm，f_2=0.162cm。f=f_1+f_2=0.324cm。

按当量直径近似计算，偏差较大，计算值 f 大于许用值。同样考虑卷筒与主轴作为一个整体刚性大大加强，用有限元进行最终的分析计算，更符合实际情况。

6）制动盘连接螺栓强度计算

制动盘与卷筒之间采用 72 个 10.9 级 M30（GB/T 1228—2006）高强度螺栓连接，分两圈，每圈 36 个。查《紧固件机械性能 螺栓、螺钉和螺柱》（GB/T 3098.1—2010）螺栓的机械性能如下：材料屈服强度 σ_b=1000MPa，材料的破坏强度（或抗拉强度）σ_s=900MPa，螺栓的公称应力截面积 A_s=561mm^2，两圈螺栓的分布直径 d_1=ϕ3560mm，d_2=ϕ3800mm。

每个螺栓的允许轴向力 $[N]$：

$$[N] = \alpha \times \sigma_s \times A_s = 0.6 \times 900 \times 561 = 302940\text{N}$$

式中，α 指许用系数，取 0.6。

全部螺栓在不滑动前提下允许传递的最大扭矩 $[M]$：

$$[M] = n_1 \times n_2 \times \mu \times [N] \times \frac{d_1 + d_2}{2} \tag{5-52}$$

式中，n_1 为每圈螺栓个数，为 36；n_2 为摩擦面数，为 2；μ 为摩擦系数，取 0.15；d_1 为第一圈螺栓分布直径，为 3.56m；d_2 为第二圈螺栓分布直径，为 3.8m，代入数据得$[M]$ = 12040047N·m。

制动器型号为西伯瑞SHI252，三对头，一对头的夹紧力，320kN；制动半径 2.4m；闸瓦摩擦系数取 0.4，则制动力矩 M_z = 3×2×320×0.4×2.4 = 1843.2kN·m。

安全系数 n：

$$n = \frac{[M]}{M_z} = \frac{12040047}{1843200} = 6.53 > 3 \tag{5-53}$$

安全系数满足要求。

7) 主轴与卷筒体之间平键连接计算

按招标要求，同步系统工作扭矩为 190kN·m，主轴传递扭矩按此计算，普通平键连接的强度条件为

$$\sigma_p = \frac{2T \times 10^3}{kld} \leqslant [\sigma_p] \tag{5-54}$$

式中，T 指主轴传递扭矩，kN·m。

平键连接处轴径 d = 550mm，选用《普通型 平键》（GB/T 1096—2003），键 100×400，尺寸 $b \times h$ = 100×50，k = 0.5×h = 25mm，b 指普通平键宽度，单位为 mm；h 指普通平键高度，单位为 mm；k 指键与键槽的接触高度，单位 mm，平键许用挤压应力$[\sigma_p]$ = 120MPa，则

$$\sigma_p = \frac{2T \times 10^3}{kld} = 69.09\text{MPa} \leqslant [\sigma_p] \tag{5-55}$$

平键连接强度满足要求。

8) 主轴小端与卷筒体之间联接销计算

主轴小端与卷筒轮毂之间结构上设计为骑缝销联接，用以传递扭矩，此处采用 4 个圆柱销，销轴尺寸为 50mm×180mm。根据《机械设计手册》（第 5 版第 2 卷）销的选择和联接的强度计算公式进行计算，圆柱销传递扭矩需进行销的挤压应力和剪切应力两种计算。

销与被联接件的挤压应力按下式计算：

$$\sigma_p = \frac{4T}{DdL} \leqslant \sigma_{pp} \tag{5-56}$$

销的剪切应力按下式计算：

$$\tau = \frac{2T}{DdL} \leqslant \tau_p \tag{5-57}$$

式(5-56)和式(5-57)中，T 为转矩，取 190000000N·mm；D 为轴的直径，取 540mm；d 为销的直径，取 50mm；L 为销的长度，取 180mm；σ_{pp} 为销联接的许用挤压应力，为 125MPa；τ_p 为销的许用剪切应力，为 80MPa。

销的数量 N 为 4，则销的挤压应力为

$$\sigma_{\mathrm{p}} = \frac{4T}{NDdL} = 19.54\mathrm{MPa} \leqslant \sigma_{\mathrm{pp}} \tag{5-58}$$

故销套的挤压应力满足使用要求。

销的剪切应力为

$$\tau = \frac{2T}{NDdL} = 9.77\mathrm{MPa} \leqslant \tau_{\mathrm{p}} \tag{5-59}$$

根据以上计算可以得出，销联接的选择满足传扭要求。

3. 卷筒装置整体有限元分析

1) 材料参数

卷筒材料为 Q345C，密度为 $7850\mathrm{kg/m^3}$，弹性模量为 206000MPa，泊松比为 0.28；主轴的材料为 34CrNi3Mo，密度为 $7860\mathrm{kg/m^3}$，弹性模量为 204000MPa，泊松比为 0.286。

2) 有限元模型

钢板之间采用理想的焊接关系连接，忽略对结果影响较小的螺栓孔，建立的有限元模型如图 5-44 所示，全部采用线性六面体减缩积分单元 C3D8R，单元数 295862，节点数 324637。

3) 载荷与约束

按照设计载荷，钢丝绳最大提升力为 561kN；卷筒上其他钢丝绳槽施加压力为 3.72MPa；传递扭矩为 190kN·m；加载重力载荷；钢丝绳和卷筒之间摩擦系数为 0.12。

图 5-44 有限元模型

在两端轴承中心线位置分别建立 2 个参考点，将主轴上与轴承配合处表面与 2 个参考点分别进行运动耦合，需耦合 6 个方向自由度。约束传动侧参考点 6 个方向自由度；非传动侧参考点 5 个方向自由度，放开轴向运动自由度。

4) 计算结果

Mises 应力分布见图 5-45，关键位置的应力值见表 5-14，应力满足小于 100MPa 的设计要求。位移分布见图 5-46，卷筒的最大变形量为 0.786mm，位于卷筒缠绳区的中心位置；主轴的最大变形量为 0.694mm，位于两轴承中间位置。制动盘变形量为 0.47mm。主轴、卷筒及制动盘的变形符合技术要求。

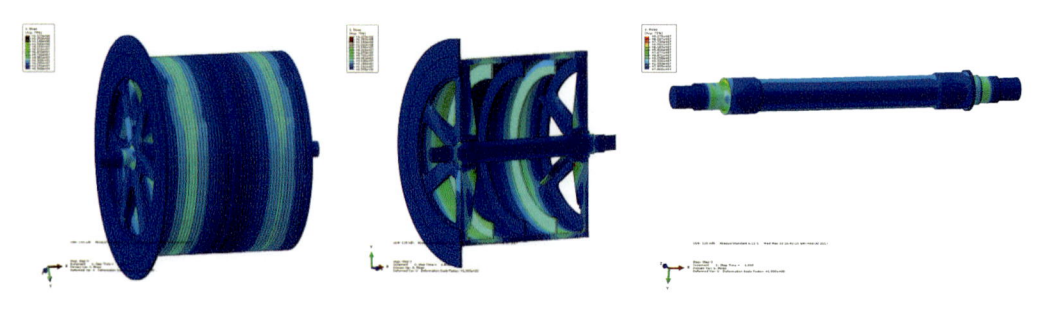

图 5-45 应力分布

表 5-14 关键位置的应力值

位置	Mises/MPa	SIG1max/MPa	SIG3min/MPa	SI/MPa	结论
1	74.1	−17.8	−93.5	75.7	通过
2	19.5	−1.4	−21.7	20.3	通过
3	40.5	14.7	−31.2	45.9	通过
4	34.7	−5.7	−41.7	36	通过
5	38.6	13.5	−29.6	43.1	通过
6	36.3	14.6	−26.7	41.3	通过
7	29.7	−4.6	−39.2	34.6	通过
8	39.5	15.2	−27.4	42.6	通过
9	18.7	−1.8	−20.1	18.3	通过
10	52.3	−3.7	−60	56.3	通过

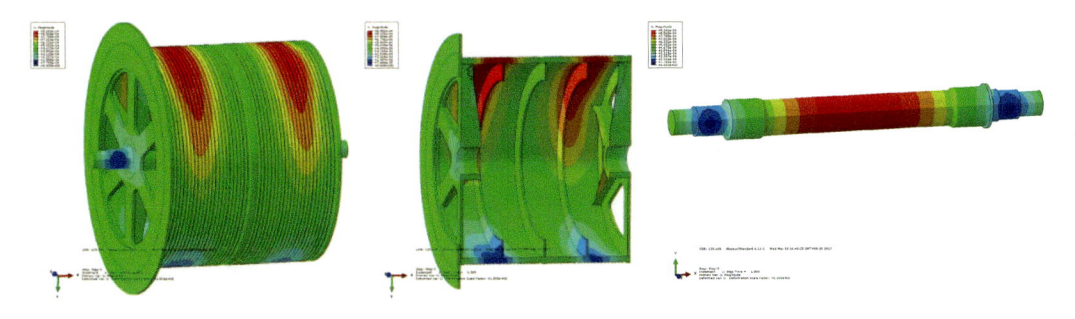

图 5-46 位移分布

卷筒与主轴上关键位置 SIG1max 和 SIG3min 值见图 5-47，其中，SIG1max 是对于某些节点卷筒、主轴旋转一周期间的最大主应力，SIG3min 是对于某些节点卷筒、主轴旋转一周期间的最小主应力，SI=|SIG1max−SIG3min|。

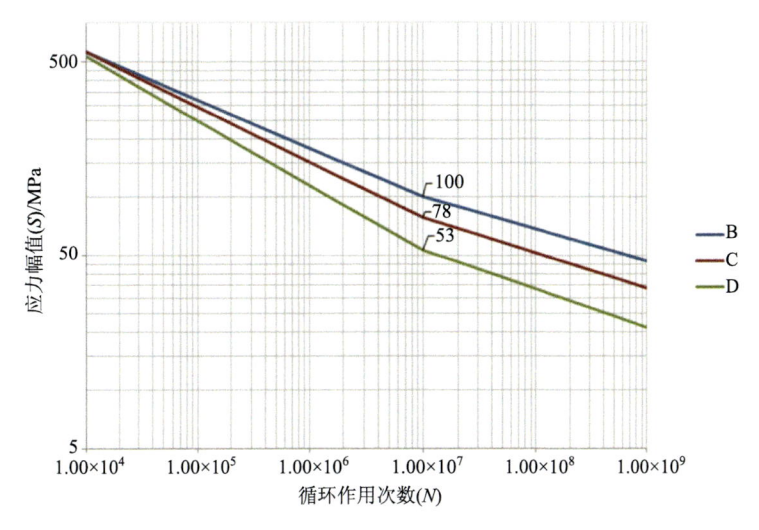

图 5-47 疲劳曲线图

《抗疲劳设计手册》中，如果循环次数超过 10^7 次仍未破坏，则可认为是无限寿命。图 5-47 中 B 为刚度足够大的结构件的 S-N 曲线，C 为本体 S-N 曲线，D 为焊缝 S-N 曲线。

5.3.3 同步轴

对于百吨级以上大型船只过坝的升船机，一般都是钢丝绳通过多个卷筒，形成吊点与承船厢相连，在外部动力的作用下，卷筒转动带动钢丝绳收放，实现承船厢升降，进而实现船只过坝的目的。为保证卷筒之间转动的同步，确保承船厢运行的平稳，在卷筒与卷筒之间设置同步轴系统。

1. 工作原理

水力式升船机同步轴布置于两卷筒之间，将所有卷筒串联，如图 5-48 所示。在外部动力的作用下，卷筒转动，同步轴跟随转动，并保障各卷筒转动同步。当承船厢发生倾斜趋势时，卷筒受到的转矩就发生变化，卷筒之间出现转矩差，位于卷筒之间的同步轴即利用自身的刚度抗衡该转矩差，抑制卷筒发生相对转动，以保持卷筒的运动同步、承船厢平稳运行。如果不设置同步轴，在卷筒间出现转矩差的情况下，卷筒就会发生相对转动，承船厢势必倾斜，进而发生安全事故。

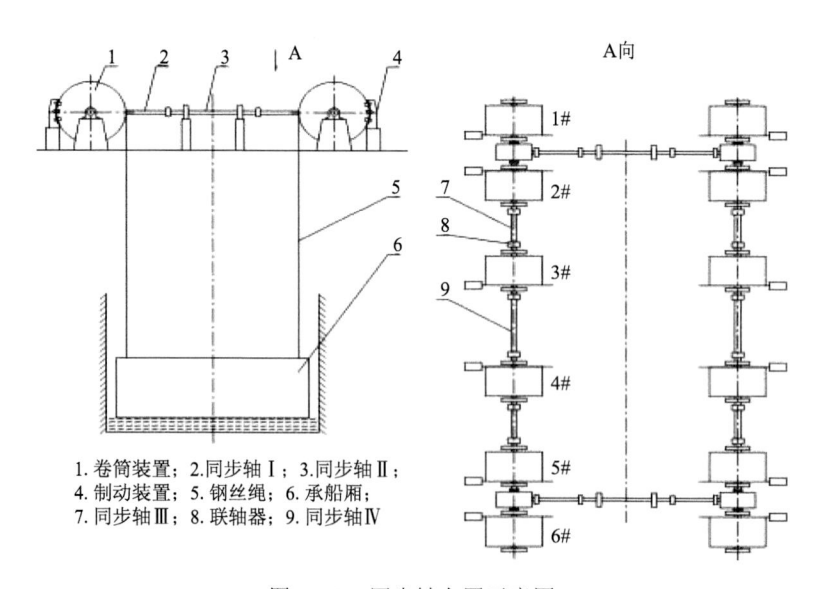

1. 卷筒装置；2. 同步轴Ⅰ；3. 同步轴Ⅱ；
4. 制动装置；5. 钢丝绳；6. 承船厢；
7. 同步轴Ⅲ；8. 联轴器；9. 同步轴Ⅳ

图 5-48 同步轴布置示意图

2. 设计参数

同步轴系统的设计参数见表 5-15。

表 5-15　同步轴设计参数

序号	名称	数值	单位
1	同步轴外径	800	mm
2	同步轴内径	680	mm
3	同步轴额定扭矩	190	kN·m
4	额定转速	≤1	r/min
5	剖分轴承外径	1090	mm
6	剖分轴承内径	800	mm
7	剖分轴承静态额定载荷	$\geqslant 4.0\times 10^5$	N
8	膜片联轴器公称扭矩	800	kN·m
9	胀紧套公称扭矩	945	kN·m

3. 结构设计

1)同步轴系统组成及功能

(1)传动轴。

同步轴系统传动轴中序号为1、2、5和9。同步轴系统传动轴结构见图 5-49。同步轴系统传动轴采用焊接结构，中间部分用无缝钢管制作，外径ϕ800mm，内径ϕ680mm，两端为法兰盘。在190kN·m的扭矩下，其扭转角为0.00716°/m，能有效降低卷筒之间的相对转动造成承船厢倾斜的可能。

(2)同步轴支承。

轴承采用剖分式调心滚子轴承，每个滚动轴承的技术参数如下：额定静态载荷$\geqslant 4.0\times 10^5$N；外径ϕ1090mm；内径ϕ800mm；轴承宽约330mm。

轴承座为剖分结构，并留有与干油润滑系统相连接的接口，现场安装后，正常运行时由干油润滑装置自动加油润滑。轴承座及剖分轴承结构见图 5-50。

图 5-49　同步轴系统传动轴结构　　　　图 5-50　轴承座及剖分轴承结构

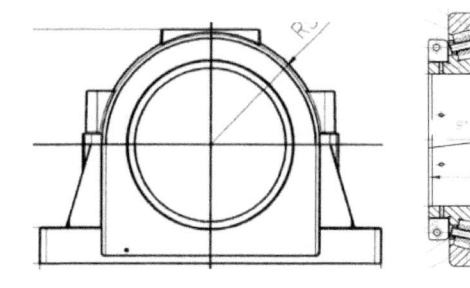

(3)膜片联轴器及胀紧套。

膜片联轴器联接同步轴系统传动轴与卷筒轴，与传动轴采用螺栓连接，靠大扭矩摩擦副传递转矩；与卷筒轴采用胀紧套连接，传递大扭矩的胀紧套安装方便，解决了闭环安装中安装精度问题。膜片联轴器有三种安装结构，见图 5-51。

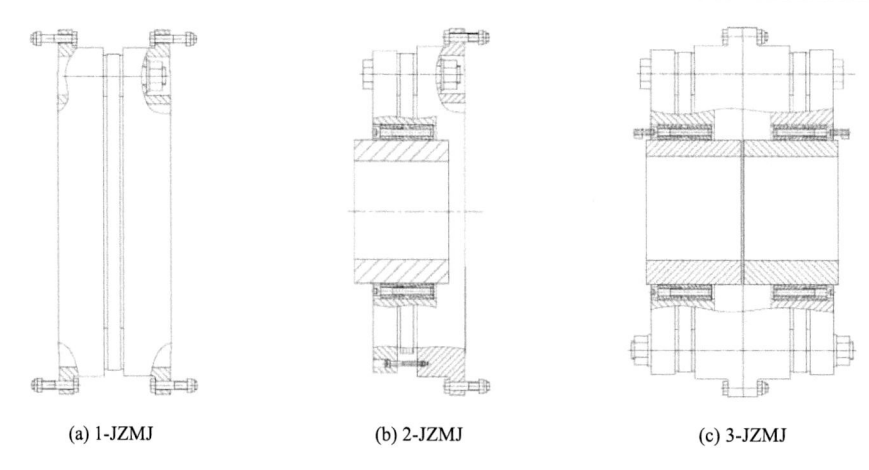

(a) 1-JZMJ (b) 2-JZMJ (c) 3-JZMJ

图 5-51 膜片联轴器安装结构

由于自身的结构特点，膜片联轴器能够最大幅度地消除轴间周向间隙，在传递扭矩过程中，发生扭转的角度很小，相比于齿轮联轴器，有效地降低了卷筒之间的相对转动造成承船厢倾斜的可能，对承船厢平稳运行起到重要作用。

(4) 换向锥齿轮箱。

换向锥齿轮箱在整个闭环结构中起到运动换向及传递扭矩的作用。锥齿轮轮体采用整体锻造结构，齿面采用格里森弧齿圆，淬火后刮削加工，具有足够的刚性、承载能力高、运转平稳、噪声小等诸多优点。结构示意及装配形式如图 5-52 所示。

2) 同步轴系统的结构形式

同步轴系统采用膜片联轴器方案，结构布置见图 5-53。1#～6#卷筒之间安装有 10 个联轴器，2 个换向齿轮箱，2 个同步轴Ⅲ，1 个同步轴Ⅳ。

图 5-52 锥齿轮箱装配形式

1. 轴承座；2. 膜片联轴器；3. 同步轴

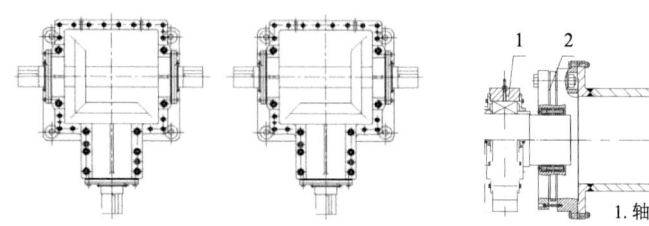

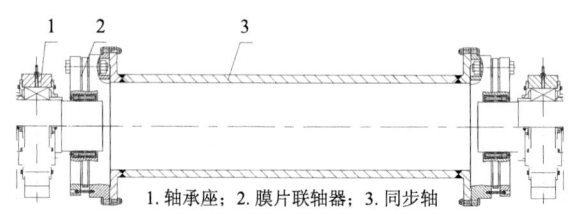

图 5-53 膜片联轴器结构布置

假定承船厢运行时出现极端工况，不平衡力矩为 $T=190\text{kN·m}$。卷筒直径 $D_1=4250\text{mm}$，同步轴外径 $D_2=800\text{mm}$，内径 $d_1=680\text{mm}$。膜片联轴器采用 JZMJ32，扭转刚度为 $7\times10^8\text{N·m/rad}$，联轴器扭转角换向齿轮箱处采用的是双膜片组，其余为单膜片组。为方便安装，消除安装应力，膜片联轴器与卷筒轴采用胀紧套连接。

在 190kN·m 扭矩作用下，1#～6#卷筒之间的同步轴系统扭转角见表 5-16。1#、6#卷筒相对位移及各部件引起卷筒的相对位移所占的百分比见表 5-17。

表 5-16　1#~6#卷筒之间的同步轴扭转角（T=190kN·m　G=7.9×10^{10}Pa）

名称	说明	外径 D/m	内径 d/m	极惯性矩 I_p/m^4	单位长度扭转角/rad	长度/m	扭转角 ϕ_2/rad
同步轴Ⅲ	空心轴部分	0.8	0.68	0.01922	0.00716	2.9	0.02076
	同步轴Ⅲ共 2 件，合计					5.8	0.04152
同步轴Ⅳ	空心轴部分	0.8	0.68	0.01922	0.00716	2.8	0.02005
	同步轴Ⅳ共 1 件，合计					2.8	0.02005
膜片联轴器	共 14 个				0.01555		0.2177
齿轮箱轴	2 件	0.32		0.00102	0.13385	5.8	0.77638
卷筒轴头	共 10 个轴头	0.32		0.00102	0.13385	3.25	0.43504
1#~6#合计					0.08492	17.546	1.49

表 5-17　各部件引起 1#、6#卷筒相对位移及百分比

名称	项目	数值	1#、6#卷筒相对位移 S_3/mm	所占百分比/%
齿轮箱轴		0.77638	28.8	52.08
卷筒轴头		0.43504	16.135	29.18
同步轴Ⅲ	扭转角度/rad	0.04152	1.54	4.14
同步轴Ⅳ		0.02005	0.744	
膜片联轴器		0.21770	8.074	14.60
合计			55.293	

可以看出，在 190kN·m 扭矩作用下，由同步轴、卷筒轴、换向齿轮箱轴及膜片联轴器引起的 1#与 6#卷筒相对位移是 55.293mm，也就是承船厢上下游发生倾斜的高度差是 55.293mm。其中，同步轴在整个影响中的占比为 4.14%，对承船厢的倾斜影响最小，膜片联轴器的影响占比为 14.60%，对承船厢的倾斜影响也较小。

4. 同步轴强度计算及有限元分析

1）同步轴刚度计算

计算 4 种不同尺寸的同步轴刚度，各同步轴整体刚度计算结果见表 5-18。

表 5-18　同步轴刚度计算

参数	轴Ⅰ	轴Ⅱ	轴Ⅲ	轴Ⅳ
整体长度/mm	2848	4848	4417	5650
法兰盘外径/mm	1230	1230	1230	1230
法兰盘内径/mm	680	680	680	680
法兰盘长度/mm	65	65	65	65
空心轴外径/mm	800	800	800	820
空心轴内径/mm	680	680	680	680
空心轴长度/mm	2718	4718	4287	5520
整体刚度/((°)/m)	0.006873	0.006995	0.006978	0.00702

2）同步轴强度计算

同步轴结构一样，仅长度不同，所以仅对轴Ⅰ进行计算。材质力学性能如表 5-19 所示。

表 5-19 材质力学性能

材质	外径/mm	内径/mm	σ_b/MPa	σ_s/MPa	σ_{-1}/MPa	τ_{-1}/MPa
Q345B	800	680	470	275	201.15	116.22

在 190kN·m 扭矩作用下，最大切应力为 3.954MPa。

(1) 静强度安全系数 S_{st}。

根据《机械设计手册》（第 5 版第 2 卷），安全系数 $S_{st} = \dfrac{\tau_s}{\tau} = 38.24$。

(2) 疲劳强度安全系数 S_τ。

$$S_\tau = \frac{\tau_{-1}}{\dfrac{k_\tau}{\beta\varepsilon_\tau}\tau_a + \varphi_\tau \tau_m} = 15.5875$$

式中，k_τ 为截面有效应力集中系数，取 2.03；β 为表面质量系数，取 0.95；ε_τ 为扭转尺寸影响系数，取 0.6；τ_a 和 τ_m 为扭转应力幅及平均应力幅，$\tau_a = \tau_m = \tau_{max}/2 = 1.977$；$\varphi_\tau$ 为材料扭转平均应力折算系数，取 0.21。

3）同步轴受力有限元分析

(1) 材料参数：卷筒材料为 Q345B，密度为 7850kg/m³，弹性模量为 206000MPa，泊松比为 0.28。

(2) 简化模型：假定模型中的焊接部分均匀，材质为母体的一分部，退火后，无任何残余应力。

(3) 载荷：同步轴两端法兰通过螺栓把合来传递扭矩，其传递扭矩的负荷为 190kN·m；并施加自身重力载荷。

(4) 约束：同步轴运行中起到传递扭矩的作用，故可一端通过参考点耦合螺栓连接孔施加扭矩，另一端进行固定约束。

(5) 有限元模型：部件全部采用线性六面体减缩积分单元 C3D8R。其中轴Ⅰ模型单元数 86946，节点数 105236；轴Ⅳ模型单元数 179148，节点数 204783。有限元模型见图 5-54。

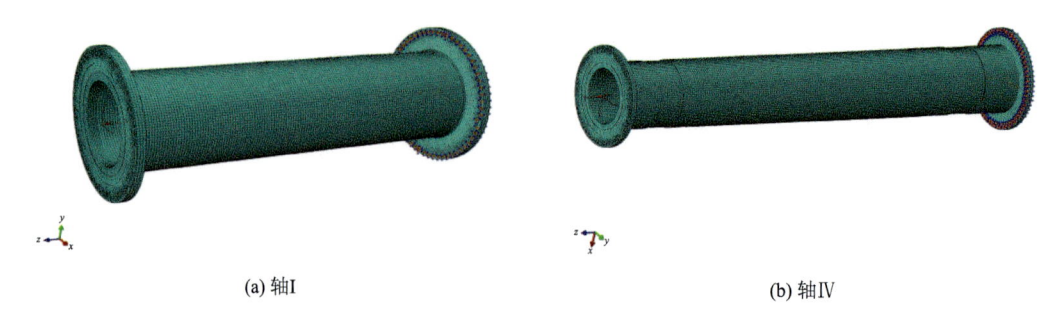

(a) 轴Ⅰ

(b) 轴Ⅳ

图 5-54 同步轴有限元模型

(6)计算结果:通过计算,获得同步轴 Mises 应力、最大主应力、最小主应力分布,提取图 5-55 中典型位置的应力值,列于表 5-20 中,可见同步轴应力远小于 Q345B 材料许用应力,满足要求。

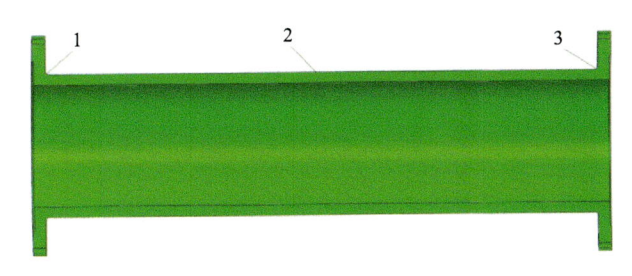

图 5-55 应力点位

表 5-20 关键位置的应力值

位置		Mises/MPa	SIG1max/MPa	SIG3min/MPa	SI/MPa	结论
同步轴 (2848mm)	1	12.6	8.73	−6.05	14.78	通过
	2	6.68	3.97	−3.75	7.72	通过
	3	12.3	8.76	−6.0	14.76	通过
同步轴 (5650mm)	1	10.45	6.64	−5.32	11.96	通过
	2	5.74	3.37	−3.26	6.63	通过
	3	10.41	6.64	−5.28	11.92	通过

SIG1max 是对于某些节点同步轴旋转一周期间的最大主应力,SIG3min 是对于某些节点同步轴旋转一周期间的最小主应力,SI=|SIG1max−SIG3min|。

《抗疲劳设计手册》中,如果循环次数超过 10^7 次仍未破坏,则可认为是无限寿命,见图 5-47。

5. 同步轴扭矩监测系统

为实时监测同步轴的扭矩,掌控同步系统的工作状态,超过限值及时预警,保障升船机安全运行,开展同步轴全寿命周期扭矩监测系统研究十分必要。采用感应供电和无线传输技术,解决升船机在运行过程中大扭矩/微应变/高精度测量的难题,扭矩在线监控有效避免了扭矩过大超过刚度或疲劳强度的限值,以及同步轴发生断裂导致船厢严重倾斜甚至倾覆的重大事故,对整个水力式升船机系统的正常运行具有重大意义。

1)技术方案设计

TMS12-1 扭矩监测系统由感应供电及无线传输系统(遥测系统)、应力/应变传感器、PLC(programmable logic controller)预警采集系统、工控机、上位机监控软件、电控柜组成,见图 5-56。

(1)遥测系统。

考虑到监测对象的轴径大,监测扭矩相对较小,量程只有 100με,实际应用只有 24με,允许的测量误差不超过 1.25με,测量要求很高。一般应变测量仪的量程为 5000~10000με,

温漂、时漂和误差超过 10με，仅误差就达到实际应用量程的近 50%，无法使用。采用高精度、高稳定性的遥测系统是关键。采用英国 NPRIME 公司专用于遥感的供电系统及无线传输系统，其中应变测量模块（图 5-57）、遥感拾取头（图 5-58）及调制解调模块（图 5-59）采用德国 KMT 品牌，在温漂、时漂和误差方面有绝对的优势，满足应用要求。

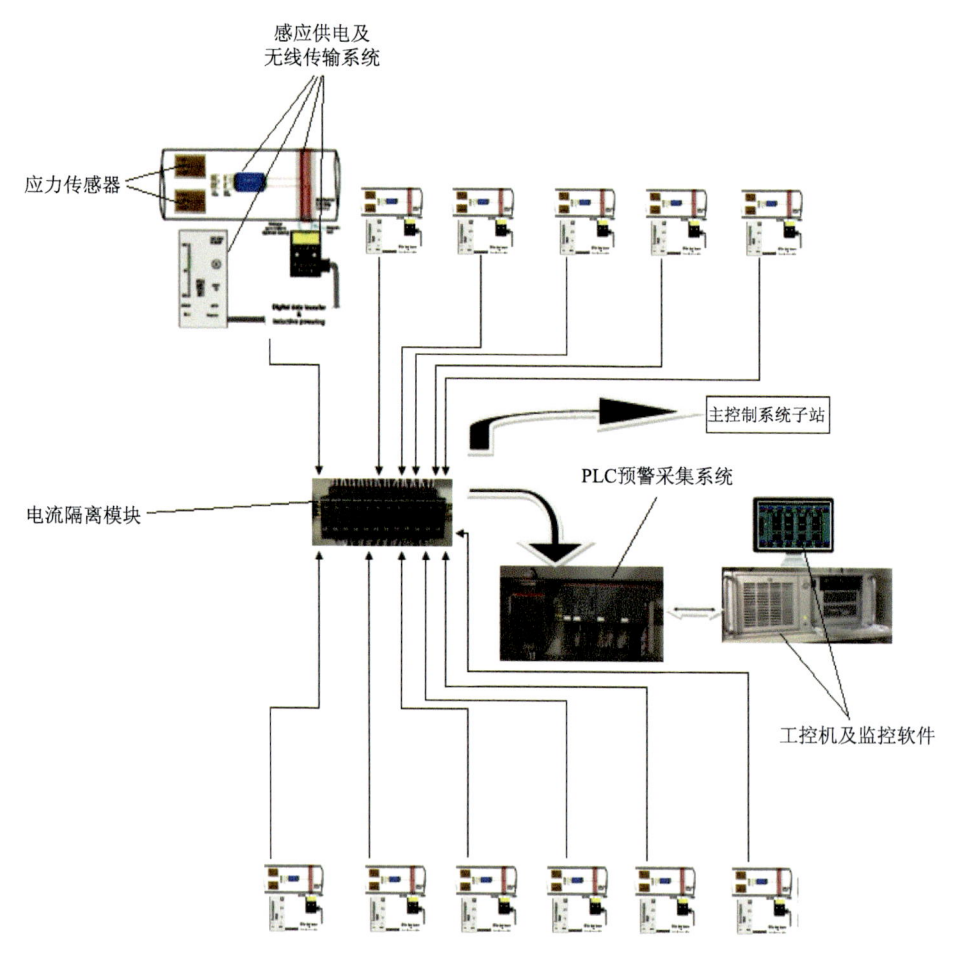

图 5-56　扭矩监测系统总图

图 5-57　应变测量模块　　　　图 5-58　遥感拾取头

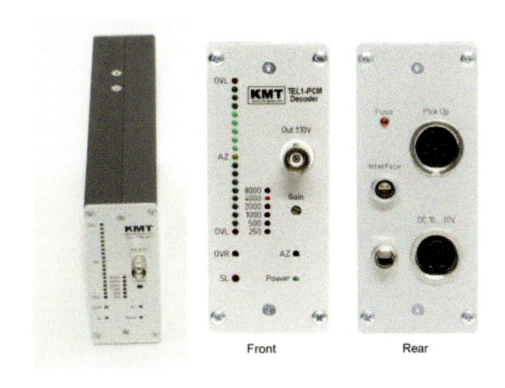

图 5-59　调制解调模块

(2) 应变传感器。

要达到所需的监测精度，应变传感器的温度系数、精度、可靠性均要求很高。根据英国 NPRIME 公司的建议，进行了几种国际一流应变片的比对试验，最终选用了国际上品质最高的 M&M 双 45°半桥应变片 (图 5-60)，用两片构成全桥监测应变传感器模式，保证最优的稳定性。由于半桥应变片的性能参数一致性好，使得成桥后的应变传感器误差相互抵消作用得到充分发挥，能够保证较高的精度。应变传感器经过温漂、时漂测试验证和精确标定，稳定性很好。

图 5-60　应变传感器应变片

(3) 监测与数据采集硬件。

遥测系统输出的信号采用 4～20mA 模拟信号传输，提高抗干扰性能；采用专用电流隔离模块进行滤波后分流；数据采集基于 PLC 系统构建，进行扭矩信号的模数转换和扭矩值量化；数据最终通过以太网络传输至工控机，同时对 12 路扭矩信号进行实时的存储和显示。

(4) 监测软件。

监测软件基于 LabVIEW 平台开发，显示界面清晰友好，数据采集和存储稳定可靠，系统平台方便开放。

2) 实施过程及检测结果

(1) 方案实施。

升船机同步轴扭矩监测系统总共有 12 个监测点。监测点布局如图 5-61 所示，分布在 12 个卷筒间同步轴及 2 个上下游同步轴上，覆盖了整个升船机同步轴的关键点。

12 个监测点分别由 12 套独立的应变监测仪实时监测同步轴的扭矩信号，可以得到同步轴的扭矩变化规律和最大扭矩。在扭矩超过设定阈值时，进行实时报警。

针对同步轴直径大、应变测值微小、技术难度大的特点，采用高灵敏应变片+精密测量系统实现微小应变高精度测量，选用世界上一流的 M&M 品牌高灵敏度、高精度组合应变片，采用 4 个应变片组成全桥的测量方式，KMT 高分辨率高精度应变测量系统，实现了在大直径同步轴上直接粘贴应变片，以高精度测量微小应变。

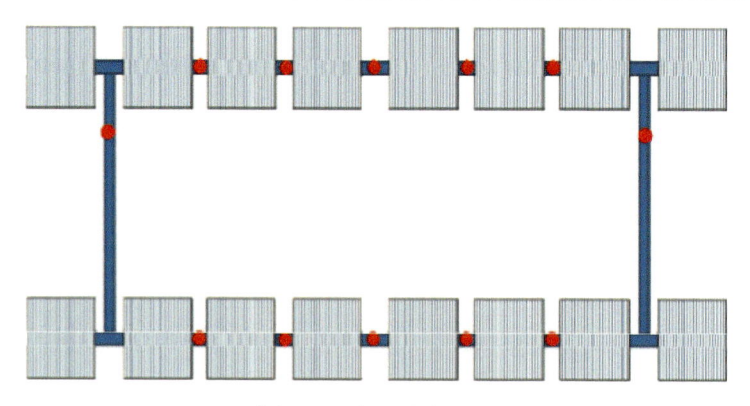

图 5-61 监测点布局图

(2) 应变传感器关键技术试验验证。

用 4 个应变电阻组成惠斯通电桥来测量扭矩，原理如图 5-62 所示。TMS12-1 系统采用了两组半桥应变片并列粘贴的方式，各监测点在距离法兰 100mm 处打磨 100mm×100mm 的粘贴区域安装应变片。

安装技术人员经过英国 NPRIME 公司的严格培训，又在实验室进行了系统的粘贴验证，温漂、时漂测试验证和精确标定。NPRIME 公司技术人员进行了技术指导和施工检验。按照 NPRIME 的技术规程，现场粘贴采用三道打磨工艺及三道清洗工艺，保证应变片粘贴表面的干净、平整和稳定可靠性。另外，采用了专用高倍数显微镜，清晰地观察应变片的粘贴细节，确保粘贴质量。图 5-63 为技术人员对实验室试验所粘贴的应变片进行粘贴质量检验。

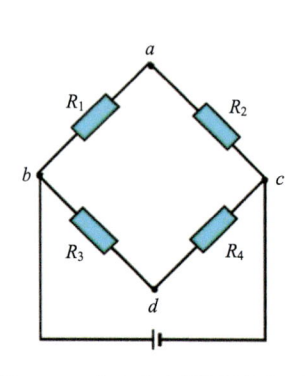

图 5-62 应变片全桥测量原理图　　图 5-63 粘贴质量检验

此外，还专门采购了 M&M-P3 应变测试仪，用来检验安装完毕的应变片应变稳定性及精度，确保安装质量。

(3) 系统精度标定。

本系统采用了在应变片上并联电阻模拟应变的方式进行精度标定，该方法为国际公认的应变测量仪器标定方法。选用的标定电阻为英国 NPRIME 公司提供的高精密电阻，阻值精度为 0.01%，满足本系统标定精度要求。

经标定实验证明，该套应变测量系统线性误差满足技术要求。考虑从应变到扭矩的计算过程中，由于同步轴尺寸误差和弹性模量误差，最终扭矩测量精度可达 1.2%。

(4) 系统应变-扭矩精度验证。

为了验证精度标定及计算结果，利用现有扭转试验机，在实验室进行了应变系统应变-扭矩的精度试验验证。图 5-64 中为 ϕ130、ϕ90 的试验轴连接应变系统后，扭矩试验机所采集的扭矩与应变系统所采集的应变值的关系曲线。由图中可看出，两组试验中扭矩与应变的线性度都非常好。因此，在保证安装质量的情况下，应变系统在同步轴上安装完毕后，每个监测点的应变值变化完全能够代表扭矩的变化。

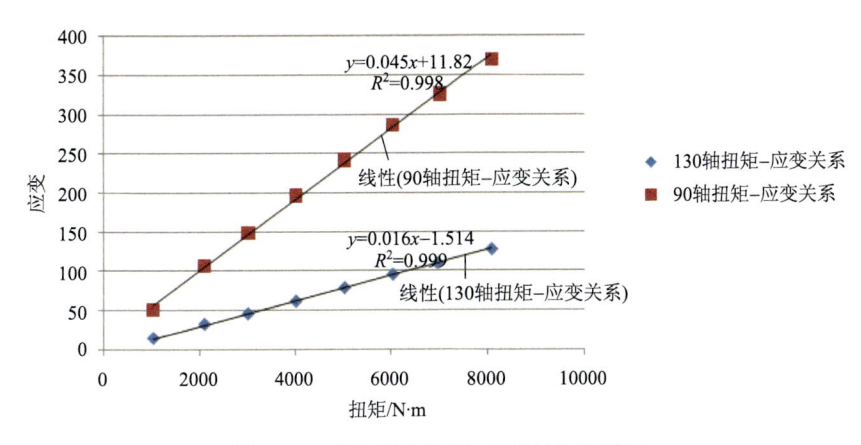

图 5-64 应变系统扭矩-应变变化关系图

(5) 监测系统现场安装调试与精度标定。

对 12 个监测点的应变片使用 P3 检测仪进行应变稳定性检查，应变片和应变监测系统连接后模拟真实应变以标定系统的精度——输出电流和应变的线性比例系数。每一套应变监测系统都要进行 8 组模拟应变的标定，才能确保整个系统的精度。

TMS12-1 扭矩监测系统完成了全部现场安装及调试工作，自检合格后交付现场使用，开始进行试运行 (图 5-65)。监测系统于 2015 年 10 月 10 日开始现场安装，到 2015 年 10 月 24 日完成现场安装和初步调试工作，开始系统正常运行和扭矩信号数据的实时采集和

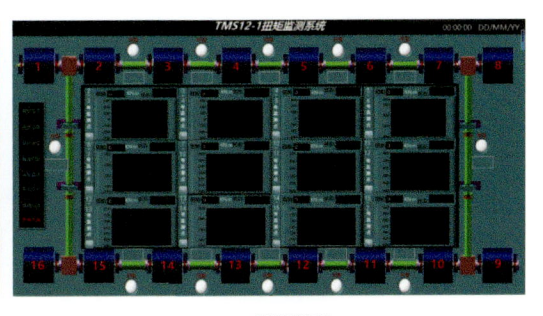

(a) 控制柜　　　　(b) 扭矩监测点　　　　(c) 监测界面

图 5-65 扭矩监测系统

记录。到 2015 年 11 月 2 日系统运行中采集的 12 个监测点的扭矩数据稳定、真实、可靠，系统运行正常。

(6)监测系统。

监测系统能够同时显示 12 个监测点实时的扭矩值、扭矩时谱图、同步轴旋转方向和监测点的运行状态，若扭矩值超出设定阈值则报警灯闪烁报警。此外，对于升船机的一些特定操作状态，可利用数据回放功能，将操作期间的扭矩监测数据导出，进行后续的分析。

监测系统运行期间，升船机同步轴进行了试运行和多次现场调试试验。通过系统数据回放功能将试运行期间的数据导出，根据各试运行区间扭矩变化情况与实际试运行工况一一对应，进行了系统稳定性、可靠性分析。作业周期结束后，各监测点扭矩都能够回到初始值附近，且前后扭矩变化小于 10kN·m；升船机无动作区间内监测点扭矩平稳无异常波动。在空厢、带水不同深度，以及慢速、中速、快速等各种工况下，扭矩监测结果均能得到同步轴上扭矩的变化。

5.3.4 膜片联轴器

1. 技术要求

(1)工作方式：断续工作，年最大工作频次为 27 次升或降/d×330d(每次升或降 6 圈，约 10min 后再进行下次升降)。

(2)形式、型号：符合重型机械用膜片联轴器 JZMJ32 设计。

(3)公称扭矩：800kN·m。

(4)转速范围：0～5r/min。

(5)补偿能力：角向 0.5°，轴向±5.0mm(单膜片)。

(6)单个片组周向间隙最大值：20～30μm。

(7)单个片组扭转刚度：不低于 $5.0×10^5$kN·m/rad(400kN·m 时的检测值)，片组扭转刚度是指膜片联轴器法兰间的刚度。

(8)轴联接：胀套加带键槽定位环联接和法兰盘加高强螺栓联接。

(9)主要零部件材料：安装盘/转接盘、定位环(带键槽)为 40Cr 锻件；膜片为 301 不锈钢(执行美国 ASTM 标准)。

(10)各膜片联轴器出厂时，需提交公称扭矩下的单个片组扭转刚度、扭转间隙和补偿能力实测值，并委托第三方复测。若复测结果不满足技术要求的，应进行专门分析。分析后属于产品质量问题的，应进行设计、工艺方案的改进处理，以确保产品质量满足技术要求。

(11)应根据公称扭矩，确定膜片联轴器和轴端连接表面的摩擦系数及相应的表面处理方式并选择合适的高强螺栓。在公称扭矩下，高强螺栓的安全系数应不小于 2。

(12)膜片联轴器出厂时，应提供装配紧固螺栓的拧紧力矩值并提供相应的液压力矩扳手。应提供 0～800kN·m 对应的单个片组扭转刚度，并详细说明以上性能参数的保证措施。

2. 膜片联轴器选型与性能试验

水力式升船机机械同步系统宜选用无传动间隙的膜片联轴器。根据膜片联轴器技术要求，选择 JZMJ32 型膜片联轴器。

由于膜片联轴器是首次在升船机行业运用，为了确保其可行性，特委托机械科学研究总院中机生产力促进中心对膜片联轴器、胀套的机械性能进行了专项研究。性能试验如图 5-66 所示，试验结果如下。

图 5-66 膜片联轴器机械性能 1∶1 试验

1) 扭转刚度分析

膜片联轴器靠弹性元件膜片的弹性变形来补偿两联接件间的位置偏差，改善轴和支承的工作条件，降低联轴器的同心度误差的影响。在进行联轴器扭转刚度分析时，由于载荷作用，联轴器的膜片拉伸变形、销轴弯曲变形及销轴与法兰、膜片之间的间隙会使联轴器两法兰之间产生相对扭转。膜片联轴器扭转刚度 C 的计算公式如下：

$$C=M/a \tag{5-60}$$

式中，M 为联轴器所受扭矩，kN·m；a 为膜片两侧在扭矩作用下的相对扭矩转角，rad。

本试验中利用沿圆周均布的四块百分表分别测得固定端膜片组上下左右四处的周向位移量，求取平均值以消除安装间隙，再根据周向位移量求出相对转角值，利用测得的扭矩载荷及膜片两端相对转角值计算出膜片的扭转刚度。试验系统逐级加载、逐级卸载，接着进行反向逐级加载、逐级卸载，往复加载三次处理数据后固定端膜片组的刚度曲线如图 5-67 所示。

由试验结果可以看出：

(1) 检测 3 个循环的测试结果，除了第 1 次加载行程曲线外，其余的加-卸载过程测量曲线重合，试验的重复性较好，见图 5-67(d)。利用最小二乘法拟合载荷-转角曲线，曲线的斜率即为膜片组的扭转刚度，其大小为 10.247×10^8 kN·m/rad。

(2) 回程滞后测量结果为 0.00015rad，这里的回程滞后并不是严格意义上的间隙。因为该联轴器的膜片和销轴通过螺纹夹紧在法兰上，理论上没有间隙，但由于联轴器受扭转力矩作用，夹紧后的膜片与压盘、销轴与法兰的夹紧区域产生的弹性变形和摩擦应力的重新分配，造成回程滞后。

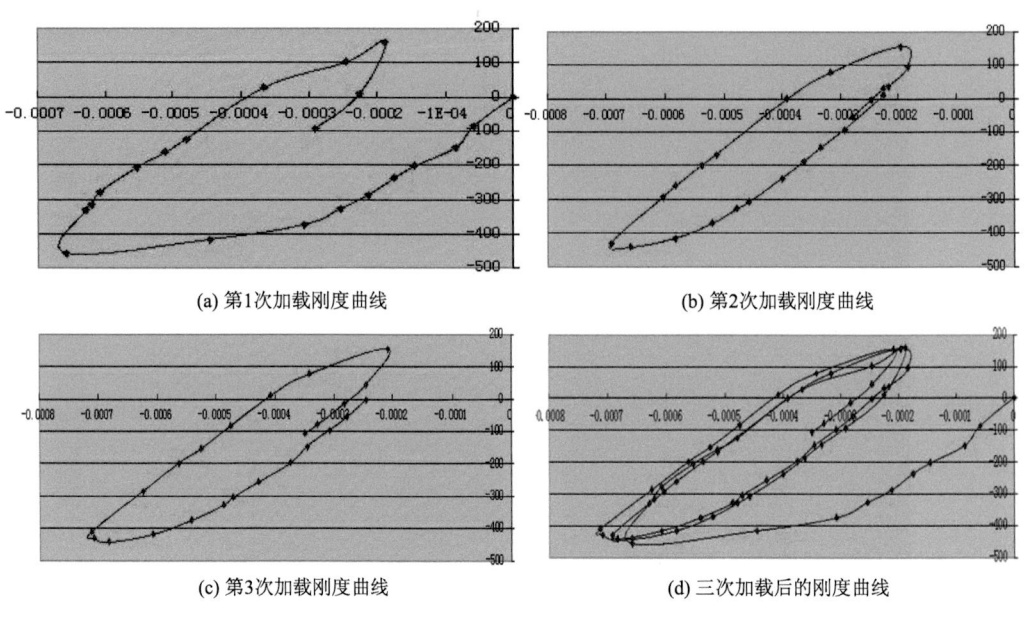

(a) 第1次加载刚度曲线

(b) 第2次加载刚度曲线

(c) 第3次加载刚度曲线

(d) 三次加载后的刚度曲线

图 5-67 固定端膜片组刚度曲线

(3) 第 1 次加载行程曲线明显与第 2、3 次加载过程不同，应是第 1 次加载使夹紧区域产生摩擦应力的初次分布，以后再加载会趋向一个平衡状态。

(4) 胀套锁紧状态监测。以切向键轴为基准，测量胀套的周向位移量，结果发现最大载荷到 430kN·m 时，胀套周向位移量仅为 0.05mm，卸载后读数回 0。该结果说明胀套完全锁紧联轴器，大载荷下出现的周向位移量为胀套的弹性变形量。

(5) 测试载荷 200～300kN·m 区间，膜片组刚度曲线如图 5-68 所示。

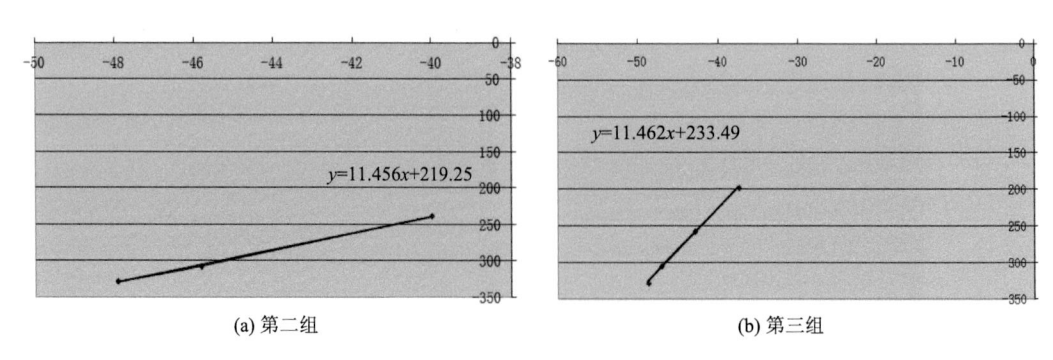

(a) 第二组

(b) 第三组

图 5-68 膜片组刚度曲线(载荷 200～300kN·m 区间)

该区间第二组加载曲线刚度为 11.456×10^8 kN·m/rad，第三组加载曲线刚度为 11.462×10^8 kN·m/rad(备注：为取得准确的曲线斜率，将转动量放大了 10^5 倍)。

2) 轴向补偿能力分析

对联轴器膜片组进行轴向加载，测试其轴向补偿能力，膜片组在圆周方向的补偿分别为–5.1mm、–5.0mm、–4.9mm、–5.0mm，满足设计的轴向补偿能力。

3) 径向补偿能力分析

向右推动台架支座造成 10mm 的径向偏差，试验系统逐级加载逐级卸载，往复加载两组后记录试验数据，处理数据后固定端膜片组的刚度曲线如图 5-69 所示。

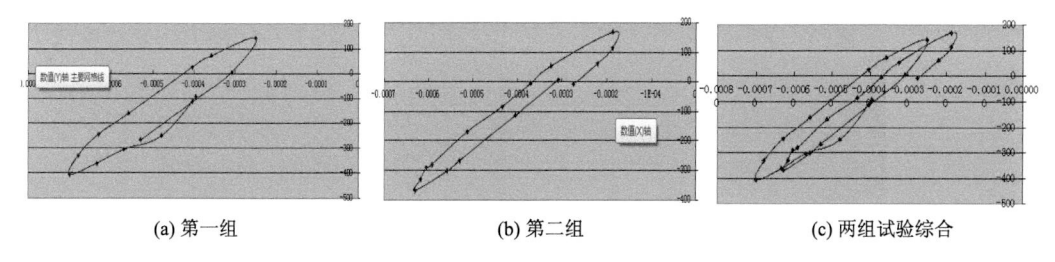

(a) 第一组　　　　　　　　(b) 第二组　　　　　　　　(c) 两组试验综合

图 5-69　径向偏移 10mm 下固定端膜片组刚度曲线

利用最小二乘法拟合两组载荷-转角曲线，径向位移下膜片组的扭转刚度大小为 10.801×10^8 kN·m/rad，间隙为 0.00012rad。根据试验数据及上述分析，可以判定该膜片组径向补偿能力符合出厂要求。

5.3.5　锥齿轮箱

同步轴系统中的锥齿轮箱是将执行机械同步，正反向换向运转、传递、均衡机械不平衡力于一体的低速大扭矩传动装置。锥齿轮箱是同步轴系统的核心部件，为了确保升船机整个运行过程的安全可靠，根据实际工况，针对同步系统用锥齿轮箱分别进行结构设计、系统动力学分析、齿轮材料、齿形加工等方面的研究。

1. 布置与作用

卷筒及同步系统安装在 614.0m 高程的主机房平台，其中心线与船厢中心线重合，卷筒及同步系统由 16 个卷筒、4 个锥齿轮箱及卷筒间的同步轴等组成。在卷筒组的上下游两端通过锥齿轮箱转换，形成矩形闭环同步系统(图 5-70)，实现所有卷筒的同步运行。

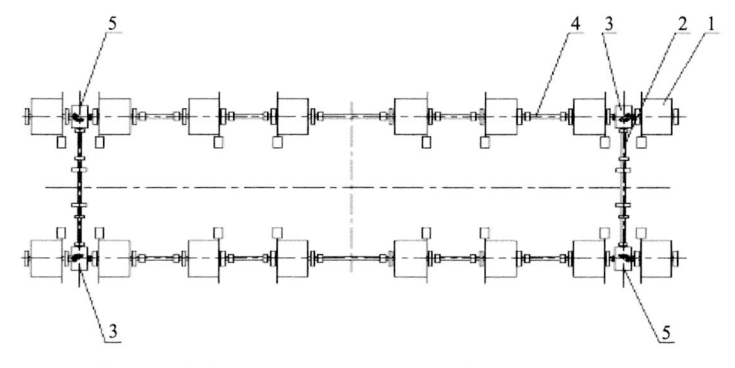

1.卷筒；2.异侧同步轴；3.右装锥齿轮箱；4.同侧同步轴；5.左装锥齿轮箱

图 5-70　卷筒及同步系统设备布置图

2. 主要技术参数

锥齿轮箱主要技术参数：额定转速≤1r/min，额定扭矩190kN·m，设计寿命≥30a。使用环境：极端最高气温41.1℃，极端最低气温2.7℃。年通航天数330d，每天工作时间21h，每天往返27次，航船升降时间17min/次（单向）。

3. 采用特殊关键技术进行结构设计

1）高强高韧洁净钢材料应用研究

为提高齿轮承载能力和抗疲劳性能，采用高纯净齿轮钢材料，通过严控H、O、S、P和非金属夹杂物的含量，大幅度提高齿轮钢的纯净度，通过添加Nb元素提高齿轮钢的抗冲击性能；同时采用围热处理渗碳淬火精确控制工艺和变形控制技术，确保了齿轮钢的高强度、高韧度和抗疲劳性能。

锥齿轮副采用国内先进成熟的材料，其机械性能和化学成分符合现行国家标准或部颁标准和行业标准《大型齿轮、齿圈锻件 技术条件》（JB/T 6395—2010）中Cr-Ni-Mo系高强度渗碳淬火用低碳合金硬齿面齿轮材料——17Cr2Ni2Mo，热处理采用齿面渗碳＋淬火＋回火的方式，齿面硬度为HRC57+4，有效硬化层深度为4.3～5.6mm。

2）大模数、高精度弧齿锥齿轮加工技术研究

采用高精度的铣齿机刮削加工格里森齿制弧齿圆锥齿轮，考虑刀具与螺旋方向匹配关系、进给速度、切削速度等加工工艺参数对齿形进行优化加工，以及加工后的锥齿轮副精密对滚试验技术应用，锥齿轮副齿面接触率得到大大优化，保证了高精度传动效果。

锥齿轮副齿制为格里森弧齿，锥齿轮的大端端面模数达36mm，齿轮宽度220mm，大端齿顶圆直径达ϕ1015.275mm，大端切齿深度接近70mm，质量945kg，属于大规格模数硬齿面弧齿锥齿轮。锥齿轮副中一个锥齿轮是左旋，另一个锥齿轮是右旋，其余参数完全一致。

3）基于KISSsoft软件的强大功能，对弧齿锥齿轮传动多因素耦合的动载分析、参数优化

KISSsoft是功能性强、适用性强，集传动系统选配、设计与开发为一体的传动系统软件，其广泛应用于各类机械设备传动系统的设计中。

根据复杂交变载荷、啮合刚度、齿侧间隙、温升、制造及安装误差等因素影响，建立了箱体-轴-轴承-齿轮非线性动力学模型，对齿轮箱系统进行了动态特性分析。综合考虑各零部件的弹性变形，如轴、轴承座的弹性变形，轴承的支承刚度等的影响，对各齿轮副的齿面接触开展了研究，明显改善了齿面载荷的分布状态，有效降低了动态载荷对齿轮可靠性的影响。

4）锥齿轮箱结构设计

（1）传动原理。

采用单级圆锥齿轮传动，支承采用滚动轴承，通过卷筒轴带动锥齿轮箱形成矩形闭环机械同步系统，实现运动同步、换向并传递扭矩。

(2) 锥齿轮箱的结构。

锥齿轮箱采用全封闭式单级弧齿锥齿轮正交传动。箱体里只有一个正交$\Sigma=90°$传动的弧齿锥齿轮副，用于传递相交轴(水平轴和垂直轴)的运动，其传动比为1∶1。两个轴采用双支点滚动轴承支承，并布置在同一水平平面内。

(3) 锥齿轮箱的装配形式。

由图5-71可知，升船机同步系统通过4个直角位置上的右装锥齿轮箱、左装锥齿轮箱的换向，形成矩形闭环同步传动。由于4个锥齿轮箱设置在封闭传动链矩形传动系统的4个直角位置，所以锥齿轮箱需要两种装配形式：2个右装锥齿轮箱和2个左装锥齿轮箱。

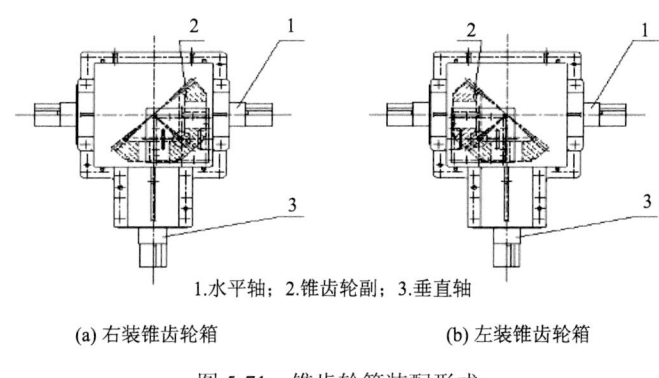

1.水平轴；2.锥齿轮副；3.垂直轴

(a) 右装锥齿轮箱   (b) 左装锥齿轮箱

图 5-71 锥齿轮箱装配形式

右装锥齿轮箱和左装锥齿轮箱均设有箱体箱盖、水平轴、锥齿轮副及垂直轴；水平轴、锥齿轮副及垂直轴设置在箱体箱盖内，锥齿轮副采用弧齿锥齿轮副正交传动，锥齿轮副分别装在水平轴和垂直轴上，且右装锥齿轮箱的锥齿轮副设置在水平轴与垂直轴形成的"T"字形交叉的右侧，左装锥齿轮箱的锥齿轮副设置在水平轴与垂直轴形成的"T"字形交叉的左侧。

(4) 锥齿轮的支承。

由图5-72可知，连接同侧卷筒两边的水平轴采用双轴伸简支式；连接异侧卷筒的垂直轴采用单轴伸悬臂式。垂直轴上的两端轴承距离$L \geqslant 2a$(a为锥齿轮的齿宽中心到靠近锥齿轮这一侧轴承中心之距离)，且$L > 0.7d$(d为锥齿轮的大端分度圆直径)，同时此处轴径$D > a$。

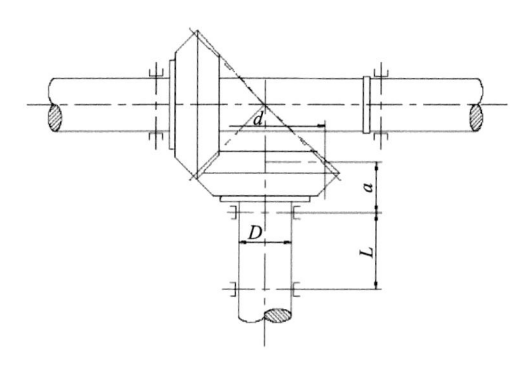

图 5-72 锥齿轮的支承结构

4. 齿轮传动副强度分析

1)齿轮受载变形分析

齿轮传动系统中，由于加工、装配误差，轴、轴承、箱体及其他零部件在载荷下的变形，使得啮合齿轮中心线不平行，而是有微小的夹角 γ，如图 5-73 所示，形成齿轮之间的错位。这个错位用分离量 $\gamma \times B$（B 为齿宽）表示。该错位量大小对齿轮寿命、传动振动与噪声都有决定性影响，从而对传动系统的承载能力(寿命)和传动的平稳性有决定性影响。

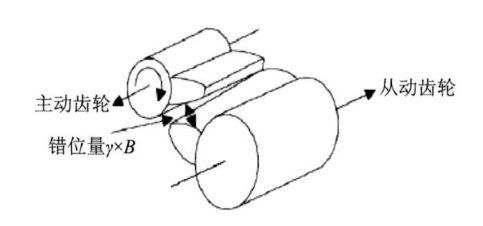

图 5-73　齿轮受载变形示意图

2)轴强度分析

齿轮传动系统中，两根轴在工作状态下的相对位置实际上是不平行的，使用 KISSsoft 软件则可以方便地分析不同工况下轴的变形、扭矩、弯矩、应力等，同时还可以对轴进行疲劳寿命分析等。

3)轴承寿命分析

轴承在实际工作过程中不是刚性材料，在 KISSsoft 软件中，轴承被当作弹性体。采用 ISO/TS 16281-2008 标准，KISSsoft 软件在给定工况下不仅可以得到轴承额定寿命，还可以对轴承进行更加详细的计算，如可以进行内外圈动载荷分析、评级，计算轴承内外圈错位等。

5. 关键件静力学和模态分析

1)齿轮副强度校核

利用 KISSsoft 软件中 KISSsys 模块，建立齿轮传动的模型，主要包括 2 个轴、1 对相配合的锥齿轮及 4 个轴承。根据锥齿轮箱的实际工况，在 KISSsoft 软件输入额定转速及额定扭矩，设计并优化一组齿轮参数，计算出锥齿轮箱锥齿轮副几何尺寸，且对相关齿轮疲劳强度进行校核，结果如表 5-21 所示。

锥齿轮可靠运行要求最小安全系数：弯曲疲劳强度安全系数不低于 1.4，接触疲劳强度安全系数不低于 1，锥齿轮箱齿轮副服务系数均满足要求。

2)轴及轴承强度校核

（1）轴 1。

轴 1 指锥齿轮箱的水平轴，材料为 42CrMo，调质处理 HB=229～269。寿命计算考虑了轴 1 的弯曲、扭转等变形的影响，具体计算结果如表 5-22 所示。

表 5-21 齿轮箱基本参数

	主动齿轮	从动齿轮
齿数 z	27	27
大端模数 m_{et}/mm	36	
法向压力角 a_n	20°	
齿高系数 h_a^*/h_f^*	0.85/1.188	0.85/1.188
公称螺旋角 β/(°)	35	
分锥角 δ/(°)	45	
齿宽 B/mm	220	220
大端分度圆直径 d_e	972	972
齿轮材料	17Cr2Ni2Mo	17Cr2Ni2Mo
弯曲疲劳极限/MPa	500	500
接触疲劳极限/MPa	1500	1500
几何尺寸计算		
外锥距 R_e/mm	687.3078	
齿顶高 h_a/mm	30.6	30.6
齿根高 h_f/mm	37.368	37.368
全齿高 h/mm	67.968	67.968
顶隙 c/mm	6.768	
顶锥角/(°)	48.112	48.112
根锥角/(°)	41.888	41.888
大端齿顶圆直径/mm	1015.275	1015.275
强度校核(DIN3991：1988)		
弯曲疲劳强度安全系数 $S_F$min	1.592	1.592
接触疲劳强度安全系数 $S_H$min	1.937	1.937

表 5-22 轴 1 使用寿命计算

调心球轴承	23972MB (360×480×90)	32972-N11CA (360×480×57/76)
径向载荷 F_r/kN	347.517 (−84.17°)	155.606 (−140.18°)
载荷 F_x/kN	35.298	−119.512
轴向载荷 F_y/kN	0	376.682
载荷 F_z/kN	−345.720	−99.650
摩擦力矩/(N·m)	32.302	26.146
能量损失/W	3.383	2.738
使用寿命 L_n/h	197605	138763
修正使用寿命 L_{nm}/h	>80000，满足使用要求	>80000，满足使用要求

注：表头中括号里指内径×外径×宽度。

根据材料力学相关理论，可得轴 1 任意截面的弯曲变形曲线和等效应力曲线，如图 5-74 和图 5-75 所示。

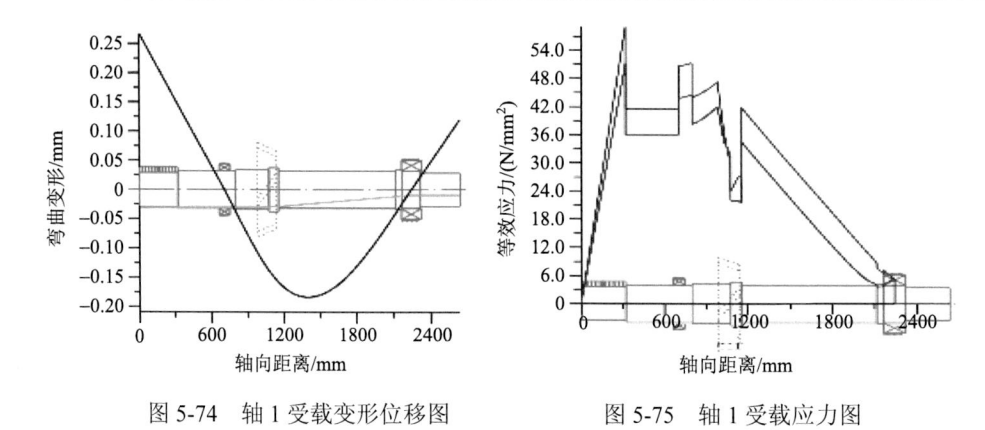

图 5-74　轴 1 受载变形位移图　　图 5-75　轴 1 受载应力图

由图 5-74 可知，轴 1 的最大弯曲变形为 0.267mm，位于轴 1312.325mm 处，轴最大扭转角为 0.078°；最大综合应力为 51.20MPa，位于右端轴承支撑处；以上变形及应力值均处于合理的范围内，满足使用要求。

(2) 轴 2。

这里的轴 2 指锥齿轮箱的垂直轴，材料为 42CrMo，调质处理 HB=229～269。使用寿命计算考虑了轴 2 的弯曲、扭转等变形的影响，具体计算结果如表 5-23 所示。

表 5-23　轴 2 使用寿命计算

调心球轴承	23972MB (360×480×90)	32972-N11CA (360×480×57/76)
径向载荷 F_r/kN	894.581 (131.25°)	288.104 (−42.27°)
载荷 F_x/kN	−589.865	213.183
轴向载荷 F_y/kN	0	−84.214
载荷 F_z/kN	672.558	−193.796
摩擦力矩/(N·m)	160.409	44.430
能量损失/W	16.798	4.653
使用寿命 L_n/h	84525	845612
修正使用寿命 L_{nm}/h	>80000，满足使用要求	>80000，满足使用要求

根据材料力学相关理论，可得轴 2 任意截面的弯曲变形曲线和等效应力曲线，如图 5-76 和图 5-77 所示。

由图 5-76 可知，轴 2 的最大弯曲变形为 0.18mm，位于轴 1762.7mm 处，最大扭转角为 0.139°；最大综合应力为 67.53MPa，位于右端轴承支撑处；以上变形及应力值均处于合理的范围内，满足使用要求。

6. 锥齿轮箱体性能分析

锥齿轮箱体作为传动系统的支撑部件，其安全可靠是十分重要的，需对箱体进行重点分析研究。

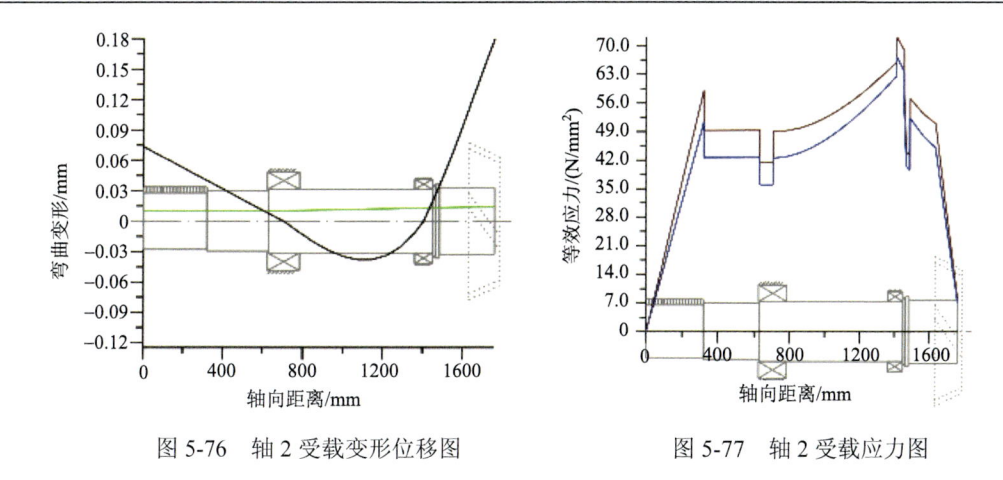

图 5-76　轴 2 受载变形位移图　　　　图 5-77　轴 2 受载应力图

1) 划分网格

为便于分析，在不影响机体基本结构和力学性能的前提下，需对其进行简化，建立的有限元分析模型如图 5-78 所示。

图 5-78　箱体网格划分

2) 模型加载

箱体主要承受轴承施加的载荷，如图 5-79(c) 所示。由于轴承及轴承座的弹性变形，轴承孔周向无法 180°承载，且载荷不均匀。常规方法是在轴承孔周向 120°的区域施加不均匀载荷来模拟轴承对箱体的作用，过程较为烦琐。采用刚性环代替轴承，只需将载荷沿 x、y、z 轴线施加到刚性环(轴承孔中心点)上即可，刚性环会自动对载荷合成并确定载荷施加位置和作用范围，如图 5-79(b) 所示。

3) 固有特性分析

固有特性分析即模态分析，用于确定设计结构或机械部件的振动特性，即固有频率和振型。由于模态分析的有限元模型是以静态有限元模型为基础的，固有频率和振型是箱体的固有属性，与外力无关，故忽略外部载荷。已知锥齿轮箱体为铸铁件，材料为

(a) 各轴承力加载 　　　　　　　　(b) 各轴承孔受载中心点 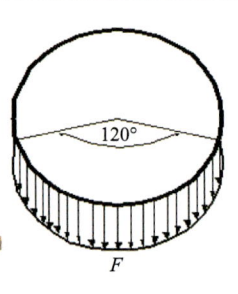　　　　(c) 常规轴承孔载荷施加模型

图 5-79　箱体有限元模型边界条件

HT200，密度 $\rho = 7350\text{kg/m}^3$，弹性模量 $E = 157000$，泊松比 $\mu = 0.27$，即可建立锥齿轮箱箱体固有特性有限元分析模型。

利用有限元分析软件，采用 Lanczos 方法对建立的有限元模型进行模态计算，得到箱体前 6 阶固有频率，表 5-24 为箱体前 6 阶固有频率及振型。

表 5-24　锥齿轮箱体前 6 阶固有频率及振型

模态阶数	固有频率/Hz	振型特征描述	最大变形位移/mm
1	111.55	上箱体顶部纵向膨胀	1.36
2	125.54	上箱体顶部纵向膨胀	3.049
3	155.77	轴 1 轴孔扭转变形	0.78
4	201.15	箱体底板中间上下交替膨胀	3.248
5	214.45	轴 2 轴承座摆动变形	1.077
6	226.54	上箱体侧面立板横向向内变形	1.814

综上所述，齿轮箱正常工作，各齿轮啮合频率为 300Hz、86.9Hz、26.75Hz，均远离齿轮箱固有频率，故工作时不会引发箱体共振。

4）静力学分析

经计算分析得箱体的应力位移云图，如图 5-80 所示。由分析结果可知，箱体的最大

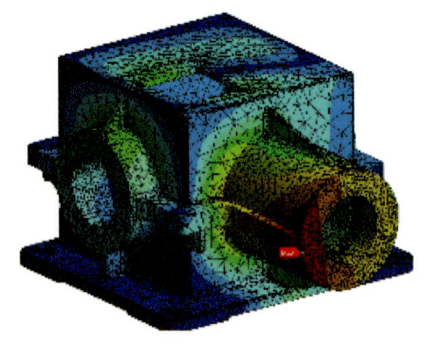

(a) 变形位移云图 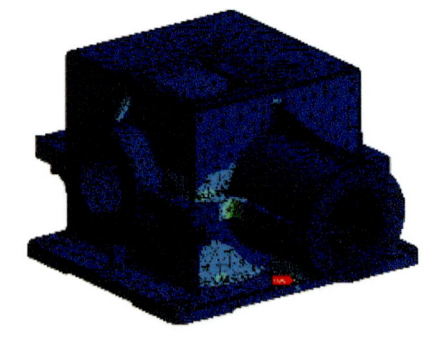　　　　　　　　　　　　　(b) 应力云图

图 5-80　箱体应力位移云图

Mises 应力为 104MPa，最大弹性位移为 0.126mm。其中，最大应力和弹性位移分别位于输入端轴承座加强筋和输入端轴承端盖部位。整个箱体没有出现应力集中，结构合理，平均 Mises 应力在 23.2MPa 左右，远低于材料的屈服极限；箱体弹性变形较为一致，输出端轴承孔部位弹性变形在 0.028mm 左右，刚性较好。

综上所述，首先应用 KISSsoft 软件建立齿轮传动系统模型，对齿轮、轴及轴承等进行设计优化，各项参数校核结果均能满足设计要求；然后采用有限元法对锥齿轮箱箱体分别进行了机械静力学特性和动态特性分析，进而对箱体的工作性能进行评价，保证了锥齿轮箱的可靠平稳运行。

7. 锥齿轮箱的优化设计及工艺特点

为了保证弧齿锥齿轮副传动的啮合精度，装配时，弧齿锥齿轮副的锥顶必须重合，需要调整弧齿锥齿轮副的轴向位置。因此，水平轴、垂直轴两端轴承都放置在不同的套杯内，用套杯凸缘端面与箱体、箱盖外端面之间的调整垫调整锥齿轮副的轴向位置。锥齿轮箱的内部结构如图 5-81 所示。

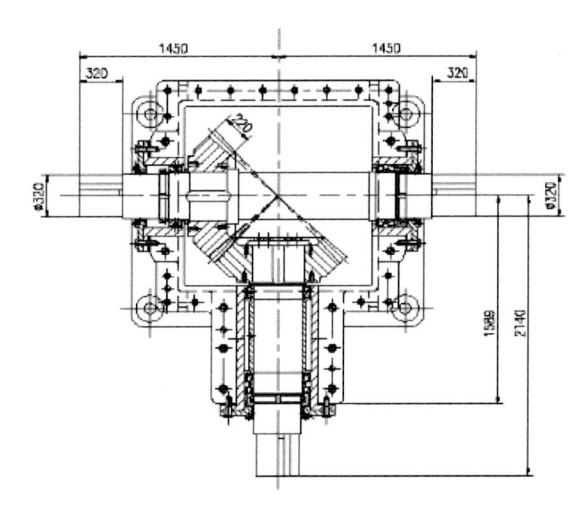

图 5-81 锥齿轮箱的内部结构（单位：mm）

根据锥齿轮箱结构要求，该调整垫外圆直径为 ϕ840mm，考虑其直径较大，两端面的粗糙度要求高（Ra 不低于 3.2μm），造成制造加工受限，因此采用把调整垫一分为二的办法解决了这个难题。同时也是由于直径较大，为了在装配调整时方便快捷，这里的调整垫与大多数的调整垫不同，它是由若干个薄片组成的调整垫片组，装配时修磨成单片的形式。

5.3.6 制动系统

1. 制动系统的功能

升船机的承船厢在运行过程中发生重大事故时，制动器应能可靠地制动，确保升船机平衡状态不被破坏，以保证人员和设备安全。因此，制动器是升船机的重要安全装置，对升船机的运行发挥安全保护和事故时的停机制动作用。

盘式制动器的基本工作原理为"液压松闸、弹簧力制动"，主要工作模式有两种：正常运行工况和事故工况工作模式。

1) 承船厢上游对接时制动

水力式升船机并不要求安全制动器在系统失电的情况下立即上闸制动，而是在充泄水阀完全关闭、船厢侧与浮筒侧重力平衡的情况下进行上游对接时才采用无级上闸。

夹紧装置、顶紧装置、充压密封装置按顺序投入后，可能出现工作阀门漏水，引起竖井水位变化，以及对接期间上游水位变化造成船厢与浮筒受力不平衡的情况，此时利用制动器的制动作用，防止船厢发生位移使夹紧装置、顶紧装置、充压密封装置承受额外荷载。

2) 意外工况下的紧急上闸

水力式升船机没有设置工作制动器，因此事故工况下为防止事态的扩大与蔓延，保证人员及设备的安全，在实施紧急停机时，制动器须紧急上闸。与传统电力驱动式升船机不同，水力式升船机承船厢在上升、下降过程中，亟须空中停机时(指那些不危害人员及设备的情况)，由于船厢侧与浮筒侧重力始终处于平衡状态，制动器不是必须立即上闸的。

但当升船机在运行过程中出现浮筒卡阻、船厢卡阻等重大故障需紧急停机时，迅速关闭充泄水阀门，制动器分级上闸，能平稳可靠地制动。当升船机出现故障或遇事故需紧急停机，待所有事故因素解除、升船机具备重新启动条件后制动器才能松闸，实现船厢的再次平稳启动。

2. 制动器选型与主要技术参数

综合考虑景洪升船机制动器的使用工况，制动器考虑采用盘式制动器，设置于卷筒侧面，单套制动器的制动力为 90t，制动直径为 4.8m，每组卷筒设置 3 套制动器，升船机制动系统的总制动力为 1440t，制动扭矩为 3456t·m。制动器的主要技术参数如表 5-25 所示。

表 5-25 制动器参数

序号	项目	代号	技术指标
1	形式		盘式制动器，机械弹簧上闸、液压松闸
2	数量	N	共 16 套装置，每套 3 对制动器
3	每对制动头工作负载		750kN
4	制动盘摩擦直径	Φ_1	5000mm
5	安全系数	A	≥1.7
6	每套装置的制动器个数		3 对
7	每对制动器的摩擦力		≥300kN
8	单套制动力×制动半径		600kN·m

续表

序号	项目	代号	技术指标
9	摩擦副摩擦系数	μ	$\geqslant 0.4$
10	制动单元上闸时间	t_1	$\leqslant 0.5s$
11	制动单元松闸时间	t_2	$\leqslant 5s$
12	制动单元松闸时间差	t_3	$\leqslant 0.3s$
13	全部制动单元松闸时间，由一台泵站带动时	t_4	$\leqslant 11s$
14	卷筒直径	Φ_2	4250mm

3. 制动系统的设计

1) 制动器的设计

沿水流方向，左右两侧卷筒装置各有 8 个，制动装置分布于每个卷筒装置的闸盘处，间隔较远，最远两组制动器装置沿水流方向的距离为 55.69m，垂直水流方向的距离为 14.25m。为避免油压在管路的损耗及滞后，保证制动装置制动力均衡及动作趋于同步，共设两套液压站，分别布置于上游与下游。上游处的液压站控制上游的 8 套制动装置，下游处的液压站控制下游的 8 套制动装置，共同参与控制。管路经过严格理论计算，主管路和支管路采用不同的通径，并合理布排管路走向，以保证各制动器动作同步性偏差在允许范围内。通过现场运行的检测验证，盘式制动器动作同步性指标满足 48 套制动器的上闸时间差异不超过 0.3s 的要求。

盘式制动器外形尺寸见图 5-82。

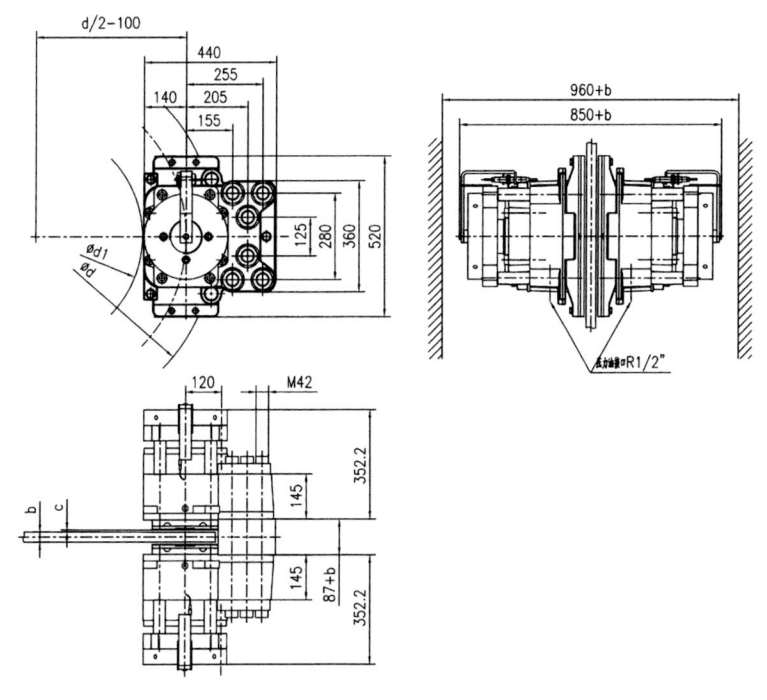

图 5-82 盘式制动器外形尺寸图(单位：mm)

盘式制动器技术参数见表5-26。

表5-26 盘式制动器技术参数

型号	夹紧力 F_A		松闸压力/bar	质量/kg	安装形式	安装螺栓强度拧紧力矩
SHI251	间隙 $c=1$mm	335kN	105	560	通过高强度螺栓，控制拧紧力矩安装	6×M42、12.9级、6800N·m、$\mu=0.14$
	间隙 $c=2$mm	302kN				
	间隙 $c=3$mm	270kN				
	间隙 $c=4$mm	254kN				
SHI252	间隙 $c=1$mm	440kN	140	560		
	间隙 $c=2$mm	400kN				
SHI252	间隙 $c=3$mm	360kN				
	间隙 $c=4$mm	320kN				

力矩计算公式(适用于SHI251、SHI252)：

$$M_{Zmax}=2\times F_A\times 0.4\times (d/2-100)$$

举例：SHI252，盘径1500mm，间隙 $c=2$mm

$$M_{Zmax}=2\times 400\text{kN}\times 0.4\times (1500/2-100)=208000\text{N·m}$$

$b=$ 制动盘厚度，最小20mm

$d=$ 制动盘直径，mm

$d1=$ 轮毂或卷筒的最大直径，mm

$c=$ 松闸间隙，可调范围1～4mm

摩擦片面积：920cm²

注：bar为压强/压力单位，非法定，$1\text{bar}=10^5\text{Pa}$。

SHI盘式制动器的基本原理为"液压松闸、弹簧力制动"。制动器由一对制动头组成，用螺栓安装在焊接支架上，制动器内部分别装有碟簧组和油缸。碟簧组支承在机体端盖里，经由活塞、承压板、螺栓和制动靴使摩擦片压向制动盘，产生制动力，实现制动。制动时产生的切向力直接传递到带导向法兰的机体上，由机体抵消切向力。通入压力油后，碟形弹簧压缩，活塞在压力油作用下移动，将摩擦片从制动盘向后收回，实现松闸。

2)液压系统

液压系统控制制动器的制动与松闸，起着至关重要的作用。根据水力式升船机的工况要求，液压制动系统应满足如下功能要求。

(1)正常运行工况。

①船厢上游对接位的正常上闸制动。当承船厢与上闸首工作大门对接开始时，制动器上闸，上闸时间为0.5s，所有48套制动器的上闸时间差异不能超过0.3s。夹紧装置、顶紧装置、充压密封装置按顺序投入，充齐隙水，开启船厢卧倒门和工作小门。在此过程中，制动器的主要作用是平衡承船厢对接过程中船厢侧和浮筒侧由于水库水位和竖井水位的变化出现的不平衡力。

②船厢下行开始的正常松闸。在正常运行工况中，当承船厢与上闸首工作大门解除对接时，即夹紧装置、顶紧装置、充压密封装置退回，船厢门关闭。通过制动器调压松

闸，使浮筒侧与船厢侧达到平衡后完全松闸，实现船厢的平稳启动，松闸过程持续5s，松闸结束时所有制动器同时解除，所有48套制动器解除制动的时间差异不能超过0.3s。

(2) 事故工况。

①紧急上闸制动。当升船机船厢在上下行过程中出现船厢卡阻等故障或遇事故需要紧急停机时，迅速关闭充泄水阀门，安全制动系统应能使制动器平稳、可靠地制动，上闸时间不超过0.5s，所有48套制动器的上闸时间差异不能超过0.3s。

②故障消除后松闸启动。当升船机出现故障或遇事故紧急停机后，所有事故因素解除，待浮筒侧与船厢侧达到平衡条件后，制动器调压松闸，实现船厢的平稳启动，所有48套制动器由一台泵站带动时，松闸过程不超过11s，时间差不超过0.3s。

4. 制动系统同步性测试

全面检测单套液压系统控制的各组制动器的同步性能，确定是否满足相关技术协议要求。

制动器布局示意图如图5-83所示，9#卷筒制动器_下(相对于上游泵站，处于最远距离的制动器)、2#卷筒制动器_上(相对于上游泵站，处于最近距离的制动器)、油压传感器为单侧布置。

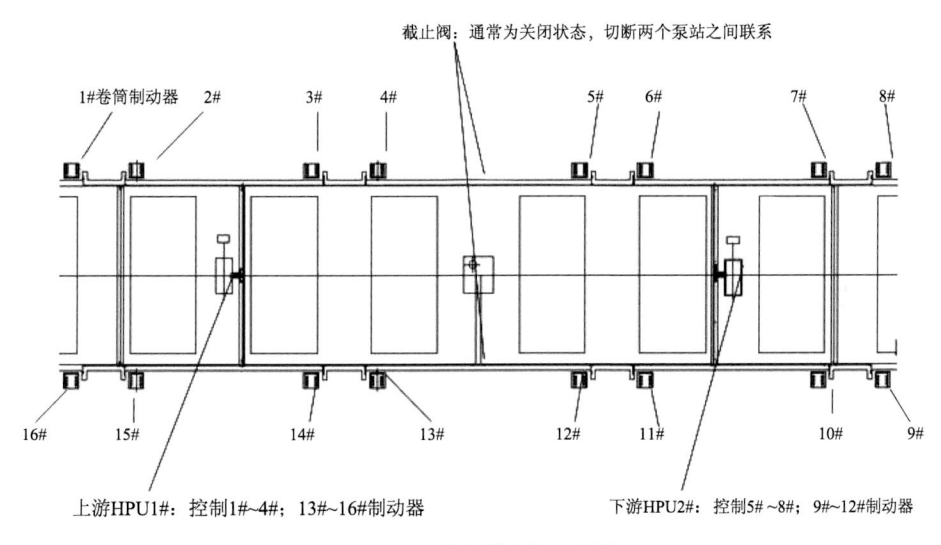

图5-83 制动器布局示意图

进行分组试验，按单套泵站控制全部制动器，选取最远点及最近点制动器动作4次，进行比对分析。以4次检测中1次试验结果为例，进行制动器动作时间及同步性分析。

对制动器系统进行了四组次松闸、上闸时间及同步性测试，单套制动泵站带动48套制动器工作，制动器松闸时间在10～11s，上闸时间(至压力全部释放，弹簧完全受力为止)在0.35～0.4s。泵站在现有工作位置，距离其位置最远制动器和最近制动器，松闸过程中，同步性<0.1s；上闸过程中，同步性<0.1s。

经景洪水力式升船机实践验证，液压制动系统达到了设计要求。本项目的成功实践经验对今后升船机制动装置的布置及配置选型可提供重要的参考,合理设计制动系统,确保升船机安全稳定运行。

5.4 机械同步系统制造与安装

5.4.1 机械同步系统制造

1. 卷筒装置制造

(1)卷筒规格大(ϕ4226mm×3650mm)、数量多(16件)且精度要求很高。由于卷筒长度较长,如果在立车上进行加工,需要二次调装加工,才能完成外圆加工,难以保证加工精度;如果在卧车上加工,可以保证外圆的一致性,但两端内孔同轴度很难保证。

(2)卷筒内孔在装配过程中要通过热装方式将卷筒轴装入,卷筒两端内孔同轴度要求很高,为保证同轴度要求,需要制作专用假轴用于工艺装夹。

(3)卷筒绳槽的底径误差影响了钢丝绳的伸长误差,如果卷筒绳槽底径相差过大,在升船机运行过程中钢丝绳的长短不一而使受力不均衡,会造成船厢严重倾斜,所以如何保证绳槽底径的制造公差在0~0.3mm是个难点,也是整个卷筒制造的重点。

卷筒内孔直径为540mm,内孔长度为450mm,有很长的轴向键槽需要加工。卷筒装入卷筒轴后,由于轴伸出较长,而轴与卷筒轴向定位销孔距离轴很近,如何准确加工定位销孔也是个难点。

卷筒装置的加工方法如下。

1)筒体钢板的下料

(1)筒壳采用探伤定尺板:140mm×3750mm×4750mm 钢板(含压头量)2块、140mm×3750mm×4350mm 钢板1块,三块组焊成一张筒体板,探伤标准按《承压设备无损检测 第3部分:超声检测》(JB/T 4730.3—2005)中规定的 II 级要求执行。

(2)首先标出接毛料坡口(坡口形式按铆焊埋弧自动焊通用坡口形式执行),割毛料,两端各留压头450mm,割出 X 形对接处坡口,坡口面砂轮打磨,焊前预热100℃以上,焊后对焊缝进行探伤检查按《焊缝无损检测 超声波检测 技术、检测等级和评定》(GB/T 11345—2013)中 B 级要求执行,对焊缝进行远红外退火。

(3)焊缝退火后在筒体内表面划出四边净料轮廓线、一条中心线、两端坡口线及检查线。中心基准线的直线度要保证1~2mm,将筒体内表面的中心基准线引到外表面作为加工基准线。

(4)考虑到筒体在卷制过程中辗长量为20~25mm,以及焊后接缝的焊接收缩,将筒体展开长的下料尺寸设置为 $L=\pi D–15mm$,即在备料划线时将筒体板的理论展开长减掉15mm,滚圆合口后展开长比名义尺寸长10~12mm;考虑到两端头辐板(δ=60)与筒体的焊缝收缩及矫圆时的收缩,最终筒体中间部位符合名义尺寸,两端头的直径–6mm。

2)筒体的卷制

根据卷筒直径、板厚、材质、板宽选择合适的卷板机,卷板机的选择计算根据卷板机设备生产厂家提供的使用说明书中提供的计算公式进行。结合现有160/250卷板机的能力，具体卷制工艺如下。

(1) 将450mm压头用远红外加热至800℃，待吊至辊床时已降至600℃，压头在500~600℃预弯，弯曲时的曲率半径与筒体内径一致；弯曲后割两端压头量。

(2) 为防止钢板受拉面开裂，需将筒体板长度方向周边打磨倒棱。

(3) 为了使工件与滚轴线平行，防止产生扭斜，在卷板机安装了卷板定位装置，即工件的长边紧靠卷板定位装置上，即可保证卷圆不发生扭斜，也就是说卷板定位装置与工件结合面与卷板机滚轴轴线是垂直的。

(4) 将筒体板用远红外整体加热到300℃，温卷辊制成型，施加一定的过卷量，以克服卷板时的回弹，并确保卷制质量。

3) 卷筒加工工艺

卷筒加工工艺流程：钢板检验→入库→数控下料→钢板超声波探伤→刨边→钢板拼接→矫平→超声波探伤、X射线探伤→卷制→焊接→超声波探伤、射线探伤(焊缝)→整体去应力退火→矫正→表面处理(抛丸)→热喷锌、喷底漆→划中心线及两端面加工线→车成卷筒两端内孔、内止口、各端面，外圆留量→钻工艺孔→钳工装配工艺堵头→精车外圆及绳槽→钳工拆下工艺堵头→配钻、扩、铰与制动盘的连接孔→钳工装配制动盘→车制动盘→磁粉探伤制动面→钳工做成对标记→划键槽线→铣键槽→热装主轴→配钻、扩、铰精制孔→对工艺要求加工面补热喷锌。

制动盘主要加工工艺流程：粗车→精车→钻孔→配车制动盘。制动盘面与卷筒装配后配车，以保证制动盘对卷筒轴线端面跳动不大于0.2mm。

4) 主轴

主轴为锻件，共16件，有两种规格，尺寸分别为$\phi 550 \times 5244$mm、$\phi 550 \times 4820$mm，材质为34CrNi3Mo。两端轴颈同轴度要求为0.02mm，表面粗糙度为$Ra \leqslant 1.6\mu m$，与轮毂采用过盈配合，其中一侧与轮毂过盈配合的同时，还采用销配合，要求主轴与卷筒装配后，再进行销孔的钻配铰；另一侧与轮毂过盈配合的同时，还采用平键配合。每件主轴应与相应卷筒一一对应进行配加工并做配对标记。

为保证锻件机械性能及加工尺寸精度，采用锻后正火、粗加工后调质两次热处理，以充分保证锻件机械性能，并在调制前后进行两次100%超声波探伤。粗车、半精车留量要满足再次热处理需要。主轴冒口端需要设计吊卡头，机械性能试棒也在冒口端，实际锻造毛坯要多出640mm的工艺用料。热处理前要钻、镗吊卡孔。在卷筒精车完成后，再精车主轴，主轴与卷筒配合处，以卷筒精车后实测尺寸数据为准进行精车与磨削，磨削时控制配合尺寸，保证过盈配合0.04~0.06mm，并做配对标记。主轴与卷筒热装后，钻、扩、铰相配合的销孔。

2. 同步轴制造

1) 防止焊接变形，控制长度误差

采取措施：优化焊缝坡口形式，增加防变形措施。原焊缝为V字形内外对称焊缝，这种焊缝不易保证长度公差尺寸，因此改为单侧带止口定位的焊接坡口。

(1) 将法兰与无缝钢管装配到位，内部点焊牢固，并用工艺板连接，每侧四块，用

ER50-6、ϕ1.2 焊丝焊接，焊前预热 150℃。

（2）将组对好的轴放置在滚轮架上，两端各放置一个。

（3）焊接两道环缝，焊前预热 150℃，焊后保温缓冷，焊接采用埋弧焊（焊丝 H08MnA+HJ431），电源极性为直流反接，依次焊接坡口。具体的焊接参数如下。

①打底：电压 28～30V，电流 450～550V，焊接速度 200～300mm/min；

②填充：电压 30～32V，电流 550～680V，焊接速度 300～400mm/min；

③盖面：电压 30～32V，电流 550～680V，焊接速度 300～400mm/min。

（4）焊后打磨焊缝，进行超声波检验（UT）及磁粉探伤（MT），UT 符合《焊缝无损检测 超声波检测 技术、检测等级和评定》（GB/T 11345—2013）B 类的Ⅰ级，MT 符合《承压设备无损检测 第 4 部分：磁粉检测》（JB/T 4730.4—2005）的Ⅰ级。

（5）焊缝去应力退火。

（6）抛丸并涂防锈油漆。

（7）去掉内侧的工艺板。

（8）加工保证轴的内壁没有焊接缺陷。

2）细长轴加工防变形工艺方法

（1）轴加工主要工艺流程：无缝钢管、法兰盘车成焊接坡口→组焊成轴→去应力退火→配工艺堵头→粗车外圆及端面→镗内孔→配工艺堵头→精车外圆各部及端面→钻孔→表面处理→包装。

（2）无缝钢管焊接坡口的加工工艺：调装一次，在立车上车成两端焊接坡口，保证长度尺寸，公差值为 1mm，在外圆上车找正带，保证两端焊接坡口同心。

（3）法兰盘焊接坡口加工工艺：划线，找借各部余量，划零件十字中心线；车大端面，见平即可，大端面至少留有 25mm 工艺留量；车成止口形焊接坡口。

3）表面防腐处理

（1）防腐处理技术要求。

各轴与联轴器联接的法兰面及轴Ⅳ与支撑架配合面只执行一次底漆（双组份环氧漆）喷涂，喷涂厚度为 60μm，不再喷涂面漆；止口配合面均不进行喷涂，只做防锈处理。其余按技术要求在制造厂要涂 4 层保护层：底层采用热喷锌，干漆膜厚 160μm；封闭底漆使用环氧磷酸锌，干漆膜厚 25μm；中间漆为环氧云铁漆，干漆膜厚 80μm；面漆为丙烯酸聚氨酯漆，干漆膜厚 60μm。防腐的难点在于轴全为加工面，漆很难附着；另外，由于轴太长，内孔喷涂实施困难。

（2）表面预处理。

除与联轴器联接的法兰面及止口配合面外，都采用喷射方法进行表面预处理，除锈质量达 Sa2.5 级。喷射处理所用的磨料必须清洁、干燥。金属磨料应符合 GB/T 6484～6487 现行标准的规定，磨料粒径应在 0.5～1.5mm 范围内，磨料应不易碎裂，粒尘少，并符合环保条例的有关规定。矿物磨料粒径应在 0.5～2.0mm 范围内，推荐采用刚玉砂，严禁使用河砂。涂层缺陷局部修补和无法进行喷射处理的部位使用手工和动力工具除锈，其表面清洁度等级达到 St3 级，抛丸表面粗糙度在 40～70μm 范围内。

(3)涂装前注意事项。

涂漆前作业场所应通风，作业人员应正确穿戴符合国家有关标准的个体防护用品。在作业场所严禁明火、防燃、防爆；经除锈处理的待涂工件表面与涂底漆的间隔时间不得大于 6h，涂漆前表面不得返锈或污染。

(4)热喷锌处理要求。

按《热喷涂金属和其他无机覆盖层 锌、铝及其合金》(GB/T 9793—2012)执行。热喷锌厚度最小厚度为 160μm。

(5)涂装要求。

对该产品进行喷涂，在喷涂无法进行、修复、补漆的情况下，以及边角、夹缝无法喷涂的地方可以进行刷涂或辊涂。一般情况下，涂装施工环境温度不得低于 5℃，相对湿度应不大于 85%。喷砂后热喷锌，然后涂漆。

5.4.2 机械同步系统整体安装

1. 同步轴及卷筒安装施工

1)主机设备基础埋件安装

(1)工艺流程。

预埋插筋→测量控制线架装焊→测量放点→托架立杆安装→钢筋摆放→托架横杆及斜撑安装→一期埋件安装→钢筋绑扎→一期砼浇筑→基础板调整→设备安装→二期砼浇筑。

(2)埋件安装技术要求。

①安装前，应对地脚螺栓螺纹涂抹黄油，对螺栓的外露部分进行有效保护，严防施工过程中碰伤及被砼浆液等污物黏附。浇砼过程中，应对埋件定位尺寸进行实时监控，发现明显位移，须纠偏后才能继续浇砼。②埋件安装放点应依据设计理论中心值进行。③埋件纵、横向中心线的误差不大于±1.0mm。④安装后，埋件表面平面度误差不大于 2mm/m，全长范围内不大于 3.5mm。⑤埋件表面高程误差不大于±4mm。⑥各地脚螺栓的外露长度必须符合图样要求，外露部分的垂直度误差不大于 0.5mm。

(3)主机埋件安装。

埋件的固定插筋在仓面浇筑到高程 612.8m 时，随砼浇筑同步埋设。按定位轴线测放设备埋件安装基准点。按工艺安装埋件托架、设备埋件，先安装、调整、加固牢基础板，固定地脚螺栓。

2)卷筒装置安装

(1)卷筒吊装。

卷筒装置分支座、卷筒(含主轴和轴承座)、制动盘(两半)和附件(螺栓等)四部分到货。卷筒和支座在现场用主机房 2×160t 桥机卸车，按出厂编号分别吊装就位。支座自重 2.4t，选用一根长 3m、ϕ18 的钢丝绳，配用 2 个 2t 的钢板卡吊装；卷筒(含轴承座)自重约 70t，选用两根长 20m、ϕ36 的钢丝绳和 4 个专用吊钩吊装，钢丝绳与卷筒接触处垫厚橡皮保护。卷筒和锥齿轮箱体吊装示意图见图 5-84。

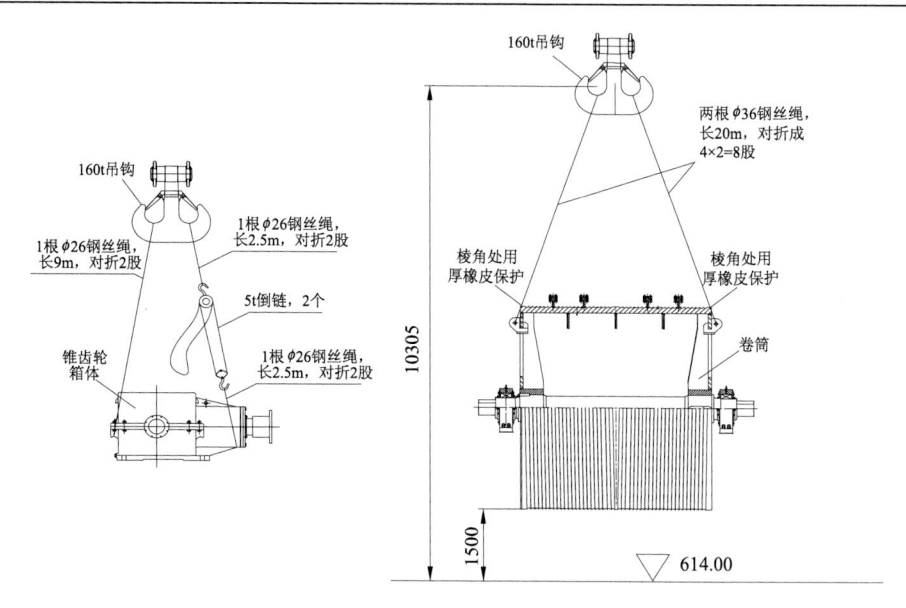

图 5-84 卷筒和锥齿轮箱体吊装示意图(单位：mm)

(2)调整。

支座吊装就位后，用千斤顶和楔铁调整其支承面的纵横向中心轴线、高程和水平度，纵横向中心轴线误差±1mm；高程616.625m±5mm，且相邻支架的高程差≤1mm，单侧（左侧或右侧）同轴的支座间的高程差≤2mm，左右两侧的支架间的最大相对高程差≤3mm；支承表面水平度≤0.5mm。

支座调整合格后，底部四角垫实，用扳手锁紧地脚螺母，浇筑灌浆层。所有支座的灌浆层脱空检查合格，且整体回装复测合格，砼强度达到设计值的70%后，按出厂编号吊装卷筒就位，组装制动盘；制动盘用M36吊环螺钉吊装，用平键定位，与卷筒之间用M30×150高强螺栓对称紧固，拧紧力矩为1440N·m。按图安装卷筒的临时配重装置，以保证驱动顺利。卷筒安装技术要求见表5-27，如有超差，用千斤顶和薄铁皮调整至合格。调整合格后，紧固卷筒轴承座与支架间M36的连接螺栓，以及支架与基础板间M48的螺母。

表 5-27　卷筒安装技术要求

序号	检测项目	检查工具	质量标准及允差
1	制动盘摩擦面对卷筒轴线的端面跳动	百分表	≤0.5mm
2	卷筒纵、横向中心轴线	经纬仪、钢丝线、钢卷尺	±1mm
3	卷筒中心高程	水准仪、钢卷尺	616.625m±5mm，且相邻卷筒中心高程差≤1mm，单侧(左侧或右侧)同轴的卷筒中心高程差≤2mm，左、右两侧的卷筒中心高程差≤3mm
4	卷筒组的同轴度	百分表	≤2mm

3)锥齿轮箱安装

(1)运输和吊装。

锥齿轮箱采用单级圆锥齿轮传动,滚动轴承支承,额定扭矩为190kN·m,额定转速为1r/min,齿轮副采用浸油润滑,轴承采用油浴润滑。锥齿轮箱分为底座、箱体和附件(螺栓等)三部分到货,在现场用主机房2×160t桥机卸车,按出厂编号分别吊装就位。

锥齿轮箱轴伸均为膜片联轴器,分别与相应卷筒轴伸的膜片联轴器相连;卷筒轴伸端面之间的距离为2956mm;锥齿轮箱两边轴伸端面与卷筒轴伸端面之间的距离为28mm;膜片联轴器应向外推出20~30mm的距离,方便锥齿轮箱的吊入;膜片联轴器、锥齿轮箱在水平状态下,吊在卷筒之间的支架上就位。两侧锥齿轮箱可同时施工。检查锥齿轮箱与卷筒轴伸的同轴度,不满足2mm应调整;检查锥齿轮箱轴伸与卷筒轴伸之间的距离,应为28mm,否则调整两侧间隙均匀;检查左右岸对应的锥齿轮箱轴伸端面之间的距离,应为15370mm。

按膜片联轴器定位线,合拢锥齿轮箱两侧轴伸的膜片联轴器,可采用定位锥销定位螺栓孔,逐根穿装配连接螺栓及紧固,膜片联轴器装配螺栓的紧固按出厂说明拧紧。

(2)调整。

底座吊装就位后,用千斤顶和楔铁调整其支承面的纵横向中心轴线、高程和水平度,纵横向中心轴线允差±1mm;高程615.925m±5mm,且与相邻卷筒支架的相对高程差≤(200±1)mm;支承面水平度≤1mm。

底座调整合格后,底部四角垫实,用扳手锁紧地脚螺母,浇筑灌浆层。灌浆层脱空检查合格,且砼强度达到设计值的70%后,按出厂编号吊装箱体就位,用千斤顶和薄铁皮调整合格。锥齿轮箱安装要求:①锥齿轮箱的纵横向中心轴线误差±1mm;中心高程616.625m±5mm,且与相邻卷筒中心的相对高程差≤1mm。②试车时,齿轮箱各密封处、结合面均不得渗漏油;运转应平稳正常,无冲击和异常振动及噪声,油池外壁温升不得高于35℃。

4)同步轴安装

(1)同步轴支架安装。

上下游的同步轴支架,共4套,利用主机房检修桥机进行吊装。通过在两侧锥齿轮箱轴中心吊线在地面连线,测量定位支架安装位置,配装固定膨胀螺栓,支架安装完成后,再安装其上布置的同步轴的剖分式调心滚子轴承组件。轴承安装调整使其同轴度不大于2mm,紧固螺栓定位。

(2)同步轴吊装。

卷筒之间纵向连接轴:单件质量3~6t,共14根;左右对称安装,分别使用主机房检修桥机1#、2#小车大钩进行吊装;用大钩挂8m长ϕ28mm钢丝绳对折,利用吊轴工装卡,在同步轴底部垫厚橡皮垫,吊点为同步轴质心;平稳起吊,可采用3t导链作防护,防止两侧偏差过大;同步轴两侧法兰吊装入卷筒轴伸之间时,应保持同步轴水平及与卷筒轴伸之间的间隙均匀;分别将两侧的膜片联轴器合拢,并连接螺栓,按规定拧紧。

锥齿轮箱之间横向连接轴:单件质量5~8t,共6根;先在支架上安装剖分调心轴承组件,吊装轴Ⅳ在轴承上;对锥齿轮箱轴伸拉线检查同轴度,并通过调心轴承进行调整不大于 2mm 的同轴度；复测轴Ⅲ安装位置的安装尺寸应符合图纸要求；分别使用主机房检修桥机 1#、2#小车大钩进行左右侧 2 根轴Ⅲ的吊装，吊装方法与纵向连接轴相同。

因螺栓孔与螺栓的装配间隙+0.1mm，对称使用预先加工的定位锥销穿孔定位(定位锥销加工直径为–1～+0.5mm，长度约 150mm)，再逐一穿螺栓后紧固；两侧膜片联轴器现场安装螺栓，按高强度螺栓初拧和终拧进行验收。

5) 设备底座回填灌浆

设备安装完成后，开始进行底座 8cm 厚灌浆层的施工。

施工方法如下：沿底座四周用 M45 的预缩砂浆嵌缝封闭，并在四周埋设 $\phi 20$ 钢管作为注浆管(出浆管)，间距 50cm 左右。嵌缝砂浆达到一定强度后，用手动灌浆泵进行注浆，直至所有管子均出浆为止，以确保灌浆密实。浆液采用水灰比为 0.4∶1 的纯水泥浆液，灌浆压力为 0.1～0.2MPa。注浆完成 2～3d 后进行敲击检查，看是否存在脱空，如脱空面积大于 30%，且不均布，则从顶部钻孔补灌环氧砂浆。灌浆结束后，将灌浆管割除，并用预缩砂浆修补处理。

2. 膜片联轴器及胀套安装施工

卷筒与卷筒、卷筒与锥齿轮箱、锥齿轮箱与锥齿轮箱等两两相邻之间以同步轴连接，形成矩形封闭微间隙传扭同步轴系，微间隙传扭机械副主要为膜片联轴器。膜片联轴器传扭机械副由膜片联轴器、轴套、胀套等零部件组成。

膜片联轴器安装条件：膜片联轴器角向补偿量不大于 5°，最大轴向补偿量为±5mm。由于基础沉降或埋件安装测量偏差，安装膜片联轴器前应对主机设备安装轴线同轴度进行测量，要求满足其安装条件。

1) 轴套热套装方法

安装条件：锥齿轮箱及卷筒轴伸表面探伤检查合格；切向键研磨工作面磨配已完成；轴套内径、外径尺寸已测量完成(约 $\phi 320\text{mm} \times 75\text{mm}$，$L=315\text{mm}$)，满足安装要求；加热装置已准备好；吊车及工装已准备好；其他安装技术条件满足设计要求。

切向键研磨配装：利用游标卡尺检测到货的切向键尺寸和键槽尺寸，应满足图纸要求，并与编号相对应安装的切向键槽进行预配装；如果存在间隙，则采用油石修磨；配装时使切向键与卷筒轴伸及轴套的键槽接触面积不小于 70%。

测量用仪器：丁字形量棒、内径千分尺(量程大于 300mm)、外径千分尺(量程大于 300mm)、点温计、温度计(0～100℃或 0～300℃)。

热套要求：轴套用瓦片卡工装吊装，加热应处于吊装状态(注意键槽的方向)，加热器布置于安装轴套的卷筒正下方，通过加热装置对轴套加热至温度 198℃左右，用丁字形量棒测量轴套内径，通常内径大于卷筒轴伸外径 0.32mm 即可。

热套装：热套符合要求后，利用主机房桥机电动葫芦迅速起轴套至卷筒轴伸，采用对称的人力将轴套推至标识位置，将研配好的与此轴伸对应编号的切向键装配进键槽，采用锤击将 2 个切向键打到位；此工序在 10s 以内完成，应能准确定位轴套；此工序的可逆性较差，应准备充分，一次到位。

2)胀套安装

轴套安装完毕;轴套表面清洁;胀套定位线标识清晰;胀套内外径已测量符合尺寸要求;胀套零件齐全;调整胀套外径小于膜片联轴器内径至少 0.5mm。

3)膜片联轴器安装

检查膜片联轴器附件是否齐全,由厂家技术服务人员确认满足安装技术条件;装配面必须清洁,无飞刺、无锈迹;膜片联轴器安装定位线在胀套表面标识清晰;胀套安装完毕。

膜片联轴器用专用工装吊装,套进胀套外表面,为安装后续构件方便,应将膜片联轴器向内临时移动 20mm;注意膜片联轴器安装方向应正确。

膜片联轴器安装就位后,暂不将胀套胀紧;保持原安装状态;待同步轴吊装就位后,两侧膜片联轴器连接螺栓紧固,并按高强度螺栓初拧和终拧进行拧紧及检查验收。

4)胀套胀紧

同步轴在大钩吊装状态下,同步轴两侧膜片联轴器同时胀紧,再松检修桥机大钩,松大钩时应观察和检测并记录膜片联轴器膜片的变化情况;左右两侧可分别利用 1#、2# 小车同时施工。

锥齿轮箱及同步轴两侧的膜片联轴器螺栓按要求拧紧,检查两侧膜片联轴器及胀套在轴套上的位置,应符合设计图纸要求;检查胀套安装位置是否正确;确认胀紧螺栓和顶松螺栓及相应行程。

采用初拧扭力扳手(500N·m)对称旋紧胀紧螺栓,再采用终拧扭力扳手(1000N·m)对称旋紧胀紧螺栓,逐对进行膜片联轴器胀紧。

3. 同步轴初始扭矩控制

景洪升船机主提升系统设备由浮筒、动滑轮、钢丝绳、卷筒及同步系统、制动器系统、润滑泵站、承船厢、浮筒均衡系统、船厢调平系统等组成;同步轴系统连接及膜片联轴器已胀紧,以及主提升系统设备已通过验收,浮筒解锁后,主提升系统设备状态见表 5-28,升船机主提升系统同步轴扭矩应不大于 50kN·m。

表 5-28 主提升系统设备状态表

同步轴安装验收	浮筒状态	均衡油缸压力	承船厢状态	承船厢导向力	调平油缸压力	制动器状态	同步轴系统润滑	同步轴初始扭矩
验收合格,已胀紧	锁定	2.22MPa	悬挂、水平度 10mm	小于 30t	2.82MPa	上闸制动	已润滑	小于 50kN·m

提升系统解锁主要操作步骤如图 5-85 所示。

操作方法如下。

(1)承船厢调平小于 10mm。

调平前准备:记录调平前调平油缸压力值、加强同步轴扭矩值、承船厢激光位移数据值、水平连通管记录值、导向轮压力值等;将调平操作的前后变化量进行对比和分析。

```
┌─────────────┐  ┌─────────┐  ┌──────────────────────────────────┐
│承船厢调平    │→│制动器松闸│→│根据均衡油缸压力值和同步轴扭矩值及方向判│
│小于10mm     │  │          │  │断:均衡压力值偏差大,调整均衡油缸位移  │
└─────────────┘  └─────────┘  └──────────────────────────────────┘
                                                  ↓
┌─────────────┐  ┌─────────┐  ┌──────────────────────────────────┐
│同步轴扭矩小  │←│竖井缓慢充水│←│调整浮筒锁定孔均│
│于50kN·m     │  │至约590m   │  │高于锁定轴50mm推出│
└─────────────┘  └─────────┘  └──────────────────────────────────┘
      ↓
┌──────────────────────────────────┐  ┌─────────────┐  ┌──────────┐
│根据均衡油缸压力值和同步轴扭矩值及方向判│→│同步轴扭矩小 │→│进行空船厢无│
│断:浮筒自重的偏差,向自重轻的浮筒加水  │  │于50kN·m    │  │水调试    │
└──────────────────────────────────┘  └─────────────┘  └──────────┘
```

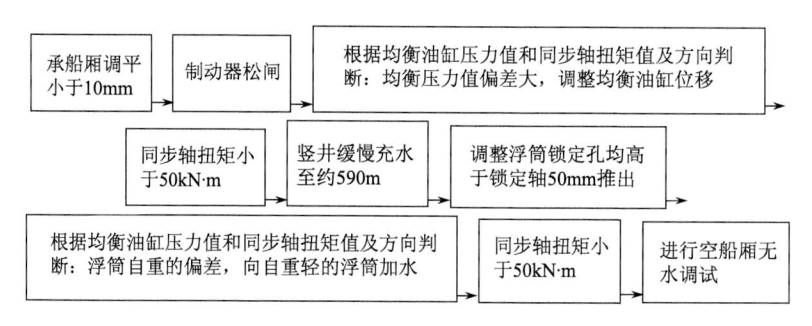

图 5-85 解锁流程

因制动器上闸状态,一般应没有较大的变化,如发现较大的变化,应停止操作,进行分析确认。

承船厢调平:采用承船厢现地柜的自动调平高点追踪调平程序,以水平承船厢激光位移传感器为准。

(2) 制动器松闸。

松闸前准备:记录同步轴扭矩值、调平油缸压力、均衡油缸压力、承船厢激光位移传感器数据、卷筒四角的编码传感器数据值,关注松闸前后数据的变化规律。

制动器松闸:在驱动现地控制单元(local control unit, LCU)子站远程控制自动操作两台制动器泵站,按原调试程序操作及检查松闸,维持制动器松闸状态。

(3) 减小同步轴扭矩。

松闸状态加强同步轴扭矩要求:按设计要求不大于 50kN·m。

同步轴在松闸前存在不大于 50kN·m 的扭矩;松闸后,在浮筒锁定状态和承船厢悬挂状态的情况下,同步轴的扭矩将发生变化,如果扭矩超过 50kN·m,则应调整同步轴扭矩至设计要求;应尽量减小相邻卷筒组之间钢丝绳拉力差 Δf_n。

根据均衡油缸压力值和同步轴扭矩值及方向判断,浮筒自重存在偏差,则向自重轻的浮筒加水;或均衡压力值偏差大,调整均衡油缸位移。

同步轴扭矩计算:

$$M_n = \Delta f_n \times d \tag{5-61}$$

式中,n 为 1~14 根同步轴;M_n 为同步轴扭矩;Δf_n 为相邻卷筒组之间钢丝绳拉力差;d 为卷筒组半径(忽略卷筒支座及同步轴支撑支座滚子轴承及润滑的摩擦)。

$$\Delta f_n = (P_c - P_n) \times 5.642 + G_s \tag{5-62}$$

式中,P_c 为调平油缸压力;空承船厢为刚体,水平悬挂的承船厢钢丝绳拉力拟为均布载荷,P 船取定值;P_n 为均衡油缸压力,16 个浮筒,每个浮筒 4 根钢丝绳,分别取 4 个油缸压力和;G_s 为钢丝绳转移质量,与承船厢位置有关。

$$P_n = (G_n + S_n - F_n)/(2 \times 5.642)$$

式中,G_n 为浮筒及滑轮组质量;S_n 为均衡侧钢丝绳质量;F_n 为竖井水浮力(浮筒浸入水中深度)。

操作注意事项如下。

①胀套胀紧效果监测：胀套与轴套及膜片联轴器之间的滑动位移、膜片联轴器与同步轴端的相对位移。

②膜片联轴器监测：同步轴两端的膜片联轴器轴向补偿位移量、同轴度补偿位移量的变化。

③同步轴扭矩监测：在封闭同步轴系统中，承船厢横向水平度及方向与横向同步轴扭矩变化量的监测比较；承船厢纵向水平度及方向与纵向同步轴扭矩变化量的监测。

④调平油缸与均衡油缸压力的调整。

⑤浮筒高度偏差监测：相邻浮筒浸水深度偏差对同步轴扭矩的影响。

4. 同步系统间隙

机械同步系统安装完成后，通过船厢解锁、船厢加水过程观测，分析同步系统的间隙分布情况，以考察其安装效果。

制动器松闸、浮筒解锁前后观测了16个卷筒的转动情况，现场转动弧长测量误差为1~2mm，而理论上卷筒相对转动1mm，同步轴会产生超过200kN·m的扭矩，在扭矩变化不大的情况下，可以认为卷筒未发生相对转动。从观测数据可知，制动器松闸前后，考虑到测量误差的影响，可以认为卷筒间没有发生相对转动，扭矩变化很小（最大10kN·m）。在浮筒解锁前后，左侧或右侧单边8个卷筒转动弧长一致，但左右两侧存在明显差异，转动弧长相差16mm，左右两侧的整体转动差能够反映出齿轮箱处的间隙，上下游横轴扭矩变化分别为-8kN·m和9kN·m，符合扭转规律，但扭矩变化很小，扭转变形可以忽略，可以看出，同步系统齿轮箱处仍存在一定间隙，横向抗倾可能会受到影响。

向船厢加水至1m深的过程，船厢侧质量不断增大，卷筒向船厢侧转动，不断寻找新的平衡，加水完成后船厢侧质量增加约990t，船厢向下位移963.5mm，加水前后实测16个卷筒转动的弧长（图5-86）。左右两侧卷筒间的相对转动距离列于表5-29，可以看出，纵向越往两端，卷筒转动量越大，上游侧大于下游侧，这与船厢倾斜状态、扭矩分布规律、钢丝绳受力等完全吻合，可以将两侧同步轴看作扁担，两端受力向下弯曲，荷载偏向上游，上游扭转变形大于下游。考虑到测量误差、受力变形的滞回性，从卷筒间的相对转动和同步轴扭矩变化中可以认为两侧同步轴间基本不存在间隙，或间隙可以忽略不计。另外，船厢位移与卷筒的转动弧长之间相差60mm左右，反映了钢丝绳受力增大后的伸长。

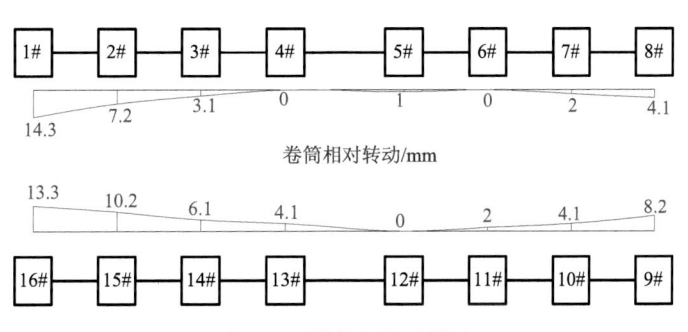

图 5-86 卷筒间相对转动

表 5-29 卷筒转动

卷筒编号	卷筒转动距离/mm	卷筒编号	卷筒转动距离/mm
1#	909.9	9#	900.7
2#	902.8	10#	896.6
3#	898.7	11#	894.6
4#	895.6	12#	892.5
5#	896.6	13#	896.6
6#	895.6	14#	898.7
7#	897.7	15#	902.8
8#	899.7	16#	905.8

5. 原同步轴和新制同步轴的更替

景洪水力式升船机于 2011 年 3 月正式进入承船厢无水调试阶段，调试期间进行了承船厢调平试验并进行了多次承船厢全行程试验，整体试验情况良好。在承船厢无水调试试验中，竖井水位同步情况良好、承船厢运行情况良好、同步轴系统扭矩较小（50kN·m 左右）。承船厢无水调试试验说明景洪水力式升船机整体设计合理，承船厢无水时升船机运行安全、可靠。承船厢无水调试验证了景洪升船机的整体自平衡能力，即在承船厢无水的情况下，升船机能安全可靠地运行。

自 2011 年 5 月进入承船厢有水调试阶段后，出现承船厢倾斜、同步轴系统扭矩增大的情况。通过对景洪升船机承船厢有水调试试验成果及研究分析，景洪升船机原同步轴系统需要加强，改造更替为新制同步轴。

原同步轴结构主要是传动轴（传递轴）与鼓形齿联轴器分别与卷筒装置联接方式，采用 SWP390A 型万向联轴器补偿不在同一基础上的 4 组卷筒之间因基础沉降引起的同步轴偏差；在横向、纵向连接轴之间设置 T10FH 扭力传感器，监测升船机运行过程中的同步轴扭矩变化。原同步轴系统由传动轴（传递轴）、鼓形齿联轴器、万向联轴器、扭力传感器及同步轴支架等组成。

新制同步轴主要结构采取了加强的大直径连接轴和膜片联轴器与卷筒装置、锥齿轮箱联接方式，并采用了高精度的更稳定、更可靠的 TMS12-1 扭矩监测系统（详见 5.3.3 节第 5 部分）在线监测监控同步轴扭矩。新制同步轴系统由连接轴（ϕ680mm/ϕ820mm）、膜片联轴器（JZMJ32-00Z）、胀紧套、TMS12-1 扭矩监测系统及同步轴支架等组成。

原同步轴和新制同步轴的安装施工均是在卷筒装置和锥齿轮箱安装就位后进行，原同步轴和新制同步轴安装前均进行了机械同步系统矩形轴线同轴度的测量，同轴度偏差不大于 2mm。原同步轴安装时同轴度测量方法采用拉钢琴线测量法，新制同步轴安装时同步轴测量方法采用激光对中仪实测法。

原同步轴和新制同步轴的安装施工均在主机房检修桥机的辅助下进行。原同步轴主要部件有 16 根连接轴、6 个万向联轴器、26 个鼓形齿联轴器和 4 个扭力传感器，新制同步轴主要部件有 16 根连接轴、36 个膜片联轴器和 40 个胀紧套，同步轴连接轴无固定安装顺序，根据卷筒装置和锥齿轮箱之间的位置尺寸，安装相应的同步轴和联轴器。原同步轴中扭力传感器安装后，在机械同步系统整体安装完成后进行同步轴初始扭矩的标定，新制同步轴与卷筒装置连接后，逐根粘贴应变传感器并进行标定。

原同步轴和新制同步轴的更替，即原同步轴拆卸更换为新制同步轴时，为保持机械同步系统中卷筒装置上钢丝绳两侧扭力均衡，钢丝绳荷载完全释放后，在卷筒制动状态下进行，将原同步轴连接轴及其连轴件逐件拆卸下来，再将新制同步轴逐件对应安装成为新的机械同步传递系统。

原同步轴更替为新制同步轴，使原机械同步系统中的同步轴扭转角极大地减小，提高了机械同步传动系统刚度，大大增强了升船机整体系统抗倾覆刚度。

第6章 钢丝绳与浮筒平衡重系统

本章介绍景洪升船机钢丝绳与平衡重总体布置，分别阐述钢丝绳、平衡重和均衡系统设计、制造和安装技术，论述景洪升船机承船厢、钢丝绳、平衡重系统总体集成，并分析与其他类型升船机的不同点。

6.1 概 述

景洪升船机承船厢由 64 根 ϕ70mm 的钢丝绳悬吊，钢丝绳一端经承船厢端调平油缸与船厢相连，另一端绕过卷筒、动滑轮后经固定端均衡油缸与平衡梁相连。总体布置见图 6-1。

64 根 ϕ70mm 的钢丝绳，每根长度为 212.2m。在升船机正常运转条件下，钢丝绳组件的使用寿命不少于 30a。

水力式升船机采用浮筒作为平衡重，16 个浮筒装置设置于升船机塔楼两侧的竖井内，可在其内随竖井水位上下升降。浮筒的主要功能包括平衡船厢侧重量和驱动承船厢上下运行。

钢丝绳均衡系统布置在钢丝绳吊头与均衡梁吊耳之间。钢丝绳均衡系统的主要功能是均衡每组浮筒钢丝绳的受力，使浮筒的四根钢丝绳受力均衡，均衡泵站布置在主机房内。

6.2 浮筒平衡重系统

水力式升船机平衡重常被称为浮筒，浮筒的主要功能是驱动承船厢上下运行。浮筒在竖井中运行，当竖井水位下降时，浮筒浮力减小，浮筒侧的力大于承船厢侧的力，浮筒下行，带动承船厢上行；当竖井水

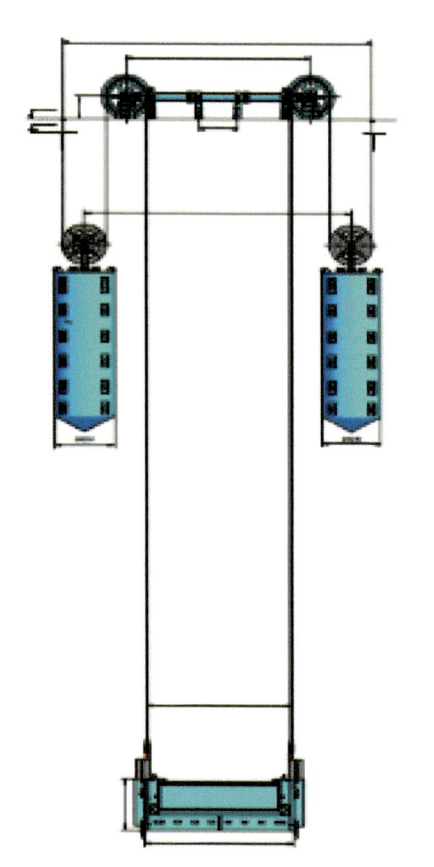

图 6-1 钢丝绳与平衡重总体布置

位上升时，浮筒浮力增加，克服浮筒重量，使浮筒侧的力小于承船厢侧的力，浮筒上行，带动承船厢下行。当承船厢下游入水时，浮筒应能提供足够的浮力以克服承船厢入水带来的浮力，保证承船厢能入水与下游对接。

浮筒筒内装水配重，顶部布置动滑轮，钢丝绳从卷筒缠绕出来绕过动滑轮后，与设在机房平面调节装置连接。

6.2.1 平衡重结构设计

1. 浮筒主要设计参数

根据浮筒在水力式升船机中的作用,浮筒的重量和尺寸是其最基本的参数。

1)浮筒重量的确定原则

根据水力式升船机的工作原理,浮筒既是平衡重,以平衡船厢侧的重量,又是升船机运行的驱动载体,通过浮筒所受浮力的变化驱动承船厢的升降。为适应上下游水位变化,需在浮筒顶部设置动滑轮,因此,浮筒重量设计应遵循以下原则:

(1)浮筒结构重量应大于承船厢结构重量的2倍;

(2)浮筒配水后的总重量应大于承船厢带水总重量的2倍;

(3)浮筒重量的确定还要考虑系统阻力的影响,如摩擦阻力、惯性力、钢丝绳僵硬阻力等;

(4)浮筒重量的确定还应考虑升船机运行中钢丝绳重量转移产生的不平衡力。

2)浮筒尺寸的确定原则

当承船厢下水时,通过对浮筒的淹没产生的浮力抵消了浮筒的重量,以平衡承船厢入水产生的浮力,保证承船厢能入水运行到2.5m的深度。因此,浮筒应具有足够大的体积,保证能产生足够的浮力。浮筒的高度应大于淹没深度并留有安全裕度,保证浮筒即使在承船厢侧钢丝绳全部断裂,即承船厢侧没有任何荷载的情况下也不会出现完全淹没的情况。

此外,为避免升船机运行过程中出现浮筒底部脱空现象,引起升船机运行不平稳,浮筒底部应保持有一定的最小淹没深度,保证浮筒在升船机运行过程中始终不会脱离水面。最小淹没深度的确定应充分考虑各个竖井之间水位升降的最大不平衡高差并留有一定的安全裕度。

根据以上原则确定浮筒的直径和高度,浮筒尺寸确定后,取浮筒直径为6.2m,浮筒总高度为19.49m。单套浮筒结构重量(含动滑轮装置)为110t。浮筒内部充水,充水后单个浮筒总重(含动滑轮装置)为418t。浮筒结构见图6-2。

2. 浮筒结构设计

筒体采用圆形结构,共16套,截面尺寸为ϕ6.2m,浮筒筒体总高度为19.49m。筒体由型钢构成承载框架,外面敷设8mm厚钢板形成封闭筒形结构,以避免其内的水体挥发。

浮筒的底部充分考虑竖井充水对浮筒的冲击及浮筒底部气团积聚的影响,为保证浮筒平稳升降和制造安装方便,设计为120°锥形结构。

浮筒顶部考虑与动滑轮的连接设置为十字交叉的钢梁结构。为防止异物落到浮筒上后弹入浮筒与竖井之间的间隙内造成浮筒卡

图6-2 浮筒结构图

阻，浮筒顶部设有一防异物挡圈。为防止浮筒在竖井内升降过程中的旋转和倾斜，浮筒顶部设有导向轮及防旋转装置。

浮筒顶部设置动滑轮组，考虑结构布置的需要，动滑轮的名义直径为4.5m，每个浮筒上布置4个动滑轮。滑轮轴为不转动心轴，采用滚动轴承支承。轮轴两端与吊耳板连接，通过吊耳板与浮筒采用销轴连接。动滑轮采用铸焊结构，轮缘为铸钢，轮辐采用钢板焊接。

为方便安装检修及升船机在非工作情况下的锁定，浮筒设置锁定装置。锁定工况为升船机安装、检修及升船机停用三种工况。此三种工况中承船厢侧均可能处于无水空载情况。最不利工况为浮筒按设计配重，承船厢侧无荷载，因此，锁定荷载为浮筒侧水体荷载加上浮筒及动滑轮装置结构重量。锁定采用电动可伸缩锁定装置，锁定梁布置在竖井检修平台，每组浮筒及动滑轮装置沿周边均匀对称布置4套锁定装置。锁定装置支承于检修平台上，浮筒筒体外侧相应地设置凹形锁定槽。锁定梁平时放置在检修平台上，需要锁定浮筒及动滑轮装置的时候，由电机驱动锁定轴插入锁定槽中，以锁定浮筒及动滑轮装置。

3. 主要技术参数

结构形式：焊接钢结构；数量：16套；浮筒材料：Q345B；浮筒外径：$\phi 6.2m$；高度：19.490m；单个浮筒重量：110t；盛水后的重量：418t。

根据水力式升船机的特点，浮筒兼作平衡重，故浮筒的外形尺寸及重量在制造过程中均应严格控制。制造后应对浮筒结构进行称重，结构重量误差不得大于浮筒计算重量的5%，16套浮筒之间的重量差应不大于3%。

浮筒在现场安装完毕后应进行静平衡试验，静平衡试验分无水静平衡试验和有水静平衡试验，两种试验工况下浮筒吊起后在高度方向的倾斜均不应超过10mm。

6.2.2 平衡重制造与安装

1. 施工特点

浮筒平衡重是景洪水力式升船机特有的部件，为特大铅垂外形的封装水薄壁筒体钢结构。根据浮筒平衡重的结构，施工实践中，采取在竖井孔口锁定浮筒单节，逐节装焊成型，整体称重、配重，最后装配动滑轮组及支架。浮筒平衡重及动滑轮组装配后，钢丝绳绕过动滑轮组，浮筒解锁呈自由悬挂状态，达到16套浮筒平衡重相对重量差≤3%，筒体铅直度和圆柱度≤10mm，滑轮组中心高≤3mm的技术要求，以及配水调试降低同步轴初始扭矩不大于50kN·m的设计要求。浮筒平衡重机构安装采取了孔口竖立安装技术措施，保证了质量，缩短了工期。

景洪水力式升船机共有16套浮筒，分别布置于塔楼16个竖井中，每套平衡浮筒由6节筒体拼焊为一体，4套动滑轮组由支架与浮筒筒体穿轴连接。筒体外径$\phi 6200mm$，总高19490.4mm，动滑轮名义直径$\phi 4500mm$。浮筒安装总工程量为1818.77t。每套浮筒分6节制作，顶节重29t，中间四节各重9.5t，底节重11.3t。浮筒顶节用40t平板拖车运输，其余各节用12t载重汽车运输。厂内装车用两台50t汽车吊，现场卸车和转吊均用主机房 2×160t 桥机。

2. 施工工艺流程

浮筒平衡重及动滑轮组施工工艺流程见图 6-3。

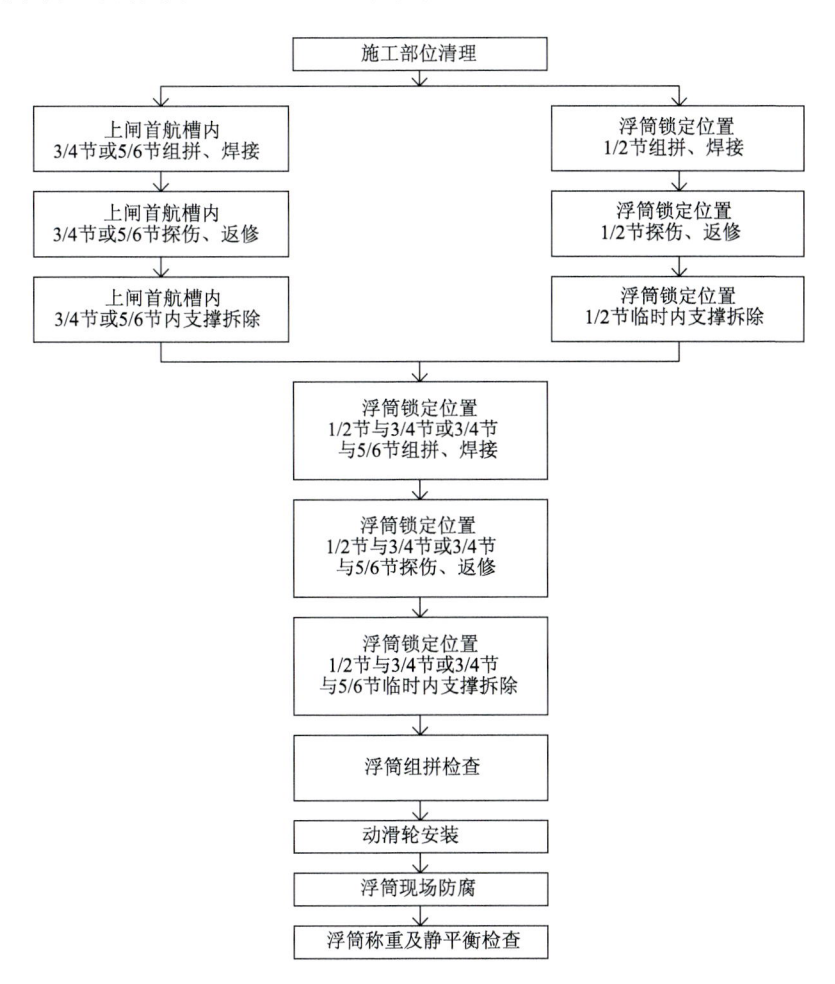

```
                    施工部位清理
                         │
          ┌──────────────┴──────────────┐
   上闸首航槽内                      浮筒锁定位置
3/4节或5/6节组拼、焊接              1/2节组拼、焊接
          │                              │
   上闸首航槽内                      浮筒锁定位置
3/4节或5/6节探伤、返修              1/2节探伤、返修
          │                              │
   上闸首航槽内                      浮筒锁定位置
3/4节或5/6节内支撑拆除            1/2节临时内支撑拆除
          └──────────────┬──────────────┘
                         │
              浮筒锁定位置
        1/2节与3/4节或3/4节
          与5/6节组拼、焊接
                         │
              浮筒锁定位置
        1/2节与3/4节或3/4节
          与5/6节探伤、返修
                         │
              浮筒锁定位置
        1/2节与3/4节或3/4节
        与5/6节临时内支撑拆除
                         │
                    浮筒组拼检查
                         │
                    动滑轮安装
                         │
                    浮筒现场防腐
                         │
                浮筒称重及静平衡检查
```

图 6-3 浮筒平衡重及动滑轮组施工工艺流程图

3. 锁定装置安装

浮筒锁定装置有 4 套，对称布置与横纵轴线呈 45°，见图 6-4，锁定装置安装在基础埋板上，采用框式水平仪进行测量，在锁定装置与基础板间加垫薄钢板，反复调整，直至达到单套锁定装置轴的水平度不大于 1/1000，4 套锁定装置轴的顶面共面度为 1mm，相对角度偏差不大于 1°；地脚螺栓按规范要求力矩紧固。

图 6-4 浮筒锁定

4. 浮筒组拼

(1) 安装浮筒锁定装置，检查浮筒锁定灵活可靠，满足浮筒筒节安装条件。

(2) 浮筒沿高度方向分 6 节制作，从底至顶编号依次为 1~6 号，单节高 3m 左右，管壁厚 8mm，管壁材质 Q345B，节间焊缝在现场组拼后焊接。

(3) 浮筒现场组拼方式：浮筒所有筒节均在浮筒锁定处组拼，见图 6-5。

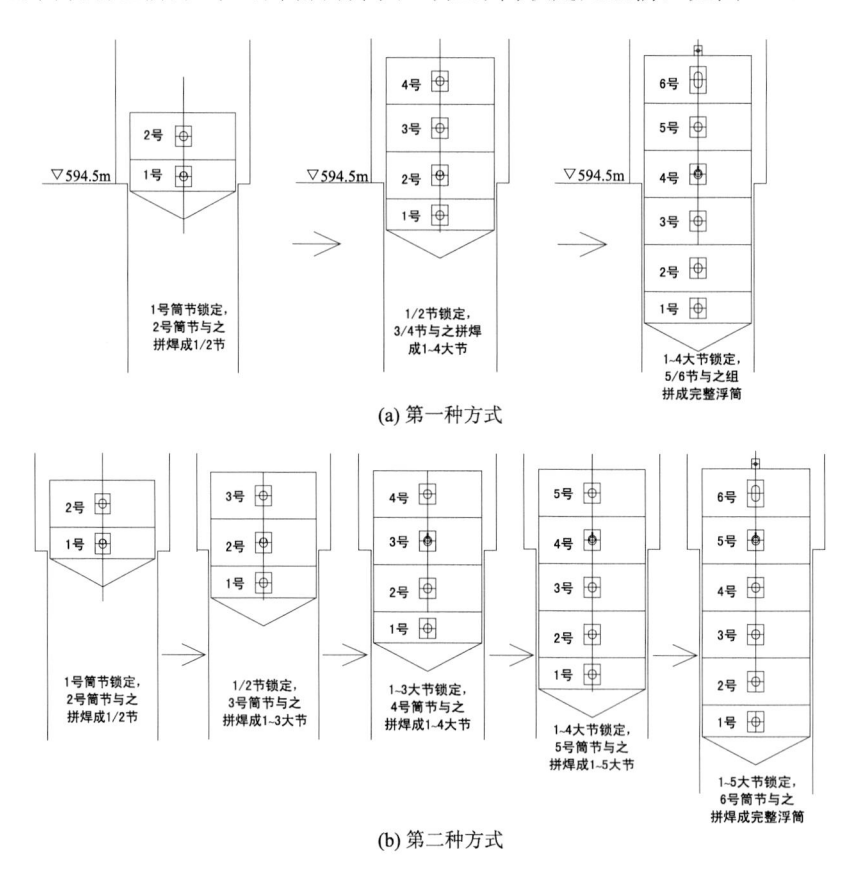

(a) 第一种方式

(b) 第二种方式

图 6-5　浮筒组拼示意图

(4) 浮筒 1 号筒节就位时，应注意与 6 号筒节上的防旋转装置对应，且其方向应与竖井钢衬内的防旋转装置的方向一致。

(5) 浮筒组装时，在 X、Y 轴线方向的内壁悬挂四条铅垂线(或拉四条直线)，检测筒壁垂直度(或直线度)。

(6) 根据浮筒制作检测标准，确定浮筒安装检测标准如表 6-1 所示。

5. 浮筒焊接工艺

(1) 浮筒现场焊缝主要为节间环缝，为一级焊缝。

表 6-1 浮筒安装检测标准

序号	检测项目	允许偏差/mm
1	浮筒垂直度(或直线度)	单节≤3，整体≤5
2	圆柱度(或管口直径)	≤10(±5)
3	管口平面度	≤3
4	节间环缝错边	≤1
5	节间纵筋错边	≤2
6	环缝组拼间隙	0～3
7	浮筒和动滑轮结构重量	≤浮筒计算重量113.67t的5%=5.68t
8	16套浮筒之间的结构重量相对差	≤浮筒计算重量113.67t的3%=3.41t

(2) 节间环缝先焊正缝，再背缝清根焊透，焊接时由4名焊工沿圆周对称均布，采用多层多道焊和分段退焊法(盖面层除外)对称焊接，分段长度为400～600mm；节间连接板角焊缝，在环缝焊完后施焊，焊接时由4名焊工沿圆周对称均布焊接。

(3) 焊缝焊接顺序的选择和焊工站位布置，应有利于减少焊接变形和焊接应力；每条焊缝焊接时宜连续焊接完成，否则在重新焊接前，应将表面清理干净，确认无裂纹后方可按原工艺继续施焊；多层多道焊的层间应清理干净，层间接头应错开30mm以上；双面焊缝焊接时，在单侧焊完后，对背面采用碳弧气刨清根，然后使用角磨机打磨干净后方可施焊；焊工完成焊缝焊接后，按规范要求进行外观检查，焊缝自检合格后，应在焊缝附近做上记号，并做好记录。

(4) 浮筒安装环缝焊接完成后，与制作焊缝外观要求一致，将外壁焊缝用角磨机适当打磨处理，使其圆滑过渡。

6. 浮筒静平衡试验及称重

1) 浮筒称重

(1) 浮筒和动滑轮结构重量误差不得大于浮筒计算重量的5%，16套浮筒之间的结构重量相对差不得大于3%。浮筒加动滑轮结构重量约为船厢总成重量加2.25倍的钢丝绳转移重量。

(2) 浮筒临时内支撑已拆除，浮筒内的杂物已清理干净，浮筒现场防腐已完成。

(3) 电子吊秤和吊具准备到位。

(4) 按图6-6(a)所示方式称重，将浮筒吊起100mm高，检查浮筒四周应无牵挂。

(5) 浮筒称重重量=2×sin77.47°×电子吊秤读数=1.952×电子吊秤读数，每个浮筒称量三次，取其平均值。

(6) 将浮筒吊起后，退开浮筒锁定，记录下传感器的读数，扣除吊具重量即为浮筒的称重重量。每个浮筒称量三次，取平均值。

2) 浮筒静平衡试验及配重

(1) 浮筒称重完成后，进行浮筒静平衡试验及配重。

(2) 因浮筒结构上没有设置单吊点，需制作一套专用吊杆和吊梁[见图6-7(b)，自重

2t)，进行浮筒静平衡试验。

(a) 浮筒吊装　　(b) 浮筒现场称重

图 6-6　浮筒称重

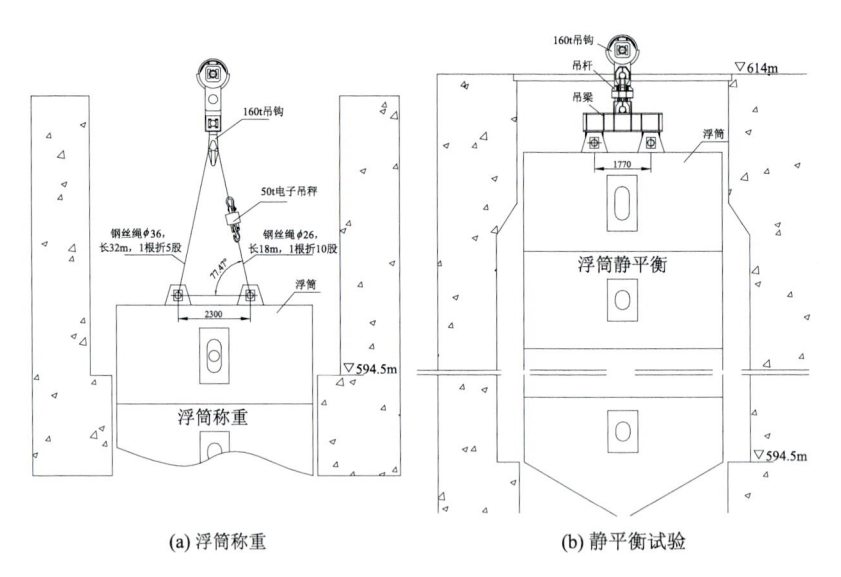

(a) 浮筒称重　　(b) 静平衡试验

图 6-7　浮筒称重及静平衡试验（单位：mm）

（3）松开浮筒锁定，用主机房桥机主钩、专用吊杆和吊梁，将浮筒圆柱段吊出 594.5m 平台。静止后，吊垂线检查浮筒 x 轴和 y 轴两个方向的垂直度，全高度范围内的倾斜值不应超过 10mm。

（4）因浮筒的观测井位置不对称，静平衡试验中，如果发现浮筒在全高度范围内的倾斜值超过了 10mm，不能满足设计要求时，需增加配重块进行平衡。

（5）配重块用钢板 36mm×300mm×600mm 制作，每块重量为 50kg，每个浮筒预计需要 12 块，共 600kg，16 个浮筒共需 192 块，9600kg 的配重块。

（6）配重块放置在浮筒顶部，与浮筒点焊固定，配重块的具体位置和重量根据静平衡试验情况确定。

（7）在无水状态下，浮筒自重 113.67t，用主机房 2×160t 桥机吊装。吊点选在浮筒顶部的两个起吊轴处，吊具选用两根长 32m、ϕ36mm 的钢丝绳，单根钢丝绳折成 6 股使用

(单股绳长 5.3m)，配用两根长 815mm、ϕ200mm 的起吊轴。试验时，桥机将浮筒整体吊出竖井钢衬顶面，吊垂线检查，浮筒在高度方向的倾斜量应不超过 10mm。

7. 滑轮组安装

(1) 每套浮筒的上方安装 4 套动滑轮组，动滑轮与浮筒间通过连接轴连接。浮筒动滑轮的安装在浮筒水密性试验前完成，排干筒内水后进行。

(2) 动滑轮安装前，先清洗干净销轴和轴孔的接触面，再用主机房桥机吊装动滑轮，逐个与浮筒顶部轴孔穿轴连接，最后在动滑轮底座与浮筒顶面之间打紧楔铁(楔铁厚 30mm)，以调整和稳固动滑轮，如图 6-8 所示。

图 6-8　滑轮组

6.3　钢　丝　绳

钢丝绳承担了承船厢升降过程中的动、静荷载，其设计、制造及安装质量关乎升船机运行安危。

6.3.1　钢丝绳设计及主要技术参数

1. 钢丝绳设计

钢丝绳作为升船机的重要受力件，设计中应考虑：
(1) 钢丝绳工作载荷；
(2) 钢丝绳的捻向应与卷筒捻向匹配；
(3) 与卷筒直径匹配；
(4) 钢丝绳每年、每天、每个行程的受载时间及荷载；
(5) 升船机不运转时，钢丝绳承受的正常工作载荷；
(6) 钢丝绳的正常运行速率；
(7) 在升船机正常运转条件下，钢丝绳组件的使用寿命不少于 30a。

升船机的每个工作循环内分别向上和向下各运行一次，每次运行时间约 17min；每天运转 27 个工作循环，每年运转 330d；钢丝绳的正常运行速率为 0.2m/s。

借鉴国内外已建升船机经验，钢丝绳安全系数应大于 7，钢丝绳设计寿命应达到 30a。为保证升船机钢丝绳使用寿命，要求滑轮直径 D 与钢丝绳直径 d 比值足够大，一般 D/d =55～70，匹配的卷筒名义直径为 4.25m，动滑轮名义直径为 4.50m，均满足要求。

为保证船厢在全运行过程中保持水平，采购时要对所有钢丝绳的整绳弹性模量予以规定，并对提升绳的直径偏差予以限制，而且要对每根钢丝绳进行预拉伸处理，以减小各根钢丝绳受载后的弹性伸长量差别。钢丝绳的端头采用锥套连接方式，同时为保证锥套连接的可靠性，要求在工厂进行破坏性试验，钢丝绳在破断前锥套不得首先破坏，也不允许从锥套中拉出。经分析比较，景洪升船机钢丝绳采用压实圆形股、交互捻、独立且带封闭塑料垫层的钢丝绳绳芯、不松散的镀锌钢丝绳。

2. 主要技术参数

1) 钢丝绳

钢丝绳直径：ϕ70mm；钢丝绳工作载荷：561kN；整绳最小破断拉力：≥4200kN；钢丝抗拉强度等级：1960N/mm^2；钢丝绳安全系数：n=7.5；钢丝绳总数量：64根；每根钢丝绳长度：212.2m。

2) 钢丝绳润滑装置

数量：2套；适应直径范围：ϕ66~76mm；钢丝绳运行速率：0.2m/s；适用润滑油：油脂；储油量：≥10L(或不少于3根钢丝绳全长范围润滑的用油量)。

6.3.2 钢丝绳制造要求

1. 钢丝绳组件要求

1) 结构形式

采用压实圆形股、交互捻、独立且带封闭塑料垫层的钢丝绳绳芯、不松散的镀锌钢丝绳。钢丝绳应具有良好的耐疲劳性、耐磨性及柔韧性。

2) 钢丝绳直径允许误差

钢丝绳的名义直径为ϕ70mm，公差范围为0~+2mm，同时要求全部钢丝绳直径实际测量尺寸的相对差值不大于1mm。

3) 弹性模量及其允许误差

(1) 钢丝绳预拉伸处理后，在正常工作载荷作用下各钢丝绳弹性模量值不小于1.0×10^5N/mm^2。

(2) 弹性模量允许误差：$(E_{max}-E_{min})/E\times100\%\leqslant8\%$(其中，$E_{max}$、$E_{min}$分别为各类钢丝绳中实测弹性模量的最大值和最小值；$E$为各类钢丝绳实测弹性模量的平均值)。

(3) 钢丝绳的弹性极限不得低于整绳破断强度的55%。

4) 钢丝绳长度允许误差

(1) 钢丝绳预拉伸处理后，在工作载荷作用下实施长度测量，并按要求长度截取。

(2) 钢丝绳长度允许误差≤±20mm。

5) 钢丝绳预拉伸处理要求

(1) 钢丝绳在截断前，必须进行预拉伸处理，以消除受载后的结构性伸长。

(2) 拉伸载荷为整绳最小破断拉力的40%。

(3) 每根钢丝绳的重复拉伸次数不少于5次，每次载荷维持时间不少于15min，两次间的停顿时间不少于30min。

(4) 预拉伸前后钢丝绳不得有断丝、锈蚀、磨损、松散等影响使用质量的现象。

(5) 拉伸处理后每根钢丝绳沿长度方向涂一条黑色漆线，作为钢丝绳安装时的参考标志。

(6)在预拉伸前提交预拉伸处理工艺大纲,供货时应提交每根钢丝绳拉伸处理记录资料。

6)锥套技术要求

(1)锥套结构形式、基本尺寸(采用国际公制单位)须满足如图6-9所示的具体要求。

(2)锥套结构形式见图 6-9,基本尺寸(采用公制)须满足以下要求。

①开口宽度:$B\geqslant150$mm;销轴直径公差:$\phi9$;销轴中心至开口顶的距离:$C\geqslant270$mm;销轴中心至开口底的距离:$H\leqslant250$mm。

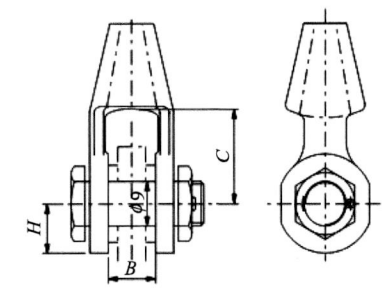

图6-9 锥套结构形式及尺寸

②销轴结构形式:一端为螺帽,另一端为螺母及开口销。

③绳与锥套的连接强度不得低于整绳最小破断拉力。

④锥套组件包括开式锥套、连接轴及其紧固件。锥套材料采用合金铸钢,销轴采用合金锻钢,销轴按绳与锥套的连接强度等强度设计。

⑤锥套须经热浸锌处理,销轴经镀锌处理。锌层表面须紧密、光滑,无砂眼、漏镀、杂质等缺陷。

⑥钢丝绳与锥套的套接应符合《钢丝绳的套接方法——熔融金属套接》(ISO 7595—1984)或其他相关标准的有关规定。

⑦锥套与绳套接后,以40%的整绳破断拉力对其连接强度进行试验,拉伸后绳体移出套筒颈口的长度不得大于套接筒长度的2%。

⑧每只锥套和销轴均应进行无损探伤检查。需提交锥套组件的检验、试验及钢丝绳与锥套的套接工艺等相关资料。

2. 钢丝技术要求

(1)构成钢丝绳的全部钢丝在拉丝前,均应镀锌处理,镀锌层重量应符合 ISO 相关标准的规定。

(2)钢丝应进行直径、抗拉强度、扭转和反复弯曲(或打结拉伸)试验,各项测试结果应符合ISO 相关标准的规定。

(3)钢丝绳自由端应当扎紧。

3. 破坏性试验要求

(1)钢丝绳组件出厂前须进行破坏性试验。

(2)试件必须取自于最后用于钢丝绳结构的每一批钢丝;试件的数量为同批钢丝制作的各种捻向的钢丝绳各取一件;试件必须包括至少 2m 长的钢丝绳及两端的锥套组件;与试件相连的锥套必须取自不同批的锥套。

(3)试件必须按照载荷增量进行试验,直至钢丝绳破坏。

(4)钢丝绳在破断前锥套不得首先破坏,也不允许从锥套中拉出。否则,该项试验将不被接受。

(5)在试验前,必须提交试验的详细资料(包括试验方法、试验步骤和试验过程中要得到的测量数据内容和表格样件等),买方参加破坏性试验的目击检验。

4. 钢丝绳标记

钢丝绳在出厂前应在钢丝绳长度上距船厢端绳套吊轴中心 95m 处用油漆做出明显的长度安装标记,同时沿钢丝绳长度方向用油漆做出明显的纵向安装标记。

6.3.3 钢丝绳安装

1. 施工特点

景洪水力式升船机卷筒以中心对称设置 2 条钢丝绳绳槽,每条绳槽内布置 2 根钢丝绳,钢丝绳中间绕过压板防脱扣装置压紧,单个卷筒缠绕 4 根定长钢丝绳,双头出绳,且共槽运行,钢丝绳需同时缠绕在卷筒上,并保证定位长度,难度很大。施工实践中,钢丝绳采取四绳绕绳机架装置结合辅助驱动装置,采用先进的钢丝绳精确定位缠绕技术,安全顺利地完成该项目施工。

共有 64 根提升钢丝绳,圆形股,右交互捻(简称右旋)和左交互捻(简称左旋)各 32 根,每个卷筒上缠绕 4 根,对称布置。钢丝绳出厂前已预拉伸,两端带有锥套,两锥套耳孔中心长度为 207.382m,钢丝绳上有红色中轴线(防绳扭转)和绿色定位线(92.505m 刻度)。提升钢丝绳在卷筒上的布置见图 6-10。

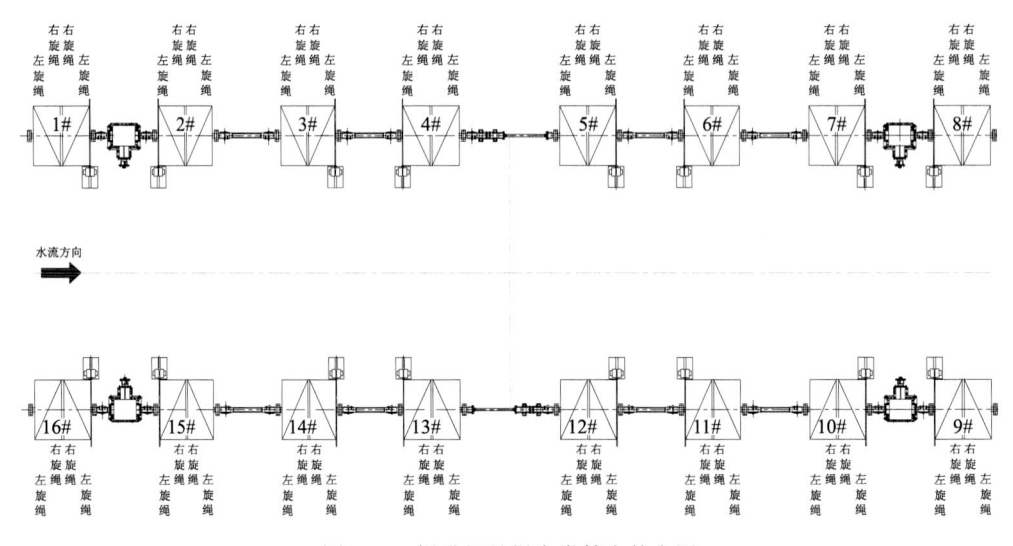

图 6-10 提升钢丝绳在卷筒上的布置

2. 施工顺序

(1)根据辅助驱动装置的位置和设计工况,将 64 根提升钢丝绳分为 16 组,每组 4 根,按卷筒编号 16→15→14→13→12→11→10→9、1→2→3→4→5→6→7→8 的顺序,逐组进行钢丝绳安装。安装前，脱开左右两侧卷筒的同步轴连接，脱开已装钢丝绳卷筒与待装钢丝绳卷筒之间的同步轴连接。

(2)每组4根钢丝绳的安装工序：①钢丝绳固定支架安装、钢丝绳翻身后与临时支架装配；②回装轴及脱轴、钢丝绳绳头与卷筒固定、钢丝绳在卷筒上缠绕及调整；③钢丝绳与船厢侧调平油缸连接(先向船厢侧放出钢丝绳，等钢丝绳与调平油缸连接后，再连接均衡油缸)；④钢丝绳与浮筒侧均衡油缸连接。

(3)提升钢丝绳在卷筒及同步轴系统安装调试完成后开始安装。

3. 缠绕前的要求

(1)清理干净施工部位，每孔竖井孔口铺满三块钢盖板。

(2)沿卷筒两侧吊垂线，检查两侧绳孔的形位尺寸是否满足钢丝绳的安装要求，如有超差，应及时上报主管部门，处理且复测合格后，再进行后续钢丝绳的安装；检查次梁的内壁应光滑，不能凹凸不平，否则应处理合格。

(3)卷筒及同步轴系统安装调试完成，制动器确认灵敏可靠。

(4)浮筒及滑轮组安装完成，且顶节处于锁定位置。

(5)均衡梁、均衡油缸及液压系统安装调试完成，且油缸活塞位于行程中部附近。

(6)承船厢位于锁定位置，调平液压泵站及管路系统安装调试完成。

(7)拆除卷筒上的临时配重装置。

(8)钢丝绳固定支架制作。钢丝绳固定支架用承重钢梁改制，分为上、下两层，层间用螺栓连接(图6-11)。

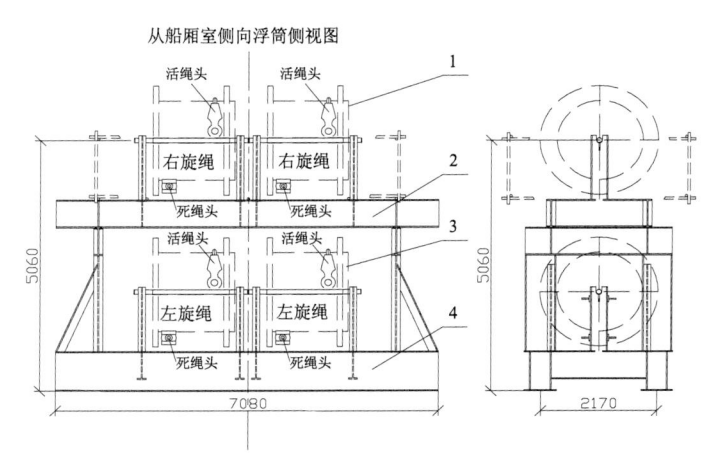

1.上层钢丝盘；2.上层支架；3.下层钢丝盘；4.下层支架

图6-11 钢丝绳固定支架及钢丝绳布置(单位：mm)

4. 钢丝绳安装施工

1)运输和翻身

(1)单根钢丝绳成品毛重5500kg，木卷盘直径2.2m，高1.65m，一盘一根。钢丝绳存放于业主设备库中,用 12t 载重汽车运输,库内由龙门吊装车,运抵安装现场后,由主机房桥机卸车。钢丝绳 4 根为一组,2 根左旋绳、2 根右旋绳,运输时应注意左右成对运输。

(2)现场卸车时,将钢丝绳和木卷盘落到坝面,木卷盘底部用两根枕木支垫平稳;将钢丝绳盘翻转 90°,翻身时,从木盘中心孔穿一根 ϕ26mm、长 18m 的钢丝绳,钢丝绳一端挂在主钩上,另一端挂在 20t 电动葫芦上(图 6-12)。

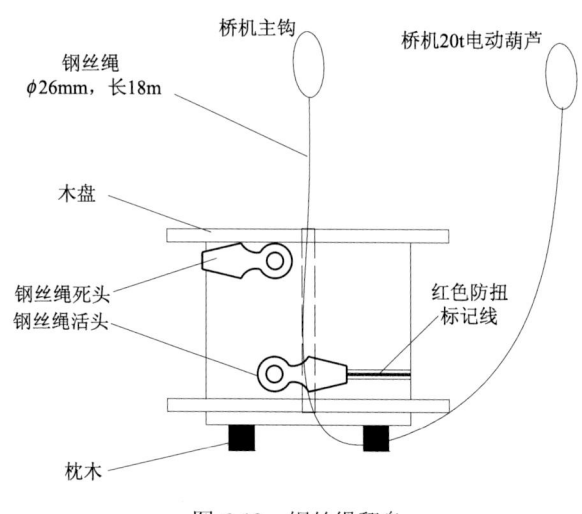

图 6-12 钢丝绳翻身

2)与支架装配

(1)安装钢丝绳下层支架。

在竖井孔口铺满三块钢盖板,支架顺水流摆放在最外侧的钢盖板上,支架横向中心与卷筒横向中心重合。

(2)钢丝绳与下层支架装配。

从钢丝绳木卷盘的中心孔,穿一根 ϕ95mm、长 2100mm 的钢管,用钢丝绳对折 4 股兜平钢管吊装。钢丝绳盘按图 6-11 所示,装配在下层支架上,钢丝绳的旋向和活绳头的位置与图示一致。

(3)安装钢丝绳上层支架。

钢丝绳上层支架与下层支架之间用螺栓连接,并在格构柱或附近的建筑上拉紧固定。

(4)钢丝绳与上层支架装配。

从钢丝绳木卷盘的中心孔,穿一根 ϕ95mm、长 2100mm 的钢管,用钢丝绳对折 4 股兜平钢管吊装。钢丝绳盘按图 6-11 所示装配在上层支架上,钢丝绳的旋向和活绳头的位置与图示一致。

3)与卷筒连接

(1)连接顺序。

先连接下层钢丝绳,后连接上层钢丝绳。与卷筒连接前,先回装上游侧相邻的第二个卷筒同步轴,再脱开上游侧相邻的第一个卷筒同步轴。

(2)解开钢丝绳活头。

转动绳盘,使钢丝绳活头尽量靠近支架平台表面;用 3t 倒链、35t 卸扣和 ϕ26mm 的钢丝绳,在支架或格构柱上拉住绳头(锥套);锯断固定绳头的尼龙绳;缓缓松开 3t 倒链,直至绳头呈自由状态,拆除倒链;用同上方式,逐根解开四盘钢丝绳的活头。

(3)钢丝绳在卷筒上初始定位。

①根据设计工况,钢丝绳两锥套的耳孔中心理论总长为 207.221m,承船厢处于锁定位置时,卷筒压板中心(朝上)到调平油缸耳孔中心的理论绳长为 92.478m;实际到货情况,钢丝绳两锥套的耳孔中心全长为 207.382m,定位标记(绿色线)长度为 92.505m,即钢丝绳全长偏差+161mm,钢丝绳定位线偏差+27mm。

②钢丝绳按实际到货情况定位安装,即以钢丝绳的定位标记(绿色线)与卷筒压板中心重合为定位基准,允差±5mm。

③根据钢丝绳定位偏差纠偏"向上送易,向下拉难"的特点,确定钢丝绳的初始位置(图 6-13):轴向初始位置——从卷筒横向中心线一侧,距卷筒压板槽第 8 个绳槽定位。环向初始位置——在浮筒一侧,按钢丝绳锥套端与卷筒压板端对齐定位。

④用桥机和尼龙吊带吊住木盘上的钢丝绳活头,缓缓转动木盘,放出钢丝绳到卷筒上,定位后,用 4 根长 3.5m、ϕ12mm 的钢丝绳和绳夹,在卷筒上的耳孔处固定,注意 ϕ12mm 钢丝绳不能占用压板上的绳槽。为便于钢丝绳固定,卷筒的初始位置,按卷筒压板端面处于水平状态定位(图 6-13 中 A-A 视图)。

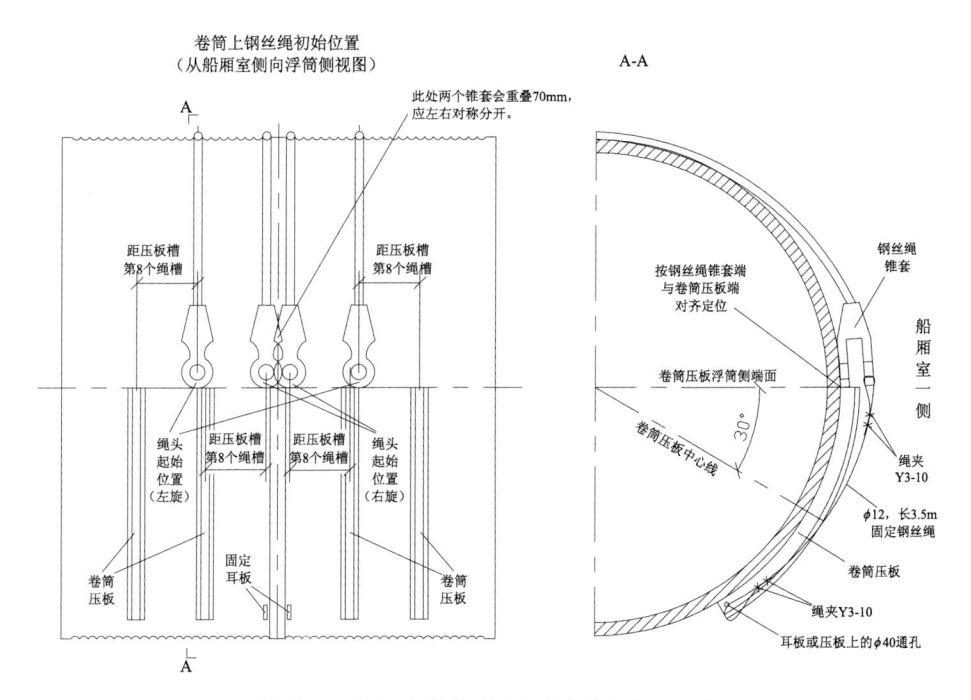

图 6-13 钢丝绳绳头定位示意图(单位:mm)

⑤钢丝绳逐根定位、固定完成后,启动辅助驱动装置转动卷筒,同时缠绕四根钢丝绳,直至钢丝绳的定位标记(绿色线)出现在卷筒压板附近。钢丝绳缠绕过程中,应注意

钢丝绳不得扭转(根据红色防扭标记线检查),不得脱槽或串槽。

⑥钢丝绳的定位标记(绿色线)缠绕到卷筒压板中心附近时,理论上标记线与压板中心约有300mm的距离(标记线偏向浮筒一侧),此时,用10t尼龙吊带捆绑吊起浮筒一侧的钢丝绳,使钢丝绳的标记线与压板中心重合,允差±5mm。

⑦钢丝绳的定位符合要求后,对称锁紧压板上的固定螺栓,预紧力矩偏差不大于5%。

4)与调平油缸连接

(1)卷筒压板的方位见图6-13中A-A视图,松开绳夹,解除钢丝绳锥套与卷筒的连接。

(2)因砼绳槽孔口尺寸,只能将中间两根钢丝绳同时穿孔,之后再将其他两根穿过绳槽孔。

(3)钢丝绳穿越砼槽时,孔口用木板支垫保护;用尼龙吊带吊装时,吊钩动作应缓慢,防止损伤钢丝绳,见图6-14。

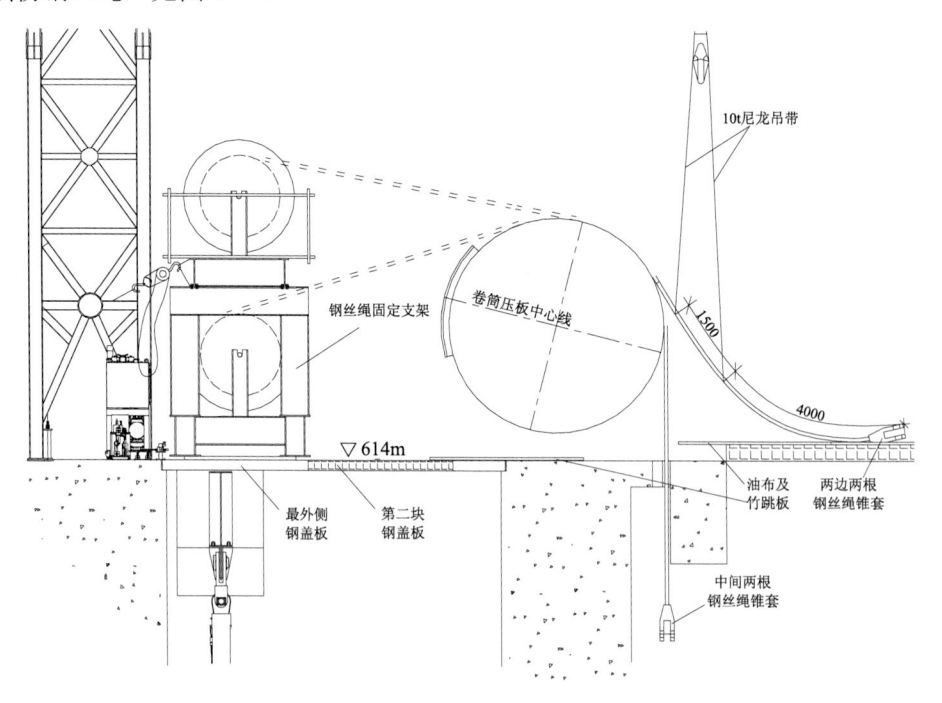

图 6-14 钢丝绳头穿过钢丝绳孔示意图(单位:mm)

(4)钢丝绳穿出砼槽后,在砼绳槽入口处,安装钢丝绳防旋板(图6-15),绳距与调平油缸间距一致,以便于今后与调平油缸的连接,然后同时下放四根钢丝绳。

(5)转动卷筒,将四根钢丝绳下放到位,与均衡油缸连接的钢丝绳穿销完成后,再按要求与调平油缸穿轴连接,拆除临时防旋板。

5)与均衡油缸连接

(1)船厢侧的钢丝绳下放到位后,在卷筒上再多缠绕约1圈钢丝绳,则在船厢侧会多放出12m左右的钢丝绳。多放出的钢丝绳根据调平油缸的安装情况处置,即如果调平油缸没有安装,则钢丝绳从承船厢与闸墙之间的500mm空隙放到528.5m底板上(锥套接触底板即可);如果调平油缸已经安装,则钢丝绳在船厢上平铺放置。

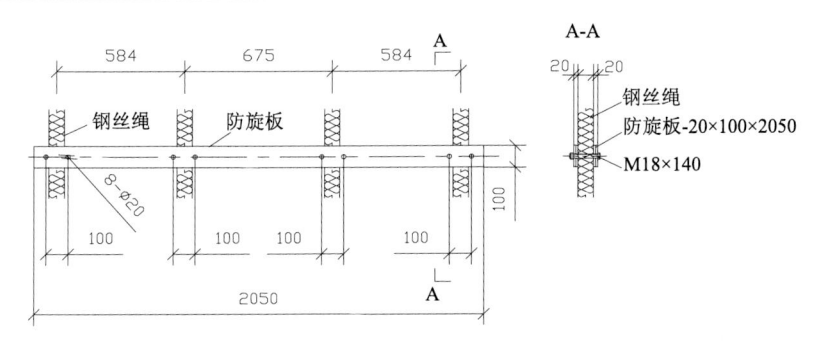

图 6-15 钢丝绳防扭转措施示意图(单位：mm)

(2)用桥机将竖井的第二块钢盖板吊开，翻立靠在钢丝绳下层支架内侧，并用 1t 倒链固定在下层支架上。

(3)木卷盘上的钢丝绳全部放出后，用桥机吊钩吊住绳头(锥套)，由桥机逐个将绳头吊入竖井中(先吊上层木卷盘，后吊下层木卷盘)，直至绳头呈垂直状态，松钩解除吊具。

(4)用桥机依次吊开竖井第二块钢盖板、钢丝绳支架、竖井最外侧钢盖板；在孔口四周布置临时防护栏杆，见图 6-16。

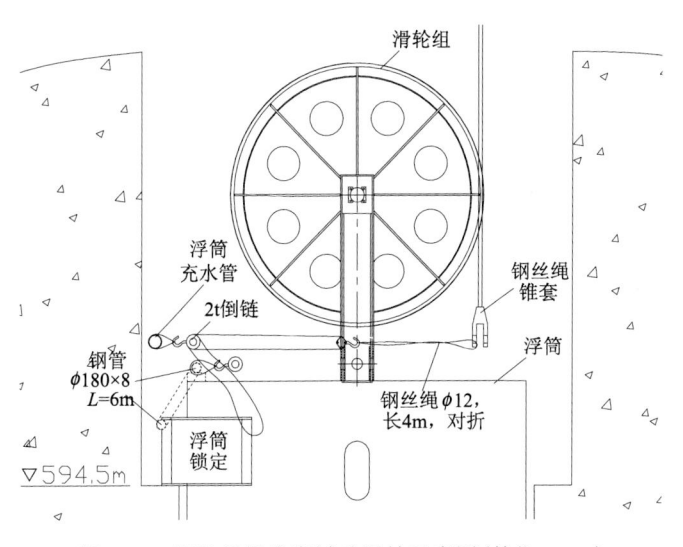

图 6-16 钢丝绳绳头穿过动滑轮示意图(单位：mm)

(5)检查四根钢丝绳与滑轮组的相对位置高差，根据需要转动卷筒，调整钢丝绳绳头高度与滑轮组底部高程平齐。

(6)用 4 个 2t 倒链分别拉住一个钢丝绳锥套，同时牵引钢丝绳锥套穿过滑轮底部(图 6-16)，卷筒同步转动放出钢丝绳。

(7)在浮筒的顶面，把已穿过滑轮组的四根钢丝绳，用型钢横梁和 M20×130 螺栓固定在一起(绳距与均衡油缸同距)。

(8)在桥机吊钩上挂吊篮和 3t 倒链，提升型钢横梁和四根钢丝绳，卷筒同步放出钢丝绳；当型钢横梁提升出吊篮表面 100mm 左右，3t 倒链停止提升，桥机吊钩开始提升；

钢丝绳锥套提升至均衡油缸吊头位置后,与均衡油缸的吊头穿销固定(图6-17)。

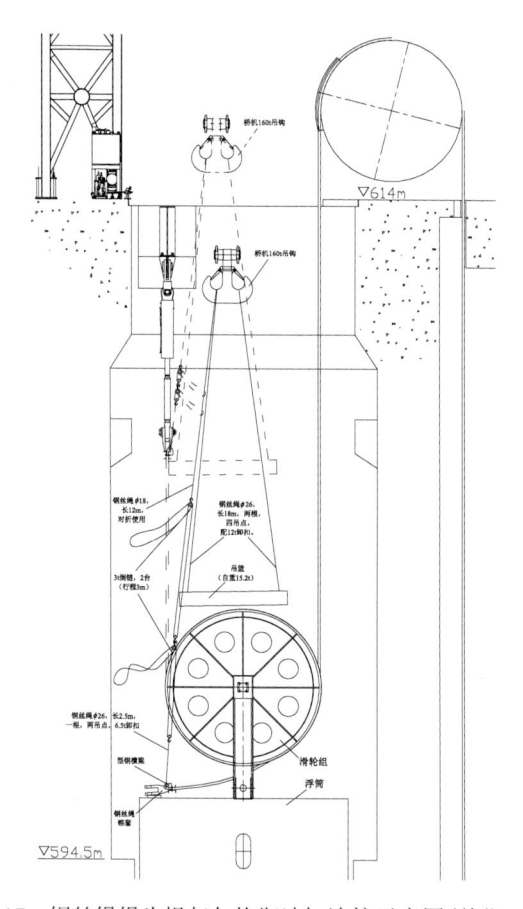

图 6-17　钢丝绳绳头提起与均衡油缸连接示意图(单位:mm)

(9)松开型钢横梁的连接螺栓,缓落桥机吊钩 1.5m,拆除型钢横梁,并随吊篮一同提升出竖井;收回均衡油缸活塞杆,直至钢丝绳张紧;恢复竖井钢盖板。

6.4　均 衡 系 统

均衡系统是保证浮筒同步运行、钢丝绳受力均匀的重要纠差系统。为获得较好的纠差效果,其安装精度、油缸调平均有严格要求。

6.4.1　均衡系统设计

64套钢丝绳均衡油缸总成(含内置式行程检测传感器、联结轴承及紧固件等),油缸总成一端与机械调平装置连接,另一端与钢丝绳均衡梁吊耳连接,4 套均衡泵站布置在主机房内。均衡油缸为双作用缸,工作时有杆腔单向承载并保压。浮筒升降时,油缸将随钢丝绳在竖直平面内偏摆。油缸设内置式行程检测传感器,行程检测传感器的控制装置将检测信号处理放大后,经标准串行信号通信口输出二进制码,分别送至主机房现地控制子站。均衡油缸的活塞杆端部通过自润滑关节轴承与机械调平装置连接，缸体尾部通过自润滑关节轴承与钢丝绳均衡梁吊耳板连接，油缸通过法兰与液压系统的阀块及油管连接。

均衡油缸主要技术参数如下。正常工作载荷：561kN；油缸最大工作压力：15MPa；活塞杆表面：镀铬；有效工作行程：800mm；最大行程：900mm。

升船机正常运转时，均衡油缸的油路闭锁，当浮筒出现超过允许的高程差或钢丝绳张力差超过设计允许值后，由均衡油缸通过液压系统将浮筒重新均衡，使各组提升钢丝绳的张力均衡。船厢悬吊状态下，均衡油缸必须严格保压，24h 内活塞位移量不得大于1mm。

6.4.2 均衡系统安装

1. 均衡梁及支座埋件安装

(1)均衡梁两端为支座埋件，为保证支座埋件的准确定位，均衡梁与底座用连接螺栓联成整体后一同安装，在土建仓位内加固支撑可靠，随土建仓位浇筑中一次浇筑完成。

(2)埋件安装放点依据均衡梁中心轴线设计中心值开展测量。

(3)均衡梁的纵、横向中心线的误差不大于±1.0mm。

(4)安装后，表面平面度误差不大于 2mm/m，全长范围内不大于 3.5mm。

(5)各地脚螺栓的外露长度必须符合图样要求，外露部分的垂直度误差不大于0.5mm。

(6)均衡梁距竖井纵、横向中心线的安装误差不大于±2mm；均衡梁两端的水平误差不大于±1mm；高程误差不大于±2mm。

2. 均衡油缸及液压系统组成

均衡油缸及液压系统由 64 只钢丝绳均衡油缸、4 套液压泵站、64 套机械调平装置、系统连接管路等组成。这些设备分为 4 组，分别设置在上游右侧、上游左侧、下游右侧和下游左侧 4 个部位，每个部位的设备由 1 个液压能源泵站和 4 套均衡油缸液压阀组进行控制。

3. 均衡油缸安装

(1)钢丝绳均衡油缸+机械调平装置外形如图 6-18 所示，过渡接头外形如图 6-19 所示。

(2)安装顺序：上游右侧→下游右侧→上游左侧→下游左侧。

(3)均衡油缸吊装方式见图 6-20。吊装前，均衡油缸活塞杆应锁定；将过渡接头和均衡油缸组装成整体；用钢丝绳和倒链吊装均衡油缸，调整好过渡接头，使其卡口垂直朝上；用桥机吊装过渡接头和均衡油缸，使过渡接头与均衡梁穿轴对接；落桥机主钩，直至油缸呈垂直状态。

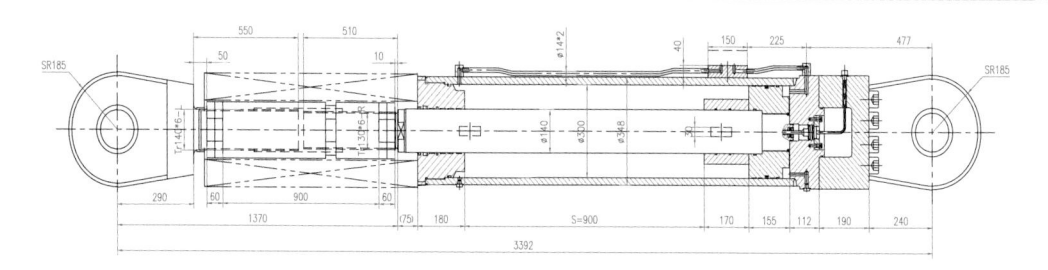

图 6-18　均衡油缸+机械调平装置外形图（单位：mm）

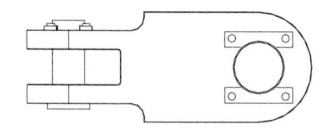

图 6-19　过渡接头外形图

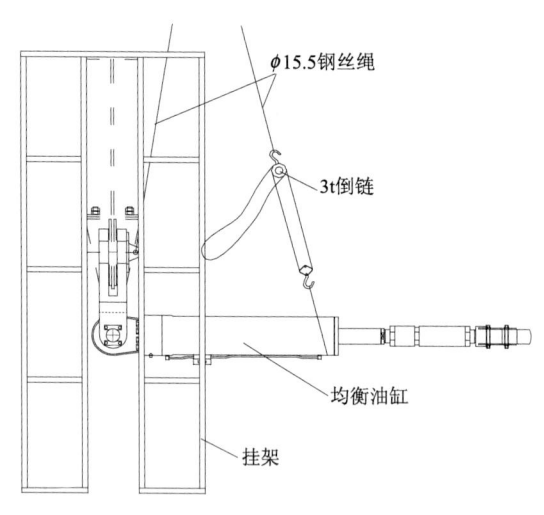

图 6-20　均衡油缸吊装示意图（单位：mm）

4. 均衡油缸的机械调平

(1)均衡油缸及相应液压泵站全部安装调试完成，且钢丝绳安装到位后，启动泵站，给各均衡油缸控制阀块加控制信号，使各油缸均承受一定载荷，在此状态下，记录各油缸行程传感器的输出信号。对所有油缸的行程传感器输出信号进行对比分析，确定油缸活塞位置基准值，依照基准值确定需进行机械调平的油缸及需调节的位移量。将各油缸需调节的位移量换算成机械调平装置螺柱的进给圈数（一圈 12mm），之后对均衡油缸分别进行机械调平。均衡油缸机械调平如图 6-21 所示。

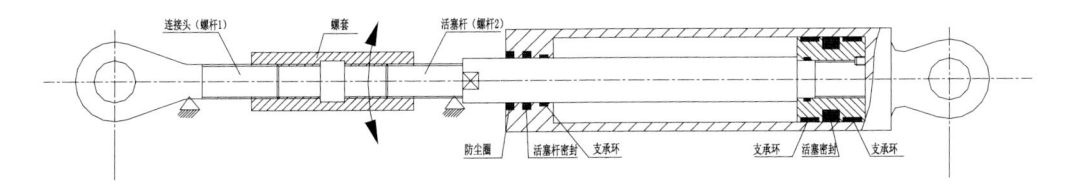

图 6-21 均衡油缸机械调平示意图

(2)均衡油缸机械调平过程：

①同一控制阀块相连的一组 4 个油缸中，除待调节油缸外，将其余 3 个油缸的进、出油口的手动截止阀关闭；

②启动对应的能源泵站，给该组控制阀块加信号，使待调节油缸活塞杆伸出一定行程，以卸去该油缸的载荷；

③将待调节油缸的进、出油口手动截止阀关闭，控制阀块断电，能源泵站卸荷；

④松开机械调平装置活塞杆端和连接头端的锁紧螺母；

⑤用专用工装固定活塞杆和连接头，用专用扳手 A 在螺套的扳手卡槽处转动螺套；

⑥按换算好的进给圈数，转动活塞杆至所需的进给量后，将活塞杆上的锁紧螺母拧紧；

⑦将该组各油缸进、出油口的手动截止阀打开，调节泵站压力至额定值，给控制阀块加信号，使油缸承受一定载荷；

⑧选定该组中下一个需进行机械调平的油缸，按前述步骤进行调节，直至该组油缸的活塞均处于同一设定值；

⑨按步骤①～⑧，对另外 15 组均衡油缸进行机械调平。

5. 均衡油缸液压系统管路安装

(1)按液压系统功能要求布管。均衡油缸液压系统的上下游采取对称布置，以上游左侧安装为例排序：泵站、控制阀块安装定位→焊接总进回油管夹→安装泵站与控制阀块之间管路→安装手动截止阀块→连接阀块到截止阀块的管路→连接截止阀块到均衡油缸管路。

(2)安装工艺要点如下。

①施工过程中，安装好的管路接口必须有管塞等封堵，防止污染管路。

②配管时，先按安装位置点焊定位，再拆下焊接，焊后组装整形。

③管道焊接采用对接焊，开 30°坡口；焊接前，将坡口及其两侧 10～20mm 范围内的油迹、水分和锈斑等清除干净；管道焊接采用氩弧焊，焊缝应焊透，外表均匀平整。

④管路配管焊接完后，管道内部通 1.25 倍工作压力(25MPa)进行液压强度试验，焊缝处应无变形和泄漏。

⑤管路试压合格后，集中进行酸洗钝化处理，处理后的管口两端用白布封堵完好；酸洗钝化 48h 后，涂装色标漆，压力管路涂红色(RA12004)，回油管路涂黄色(RA13020)。

⑥管道酸洗钝化清洗干净后，将所有管路连接用循环泵站在 2MPa 压力下循环清洗，当管道内油液的清洁度达到 NAS7 级后接入系统内部；各接口应自然贴和、对中，不得采用强力对接、加热管壁、加偏心垫或多层垫等方法来消除接口端面的偏差；管道与设

备连接时，不应使设备承受附加外力，各连接处的胶管安装不得出现扭曲、摩擦和张紧，胶管弯曲半径不小于 6 倍胶管外径。

⑦电控接线：按厂家提供的电气接口图接线，接线正确无误，连接牢固可靠、无松动现象，接线美观，并符合电气技术文件要求。

⑧油箱加油：液压泵站安装清洗完毕后，用过滤精度优于 5μm 的三级过滤的加油车对油箱及均衡系统加油。

6. 系统试验

在工地现场，主机房平台与钢丝绳均衡油缸连接、各项试验准备工作完成后，进行系统功能与动作调试、空负荷运转及负荷试验。

6.5 船厢-浮筒平衡重-钢丝绳系统总装

6.5.1 总装工艺

景洪水力式升船机船厢、钢丝绳、平衡重系统安装连接完成后，在联合调试之前须进行升船机平衡系统总体集成，主要步骤如下：空载船厢解锁，平衡重（浮筒）解锁，卷筒制动器松闸调整及机械传动系统同步轴初始扭矩调整。操控方式主要为现地操作，集中控制室远程监控。升船机船厢、钢丝绳、平衡重系统总体集成应在船厢调平系统、卷筒装置制动器系统、同步轴扭矩检测系统、输水充泄水系统、平衡重（浮筒）钢丝绳均衡系统及升船机监控系统等设备安装调试完后进行，具体操作如下。

1. 空船厢解锁

空船厢解锁前工作：钢丝绳与船厢上调平油缸联结后，将调平油缸总成的机械调平装置调整到中位；船厢导向装置导向轮均移至离导向轨道最大间隙；船厢夹紧装置均松开到最大。

空船厢解锁操作：在机械同步系统处于静止制动状态时，现地操作船厢调平系统，收缩调平油缸缓慢将船厢提升至脱离船厢锁定装置约 500mm，船厢调平油缸压力、浮筒位置均应正常显示；提升过程中可采取水准仪监视船厢水平状态，应尽量保持提升平稳；船厢处于水平悬吊状态后，水平度应不大于 10mm，标定船厢水平传感器和船厢位置传感器。

2. 平衡重（浮筒）解锁

平衡重（浮筒）解锁前工作：钢丝绳与固定均衡梁下部均衡油缸联结后，将均衡油缸总成的机械调平装置调整到中位；根据浮筒称重的净重，向浮筒内部注入平均深度 11.224m 的水（浮筒总高 17.1m），单套平衡重（浮筒、水及动滑轮组）重量为 457t；标定浮筒位置传感器和浮筒内水深传感器及竖井内水深传感器，调整修正在线检测精度。

平衡重（浮筒）解锁操作：在机械同步系统处于静止制动上闸状态时，现地操作钢丝绳均衡系统，收缩均衡油缸缓慢操作，将竖井侧钢丝绳带劲即可，钢丝绳应处于动滑轮组绳槽内，防止带劲过程中钢丝绳脱出绳槽；浮筒上部联结的动滑轮组滑轮均处于竖直状态。然后，在集控操作或现地操作输水系统充水阀门小开度开启，向竖井充水，直至浮筒解锁计算水位590m停止充水，即浮筒淹没水深约10.9m（锥体以上），再次操作钢丝绳均衡系统收缩均衡油缸，提升浮筒约50mm，逐个检查所有浮筒锁定孔均已离开锁定轴，操作浮筒锁定装置收回所有的锁定轴，并检查确认收回到位，平衡重（浮筒）即处于浸入水中的悬浮状态，此时，钢丝绳均衡油缸压力、位置数据均应正常显示；提升过程中监视所有浮筒顶部高度相对差，相邻浮筒相对差应不大于3mm，整体不大于6mm，单孔平衡重（浮筒）高度可通过钢丝绳均衡系统对应的单组均衡油缸进行调整。

3. 卷筒制动器松闸及同步轴初始扭矩调整

卷筒制动器松闸前，应使卷筒两侧静荷载基本相等，保持船厢、钢丝绳、平衡重（浮筒）总体集成后系统平衡。空船厢解锁后处于悬吊状态，船厢侧钢丝绳荷载为空船厢重量830t加上钢丝绳最大转移重量62t；平衡重（浮筒）解锁后，依托动滑轮组悬浮在竖井水中，浮筒淹没水深10.9m（锥体以上）时，竖井侧钢丝绳荷载为16套平衡重（浮筒、水及动滑轮组）重量16×457t，减去16个浮筒淹没深度提供的浮力16×347.1t；卷筒两侧静荷载差为12.8t，荷载方向在船厢侧，卷筒制动器松闸时，卷筒两侧荷载差克服系统摩阻力产生船厢侧位移较小，达到船厢、钢丝绳、平衡重（浮筒）系统总体集成后处于平稳。

在船厢、钢丝绳、平衡重（浮筒）系统总体初次集成后，机械同步系统中同步轴上将存在一定的初始扭矩，通过多次对各浮筒内部加水或减水，调整船厢调平油缸和竖井侧钢丝绳均衡油缸，使同步轴扭矩逐渐减小，趋近于一个相对稳定的扭矩值。

6.5.2 总装特点

升船机船厢、钢丝绳、平衡重安装连接后，系统总体集成对于不同类型升船机有所不同。下面以现有典型主流机型为例简要说明。

1. 平衡重挂装先后不同

齿条螺母柱爬升式升船机平衡重挂装通常采用分次按序挂装方式，挂装平衡重块时在空承船厢内分次加载相应重量。以三峡升船机为例，平衡重块挂装分四次，单块挂装时按承船厢横纵中心线均衡对称挂装施工，同时在空承船厢内分次加载4000t、4000t、3000t砂，使船厢与平衡重系统保持大致平衡状态，平衡重挂装完成后，钢丝绳两侧重量基本平衡。完成升船机提升系统总体集成，升船机无水调试后，再向船厢注入满载水与平衡重系统完全平衡。

电力卷扬全平衡式升船机平衡重挂装为船厢空载调试和船厢满载调试两步挂装集成方式。以隔河岩第2级升船机为例，第一步，安装4套转矩平衡重和8块重力平衡重，使船厢与平衡重组的重量大致相等，船厢载满水不载船舶调试；第二步，是在空载调试完成后，将剩余其他平衡重安装完成，同时向船厢加水与平衡重系统完全平衡，平衡重挂装过程保持均衡对称。

电力卷扬部分平衡式升船机电机驱动系统可以整体提升空船厢，因此平衡重挂装可以在船厢无水调试之后，把所有平衡重组挂装完成，再向船厢加满载水与平衡重系统完全平衡。

景洪水力式升船机平衡重(浮筒)进入水中，通过淹没深度提供的浮力将所有16个平衡重(浮筒)解锁，然后，通过输水系统泄水，改变平衡重(浮筒)浮力大小使之与空船厢质量相等，制动器松闸后，船厢和平衡重(浮筒)保持完全平衡状态，系统总体集成操作相对较为简易平稳。

2. 钢丝绳拉伸方式不同

在系统总体集成过程中，为避免钢丝绳拉伸长度不一致造成钢丝绳拉力荷载不均衡及平衡重块高度差异等现象，须对钢丝绳逐根按额定荷载进行张拉并调紧机械调整装置，使每根钢丝绳拉力荷载相同。三峡升船机和向家坝升船机的钢丝绳张拉，施工采用自主研制的钢丝绳张拉调节装置，其他升船机的钢丝绳张拉施工也有采用钢丝绳绳端机械调整装置直接张拉的，或采用均衡油缸拉伸等方式的，在升船机运行之后钢丝绳荷载均衡均不十分理想，后期需采取措施定期或不定期进行处理，否则对系统长期运行不利。

景洪水力式升船机钢丝绳两端均采用带机械调整装置的油缸总成，总调节长度为2.86m，钢丝绳两端的拉力荷载在升船机提升系统集成后，由竖井侧均衡液压系统和船厢调平液压系统的调节保持一致，并可在线实时监测每根钢丝绳拉力荷载，因此不必进行钢丝绳张拉施工。

3. 平衡重系统配平方式不同

因船厢结构质量分布、钢丝绳荷载、平衡重块质量及其他不均衡因素，可能使系统集成后并不能够稳定进入下一阶段的调试工作，需要对平衡重系统配重。齿轮齿条式升船机和电力卷扬式升船机一般预留有300t左右的钢制配重块，用于调整升船机系统总体集成后的平衡状态，景洪水力式升船机平衡重(浮筒)原理上具有自适应荷载的变化，16个浮筒重量差异引起机械同步系统同步轴扭矩增大时，可以通过向浮筒内部增减重量，使各浮筒重量趋近一致。

景洪水力式升船机是承船厢入水全平衡式升船机，承船厢、平衡重(浮筒)、钢丝绳系统总体集成后，平衡重(浮筒)总重量略大于带水承船厢总重量的2倍，浮筒浸入竖井水中的浮力，既保持了升船机系统的平衡，又通过平衡重(浮筒)淹没深度的变化提供承船厢上行、下行荷载的驱动力，特别是在承船厢出水、入水过程中，平衡重(浮筒)淹没深度的变化提供承船厢荷载变化所需要的浮力，相对于其他类型的升船机更加安全稳定。

第 7 章 承船厢及其设备

本章介绍景洪升船机承船厢总体布置，分析下水式船厢出入水附加水动力荷载特性及影响因素，阐述景洪升船机承船厢结构设计和设备布置，重点论述具有自适应抗倾功能的导向系统设计、理论分析和抗倾覆特性试验研究成果，讲述景洪升船机下水式承船厢制造和安装方案。

7.1 承船厢总体布置

景洪水力式升船机下水式船厢为钢质槽型薄壁结构，两端分别设一扇平面卧倒闸门。船厢外形尺寸为 68.9m×15.8m×6.7m（长×宽×高），船厢有效水域尺寸为 58.0m×12.0m×2.5m，总提升重量为 3140t，船厢内水体重量约 2300t，承船厢总体、照片和横剖面图见图 7-1～图 7-3。在承船厢两侧顶部平台上设有对外交通通道，一旦发生事故，船上人员可从通道疏散到塔柱廊道并通过楼梯撤离。

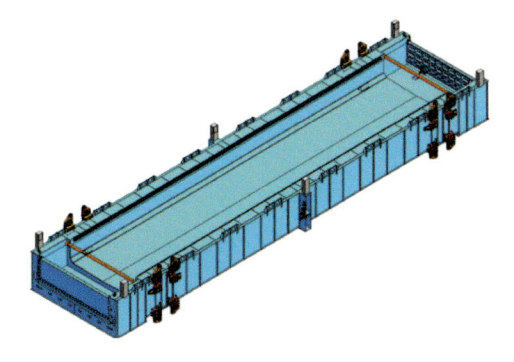

图 7-1 承船厢总体　　　　　　图 7-2 承船厢照片

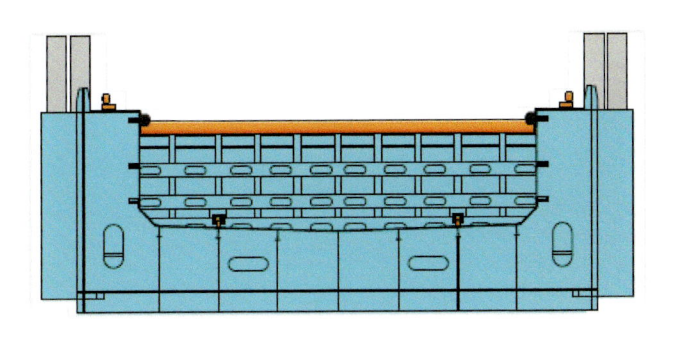

图 7-3 承船厢横剖面图

承船厢的主要技术参数见表 7-1。

表 7-1　承船厢的主要技术参数表

主要技术指标	主要技术参数	主要技术指标	主要技术参数
船厢有效水域宽度	12.0m	有效水域长度	58m
标准水域深度	2.5m	标准载水水体重量	~2242t
水深运行偏差	−0.2~0m	最大载水水体重量	~2408t
船厢结构及设备重量	673t	吊点数量	64

7.2　下水式船厢体型研究

受到枢纽运行调度及我国山区河流水位陡涨陡落特点的共同影响，下游水位普遍存在变率快、变幅大的特点，对升船机下游对接影响显著。为确保升船机运行及船舶安全，在出现下游水位变化过快时只能快速解除对接，因此，简化下游对接流程十分必要，其中船厢采用下水式具有明显的优势，因为在下游对接和解除对接中只需启闭船厢门，远比不入水对接简单。对于水力式升船机，浮筒能够根据船厢侧重量随时调整其淹没深度而始终保持受力平衡状态，不存在传统升船机船厢出入水产生的巨大的不平衡荷载，尤其适合采用船厢下水式方案。下水式升船机船厢在出入水过程中，会受到入水拍击力、出水启动力及出水吸附力等附加水动力荷载的影响，开展附加水动力荷载特性及影响因素研究对指导下水式船厢结构设计具有重要意义。

7.2.1　船厢出入水附加水动力荷载特性

下水式船厢在出入水过程中受到入水拍击力、出水启动力及出水吸附力等附加水动力荷载作用。

1. 船厢入水拍击力

下水式升船机船厢入水瞬时，船厢拍击水体产生的拍击力用 P_s 表示，其将对船厢结构造成一定的影响。影响船厢入水拍击力的主要因素是入水速度及船厢底部形式。

Chuang 通过理论和试验研究提出了平底刚性结构等速入水所产生的拍击压力公式：

$$P_s = k_1 \rho V_d^2 \tag{7-1}$$

式中，P_s 为拍击压力峰值，Pa；ρ 为水的密度，kg/m³；V_d 为结构物等速入水速度，m/s；k_1 为随速度 V_d 变化的系数，反映各种非线性因素对拍击压力的影响。

2. 船厢出水启动力

设船厢从水中静止启动，运行 Δt 时间，船厢与船池水面的相对位移见图 7-4。由图可以看出，在此期间，船厢上升了距离 H_{c+}，同时，船池内水体为补充船厢离开后的空间，使船厢附近水面下降了 h，同时，由于船池内水面降低，引航道内水体流向船池内，

产生流量 Q，在此过程中，船厢所受浮力发生了变化，其变化量即为船厢启动力 P_t，则

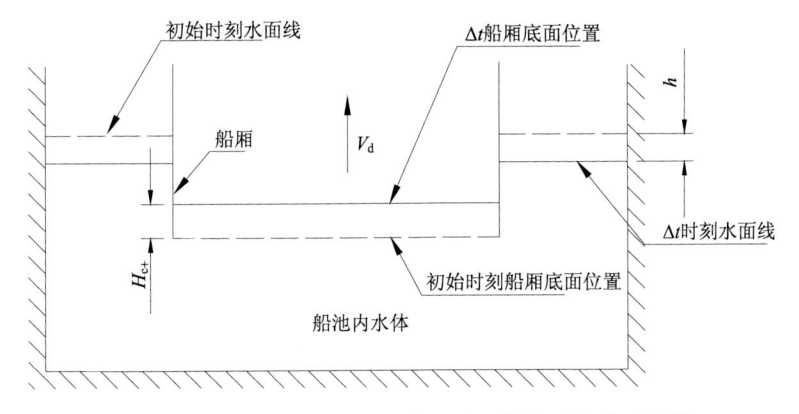

图 7-4 船厢启动瞬时船厢与船池水面的相对位移示意图

$$\left[H_{c+} + h - \frac{Q}{S_p - S_c}\right] \times S_c = P_t \tag{7-2}$$

$$H_{c+} \times S_c = h \times (S_p - S_c) \tag{7-3}$$

启动瞬间船池及引航道水位差很小，$Q \approx 0$，则

$$P_t \propto S_c \times \left(1 + \frac{S_c}{S_p - S_c}\right) \times H_{c+} \tag{7-4}$$

定义 $\beta = \dfrac{S_p - S_c}{S_c}$，则

$$P_t \propto S_c \times \left(1 + \frac{1}{\beta}\right) \times H_{c+} \tag{7-5}$$

对两边求导数：

$$\frac{dP_t}{dt} \propto S_c \times \left(1 + \frac{1}{\beta}\right) \times \frac{dH_{c+}}{dt} \tag{7-6}$$

$$\frac{dP_t}{dt} \propto S_c \times \left(1 + \frac{1}{\beta}\right) \times V_u \tag{7-7}$$

可见，启动力的变化由两部分组成，一部分为船厢上升使排开水体减小引起的提升力变化 $S_c \times V_u$，该部分仅与船厢面积 S_c 和船厢启动速度 V_u 有关；另一部分为船池水面下降引起的提升力变化 $S_c \times \dfrac{S_c}{S_p - S_c} \times V_u$（$S_p$ 为浮筒总面积），该部分不仅与船厢面积 S_c、船厢启动速度 V_u 有关，还与船池和船厢间隙面积及船厢面积比 β 有关。

3. 船厢出水吸附力

定义船厢出水钢丝绳总提升力最大值为 P_{max}，船厢完全出水后钢丝绳总提升力稳定

后值为 P_0，则船厢出水过程所受的吸附力为 $P_c=P_{max}-P_0$，定义 $\delta=P_c/P_0$，表征不同形式船厢对降低出水吸附力的影响程度。船厢出水过程总提升力变化如图 7-5 所示。

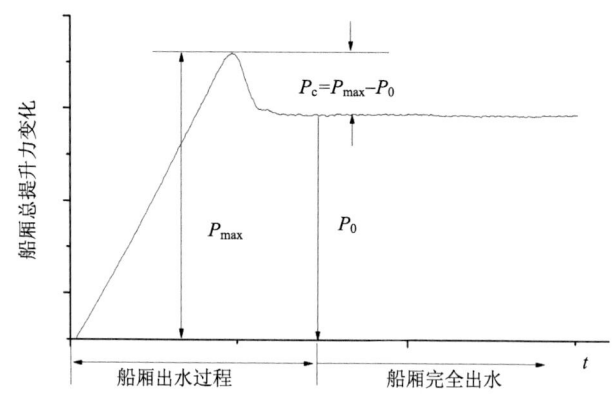

图 7-5 船厢出水过程总提升力变化概化图

7.2.2 影响因素研究

由于船厢在出入水过程中受力具有时空分布特性，可以将船厢出入水过程分解为翼缘出入水、腹板出入水及船厢体出入水三个阶段。不同阶段影响因素不同，翼缘作为船厢入水最先接触水面及最后出水结构，其宽度对出入水过程拍击力及吸附力大小有影响，船厢体出入水时，船厢上开孔面积对其受到的拍击力和吸附力影响较为显著。

1. 翼缘宽度

翼缘是为满足升船机船厢结构受力变形要求而设置的，通常情况下翼缘宽度越宽，船厢刚度越大，对船厢结构越有利。通过局部切片物理模型试验，研究了翼缘宽度对出入水过程附加水动力荷载的影响。

(1)单位长度翼缘典型出入水过程荷载过程线见图 7-6 和图 7-7，其中，翼缘宽度 b 为 0.4m，出入水速度 v 为 0.034m/s。整个入水过程大致可分为三段，即空中运行、翼缘入水及腹板入水。出入水过程主要受到浮力及附加水动力荷载，在图 7-6 中，第一段曲线合力为 0，表明翼缘在空中尚未入水；第二段斜率较大，曲线较陡，为翼缘底部刚好接触水面至翼缘顶面刚好被淹没；第三段为与翼缘顶面连接的腹板入水阶段，由于其排开水体产生浮力，表现在曲线上为一线性增加的荷载。

(2)将单位长度翼缘荷载合力减去其浮力，可以得到翼缘受到的附加水动力荷载。图 7-8 和图 7-9 为典型附加水动力荷载曲线，可以看出，入水阶段受力主要由六部分组成，拍击力、翻水阻力、绕流阻力、吸附力及启动和制动加速度引起的启动及制动力，绕流阻力、启动及制动作用对翼缘受力影响较小，吸附力、翻水阻力及拍击力对翼缘作用较大，故进一步研究出入水速度及翼缘宽度对拍击力、翻水阻力及吸附力的影响。

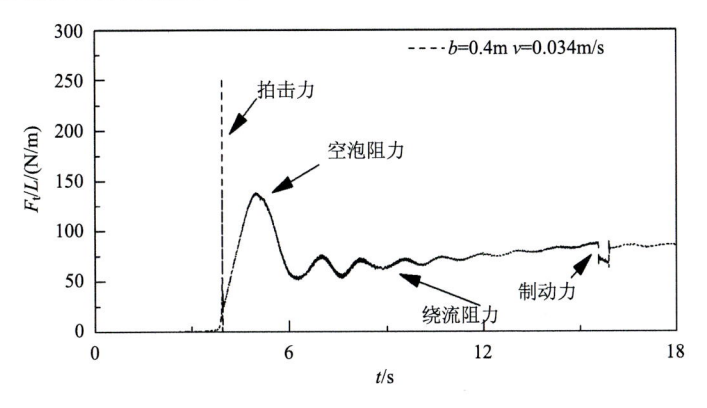

图 7-6 典型入水过程荷载变化

L 指翼缘长度，F_t 指拍击力，下同

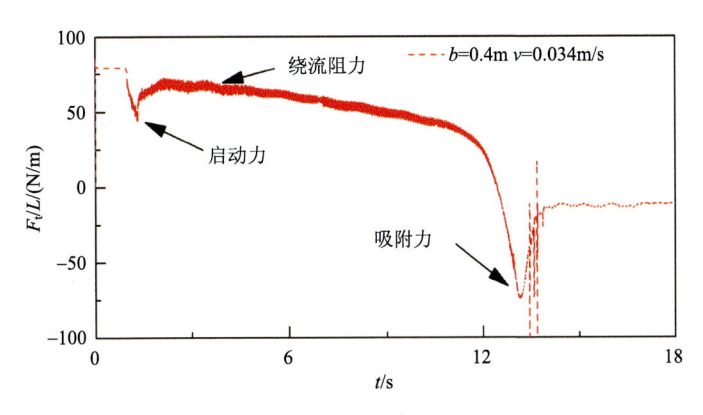

图 7-7 典型出水过程荷载变化

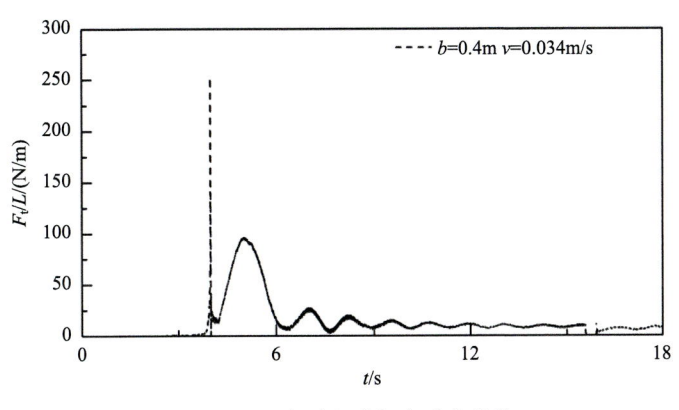

图 7-8 入水过程附加水动力荷载

(3) 通过开展不同翼缘宽度、不同速度出入水试验，对试验数据进行无量纲分析，得到拍击力、翻水阻力及吸附力等附加水动力荷载的主要影响因素。

① 拍击力影响因素。

翼缘入水单位长度拍击力 F_t/L 主要与水的密度 ρ、入水速度 v、翼缘宽度 b、重力加速度 g、水动力黏度 μ 有关。可以将拍击力表达为

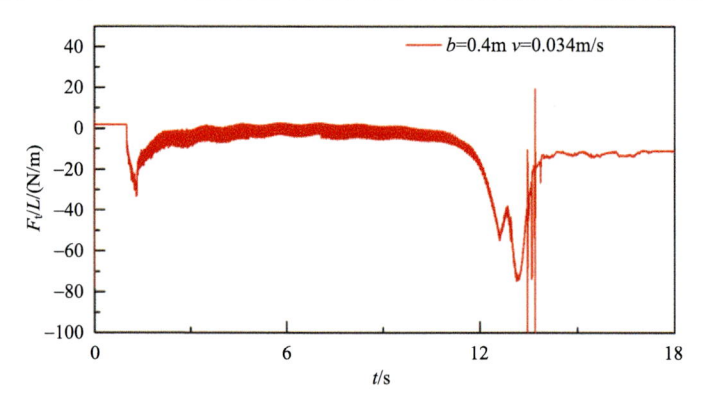

图 7-9　出水过程附加水动力荷载

$$F_t / L = f(v, b, \rho, g, \mu) \tag{7-8}$$

对上式无量纲化，得到无量纲关系式：

$$\frac{F_t}{\frac{1}{2}\rho v^2 bL} = f(\frac{gb}{v^2}, \frac{\mu}{\rho v b}) \tag{7-9}$$

对以上影响因素进行综合分析，如图 7-10 所示，通过数据拟合，得到 $\dfrac{F_t}{\frac{1}{2}\rho v^2 bL}$ 与 $\dfrac{gb}{v^2}$、$\dfrac{\mu}{\rho v b}$ 之间的关系如下（$R^2=0.936$）：

$$\frac{F_t}{\frac{1}{2}\rho v^2 bL} = 33.22\left(\frac{gb}{v^2}\right)^{0.38}\left(\frac{\mu}{\rho v b}\right)^{-0.05} \tag{7-10}$$

图 7-10　试验数据拟合

②翻水阻力影响因素。

翼缘入水单位长度翻水阻力 F_f/L 主要与水的密度 ρ、入水速度 v、翼缘宽度 b、重力加速度 g、水动力黏度 μ 有关。通过与上述相同的无量纲化处理，对以上影响因素进行综合分析，如图 7-11 所示，通过数据拟合，得到 $\dfrac{F_f}{\frac{1}{2}\rho v^2 bL}$ 与 $\dfrac{gb}{v^2}$、$\dfrac{\mu}{\rho v b}$ 之间的关系如下 ($R^2=0.999$)：

$$\frac{F_f}{\frac{1}{2}\rho v^2 bL} = 2.19\left(\frac{gb}{v^2}\right)^{0.66}\left(\frac{\mu}{\rho v b}\right)^{0.007} \tag{7-11}$$

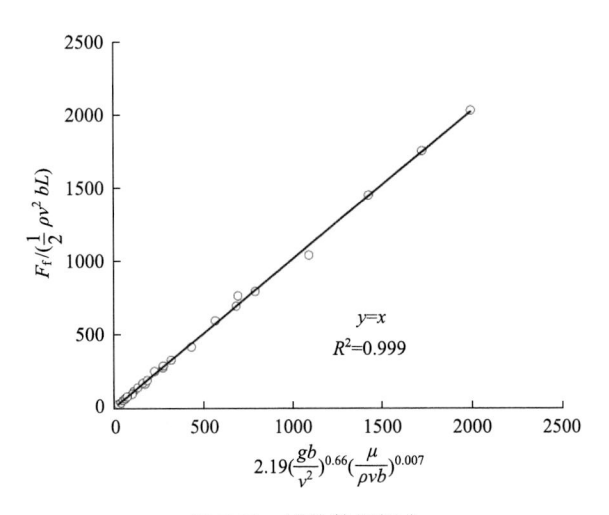

图 7-11 试验数据拟合

③吸附力影响因素。

翼缘入水单位长度吸附力 F_x/L 主要与水的密度 ρ、出水速度 v、翼缘宽度 b、重力加速度 g、水动力黏度 μ 有关。通过与上述相同的无量纲化处理，对以上影响因素进行综合分析，如图 7-12 所示，通过数据拟合，得到 $\dfrac{F_x}{\frac{1}{2}\rho v^2 bL}$ 与 $\dfrac{gb}{v^2}$、$\dfrac{\mu}{\rho v b}$ 之间存在的经验关系如下 ($R^2=0.996$)：

$$\frac{F_x}{\frac{1}{2}\rho v^2 bL} = 0.036\left(\frac{gb}{v^2}\right)^{0.078}\left(\frac{\mu}{\rho v b}\right)^{-0.28} \tag{7-12}$$

2. 底铺板倾角

通过下水式升船机 1∶20 船厢出入水物理模型试验，研究了 $\alpha=0°$（平底铺板）、2°和 4°三种底铺板倾角工况下附近水动力荷载特性。图 7-13 和图 7-14 分别为船厢出水吸附力 P_c 和 δ 与船厢出水速度 v 之间的关系。

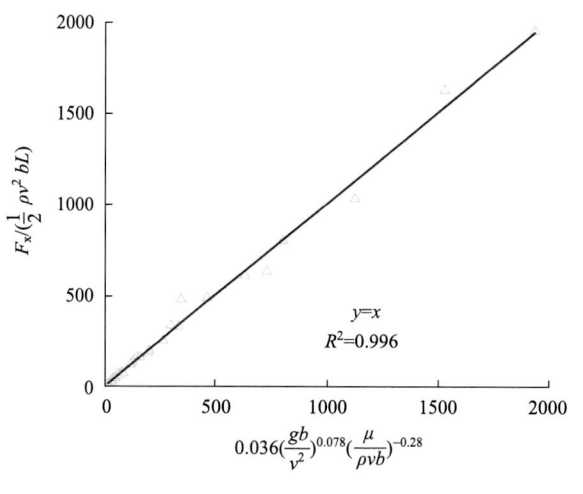

图 7-12 试验数据拟合

(1) 从 P_c-v 关系可以看出，船厢出水吸附力与船厢速度总体呈线性关系，在船厢底铺板为平板时，吸附力随船厢速度的增大而增大，当底铺板采用楔形体时，这种正相关变化趋势减弱，当楔形体角度为 4°时，吸附力不再随船厢速度的增大而增大，而是基本保持不变。

(2) 从 δ-v 关系中可以看出，随着 α 的增大，δ 迅速减小，当船厢底缘采用平底体时，δ 一般在 6%左右，当底缘楔形体角度为 2°时，δ 已降低至 3%左右，而当底缘楔形体角度达到 4°时，δ 最大只有 1%，可见船厢底铺板采用楔形体可显著降低船厢出水吸附力，船厢吸附力对升船机运行几乎没有影响，且 δ 与 α 基本呈线性关系。另外，继续增大底缘楔形体角度，会带来船厢水体质量的增大，已无增大楔形体角度的必要。因此，船厢底铺板楔形体角度 α 是影响船厢出水吸附力的主要因素，综合考虑，船厢底缘 α 取 4°较优。

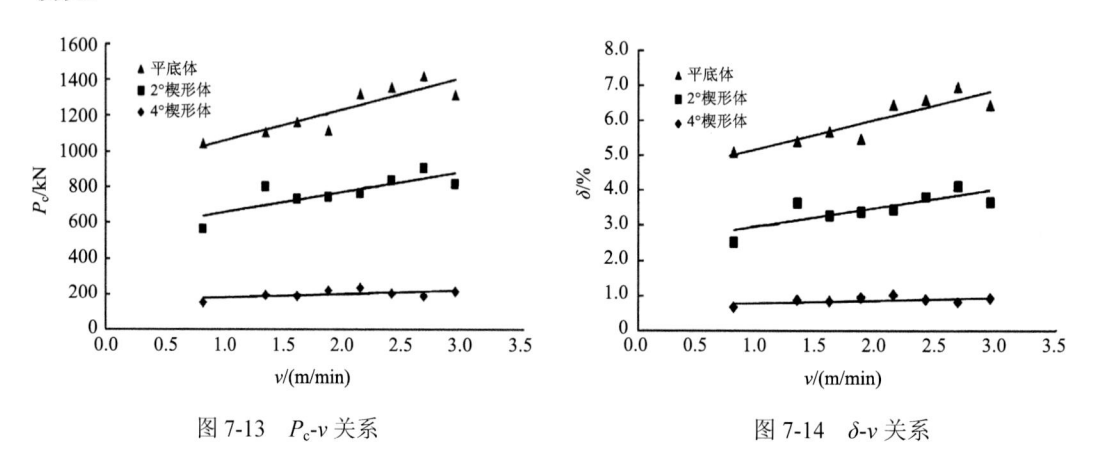

图 7-13 P_c-v 关系

图 7-14 δ-v 关系

3. 主梁开孔面积

由图 7-15 可见，船厢下降入水时，船厢纵梁上开孔面积对船厢入水时受到的拍击力影响较为显著。船厢开孔面积较小时，船厢入水过程船厢底部梁系间的空气不能迅速从船厢两侧纵梁上开的排气孔中排出，船厢入水时受到较大的拍击力作用。

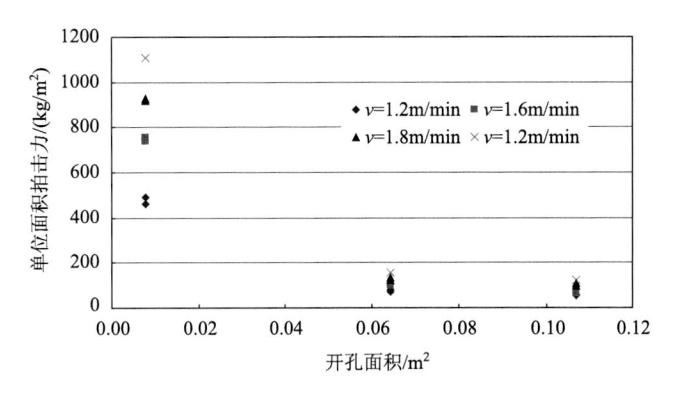

图 7-15 单位面积拍击力与船厢开孔面积关系

适当加大纵梁上的开孔面积，可以迅速减小船厢底部受到的上托力，随着船厢相邻横梁间一侧纵梁上的开孔面积进一步增大，船厢开孔面积对船厢上托力的影响已不明显。

7.2.3 下水式船厢结构体型

根据下水式升船机船厢出入水研究成果，入水的承船厢主纵梁断面采用"工"字形以避免浮力对入水的影响，并且为减小船厢出水入的吸附力和拍击力，船厢底铺板设计成楔形体形式；此外，需要在船厢梁系腹板顶部开设一定数量的排气孔，以快速排出船厢入水时梁系间的气体，同时在船厢两侧铺板顶部各布置一排溢流孔，减小空气补排不畅通产生的附加荷载。典型的下水式船厢断面结构见图 7-16。

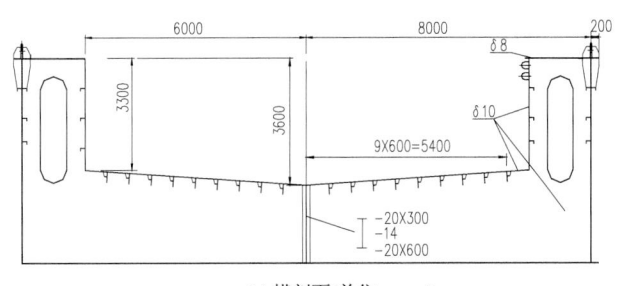

(a) 横剖面(单位：mm)

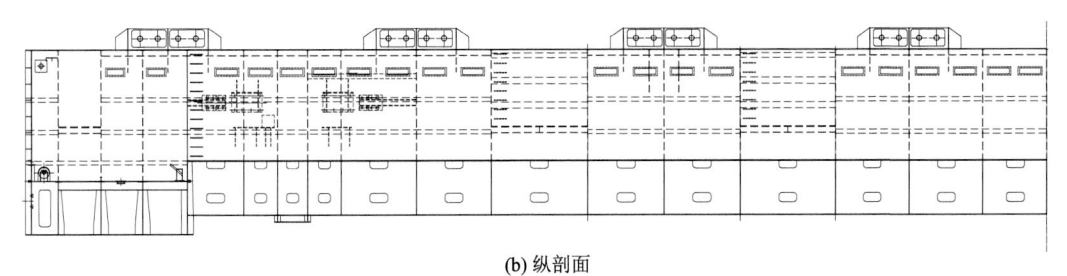

(b) 纵剖面

图 7-16 下水式船厢断面图

7.3 承船厢设计

承船厢结构包括主体结构和附属结构，主要由主纵梁、底铺板、次纵梁、单腹板横梁、小纵梁、厢头平面卧倒闸门、设备室结构、设备支承结构等构件组成。横梁上的侧铺板与底铺板及承船厢门构成承船厢的盛水结构，见图 7-3。承船厢主纵梁采用单腹板结构，可有效减小承船厢在出入水过程中的浮托力和下吸力。主横梁设计时采用不等截面形式，主横梁的中部比两端稍低，即主横梁在水平方向呈"V"形，使承船厢出入水过程中逐步改变承船厢出入水时所受的浮力和下吸力，减缓承船厢出入水过程中的受力变化，增加升船机运行的平稳性。主横梁两端比中间位置高 20cm，即承船厢凹槽的中部水深比两侧水深深 20cm。中间位置水深为 2.7m，两侧水深为 2.5m。承船厢干舷高度为 90cm。承船厢侧壁 2.5m 水深以上，工作平台 100mm 以下范围内采用橡胶护舷保护，以防止船舶侧向碰撞和挤压。

在承船厢两侧顶部平台上设有对外交通通道，一旦发生事故，船上人员可从通道疏散到塔柱廊道并通过楼梯撤离。承船厢两侧甲板上设置系缆桩，系缆桩单侧设置 5 组，间距 13m 左右，两侧对称布置。承船厢两端设有平面卧倒闸门，承船厢上游端设有充压密封装置。

承船厢设备包括各种功能的机械设备、电气控制和检测设备等。承船厢上的夹紧装置、顶紧装置、导向轮、密封装置等设备安装在相应的机架上，机架与承船厢结构连接为整体。承船厢侧边上下部位设置 8 对上下导向装置，每个导向装置为弹性支承结构，构成导向系统，用以克服承船厢内水体荷载重心发生转移后产生的倾斜力，避免将其直接传递到承船厢的悬吊钢丝绳上，促进承船厢安全且平稳运行。导向系统是景洪升船机抗倾斜设计的重点和难点。

7.3.1 承船厢结构设计

承船厢结构总体布置完成后，初步明确承船厢各构件的尺寸，并对其进行强度、刚度、定性验算，使其满足规范要求且经济合理。承船厢为双轴对称空间结构，利用其对称性对计算模型进行简化，可取四分之一船厢结构进行计算。作用在承船厢上的主要荷载是水压力荷载，其次是附属设备重力荷载。附属设备载荷占整个船厢的载荷比例较小，主要是考虑水压引起的荷载。根据承船厢结构布置，假定船厢所承受的水压力传递途径如图 7-17 所示。根据承船厢结构的传力途径，铺板按四边固定(或三边固定一边简支)弹性薄板受均布荷载计算，小纵梁、次纵梁按多跨连续梁计算，单腹板按简支梁计算，主纵梁按多跨连续梁计算。

图 7-17 承船厢水压力传递途径

第 7 章 承船厢及其设备

鉴于景洪升船机承船厢为复杂的三维空间结构，为详细了解其结构的变形情况和应力分布，有必要对承船厢结构采用有限元分析。根据景洪升船机承船厢的初步设计，应用 Inventor 软件进行建模，并使用 Workbench 软件对结构进行静力有限元计算分析。

按照实际需要只对承船厢主要框架结构进行造型，省略了一些局部细节，如次要板梁。在不影响真实结构受力的情况下为减少计算量，建模的坐标原点落在厢板对称中心处。

根据模型零件数目较多的事实，除对若干较关键的零件进行手动划分网格外，其他次要零件使用程序自动划分网格。模型网格包括大部分六面体单元和小部分四面体单元，如图 7-18 所示。

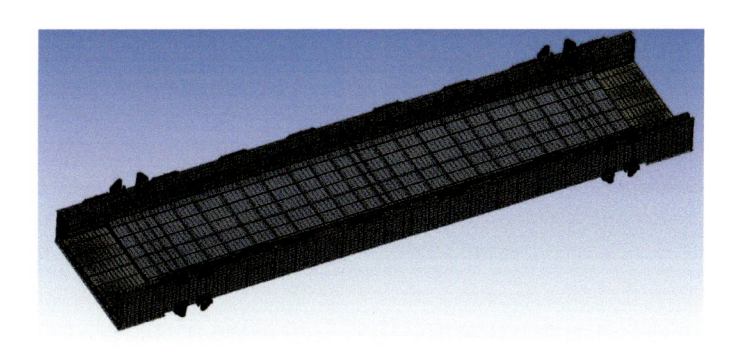

图 7-18 承船厢三维模型网格单元图

由于承船厢顶部有 16 个用绳索连接的吊点，承船厢处于悬挂状态，部分空间自由度并未完全约束，采用十字铰接部件来代替绳索的悬挂效果，吊点处可以自由做两个方向的旋转。关于载荷，施加了重力、承船厢厢内的水压力、承船厢两端部卧倒门的模拟重力、上下 8 对导向系统所受载荷。

从承船厢整体变形(图 7-19)、应变图(图 7-20)可以看出，应力值基本处于 130MPa 以下的安全范围内。结构整体变形发生在承船厢底部 10mm 的厢板上，从整体变形云图可以看出有明显的区格效应，最大形变量为 28.7mm。

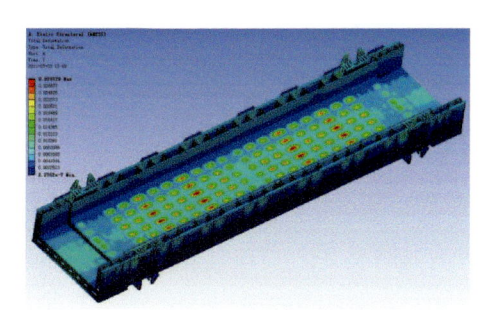

图 7-19 承船厢整体变形云图 　　图 7-20 承船厢整体应变云图

根据计算得到的承船厢上导向变形(图 7-21)、应力(图 7-22)分布图可知，上下主导向部位，特别是上主导向结构的底部连接板的两端(上下游方向)存在应力集中现象，最大值达到 240MPa 左右(图 7-21)，可以通过增加底板厚度或者增加承船厢边主梁侧翼板

筋板解决。下导轮受力情况明显优于上导向装置。上导向装置顶部会发生 10mm 左右位移，边主梁翼缘板由于承受导向装置底板压力与拉力局部会发生 6mm 左右下陷和上翘（图 7-22）。

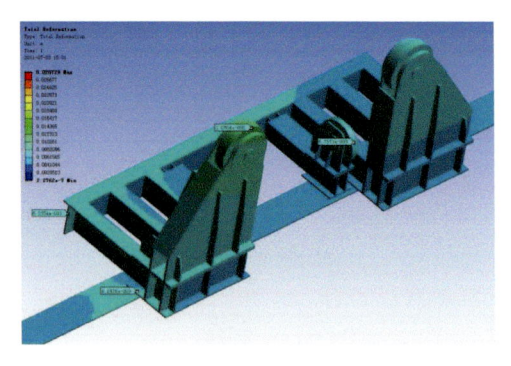

图 7-21　承船厢上导向变形云图　　　　图 7-22　承船厢上导向应力分布云图

综上所述，结合承船厢结构强度和刚度，导向装置属于典型转动轮架结构，采用碟形弹簧作为弹性支承元件满足总体结构紧凑、变形位移小、抗倾斜刚度大、承载力大的设计要求。导向系统与承船厢总体静力结构的有限元分析证明船厢整体结构安全。导向系统局部结构应力集中现象可以通过增加筋板等措施改善，并满足导向系统的承载要求。

7.3.2　承船厢卧倒门及启闭机

承船厢两端设有平面卧倒闸门（图 7-23 和图 7-24），闸门关闭时处于挡水状态，与承船厢结构体一起形成载水容器；闸门开启时平卧于承船厢底部，不影响船只进出承船厢。

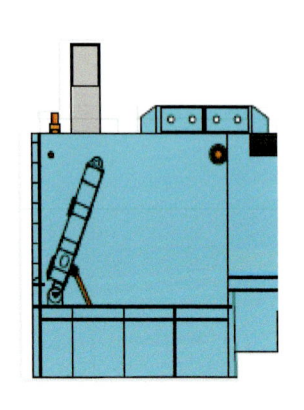

图 7-23　卧倒门及防撞装置纵剖面图　　　　图 7-24　正在开启的卧倒门

卧倒闸门采用液压启闭机操作，液压启闭机布置在承船厢内侧，油缸一端布置于承船厢底部铰点，另一端与闸门上的吊耳点连接。卧倒闸门由 4 套液压控制系统操作，各液压控制系统由液压泵站、控制阀组及管路系统等组成，各液压设备靠近卧倒闸门就近布置在机舱内。在承船厢内外水位差≤10cm 时，平面卧倒闸门由液压启闭机在静水中开启，以使承船厢内外水域连通，为船舶出入承船厢提供通道。承船厢卧倒门及启闭机的

主要技术参数见表7-2。

表7-2 承船厢卧倒门及启闭机的主要技术参数表

主要技术指标	参数值	主要技术指标	参数值
闸门形式	平面卧倒门	操作设备	双作用液压启闭机
孔口尺寸	12.68m×2.65m	开门拉力	2×300kN
总水压力	575.1kN	闭门推力	2×400kN
闸门数量	2	工作行程	1133mm
操作条件	静水启闭	最大行程	1155mm
启闭速度	1.25m/min		

7.3.3 夹紧装置

景洪升船机承船厢夹紧装置共4套，对称布置在承船厢两侧，距承船厢横向中心线25.6m，每套由2只相对布置的夹紧油缸组成，包括导承体、油缸、导向键、支架等。承船厢与上闸首对接需要夹紧时，通过液压系统推出夹头与塔柱上的夹紧轨道接触并夹紧，确保承船厢不发生上下移动或摆动。承船厢下行时，夹紧装置松开，承船厢再升降运行。当承船厢下水与下游水面对接时，夹紧装置不投入使用。

夹紧装置端头装有摩擦块，摩擦块的材料选用高摩擦、高比压材料。摩擦系数大于0.45。摩擦块可以沿任意方向在小角度内偏转，以适应导轨面的制造、安装误差。夹紧装置的纵向距离为51.2m。夹紧装置的夹紧力根据承船厢最大允许误载水深0.2m考虑，因此竖向摩擦力为165t，安全系数为2。单套竖向摩擦力为82.5t。单套夹紧竖向荷载为825kN，每个摩擦片竖向力为412.5kN。夹紧装置油缸工作行程为60mm，最大行程为90mm，油缸工作压力不大于20MPa。单缸压紧力为920kN。同套夹紧装置液压油缸同腔之间互相连通，以保证夹紧装置受力均匀，并在一定范围内可适应制造安装及行程的误差。

7.3.4 顶紧装置

景洪水力式升船机承船厢采用下游入水式，只需在上游与工作大门对接。因此，顶紧装置只布置在上游侧，下游侧未布置顶紧装置。顶紧装置主要功能是当承船厢与上闸首工作门对接时，把密封装置的反推力和闸门间隙水压传递到塔柱上，系被动荷载。顶紧装置共2套，对称布置在承船厢中部外侧，由竖向布置的液压缸通过楔形块驱动顶紧块做水平运动。工作时，顶紧装置采用自锁楔形块的方式起顶紧作用，通过液压油缸驱动自锁楔形块沿楔形斜面上下运动，以适应顶紧块与轨道面之间的间隙，顶紧承船厢。

顶紧装置的设计荷载考虑密封装置充压腔反推力和承船厢卧倒闸门的水压力，设计时考虑所有荷载均作用在单边顶紧装置上的情况。承船厢卧倒门总水压力为57.5t，密封装置反推力根据充压额定压力0.3MPa及密封头尺寸计算，约为39.6t，合计为97.1t。设计时考虑所有荷载均作用在单边顶紧装置上的情况，单边顶紧荷载按1000kN考虑，共

2000kN。液压油缸单缸推力 110kN，工作行程 535mm。顶紧楔形块的斜度为 1∶8，楔形块与顶紧块之间的摩擦系数为 0.15，满足自锁要求。

7.3.5 对接密封装置

承船厢对接密封装置在承船厢与上游工作大门对接时，为承船厢与工作大门间的连通水域提供密封功能。承船厢对接密封装置借鉴充压伸缩式止水装置的封水原理，结合升船机对接密封装置的使用工况研发而成。该对接密封装置采用"山"形水封作为充压水封，在"山"形水封的背面，利用充压水封元件和封水底座构成全封闭充压空腔，充压空腔与充气系统连接。

止水元件的伸缩变形主要由几何变形和少量弹性变形获得。充压主止水布置在承船厢端部，充压水封端部设计成带锯齿的形状，同时充压水封座和充压水封压板设计成与充压水封相匹配的断面。充压水封座与充压水封压板通过螺栓连接，紧密固定充压水封，使充压水封形成密闭腔。当承船厢与上游挡水工作闸门对接时，充压腔内充气，封水元件伸出，充压密封装置投入使用，对接密封装置与工作大门贴紧形成完整的止水线及足够的挤压应力，实现升船机承船厢与工作大门的对接止水。当承船厢与上游挡水工作闸门解除对接时，对接密封装置充压腔泄压，止水元件回退，脱离与上游挡水工作闸门止水座板的接触，实现解除对接功能。

充压控制系统与承船厢升降系统互为闭锁，即升船机驱动系统操作承船厢运动时，充压控制系统无法充压，只能处于泄压状态；反之，充压控制系统在充压保压过程中，升船机驱动系统无法操作承船厢运行。升船机解除对接后，在启动承船厢运行前，必须将充压腔内的压力介质释放完毕，止水元件在止水橡皮弹力作用下回退，与上游挡水工作闸门面板间形成间隙后，方可启动承船厢。

对接密封装置(图 7-25)与上闸首工作大门间的设计间隙为 40mm，充压密封装置密封元件(图 7-26)的设计伸出量为 100mm，避免了对接密封时密封元件伸出量不够的问题，也避免了对接密封装置与工作大门之间的干涉问题。对接密封装置主要技术参数见表 7-3。

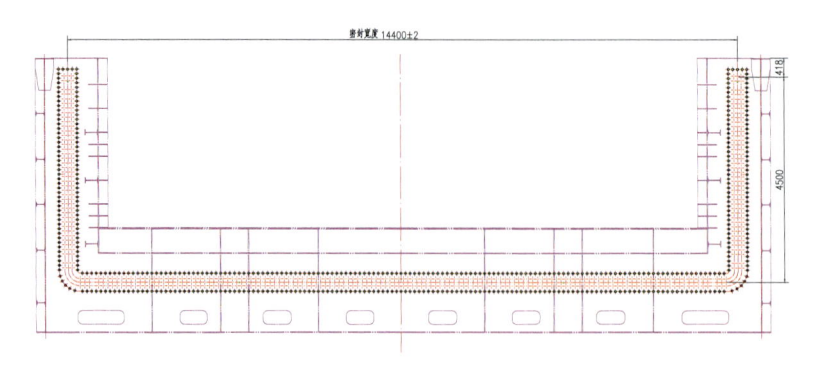

图 7-25 对接密封装置(单位：mm)

图 7-26 充压密封装置断面(单位：mm)

表 7-3　对接密封装置主要技术参数

主要技术指标	技术参数值	主要技术指标	技术参数值
止水宽度	14.51m	空压机额定流量	2.41m³/min
止水高度	4.285m	电机额定容量	15kW
充气压力	0.3MPa	储气罐容量	500L
空压机额定压力	0.75MPa		

7.3.6　防撞装置

在承船厢两端每扇承船厢门的内侧前方呈直线各布置防撞装置 1 套，用于阻挡失速的船舶，避免船舶撞损承船厢门而造成事故。防撞装置主要由防撞梁、钢丝绳组件、导向滑轮、缓冲油缸、油缸支座等设备组成，如图 7-27 所示。缓冲油缸及钢丝绳布置在承船厢两侧甲板走道的下方，缓冲油缸与调平油缸共用液压泵站系统。防撞装置处于拦阻状态时，钢丝绳张紧，防撞梁处于拦阻状态。防撞梁受到船舶撞击后，缓冲油缸的压力升高，压力达到额定设计值 100kN 后，缓冲油缸保持此持住力，并向前伸出，缓冲行程为 1.2m，此过程中将消耗船舶的撞击动能。完成拦阻后，防撞梁将由缓冲油缸重新张紧。过船时，缓冲油缸活塞杆伸出，防撞梁下放到承船厢底部，不影响船舶进出承船厢的通道。设计的活塞杆受力与行程的关系见图 7-28。

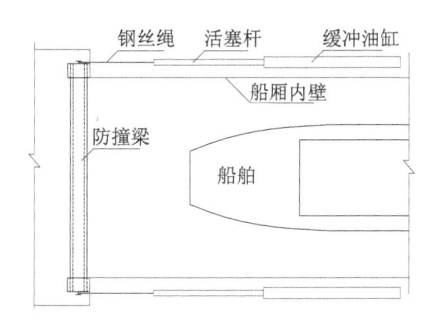

图 7-27　防撞装置布置示意图 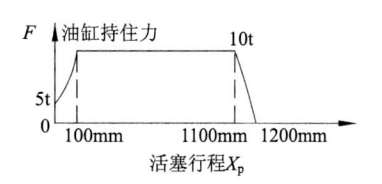　　图 7-28　活塞杆受力与行程关系

当船舶进入承船厢后，先将防撞装置提升到位，再关闭平面卧倒门；当船舶开出承船厢前，先打开平面卧倒门，再将防撞装置下降到位。如此，可防止失速船舶冲撞承船厢门造成事故。防撞装置起到保护承船厢门的作用。

对景洪升船机船厢防撞装置的可靠性和有效性进行现场实船撞击试验，并考察了防撞装置的防撞效果及工作特性，试验结果表明：

(1) 设计船型船舶(装载 300t、排水量 460t)以设计速度(0.5m/s)船艏、船艉撞击防撞装置，船舶均被防撞梁有效地阻拦，防撞系统发挥了很好的防撞缓冲作用，满足设计要求。

(2) 随着撞击速度的增大，防撞油缸的油压、活塞杆受力和行程增大，在油缸油压达到 16MPa 时，发生溢流，活塞杆受力达到 100kN，与设计理论值一致，仅活塞杆的行程略大于理论值，但对防撞效果影响很小。

(3) 船舶线型、撞击位置对防撞装置运动、受力、缓冲时间等影响较大，在船厢防撞装置设计时应予以考虑，尤其应考虑船艏是否存在被防撞梁阻拦前就撞击到卧倒门的风险。

7.3.7 导向系统

在升船机实际运行中，承船厢水平受多方面因素影响，主要因素如下：①承船厢结构荷载(结构重力)分布；②承船厢荷载转移(水体转移)；③钢丝绳弹模差异；④钢丝绳直径差异；⑤竖井间水位差异；⑥浮筒侧配重及结构重量差异；⑦卷筒绳槽直径差异等。其中，竖井水位差异、浮筒重量差异和浮筒高差对承船厢水平的影响是水力式升船机所特有的，其他影响因素是所有钢丝绳升船机所共有的，对这些影响因素只能采取提高设备制造精度的方式降低对承船厢水平的影响。

在承船厢有水的工况下，一旦承船厢出现倾斜，由于水的流动特性，荷载必然发生转移，承船厢各吊点的受力不平衡，从而导致钢丝绳、同步轴系统产生变形。钢丝绳、同步轴系统变形又反过来促使承船厢进一步倾斜，如此就形成了一个承船厢倾斜→承船厢受力不平衡→钢丝绳/同步轴系统变形→承船厢倾斜的正反馈系统。

为了保障船厢的抗倾安全，提出一种抗倾导向系统并应用于景洪升船机。导向系统安装布置如图 7-29 所示。在承船厢上设置导向系统，打破荷载增加→船厢倾斜→荷载增加这一正反馈机制，当承船厢内水体由于其他原因出现不平、承船厢内水体荷载重心发生转移后，水体荷载产生的倾斜力矩可通过导向系统来克服，不会直接传递到承船厢的悬吊钢丝绳上，使承船厢仍然保持水平状态，达到承船厢安全、平稳运行的目的，导向系统作用示意图见图 7-30。

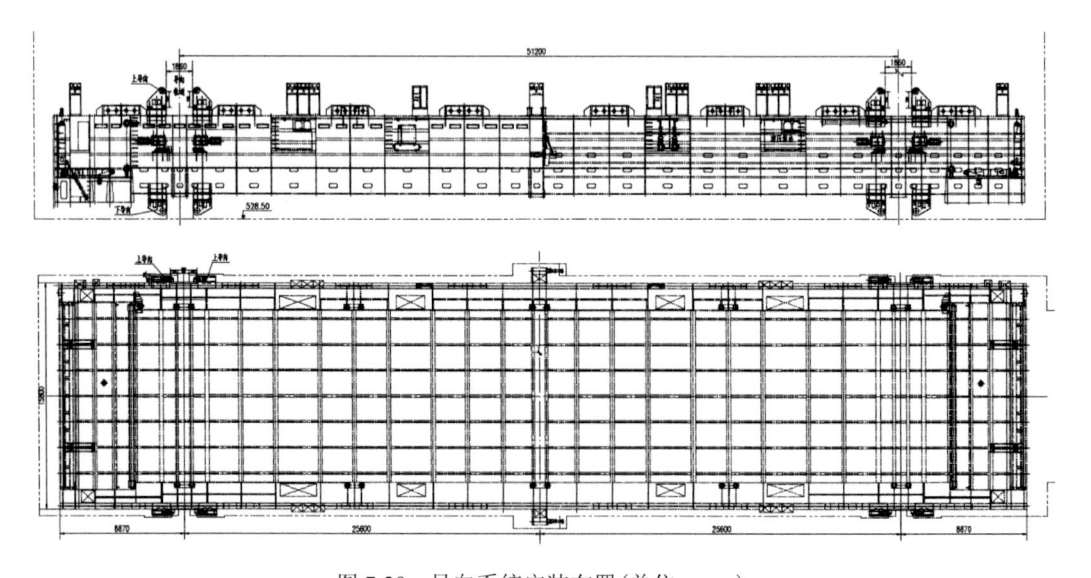

图 7-29 导向系统安装布置(单位：mm)

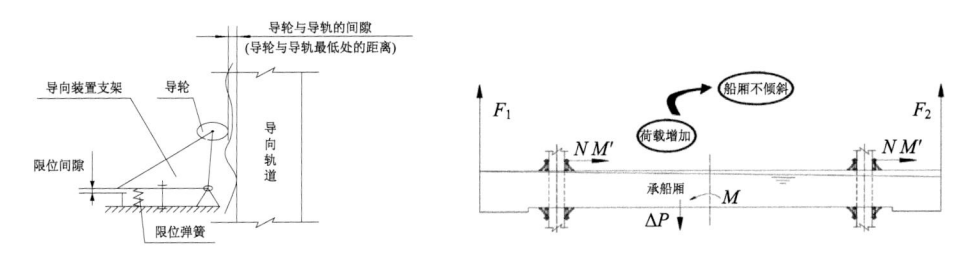

图 7-30 导向系统作用示意图

M 指船厢倾斜力矩；ΔP 指船厢荷载变化值；NM' 指导轨对导轮的作用力；F_1 和 F_2 指概化的钢丝绳拉力

1. 导向系统结构设计

导向轨道无论按何种安装精度进行控制，均存在安装误差。经分析，将导轮装置设置成弹性支承结构，通过弹性支承结构提高导向系统对轨道安装精度的适应能力，并给导向装置以一定的预压力，同时在导向装置上设置一限位块，以控制导向装置的最大变形量，防止弹性装置失效导致导向系统失效。

1）上导向装置

上导向装置倒立安装于承船厢上侧边，上导向装置为典型的转动轮架结构，主要部件包括走行滚轮、机架、弹性装置、机座等（图 7-31）。上导向机座通过螺栓连接方式固定在该安装平台上。上导向走行滚轮为圆柱形滚轮，与轨道保持线接触。因导向装置须满足结构紧凑、变形位移小、抗倾斜刚度大、承载力大的设计要求，碟形弹簧最适合作为导向装置的弹性支承元件。上导向选择 A250 系列碟簧，采用复合组合形式（2 片叠合与 3 组对合组成，共计 6 片）。组合碟簧的导向采用导杆（内导向），导杆和碟簧内圈按设计手册留有 1mm 间隙，考虑要保证加工和安装的精度，导杆采用导套过盈装配导向柱的组合方式。顶头顶部设计为蘑菇头，以保证接触的有效性和对中性。碟簧外部设有弹簧筒，弹簧筒与碟簧外圈按规范留有 4mm 间隙。机架与机座在弹性装置区域采用长螺杆连接限位，接触垫片与弹簧筒之间限位间隙为 15mm，顶头底部与导向柱之间限位间隙为 8.27mm（预压状态）。

2）下导向装置

下导向装置倒立安装于承船厢下侧边，总体结构与上导向装置类似（图 7-32）。下导向选择 A180 系列碟簧，采用复合组合形式（2 片叠合与 5 组对合组成，共计 10 片）。碟簧外部设有弹簧筒，弹簧筒与碟簧外圈按设计手册留有 5mm 间隙。机架与机座在弹性装置区域采用长螺杆连接限位，接触垫片与弹簧筒之间限位间隙为 15mm，顶头底部与导向柱之间限位间隙为 8.88mm（预压状态）。

2. 导向系统抗倾理论分析

根据导向系统设计，其抗倾斜过程可分为四个阶段。初始状态船厢水平[图 7-33(a)]，各导向弹簧处于预压状态，导向滚轮与轨道面间距均为 5mm。

第一阶段，船厢由水平逐渐倾斜至滚轮与轨道面接触，此过程仅初始间隙被消除，导向尚未发挥抗倾斜作用。

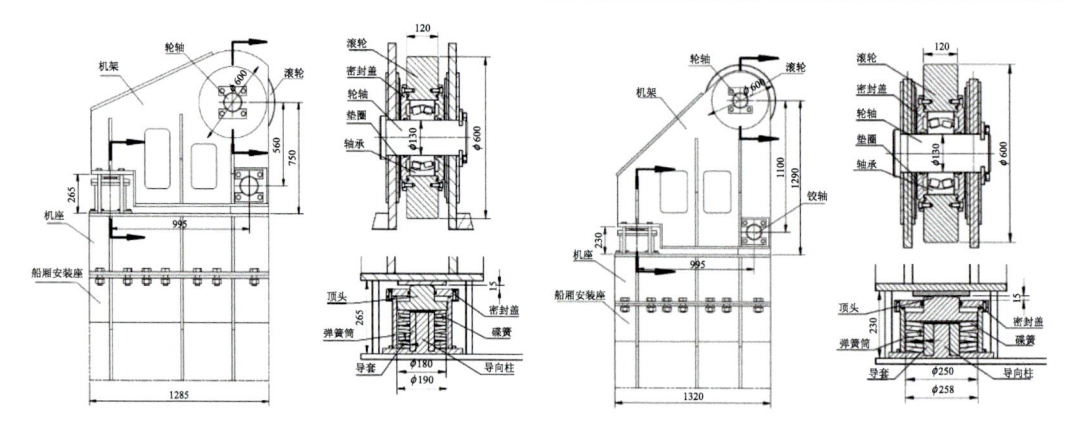

图 7-31　上导向装置结构（单位：mm）　　　　图 7-32　下导向装置结构（单位：mm）

第二阶段，船厢继续倾斜，滚轮与轨道开始相互作用，直至作用于弹簧的压力达到初始预载荷，此过程导向装置开始发挥抗倾斜作用，仅导向支架结构发生变形，弹簧未变形。

第三阶段，船厢继续倾斜，导向受力逐渐增大，导向弹簧与支架同时变形，直到弹簧变形至限位，此过程是导向装置抗倾斜的主要阶段，抗倾斜状态如图 7-33(b)所示。

第四阶段，弹簧到达限位后，船厢倾覆力矩继续增大，此过程导向受力会继续增大，主要变形发生于支架结构，变形增加较小。

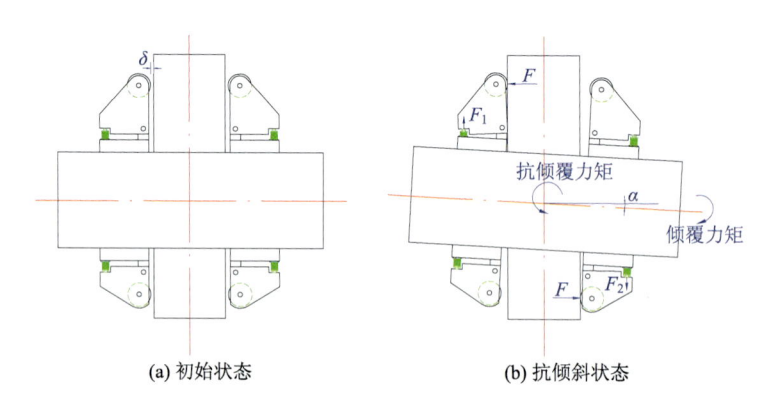

(a) 初始状态　　　　　　　　　　(b) 抗倾斜状态

图 7-33　导向抗倾斜示意图

δ 为导轮与轨道间隙；F 为导轨对导轮的横向作用力；F_1 为导轨对导轮的纵向作用力；F_2 为导轮对导轨的纵向作用力；α 为导向装置倾斜角度

导向装置在抵抗船厢纵向倾斜时，弹簧和支架会共同受力变形，以刚度较小的限位弹簧变形为主，由于弹簧刚度已知，荷载和变形可以相互计算，而支架结构较为复杂，其变形特性很难估计，因此，通过建立导向有限元模型，计算滚轮受压时导向的变形情况和支架结构的刚度。通过导向抗倾覆功能理论分析，不考虑导向装置转轴与轴承等内部间隙影响，上导向和下导向滚轮受力认为大小相等，见表 7-4 中参数。

表 7-4 分析参数

参数	数值	参数	数值
船厢总长/mm	68900	上导向碟簧刚度/(N/m)	8.1×10^7
船厢净宽/mm	12000	下导向碟簧刚度/(N/m)	5.7×10^7
平衡重断面面积/m²	30.19	上导向支架刚度/(N/m)	9.56×10^8
船厢内水深/mm	2500	下导向支架刚度/(N/m)	1.75×10^9
上下游导轨中心线距离/mm	51200	设计荷载上导向碟簧压缩量/mm	8.26
上下导向滚轮作用点距离/mm	8260	设计荷载下导向碟簧压缩量/mm	5.92
上导向滚轮到转轴距离/mm	1110	预荷载上导向碟簧压缩量/mm	0.73
下导向滚轮到转轴距离/mm	560	预荷载下导向碟簧压缩量/mm	1.03
碟簧中心到转轴距离/mm	995	上导向碟簧变形限位/mm	8.4
导向设计荷载/kN	600	下导向碟簧变形限位/mm	6.0
上下导向弹簧预荷载/kN	58.86	导轮与轨道初始间距/mm	5.0

导向装置抗倾斜受力变形过程存在 7 个状态节点(表 7-5)，相邻两个节点为一个阶段，共 6 个阶段，与上述 4 个阶段一样，只不过此处细分出两个阶段。

表 7-5 导向装置抗倾斜分析

节点	船厢纵倾/mm	纵倾角/(°)	静态倾覆力矩/(t·m)	动态倾覆力矩/(t·m)	平衡重抗倾覆力矩/(t·m)	滚轮压力/t	上导向碟簧压缩量/mm	下导向碟簧压缩量/mm	上支架变形/mm	下支架变形/mm	导向抗倾力矩/(t·m)
1	0.00	0.000	0.0	0.0	0.0	0.0	0.73	1.03	0.000	0.000	0.0
2	41.73	0.035	198.3	555.3	28.3	0.0	0.73	1.03	0.000	0.000	0.0
3	42.09	0.035	200.0	560.1	28.5	5.4	0.73	1.03	0.056	0.030	179.4
4	45.72	0.038	217.3	608.3	31.0	10.7	1.44	1.03	0.109	0.060	352.5
5	92.04	0.076	437.4	1224.8	62.4	61.2	8.26	5.92	0.628	0.343	2022.9
6	92.75	0.077	440.8	1234.3	62.8	62.0	8.37	6.00	0.636	0.347	2048.7
7	92.91	0.077	441.6	1236.4	63.0	62.2	8.40	6.00	0.638	0.349	2056.3

节点 1 为初始状态，船厢水平，上下导向弹簧分别预压 0.73mm 和 1.03mm，滚轮与轨道间距均为 5mm。

节点 2 为船厢倾斜至滚轮与轨道面接触状态，船厢纵倾 41.73mm，此时导向处于尚未发挥作用和即将发挥作用的临界状态。

节点 3 为上导向弹簧抗倾覆压力达到其预压力状态，此时滚轮压力 5.4t，船厢纵倾 42.09mm，弹簧仍处于预压变形，导向已经开始发挥抗倾斜作用，船厢纵倾增加是由导向支架变形引起，在此之后上导向弹簧进入正常受力变形阶段。

节点 4 为下导向弹簧抗倾覆压力达到其预压力状态，此时滚轮压力 10.7t，船厢纵倾 45.72mm，在此之后导向弹簧均进入正常受力变形阶段。

节点 5 为导向滚轮压力达到设计状态 600kN(61.2t)，上下导向弹簧压缩量分别为

8.26mm 和 5.92mm，均未到达限位，船厢纵倾 92.04mm。

节点 6 为下导向弹簧变形达到限位状态，下导向弹簧压缩量 6.00mm，滚轮压力 607.7kN，船厢纵倾 92.75mm。

节点 7 为上导向弹簧变形达到限位状态，上导向弹簧压缩量 8.40mm，滚轮压力 609.9kN，船厢纵倾 92.91mm，此时导向弹簧均已到达限位，若导向荷载继续增大，仅支架发生变形，变形很小。

整个过程，导向滚轮受力随船厢纵倾变化关系见图 7-34，倾覆力矩和导向抗倾覆力矩随船厢纵倾变化关系见图 7-35。船厢纵倾较小时，由于导向未发挥作用，倾覆力矩大于导向抗倾覆力矩；导向在船厢纵倾 41.73mm 时开始发挥作用，当纵倾 42.6mm 左右时，导向抗倾覆力矩与静态倾覆力矩相等，若考虑倾覆力矩的动态放大效应，船厢纵倾约 57mm 时，导向抗倾覆力矩与动态倾覆力矩相等；随着纵倾增大，导向抗倾覆力矩增速明显大于倾覆力矩，理论上能够发挥抗倾覆作用。

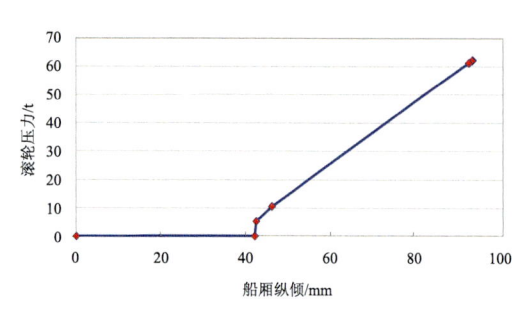

图 7-34 滚轮压力与船厢纵倾

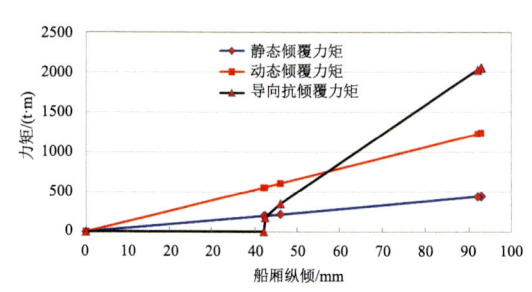

图 7-35 倾覆力矩和导向抗倾覆力矩与船厢纵倾

3. 导向系统抗倾覆特性试验研究

1) 模型设计

依托景洪升船机 1∶10 整体模型开展导向系统抗倾斜试验，导向系统按 1∶10 整体模型比尺缩小制作，主要包括导轨和导向装置两个部分。安装后的导向系统模型见图 7-36。导向系统包括 4 根导轨和 16 个导向装置，每个导向装置上均布置一个压力传

图 7-36 导向系统模型

感器，共 16 个压力测点，压力传感器输出信号经过滤波放大后，由采集系统记录分析处理。导向滚轮与轨道面间隙用塞尺测量控制。

2）空厢加水静态试验

空船厢处于高位，调平后安装导向，实测导向滚轮与轨道面初始模型间距为 0.2～0.35mm。放松船厢侧钢丝绳，使船厢下游侧下倾至导向滚轮受到一定压力，然后向船厢内加水至 2.5m 深，同时观测船厢倾斜和导向受力，最后解除导向，观测船厢倾斜量变化和倾斜力矩变化。

整个过程可清晰地分为空厢倾斜、船厢加水、导向解除三个部分。船厢倾斜过程中，倾覆力矩由导向系统和同步系统共同承担，导向系统抗倾覆力矩和同步系统抗倾覆力矩变化过程见图 7-37。可见，空厢倾斜过程中，钢丝绳放松使船厢产生倾斜力矩，空船厢倾斜约 6.1cm，利用船厢侧钢丝绳拉力计算同步系统抗倾覆力矩由 46t·m 变为–155t·m，导向系统受力，产生抗倾覆力矩为 395.6t·m，导向抗倾覆力矩偏大的一个原因是，导向受力达到预载荷之前，滚轮压力大小无法反映，此处按预载荷考虑，只有受力超过弹簧预载荷时，才得到滚轮的实际压力，偏差不会影响总体变化规律；船厢加水过程，水体倾覆力矩逐渐增大，纵倾增大，钢丝绳受力也随之变化，初始产生的倾覆力矩逐渐消失，转变为抗倾覆力矩，导向系统抗倾覆力矩继续增大，加水完成后，船厢纵倾约 9.38cm，水体静态倾覆力矩约 450t·m，同步系统和导向抗倾覆力矩分别为 158t·m 和 606.6t·m，倾覆力矩与抗倾覆力矩增幅基本接近；导向解除过程，船厢纵倾增大至 11.45cm，导向抗倾覆力矩消失，船厢纵倾增大产生的倾覆力矩和由导向承担的抗倾覆力矩全部由同步系统承担，同步系统抗倾覆力矩增大至 787t·m。可见，从导向解除前后船厢倾斜量变化可直观看出导向发挥了抗倾斜作用，同时，导向系统减轻了钢丝绳承担的不平衡荷载。

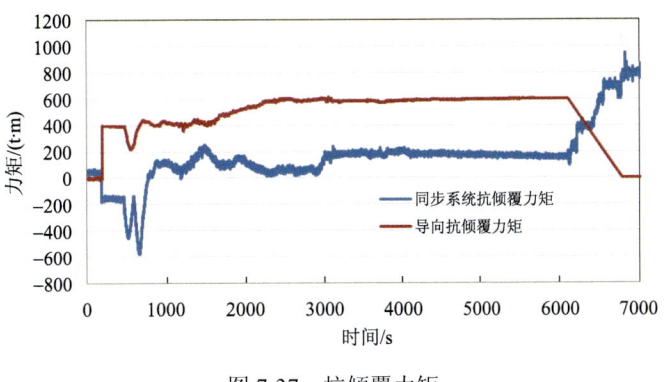

图 7-37 抗倾覆力矩

滚轮与初始轨道面间距不一致（模型尺寸较小，定位安装难度较大），影响了抗倾斜功能的全面发挥，导致船厢纵倾略大。可见，滚轮与轨道面间距的一致性对导向抗倾斜较为重要，导向的定位安装、轨道面的平整度对间距均有影响。

3）船厢载水倾斜静态试验

船厢内水深 2.5m、处于高位，船厢调平后安装导向，实测导向滚轮与轨道面初始模型间距为 0.2～0.4mm。通过放松船厢侧钢丝绳，使船厢上游侧逐步下倾，下倾过程分 6

次进行，每次记录船厢倾斜量和导向压力，最后解除导向，并观测船厢倾斜量变化和倾斜力矩变化。

试验结果表明，整个过程中，船厢以纵向倾斜为主，船厢由初始水平状态经过 7 个台阶到达最终纵倾 23cm 左右，其中前 6 个台阶有导向作用。在有导向作用情况下，船厢纵倾达到 14.5cm，超过了理论纵倾值，最后一个台阶是解除导向后的，船厢纵倾增大，由 14.5cm 左右增大至 22~23cm，从解除导向前后船厢纵倾的变化可以直观看出导向发挥了明显的抗倾斜作用。

根据导向受力计算船厢逐步倾斜过程中四组导向总的抗倾覆力矩，以及通过船厢侧 64 个拉力传感器得到的同步系统抗倾覆力矩如图 7-38 所示，可以清楚看出导向抵抗船厢倾斜的过程，每步放松钢丝绳使船厢倾斜，纵倾增大，船厢产生的倾覆力矩增大，由于一端钢丝绳放松，拉力有所减小，产生倾覆力矩，相当于同步系统产生负的抗倾覆力矩，船厢水体静态倾覆力矩和同步系统负的抗倾覆力矩均由导向系统承担，导向滚轮压力随船厢纵倾增大而增大，即导向抗倾覆力矩随倾覆力矩增大而增大。在最后导向解除时，导向抗倾覆力矩消失，船厢在倾覆力矩作用下下倾近 10cm，下倾端钢丝绳拉力增大，同步系统产生抗倾覆力矩以承担船厢的倾覆力矩。由试验过程可知，导向发挥了较好的抗倾覆作用，在一定程度上减轻了同步系统的抗倾覆压力。多方面因素导致导向装置的试验计算平均抗倾刚度偏小，约 5.7t/cm，小于理论计算值(约 11t/cm)。导向抗倾刚度小于理论值，从模型试验角度看，是偏于安全的，不会对船厢运行抗倾斜试验分析产生实质性影响。

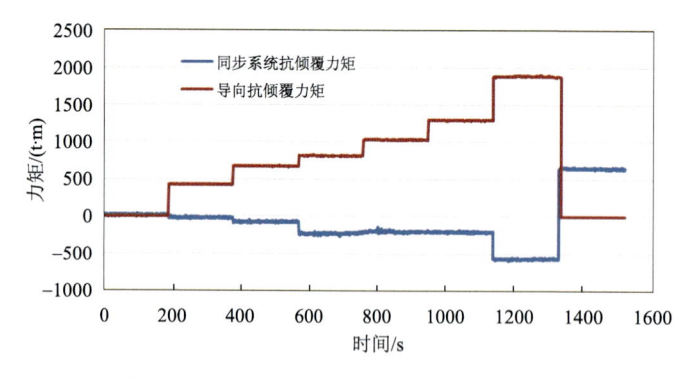

图 7-38 导向和同步系统抗倾覆力矩变化过程

4)船厢运行过程中导向系统抗倾覆特性试验

导向与轨道面初始间距影响抗倾斜功能，试验中对比研究了导向与轨道面贴紧和间距为 2~4mm 两种方案，开展了加强轴单独运行、加强轴和导向系统(导向与轨道面贴紧)联合运行、加强轴方案同步系统和导向系统(导向与轨道面初始间距为 2~4mm)联合运行及导向系统(导向与轨道面贴紧)单独运行的试验。

不同方式的对比试验过程相同，船厢内水深 2.5m，在高位调平，船厢由高位运行至低位，然后再回到高位。观测船厢全过程运行的船厢倾斜量和导向受力及同步轴最大扭矩降低效果，研究导向系统的抗倾覆特性。表 7-6 给出了船厢抗倾覆特性系列试验条件和观测结果，需要指出的是，导向系统抗倾斜试验受导向加工安装精度、轨道竖直度、同步系统等诸多因素影响，试验数据难免存在一定误差，但总的规律能够反映导向的抗倾斜作用。

表 7-6　船厢抗倾覆特性系列试验结果表

运行方案	滚轮与轨道初始间距/mm	最大纵倾/cm	理论静态倾覆力矩/(t·m)	最大滚轮压力/t	导向最大抗倾覆力矩（动态）/(t·m)	同步轴最大扭矩降低值/(kN·m)	备注
细轴(消除间隙)		10.3	490				船厢运行正常
细轴(消除间隙)+导向	2~4	7.5	356	65.8	230	60	
加强轴		9.0	428				船厢运行正常
加强轴+导向	2.5~4	5.9	280	64.1	310	50	
加强轴(消除间隙)		7.0	333				出现短暂顿挫现象
加强轴(消除间隙)+导向	0	6.5	309	241.3	502	(扭矩没有减小)	
导向	0	10.2	485	130.4	740		出现短暂顿挫现象

细轴同步系统有无导向(导向与轨道面初始间距为 2~4mm)的船厢纵倾对比分析表明，有导向时最大纵倾明显减小，由 10.3cm 降低至 7.5cm，过程见图 7-39。纵倾较小时（约 4cm 以内），变化速度很快，纵倾较大时，变化速度明显减小，大部分时间纵倾在 4~6cm 波动，且波动随卷筒转动规律不明显，这些现象均可以看出是导向在发挥作用。此外，细轴与导向联合作用时，导向最大抗倾覆力矩约 230t·m，同步轴扭矩比其单独运行时减小约 60kN·m，因此细轴与导向联合运行试验表明导向系统能够发挥较好的抗倾斜作用。

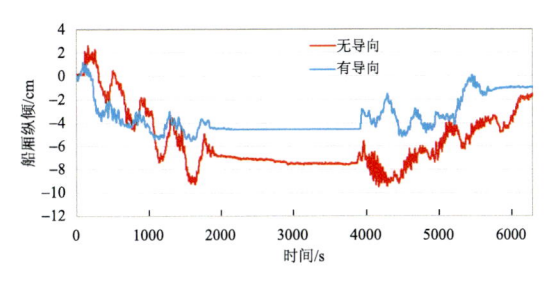

图 7-39　细轴方案有无导向船厢纵倾对比

加强轴同步系统无导向(导向与轨道面初始间距为 2~4mm)的船厢纵倾结果表明，船厢下行过程中，纵倾逐渐增大，最大值约 9.0cm，船厢纵倾随卷筒转动而波动，上行过程尤为明显。全过程运行结束，船厢基本回到初始水平状态，纵向倾斜过程如图 7-40 所示。加强轴有导向时船厢纵向倾斜如图 7-41 所示，船厢下行过程中，船厢纵倾逐渐增大，最大值在 6.0cm 以内，可见导向的存在使船厢最大纵倾明显变小。同步轴与导向联合运行时，导向最大抗倾覆力矩约 310t·m，同步轴最大扭矩比其单独运行时减小约

50kN·m，可见导向在船厢运行过程中能够较好地发挥抗倾斜作用。

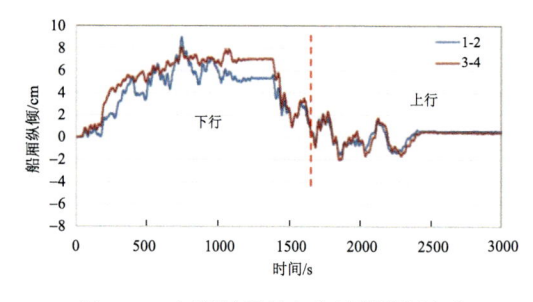

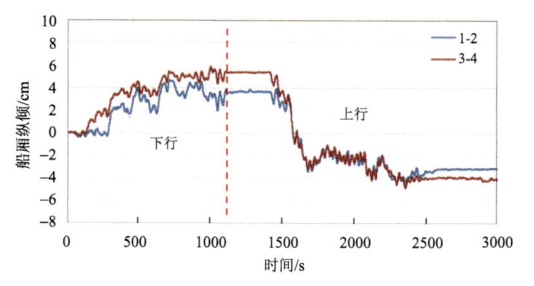

图 7-40 加强轴无导向全过程纵倾变化
1-2 指连接 1#与 2#卷筒的同步轴；
3-4 指连接 3#与 4#卷筒的同步轴

图 7-41 加强轴有导向全过程纵倾变化
1-2 指连接 1#与 2#卷筒的同步轴；
3-4 指连接 3#与 4#卷筒的同步轴

加强轴同步系统有无导向(导向与轨道面贴紧)的船厢纵倾对比分析表明，同步轴单独运行时，加强轴点焊消除间隙后，船厢纵倾最大值在 7.0cm。同步轴与导向联合运行时，最大纵倾与同步轴单独运行相比变化不大。

导向系统单独运行方案(导向与轨道面贴紧)试验结果表明，船厢运行全过程，除在低位出现短暂顿挫外，未发现其他明显异常现象。船厢纵倾受滚轮和导轨影响较大，呈现与滚轮转动同周期的波动，船厢在低位时，纵倾达到最大值，超过 10.0cm。与同步轴和导向联合运行比较，纵倾增大，横倾也增大 2cm 左右，主要受到滚轮贴紧和导轨不直的共同影响。与同步轴和导向联合作用相比，抗倾覆力矩增大，且出现在船厢运行的全过程，说明导向一直在发挥较大抗倾作用。船厢运行至中下部，存在一定的摩阻力，这与滚轮压力增大和短暂的顿挫现象相对应。

综上，理论分析表明，导向系统在船厢纵倾 4.2cm 时开始发挥抗倾作用，在导向抗倾作用下船厢最大纵倾为 9.3cm。在动态倾覆力矩作用下，船厢纵倾至 5.7cm 时，导向抗倾覆力矩与倾覆力矩平衡。试验研究表明，无导向时，在模型制造误差条件下船厢运行过程最大纵倾为 9～10cm，导向参与运行后，船厢纵倾减小至 6cm 左右，导向发挥了很好的抗倾覆作用，与理论分析基本吻合。在导轨与导向装置配合精度较高的条件下，导向可对同步轴扭矩起到一定改善作用，预计减小值为 50kN·m。导向系统滚轮与轨道初始间距研究表明，导向与同步系统联合运行，当预留初始间距时，船厢运行顺畅，导向系统在船厢纵倾变大时发挥抗倾作用，有效抑制船厢纵倾继续扩大，但初始间距的一致性很重要，会直接影响导向受力和抗倾效果；当滚轮与轨道面贴紧时，受轨道竖直度影响，部分滚轮压力过大，产生一定的摩阻力，必须通过竖井中平衡重淹没深度的调整来适应摩阻力的变化，由此导致竖井水位波动加剧，船厢运行中会出现短暂顿挫现象，因摩阻力沿程分布不均，船厢的平稳性变差，横倾有增大趋势。

4. 导向系统运行效果

1)现场导轨精度观测

在现场导向系统安装完成后，南京水利科学研究院开展了导向系统运行效果原型观测，并提出导轨平行度精确测试方法，如图 7-42 所示。在承船厢上与每根导轨两侧轨道面对应的位置固定两个激光位移计，采用电测方法测量激光位移计到轨道面的距离，利用两轨道面间距离与两个激光测距仪测量距离总和固定不变的原则，通过船厢上下全过程运行，获得两个激光测距仪数据，可得到导轨两侧轨道面间的距离变化，即导轨的平行度。观测结果显示，导轨精度略低，未达到设计的±3mm 要求。单根导轨最大平行度偏差为 18.5mm，出现在右下导轨，左侧两根导轨内侧相邻轨道平行度偏差 16.3mm，其他也都大于 10mm。

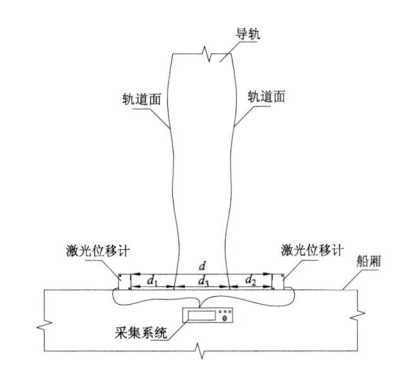

图 7-42 测量方法

d 为左右两侧激光位移计的间距；d_1 为左侧激光位移计与导轨左侧边壁的距离；d_2 为右侧激光位移计与导轨右侧边壁的距离；d_3 为导轨宽度

2) 导向参与方式

升船机运行过程中，导向系统有以下三种参与方式。

(1) 导向不参与。导向与船厢固定螺丝全部放松，导向装置退后，在运行过程中，不与导轨接触，16 个导轮压力为 0。

(2) 导向接触。根据实测的导轨平行度，空船厢在 540m 高程调整导轮与导轨间距，达到每个导轮与导轨均有碰擦的"接触状态"。

(3) 导向贴紧。导向贴紧是在导向接触的基础上继续调整，船厢带水 2.5m，在 540m 高程，消除所有导轮与导轨间距。

3) 导向系统与旧同步轴联合运行效果

(1) 根据导轨实际情况，合理控制导轮与导轨间距，实现了每个导向均匀受力、船厢运行平稳的目标，导轮与导轨贴紧空厢运行良好，未发现明显负面影响。

(2) 导轨两侧导向受力代数和与导轨平行度变化过程吻合很好，不仅验证了导轨精度测量的可靠性，也为导向系统刚度分析提供了数据。导向系统总体刚度随荷载增大逐渐增大，能够灵活适应导轨的不平整度，发挥作用且轮压不会超标。

(3) 导向系统参与后，发挥了其抗倾作用，解决了旧同步系统带水失稳问题，实现了船厢带水 2.5m 全行程运行，并通过了多组次不同速度上行、下行考验，各项指标变化稳定，均在控制范围内。

4）导向系统与新同步轴运行效果

（1）导向投入运行前后，同步轴扭矩变化过程基本一致，导向参与后，扭矩局部波动有所增大，在新同步系统条件下，船厢运行能够保持很高的水平度，倾斜量在 20mm 内，导向不发挥整体抗倾作用，反而在轨道不平顺位置造成扭矩波动增大。

（2）船厢出入水、下游对接阶段各项参数变化明显，在船厢出入水阶段，导向的参与方式对船厢水平、同步系统受力基本没有影响，船厢倾斜、扭矩等变化规律不变。

（3）综合整个运行过程导向不同参与方式的影响分析，在新同步系统条件下，导向应发挥其本职"后备安保"作用。在景洪升船机实际导轨安装精度下，建议导轮与导轨间距控制如下：船厢带水 2.5m，在 540m 高程按接触状态控制导轮与导轨间隙。空中运行导轮与导轨局部碰擦，入水过程船厢变形逐渐恢复，会促使每组斜对角两个导向贴紧轨道，有助于约束船厢摆动。

7.3.8 液压调平系统

夹紧机构、顶紧机构、调平油缸等设备由 4 套液压控制系统操作，液压控制系统由设在承船厢中部机舱内的液压泵站、机旁控制阀组及管路系统等组成，各液压设备的控制阀组就近布置在机舱内或主纵梁内。

升船机调平均衡系统分别指的是船厢调平系统和钢丝绳均衡系统，船厢调平系统布置在钢丝绳吊头与船厢吊耳之间，钢丝绳均衡系统布置在钢丝绳吊头与均衡梁吊耳之间。船厢调平系统的主要功能是调整由卷筒制造误差和钢丝绳绳径误差累积造成承船厢倾斜或钢丝绳受力不均。船厢共 16 组吊耳，每组有 4 个吊耳，因此共设置 64 根调平油缸装置、4 个调平泵站，调平泵站布置在船厢甲板内。钢丝绳均衡系统的主要功能是均衡每组浮筒钢丝绳的受力，使浮筒的四根钢丝绳受力均衡。升船机共 16 只浮筒，每组浮筒有 4 个动滑轮，相应有 4 根钢丝绳，因此共设置 64 根钢丝绳均衡油缸装置、4 个均衡泵站，均衡泵站布置在高程 614.00m 平面。

64 根承船厢调平油缸总成（含内置式行程检测传感器、联结轴承及紧固件等）一端与机械调平装置连接，另一端与船厢吊耳连接。调平油缸为双作用缸，工作时有杆腔单向承载并保压。船厢升降时，油缸将随钢丝绳在竖直平面内偏摆。油缸设内置式行程检测传感器，行程检测传感器的控制装置将检测信号处理放大后，经标准串行信号通信口输出二进制码，分别送至船厢现地控制子站及液压泵站控制系统。调平油缸的活塞杆端部通过自润滑关节轴承与机械调平装置连接，缸体尾部通过自润滑关节轴承与船厢吊耳板连接，油缸通过法兰与液压系统的阀块及油管连接。油缸设内置式行程检测传感器。

调平油缸主要技术参数：①正常工作载荷：561kN；②油缸最大工作压力：15MPa；③活塞杆表面：镀铬；④有效工作行程：800mm；⑤最大行程：900mm。

升船机正常运转时，调平油缸的油路闭锁，当船厢出现超过允许的水平误差或钢丝绳张力差超过设计允许值后，将船厢下放至下锁定位置，由调平油缸通过液压系统将倾斜的船厢重新调平。船厢在悬吊状态下，调平油缸必须严格保压，24h 内活塞位移量不得大于 1mm。承船厢总成通过液压调平系统调平后承船厢应处于水平状态，在承船厢装载额定水深 2.5m 时，船厢对角线 4 个点的水深高差不得大于 5cm。

7.4 承船厢制造与安装

7.4.1 承船厢制造与安装方式

目前国内升船机船厢制作主要采用场内制造和场外制造两种方式,二者的优缺点如表 7-7 所示。场内制造需要在施工现场建厂,施工条件相对较差,但工序简单,仅需一次性拼装;场外制造由于制造厂设备齐全,质量易控制,但增加了二次运输及运输变形调校工作,需要两次组拼。

表 7-7 场内制造与场外制造的优缺点

序号	制造方式	优点	缺点
1	场内制造	一次性拼装、焊接,工序简单,容易控制	需要施工现场建厂,并保证下料、制作、调校、焊接、加工及吊装等设备;施工条件相对较差
2	场外制造	场外制造厂设备齐全;质量容易控制;两次组拼便于船厢在船厢室内就位	增加二次运输及运输变形的调校工作;产生两次组拼,制作工期长

由于船厢结构复杂、超重量吊装的难度及船厢室空间有限等因素,船厢安装重点为船厢结构的吊装、就位。根据垂直升船机所处环境的不同,吊装方式有如下形式。

1) 单块水运入船厢室

下游闸门开启,船厢室充水,满足通航水位时,将船厢结构件从码头利用船只运输至船厢室,此时主机底板只浇筑两端,保证上下游主纵梁重心要求,然后根据闸室侧墙放样的分段线,利用主机房桥机将船厢结构卸车沉入水底的安装平台上,全部吊装完成后,关闭闸门,将船厢室水抽干,再精确定位组装。彭水升船机即采用此方式进行船厢结构吊装。

2) 自制吊车梁吊装

在上游钢渡槽上自制一根起重钢梁(吊车梁),其上游端用钢立柱支承,中部吊挂卡固在混凝土箱形梁上,下游端由钢横梁支承,吊车梁上安装两台起重 25t、扬程 30m 的电动葫芦,将船厢结构件从钢渡槽吊至船厢室。高坝洲升船机船厢即采用该方式吊装。

3) 现场组拼整体下水浮运方案

构皮滩第一级升船机采用现场组拼整体下水浮运方案,在大坝上游选择硬化组装场地,地坪角度为 0.6°,斜坡下水角度为 2.4°~2.5°,在地坪上搭设船厢组拼平台,船厢组装、焊接完成后,船厢底部放置 12~22 个 $\phi 2 \sim 13m$ 的气囊,气囊充气后,顶起船厢,拆除组拼平台,利用卷扬机牵引,向坝池方向移动至下水坡道,待水位合适的情况下,切断牵引,船厢自行下滑入水,然后船厢整体浮运至船厢池。此外,水口升船机承船厢整体长度方向为槽形结构,全长两侧为箱形断面纵主梁。两纵主梁之间用单腹板横梁连成整体。承船厢采用整体设计、制造,并经水上浮运到水口电站升船机船厢室。

4) 分块在吊物孔下方组成一大节后水平移动至安装位

升船机主体段吊物孔尺寸通常小于船厢分块尺寸,故在吊装船厢结构前,中部预留板梁暂不浇筑。船厢结构直接运输至主机设备层后，在吊物孔下方搭设移动式组拼平台（移动平台临时固定），分块吊装至移动平台上后，根据主纵梁长度将结构件组装成一大节，加固后，利用卷扬机整体移动至安装位，到位后，拆除平台下部的滚轮装置，依次按此方式就位完成，组装顺序为上游端→下游端→中部。

7.4.2 景洪升船机承船厢制造安装特点

根据承船厢的结构形式、尺寸及船厢室现场的实际情况，景洪升船机承船厢必须在现场临时制造车间进行拼装、焊接。根据现场拼装场地踏勘，现有密闭车间桥机跨度不满足条件，现场拼装从施工条件、质量控制上具有一定的技术难度。根据现场实际条件，选择汽车吊露天拼装，根据现场运输道路及主机设备层预留吊物孔尺寸，并结合承船厢结构特点确定分块方案，以及承船厢结构现场吊装方案、进度安排与土建结构交叉施工措施，以满足升船机总体进度要求。

景洪电站工地现场在左岸590.0m高程设置船厢制作厂，制作厂占地面积约48000m^2，设有2个半封闭制作车间、2个封闭防腐车间和3个设备堆放场。

运输路线（图7-43）：船厢制作厂→左岸进场公路→白塔大桥→右岸进厂公路→安装现场，其运输距离约2.0km，路面为砼路面，最小路面宽度为9m，最小弯道半径30m，最大纵坡10%，桥涵最小荷载标准为汽-20。

图7-43 景洪升船机船厢制作运输示意图

制造厂场地、设备及运输均满足船厢现场制作的条件，所以船厢选择场内制造的方式。

根据土建施工进度，承船厢吊装时船厢室已封顶，并预留7个船厢设备吊物孔（图7-44），吊物孔尺寸为6.2m×13.3m，此时船厢分块厢头（尾）及主纵梁分块尺寸大于吊物孔，不能满足吊装条件。

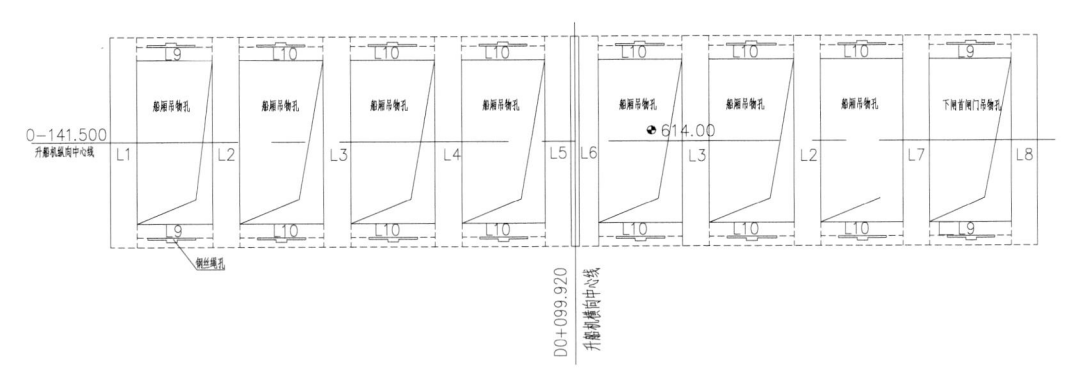

图 7-44 船厢吊物孔布置图

景洪电站下游景洪港码头的吊装能力也不能满足船厢结构分块的起吊要求，不具备分块水运条件。船厢结构吊装时下闸首检修闸门启闭机已安装、调试完成，并且下游航道围堰未拆除，下游航道满足陆路运输条件。结合以往船厢吊装方案及景洪升船机现场的施工条件，确定采用船厢室下游搭设运输平台+上部吊物孔相结合的吊装方案。

景洪水电站升船机承船厢安装难点如下。

(1) 运输困难。船厢结构单件最大外形尺寸为 15.8m×5.8m(长×宽)，单重约 50t，超长、超宽；船厢端头单件最大高度为 6.2m，超高。升船机航道两侧闸墩总宽度仅有 14m，场地狭窄加之上闸首段有楼梯间、吊物孔影响，塔楼段有竖井孔影响，使得设备从坝顶到主机房困难重重。

(2) 施工干扰大。承船厢厢体现场吊装期间正值浮筒、卷筒安装阶段，约有 4500t 的设备起吊任务均需靠塔楼主机房的一台桥机在 4 个月之内完成；安装现场承船厢拼装平台搭设及船厢结构组拼、调试施工期间，船厢室顶部主机房仍在进行施工，存在施工干扰。

(3) 承船厢称重困难。为了确保升船机承船厢正常运行，船厢总成现场组装完毕后须进行整体称重，使浮筒加动滑轮的结构重量是船厢总成加 2.25 倍的钢丝绳转移重量，而制造过程中本身就与设计重量存在着一定的差别，承船厢总重量在现场难以称量。

(4) 安装精度要求高。承船厢结构复杂，外形尺寸较大，拼装精度要求高，如 64 个调平油缸吊耳孔相邻孔距偏差为 ±1mm，吊耳宽度偏差为 ±2mm，现场焊接变形控制难度很大。

7.4.3 承船厢制造

1. 承船厢制造总体思路

(1) 在制作厂内搭设拼装平台，将船厢门及其门槽、主纵梁、次纵梁、横梁、小纵梁、厢头机舱结构、电气室结构、护舷、栏杆等构件拼装、焊接、矫形完成；

(2) 承船厢底板按设计图分成 11 块拼装、焊接、平板，然后组拼并整体放样；

(3) 厢体结构整体拼装、焊接、验收；

(4) 将船厢平面卧倒门、液压设备机房、电气室结构、夹紧装置、顶紧装置等设备与厢体结构进行预拼装、厂内调试；

(5)各项技术指标均达到设计要求后请现场监理工程师检查、签证，然后再编号、分解、待出厂。

2. 制作方案

1)平面卧倒门制作

主梁及边梁构件拼装、焊接及调校完成后，将面板吊装就位于预制好的刚性拼装平台(平面度≤2mm)上，水平检查合格后，用经纬仪放样，放出闸门的中心及各定位基线，然后根据设计图纸和拼装工艺图定出主梁翼缘板、前次梁、隔板、边梁、加劲板等的位置，并准确标出，经检查合格后，可按先拼前次梁、隔板、主梁腹板，再拼边梁和后翼缘及其他部件的拼装顺序将各部件依次拼装，每一部件拼装到位后，把该部件与面板及其他部件点焊连接。点焊长度、高度、数量要确保各部件牢固连接并有利于下一步的焊接及变形的控制。

所有部件拼装完成后认真检查各部件位置的准确性及是否遗漏等，认真检查门叶外形尺寸、对角线长度、两侧边梁平行度、距离等关键尺寸和预留焊接收缩量是否满足控制要求等，检查合格后交付焊接。焊接完成后对止水、滑块、吊耳及转铰进行钻孔、铣面及镗孔加工。

2)船厢结构制作

根据船厢结构特点、运输道路及现场吊装条件，进行船厢结构分块，承船厢分为23块，其中主横梁及底铺板厢体共分为11块，左、右主纵梁厢体各分为4块，厢头及厢尾(不包括卧倒门)各分2块制作及安装。船厢分块方案见图7-45。船厢组装前需在场内搭建组装平台。

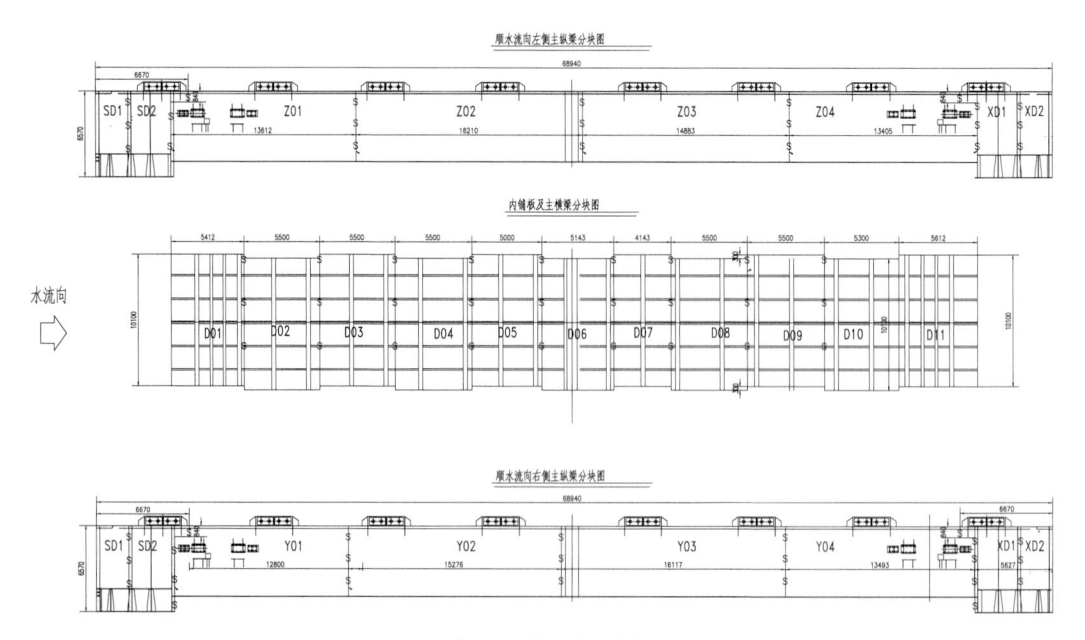

图7-45 船厢分块方案(单位：mm)

构件拼装完成后,进行船厢整体组装,具体工艺如下。

(1)根据设计图纸在平台地面小钢板上放出船厢纵横向中心线、两主纵梁吊耳孔纵向中心线及每个主纵梁横向位置线(根据主纵梁焊接预留量进行确定),并打好样冲。

(2)按承船厢分块示意图利用汽车吊将第一根主横梁构件吊入平台,利用吊线锤的方式将主横梁纵、横向中心线与地样的纵、横向中心线重合,再调整直线度、垂直度、水平后,再用拉紧器等将主横梁整体固定在刚性平台上,然后拼装横梁间的隔板并点焊定位,依次再拼第二根主横梁(拼装过程中利用主横梁放样的横向位置线进行定位)。以此类推,将主横梁全部拼装到位。拼装完成后,对所有主横梁进行整体水平检测,保证水平度≤2mm,主横梁纵向中心线偏差≤1mm。

主横梁拼装完成后,对最中间一节主纵梁进行拼吊装、定位,保证此节主纵梁纵、横向中心线与地样的船厢主纵梁纵向中心线及横向中心线重合,再调整直线度、垂直度、水平后,用拉紧器等将主横梁整体固定在刚性平台上,并将主横梁及主纵梁点焊固定,然后对厢体整体水平、节间间隙(为 3mm)、整体长度和宽度、对角线、吊耳板开档距离及整条吊耳板直线度等进行定位及检测,当其各项指标符合要求后对底板进行整体铺板,铺板完成后搭设焊接平台,对船厢结构进行焊接(分块处除外)。为了保证钢丝绳吊耳孔的精确度,吊耳轴孔在安装、焊接完成后在船厢室内进行加工,并预留 10mm 的加工余量。

(3)各项合格后按图拼装电缆管沟、通气管沟、其他加劲板及顶紧装置、夹紧装置、导向装置底座等。为了方便运输与吊装,防止变形,护舷及栏杆留到船厢室内拼装。

(4)船厢结构总体尺寸检查。总长、总宽采用全站仪检测。

此外,整体焊接完成后,对船厢顶紧装置、夹紧装置、防撞梁油缸、卧倒门门槽及支铰进行加工,然后对船厢设备进行单项试验。具体如下:

① 卧倒门启闭试验。将卧倒门利用汽车吊吊装入槽,通过汽车吊对卧倒门进行开启、关闭各 3 次,检查闸门开启后闸门是否按设计要求平卧于船厢底部,不影响船舶进出船厢;关闭闸门至全关,检查闸门是否按设计要求具备挡水条件;启闭过程中转铰运转是否灵活、有无卡阻、运行是否可靠,并做好试验记录工作。

② 密封装置气密试验。密封装置安装至上游厢头端面后,首先将空压机与密封装置充气孔连接,启动充压装置的空压机,调整充压水封内压力使其达到 0.5MPa 的设计额定压力,采用肥皂水检查充压空腔焊缝及螺栓连接面是否漏气,并且保压 30min 不发生泄漏。

3. 质量检测

工作小门和船厢制作拼装的标准控制公差要求及实际质量检测数据见表 7-8 和表 7-9。

7.4.4 承船厢安装

根据船厢分块尺寸,船厢主横梁及底铺板分块结构及卧倒门由大坝运输进入主机设备层;左右主纵梁分块结构、厢头及厢尾分块结构,从下游引航道通过运输平台进入船厢室。

表 7-8 工作小门质量检测表

序号	检测项目	标准控制公差	测量数据
1	门叶横向直线度	≤3.0mm	2mm
2	门叶底缘直线度	≤2.0mm	1.5mm
3	门叶底缘倾斜度	≤2.0mm	1.5mm
4	门叶常规顶止水座面平面度	≤0.5mm	0.5mm
5	转铰中心至门叶中心距	±0.5mm	0.4mm
6	两个转铰轴孔的同轴度	≤1.0mm	1mm
7	两个转铰轴孔的倾斜度	≤1/1000	<1/1000
8	滑道支承座底面与门叶表面	不允许有贯穿间隙，局部间隙应≤0.2mm，且累计长度不大于滑道全长的15%	无贯穿间隙，局部间隙小于滑道全长的15%
9	止水座面至主滑块工作面的距离	±1.0mm	1mm

表 7-9 船厢质量检测表

序号	检测项目	标准控制公差	测量数据
一	船厢厢体结构		
1	端面局部不平度	3mm/m	3mm/m
2	端面对角线相对差	≤3mm	3mm
3	水平面对角线差	≤5mm	4mm
4	侧面对角线差	≤5mm	4mm
5	主纵梁纵向弯曲	≤5mm	5mm
6	主纵梁横向弯曲	≤3mm	2.5mm
7	两主纵梁不平行度	≤5mm	3mm
8	船厢长度误差	±10mm	60mm(包括焊接收缩量)
9	船厢宽度误差	±5mm	10mm(包括焊接收缩量)
10	吊耳板中心距偏差	±2mm	2mm
11	端面横向弯曲	≤3mm	3mm
12	端面垂直度	≤5mm	4mm
13	底铺板局部不平度	≤5mm/m²	5mm/m²
14	拼接处错位	≤2mm	1mm
二	船厢门门槽		
1	常规水封工作面平面度	≤0.5mm	0.3mm
2	常规水封工作面局部平面度(每米范围内)	≤0.3mm，且不超过2处	0.2mm
3	门槽平面度	±0.5mm	0.5mm
4	门槽垂直度	±1mm	−0.5～1mm
5	常规水封工作面组合处错位	≤3mm	2mm
6	其他非工作面组合处错位	≤1.0mm	1mm

1. 船厢结构安装方案

1)安装控制网点测放

根据控制网点测放出船厢安装控制点、线。以船厢室纵、横向中心线为基准,采用全站仪测放出安装控制线,并在地面和边墙上放出安装基准线(主要是纵横中心线、厢头节和顶夹紧的定位线)。

2)船厢室场地布置

为了保证船厢结构安装,首先根据船厢底部结构特点,搭设长 68m、宽 16m、高 1.85m 的胎架平台(图 7-46),平台的水平用水准仪控制,整个平台的平面度控制在±2mm 以内。由于船厢室空间有限,并且存在运输平台占用空间,平台搭设可根据结构件吊装情况分段安装。根据安装需要,在船厢室中部设置一台 5t 卷扬机,并设置导轮装置,用于厢头及主纵梁在胎架平台上平移。

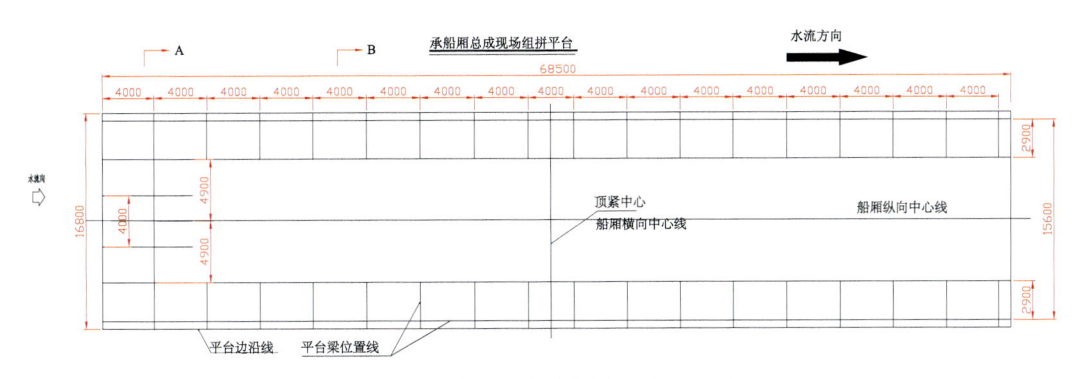

图 7-46 胎架平台结构图(单位: mm)

3)船厢结构吊装

(1)吊装及安装顺序:厢头 SD1、SD2→主纵梁 Z01、Y01(先翻身)→底铺板 D01、D02→主纵梁 Z02、Y02(需翻身)→底铺板 D06、D07、D08→厢尾 XD2、XD1(摆放至空地上)→主纵梁 Z04、Y04(摞至主横梁 D04~D07 上)→拆除运输平台→主纵梁 Z04、Y04 吊装→底铺板 D09~D11→厢尾 XD2、XD1→从中间向两端进行精确就位(先就位主横梁,然精确就位主纵梁,最后就位厢头、厢尾)。

(2)主横梁及底铺板分块吊装。平板车将主横梁及底铺板结构运输至主机房上游端,利用 2×160t 桥机(使用单钩的主副钩)卸车。船厢设备布置见图 7-47,主横梁及底铺板结构通过吊物孔吊入船厢室内,由于船厢运输长度方向与吊物孔孔口长度方向不一致,所以吊装时厢体需旋转 90°后再吊入船厢室内,根据升船机承船厢厢体的结构特点和组拼工艺,为保证厢体吊装过程中不变形,采用空中旋转 90°的方法。根据吊物孔布置位置确定 D01 从 1#吊物孔进,D02 从 2#吊物孔进,D03、D04 从 3#吊物孔进,D05、D06 从 4#吊物孔进,D07 从 5#吊物孔进,D08、D09 从 6#吊物孔进,D10 从 7#吊物孔进,D11 从 8#吊物孔进。

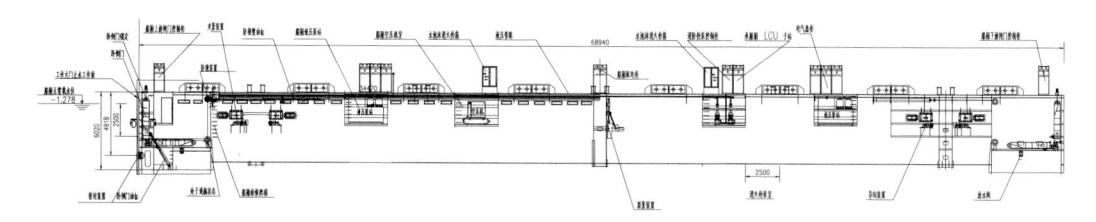

图 7-47　船厢设备布置(单位：mm)

(3)主纵梁分块吊装。主纵梁分块以卧式置于运输平台上，利用 2×160t 桥机吊装至大拼平台预留的空档处的地面上，然后通过 2×160t 主机房桥机大小钩配合进行翻身(安装状态为立式)，翻身后利用主机房桥机吊装至胎架平台上，利用卷扬机沿着胎架平台工字钢平移至安装位。

(4)厢头、厢尾吊装。厢头分块以卧式置于运输平台上，利用 2×160t 桥机吊装至胎架平台上(按安装方向)，利用卷扬机沿着胎架平台工字钢平移至安装位附近，再通过对应的吊物孔吊装就位。

2. 船厢结构安装控制指标

根据合同及设计要求，船厢结构安装控制精度如表 7-10 所示，测量的实际精度均满足要求。

表 7-10　船厢结构安装质量控制

序号	检测项目	标准控制公差	测量数据
一	船厢厢体结构		
1	船厢长度误差	±10mm	8mm
2	船厢宽度误差	±5mm	5mm
3	主纵梁中心距偏差	±3mm	3mm
4	底铺板局部不平度	≤5mm/m²	≤5mm/m²
5	端面横向弯曲	≤3mm	3mm
6	端面垂直度	≤5mm	4mm
7	端面局部不平度	3mm/m	3mm/m
8	端面对角线相对差	≤3mm	2mm
9	水平面对角线差	≤5mm	5mm
10	侧面对角线差	≤5mm	4mm
11	主纵梁纵向弯曲	≤5mm	5mm
12	主纵梁横向弯曲	≤3mm	3mm
13	两主纵梁不平行度	≤5mm	3mm
14	拼接处错位	≤2mm	1.5mm
15	吊耳至中心间距	±4mm	0.5~4mm
16	对称吊耳板宽度	±2mm	−1~+2mm

续表

序号	检测项目	标准控制公差	测量数据
二	船厢门门叶		
1	门叶横向直线度	≤2.0mm	2mm
2	门叶底缘直线度	≤0.5mm	0.5mm
3	门叶底缘倾斜度	≤1.0mm	1mm
4	门叶常规顶止水座面平面度	≤0.5mm	0.5mm
5	转铰中心至门叶中心距	±0.5mm	0.5mm
6	两个转铰轴孔的同轴度	≤1.0mm	1mm
7	两个转铰轴孔的倾斜度	≤1/1000	1mm
三	船厢门门槽		
1	常规水封工作面平面度	≤0.5mm	≤0.5mm
2	常规水封工作面局部平面度（每米范围内）	≤0.3mm，且不超过2处	0.2mm，1处
3	门槽平面度	±0.5mm	0.5mm
4	门槽垂直度	±1mm	−0.5～1mm
5	常规水封工作面组合处错位	≤3mm	2mm

3．船厢设备安装方案

1）船厢组成

承船厢由厢体结构和船厢设备组成。船厢设备包括各种功能的机械设备、电气控制和检测设备等，主要设备数量见表 7-11。

表 7-11 承船厢设备数量

序号	项目名称	单位	数量	序号	项目名称	单位	数量
1	船厢卧倒门	套	2	7	船厢液压控制系统	套	4
2	夹紧机构	套	8	8	机械调平装置	套	128
3	顶紧机构	套	2	9	船厢防撞装置	套	2
4	充压密封装置	套	1	10	护舷、交通通道及栏杆	项	1
5	船厢卧倒门锁定装置	套	4	11	系缆装置	项	10
6	船厢导向装置	组	12	12	电气设备	项	1

2）船厢设备安装流程图

船厢设备安装流程如图 7-48 所示。

3）设备安装注意事项

(1) 液压泵站、阀组、蓄能器安装。

根据设计图纸，泵站、阀组、蓄能器组件设置在船厢油泵室内，安装空间较小，安装前首先对船厢油泵室焊缝进行 100%超声波探伤及 100%的煤油渗漏检测，合格后将基础板安装在泵站上，再将泵站整体吊入厢体安装，然后用精度为 1mm 水准仪找平船厢泵站室安装平面，控制上平面水平≤2mm，保证泵站进回油口处于水平、正直对接状态。

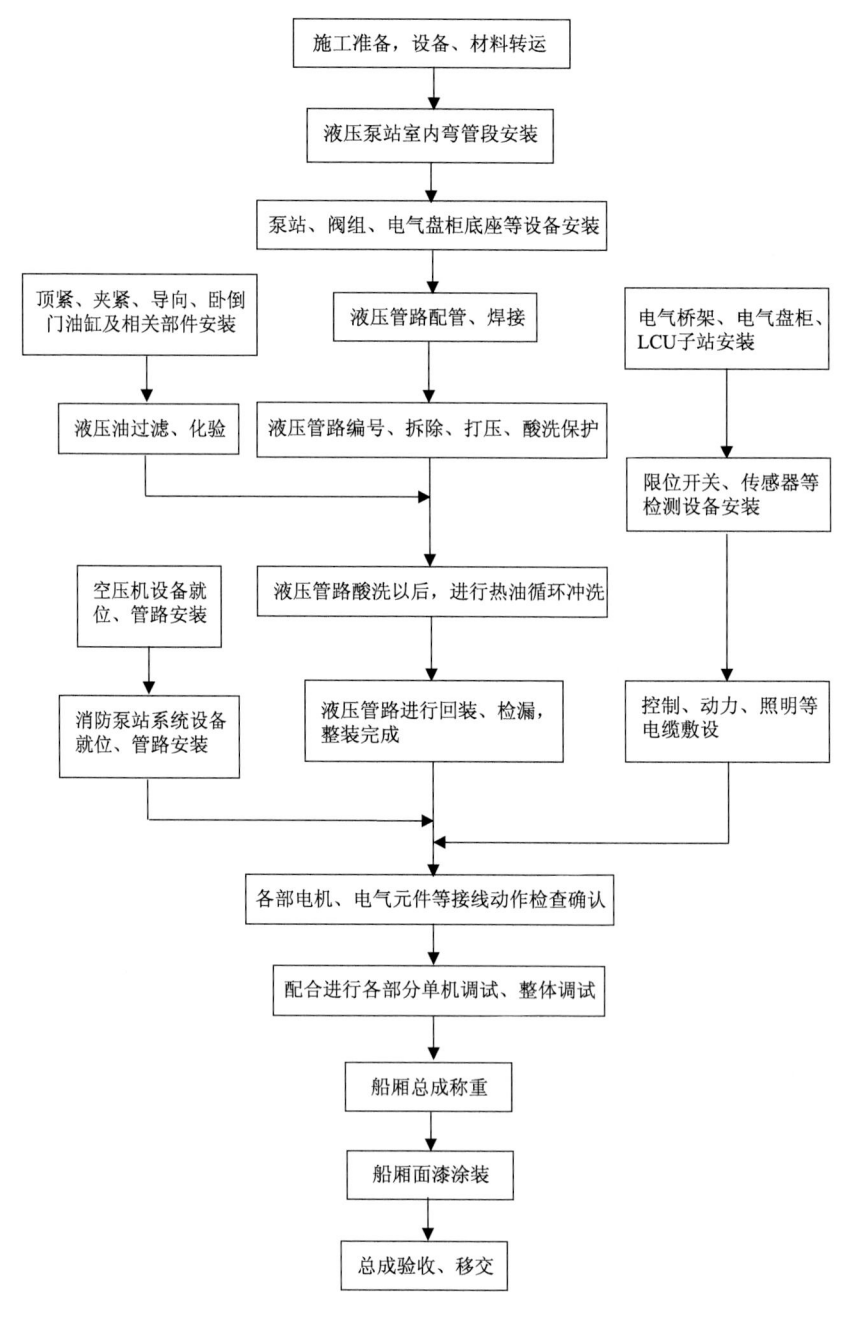

图 7-48　船厢设备安装流程

(2)防碰撞装置安装。

以承船厢厢体纵、横向中心线为基准,采用经纬仪、水准仪联合测放出安装控制线;根据控制线吊装防撞导向装置和油缸,并精确调整、焊接后,对防撞导向装置和油缸支架上的螺孔位置与承船厢厢体相应连接位置进行配钻;连接活塞杆与钢丝绳、钢丝绳与油缸吊头及防撞橡皮、4 个防撞油缸管路与电气接口。

防撞装置安装完成并符合要求后,进行运行试验,在全行程范围上、下运行3次,以检验防撞装置提升和下降时间是否准确,油缸工作油压、行程、同步误差是否符合技术要求,以及保压、纠偏功能等是否符合要求,同时各部件的运动应平稳、灵活、无抖动、无爬行、无渗漏、无任何卡阻现象,防撞梁重心平衡、无倾斜;钢丝绳、滑轮组装置安装正确,润滑良好,动作灵活。

(3)顶紧装置安装。

根据安装控制线将船厢顶紧装置安装面找平,将支架和矩形导轨与承船厢厢体进行配钻,起吊楔形块,将楔形块装入矩形导轨中,拧紧矩形导轨的安装螺栓;起吊顶紧块和连杆部件,先将连杆部件与支架通过销轴连接到一起;起吊油缸部件,安装到船厢安装面上,油缸座安装完成后将油缸的活塞杆与楔形块支耳通过销轴连接到一起(移动楔形块),注意将止轴板螺栓等连接紧固。

顶紧装置安装完成并符合要求后,进行运行试验,以检验顶紧装置装配与连接的正确性,油缸的推出和缩回时间、顶紧压力及保压功能等是否符合要求,同时各部件的运动应平稳、灵活、无抖动、无爬行、无渗漏、无任何卡阻现象。

(4)夹紧装置安装。

根据安装控制线制作安装用临时支架(比设计高程低10mm),对船厢夹紧装置安装面找平,安装面的平面度小于0.2mm,将夹紧油缸和夹紧导承体整体吊装到临时支架上,然后安装支架并与船厢结构临时固定,精确调整夹紧油缸和夹紧导承体,检测后,根据夹紧导承体和支架上的螺孔位置与承船厢厢体相应的连接位置(机架)进行配钻;将导承体用螺栓紧固在船厢安装面上,再将支架与夹紧油缸上的法兰连接,调整完成后,将支架与安装面的螺栓紧固。

夹紧装置安装完成并符合要求后,进行运动试验,以检验夹紧机构装配与连接的正确性,油缸的推出和缩回时间、夹紧压力及保压功能等是否符合要求,同时各部件的运动应平稳、灵活,无抖动、无爬行、无渗漏、无任何卡阻现象。

(5)卧倒门启闭机安装。

找平船厢泵站室安装平面,将泵站就位、固定;检查机架位置偏差及机架接合间隙(塞尺),清理轴承面,并对结合面进行清洗。检查油缸包装有无损坏、部件有无污染,检查机架内径及两轴承孔间距尺寸,确认符合要求后,对安装部件去毛刺、清洗,之后进行安装;将油缸吊至安装部位,为避免功能损坏和过早磨损,液压缸安装必须在没有张力尤其是径向力产生的情况下进行。在空载试运行正常及耐压试验合格后,再进行活塞杆与闸门的连接。

根据设备到货情况,将缸尾弹性支托吊入并置放在门槽上,调节支托至放样轴线位置。摆正支托滚轮,保证滚轮运动方向与油缸轴线方向垂直,油缸吊装前旋下调节螺母。缸体吊入后装上弹性支托调节螺母,旋转螺母,检查支托底平面,然后分别连接缸盖与承船厢上的双支耳及活塞杆与卧倒门上的双支耳。

(6)液压管路装配。

液压管路安装工序:管路敷设→加工→焊接→压力试验→液压管路酸洗→液压油过滤→热油循环管路及整体安装。管路敷设采用水平或垂直布管,水平管道的不平行度应

≤2/1000；垂直管道的不垂直度应≤2/400，用水平尺检测。

管子采用机械方法切割，切割后的管子端面与轴向中心线应尽量保持垂直，误差控制在 90°±0.5°。管路的焊接方法是氩弧焊接，焊后主要检查焊缝周围有无裂纹、夹杂物、气孔及过大咬肉、飞溅等现象，焊道是否整齐、有无错位、内外表面是否突起、外表面在加工过程中有无损伤或削弱管壁强度的部位等。对高压管路焊缝采用射线检查或超声波检查。

现场焊接配管完成后，对需要拆除打压的管路按预装的位置进行顺序编号，在打压试验中，用 3MPa 的气压对管路进行预压试验，检查是否有渗漏；在无渗漏的情况下，用水压来检验液压管路的强度，试验压力为额定压力的 1.25 倍，保压 30min。管路安装、打压完成后要对管道进行酸洗处理。承船厢液压管路系统采用 2 个 12m^3 油罐及过滤精度为 5μm 的真空滤油机对其进行过滤。过滤后的液压油污染等级标准划分如表 7-12 所示。

表 7-12 液压系统应用的污染度等级

系统类型	污染度等级指标(5μm/15μm)	每毫升油液中大于给定尺寸的微粒数目	
		5μm	15μm
污垢敏感系统	13/9	80	5
伺服和高压系统	15/11	320	20
一般机器的液压系统	16/13	640	80
中压系统	18/14	2500	160
低压系统	19/15	5000	320
大余隙低压系统	21/17	20000	1300

注：5μm 和 15μm 指颗粒物大小。

用真空滤油机将加热检验合格的液压油循环酸洗后的管路，管路热循环以后，按编号回装管路，并用软管将管路与液压设备连通，完成整体安装。

(7) 船厢门锁定装置安装。

将卧倒门在自由状态下垂直吊起，沿厢头或厢尾不锈钢止水面(门槽止水面)慢慢下降；连接转铰装置，调整门叶水封垫板与厢体门槽间距(间距为水封压缩后的尺寸)，间距可通过等高块进行控制；连接卧倒门液压启闭机；定位锁定轴孔加工基准线；放倒卧倒门，对锁定轴孔进行加工及导向键钻孔；尺寸检测合格后安装电动机、齿轮副、锁定轴、行程开关等设备。

安装完成后在锁定轴与轴孔间涂抹润滑油，打开电源开关，按下向左运动按钮，观察锁定轴向左运动是否灵活、准确、可靠，有无卡阻现象，运动是否平稳，同时记录试验情况与数据；再按下向右运动按钮，观察锁定轴向右运动是否灵活、准确、可靠，有无卡阻现象，运动是否平稳，同时记录试验情况与数据。试验过程若无异常现象，关闭试验用电开关。

(8) 船厢排水阀门安装。

排水阀门安装的几何位置控制基准：以承船厢纵、横向中心线为基准，采用经纬仪、水准仪联合测放出安装控制线。排水阀门的安装在承船厢大拼完成后进行，首先对到货设备进行清点和检查，对阀门的安装控制线进行确认，设备由 160t 桥机从顶部吊入，然后用自制三角架及链条葫芦将泄水阀门吊入承船厢安装位置，使用楔形板、千斤顶、导链等工具调节高程和中心位置，满足要求后对阀门底座与船厢配钻孔并穿螺栓进行加固。

(9) 充压密封装置安装。

充压密封装置安装的几何位置控制基准：以承船厢纵、横向中心线为基准，采用经纬仪、水准仪联合测放出安装控制线。充压密封装置的安装首先是对到货设备进行清点和检查，对安装控制线进行确认，然后将充压密封装置各部件吊入承船厢相应安装位置，使用楔形板、千斤顶、导链等工具调节高程和中心位置，满足要求后对各部件与船厢配钻孔并穿螺栓进行加固。

空压机管路安装工艺与要求基本同液压系统管路安装，空压机布置于上游侧第一象限第二个船厢室内。

密封装置现场整体拼装质量应符合图纸要求的整体尺寸公差要求；充压装置位置应符合图纸要求；气压推动密封橡皮进退应平稳、无卡阻，气压正常；运行速度、时间及同步性应符合调试技术要求；密封橡皮进退时应平顺，伸卷正常。

第 8 章　闸首金属结构设备

本章阐述上闸首结构工作闸门设计、制造与安装方法，介绍上下闸首事故检修闸门及启闭机主要技术参数，讲述输水系统进出水口快速事故检修闸门设计。

8.1　概　　述

闸首金属结构主要有上闸首事故闸门、上闸首工作闸门、下闸首检修闸门及输水系统上游进口快速事故检修闸门和下游出口快速事故检修闸门。

上闸首事故闸门设置于上闸首前段，处于坝顶门机轨道范围之内，见图 8-1 和图 8-2，由坝顶门机启闭。主要功能是当上闸首工作闸门出现事故时可动水关闭闸门，或当水库水位超过升船机上游最高通航水位时关闭孔口，保证升船机及相关建筑物的安全。

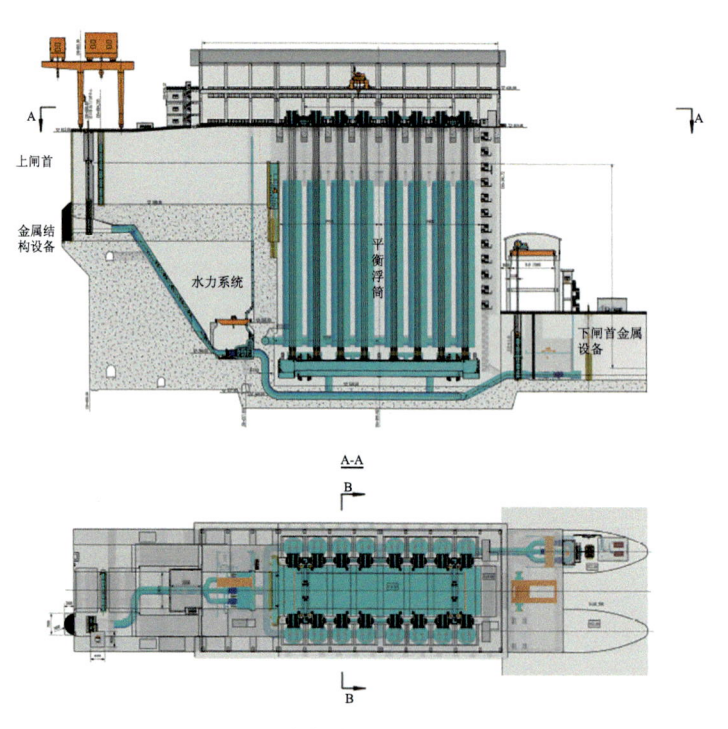

图 8-1　升船机主要设备总体布置图

上闸首工作闸门布置在上闸首通航明渠的末端，见图 8-1 和图 8-2，是升船机上游的主要挡水设备，始终处于关闭挡水状态，由液压启闭机启闭。当船只在上游进出承船厢时应能与承船厢密封对接，且提供船只进出承船厢的通道，当库水位变化时能调整进出通道门槛高程，以保证船只通航所需水位深度，不影响通航船只正常航行。

下闸首检修闸门平时锁定在下游引航道右墩顶部平台，见图 8-1 和图 8-3，由桥机启闭，当承船厢池设备需要检修或者承船厢需要在承船厢池中检修时下闸挡水。

在上闸首右侧设有水力输水系统进水口，水力输水引水从进水口经上游控制阀室至船厢池底部的充泄水管道中，再沿船厢池底部引入下闸首左侧的下游控制阀室，然后通过出水口将水排入下游引航道，见图 8-1。在进水口上游设置了 1 孔 1 扇平面快速事故闸门，供检修输水管道和充水阀门时使用，且当充水阀出现事故时可快速关闭闸门，迅速切断水流，以保护升船机安全。为防止污物进入输水管路，进水口平面快速事故闸门前设置拦污栅。在输水系统下游出水口布置了 1 孔 1 扇平面快速事故闸门，供检修输水管道和泄水阀门时使用，且当泄水阀出现事故时可快速关闭闸门，迅速切断水流，以保护升船机安全。

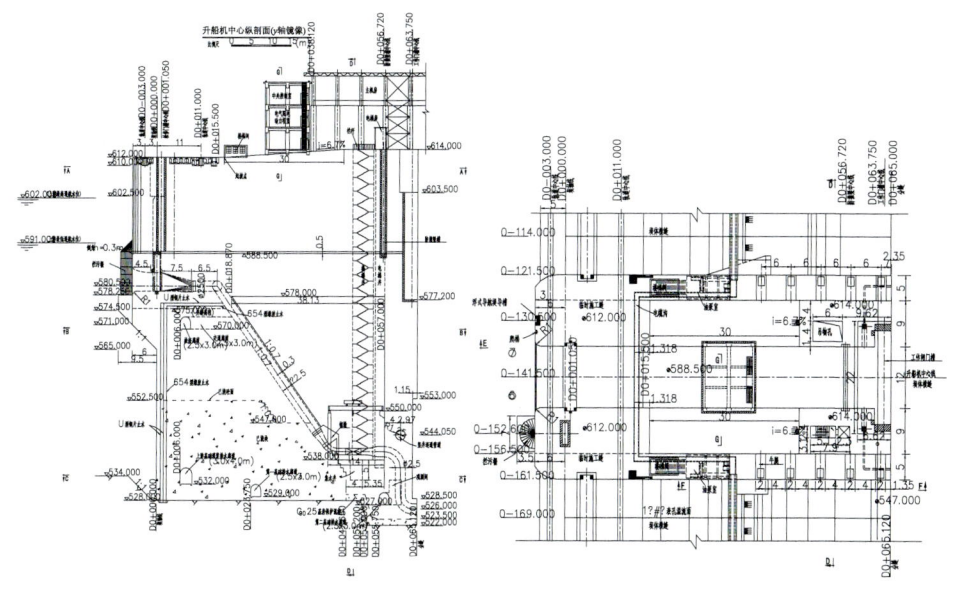

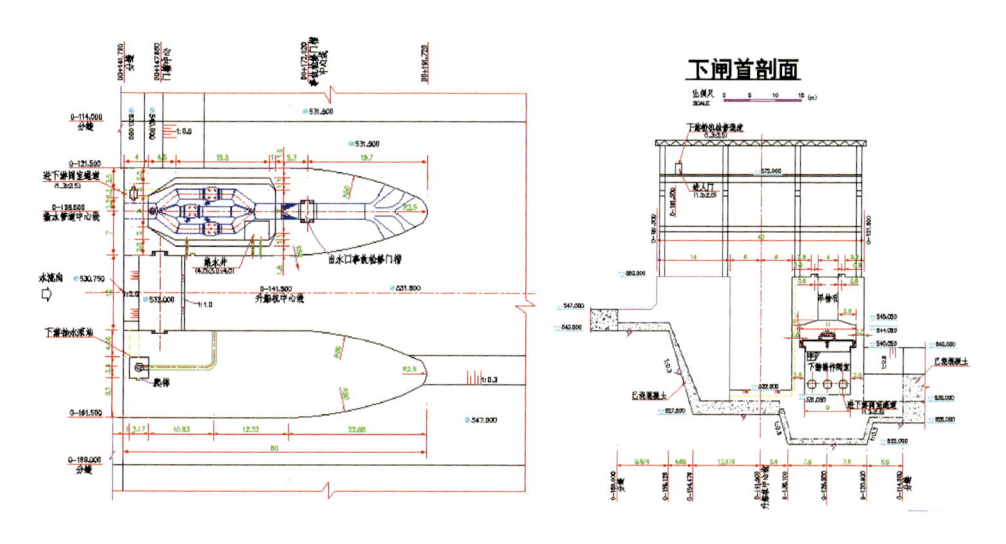

图 8-2　上游进水口布置图(单位：m)

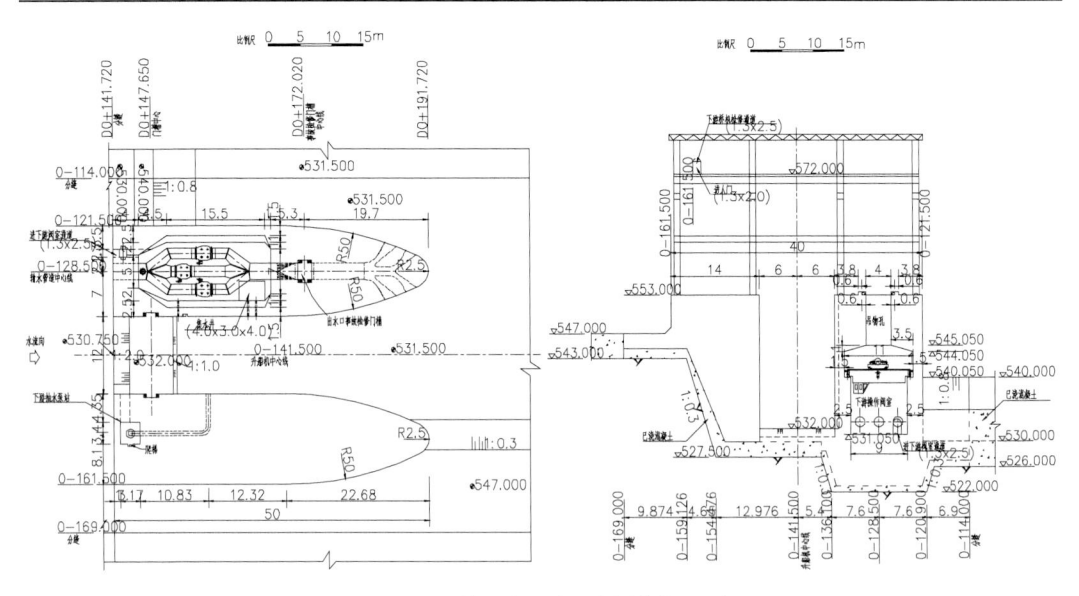

图 8-3　下游出水口布置图(单位：m)

8.2　上闸首工作闸门

8.2.1　闸门结构设计

1. 闸门设计

常规升船机上闸首工作大门为 U 形大门带卧倒工作小门的平板门结构，此种布置方式在闸门开启前要充水，需一定的时间。经方案比选，景洪水力式升船机上闸首工作大门采用大门内套垂直升降小门的新结构。该方案主要优点如下。

(1)工作小门垂直升降，运行轨迹不占用承船厢平面，扩大了承船厢有效容积；

(2)工作小门可实现直接动水启闭，从而节省充水时间，提高了升船机运行效率；

(3)工作小门垂直上下启闭，航道中水流流态平顺，水力学条件好，有利于船只进出承船厢；

(4)工作大门和工作小门均采用顶升柱塞式液压启闭机操作，保证了工作大门和工作小门运行平稳及控制精度高的要求，其布置见图 8-4。

闸门门型为平面定轮钢闸门，大门门叶上部设置凹形工作小门孔口，与上游航道同宽，为船舶进出上游闸室的通道，凹口的左右两侧由侧向挡水板与边梁内侧腹板及上下游封板组成箱形立柱。两箱形立柱在凹口处靠上游侧设置了整体钢门槽，启闭机操作工作小门在门槽内垂直升降，门槽向下垂直延伸到凹口以下，形成工作小门的门库结构，上闸首工作门为平面定轮大门内套平面滑动小门的结构形式，结构新颖。当上游船只需进出承船厢时，承船厢密封装置与工作大门对接，同时开启工作大门上的小门，使承船厢内水体与上游水域对接，形成船只进出船厢通道。当库水位变化较大时，通过升降工作大门，调整进出通道的门槛高程，以保证船只通航所需吃水深度，不影响通航船只正常航行。

上游通航孔口净宽 12m，底板高程 588.5m。上闸首工作大门布置在上闸首与塔楼接缝处，闸门支承在升船机两侧塔柱上，采用双吊点柱塞式液压启闭机启闭，油机安装在闸门两侧，不影响通航净宽要求，油机泵房设在左侧闸墙顶部。工作大门的上部具有"凹"字形缺口及工作小门，工作小门宽度 12m，高度 3.5m。工作大门液压启闭机采用步进式，每次升降高度为 500mm，当水库水位变化大于或者等于 500mm 时，操作工作大门或升或降，使工作小门的门槛以上始终保持 2.5～3m 的通航水深。

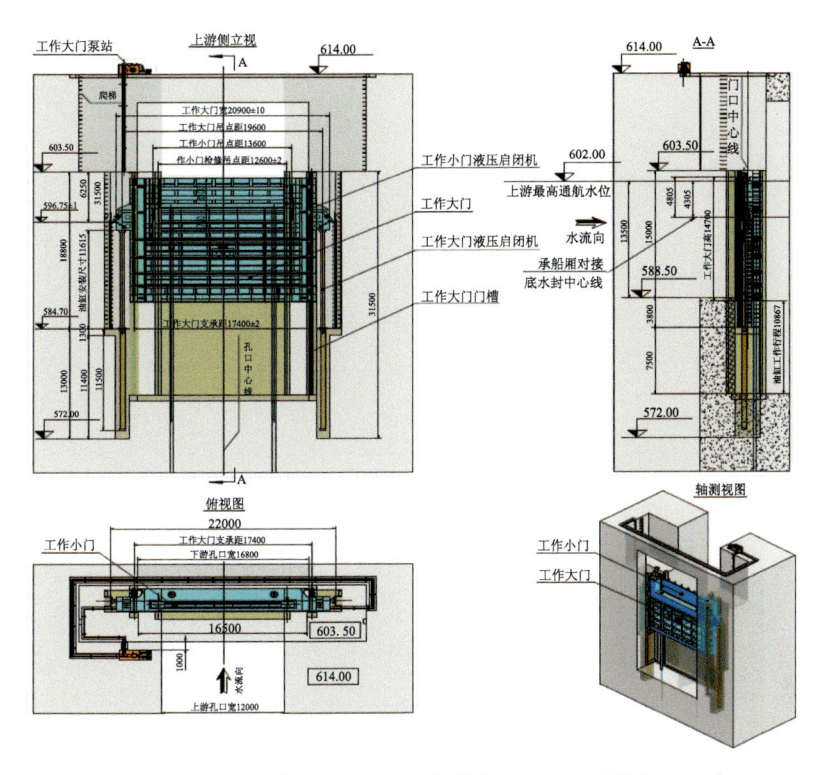

图 8-4　上闸首工作门布置图（高程单位：m；尺寸单位：mm）

工作大门和工作小门结构布置分别见图 8-5 和图 8-6。工作大门门体的梁系为实腹式同层布置结构，门叶面板及止水布置在上游。闸门主梁为变截面设计，底节主梁采用箱形梁结构，以增大刚度，减少底水封处的挠度，有利于闸门底水封止水。共设有 14 个定轮作为主支承，每侧 7 个，定轮为偏心轮，以方便安装、调整。在工作大门下游侧门叶主梁后翼缘上设有一块不锈钢垫板，为 U 形结构，宽度为 1～1.9m，位置与承船厢上的对接密封装置相对应，在承船厢与工作大门对接时作为密封垫板使用，对接密封装置不设置在工作大门上而设置于承船厢上，为充气密封装置，进而简化了闸门设计，节省了布置空间。

工作小门布置在工作大门"凹"字形缺口处。通过在工作大门内部垂直升降来实现闸门的启闭，属于"门中之门"。工作小门门体的梁系为实腹式同层布置结构，面板及止

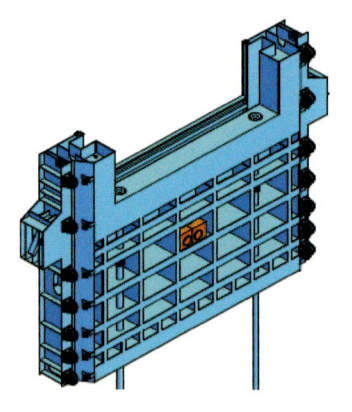

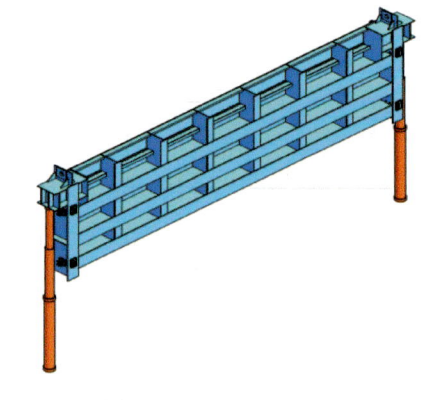

图 8-5　上闸首工作大门　　　　　　图 8-6　上闸首工作小门

水布置在下游，闸门为单节整体焊接制造，止水为常规 P 形橡胶水封。工作小门的门槽位于工作大门"凹"字形缺口下方，在工作大门内部，门槽为全钢结构，主支承、反向和侧向支承等门槽钢结构与工作大门门体焊接为一个整体。

工作大门设液压锁定装置，采用两台 20kN 液压油缸，分别布置于门叶上的左右两侧，锁定油缸与工作小门液压启闭机共用一套泵站。操作上与工作大门液压启闭机联动互锁。

工作大门和工作小门主要技术参数参见表 2-3。

2. 门槽设计

门槽设计根据升船机承船厢和航道布置要求，上游侧门槽孔口宽为 12m，下游侧门槽孔口宽为 16.8m。门槽上下游呈不对称结构。门槽主轨位于下游侧，反轨位于上游侧，分别与闸门主轮和反向支承相配合，由于工作大门需要根据库水位的变化及时调整闸门开度（500mm 一档），在闸门运行到位后需将闸门锁定，故在门槽侧部设有阶梯形的锁定埋件，间距为 500mm。同时，因闸门底水封也需要随时处于挡水状态，因此，门槽上游胸墙设计为全钢衬结构，迎水面为不锈钢板，经过机加工，与闸门底水封在闸门全工作范围内始终保持预压缩状态，以保证闸门底部止水效果，详见图 8-7 和图 8-8。

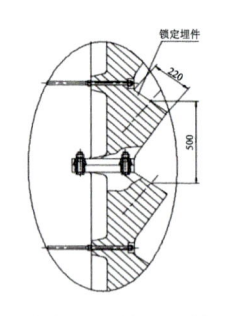

图 8-7　锁定埋件详图　　　　　　图 8-8　门槽平面图

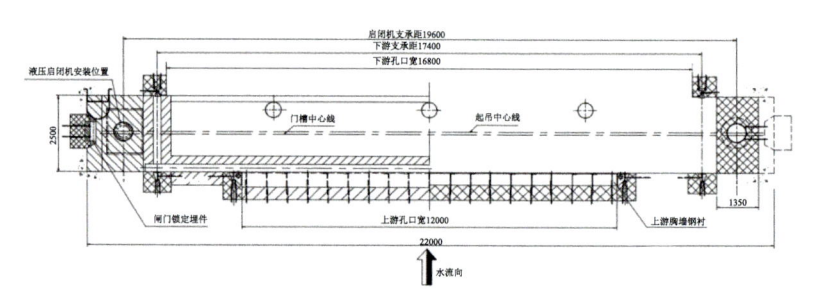

3. 闸门水封设计

闸门水封布置于上游侧，经过计算，闸门主梁挠度为 7mm，已大于闸门水封的预紧压缩量 4mm。如不采取有效措施，在实际运行中，闸门中部底水封可能漏水，为了弥补因闸门跨度大而引起的挠度，将闸门底水封垫板厚度设计为中间凸起、向两端平缓过渡至正常厚度，同时，在 P 形水封外侧，增设了一道 L 形水封，利用 L 形水封可适应压缩变形大、水封摩擦力小的特点，增强止水效果。从实际安装运行的效果看，止水效果良好，见图 8-9。

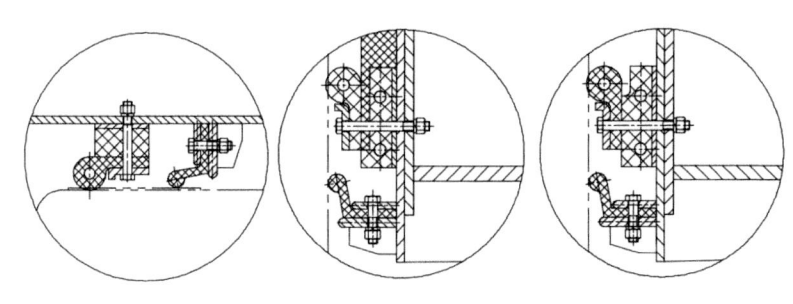

图 8-9 侧、底水封详图

8.2.2 启闭机布置

1. 工作大门及启闭机

工作大门启闭机为两台缸柱塞式液压启闭机，布置于工作大门两侧。柱塞油缸顶部为球铰结构，分别与工作大门两侧伸出的钢结构底座连接。液压启闭机泵站布置在 614.0m 平台。油缸安装于两侧门槽内，油缸安装高程为 584.7m。液压管路和控制线路由工作大门门槽两侧分别布置到液压油缸支座处。

上闸首工作大门控制系统由 1 套泵站动力柜、1 套控制柜组成，布置在 614.0 平台泵站旁边。闸门及液压启闭机的工作状态可在升船机集中控制中心显示，当水库水位变化大于或者等于 500mm 时，操作工作大门或升或降，使工作小门的门槛以上始终保持 2.5～3m 水深。

2. 工作小门及启闭机

工作小门过船时，门叶下沉到工作大门内；挡水时，门叶顶推到与大门顶平齐，其运行轨迹为上下直线。在设计中选用了布置紧凑的 2 级柱塞式液压启闭机，主要考虑到：①经计算，工作小门可以依靠自重闭门，即闭门时不需下压力，因此液压启闭机可选用单作用缸。同时，单作用缸只有一根进油管，简化了布置。②工作小门嵌套在工作大门之中，启闭机布置空间有限，采用 2 级柱塞式油缸，以 2.6m 长缸体，获得了 3.5m 油缸行程。

工作小门启闭机为双缸柱塞式液压启闭机，在工作小门门顶两侧分别伸出一钢结构基座与柱塞油缸顶部连接。液压泵站布置在工作大门上两根主梁间,泵站所在梁格下游侧用塑钢玻璃窗封闭,以防水汽侵入。在工作大门顶部开有专门的进人孔,门内设有爬梯,以方便检修、维护。泵站由设在 614.0m 平台的电源供电。设有电缆张紧装置,用于在工作大门上下时张紧供电电缆和控制电缆。

电气控制柜则布置在614.0m 平台。上闸首工作小门控制系统由 1 套泵站动力柜、1 套控制柜组成,布置在 614.0m 平台泵站旁边。工作小门及液压启闭机的工作状态可在升船机集中控制中心显示,在工作大门与承船厢对接完成后开启。

工作小门操作时,上闸首内的水体从其门顶流入工作大门与承船厢上游卧倒门之间的空腔内,以形成船只进出承船厢的水域通道;解除对接后工作小门关闭,与工作大门共同挡水。

8.2.3 间隙水充排设计

在承船厢与上游工作大门对接时,承船厢与工作大门间的间隙需要充水,以平衡承船厢上游卧倒门前后的水压差;在承船厢与上游工作大门解除对接时,关闭承船厢上游卧倒门后,承船厢与工作大门间的间隙水需要排掉。承船厢与上游工作大门每对接或解除对接一次,间隙水就需要充或排一次。间隙水的充排设计关系到承船厢与上游工作大门对接或解除对接的时间,直接影响升船机的运行效率。

1. 充水系统设计

在工作大门与承船厢对接时,先推出承船厢上的间隙水密封框,使承船厢、工作大门之间的间隙形成一个约有 20m³ 的空腔。为有效缩短充水时间,提高升船机运行效率,采用工作大门上的工作小门垂直下降,上闸首的水体从工作小门门顶流入工作大门与承船厢上游卧倒门之间的空腔内的方式。工作小门门顶过水见图 8-10。

2. 排水系统设计

上闸首工作大门排水系统设置于门叶内,主要考虑了:①升船机承船厢与工作大门对接完成、准备分离时,工作小门和承船厢卧倒门均关闭,承船厢下降前,在承船厢卧倒门和工作大门之间约有 20m³ 的间隙水需要排出;②当升船机上游事故闸门和工作大门之间的水工建筑物需要检修时,两闸门之间的水没有其他通道可以排走,只有通过位于工作大门之内的排水装置完成。为尽快泄水,设计了两路管道,一路开口于承船厢卧倒门和工作大门之间,一路开口于工作大门上游面板中部。两路管道分别设置有阀门进行控制,考虑到重要性和工作频率,承船厢卧倒门和工作大门之间一路管道排水阀门采用锥形阀作为工作阀,检修工作阀时,关闭工作小门挡水,因此不设检修阀;另一路采用手动闸阀作为检修阀,电动闸阀作为工作阀。排水装置排出水流通过水工埋设于上游胸墙的管道排到下游船厢池,见图 8-11。

图 8-10　工作小门门顶过水 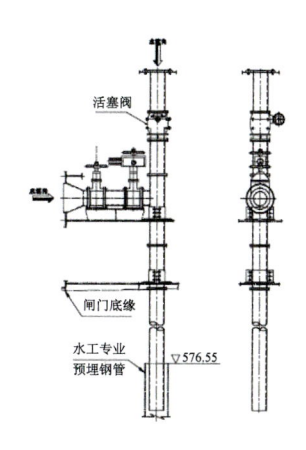　　　图 8-11　间隙水排水管路布置(单位：m)

8.3　上闸首事故闸门

上闸首前段设置了1孔1扇上闸首事故闸门，孔口尺寸为12m×20.9m(净宽×净高)，设计水头20.9m，采用叠梁形式，共分5节，下段4节单节高度3.6m，按静水启闭设计，上段1节高度6.7m，按动水关闭、静水开启设计。事故门主支承采用滑道支承。当升船机发生事故需要封闭孔口时，上节闸门可以在动水情况下将孔口关闭。在升船机正常工作状态下，当水库水位发生变化时，用坝顶门机和自动抓梁进行启闭调节，使叠梁门门顶始终保持有3.6~6.5m的水深。升船机自动控制系统中设有上闸首事故门的门顶水深报警功能，提醒升船机运行人员调整槽中闸门数量，使门顶水深不会超出3.6~6.5m的范围。

事故门门体的梁系为实腹式同层布置，门叶面板及止水布置在下游，利用闸门自重动水闭门。闸门分为5节制造，平时存放在储门槽中。上闸首事故闸门启闭机为共用3500kN/1000kN坝顶双向双小车门机，安装在坝顶612.00m平台上。事故闸门及启闭机布置见图8-12和图8-13。

图 8-12　上闸首事故闸门门机 　　　图 8-13　上闸首事故闸门及启闭机布置图

上闸首事故闸门及启闭机主要技术参数见表 2-3。

8.4　下闸首检修闸门

承船厢池出口设置1孔1扇下闸首检修闸门,孔口尺寸为 12m×13.2m(净宽×净高),设计水头 13.2m,共分 5 节制造运输,在现场连接成整体。检修门静水启闭,由升船机上游阀室充水平压,主支承采用滑道支承。检修门门体的梁系为实腹式同层布置,面板及止水布置在下游。当承船厢池设备需要检修或者承船厢需要在承船厢池中检修时下闸挡水。检修门由2000kN检修桥机操作。下闸首检修闸门及启闭机布置见图8-14和图8-15。

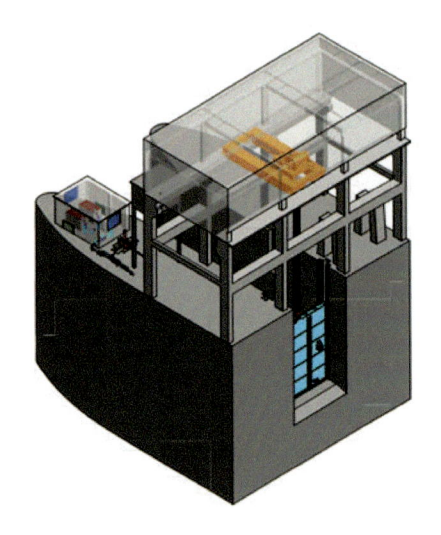

图 8-14　下闸首检修闸门及启闭机　　　　　图 8-15　下闸首检修闸门

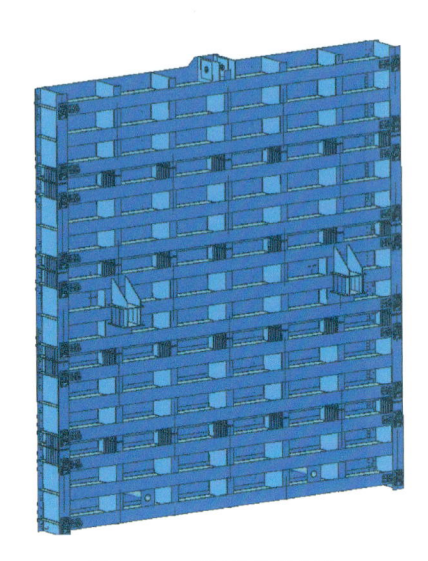

下闸首检修闸门及下闸首检修桥机主要技术参数见表 2-3。

8.5　输水系统快速事故检修闸门

8.5.1　进水口事故闸门及拦污栅

输水系统进水口布置有快速事故闸门和拦污栅,如图 8-16 所示。输水系统进水口平面快速事故检修闸门孔口尺寸为 3.0m×4.5m(宽×高),设计水头为 30.15m。

事故门门体梁系为实腹式同层布置,门叶面板及止水布置在上游,利用加重快速闭门,全水头动水快速关闭闸门。事故门主支承采用滚动定轮支承。每扇事故门门体分 2 节制造,工地安装时通过焊接将闸门连接成一体。闸门门体设 1 个吊点,通过拉杆与启闭机连接。

事故门采用 QPKY630kN 液压启闭机操作,动水关闭、静水开启,小开度提门充水平压。该液压启闭机为单缸液压启闭机,采用一泵一机的设置方案,泵站布置在表孔启闭机室顶部机房内。油缸安装于门槽上方机架上,机架底座安装高程为 612.00m。事故门平时悬挂在孔口门楣上方 0.5m 处。事故闸门及液压启闭机的工作状态可在升船机集中控制中心显示。当充水阀门发生事故时，液压启闭机接收由控制中心发来的信号后快速（≤30s）关闭事故闸门。

输水管道进口设置了 1 孔 1 扇拦污栅，拦污栅孔口尺寸 5.0m×7.0m（宽×高），栅槽底坎高程为 579.25m。为增大过流面积，拦污栅设计成半圆形，按承受 4m 水头差设计。拦污栅的格栅净距根据充水阀对污物大小的敏感度确定，以防止影响充水阀门正常工作的污物进入输水管道。栅条净距确定为 100mm。每扇拦污栅体分 2 节制造，每节栅体布置 4 根主横梁，纵向栅条利用横向螺杆和隔套联结成栅片，栅片通过 U 形螺栓固定在主横梁上。栅叶用工程塑料合金作为主支承，利用钢板和导槽作为侧导向和前后导向。在栅叶的底部设置了拦污栅平台，用于放置拦污栅，拦污栅过水时利用工字形端面作为主支承。用临时起吊设备在拦污栅前后水头差不大于 3m 的情况下启闭拦污栅和清污。

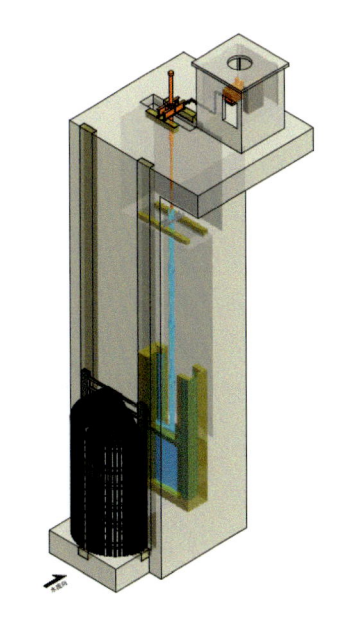

图 8-16　进水口快速事故门及拦污栅

8.5.2　出水口事故闸门

输水系统出水口快速事故检修闸门孔口尺寸为 2.5m×2.5m（宽×高）。在下游阀室检修时，闸门挡下游水；在升船机停机、阀门出现泄漏时，闸门挡上游水。闸门设计成双向止水形式。挡上游水时，设计水头为 58.7m；挡下游水时，设计水头为 32.2m。

下游事故闸门与上游事故闸门结构布置、功能、工作方式等基本一致。在挡上游水时事故闸门主支承为滚动定轮，在挡下游水时主支承为滑道。闸门单节整体制造，采用 QPKY800kN 液压启闭机及一泵一机布置，泵站布置在 565.0m 高程启闭机室内的基座上，机架底座安装高程为 553.0m。同样，事故闸门及液压启闭机的工作状态可在集控中心显示，当泄水阀门发生事故，收到集控中心发来的信号后，能在 26s 内动水快速关闭，以保护升船机运行安全。

第 9 章 运行控制系统

水力式升船机利用水的浮力变化驱动平衡重升降控制升船机的运行,升船机的升降控制简化为充泄水控制策略问题,在诸如承船厢失水甚至承船厢内水体全部漏空、承船厢出入水等各种状态下仍然能够依靠平衡重在竖井不同的淹没深度下变化而实现自我平衡。与传统电力拖动驱动式升船机不同,它不需要提升电机和复杂的驱动机械设备,也不需要复杂的安全保护装置,如盘式制动器的制动锁定等,其平衡重兼有平衡、提升、同步、安全等多种功能,避开了升船机设计、制造、安装等方面的难题,简化了升船机传动机构及控制系统,提高了运行安全可靠性。它还可以根据下游航道水位变化随机、简便地寻找适当的减速点和准确的停位点减速停机,能较好地解决通航枢纽水位大幅快速变化对升船机下游对接的影响及升船机承船厢在下游对接过程中的安全问题。

水力式升船机的运行控制系统除了具备其他升船机共有的一些特点之外,和其他电力式升船机对比,具有如下特点和创新点:

(1)水力式升船机不是靠电力驱动升降的升船机,这一独特的驱动决定了水力式升船机事故工况的应对策略完全不同于其他的升船机,具备独有的特点。

(2)水力式升船机是下水式升船机,可适应下游水位的变化,承船厢在水中适应水位变化的控制策略区别于电力驱动升船机的承船厢水中微行程调节控制策略。

(3)水力式升船机特有的驱动方式决定了其检测系统也有独特的感知方式,如水力浮动式升船机浮筒内水深测量系统等。

(4)水力式升船机的水力式驱动独特性决定了水力式升船机运行控制流程与电力驱动升降的升船机相比有较大的不同。

本章介绍景洪水力式升船机运行控制系统的组成、特点、网络结构和设备配置,阐述水力式升船机运行控制方法和流程、升船机检测系统设计、升船机故障分类和事故工况应对措施等。水力式升船机电气控制系统更多的创新点,在后面章节也有特别的介绍。

关于水力式升船机一些创新点的详细描述,见国家发明专利《一种水力驱动式升船机的水力驱动系统》(专利号:ZL201110340812.7)和《水力浮动式升船机浮筒内液位测量系统》(专利号:ZL201110350960.7)。

9.1 运行控制系统组成

景洪水力式升船机的运行控制系统由卷筒及同步系统、浮筒设备、承船厢及船厢室设备、充泄水阀门、钢丝绳油缸、制动系统、水泵系统、液压启闭机设备及相应的检测设备等组成。

主提升平台的 16 个卷筒及同步系统上布置有 12 台扭矩传感器用于测量同步轴的扭矩差异,在四角的卷筒轴上各设置 1 台轴角编码器用于测量船厢高程。卷筒共 64 套钢丝绳总成，每根钢丝绳一端与均衡油缸连接，另一端与船厢调平油缸连接，每个油缸配置内置式压力和行程检测传感器。每个浮筒各设置 1 套用于测量水深和高程的激光测距仪及 4 个电动锁定装置，16 个浮筒共 16 套水深和高程激光测距仪及 64 个锁定装置。

承船厢设备由分布于四角的 4 套液压控制系统控制的 4 个区域，分别负责对所辖范围内的夹紧、顶紧力大小、装置的进退到位信号、退回锁定信号及液压系统的运行参数等数据进行采集与处理。船厢 2 套卧倒门设备各由 1 套液压控制系统操作，对船厢卧倒门启闭机的开启和关闭实施控制。充压密封框装置设置了 1 套控制系统，用于密封框装置充压、泄压监测与控制。在船厢的平台四角上各设置 1 台激光测距仪用于测量船厢高程。

在上下游阀室分别布置 1 台大流量主阀和 2 台小流量辅阀组合的充水、泄水阀门系统，每台阀门设有行程指示器和行程传感器。在每台阀门的上、下游连接管上各安装 1 个压力传感器。

制动系统的每套卷筒布置 3 套制动器，共 48 套制动器，制动器采用盘式制动器。制动器通过弹簧上闸、液压松闸，由设在主提升平台中央的 2 套液压站集中操作，液压站通过管路与制动器相连。

水泵系统的 1 台主管检修抽水泵用于排净管道内的水，2 台下游阀室集水井抽水泵为集水井内的水位超过限制要求后自动开启排水，2 台浮筒充水抽水泵为浮筒充水，1 台船厢池检修抽水泵是根据设置集水井的水位浮球开关信号自动运行，用于排净船厢池内的水。以上每台水泵各设置 1 套电气系统，通过手动控制实现水泵的启动、停止。

液压启闭机设备的上闸首工作大门、工作小门、上游事故快速门及下游事故快速门的每扇闸门各设置 1 套液压泵站，每套液压泵站设置 1 套现地系统控制闸门的启门或闭门，系统具有压力保护及报警、滤油器堵塞报警、油箱油位异常报警、油箱温度异常报警等功能及闸门的下滑自动回升功能。

检测设备还包括上、下游各 3 套水位计，16 套竖井水深水位计，7 套船舶探测开关，12 台振动传感器，16 套导向荷重传感器，2 套密封框间隙水深水位计，6 套船厢内水深水位计，4 套入水深水位计，4 套水平连通管装置，以及充水和泄水主管路上各 1 套超声波流量计等。

监控系统对上、下游各 1 套压缩空气的空压机系统，6 套通航指挥灯，35 套工业电视，22 套广播音柱，220V 直流系统等设备实现集中监视与控制。

9.2 运行控制系统设计

升船机运行过程中各种设备的工艺条件不可能是一成不变的，特别是运行中当其中一个设备的工艺条件发生变化时，由于各设备之间相互关联，会引起其他设备的某些参数或多或少地波动，偏离正常运行的状态。

运行控制系统指采用一些自动控制装置，对升船机运行中的各种物理量，包括水位、水深、压力、流量、高程、位置、开度、扭矩等参数进行监测，对这些参数涉及的相关设备进行自动控制，使它们在受到外界干扰的影响而偏离正常运行状态时，能够被自动地调节而回到运行工艺所要求的数值范围内。

9.2.1 运行控制系统特点

根据技术要求和水力式工程特点，景洪水力式升船机的运行控制系统总体设计特点如下。

1）控制准确性

根据水力式升船机控制流程准确、安全可靠、平稳、灵活、协调地控制与监视的要求，升船机全行程运行设计为分布式现地控制层和计算机主控层的两层控制结构；其中，以主控层控制为主，现地控制层为辅。现地控制层可以独立于主控层完成升船机全行程控制，它控制承船厢适应上下游水位变化，进行准确停位，停位误差在±3cm 以内，也可以进行承船厢的静态调平，调平后的四角水深差不大于 5mm，还具有完善的安全保护措施和各动作步序间可靠的闭锁关系。在设备上采用准确、可靠、稳定的检测设备，关键部件的热备与冗余设计，以及工业电视系统、通航指挥系统、广播系统等通航监控调度手段。

2）安全可靠性

升船机运行的安全可靠性至关重要，尤其对涉及载人、载物的复杂大型升船机系统。因此，安全可靠性是设计中应遵循的首要原则。

3）技术先进性

在国内外业界景洪水力式升船机工程具有较大的影响力，其应用了国际上先进的自动化技术，体现出我国水电水运工程自动化的高水准。在考虑采用先进技术的同时还考虑了技术的成熟性。控制系统的配置与选型、网络的形式与网络的结构，都符合计算机发展的趋势，采用了最新配置的产品，保证了在今后相当长时间内可保持系统的技术先进性。

4）系统操作简便性

操作员工作站设计有友好的人机界面，操作简捷方便、界面美观、功能实用，操作员站设置有不同的操作权限，并设置不同的操作界面，避免越限操作，各现地控制单元控制柜的人机界面根据人体身高特征设计，具有良好的操作提示及误操作的保护提示，能够系统地显示出故障诊断、报警、信息提示和记录分析。控制台面也按人体身高进行人性化设计，为了系统安全考虑，台面上布置有紧急停机按钮。

5）易维护性

升船机电气控制系统在硬件配置上采取整体布局、统一选型、模块化设计，器件与设备互换性强，板卡与外设即插即用等有效措施，将设备硬件故障维护时间降到最少。软件系统做成恢复 U 盘（系统备份硬盘），可以短时间内恢复系统。

6）开放性与可扩充性

升船机计算机监控软件和硬件平台选用开放性平台，以保证系统的互联性及系统扩展和设备更新时的软件可移植性。

集中监控系统的操作系统平台采用开放平台 Windows 操作系统，系统局域网 LAN 选用市场上通用的 100M 以太网，IEEE 802.3u，TCP/IP 标准与协议，留有与电站通航集中调度系统的接口，与电站厂房计算机系统的接口，以及与变电所继电保护系统、消防系统、电站 MIS 系统的接口。

系统采用国内外先进的并且经过工程实践检验的新材料、新技术、新工艺和新产品。在设备设计、制造、安装、试验、验收工作中，除遵循设计条件和引用标准外，还采用不低于国家相关行业的规范和标准。

9.2.2 运行控制系统结构

1) 电气控制系统网络

景洪水力式升船机电气控制系统主要由中控集中控制系统、驱动 LCU 子站、承船厢 LCU 子站、上闸首 LCU 子站和公用 LCU 子站等系统组成，整个系统采用双以太环网结构，同时在驱动子站和承船厢子站之间还配有无线通信及必要的 I/O 硬联接。

现地 LCU 子站均以双机热备的 PLC 系统设备为核心，系统除设有用于现地操作使用的各种状态、故障指示灯和操作开关外，还设置有人机界面终端直接与现地主控单元 PLC 通信，通信协议为 Modbus、UNI-TELWAY 等总线协议和 Modbus Plus、FIPWAY、FIPIO、XWAY 等网络标准。各现地 LCU 子站具有监视、参数设置、查询三种工作方式，可实时动态地显示参数及故障信息，人机画面上除了棒图、指针和趋势曲线，具有直观性的特点外，还可以通过软件功能键设置参数操作，其报警记录和用户调用或事件触发的页面显示保证了升船机运行的可追溯性。

在中控室的上位控制系统可以监控整个网络的运行状态，当出现网络故障时可以直观地显示故障中断的地点，以便于快速查找维修。其控制系统网络图如图 9-1 所示。

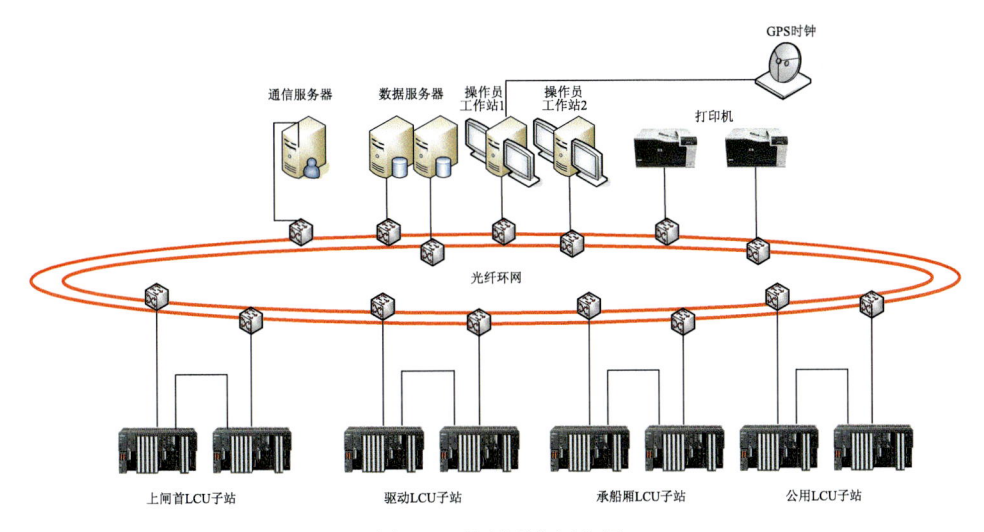

图 9-1 控制系统网络图

2) 驱动 LCU 子站系统

驱动 LCU 子站的中心任务是完成升船机承船厢的提升、下降及准确停位的控制，是整个升船机工程的关键，操作人员在驱动 LCU 子站可监视和操作控制驱动系统各设备的动作。它通过双环以太网络与集控室、承船厢 LCU 子站、上闸首 LCU 子站交换数据，通过 Modbus Plus 高速现场总线(MB+)网络控制充水阀门系统、泄水阀门系统、制动器系统、上游空压机压缩系统、下游空压机压缩系统、下游事故快速门、振动检测系统、浮筒平衡重系统、同步扭矩系统、振动监测系统、船舶交通信号灯等设备的运行，并将相关设备检测数据送至集控室站。驱动 LCU 子站控制网络图如图 9-2 所示。

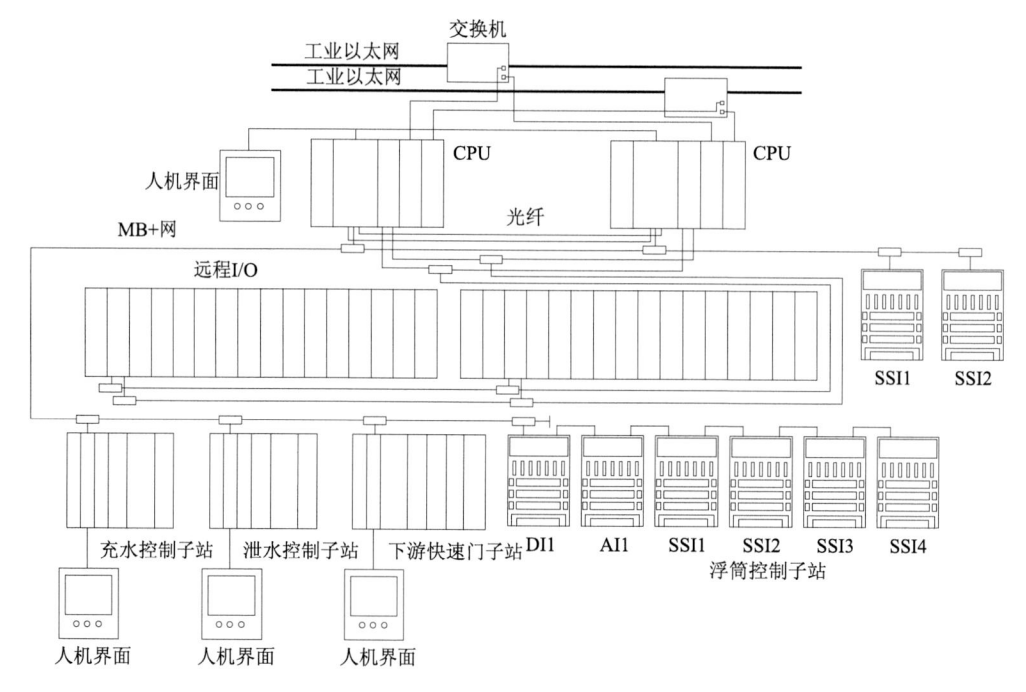

图 9-2 驱动 LCU 子站控制网络图

3) 承船厢 LCU 子站系统

承船厢 LCU 子站通过双环以太网络与集控室、驱动 LCU 子站交换数据，子站通过 MB+网络管理和协调承船厢 1~4 号泵站、上游卧倒门、下游卧倒门和密封框等子站的动作，目的是监控承船厢上各设备的运行状况，并将相关检测数据送至集控室及驱动 LCU 子站。承船厢 LCU 子站控制网络图如图 9-3 所示。

操作人员在承船厢 LCU 子站可操作控制承船厢各设备的动作。在主机房，驱动 LCU 子站与承船厢 LCU 子站之间设有无线信息传送装置，它是通过 BR5811BE0 无线接入点，实现高可靠和高性能的以太网无线通信。

4) 上闸首 LCU 子站系统

上闸首 LCU 子站通过双环以太网络与集控室、驱动 LCU 子站交换数据，子站通过 MB+网络与上游事故快速门、工作大门、工作小门设备控制单元进行数据交换(重要信号的采集都通过硬接线方式连接实现)。上闸首 LCU 子站控制网络图如图 9-4 所示。

上闸首 LCU 子站通过工业以太网络实现与其他控制子站和中控室的网络连接。中控室和驱动 LCU 子站的控制信号先发送到上闸首 LCU 子站，再由上闸首 LCU 子站通过 MB+网络下发到工作大门、工作小门设备控制单元。

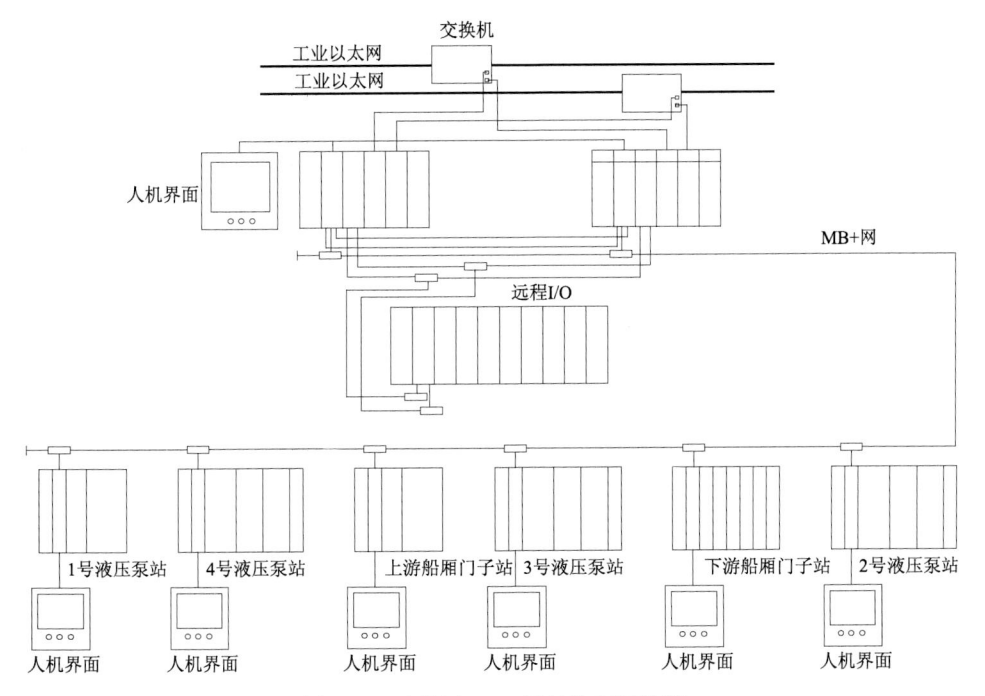

图 9-3　承船厢 LCU 子站控制网络图

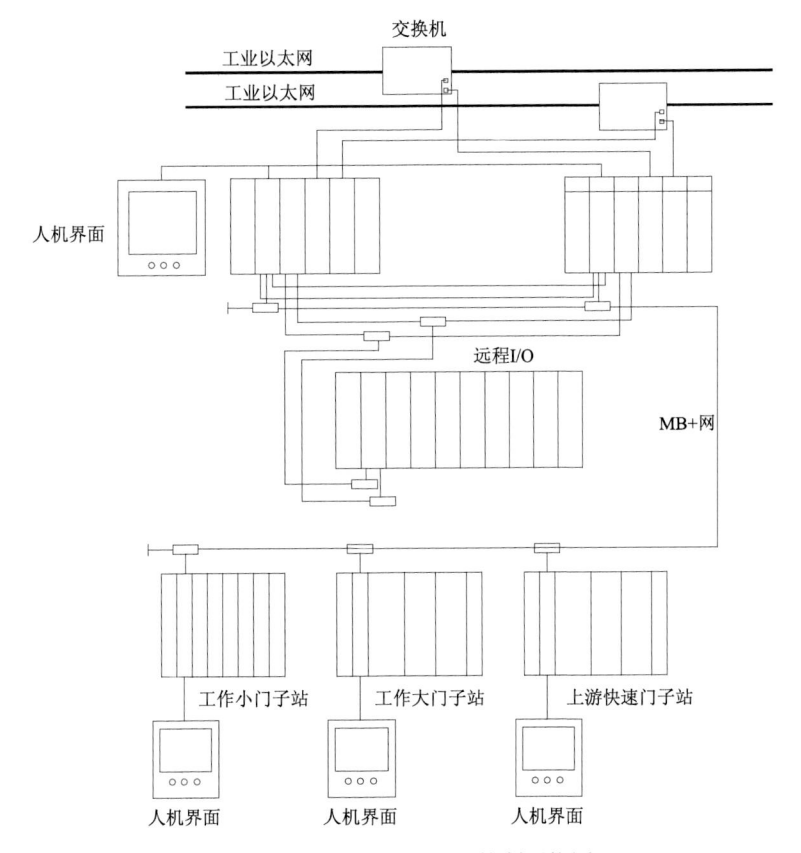

图 9-4　上闸首 LCU 子站控制网络图

5) 公用 LCU 子站系统

公用 LCU 子站控制系统在设计上只能够采集配电、排水和直流等系统现地控制单元的信号，不能够控制操作。它将采集的信号实时地显示在控制柜的人机界面上，同时通过工业以太网络将采集的实时数据上传给中控室。

9.2.3 主要设备配置

景洪水力式升船机计算机监控系统的主控层监控系统能迅速、准确、有效地完成对升船机被控对象的实时安全监视，以及实时流程控制和单机构调试控制。主控层监控系统能够实现数据采集和处理、升船机实时动态运行屏幕显示、事件顺序记录、事故处理及恢复操作指导、数据通信、键盘和鼠标操作、系统状态自诊断、实时数据库管理、历史数据库管理、记录及历史报表打印、通航指挥、工业电视监视、系统设备运行维护管理、软件开发及培训等功能。

升船机各现场设备控制单元不能直接和主控层设备进行通信，它们通过 MB+ 网络实现和相应 LCU 子站的数据交换，再通过 LCU 子站实现和主控层设备的间接数据交换。

1. 集中控制系统

集中控制配置包括 2 台冗余不间断电源(uninterrupted power supply, UPS)、计算机台、控制台、全球定位系统(global positioning system, GPS)时钟、网络服务器、操作员工作站、工程师工作站、打印机等设备，这些设备布置在升船机中央控制室内。网络交换机分别安装在控制台、公用 LCU 子站控制柜、上闸首 LCU 子站控制柜、承船厢 LCU 子站控制柜和驱动 LCU 子站控制柜中。

在中控室的计算机台上主要布置有网络服务器、2 台数据服务器、小型打印机等设备。在主控制台上主要放置火灾报警计算机、工程师工作站、无线电台、2 台操作员工作站、电话调度台、广播通信工作站和工业电视管理服务器等设备。主控制台布置如图 9-5 所示。

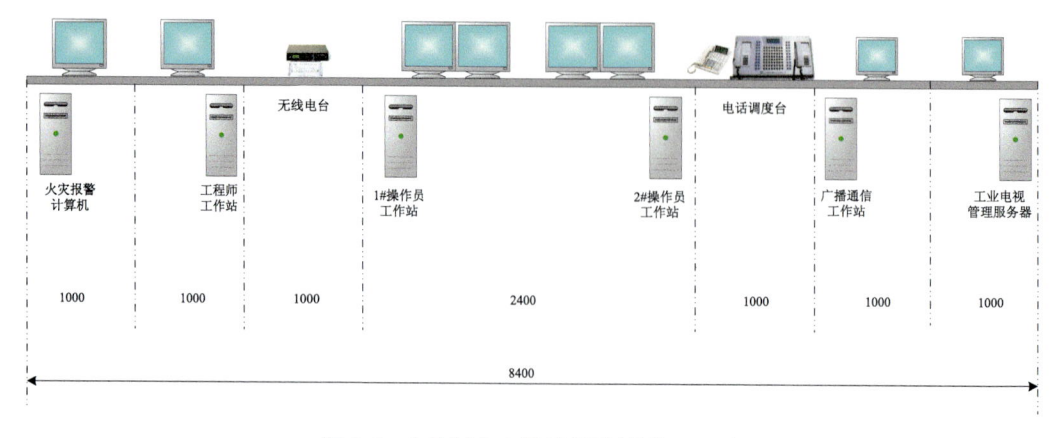

图 9-5 主控制台布置示意图(单位：mm)

监控系统主要技术参数见表 9-1。

表 9-1　监控系统主要技术参数

序号	名称	规格型号	单位	数量	安装位置
1	数据服务器	HP ProLiant ML150；21″LCD	套	2	计算机台
2	操作员工作站	HP Z640；24″LCD×2	套	2	控制台
3	工程师工作站	HP Z640；24″LCD	套	1	控制台
4	网络服务器	DL388 Gen9；19″LCD	套	1	计算机台
5	网络交换机	MS20-1600SAAEHC	套	2	控制台
6	网络交换机	RS20-0800M2M2SDAEHC	台	8	现地控制柜
7	GPS 时钟系统	HY-J5212	套	1	中控室
8	UPS	B6KVA，6kVA 冗余型	套	2	计算机房
9	公用 LCU 子站	Quantum 140CPU67160	套	2	公用 LCU 子站控制柜
10	上闸首 LCU 子站	Quantum 140CPU67160	套	2	上闸首 LCU 子站控制柜
11	承船厢 LCU 子站	Quantum 140CPU67160	套	2	承船厢 LCU 子站控制柜
12	驱动 LCU 子站	Quantum 140CPU67160	套	2	驱动 LCU 子站控制柜
13	控制软件系统	InTouch 2014 R2,无限点服务器版	套	2	操作员站
14	数据库软件	Windows Server 2014 中文版	套	2	数据服务器

2. 主控层设备

集中控制系统是控制系统的主控层，是指挥管理中心。它负责整个升船机的实时监视、流程控制、单机构调试及通航指挥等，具有升船机自动控制、人机对话、实时数据处理、系统时钟同步、故障报警及应对处理、历史数据管理、与上级调度、电站监控系统，以及与其他控制系统间的通信等功能。

集中控制系统的上位计算机采用了完整的 Windows 操作系统，开发软件为 InTouch 2014 R2 的 Window Viewer 运行平台和 I/O Server，现地系统采用了国际知名公司施耐德的 Momentum、Premium 等系列 PLC，通信协议为 Modbus、UNI-TELWAY 等总线协议和 Modbus Plus 等网络标准，上位主监视不仅可以采用集控方式操作升船机系统，还可以监控承船厢高程、充泄水阀的开度、上下游水位、承船厢内水深、管道内水的流量、竖井水位、浮筒内水深、浮筒高程、工作大门高程、工作小门开度、上下游事故快速门的开度及各对接设备的状态、报警故障等，信息相对较为齐全。

3. 现地控制层设备

现地层接入监控网络的设备包括公用 LCU 子站控制柜、上闸首 LCU 子站控制柜、承船厢 LCU 子站控制柜和驱动 LCU 子站控制柜。各 LCU 子站通过安装在控制柜内的工业以太网交换机接入以太环网，既能独立完成相关设备的控制、状态监视、系统保护和报警任务，又能在集控室的上位监控主机指挥下准确、可靠、灵活、协调地自动运行，完成升船机自动运行的各项控制任务。

现场单元控制站不能接受上位主控层指令，只能通过控制柜上按钮或人机界面发布命令，满足条件则响应指令。

1) 驱动 LCU 子站

驱动 LCU 子站既能独立完成驱动相关设备的控制、状态监视、系统保护和报警任务，又能在集控室的上位监控主机指挥下准确、可靠、灵活、协调地自动运行，完成升船机自动运行的各项控制任务。

系统监测与控制内容包括：

➤对 64 套钢丝绳均衡系统调平油缸的信息采集与控制；
➤对 2 套干油润滑站的监测与控制；
➤对 2 套安全制动泵站的控制及 48 套安全制动器的监测与控制；
➤对 3 套充水阀系统的远方监测与控制；
➤对 3 套泄水阀系统的远方监测与控制；
➤对 1 套下游事故快速门的远方监测与控制；
➤对 64 套浮筒锁定的远方监测与控制；
➤对下游 3 套水位计的监测；
➤对 4 套承船厢高程位置的监测；
➤对 2 套超声波流量计的监测；
➤对 2 套压缩空气系统空压机的远方监测与控制；
➤对 16 台导向荷重的监测；
➤对 12 台同步轴扭矩的监测；
➤对 15 台振动加速度传感器的监测；
➤对船厢侧舷上的交通信号灯（船舶上行进闸灯、下行出闸灯等）进行控制；
➤接受集控室的命令并响应；
➤与其他子站传输和交换数据；
➤热备冗余 PLC 控制；
➤模拟输入量处理功能；
➤开关输入量处理功能；
➤PLC 健康状态自诊断；
➤驱动子站故障检测处理功能；
➤驱动子站故障分类、报警功能；
➤人机操作屏图形界面显示、报警、对话功能等。

2) 承船厢 LCU 子站

承船厢 LCU 子站系统通过控制承船厢调平油缸伸出和收回进行承船厢静态调平自动控制，通过上游船厢出厢交通灯的控制、下游船厢出厢交通灯的控制、下游进闸进厢灯的控制，保证过往船只的安全通航。

通过承船厢 LCU 电气控制系统的可编程控制器，可以采集各承船厢设备装置的运行位置、船厢内水深、船厢入水深度、船厢水平度、船厢内有无船只等信号并进行相关处理，再通过 MB+网络传送到承船厢其他现场控制单元，作为承船厢设备运行控制判断的依据。

系统监测与控制内容包括：
- 对1~4号液压泵站工作状态检测及显示；
- 对空压密封框子站工作状态监测与控制；
- 对上游承船厢卧倒门子站工作状态监测与控制；
- 对下游承船厢卧倒门子站工作状态监测与控制；
- 1~4号液压泵站的油压超压、失压监测和报警；
- 1~4号液压泵站的油箱油温过低和过高报警；
- 1~4号液压泵站的油箱油位过低和过高报警；
- 对1~4号液压泵站油泵电机的过载监测和保护；
- 对承船厢顶紧装置推出和收回监测与控制；
- 对承船厢夹紧装置推出和收回监测与控制；
- 对承船厢密封框装置充压和泄压监测与控制；
- 对承船厢上游防撞梁提升和下降监测与控制；
- 对承船厢下游防撞梁提升和下降监测与控制；
- 对承船厢上下游防撞梁提升和下降中的纠偏监测与控制；
- 承船厢高程位置的检测校核；
- 承船厢6套厢内水深检测；
- 承船厢4套入水深度检测；
- 承船厢4套水平连通管装置的水平度检测；
- 承船厢内有无船只检测；
- 接受集控室的命令并响应；
- 与其他子站传输和交换数据；
- 热备冗余PLC控制；
- 模拟输入量处理功能；
- 开关输入量处理功能；
- PLC健康状态自诊断；
- 承船厢子站故障检测处理功能；
- 承船厢子站故障分类、报警功能；
- 人机操作屏图形界面显示、报警、对话功能等。

3）上闸首LCU子站

上闸首LCU子站通过控制上闸首工作大门的上升和下降实现对上游水位的挡水自动控制，通过控制上闸首工作小门的上升和下降实现密封框间隙充水及上游对接的自动控制，通过控制上游事故快速门的快速落门实现上游充水阀故障时的安全保护。

系统监测与控制内容包括：
- 对上闸首1套上游事故快速门的监测与控制；
- 对上闸首工作大门的监测与控制；
- 对上闸首工作小门的监测与控制；

➢对密封框间隙水阀的监测与控制；
➢对上游 3 套水位计的监测；
➢接受集控室的命令并响应；
➢与其他子站传输和交换数据；
➢热备冗余 PLC 控制；
➢模拟输入量处理功能；
➢开关输入量处理功能；
➢PLC 健康状态自诊断；
➢上闸首子站故障检测处理功能；
➢上闸首子站故障分类、报警功能；
➢人机操作屏图形界面显示、报警、对话功能等。

4）公用 LCU 子站

公用 LCU 子站作为监控控制系统，能够采集配电、直流系统及排水等辅助系统现地控制单元的信号。

系统监测与控制内容包括：
➢1 套主管检修排水泵电气控制单元的监测；
➢1 套下游阀室集水井抽水泵电气控制单元的监测；
➢浮筒左、右各 1 套充水泵电气控制单元的监测；
➢1 套船厢池检修水泵电气控制单元的监测；
➢配电系统的参数监测；
➢直流系统的参数监测；
➢与其他子站传输和交换数据；
➢热备冗余 PLC 控制；
➢模拟输入量处理功能；
➢开关输入量处理功能；
➢PLC 健康状态自诊断；
➢公用子站故障检测处理功能；
➢公用子站故障分类、报警功能；
➢人机操作屏图形界面显示、报警、对话功能等。

5）工业电视监控系统

为了便于全面监视、管理升船机的整体运行情况、监视各机房的控制设备、监视船舶过坝的全过程，特别是船舶进出船厢的过程，避免夹船事故的发生，在上游引航道、上闸首、主机房底面、主机房、下游桥机排架、承船厢、上游阀室、下游阀室、浮筒竖井等关键部位设置了电视摄像机，并将电视图像信息传送到升船机集控室，对整个升船机的运行情况和设备运行情况，以及各控制点的工作情况进行监视。利用升船机视频监控系统可以在升船机集控室直接监视从上游引航道到下游引航道的各个重要部位。例如，上游引航道、下游引航道、上闸首、上下行船只通过和整个升船机内部航道的情况，监视竖井浮筒、同步轴、卷筒及各个启闭机的运行状态等。必要时可以对每个监视点进行实时录像，在录像的同时还可以对每路信号记录时间、日期及摄像头字符，以便日后分析查证。此外，在出现异常情况时，根据视频监控系统的图像信号可以及早地发现故障、及时采取应急措施，避免事故的发生和扩大。

工业电视监控系统由现场摄像站、传输设备、中心监控设备三部分组成。

现场摄像站由摄像机、镜头、摄像机防护罩、云台及解码器组成。本系统为满足昼夜监视的要求，选用了低照度彩色摄像机并配置了自动光圈电动变焦、变倍镜头；根据水电站现场环境湿度大的特点，室外摄像站均选用能够防雨、防尘的密闭式全天候防护罩。传输设备包括传输视频信号的同轴电缆、控制信号电缆及电源电缆。由于本工业电视监控系统规模较小，视频信号的传输距离比较短，采用同轴电缆完全可以满足监视系统的总体要求。中心监控设备由微机控制矩阵切换器、操作控制键盘、硬盘录像机、数字光处理（digital light processing, DLP）大屏幕显示设备等组成。

摄像站的布置根据监视区域或景物的不同，首先明确主摄体和副摄体是什么，对要求监视区域范围内的景物要尽可能地进入摄像画面，减少摄像区的死角，将宏观监视和局部重点监视相结合，以求最佳的布置方案。从摄像站到集控室控制台共有3根电缆：视频同轴电缆1根，屏蔽控制电缆1根，电源电缆1根。为满足全方位监视升船机现场的要求，工业电视监控系统摄像站分布位置见表9-2。

表9-2 工业电视监控系统摄像站分布表

序号	主要要求	摄像机安装位置	监视区域及监视目标
1	室内、18倍、彩转黑白快球摄像机	主机房内墙上游端	监视主机房内环境及设备运行状况，并兼顾灭火系统联动确认
2	室内、18倍、彩转黑白快球摄像机	主机房内墙下游端	监视主机房内环境及设备运行状况，并兼顾灭火系统联动确认
3	室外、18倍、彩转黑白快球摄像机	主机房上游端底部横梁上	监视上闸首工作门的运行情况，同时兼顾上游引航道后端监视
4	室外、18倍、彩转黑白快球摄像机	上闸首桥机塔柱上游端	监视上游码头船只进出过程
5	室外、18倍、彩转黑白快球摄像机	下闸首桥机塔柱下游端	监视下游码头船只进出过程
6~8	室外、18倍、彩转黑白快球摄像机	事故逃生通道上、中、下	监视承船厢及厢内船只升降过程
9~12	室外、18倍、彩转黑白快球摄像机	承船厢上左、下左、下右、上右四个角	监视船只就位过程，并兼顾船厢火警消防确认
13	室外、18倍、彩转黑白快球摄像机	上游阀室内墙2.5m高处	监视上游控制阀室的情况
14	室外、18倍、彩转黑白快球摄像机	下游阀室内墙2.5m高处	监视下游控制阀室的情况
15~30	室外、24倍、一体化红外摄像机	位于16个独立竖井顶部盖板下，排列顺序从上游左侧到下游左侧、下游右侧到上游右侧	监视竖井内浮筒位置及运行状况
31、32	室内、18倍、彩转黑白快球摄像机	电气设备室内墙2.5m高处	监视电气设备室的环境及设备运行状况，并兼顾火警消防确认
33~35	电梯专用摄像机	电梯轿厢顶部	监视电梯的环境及设备运行状况

6) 广播系统

广播系统把升船机集控室的指挥命令自动、及时、清晰地传递给过往船舶和各个工作现场的有关人员，还可以播送通知、天气预报、电台播音及录音带上的信息。

系统主要由音频输入设备、音频放大设备、音频传输线路及室外、室内音柱组成。为了提高自动化水平，增设了上位计算机对广播系统进行监控，可以实现自动播音。前置放大扩音机、话筒及多媒体计算机安装在升船机集控室。户外音柱分别安装在各个工作现场。在上游引航道的远程信号灯灯柱上安装一个指向上游的 20W 户外音柱，在上闸首进厢信号灯灯柱上安装一个指向上游的 20W 户外音柱，在下闸首检修桥机左右岸塔柱上各安装一个指向下游的 20W 户外音柱。在主机房的对角线位置安装四个 10W 的室内音柱，在船厢的四个角各安装一个 10W 室外音柱，在船厢池安装两个 5W 室外音柱。在上游阀室、下游阀室、启闭机室、电气设备室安装 5W 室内音柱。

7) 通信系统

通信系统分内部通信和对外通信两个部分。采用和电站通信系统相互独立的配置方式，升船机内部通信采用数字程控调度交换机和甚高频(VHF)无线电话相结合的通信方式，对外通信利用现有公网(电信、移动、联通)的通信条件来实现。

系统设备配置分有线通信和无线通信两种。

有线通信由数字程控交换机、调度台、数字录音设备、维护终端组成。

数字程控交换机设备是 Coral IPX 3000 型数字程控综合业务交换系统，采用模块化结构。系统配置 1 个调度席，采用 64 键数字可编程调度数字电话机。该产品采用了多种键位选择来提高和补充电话交换机系统的性能。它具有多个可编程键，可对按键编程，实现一键直通。每个可编程键包括一个发光二极管(LED)指示灯，指示此键所代表的分机、中继或功能执行的状态。它具有多功能的音量、翻屏条，可以控制扬声器和手柄的音量，振铃方式及背景音乐的选择和音量控制，还可用来显示语言、翻动显示目录等。信息等候指示灯通过闪烁，提醒使用者注意。调度交换机具有录音接口，可实现调度台与调度用户的实时录音。录音设备采用数码录音系统，由录音卡和计算机组成。选用 V08 型 8 通道外设组件互连(peripheral component interconnect, PCI)录音卡，将录音卡插在终端维护计算机的插槽内，计算机配置满足 2000h 录音容量需求，配置一套维护终端在交换机设备的测试及维护时使用，由 1 台完整的计算机、1 台惠普激光打印机及相关通信软件组成。

考虑到上下游列队码头离中控室较远，以及将来的通信服务可能会延伸到对过往船只的船上通话，同时，作为有线通信方式的一种备用手段，在升船机的控制室设一甚高频无线电话基站，无线频率采用航运专用频段，主要设备包括基站无线电台及其附件、手持机等。为了方便升船机运行维护人员巡视及调试检修的方便，配置一定数量的无线对讲系统，对讲机数量为 5 只(含电池及充电器)，选用日本建伍 TK768G 无线电台，并配设基站高增益天线、馈线、防雷器和电源等附件。通信系统主要设备见表 9-3。

8) 直流系统

220V 直流电源主要作为升船机计算机监控系统、消防控制等系统的工作及操作电源。直流系统采用单母线分段的接线方式，两段直流母线间设置联络断路器，每段母线

表 9-3　通信系统主要设备

序号	名称	规格型号	单位	数量	备注
1	通信交换机		套	1	4080 线
2	通信电源系统		套	1	
3	通信电池系统		套	1	
4	电话机及电缆辐射		部	20	
5	甚高频无线电台	TK768G 128 信道	套	1	
6	基站高增益天线	TQJ-150A-12	套	1	
7	低损耗馈线		m	50	
8	天线防雷器		只	1	

接一组蓄电池和一套充电装置。交流输入采用双回路自动切换，带有电气、机械互投互锁功能，有交流进线缺相保护。系统接线具有在运行切换时不中断供电的能力。

220V 直流系统设置 2 组蓄电池，每组容量为 200A·h(104 只电池)，蓄电池按浮充电方式运行，采用 2 套高频开关整流装置作为蓄电池的充电及浮充电设备。

系统配置 4 台电子式多功能电度表用于升船机的电能计量。交流采样按三个电压、三个电流量为一个采样点(或装置)统计，能够输出电压、电流、功率、功率因数、频率等参数。交流采样共有 4 点，其中 10kV 厂用变 2 点、400V 母线电压 2 点(含 400V 分段断路器电流 1 点)。

9.2.4　运行控制方式

景洪水力式升船机运行有现场子站和 LCU 子站，各现场子站设有子站控制、自动控制两种操作方式，各 LCU 子站设有集控控制、现地控制、手动控制三种操作方式，其中以集控控制方式为主，其他操作方式为辅。

1) 集控控制

此模式适用于正常操作。

现场子站的选择开关均设在自动控制，各 LCU 子站操作方式选择开关均设在集控控制，系统接受上位主控层指令，满足条件则响应指令，根据控制流程自动运行。

2) 现地控制

此模式适用于上位机故障或检修时完成各子站联合的运行及单机运行。

现场子站的选择开关均设在自动控制，各 LCU 子站操作方式选择开关均设在现地控制，此方式系统不接受上位主控层指令，而是通过控制柜按钮或人机界面发布命令，满足条件则响应指令，根据设计流程自动运行。

现场子站的选择开关均设在子站控制，各 LCU 子站操作方式选择开关均设在现地控制，此方式系统不接受上位主控层指令，而是通过控制柜按钮或人机界面发布命令，通过现地对单机设备进行控制，完成常规动作。

3) 手动控制

此模式适用于 PLC 故障或检修时各子站通过硬接线回路的调试。

各 LCU 子站操作方式选择开关设在手动控制，系统通过现地控制柜上的操作按钮，以硬接线方式对单机设备进行控制，手动完成所需要的控制功能。

9.3 运行控制方法

水力式升船机运行、承船厢与上下游水位精确对接运行的关键方法在于阀门控制方法，充水工作阀门用于承船厢下行，当承船厢要下行时，开启充水阀给多个竖井注水，使浮筒侧浮力增大，承船厢侧重量大于浮筒侧重量，承船厢下行；泄水工作阀门用于承船厢上行，当承船厢要上行时，开启泄水阀给多个竖井泄水，使浮筒侧浮力减小，承船厢侧重量小于浮筒侧重量，承船厢上行；在升船机承船厢与上、下游通航水位对接阶段，通过调节阀门开度精确控制多个竖井内的水位，实现升船机承船厢的准确停靠。本节重点介绍阀门开启方式，并阐述一种水力式升船机下游快速对接方法。

9.3.1 运行控制特点

传统电力拖动驱动式升船机主要通过主提升电机输出的功率驱动承船厢升降，当采用承船厢下水式方案时，通过切换电机输出功率的大小控制船厢出(入)水及在空气中的运行速度。对于通常的电机驱动提升的升船机，一般给定承船厢运行速度图，通过选择合理的驱动电机及电气传动系统来满足速度图的要求。电机驱动的升船机速度控制关键技术是能快速准确地控制电流，调整电机转速。目前，经过多年研究和实践，电机调速的控制技术已相当成熟。

水力式升船机是一种新型的升船机，在输水系统上游和下游分别设置了三台阀门，通过开启或关闭阀门以连通或阻断管道内的水流来控制多个竖井的水流，多个竖井内的水流特性就决定了升船机的运行特性，它影响着升船机运行及承船厢与上下游水位的精确对接。水力式升船机充泄水阀门控制主要存在以下两大技术难题。

1) 如何准确确定阀门关门位置来实现承船厢与上下游水位的精确对接

传统电力拖动驱动式升船机主要通过控制电机的启动及功率调节来控制承船厢的升降与停靠，电机型号及参数确定后其控制方式基本上就固定了，不论承船厢提升高度有多高，以及上下游水位如何变化，只需在距离对接位置相同距离时开始控制减小电机输出功率，准确控制承船厢速度，即可实现承船厢的准确对接。

水力式升船机以水为驱动力，其运行控制方式与输水系统水力特性及上下游当前运行水位密切相关，主要通过调整充泄阀门的运行方式来实现承船厢的升降与对接控制。承船厢入水时，主充水阀门如果没有关闭到位，充水流量较大，承船厢的入水速度太大，会引起船池水面的剧烈波动，导致机械同步轴扭矩正反剧烈交替，对升船机的安全运行极为不利；如果提前关闭到位，承船厢在充水辅阀作用下还要低速运行一段距离才能入水，势必会延长承船厢运行时间，降低升船机的运行效率。同样，如果承船厢到达对接位置，辅助阀门还没有关闭到位，承船厢就会超过对接位置；如果辅助阀门提前关闭到位，承船厢在辅阀小开度作用下与上下游对接的时间就会大大延长。为提高升船机运行效率和实现承船厢准确对接，最理想的情况是承船厢入水时主充水阀门恰好关闭到位，承船厢内水位与上下游水位对齐时充水辅阀门恰好关闭。但是，承船厢运行速度是动态变化的，不同上下游水位组合下承船厢速度曲线差异较大，所以输水系统为非恒定流水力系统，其控制系统在非恒定、大流量、高流速条件下，既要满足升船机的运行效率，又要保证水力驱动系统多个竖井水位的同步性和承船厢运行的平稳性，因此如何准确地确定开始关闭主、辅助阀门关门时间是实现准确控制承船厢位置的关键技术难题。

2) 如何开启阀门防止阀门发生空化和振动

由于升船机充泄水阀门工作水头高，在输水阀门处会引起剧烈的空化空蚀，空化危害体现在：

(1) 阀门本身和阀后管道的剥蚀破坏；

(2) 空化发生时使阀门在垂直和水平方向产生剧烈的振动，加速了管道和阀门的机械磨损，同时振动造成紧固件松动，直接威胁阀门安全运行；

(3) 空化发生时由于气泡爆裂会产生一种类似于砂石流过阀门的噪声，严重干扰操作环境。

此外，景洪水力式升船机电气系统的控制难点还包括承船厢带水抗倾斜的应对、下游对接时承船厢内的水深调节、承船厢下行入水的安全保护、承船厢运行中制动器意外上闸的紧急关门关阀的应对、承船厢的运行速度控制等。

9.3.2 承船厢升降运行控制

承船厢下降运行控制流程采用首先开启两侧两台小流量辅阀充水，当主管道充水后再开启中间一台大流量主阀的控制方式，通过三台充水阀门的协调动作实现在规定时间内完成一次充水过程并达到承船厢下降的功能。同理，承船厢上升运行控制流程采用首先开启两侧两台小流量辅阀泄水，当主管道充水后再开启中间一台大流量主阀的控制方式，通过三台泄水阀门的协调动作实现在规定时间内完成一次泄水过程并达到承船厢提升的功能。

阀门开启满足以下控制原则。

(1) 运行效率控制原则：

$$\sum t_i \leqslant T \tag{9-1}$$

式中，$\sum t_i$ 为升船机实际完成单次运行所需要的时间，s；T 为设计运行时间，s。

(2) 制动力控制原则：

$$f(n_1, n_2, \Delta H) \leqslant V \tag{9-2}$$

水力式升船机必须满足在任意时刻制动器紧急上闸，同时在关闭输水阀门及事故门的过程中，阀门过流引起的平衡重浮力变化在制动器的可控范围内。式中，V 为制动器紧急上闸后，阀门最大允许过流体积，即制动力达到设计值时的过流体积；n_1 为制动器上闸时主阀开度；n_2 为制动器上闸时辅阀开度；ΔH 为制动器上闸时输水阀门作用水头，m；$f(n_1, n_2, \Delta H)$ 为阀门关闭过程中的实际过流体积。

(3) 加速度控制原则：

$$\frac{L}{g}\frac{dQ}{dt} \leqslant a \tag{9-3}$$

式中，L 为输水系统惯性长度，m；g 为重力加速度，m/s^2；dQ/dt 为输水系统流量变率，m^3/s^2；a 为设计允许加速度，m/s^2。

(4) 空化强度控制原则：

$$\frac{\sigma}{\sigma_i} \geqslant 0.2 \sim 0.5 \tag{9-4}$$

式中，σ 为输水阀门工作空化数；σ_i 为输水阀门临界空化数。

(5) 船厢精确对接控制原则：

$$H_{cx} = kE + \sqrt{(kE)^2 + 4kH} \tag{9-5}$$

运行控制方式如下。

(1) 船厢精确对接控制函数：

$$\Delta H_{cx} = 2 \times \frac{H - \left(\sqrt{H} - \dfrac{TS_k\mu_g\sqrt{2g}}{2k}\right)^2}{1 + \dfrac{4\psi \times S_c}{S_p}} \tag{9-6}$$

(2) 阀门压力控制：

$$\frac{P_2 + H_{At} - H_{dl}}{P_1 - P_2 + \dfrac{v^2}{2g}} \geqslant \gamma\sigma_c \tag{9-7}$$

(3) 充水阀门开启条件：

$$H_j \geqslant \frac{[\mu^2 \times (\xi_2 - K) - \gamma\sigma_c \times D] \times H_u - H_{Ak} + H_{At} - H_{dl}}{\mu^2 \times (\xi_2 - K) - \gamma\sigma_c \times D - 1} \tag{9-8}$$

(4) 泄水阀门开启条件：

$$H_j \leqslant \frac{[\gamma\sigma_c \times D - \mu^2 \times (\xi_2 - K) + 1] \times H_d - H_{Ak} + H_{At} - H_{dl}}{\gamma\sigma_c \times D - \mu^2 \times (\xi_2 - K)} \tag{9-9}$$

式中，ΔH_{cx} 为船厢对接距离，m；$E = 1 + \dfrac{4\psi \times S_c}{S_p}$，$k = \dfrac{S_j + \dfrac{4 \times (S_j - S_p) \times \psi \times S_c}{S_p}}{E}$，船厢在水中 $\psi = 1$，在空气中 $\psi = 0$；H 为阀门完全关闭时的竖井水位与上下游水位差，m；H_{cx} 为船厢位置高程，m；H_d 为下游水位，m；H_u 为上游水位，m；T 为阀门关闭时间，s；S_c 为承船厢水域面积，m^2；S_p 为浮筒总横截面积，m^2；S_j 为竖井总面积，m^2；S_k 为阀门面积，m^2；ξ_1 为阀前管道阻力系数；ξ_2 为阀后管道阻力系数；H_{Ak} 为阀门高程，m；μ_g 为综合阀门流量系数；H_{At} 为大气压力值，m；H_{dl} 为流体饱和度（20℃为0.23m）；v 为

流速,m/s;P_1为门前压力, $P_1 = H_u - \xi_1 \frac{v_l^2}{2g} - \frac{v_z^2}{2g}$,m;$P_2$为门后压力,$P_2 = H_j + \xi_2 \frac{v_l^2}{2g} - \frac{v_z^2}{2g}$,m;$\sigma_c$为初生空化数;$\gamma$为系数,默认为1;主阀流速$v_z = \frac{S_1}{S_k\left(1 + 2 \times \frac{\mu_f}{\mu_z}\right)} v_l$,m/s;$S_l$为主管道面积,$m^2$;$\mu_f$为辅阀流量系数;$\mu_z$为主阀流量系数;阀门段阻力$\xi_l = \frac{\xi_z \xi_f \times S_1^2}{(\sqrt{\xi_f} + 2\sqrt{\xi_z})^2 \times S_k^2}$;输水系统总阻力$\xi = \xi_1 + \xi_l + \xi_2$;输水系统流量系数$\mu = \sqrt{\frac{1}{\xi}}$;主管道流速$v_l = \mu \times \sqrt{2g(H_u - H_j)}$,m/s;$\xi_f$为辅阀阻力系数;$\xi_z$为主阀阻力系数;$\xi_l$阀门段总阻力系数;$H_j$竖井水位,m;记$D = [1 - \mu^2 \times (\xi_1 + \xi_2) + \mu^2 \times K]$,计算主阀时

$$K = \left[\frac{S_1}{S_k\left(1 + 2 \times \frac{\mu_f}{\mu_z}\right)}\right]^2,\text{计算辅阀时}\ K = \left[\frac{S_1}{S_k\left(2 + \frac{\mu_z}{\mu_f}\right)}\right]^2\text{。}$$

1. 充水阀门

充水阀门用于承船厢下行,采用完全相同的一台大流量主阀和两台小流量辅阀共三台阀门管道,其中,一台大流量主阀位于中间管道,两台小流量辅阀位于两侧管道,布置于上游阀室内。充水阀门岔管体型的阀后采用突扩体型的减振箱,使输水系统水流通过主阀、辅阀后在空腔体内进行充分的掺混和消能,有效地减小阀后廊道压力均方根和脉动幅值。同时,为提高阀门开启的灵活性,阀前采取强迫通气措施,解决阀门大开度时的空化振动问题。充水阀门系统结构图如图3-6所示。

运行控制系统可实现对升船机充水工作阀门设备控制及阀门开度、管道压力及流量的监控。实际运行时根据h_1和h_2控制阀门开启方式。其中,h_1表示船厢内2.5m水面与上游水位的垂直距离,m;h_2表示船厢内2.5m水面与下游水位的垂直距离,m。

船厢下行充水阀门控制流程顺序:制动器松闸→充水辅阀开启→充水主阀开启→承船厢下降到目标位→充水主辅阀关闭→流程结束。充水阀门控制流程见图9-6。表9-4~表9-9为船厢不同运行速度的阀门开度表,运行过程中仅对主阀掺气。

(1)根据船厢2.5m水面高程和上下游水位,计算h_1、h_2。

(2)若$h_2 < 5.5m$,则直接进入下游对接流程,按h_2执行阀门开度;否则按h_1执行,若船厢初始位置不在上游对接位($h_1 \geq 0.5m$),则必须执行初始开度,视工况通气后,再按当前的h_1执行阀门开度,直至满足条件$h_2 < 5.5m$,再进入下游对接流程,按h_2执行阀门开度。

(3)当$h_2 < 0.02m$时,关闭阀门。

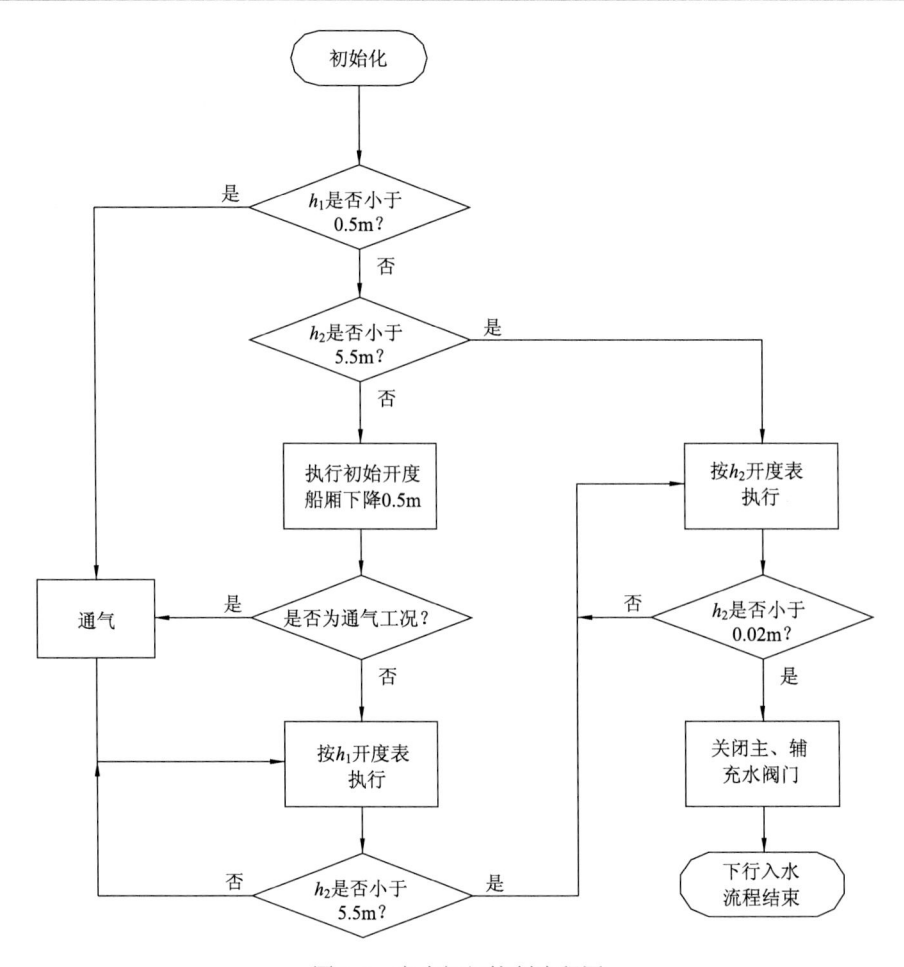

图 9-6 充水阀门控制流程图

表 9-4 充水阀门开度表(快速)

对接距离/m		辅阀开度/%	主阀开度/%	备注
	0	50	30	上游对接位(初始开度)
				通气
	0.5	55	40	—
h_1	2.5	55	45	—
	7.5	60	50	—
	17.5	65	55	—
	29.5	70	60	—
	33.5	70	65	—
	5.5	44	44	—
h_2				停止通气
(进入下游对接流程)	4.9	44	44	卧倒门外缘
	4.3	44	44	翼缘
	2.5	44	44	楔形角

表 9-11　船厢上行特性(快速)

上、下游水位组合/m	水中运行时间+空中运行时间/min	出水流量/(m³/s)	10cm 对接时间/s	提前 1cm 关阀过程中船厢上行距离/cm
$h_{dd}-h_{uu}$	5.2+18.4	6.5	39	1.1
$h_{dd}-h_{ud}$	5.2+15.9	6.5	33	1.3
$h_{du}-h_{uu}$	6.1+23.3	5.4	78	0.5
$h_{du}-h_{ud}$	6.1+18.6	5.4	48	0.9

表 9-12　泄水阀门开度表(中速)

	对接距离/m	辅阀开度/%	主阀开度/%	备注
	0	40	25	下游对接位(初始开度)
				通气
	0.3	46	35	—
	2.5	46	35	楔形角
h_2	4.3	46	35	翼缘
	4.92	46	35	卧倒门外缘
	5.5	55	40	—
	11.5	60	45	—
	22.5	70	45	—
	37.5	70	50	—
	0.8	45	45	—
h_1(进入上游对接流程)				停止通气
	0.1	20	20	—
	0.01	0	0	—
				上游对接位

表 9-13　船厢上行特性(中速)

上、下游水位组合/m	水中运行时间+空中运行时间/min	出水流量/(m³/s)	10cm 对接时间/s	提前 1cm 关阀过程中船厢上行距离/cm
$h_{dd}-h_{uu}$	5.2+25.2	6.5	同表 9-11	同表 9-11
$h_{dd}-h_{ud}$	5.2+20.8	6.5		
$h_{du}-h_{uu}$	6.1+31.1	5.4		
$h_{du}-h_{ud}$	6.1+23.2	5.4		

表 9-14　泄水阀门开度表(慢速)

	对接距离/m	辅阀开度/%	主阀开度/%	备注
h_2	0	40	25	下游对接位(初始开度)
				通气
	0.3	46	30	—

第9章 运行控制系统

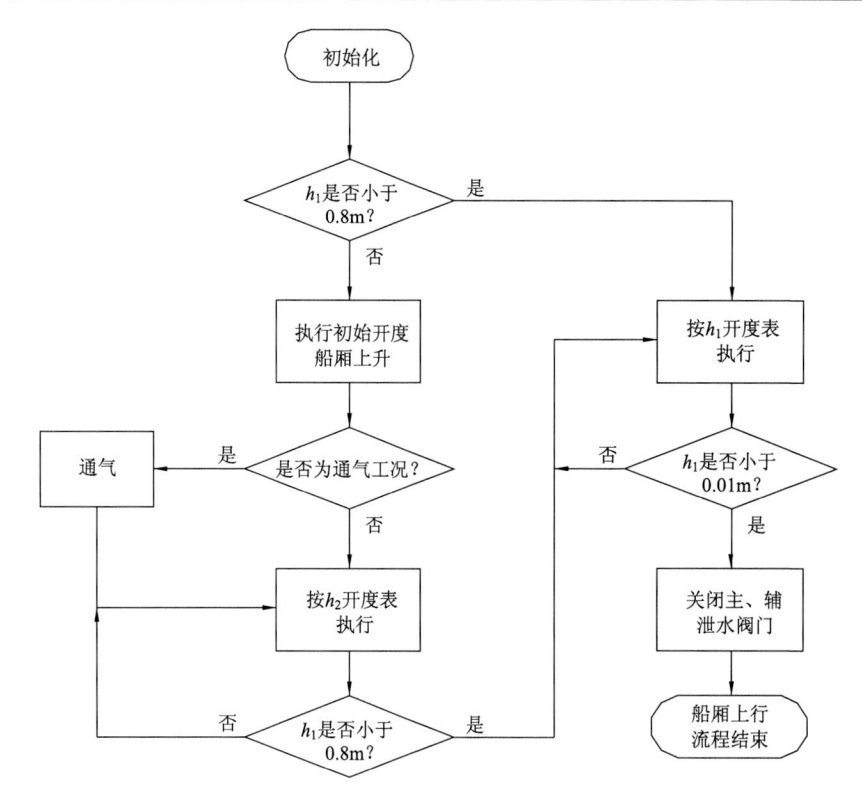

图 9-7 泄水阀门控制流程图

表 9-10 泄水阀门开度表(快速)

	对接距离/m	辅阀开度/%	主阀开度/%	备注
	0	40	25	下游对接位(初始开度)
				通气
	0.3	48	35	—
	2.5	48	35	楔形角
	4.3	48	35	翼缘
h_2	4.92	48	35	卧倒门外缘
	5.5	55	40	—
	6.5	60	45	—
	17.5	70	45	—
	27.5	80	50	—
	34.5	90	55	—
	40.5	100	55	—
	0.8	45	45	—
h_1				停止通气
(进入上游对接流程)	0.1	20	20	—
	0.01	0	0	—
				上游对接位

表 9-8 充水阀门开度表(慢速)

对接距离/m		辅阀开度/%	主阀开度/%	备注
h_1	0	40	30	上游对接位(初始开度)
	7	50	35	—
	20	60	40	—
	33	65	45	—
	38	70	45	—
	38	70	45	—
	38	70	45	—
h_2 (进入下游对接流程)	5.5	44	41	—
	4.9	44	41	卧倒门外缘
	4.3	44	41	翼缘
	2.5	44	41	楔形角
	0.1	30	30	—
	0.02	0	0	—
				下游对接位

表 9-9 船厢下行特性(慢速)

上、下游水位组合/m	空中运行时间+水中运行时间/min	入水流量/(m³/s)	10cm 对接时间/s	提前 2cm 关阀过程中船厢下行距离/cm
$h_{uu} - h_{dd}$	33.1+7.1	5.4	同表 9-5	同表 9-5
$h_{uu} - h_{du}$	28.9+6.3	5.9		
$h_{ud} - h_{dd}$	36.1+12.8	4.0		
$h_{ud} - h_{du}$	30.7+8.6	4.7		

2. 泄水阀门

泄水工作阀门用于承船厢上行,系统采用完全相同的一台大流量主阀和两台小流量辅阀共三台阀门管道,其中,一台大流量主阀位于中间管道,两台小流量辅阀位于两侧管道,布置于下游阀室内。泄水阀门系统结构图与充水阀门系统结构图相同,对于泄水阀门同样提出了直接采用阀前强迫通气的方式解决其大开度空化问题。

运行控制系统可实现对升船机泄水工作阀门设备控制及阀门开度、管道压力及流量的监控。实际工程中,根据 h_1 与 h_2 控制阀门开启方式。其中,h_1 表示厢内 2.5m 水面与上游水位的垂直距离,m;h_2 表示厢内 2.5m 水面与下游水位的垂直距离,m。

船厢上行泄水阀门控制流程顺序:制动器松闸→泄水辅阀开启→泄水主阀开启→承船厢上升到目标位→泄水主辅阀关闭→流程结束。泄水阀门控制流程见图 9-7。表 9-10~表 9-15 为船厢不同运行速度的阀门开度表,运行过程中主、辅阀同时掺气。

续表

对接距离/m	辅阀开度/%	主阀开度/%	备注
h_2	0.1	30	30	—
（进入下游对接流程）	0.02	0	0	—
				下游对接位

表 9-5　船厢下行特性（快速）

上、下游水位组合/m	空中运行时间+水中运行时间/min	入水流量/(m³/s)	10cm 对接时间/s	提前 2cm 关阀过程中船厢下行距离/cm
$h_{uu} - h_{dd}$	17.3+6.2	6.3	33	2.2
$h_{uu} - h_{du}$	14.8+5.5	7.0	28	2.6
$h_{ud} - h_{dd}$	18.5+11.3	4.7	133	0.4
$h_{ud} - h_{du}$	15.3+7.5	5.6	46	1.6

表 9-6　充水阀门开度表（中速）

对接距离/m	辅阀开度/%	主阀开度/%	备注
	0	50	30	上游对接位（初始开度）
				通气
	0.5	50	35	—
	2.5	55	35	—
h_1	6.5	55	40	—
	16.5	60	45	—
	26.5	65	50	—
	36.5	70	50	—
	5.5	44	44	—
				停止通气
	4.9	44	44	卧倒门外缘
h_2	4.3	44	44	翼缘
（进入下游对接流程）	2.5	44	44	楔形角
	0.1	30	30	—
	0.02	0	0	—
				下游对接位

表 9-7　船厢下行特性（中速）

上、下游水位组合/m	空中运行时间+水中运行时间/min	入水流量/(m³/s)	10cm 对接时间/s	提前 2cm 关阀过程中船厢下行距离/cm
$h_{uu} - h_{dd}$	24.2+6.2	6.3		
$h_{uu} - h_{du}$	20.6+5.5	7.0	同表 9-5	同表 9-5
$h_{ud} - h_{dd}$	25.9+11.3	4.7		
$h_{ud} - h_{du}$	21.3+7.5	5.6		

续表

对接距离/m		辅阀开度/%	主阀开度/%	备注
h_2	2.5	46	30	楔形角
	4.3	46	30	翼缘
	4.92	46	30	卧倒门外缘
	5.5	55	35	—
	18.5	60	40	—
	32.5	65	40	—
h_1 (进入上游对接流程)	0.8	45	40	—
				停止通气
	0.1	20	20	—
	0.01	0	0	
				上游对接位

表 9-15 船厢上行特性(慢速)

上、下游水位 组合/m	水中运行时间+ 空中运行时间/min	出水流量 /(m³/s)	10cm 对接时间/s	提前 1cm 关阀过程中 船厢上行距离/cm
$h_{dd} - h_{uu}$	6.5+35.3	4.9	同表 9-11	同表 9-11
$h_{dd} - h_{ud}$	6.5+28.7	4.9		
$h_{du} - h_{uu}$	7.7+43.5	4.0		
$h_{du} - h_{ud}$	7.7+31.8	4.0		

(1) 根据船厢 2.5m 水面高程和上、下游水位,计算 h_1、h_2;

(2) 若 $h_1<0.8$m,则直接进入上游对接流程,按 h_1 执行阀门开度;否则按 h_2 执行,若船厢初始位置不在下游对接位,则必须执行初始开度,通气后再按当前的 h_2 执行阀门开度,直至满足条件 $h_1<0.8$m,进入上游对接流程,按 h_1 执行阀门开度;

(3) 当 $h_1<0.01$m 时,关闭阀门。

9.3.3 承船厢上下游快速对接

1. 承船厢上游快速对接技术

景洪水力式升船机承船厢上游快速对接流程见图 9-8。在制动器上闸、夹紧、顶紧等操作无法省去的情况下,提出了下沉式工作小门形式,在工作小门下沉对接的过程中,门顶过水,同时完成间隙充水,简化了操作流程。该流程一方面省去了传统间隙水充泄水方法需要设置复杂的充泄水水泵系统,另一方面将充水与工作小门开启两步流程合并,提高了效率。另外,上游泄间隙水也采取不同于其他升船机水泵抽排的方法,间隙水采用管道直排的方式排入下游,对接效率显著提高。

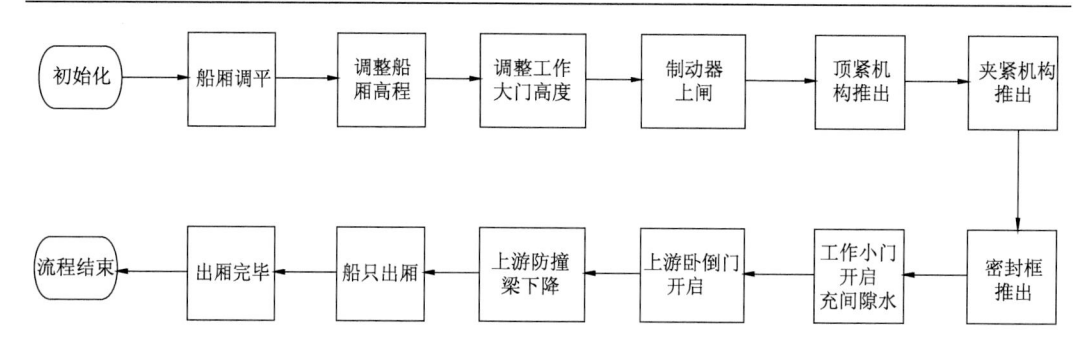

图 9-8 上游快速对接流程图

上游工作小门门顶过水流程是使上游航道水快速充入工作小门与承船厢上游卧倒门的间隙中，以完成充间隙水过程。这一过程中，由于工作小门属于双缸运行，出现偏差需要进行比例纠偏，但是在工作小门门顶过水阶段，工作小门上下游水位差造成的压力偏大，比例纠偏失去作用，最终该流程采取了设置最大纠偏的应对处理方案。上游工作小门门顶过水流程如图 9-9 所示。

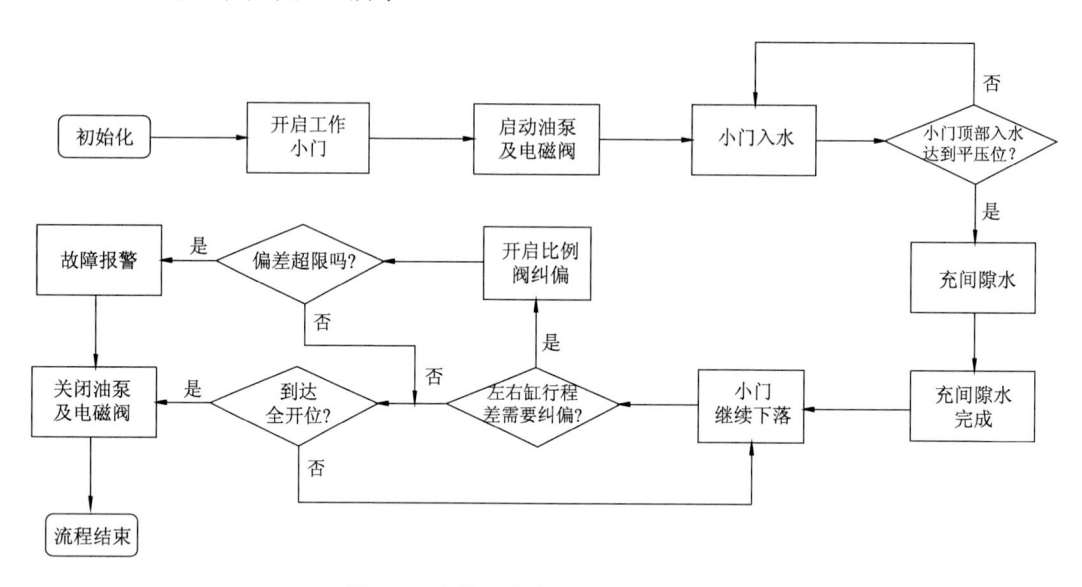

图 9-9 上游工作小门门顶过水流程图

2. 承船厢下游快速对接技术

我国山区河流通航枢纽的下游水位存在普遍性的变率快、变幅大等特点，直接影响升船机下游对接的效率及安全。下水式承船厢在解决下游对接问题上具有突出的优势，但对于传统的全平衡垂直升船机，承船厢出入水过程中承船厢侧重量变化很大，需要大大增加电机的容量来克服承船厢出入水过程中的不平衡荷载，同时需要配置大型变速系统等，对于大型承船厢，采用下水式尚有一定难度。

水力式升船机是真正意义上的全平衡，承船厢侧重量变化产生的不平衡荷载会由平衡重自动调整淹没深度予以平衡，因此，水力式升船机最适合采用下水式方案。景洪升船机下游对接采用了承船厢入水方式，省去了下闸首及其相应的附属设备，包括密封框机构、下闸首工作门、间隙水充泄系统等，同时运行流程大大简化，省去了推出和收回密封框、充间隙水和排间隙水、开启和关闭下闸首工作门等流程，缩短了船只过坝时间，提高了运行效率。

下水式升船机下游对接流程：承船厢下行入水至对接位→制动器上闸→夹紧机构投入使承船厢固定→防撞梁下落到位→下游船厢门开启→船舶驶出船厢。

在承船厢入水对接过程中，船池内水面波动、水位变化、船舶进出船厢、船厢门开启等均会产生一定的水动力荷载作用于承船厢，引起承船厢摆动、倾斜及同步轴扭矩过大等问题，因此，下游对接中通过制动器上闸及夹紧机构投入对承船厢进行固定，承船厢被全约束在轨道上，很好地解决了承船厢摆动及倾斜问题，但在应对下游水位快速涨落需要快速解除对接方面显得机动性不足。制动器、夹紧等机构均由液压系统驱动，需要确保液压泵站工作正常，在解除对接时需要按顺序依次退出。可见，传统下水式升船机承船厢下游对接及解除对接依然较为复杂，不仅效率低下，而且缺乏机动性，在下游水位变率较快时，存在较大的安全风险。

针对下水式升船机下游对接流程复杂、效率低下、存在安全隐患的问题，结合景洪水力式升船机的特点，提出了一种水力式升船机下游快速对接方法，以提高水力式升船机的对接效率，增加其机动性和安全性。下游快速对接方法详述如下：

(1) 利用水力式升船机的纵向抗倾导向，采用一种上窄下宽的异形轨道与纵向抗倾导向配合，在空中运行阶段，纵向抗倾导向的导轮与轨道不接触，发挥正常的对承船厢极限抗倾后备保障作用；在承船厢出入水及下游对接阶段，纵向抗倾导向的导轮与轨道贴紧，实现对承船厢的摆动和倾斜约束，取代下游对接过程中相对烦琐的夹紧操作。

(2) 利用水力式升船机的自动平衡特性，采用制动器松闸进行下游对接，使卷筒两侧荷载始终处于平衡状态，避免了下游对接制动器上闸和松闸操作，以及由其带来的松闸条件判断及荷载调整等流程。

基于上述方案，水力式升船机下游快速对接方法的流程如下：承船厢下行入水至对接位→防撞梁下落到位→下游船厢门开启→船舶驶出船厢。可以看出，对接流程比制动器上闸、松闸操作有明显简化。

异形轨道设计及总体布置如下：

(1) 异型轨道共分为上段、下段和中间过渡段三个部分，其中上段和下段与通常的升船机导向轨道一样，轨道两侧面相互平行，上段轨道宽度略小于下段轨道宽度，中间过渡段采用45°倾角连接上段和下段。

(2) 下段轨道比上段轨道宽20mm，每侧轨道面均宽出10mm，中间过渡段布置于下游最高通航水位以上2m的位置。

(3) 水力式升船机共有四组纵向抗倾导向和四根轨道，对称分布于承船厢四角略偏中间位置，四根轨道采用异形轨道后，调整每组导向导轮使之与下段轨道贴紧，则可实现在承船厢出入水及下游对接阶段纵向抗倾导向与轨道贴紧，约束承船厢的摆动和倾斜，在空中运行阶段，导轮与轨道存在间隙，发挥正常的对承船厢极限抗倾后备保障作用。

9.3.4 紧急停机控制功能

在中控室的控制台上，设置有 3 个红色醒目的蘑菇头按钮用于停机，分别为"紧急停机"、"快速停机"和"工作大门急停"开关，前两个急停开关信号以硬接线方式分别与驱动 LCU 子站、上闸首 LCU 子站、承船厢 LCU 子站设置的相应急停开关串联。承船厢在自动运行和现地运行方式下升降时，紧急情况下，除正常停机外，通过操作按下以上任一个"快速停机"蘑菇头开关停机时，充泄水阀门关闭，制动器上闸。当按下以上任一个"紧急停机"蘑菇头开关停机时，充泄水阀门和上下游事故快速门同时关闭，制动器上闸。将承船厢停止在任意位置，确保船厢内船只及人员的安全。

上闸首工作大门是随上游水位变化而进行的"踏步"调整，如果上游水位计出现断线等异常故障，上游水位数据将出现"0"值，此情况下工作大门会一直下降去寻找"0"位，当工作大门中的工作小门上延高程低于上游水位时，就会出现上游航道的水翻过工作小门的过顶现象，如果这时承船厢处于下游区域，将导致"水淹"承船厢的事故现象。

为了避免此类故障的发生，保护承船厢的安全。在软件上，程序中通过水位计故障判断，即超过上下限值为故障水位值，此时水位计报警，工作大门禁止升降。在硬件上，在中控室控制台上增设"工作大门急停"开关，将急停信号以硬接线方式输入至上闸首 LCU 子站，人为判断工作大门运行异常时，按下急停开关，控制系统收到急停信号后，工作大门停止下降运行。

在集控系统的上位机操作画面上，也设置有红色醒目的"紧急停机"和"快速停机"软开关，其功能与控制台上设置的"紧急停机"和"快速停机"急停开关相同，这样，通过计算机监控系统的网络方式也实现了承船厢在紧急情况下的停机。

9.3.5 承船厢静态自动调平

承船厢静态调平是指承船厢水平偏差过大，不满足运行工况时，需要将承船厢下降至下游停靠位进行水平调整，它采用电液比例方向阀为核心的液压动力系统、控制系统和检测反馈系统组成的电液比例控制系统来完成承船厢的静态调平。承船厢的 64 个调平油缸电磁换向阀控制分别在 4 个液压泵站进行。64 根调平油缸分为 4 组，每组 16 个油缸通过 1 个比例阀和各自的换向阀进行控制。自动调平时比例阀的控制是通过相应的比例放大器进行的，4 路模拟量输出控制信号经承船厢 LCU 中的模拟量模块输出，然后分别送至 4 个液压泵站的比例放大器中。

(1)承船厢的均衡与静态调平采用电液比例方向阀为核心的液压动力系统、计算机控制系统和检测反馈系统组成的电液比例控制系统来完成承船厢的静态调平任务，其控制系统的方框图如图 9-10 所示。

当某种原因使承船厢发生倾斜时，4 个水平连通管水位检测传感器经相互比较计算给出一个水平偏差信号，在承船厢 LCU 子站的 PLC 控制下进行采样、A/D 变换，并进行解算，给出调节量，D/A 变换后送入比例放大器，经放大变换后，送入比例电磁阀，控制阀芯移动，打开油口，使油源的高压油流过方向阀进入油缸，油缸在高压油的作用

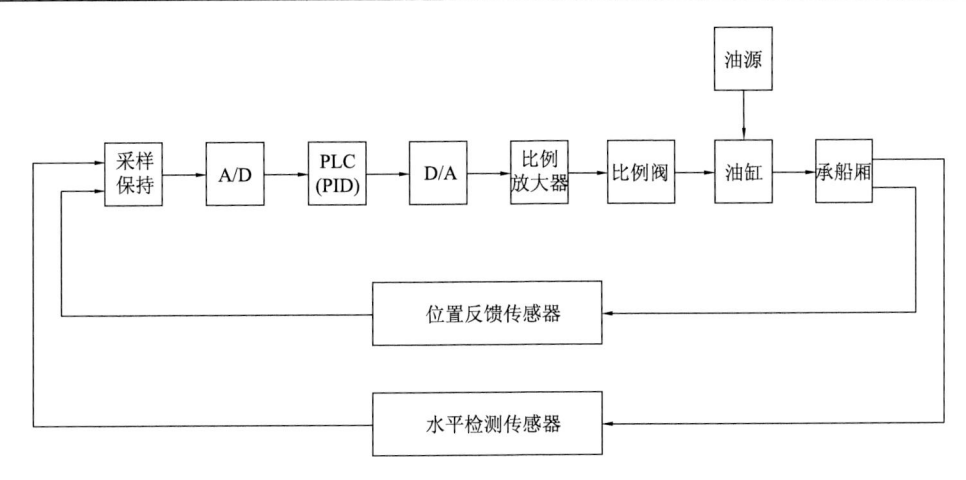

图 9-10 升船机电液比例控制系统方框图

下发生位移，带动承船厢运动，纠正承船厢的水平偏差；油缸的位移，使活塞杆内装的位移传感器也产生同样的位移，并且输出一个与油缸位移成比例的电信号，在 PLC 的控制下，定时、顺序地对承船厢水平偏差信号和油缸位移反馈信号进行采样，以数字量的形式送至承船厢子站的 PLC，PLC 对二者的数值进行比较，得出误差信号 e，然后按照调平算法的调节规律解算，经 D/A 转换输出一个误差电压信号 ΔU，向比例放大器送入一个模拟电压信号(0～±10V)，该信号经比例放大器放大后，输出一个误差电流信号，再送入比例电磁阀，比例电磁阀中的衔铁在误差电流的作用下产生一个与误差电流成比例的位移，通过推杆带动方向阀的阀芯移动同样的距离，从而使阀芯的位移(开口量)与输入的误差电流成比例，这样使油源的压力油通过阀的流量 Q 与电流也成比例，该流量 Q 进入油缸后，油缸产生位移，纠正承船厢的偏差；与此同时，油缸的回油腔油液经比例方向阀的回油口流回油箱，当误差电流反向(负值)时，则将电流送入另一个比例电磁阀，阀芯向相反方向按比例地移动，阀的输出流量反向，进入油缸另一腔，油缸向相反方向移动。比例阀向哪个方向运动是根据计算机采样的偏差信号极性判别控制的，经过不断地采样、不断地纠正承船厢的水平偏差，直至偏差小于设定值为止。

(2) 承船厢调平工作方式分为手动和自动两种工作方式，在承船厢子站设置了 4 台手操器，可实现对 4 组均衡油缸分别进行手动的调整，以达到船厢调平的目的，水平最大偏差可控制在 4mm 以内。承船厢的自动调平工作方式有高点追踪和低点追踪两种控制方式，调平后均衡缸活塞位于行程中部附近，最大偏差不大于 100mm，流程顺序：承船厢自动运行到下游停靠位→制动器上闸→承船厢静态调平自动控制→制动器松闸→流程结束。承船厢静态自动调平控制流程如图 9-11 所示。

9.3.6 承船厢内快速充排水

升船机运行一段时间，尤其是每次洪水过后，承船厢底部产生淤泥及杂物，当达到一定厚度后，若不及时清理，将堵塞承船厢内水位计及防撞梁、卧倒门的下限限位开关等控制器件，使这些传感器不能发挥作用或产生误报。因此，升船机处于停航检修状态

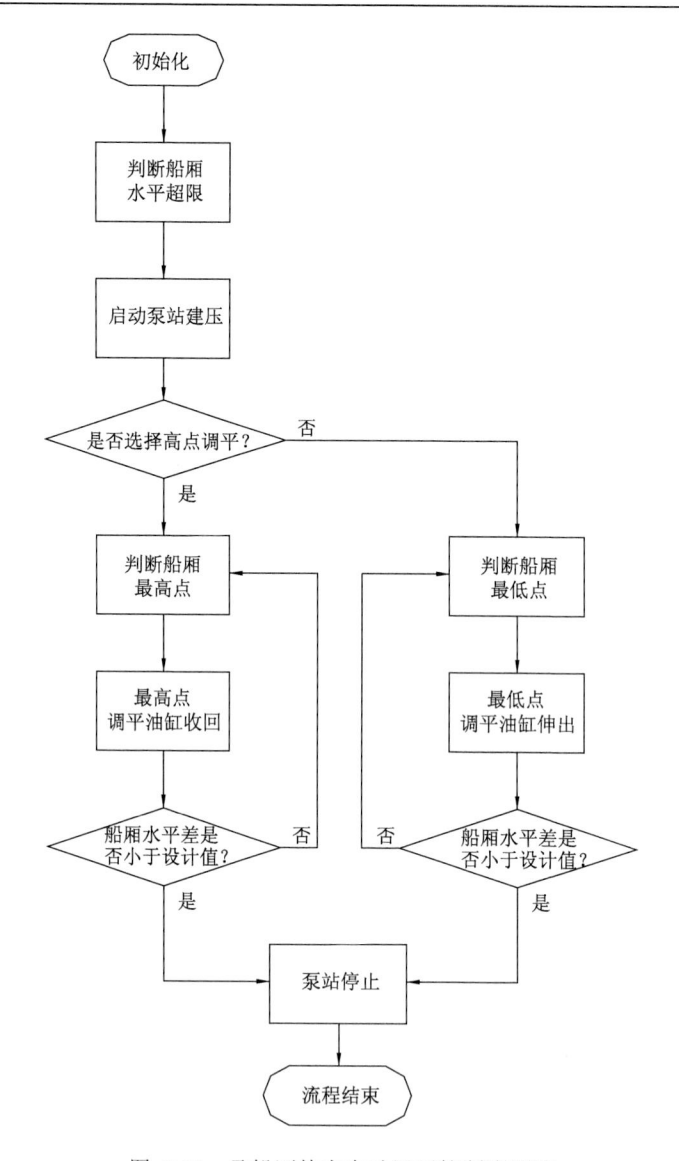

图 9-11 承船厢静态自动调平控制流程图

时，承船厢要进行必要的放水检修，传统升船机在检修时需要人工放水和架设临时水泵充水，这一过程需要几天时间，如若反复观察检修结果，时间会更长。景洪水力式升船机在控制流程上采用了开启上下游卧倒门，再以点动操作方式调整承船厢入水深度的方法，实现了承船厢的"快速充排水"，使得承船厢排水检修变得更加容易操作，缩短了承船厢的排水检修时间。承船厢内快速充排水分为快速排水和快速充水两个流程。

(1) 承船厢内快速排水流程顺序：承船厢下行至下游对接位→开启上游卧倒门→开启下游卧倒门→泄水阀小开度开启→承船厢上升→判断承船厢底部高于下游水位→泄水阀门关闭→上游卧倒门关闭→下游卧倒门关闭→流程结束。承船厢内快速排水流程如图 9-12 所示。

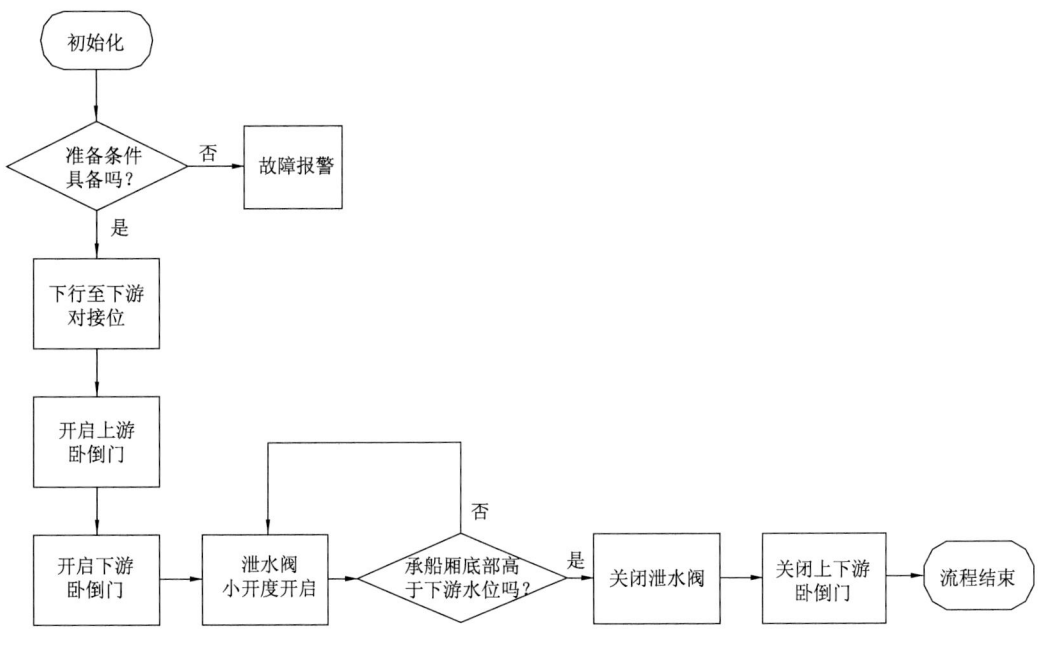

图 9-12 承船厢内快速排水流程图

(2) 承船厢内快速充水流程顺序：开启上游卧倒门→开启下游卧倒门→充水阀小开度开启→承船厢下降→承船厢下降至下游对接位→判断承船厢内水位与设计位齐平→充水阀门关闭→上游卧倒门关闭→下游卧倒门关闭→流程结束。承船厢内快速充水流程如图 9-13 所示。

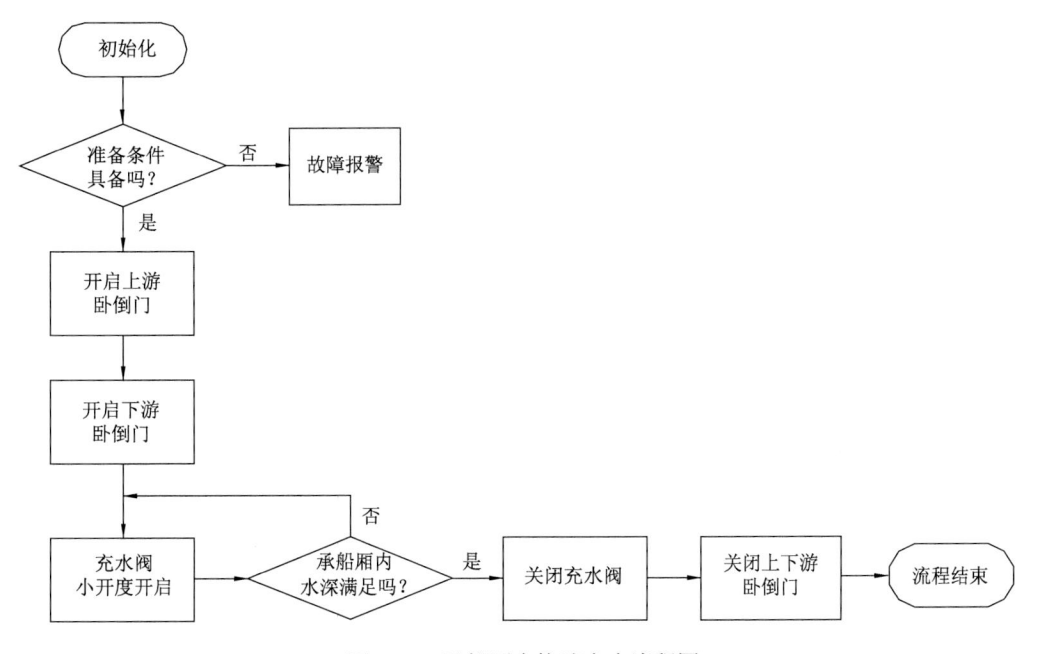

图 9-13 承船厢内快速充水流程图

9.3.7 承船厢超高超低极限保护

入水式升船机如果运行超高会造成"承船厢冲顶、浮筒坐底",运行超低会造成下游江水淹没承船厢、浮筒漂浮、钢丝绳脱落,此两种情况属于严重事故工况。在电力拖动驱动式升船机系统中设有上极限和下极限的限位开关保护,当承船厢运行超高或超低触及极限开关时,控制上采取停止电机运行、制动器上闸保护的方法,流程处理较为简单。水力式升船机采用充泄水阀门系统控制升船机的上升和下降,而关闭充泄水阀和下落事故快速门都有一定的运行时间,这使得在紧急情况下的升船机快速停止运行较电力拖动

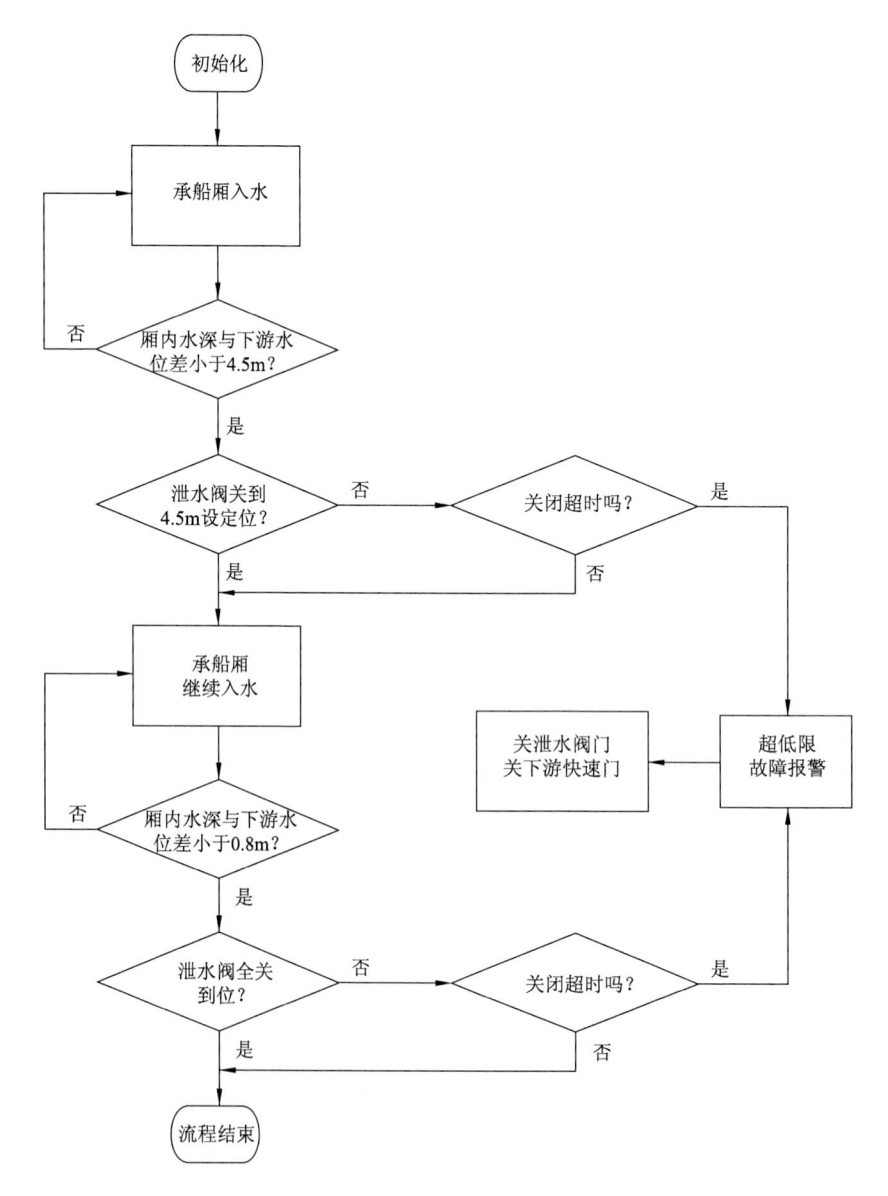

图 9-14 承船厢运行超低限保护流程

驱动式升船机会产生"滞后时间",此"滞后时间"还会随着充泄水阀门开度和上下游水位差的增大而增大。

景洪水力式升船机上极限最不利的冲高量超过了 8m,对于充泄水阀门系统的关闭和落下游事故快速门"滞后"影响不大,仍然可以采用承船厢触及上极限的限位开关,同时关闭全部充泄水阀门和落下游事故快速门的方法。但是,下游承船厢入水对接水位线与承船厢"淹没"水位线之间只有 300mm 的余量,处理方法上需考虑承船厢下降过程的充水阀关闭和落上游事故快速门的"滞后"现象。

在控制上采取了在承船厢入水过程中提前"预判"充水阀门的异常关闭保护方法,即当充水阀门开度在正常关闭运行时间范围内不能达到程序要求的设定值,系统就会判定充水阀关闭故障,采用紧急下落上游事故快速门的承船厢下行的超低限保护。承船厢运行超限保护流程如图 9-14 所示。

9.4 运行控制流程

景洪水力式升船机运行工况分为正常通航运行状态和停航检修状态两种。正常通航运行指在正常通航水位、升船机无故障工况下的运行。停航检修状态指非正常通航水位(即高于上下游最高通航水位的防洪水位和低于上下游最低通航水位的枯水位)时,升船机停航检修;以及每次洪水过后或承船厢有检修要求时,升船机停航检修。升船机处于检修状态时,所有通航交通指挥信号灯显示为红灯,所有上下游检修门处于关闭状态,承船厢内盛水全部放空,承船厢、浮筒处于锁定状态。正常通航运行工况下,以上游为起点,船只的下行和上行为一个循环。

景洪水力式升船机运行控制流程分为主流程和子流程两种。

9.4.1 控制主流程

升船机的主流程由集控运行的操作人员在中控室通过上位机完成,流程涉及的设备较多。用于升船机对接和解除对接的设备包括承船厢的顶紧、夹紧、充压密封框装置,上下游防撞梁,上下游卧倒门,上游工作大门、工作小门,上下游充泄水阀门,上下游事故快速门,以及制动器、通航交通指挥信号灯、工业电视设备、广播设备、各类检测设备等,系统通过充泄水阀门开度的大小实现承船厢的升降速度调节,上下游事故快速门为紧急状况的后备保护,通航交通指挥信号灯用于指导过坝的船只有序地进出承船厢。中控室利用工业电视监控系统观察升船机的总体运行状况,通过广播系统对全境进行播报,因为其观测的全面性,上位集控操作是升船机的主要操作方式。

1. 自动下行流程

船只下行时升船机各设备的初始状态:上游检修门开启到位,下游检修门开启到位,工作大门下落到挡水位,上游事故快速门开启到位,下游事故快速门开启到位,上游充水阀门关闭到位,下游泄水阀门关闭到位,工作小门开启到位,制动器上闸到位,承船厢上游卧倒门开启到位,上游防撞梁下降到位,承船厢下游卧倒门关闭到位,下游防撞梁上升到位，承船厢水位与上游引航道水位齐平，所有通航交通指挥信号灯均为"红色"。自动下行流程如下。

(1) 操作员发"下行"令，上游下行进闸、进厢信号灯转为"绿色"，语音播报"下行船只依次进厢，禁止抢档超越"，船只由上游引航道依次驶入承船厢。

(2) 船只全部进厢完毕，系好缆绳，操作员与承船厢指挥人员确认后，发"进厢到位"令，上游下行进闸、进厢信号灯转为"红色"，语音播报"船只系好缆绳，注意安全"，上游防撞梁上升到位，上游承船厢卧倒门关闭到位，工作小门关闭到位，密封框间隙水泄水完毕，承船厢的密封框、顶紧、夹紧全部收回到位。

(3) 制动器松闸到位，开启上游充水阀门，语音播报"船只即将下行，注意安全"，承船厢下降运行。

(4) 待承船厢水位与下游引航道水位齐平时，制动器上闸到位，下游承船厢卧倒门开启到位，下游防撞梁下降到位，下行出厢信号灯转为"绿色"，语音播报"下行船只依次出厢，禁止抢档超越"，船只向下游引航道驶出承船厢。

(5) 船只从承船厢全部驶入下游引航道后，下行出厢信号灯转为"红色"，下行流程结束。升船机自动下行流程图如图9-15所示。

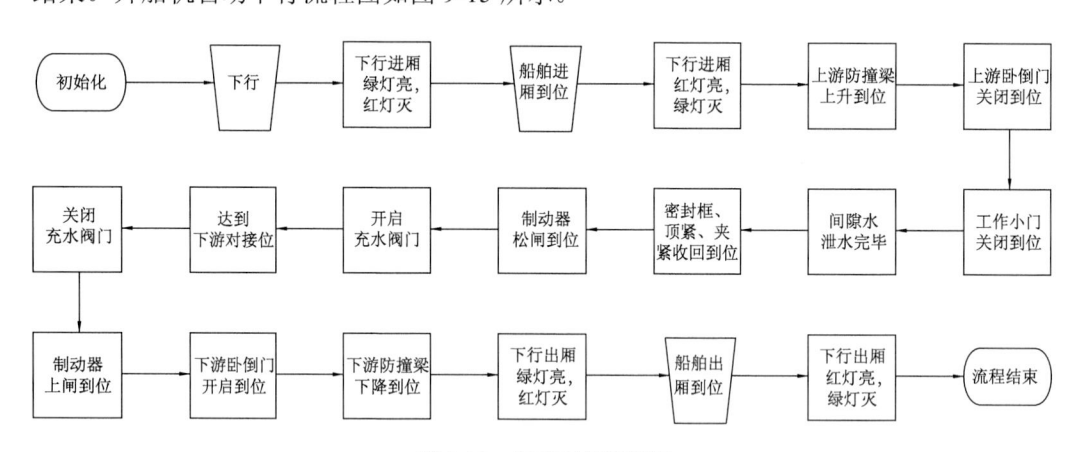

图9-15 自动下行流程图

2. 自动上行流程

下行流程结束后，承船厢进入上行流程。船只上行时各设备的初始状态：上游检修门开启到位，下游检修门开启到位，工作大门下落到挡水位，上游事故快门开启到位，下游事故快速门开启到位，上游充水阀门关闭到位，下游泄水阀门关闭到位，制动器上闸到位，承船厢下游卧倒门开启到位，下游防撞梁下降到位，承船厢上游卧倒门关闭到位，上游防撞梁上升到位，船厢水位与下游引航道水位齐平，所有通航交通指挥信号灯均为"红色"。自动上行流程如下。

(1) 操作员发"上行"令，下游上行进闸、进厢信号灯转为"绿色"，语音播报"上行船只依次进厢，禁止抢档超越"，船只由下游引航道依次进入承船厢。

(2) 船只全部进厢完毕，系好缆绳，操作员与承船厢指挥人员确认后，发"进厢到位"

令,下游上行进闸、进厢信号灯转为"红色",语音播报"船只系好缆绳,注意安全",下游防撞梁上升到位,下游承船厢卧倒门关闭到位。

(3)制动器松闸到位,开启下游泄水阀门,语音播报"船只即将上行,注意安全",承船厢上行运行。

(4)待承船厢水位与上游引航道水位齐平时,制动器上闸到位,顶紧装置伸出到位,夹紧装置伸出到位,密封框伸出到位,工作小门开启到位充间隙水,上游承船厢卧倒门开启到位,上游防撞梁下降到位,上游上行出厢信号灯转为"绿色",语音播报"上行船只依次出厢,禁止抢档超越",船只向上游引航道驶出承船厢。

(5)上行船只从承船厢全部驶入上游引航道后,上行出厢信号灯转为"红色",上行流程结束。升船机自动上行流程图如图9-16所示。

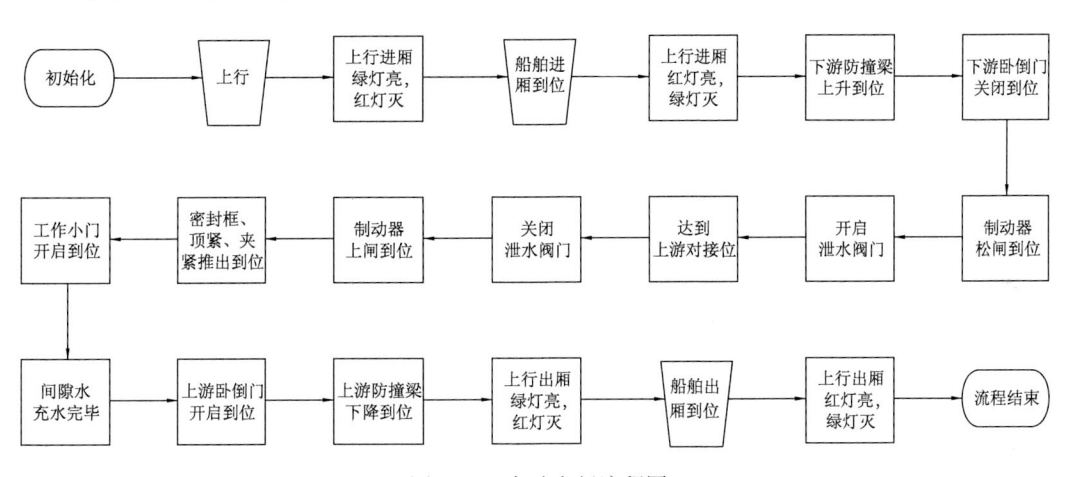

图9-16 自动上行流程图

9.4.2 控制子流程

升船机的子流程是主流程的一部分,其在某个流程流转过程中创建一个新的流程并执行,结束后可以返回主流程。本系统分为以下18个子流程,每个都是相对独立的一个流程。

1. 初始化运行流程

系统初始化流程属于自检流程,主要目的是上班操作各设备前对整个系统进行自检检查,对有故障的设备及时进行故障报警,显示报警部位和报警时间。中控室操作人员可以告知维修人员处理的详细内容,故障处理完毕后,还可以提醒操作人员将设备运行至流程要求的初始位置。

2. 上游工作大门运行流程

上游工作大门运行流程是将工作大门在上班时运行至挡水位,自动随上游水位升降,下班时自动运行至最高位。上游工作大门运行流程图如图9-17所示。

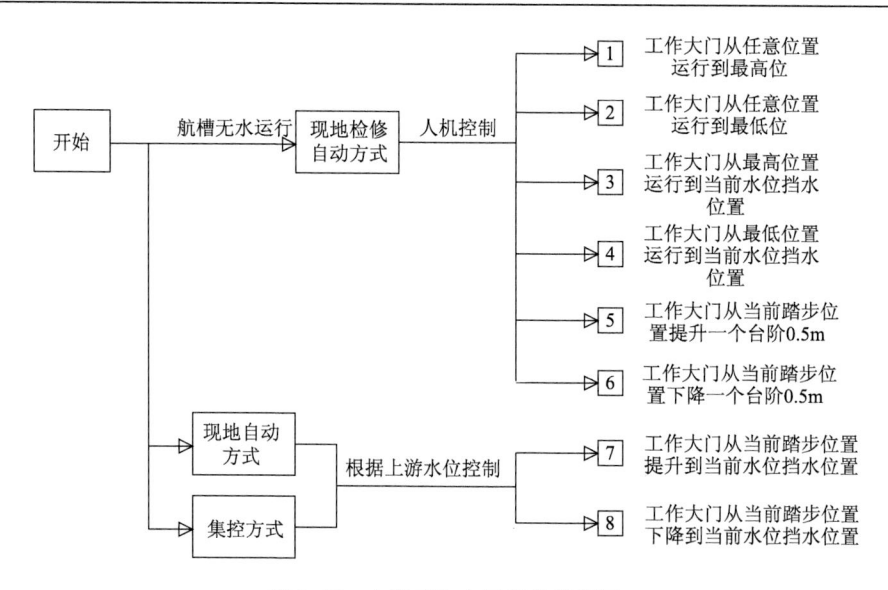

图 9-17　上游工作大门运行流程图

3. 单步运行流程

单步运行流程属于设备检查和故障处理流程，该流程的一个目的是运行前对怀疑有问题的单机设备进行操作检查，另一个目的是自动运行流程过程中由于故障中断，采取逐个操作单机设备完成本次流程。

4. 空压机掺气流程

空压机掺气流程是根据升船机实际运行需要和承船厢在上行和下行流程中的速度，设置了快速和慢速的速度段，其中快速为了防止阀门空化，运行时必须掺气。空压机掺气流程如图 9-18 所示。

5. 上行至上对接位流程

该流程通过下游阀室的三个主辅泄水阀门的相互协作，开启泄水阀门和掺气系统，给多个竖井泄水，使浮筒侧浮力减小，承船厢侧重量小于浮筒侧重量，使承船厢上行至承船厢内水位与上游水位齐平的位置，实现升船机承船厢的上游准确对接停靠。上行至上对接位流程图如图 9-19 所示。

6. 下行至下对接位流程

该流程通过上游阀室的三个主辅充水阀门的相互协作，开启充水阀门和掺气系统，给多个竖井充水，使浮筒侧浮力增大，承船厢侧重量大于浮筒侧重量，使承船厢下行至承船厢内水位与下游水位齐平的位置，实现升船机承船厢的下游准确对接停靠。下行至下对接位流程图如图 9-20 所示。

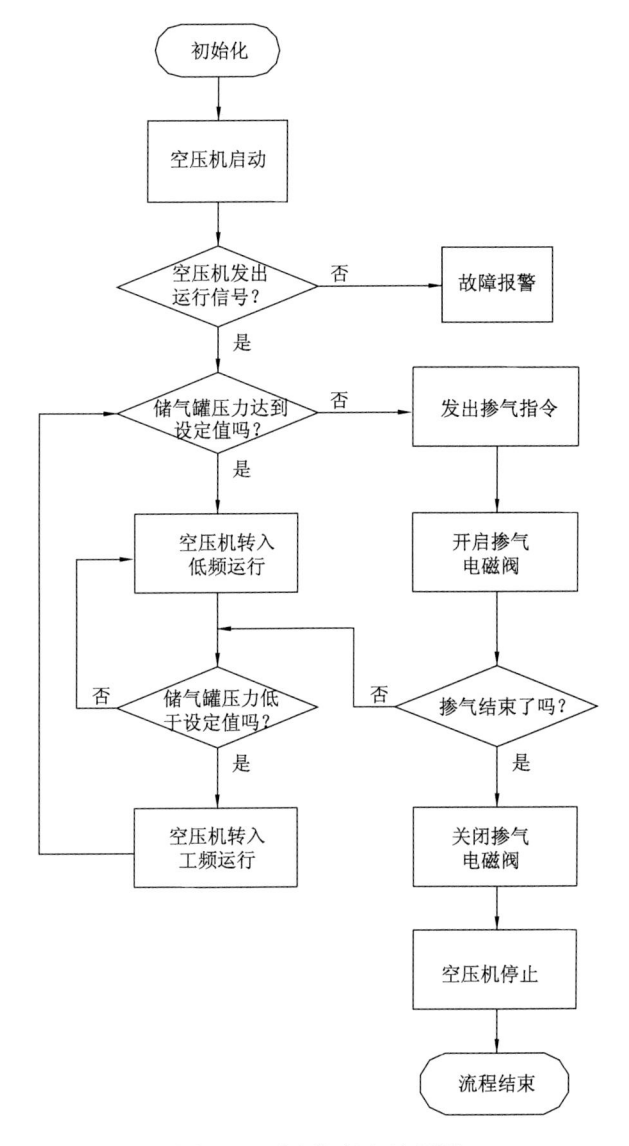

图 9-18 空压机掺气流程图

7. 上游对接流程

该对接流程是使承船厢内水位与上游航道水位形成连通,便于上游船只进出承船厢。流程依次顺序为:制动器上闸→夹紧推出→顶紧推出→密封框推出→落工作小门入水平压位→充间隙水→继续落工作小门→开启上游卧倒门→降上游防撞梁→船只驶出船厢→流程结束。上游对接流程图如图 9-21 所示。

8. 上游解除对接流程

该流程的解除对接指上游船只进出承船厢完毕后,使承船厢与上游航道分隔,便于承船厢下降运行。流程依次顺序为：船只进厢→提升上游防撞梁→关闭上游卧倒门→升工作小门→泄密封框内间隙水→密封框收回→夹紧收回→顶紧收回→制动器松闸→流程结束。上游解除对接流程图如图9-22所示。

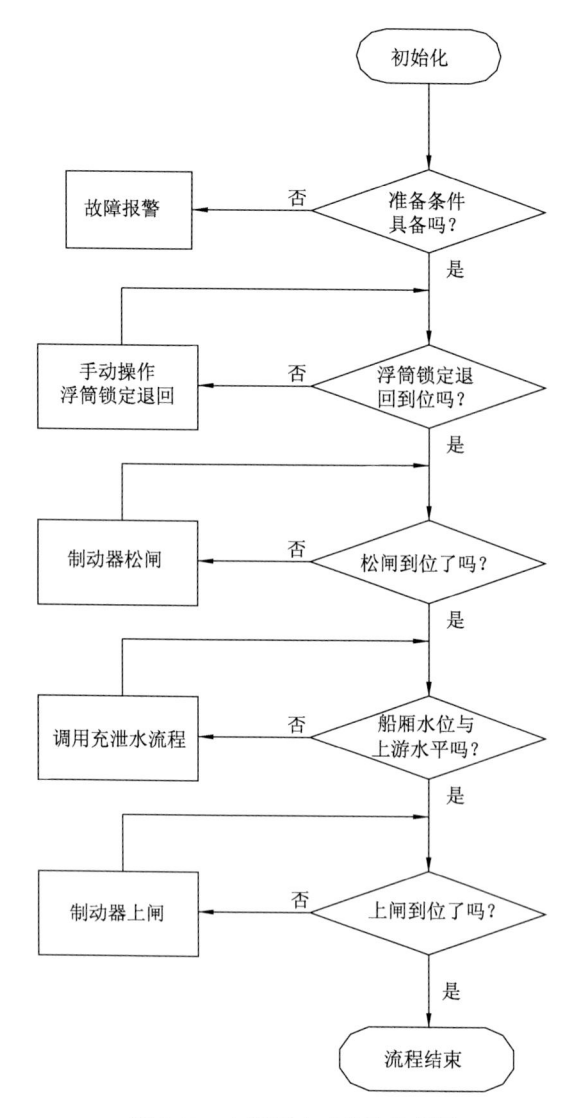

图9-19 上行至上对接位流程图

9. 下游对接流程

该流程的对接是使承船厢内水位与下游航道水位形成连通，便于下游船只进出承船厢。流程依次顺序为：制动器上闸→开启下游卧倒门→降落下游防撞梁→船只驶出船厢→流程结束。下游对接流程图如图9-23所示。

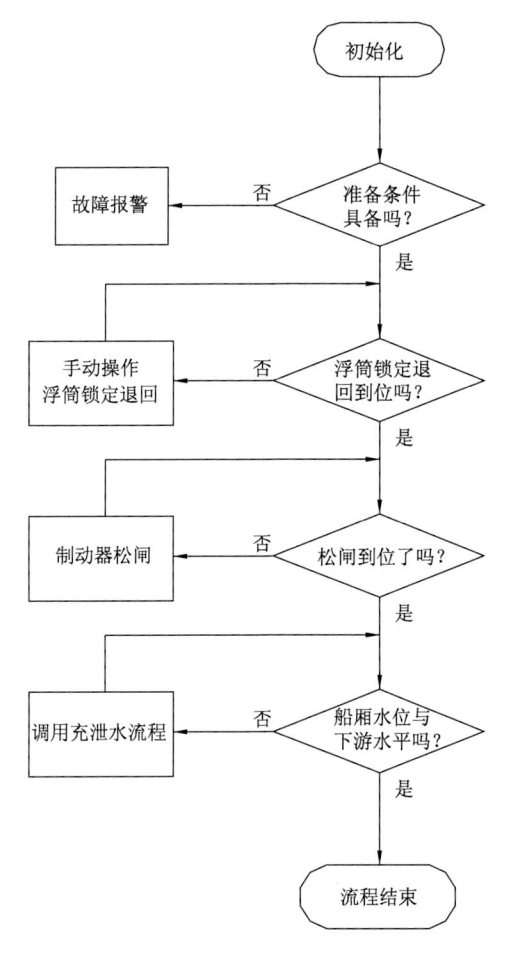

图 9-20 下行至下对接位流程图

10. 下游解除对接流程

该流程的解除对接指下游船只进出承船厢完毕后,使承船厢与下游航道分隔,便于承船厢上升运行。流程依次顺序为:船只进厢→提升下游防撞梁→关闭下游卧倒门→制动器松闸→流程结束。下游解除对接流程图如图 9-24 所示。

11. 有船下行流程

该工况是指有船舶要从大坝上游侧下行到下游,升船机需要运船下行。它由三个子流程组成,流程顺序为:承船厢上游解除对接流程→下行至下游对接位流程→承船厢下游对接流程→流程结束。

12. 有船上行流程

该工况是指有船舶要从大坝下游侧上行到上游,升船机需要运船上行。它由三个子流程组成,流程顺序为:承船厢下游解除对接流程→上行至上游对接位流程→承船厢上游对接流程→流程结束。

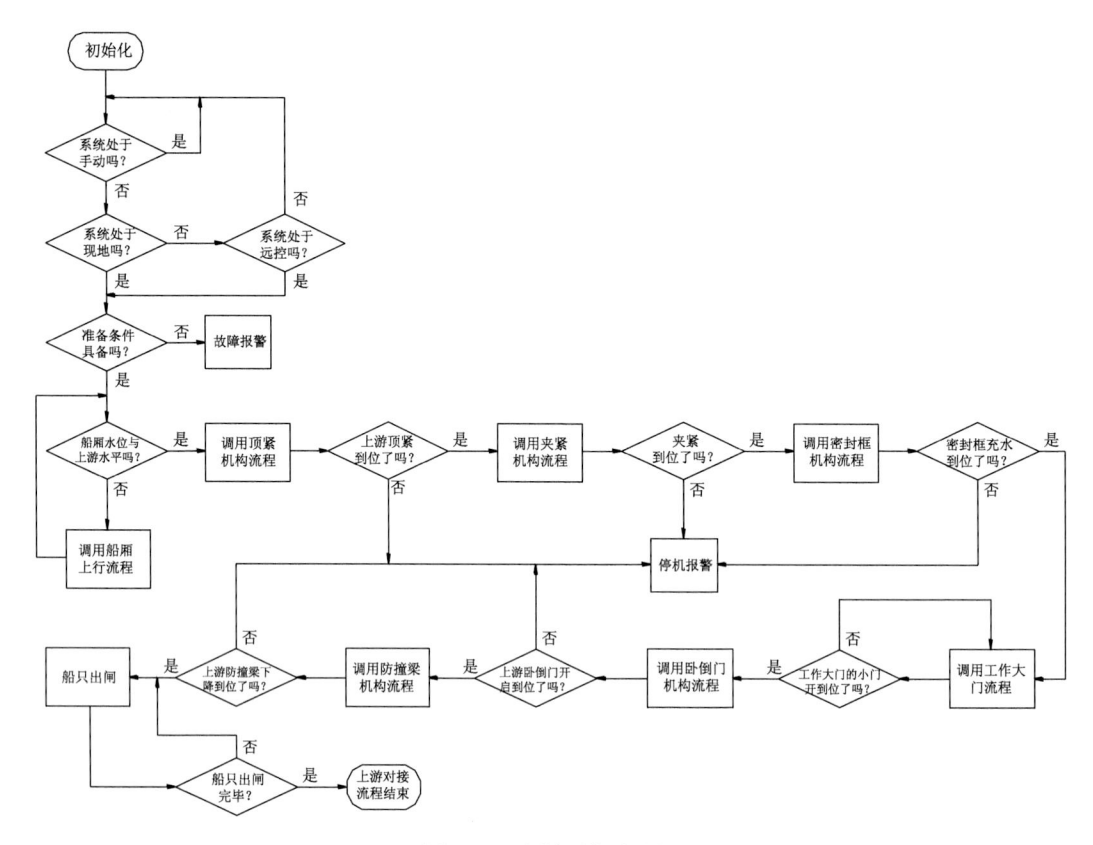

图 9-21　上游对接流程图

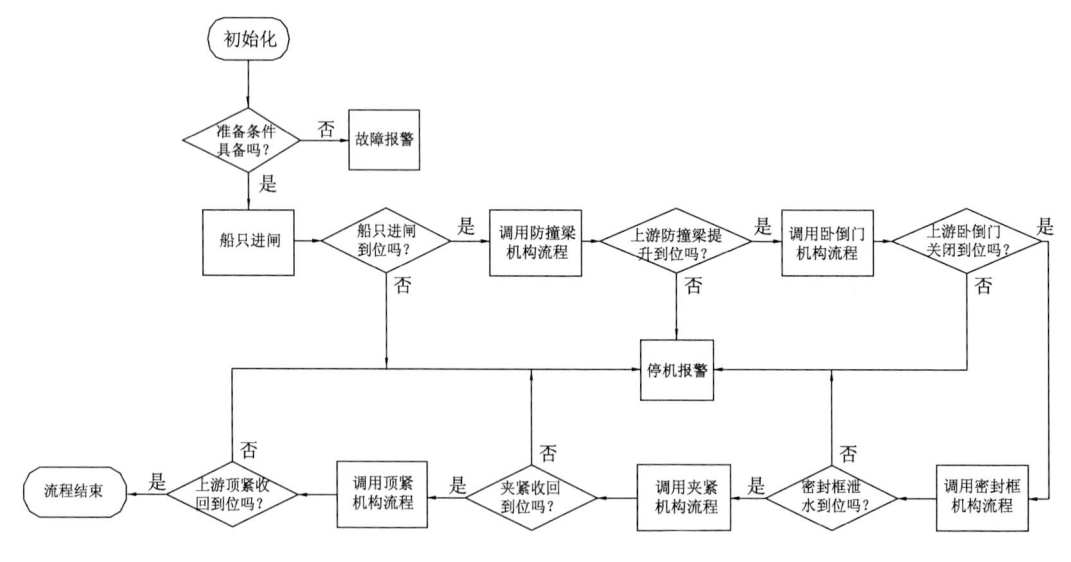

图 9-22　上游解除对接流程图

单，调试方便，性价比高，抗干扰性好，能较好地实现水位检测与控制的功能。

系统选用的水位计有投入式和吹气式，它是一个对液位进行监控的系统，利用单片机为控制核心，根据监控对象的特征，实时检测被控对象的液位高度，并与设定值作比较，由单片机控制固态继电器的开断进行开关量的输出。其原理框图如图 9-29 所示。

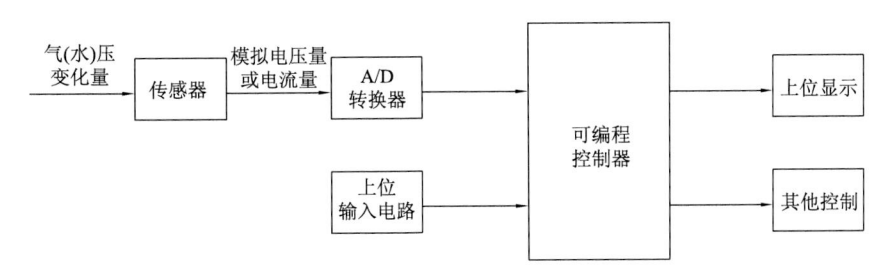

图 9-29 水位计原理框图

2. 激光测距仪

为了测量承船厢高程、浮筒平衡重高程和浮筒内水深的数据，系统选用了 VDM70 系列在线式激光测距仪，它是一种采用光波测距的方式，原理为：如果光以速度 c 在空气中 A、B 两点间往返一次所需的时间为 t，则 A、B 两点间距离 $D=c\times t/2$。由于其精度高，一般为毫米级，为了有效地反射信号，并使测定的目标限制在与仪器精度相称的某一特定点上，这种测距仪一般都配置了被称为合作目标的漫反射镜。

本系统采用的激光测距仪不仅体积小、重量轻，还采用数字测相脉冲展宽细分技术，无须合作目标即可达到毫米级精度，测程最远距离可以达到 250m，且其显示屏能快速准确地直接显示距离。

3. 对射式红外光电开关

在承船厢两侧甲板上，采用了 6 对间隔均匀安装的 MLV12 系列对射式红外光电开关用于检测承船厢内船舶的停靠位置，它由发射器和接收器组成，其工作原理：通过发射器发出的红外光线直接进入接收器，当被检测船舶经过发射器和接收器之间阻断光线时，接收器不能接收到发射器发出的光线，光电开关就产生开关信号。对射式光电开关的特点在于：可辨别不透明的反光物体，有效距离大，不易受干扰，高灵敏度，高解析度，高亮度，低功耗，响应时间快，使用寿命长。

与普通接近开关相比，对射式红外光电开关的检测距离较长且是无接触式的，所以不会损伤检测物体，也不受检测物体的影响，几乎不受检测物体的制约。由于它采用在检测对象的表面进行反射及光透过的方式，相对于接近开关只能检测金属类物体来说更加有效。

续表

测量类型	检测内容	数量	检测设备	测点分布
位置检测	浮筒锁定位置	128	接近开关	64个锁定装置，每个锁定2只
	承船厢内船舶位置及停位位置探测	6	对射式红外开关	6对开关在船厢甲板上均匀分布
	上闸首工作大门船舶探测	1	对射式红外开关	安装于上闸首工作大门
	充压密封装置充压、泄压到位检测	3	压力变送器	通过气压判断充压、泄压是否到位
	上、下游船厢门左右侧行程限位	8	接近开关	上、下游船厢门各4只
	上、下游船厢门锁定装置行程限位	8	接近开关	4套锁定装置，每台锁定装置2只
	承船厢夹紧机构行程限位检测	8	接近开关	4套夹紧装置，每套2只
	顶紧装置行程限位及楔块下滑检测	6	接近开关	2套顶紧装置，每套3只
	承船厢上、下游防撞梁行程限位	8	接近开关	上、下游防撞梁各4只
	上闸首工作大门、小门行程限位	8	接近开关	上游工作大门、小门各4只
	上闸首工作大门锁定装置到位检测	4	接近开关	工作大门每侧锁定装置2只
	上、下游快速门行程限位	4	接近开关	上、下游快速门各2只
开度检测	上、下游快速门开度	2	绝对值编码器	配置钢丝绳收缩装置
	上闸首工作大门、小门开度	4	绝对值编码器	配置钢丝绳收缩装置
扭矩检测	同步轴扭矩	12	扭矩传感器	矩形同步轴每边中部位置

9.5.3 检测方法

在检测过程中，需要运用到各种各样的传感器，传感器的检测方法及性能是能够顺利完成的关键性因素。针对不同的检测目的选择合适的检测传感器，组成一个完整的检测系统。传感器的检测方法主要有直接检测、间接检测和组合检测三种形式。

直接检测就是使用传感器仪表进行测量时，仪表读数不经过任何运算，就能直接表示测量所需要的结果。例如，用于承船厢内船舶探测的对射式红外光电开关、各类限位开关、液压泵站系统的设备运行电压和电流等。

间接检测是在有些测量场合，数据无法被测量或不便于直接测量，要求在使用传感器进行测量时，首先对与被测物理量有确定函数关系的几个量进行测量，然后将测量值代入函数关系式，经过计算得到所需的结果。例如，各类水深水位计、测量闸门行程的多圈绝对值编码器、超声波流量计等。

组合检测是将直接检测和间接检测获得的数据进行软件逻辑处理，得到所需的结果。例如，采用4套激光测距仪处理后的承船厢高程，与32根钢丝绳两端连接的32套均衡油缸压力传感器和32套承船厢压力传感器处理后的卷筒两侧钢丝绳压力等。

本系统测量传感器主要采用了以下类型。

1. 水位计

在数据采集传感器中，水位计占比最大，对升船机运行的影响不容忽视。运行控制系统利用了常见的芯片，设计并实现了水位控制系统的智能性及显示功能。电路组成简

9.5.2 检测内容

景洪水力式升船机的运行检测装置主要有水位测量、水深测量、水平测量、压力测量、流量测量、高程测量、位置测量、开度测量、扭矩检测等。系统检测设备品种多、数量大，且工作原理各不相同。

上、下游水位的检测各采用 2 套投入式水位计和 1 套吹气式水位计进行冗余检测，3 个传感器的检测信号经过控制系统对相对值进行判断，将偏差过大的水位计作为故障信号处理，得到可信的水位检测数据。

考虑到竖井水位测量范围高达 55m，为了提高竖井水位检测精度，每个竖井水位均采用 4 只高耐压投入式水位计进行检测，16 个相通的竖井共设置了 64 只水位计。控制系统对同一竖井的 4 只水位计进行满量程和空量程判断，以竖井水位到达的水位计作为依据，按此水位计的实际输出作为显示信号。

通过在矩形同步轴各边中间部位安装的 12 台扭矩仪来检测同步轴扭矩，根据扭矩仪检测到的同步轴系统内受力情况进行报警和停机控制，保证升船机的运行安全。

承船厢上游端空压密封装置充压到位和泄压到位通过对空压腔内的气压进行检测，再经过控制系统进行判断。

船厢厢门、夹紧机构、顶紧机构、防撞梁、锁定装置、工作大门、工作小门、上下游事故快速门等设备的限位通过在合适的位置安装接近开关来判断。

主要检测内容、测点数量、检测设备及检测点分布情况如表 9-16 所示。

表 9-16 检测内容及测点分布统计表

测量类型	检测内容	数量	检测设备	测点分布
水位检测	上、下游水位 1	4	投入式水位计	上、下游各 2 套
	上、下游水位 2	2	吹气式水位计	上、下游各 1 套
	竖井水位	64	投入式水位计	16 个竖井，每竖井 4 只
水深检测	承船厢内水深	6	压力传感器	承船厢左右侧，每侧 3 只均布
	承船厢入水深度	4	压力传感器	承船厢外部四角各 1 只
	浮筒内水深	16	激光测距仪	每个竖井 1 台
	上闸首间隙水深	1	压力传感器	对接时间隙水深检测
	上闸首工作小门通航底槛水深	2	压力传感器	左右侧各安装 1 只
水平检测	承船厢水平	4	水平连通管	由连通管路和 4 台压力传感器组成
压力检测	充水阀前、后压力	6	压力传感器	3 台阀门，每台阀门 2 只传感器
	泄水阀前、后压力	6	压力传感器	3 台阀门，每台阀门 2 只传感器
流量检测	充水、泄水流量	2	超声波流量计	安装在充水和泄水主管路上
高程检测	承船厢高程 1	4	绝对值编码器	主提升四角卷筒轴外侧
	承船厢高程 2	4	激光测距仪	主提升机房四角
	承船厢高程校核	2	红外发射器	船厢左侧上游端和右侧下游端
	浮筒高程	16	激光测距仪	每个浮筒 1 台

有充泄水阀，承船厢停止升降运行。

(6) 任何一个充水阀门出现关闭故障，将下落上游事故快速门；任何一个泄水阀门出现关闭故障，将下落下游事故快速门。

(7) 承船厢出现漏水事故，即厢内水深低于 2.3m 时，将关闭泄水阀，停止上行，但可以开启充水阀下行进行补水流程。

(8) 承船厢上升至上游极限位 602m 高程时，将下落下游事故快速门进行上游极限保护。

(9) 承船厢 2.5m 水线与下游水位差小于 4.5m 时，任何一个充水阀门开度大于 50，将下落上游事故快速门进行下游极限保护。

(10) 在承船厢采用快速运行方式升降时，上下游空压机出现故障，将关闭充泄水阀至初始开度值运行。

9.5 运行控制系统检测

9.5.1 总体设计

运行控制系统实施自动化控制，首先必须由传感器对相应设备的运行状态、物理量进行精确的在线检测，并由传感器将检测数据(电信号)实时传输到控制系统，由控制系统计算、处理后自动做出相应的控制输出。显然，拥有一套可靠的、精确的检测系统和测量元器件才能保证升船机自动控制系统的性能与控制精度，否则升船机也就难以正常安全运行。本系统采用的水位计、激光测距仪、扭矩仪、绝对值编码器等检测器件，其控制效果将直接影响升船机的可靠性，测量精度将关系到升船机的运行安全性。

景洪水力式升船机的运行信号检测装置主要有以下几类：水位、水深、水压检测，位移、位置、行程、水平检测，开度、流量、结构受力检测与船舶探测等；另外，还包括电气控制系统中对电压、电流、通信状态等信号的检测。各类检测信号均接入升船机电气控制系统，经过控制系统的解析和处理后作为升船机运行状态判断及控制的依据。

由于本系统采用多种类型的检测器件，而且数量较多，所有检测设备本着"可靠、先进、经济"的原则进行选型。在检测装置的选配时，除考虑优选信誉良好、质量上乘、精度满足现场控制要求外，还应尽可能采用在其他工程项目控制中已使用过的品质良好的产品，并考虑设备现场安装的可行性。信号检测系统设计及设备选型具有以下几个特点。

(1) 所有检测设备皆选用在其他工程上已使用过的、故障率相对较低的优良产品；
(2) 所有检测设备的性能应尽可能可靠，具有耐潮、耐腐蚀性，且密封性能优良；
(3) 检测设备安装、调试及维护方便；
(4) 满足与机械设备连接的传动机构的安装要求。

18. 调整均衡油缸平衡卷筒两端压力流程

该流程也属于点动流程，指在承船厢的上下游解除对接过程中，为了防止出现制动器松闸后，卷筒两侧钢丝绳拉力差过大而导致承船厢的较大抖动，故在制动器松闸前，进行卷筒两侧钢丝绳拉力差与上闸前相比在要求压力范围内的调整。流程顺序为：充泄水阀小开度调整→制动器松闸→流程结束。调整均衡油缸平衡卷筒两端压力流程图如图 9-28 所示。

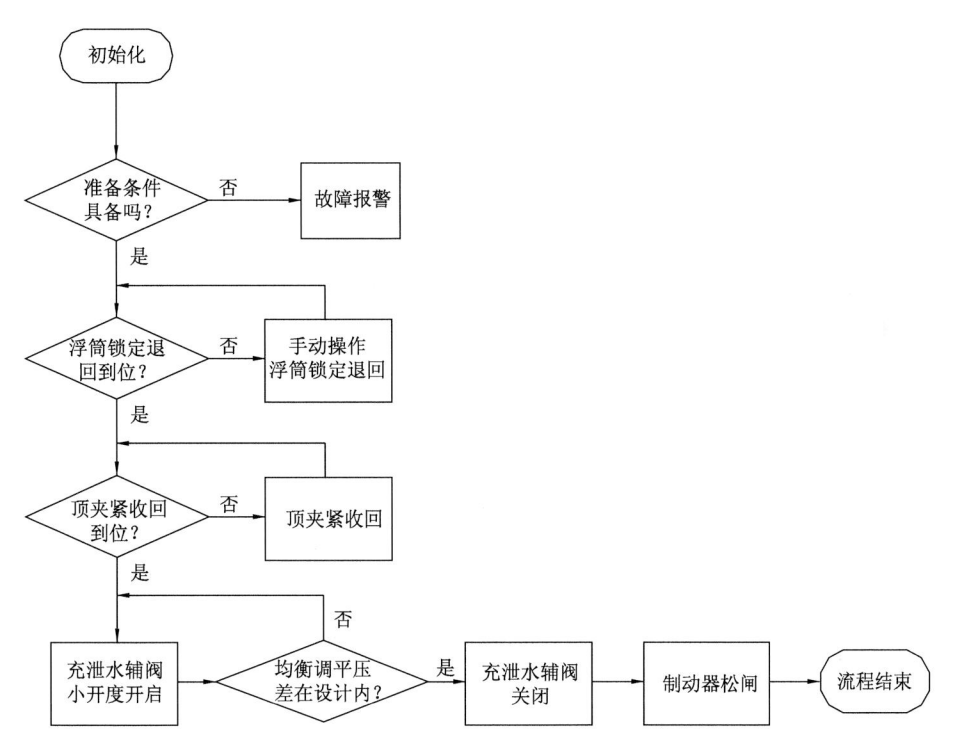

图 9-28 调整均衡油缸平衡卷筒两端压力流程图

9.4.3 主要闭锁关系

升船机的流程闭锁对于其安全运行极为重要，本系统主要采用以下闭锁保护：
(1) 承船厢上、下游对接及解除对接顺序的设备动作前后闭锁。
(2) 上、下游各设备的对接流程分别受承船厢是否到达上、下游对接位的条件闭锁。
(3) 上游工作大门在随水位升降时，受闭锁条件限制不能进行上游对接流程；反之，当上游对接流程已开始，直至上游解除对接流程完成前，上游工作大门受闭锁不能随水位升降。
(4) 上游充水阀和下游泄水阀的开启相互闭锁。
(5) 制动器任何一个松闸到位信号消失、任何一个浮筒锁定收回到位信号消失、承船厢顶夹紧装置、密封框装置收到位信号消失、上下游卧倒门关到位信号消失，将关闭所水阀小开度调整→承船厢下游解除对接流程→流程结束。承船厢内补水流程如图 9-27 所示。

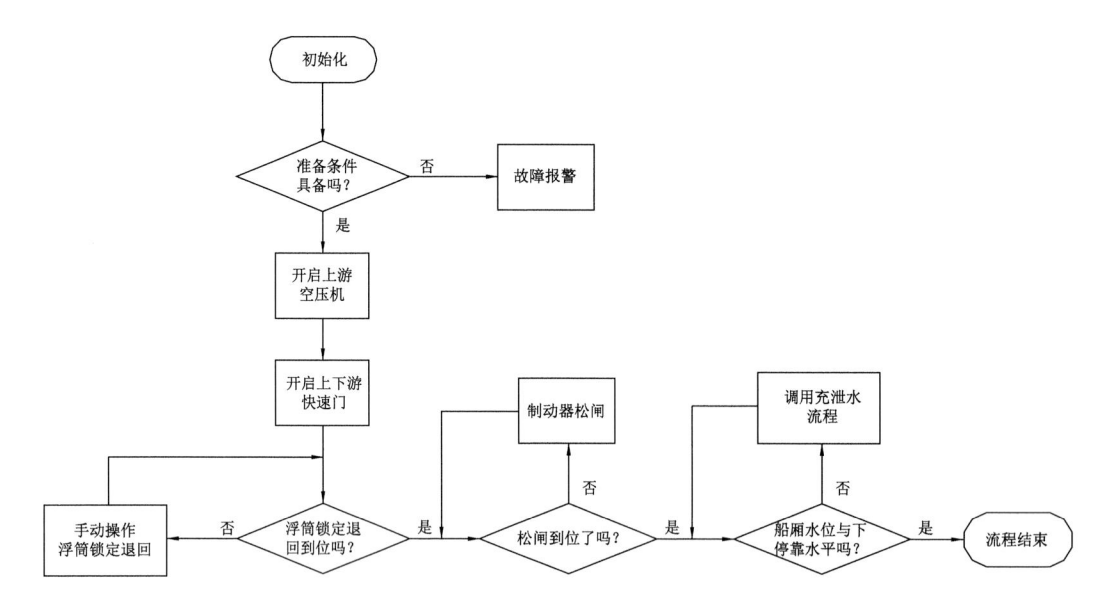

图 9-26 下行至下停靠位流程图

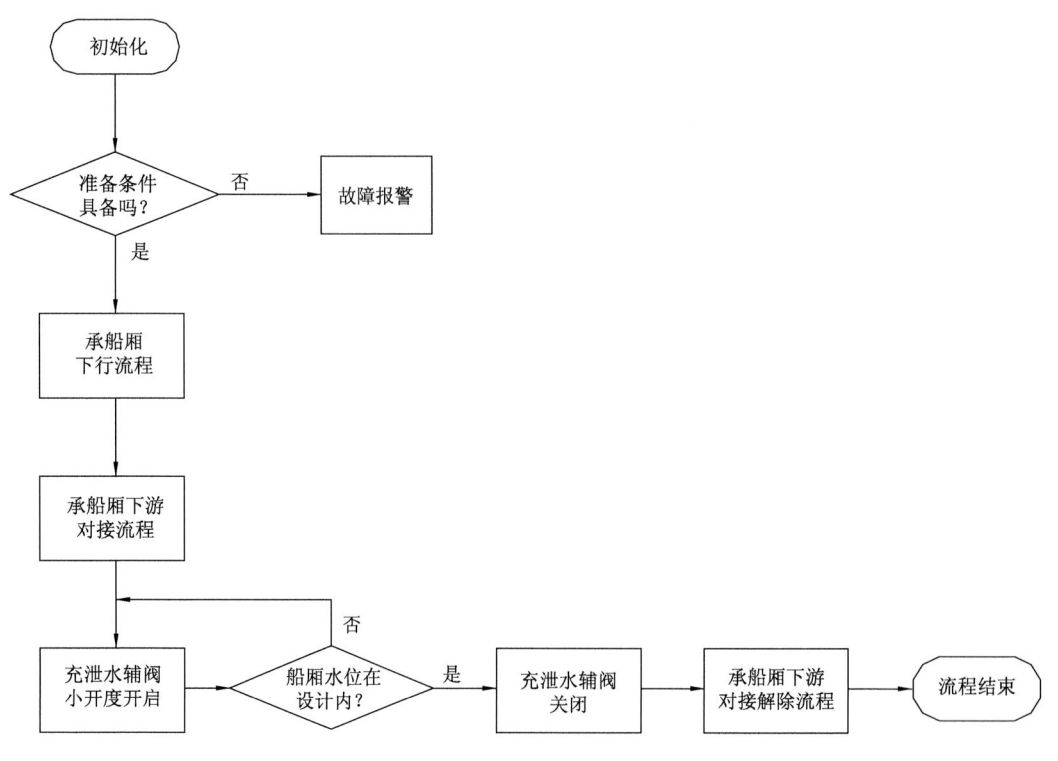

图 9-27 承船厢内补水流程图

有船下行流程，为将上游航侧船只接运至下游侧做准备。它由与"有船上行流程"相同的三个子流程组成，不同的是没有等待船只进出承船厢的时间，交通指挥信号灯无须转为"绿色"，始终为"红色"。

15. 上行至上停靠位流程

升船机下班停运后，承船厢若长时间停运，当停靠位置较低时，一旦出现上游水位上涨的情况，就有淹没船厢的危险，该流程是将承船厢提升至上游停靠位 594m 的安全位。流程顺序为：承船厢上游（或下游）解除对接流程→承船厢上行到上游停靠位流程→流程结束。上行至上停靠位流程图如图 9-25 所示。

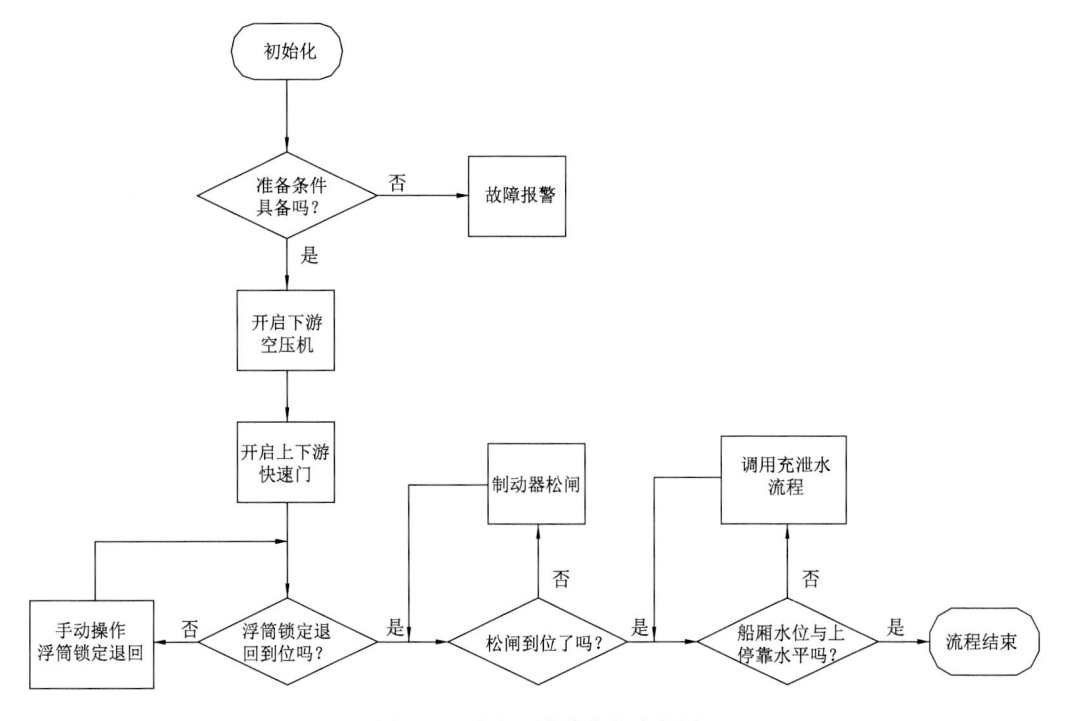

图 9-25 上行至上停靠位流程图

16. 下行至下停靠位流程

该流程是升船机下班停运后，将承船厢下降至下游停靠 554m 的安全位，以防止固承船厢停靠高程过低而出现下游水位上涨淹没承船厢的危险。流程顺序为：承船厢上游解除对接流程→承船厢下行到下游停靠位→流程结束。下行至下停靠位流程如图 9-26 所示。

17. 承船厢内补水流程

该流程属于点动流程，指承船厢内水位低于 2.3m，不满足运行要求，需要进行的船厢补水调整。流程顺序为：承船厢下行至下游对接位流程→承船厢下游对接流程→充泄

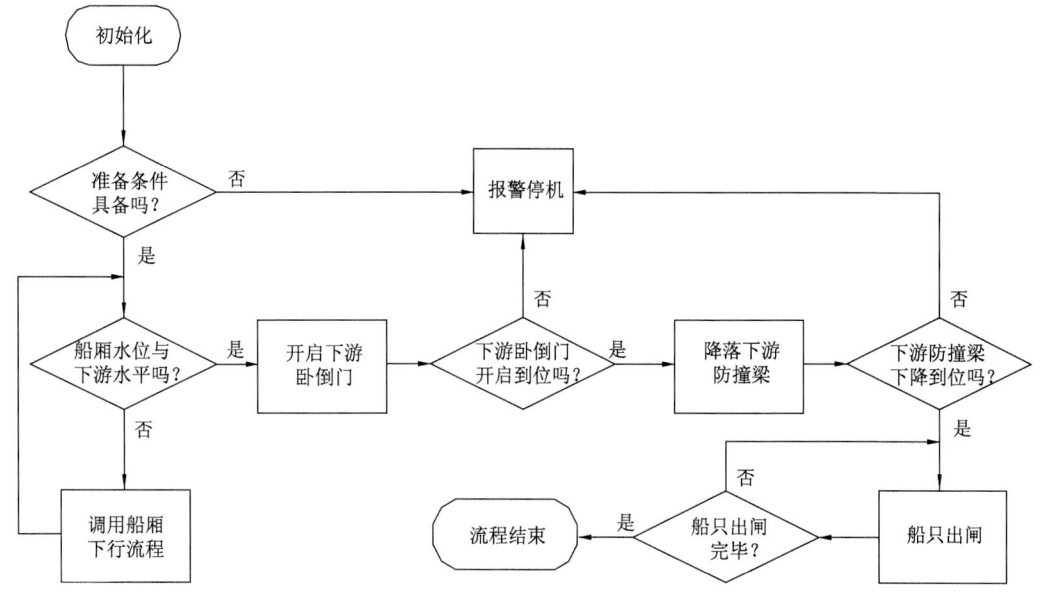

图 9-23 下游对接流程图

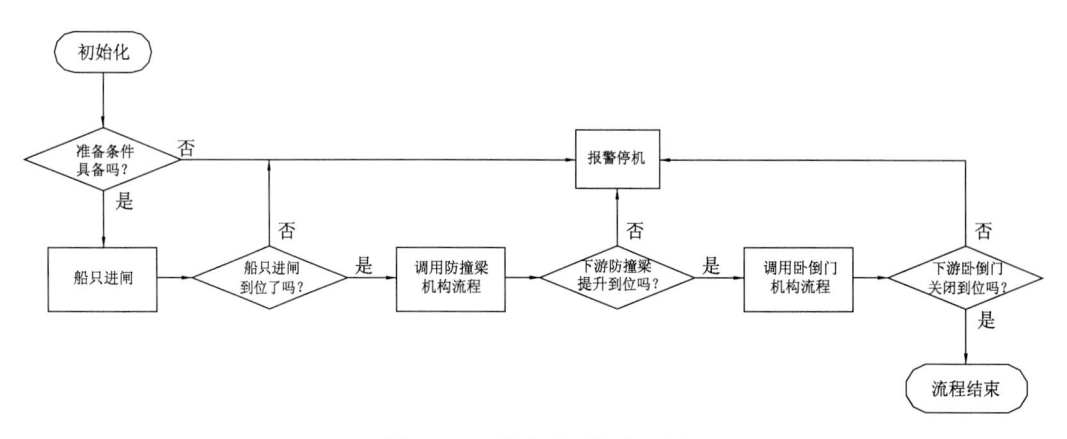

图 9-24 下游解除对接流程图

13. 无船下行流程

该流程原计划是将上游航道船只接运至下游航道，但是由于计划的改变，出现上游无船只下行，而下游又有船只等待准备上行，需要升船机从上游空载下行到下游，转为有船上行流程，为将下游航道船只接运至上游航道做准备。它由与"有船下行流程"相同的三个子流程组成，不同的是没有等待船只进出承船厢的时间，交通指挥信号灯无须转为"绿色"，始终为"红色"。

14. 无船上行流程

该流程原计划是将下游航道船只接运至上游航道，但是由于计划的改变，出现下游无船只上行，而上游又有船只等待准备下行，需要升船机从下游空载上行到上游，转为

4. 多圈绝对值编码器

在上游事故快速门、下游事故快速门及上闸首工作大门、工作小门的开度检测上，系统采用了钢丝绳收缩装置配合 AVM58N 系列多圈绝对值编码器进行数据采集。

编码器光码盘上有许多道光通道刻线，每道刻线依次以 2 线、4 线、8 线、16 线编排，这样，在编码器的每一个位置，通过读取每道刻线的通、暗，获得一组从 2^0 到 2^{n-1} 的唯一的二进制编码(格雷码)，这就称为 n 位绝对值编码器。这样的编码器是由光电码盘进行记忆的。绝对值编码器由机械位置确定编码，它无须记忆，无须查找参考点，而且不用一直计数，什么时候需要知道位置，就什么时候去读取它的位置，而且还有断电记忆功能，无须增加 UPS 或逆变电源等供电保持。这样，编码器的抗干扰特性、数据的可靠性大大提高。

测量旋转超过 360°的范围，就要用到多圈绝对值编码器，该编码器运用钟表齿轮机械原理，当中心码盘旋转时，通过齿轮传动另一组码盘(或多组齿轮、多组码盘)，在单圈编码的基础上再增加圈数的编码，以扩大编码器的测量范围，这样的绝对值编码器就称为多圈绝对值编码器。它同样由机械位置确定编码，每个位置编码唯一且不重复，而无须记忆。

多圈绝对值编码器的优点是测量范围大，使用往往富裕较多，这样在安装时不必找寻零点，只要将某一中间位置作为起始点就可以了，大大简化了安装调试难度。

5. 超声波流量计

在充水阀门进水斜管段和泄水阀门水平进水管段，各安装了一台 UR-1000-2S00 型多声道超声波流量计，分别用于测量竖井的进水流量和出水流量。它的工作原理是：机械测量元件把流入流量计的流体连续不断地分隔成单位体积并送往出口，在这个过程中流体带动流量计的转动部分旋转，只要测得转子的转动次数，就可以得到通过流量计的流体体积的累计值。超声波在流体中传播时，会承载流体流速的信息。通过接收穿过流体的超声波就可以检测出流体的流速，从而换算成流量(体积流量)。

该流量计的特点如下：
(1)唯一能实现非接触式测量的流量计(夹装式)；
(2)无阻流件，无压力损失；
(3)准确度高；
(4)管道内外壁干净，需足够长直管段；
(5)特别适合大管径测量，其成本与管径基本无关。

9.6 事故工况分析

9.6.1 一般故障检测

升船机是包含了多种设备及元器件的复杂系统，在其运行过程中不可避免地会出现各种各样的故障问题，为了尽量减少故障的发生，开展升船机维护工作十分重要，根据《通航建筑物维护技术规范》(JTS 320—2—2018)，制定景洪水力式升船机运行维护技术规程，以保障升船机安全运行。维护应包含检测、保养和维修，日常例行保养应包括各种设备设施巡检，日常例行保养是避免升船机出现严重事故的一项重要的基础性工作，定期保养主要包括设备的润滑、电气控制系统断电维护等；专项检修、大修、抢修等主要是针对存在的缺陷或故障进行集中处理，相对而言，升船机日常巡检十分重要，应建立严格的巡检制度。

升船机监控系统主要用于升船机运行控制和技术状态监测，包括多种判断指标，这些指标是判断其是否处于良好工作状态的依据。运行状态监测同样可以看成是故障检测的功能，在升船机监控系统启动后，各项监控指标是否正常即为故障检测的过程，应该说，一般的故障检测在升船机运行控制系统中均能体现。对于景洪水力式升船机而言，其工作原理与传统电力拖动驱动式升船机有着本质的区别，因此，其运行状态监测内容和指标与传统电力拖动驱动式升船机也存在着一定差异。

景洪水力式升船机一般故障检测或技术状态监测的内容包括上下游水位、竖井水位、承船厢水深、充水阀门开度、泄水阀门开度、阀前阀后压力、阀后结构振动、调平油缸的油压与行程、均衡油缸的油压与行程、油压压差、承船厢高程、浮筒高程、浮筒水深、船厢倾斜量、导向压力、同步轴扭矩、船厢密封框储气罐压力、充泄水阀门掺气空压机状态、制动器状态等，以及基于这些检测内容计算得到的各项指标，进而建立满足安全运行指标的各项闭锁关系。

依据运行控制系统可以对升船机工作状态有总体的把握，但依然存在监控系统无法反映的诸多事项，需要升船机运行操作人员进行判断，以及运行监护人员巡视发现。当然，除了一般较容易判断和处理的故障外，水力式升船机仍存在一些特有的、复杂的、并可能导致严重后果的故障或事故工况，如承船厢漏水事故、紧急停机、空压机故障、制动器意外上闸等，需要开展专题研究，论证其危害性及应对措施。

9.6.2 事故工况的措施分类

景洪水力式升船机设备众多，主要包括水力输水系统设备、上闸首设备、机械系统设备、电气系统设备、辅助设备五大系统设备。在升船机运行过程中，各系统设备、电源都可能出现故障，给升船机的安全稳定运行带来风险。这些故障导致的风险有的可能仅仅影响升船机的运行效率，有的可能会影响升船机的运行安全。针对各种故障风险，应采取相应的应对措施，以消除风险，保证升船机安全稳定运行。以下介绍水力式升船机事故工况种类，并总结各事故工况的应对措施。

根据故障的危害程度，将故障分为以下三类。

一类故障：一类故障最为严重，可能造成人员伤亡或大型设备损坏，必须采取紧急措施，立即停止升船机运行。

二类故障：二类故障次之，不会造成人员伤亡，但可能会造成设备损坏，应采取停机或减速运行措施，完成当次运行后停机处理。

三类故障：三类故障影响较小，不会影响升船机的正常运行，只作为报警提示，升船机停机后检修处理即可。

1. 水力输水系统设备

在水力式升船机运行过程中，水力输水系统需投入的主要设备有上下游事故快速门、充泄水阀门及充泄水掺气系统。

根据对以上设备特性的分析，水力输水系统设备出现的主要故障有上下游快速事故门误动作、充(泄)水阀门不能开启、充(泄)水阀门不能关闭、阀门漏水、掺气系统突然中断。

2. 机械系统设备

在升船机运行过程中，机械系统需投入(动作)的主要设备有同步系统、制动系统、顶(夹)紧装置、充压密封框装置、上下游船厢卧倒门、上下游防撞梁、浮筒装置、导向系统。

根据对以上设备特性的分析，机械系统设备出现的主要故障有制动器意外上闸、制动器不能上闸或松闸；同步轴扭矩超标、同步轴断裂；承船厢卡阻、船厢门不能启闭、防撞梁不能升降、导向系统荷载超标、顶(夹)紧装置不能伸出(或退回)、充压密封装置不能伸出(或退回)；浮筒倾斜、浮筒卡阻。

3. 闸首设备

在升船机运行过程中，上闸首设备需投入的设备有上闸首工作大门、间隙水排水装置、上闸首工作小门、上游事故快速门；下闸首设备不投入，下闸首检修闸门处于存放状态。

根据对以上设备特性的分析，上闸首设备出现的主要故障有工作大门启闭不正常、工作小门启闭不正常、间隙水排水装置启闭不正常、上游事故快速门启闭不正常。

4. 通航水位变化

升船机运行过程中，通航水位可能发生快速变化，给升船机的正常运行带来相应的影响。通航水位的快速变化分为上游通航水位快速变化和下游通航水位快速变化。

5. 船厢或浮筒漏水

升船机运行过程中，可能出现承船厢漏水、承船厢倾斜、承船厢超(欠)载、浮筒漏水等事故运行工况。承船厢漏水，又根据漏水量的影响分为少量漏水和大量漏水两种情况。

6. 船舶故障

承船厢在上下游对接位，船舶进出承船厢的过程中，由于船舶故障或船员的误操作，可能发生船舶撞击船厢的异常情况，给升船机的安全运行带来风险。

7. 电气设备

在升船机运行过程中，电气设备出现的主要故障有电源故障、网络故障。

1）电源故障

升船机主用电源为交流电源。直流电源作为监控系统的保障电源，在交流电源消失时能保证监控系统的可靠用电。除单个设备出现电源故障而造成的设备故障外，还有上位机电源故障、上闸首 LCU 设备电源故障、驱动 LCU 设备电源故障、承船厢 LCU 设备电源故障、公用 LCU 设备电源故障及全厂交流电源消失等故障。

2）网络故障

监控网络故障有上位机网络故障、上闸首 LCU 网络故障、驱动 LCU 网络故障、承船厢 LCU 网络故障、公用 LCU 网络故障和监控双环网络故障。

经分析统计，景洪水力式升船机共有事故种类 49 项，其中一类故障 14 项，二类故障 20 项，三类故障 15 项。各类系统设备故障数量、类别详见表 9-17。

表 9-17 故障统计表

故障类别	数量	水力输水系统	机械系统设备	上(下)闸首设备	通航水位变化	船厢或浮筒漏水	船舶故障	电气设备
一类故障	14	2	6	0	0	1	1	4
二类故障	20	3	4	2	3	1	1	6
三类故障	15	1	6	4	0	2	0	2
合计	49	6	16	6	3	4	2	12

综合梳理以上 49 项事故工况及划分的一类故障、二类故障和三类故障，并分析各种故障的可能后果，提出了一般预防措施，并针对各事故工况提出应对措施。升船机事故分类及处理措施详见表 9-18。

表9-18 升船机事故分类及处理措施表

故障分类	序号	故障名称	故障后果	预防措施	故障应对措施	故障级别
水力输水系统设备故障	1	泄水阀门不能关闭（船厢上行）	承船厢冲顶、浮筒坐底	加强对阀门设备的日常维护、保养，加强进口拦污栅及挂网的维护	立即关闭下游事故快速门，停止承船厢的运行	一类
	2	充水阀门不能关闭（船厢下行）	水淹船厢、浮筒漂浮、钢丝绳脱落	加强对阀门设备的日常维护、保养，加强进口拦污栅及挂网的维护	立即关闭上游事故快速门，停止承船厢的运行	一类
	3	掺气系统突然中断	短暂的气蚀、结构振动	加强对掺气设备的日常维护保养，保障供电	升船机按初始开度降速运行	二类
	4	上下游快速事故门误动作	升船机意外停止运行	防止误动作	船厢上行：快速关闭泄水阀门、中断升船机运行；船厢下行：快速关闭充水阀门、中断升船机运行	二类
	5	充泄水阀门不能开启	升船机停运或降低升船机运行效率	加强对阀门设备的日常维护、保养	船厢上行：快速关闭泄水阀门、中断升船机运行；船厢下行：快速关闭充水阀门、中断升船机运行	二类
	6	充泄水阀门漏水	下班停运时，船厢水体波动、安全隐患；运行过程中，影响运行效率；对接过程中，带来安全隐患	加强对阀门设备的日常维护、保养	完成当次运行后，再检修处理；下班停运时漏水，则快速关闭上下游充水阀门和快速门	二类
机械系统设备故障	7	制动器意外上闸	事故停机、船厢水体大幅增大甚至同步轴断裂、系统扭矩崩溃	加强对制动系统设备及管路的日常维护、保养	船厢上行：立即快速关闭泄水阀门和下游快速事故门；船厢下行：立即快速关闭充水阀门和上游快速事故门	一类

续表

故障分类	序号	故障名称	故障后果	预防措施	故障应对措施	故障级别
机械系统设备故障	8	同步轴扭矩超标	可能出现同步轴断裂的风险	加强升船机日常维护、保养，严格按运行流程操作，加强运行前检查，防止船厢、浮筒的卡阻	扭矩超过190kN·m时，减速运行；扭矩超过228kN·m时，制动器上闸，同时快速关闭充泄水阀门和上下游事故快速门，中断升船机运行	一类
	9	同步轴断裂	可能出现承载船厢倾覆的严重事故	加强升船机日常维护、保养，严格按运行流程操作，加强运行前检查，防止船厢、浮筒的卡阻	立即上制动器，立即中断升船机的运行，同时快速关闭充泄水阀门和上下游事故快速门	一类
	10	承船厢卡阻	船厢倾斜，同步系统扭矩增大甚至有断裂的风险，导致严重的安全后果	加强导向系统的日常检修、维护，防止船厢出现卡阻事故	立即上制动器，立即中断升船机的运行，同时快速关闭充泄水阀门和上下游事故快速门	一类
	11	导向系统荷载超标	可能导致导向系统和船厢结构损坏的事故	加强导向系统的日常检修、维护，防止导向系统出现卡阻事故	当导向系统的实测荷载超过500kN时，应减速运行；当达到额定值600kN时，应立即将制动器上闸，同时快速关闭充泄水阀门和上下游事故快速门，立即中断升船机的运行	一类
	12	浮筒卡阻	船厢倾斜，同步系统扭矩增大甚至有同步轴断裂的风险，导致严重的安全后果	加强日常检修、维护，防止浮筒出现卡阻事故	制动器上闸，立即中断升船机的运行，同时快速关闭充泄水阀门和上下游事故快速门	一类
	13	制动器不能上闸	运行流程无法继续，中断升船机的运行	加强对制动系统设备及管路的日常维护、保养	中断升船机正常运行流程，若厢上行或上行至对接位进行上下游水位平稳后，将船驶出，承船厢上行或对接，待上（下）游水位无异，将船驶出，承船厢内无船，关闭充泄水阀，再检查处理	二类
	14	制动器不能松闸	运行流程无法继续，中断升船机的运行	加强对制动系统设备及管路的日常维护、保养	中断升船机正常运行流程，若厢内有船，则首先将船驶出，再检查处理	二类

第9章 运行控制系统

续表

故障分类	序号	故障名称	故障后果	预防措施	故障应对措施	故障级别
机械系统设备故障	15	船厢门不能开启	后续程序无法继续进行，不会导致安全事故的扩大	加强船厢门及启闭机的日常检修、维护，使船厢门及启闭机保持良好工作状态	如果船厢内无船，则应迅速将船厢提至距离下游水面一定距离的地方，放空船厢水体，排除故障；如果地方法打开船厢门，或其他方法打开船厢门，放空水体，再排除故障	三类
	16	船厢门不能关闭	后续程序无法继续进行，不会导致安全事故的扩大	加强船厢门及启闭机的日常检修、维护，使船厢门及启闭机保持良好工作状态	如果船厢在下游，则应缓慢将承船厢提出水面至一定距离，排空船厢内水体，排除故障；如果船厢在上游，船只驶出承船厢后，关闭上闸首工作小门，通过船厢排空阀将空船厢内水体，再排除故障	三类
	17	防撞梁不能下降	后续程序无法继续进行，不会导致安全事故的扩大	加强防撞梁的日常检修、维护，使防撞梁保持良好工作状态	如果船厢内无船，则应迅速将船厢提至距离下游水面一定距离的地方，排空船厢水体，排除故障；如果地方法放空船厢，则应采用手动或其他方法放空承船厢水体，再排除故障	三类
	18	防撞梁不能提升	后续程序无法继续进行，不会导致安全事故的扩大	加强防撞梁的日常检修、维护，使防撞梁保持良好工作状态	如果船厢内无船，则应迅速将船厢提至距离下游水面一定距离的地方，排空船厢水体，排除故障；如果地方法排空船厢内有船，将船只驶出，再排除故障	三类
	19	顶(夹)紧装置不能伸出	后续程序无法继续进行，不会导致安全事故的扩大	加强顶(夹)紧装置的日常检修、维护，使顶(夹)紧装置保持良好工作状态	如果船厢内无船，则应迅速将船厢提至距离下游水面一定距离的地方，排空船厢水体，排除故障；如果船厢内有船，则应承接船厢与下游对接，将船只驶出，再提起承船厢至安全位置，排空船厢水体，排除故障	三类

续表

故障分类	序号	故障名称	故障后果	预防措施	故障应对措施	故障级别
机械系统设备故障	20	顶（夹）紧装置不能退回	后续程序无法继续进行，不会导致安全事故的扩大	加强顶（夹）紧装置的日常检修、维护，使顶（夹）紧装置保持良好工作状态	如果船厢内无船，则排空船厢水体，排除故障；如果船厢内有船，则将空船厢内船只驶出，再排空船厢水体，排除故障	三类
	21	密封装置不能伸出	后续程序无法继续进行，不会导致安全事故的扩大	加强密封装置的日常检修、维护，使密封装置保持良好工作状态	如果船厢内无船，则应迅速将空船厢提至距离下游水面一定距离的地方，排空船厢水体，排除故障；如果船厢内有船，将船只驶出，与下游对接，将船厢提至距离下游安全的位置，再排空船厢水体，排除故障	三类
	22	密封装置不能退回	后续程序无法继续进行，不会导致安全事故的扩大	加强密封装置的日常检修、维护，使密封装置保持良好工作状态	如果船厢内无船，则排空船厢水体，排除故障；如果船厢内有船，则将空船厢内船只驶出，再排空船厢水体，排除故障	三类
上下闸首设备故障	23	工作大门不能启闭	承船厢不能与上游正常对接，升船机将无法执行完整的运行流程，可能出现水漫大门、损坏船厢设备的风险	加强工作大门及启闭机的日常检修、维护，使工作大门保持良好工作状态	应迅速关闭上游事故快速门，防止事故扩大，再进行后续处理	二类
	24	工作小门不能关闭	不能完成上游解除对接程序，后续程序无法继续进行，不会导致安全事故的扩大	加强工作小门及启闭机的日常检修、维护，使其保持良好工作状态	如果船厢内无船，应迅速关闭上下游事故快速门，防止事故扩大。如果船厢内有船，应将船只驶出，关闭上下游事故快速门，防止事故扩大	二类
	25	工作小门不能开启	不能完成上游对接程序，后续程序无法继续进行，不会导致安全事故的扩大	加强工作小门及启闭机的日常检修、维护，使其保持良好工作状态	如果船厢内无船，则应检查处理；如果船厢内有船，将船厢提至下停靠位以上位置，进行检查处理，将承船厢提至下游船只驶出，再检查处理	三类

第 9 章 运行控制系统

续表

故障分类	序号	故障名称	故障后果	预防措施	故障应对措施	故障级别
上下闸首设备故障	26	间隙水排水装置不能开启	不能完成上游解除对接程序,后续程序无法继续进行,不会导致安全事故的扩大	加强间隙水排水装置的日常检修、维护,使间隙水排水装置保持良好工作状态	如果船厢内无船,则应采用其他方法排出间隙水体,解除对接;如果船厢内有船,启用上游防倒门,工作小门,将船只驶出,再采用其他方法排出间隙水体,解除对接	三类
	27	间隙水排水装置不能关闭	不影响当次运行,不会导致安全事故	加强间隙水排水装置的日常检修、维护,使间隙水排水装置保持良好工作状态	完成当次运行,再检查处理	三类
	28	上游事故快速闸门不能启闭	不能调节事故闸门上方的通航水位,中断升船机运行。升船机停运状态,可能出现水漫工作大门的风险,损坏船厢设备	加强上闸首事故闸门及启闭机的日常检修、维护,使其保持良好工作状态	应在下游将船厢内船只驶出,承船厢提升至安全位置,停止升船机的运行	三类
通航水位变化	29	上游通航水位快速变化	对接过程中,可能发生水溢门顶的风险,损坏船厢设备	加强与电站调度中心的沟通,及时掌握上游水情变化	进入对接程序,船厢停到位后,上游水位发生变化,则应中断对接程序,停止升船机的运行;开启上游防倒对接门前,检查船厢内外水位差,按不超过 100mm 控制,对接过程中,如果上游通航水位上升超过 500mm,迅速关闭上下游事故快速闸门,防止事故的扩大	三类

续表

故障分类	序号	故障名称	故障后果	预防措施	故障应对措施	故障级别
通航水位变化	30	下游通航水位快速变化	水淹船厢或船厢水深不足	加强与电站调度中心的沟通，及时掌握下游水情变化；必要时，通过电站采取补水措施	船厢达到下游对接位置前，下游水位发生变化，则应中断对接程序，并将承船船厢升降至距下游水面安全的位置；开启下游卧倒门前，检查船厢内外水位差，按不超过100mm控制。船厢水位变化趋势和幅度确定下一步的应对措施；在卧倒门开启过程中，下游水位出现快速变化，可能导致水淹船厢或船厢水深小于2.30m时，则应中断卧倒门的开启进程，关闭卧倒门，解除对接，并将承船船厢提升至距下游水位安全的位置；在卧倒门处于开启状态，船只进出船厢过程中，下游水位出现快速变化，可能导致水淹船厢或船厢水深小于2.30m时，则应及时与电站控制中心联系，采取应急措施，以平抑下游船只吃水深度不够的事故发生止水淹船厢或船只吃水深度不够的事故发生	二类
	31	下游通航水面波动	导致同步轴扭矩出现大的波动，导向系统同步荷载扭矩，导向系统实际荷载超过控制值指标，甚至出现导向同步损坏的风险	通航期间，密切关注天气变化，下游水面波动情况，水面波动超过控制值时及时停航	在景洪升船机运行初期，下游水面波动按±15cm控制	二类
船厢浮筒漏水	32	浮筒漏水	导致同步系统扭矩增大甚至有断裂的风险，导致严重后果	加强浮筒的日常检查，防止浮筒漏水	立即下行入水	一类

续表

故障分类	序号	故障名称	故障后果	预防措施	故障应对措施	故障级别
船厢浮筒漏水	33	承船厢漏水（大量）注：大量指的是漏水量会影响船舶吃水深度	船舶吃水深度不够，船舶触底	加强船厢的日常检查，特别是应加强船厢放水阀和两端船厢门的检查、维护	快速驶往下游，在下游对接，船舶减速出厢，提起船舶，排空水体，再检查处理	二类
	34	承船厢超（欠）载	减少船舶吃水深度余量或船舶吃水深度不够；船厢水体溢出	运行过程中密切监视船厢水体，补水；船厢水深按不超过2.5m控制	承船厢超（欠）载不超过0.2m时，正常运行；在下游对接流程时系统自行调节水位；承船厢欠载超过0.2m时，应及时进行下游补水流程操作	三类
	35	承船厢漏水（少量）注：少量指的是漏水量不影响船舶吃水深度	减少船舶吃水深度余量	加强船厢的日常检查，特别是应加强船厢放水阀和两端船厢门的检查、维护	继续运行，船舶减速出厢；完成当次运行后，再检查处理	三类
船舶故障	36	船厢内沉船	船厢及设备损坏	加强船只维护检修，防止沉船事故	出现沉船后，应首先将承船厢降至下游，与下游对接，将船只拖离船厢，并视船厢损坏程度采取下一步措施	一类
	37	船舶撞击船厢	船厢及设备损坏	加强船员培训，防止误操作	出现船舶撞击船厢后，应迅速将船只驶离船厢，并视船厢损坏程度采取下一步措施	二类
电气设备故障	38	驱动LCU设备电源故障	升船机控制流程无法进行	加强设备的检修、维护，确保电源正常	紧急关闭充泄水阀门，同时关闭上下游事故快速门	一类
	39	全厂交流电源消失	升船机控制流程无法进行	加强设备的检修、维护，确保电源正常	快速关闭上下游事故快速门，同时关闭上下游事故快速门，停止升船机运行	一类
	40	驱动LCU网络故障	升船机控制流程无法进行	加强设备的检修、维护，确保电源正常	紧急关闭充泄水阀门，同时关闭上下游事故快速门	一类
	41	监控双环网络故障	升船机控制流程无法进行	加强设备的检修、维护，确保网络正常	紧急关闭充泄水阀门，同时关闭上下游事故快速门，停止升船机运行	一类

续表

故障分类	序号	故障名称	故障后果	预防措施	故障应对措施	故障级别
电气设备故障	42	上闸首设备电源故障	如果承船厢在上游对接位，不能解除对接	加强设备的检修、维护，确保电源正常	若上游水位变化较快，可能发生事故，此时应迅速关闭上游事故闸门快速门，将船厢提到安全位置，停止升船机的运行	二类
	43	上位机电源故障	不影响升船机运行	加强设备的检修、维护，确保电源正常	转入现地操作继续运行，停止升船机的运行	二类
	44	承船厢LCU设备电源故障	不影响升船机空中运行，但会影响升船机的上下游对接	加强设备的检修、维护，确保电源正常	如果在空中运行时，出现承船厢LCU设备电源故障，则将承船厢提到安全位置，停止升船机的运行；如果在对接过程中，出现承船厢LCU设备电源故障，则根据情况，采取与上闸首工作小门故障，顶（夹）紧装置不能退回（伸出）时相同的处理方案	二类
	45	上位机网络故障	不影响升船机运行	加强设备的检修、维护，确保网络正常	转入现地操作继续运行，将船厢提升到安全位置，停止升船机的运行	二类
	46	上闸首LCU网络故障	如果承船厢在上游对接位，不能解除对接	加强设备的检修、维护，确保网络正常	若上游水位变化较快，可能发生事故，此时应迅速关闭上游事故闸门快速门，将船厢提到安全位置，停止升船机的运行	二类
	47	承船厢LCU网络故障	不影响升船机空中运行，但会影响升船机的上下游对接	加强设备的检修、维护，确保网络正常	如果在空中运行时，出现承船厢LCU设备电源故障，则将承船厢提到安全位置，停止升船机的运行；如果在对接过程中，出现承船厢LCU设备电源故障，则根据情况，采取与上闸首工作小门故障，顶（夹）紧装置不能伸出（退回）时相同的处理方案	二类
	48	公用LCU网络故障	不影响升船机正常运行	加强设备的检修、维护，确保网络正常	将承船厢提升至安全位置，停止升船机的运行	三类
	49	公用LCU设备电源故障	不影响升船机正常运行	加强设备的检修、维护，确保电源正常	将承船厢提升至安全位置，停止升船机的运行	三类

第 10 章　调试与观测

本章介绍景洪升船机调试流程和方法，讲述景洪升船机原型观测内容、方法及观测成果，阐述典型事故工况试验及应对措施，并分析实船试航观测方法及主要观测成果。

10.1　升船机调试方法与要求

景洪升船机调试工作分为四个分项工程进行，即分系统调试、船厢无水联合调试、船厢有水联合调试、实船试验。

10.1.1　分系统调试

分系统调试是在完成单机设备调试的基础上，通过监控网络及硬接线将本系统所含的单机设备联合起来，按照升船机运行流程和设计所赋予的功能及技术条款、运行规程的要求，对本系统单机设备、电气设备联合运行进行的检验和调试。

1. 调试目的

检验卷筒同步轴及制动系统、快速事故门及启闭系统、闸首工作大门及启闭系统、船厢卧倒门及启闭系统、液压均衡和调平系统、充泄水系统、计算机监控系统等各分系统的工作特性是否满足设计要求。

2. 主要调试内容

(1)卷筒同步轴及制动系统调试；
(2)引水管进口快速事故门及液压启闭机系统调试；
(3)下游阀室出口快速事故门及液压启闭机系统调试；
(4)上闸首工作门系统调试；
(5)船厢卧倒门及锁定装置联合调试；
(6)钢丝绳固定端均衡油缸系统调试；
(7)钢丝绳调平油缸系统调试；
(8)充泄水系统调试；
(9)计算机监控系统调试。

3. 调试方法

(1)检查卷筒及同步轴、扭矩仪运行情况，检查各卷筒制动盘与盘形制动器之间的间隙，检验制动系统主、备蓄能器压力及转换、失电动作、上闸松闸。
(2)通过在有水工况下运行，检验上游引水管进口快速事故门、下游阀室出口快速事故门的机械设备、金属结构和电气设备在空载和带载状态下的动作正确性、协调性、准确性与可靠性;检验和调整上游引水管进口快速事故门、下游阀室出口快速事故门的机械设备、电气设备和液压设备在带载状态的工作参数和保护参数,使设备具备在正常运转条件下运行性能能满足实际工况要求。

(3)在上游航槽无水情况下,分别在现地和上位机操作,进行工作大门上行、下行、锁定等功能调试,进行工作小门启闭运行调试;在上游航槽有水情况下(检修闸门挡水),检查工作门挡水密封情况,进行工作大门根据水位变化自动运行集控系统调试。

(4)检验卧倒门、启闭机及支承与联结装置是否正常运行,有无卡阻、松脱、噪声等异常现象,检验行程检测装置、双缸同步性、卧倒门启闭时间、锁定装置的功能。

(5)在浮筒锁定、卷筒制动器上闸条件下,依次启动均衡液压1~4号泵站,反复收回和伸出均衡油缸活塞杆3~5次,拉紧和松弛卷筒上的钢丝绳,使卷筒上钢丝绳的松紧程度尽量趋于一致;均衡系统调平后,检验油缸的保压功能。

(6)在制动器上闸的情况下,对四组调平油缸逐一回收,将空船厢提起,检查泵站、油管、油缸是否正常,检查校验船厢水平;提升一组油缸,进行船厢高点追踪动态调平调试。

(7)通过对升船机输水系统空载的调试,检测充泄水系统的水力学特性、高水头阀门运行的安全性和平稳性,掌握阀门开启与竖井水位之间的特性关系。

(8)对升船机计算机监控系统分系统进行网络调试、上位监控主机调试和数据服务器调试,对计算机监控系统各项功能进行调试、调整和完善,对系统性能指标进行测试和优化。

4. 调试成果

(1)卷筒及同步轴无异常现象,运行平稳;制动器系统工作正常,上闸与松闸时间、上闸与松闸同步性时间满足要求,达到了分系统调试的目的。

(2)完成了上下游快速事故门静水、动水及事故工况试验,调整了事故门落门时间,避免落门过程太快造成"水锤冲击现象"。

(3)通过调试,解决了上闸首工作闸门少量渗水问题,经过调节两组(四个)单向节流阀,使其流量加大后,解决了工作大门上升踏步卡阻问题,工作闸门自动运行良好。

(4)通过调试,消除了上下游卧倒门系统存在的缺陷,双缸同步性较好,启闭时间满足要求,上游侧卧倒门接近关闭时有异响。

(5)通过调试,确定了均衡控制方案,验证了均衡液压系统设备的性能,通过控制油缸比例阀开度,调节油缸压力和位移行程,使动滑轮高度、钢丝绳张力等偏差满足设计要求。

(6)通过调试,整定了船厢调平系统压力、船厢水平度,船厢高点追踪动态调平效果良好,为船厢解锁奠定基础。

(7)在调试过程中,发现均衡、调平油缸的位移传感器显示值有问题,经检查发现属产品选型不合理、质量不稳定,经过专题会议讨论,决定重新选型,全部更换。

(8)充泄水系统调试发现,在充泄水阀大开度下,发生较强振动,充泄水阀后发生空化,影响充泄水阀门运行安全和升船机运行速度,针对存在的问题,拟通过专项研究提出解决方案。

(9)通过调试,检查了计算机监控系统的特性,完善了系统的功能,升船机计算机监控系统的功能已基本满足合同和对升船机实行集中监控的要求,即监控系统集控室局域网和双环工业以太网设备状态正常,地址设定正确,连接无误,网络通信快速通畅;监控系统电源系统满足设计要求和运行的需要;监控系统计算机设备硬件、软件符合或略高于合同要求;上位人机接口软件的功能已能满足安全而又方便灵活地控制、检测升船机设备运行的要求,操作界面醒目直观,窗口转换快捷灵活,并具有逻辑互锁功能,系统对错误操作将给出"操作错误"提示。

总体上看,分系统调试达到了预期的效果,为转入无水联合调试奠定了基础。

10.1.2 船厢无水联合调试

船厢无水联合调试是在完成升船机各分系统调试的基础上,通过监控网络将升船机所包含的分系统联合起来,按照升船机运行流程,对空船厢运行进行联合调试,检验并整定各分系统的工作特性及空船厢运行特性。

1. 调试目的

(1)通过升船机船厢无水联合调试,检验输水系统掺气设备在船厢无水运行状态下充泄水系统的水力学特性,掌握阀门开启与竖井水位之间的特性关系,进一步明确阀门开启与掺气流量、掺气时段的对应关系,调试、整定充泄水阀门的开启特性,检验突扩体整流、掺气抑制空化和振动的有效性。

(2)通过升船机船厢无水联合调试,检验恢复后的导向系统在承船厢整个运行过程中导向轮与导轨之间的间隙及导向轮的受力特性。

(3)通过升船机船厢无水联合调试,检验升船机船厢及浮筒解锁方式和上下游对接流程的合理性及正确性、计算机监控系统和通航指挥系统等功能是否完备。

(4)通过升船机船厢无水联合调试,检验同步系统在承船厢整个运行过程中的受力特性,检验同步系统在升船机全行程运行过程中,同步系统的扭矩变化特性。

2. 主要调试内容

(1)浮筒部分充水液压均衡系统调试;
(2)船厢解锁调试;
(3)卷筒同步轴、船厢运行调试;
(4)船厢与上下游对接及解除对接试验;
(5)充泄水系统无水联合调试;
(6)计算机监控系统上、下位机控制设备联合调试;
(7)工业电视、广播、通航指挥系统联合调试;
(8)检测系统调试;
(9)监控系统故障保护措施检测及调试;

(10) 事故工况模拟。

3. 调试方法

(1) 在浮筒锁定的条件下，对浮筒进行部分充水，以满足船厢无水联合调试的要求；在对竖井充水解锁浮筒之后，在制动器上闸的条件下，对液压均衡系统进行平衡，以满足设计要求。

(2) 进行船厢、浮筒解锁调试，包括先解锁浮筒后直接拉起船厢、先解锁船厢后解锁浮筒、制动器上闸两侧分别解锁三种方式，以同步轴扭矩为判断依据，论证船厢浮筒解锁的合理性。

(3) 通过空船厢不同速度上行、下行运行调试，检验卷筒、同步轴受力运行特性，考察空船厢运行的水平度、导向系统的工作特性。

(4) 在上游航槽、船池无水条件下，通过现地手动单步、船厢 LCU 子站自动、上位单步自动、上位自动等逐步调试过程，进行上下游对接与解除对接模拟调试，重点检验上下游对接与解除对接流程。

(5) 在空船厢参与运行的条件下，进行充泄水阀门不同开启方式调试，从输水系统动水压力、空化噪声、振动等测试指标，检验空压机强迫通气和突扩体防空化效果，考察输水系统水力学特性与船厢运行特性，明确充泄水阀门最大开度。

(6) 对升船机计算机监控系统进行综合调试，检验各系统之间的整体协调配合是否良好，信号的联接是否正确畅通，流程动作和闭锁关系是否正确，测试数据采样、刷新、调用、报警、显示等性能指标是否满足设计要求。

(7) 对通航信号控制功能、自动广播功能和区域内监控效果进行检验和调试，在升船机联合运行中，检验通航指挥系统与升船机运行流程的配合效果。

(8) 对升船机各种检测装置的检测范围、检测精度、灵敏度等进行检验和标定，包括上游充水主管路流量、竖井水深、浮筒内水深、浮筒位移、承船厢位置高程、承船厢水平、阀门室集水井水深、下游泄水主管路流量、同步轴扭矩、调平油缸压力和行程、均衡油缸压力和行程等。

(9) 对升船机各电控系统的安全可靠性、故障保护措施进行全面、充分的检测和调试，主要包括制动器液压系统故障保护措施、系统设备掉电后故障应对措施、现地和远程紧急停机命令功能、上松闸请求及反馈信号故障保护措施、驱动双回路供电切换功能、极限位置保护功能、驱动子站直流及交流控制电源冗余功能、驱动子站双机热备及 I/O 冗余功能、误操作保护功能、机构动作超时保护功能、双机热备功能、计算机监控系统状态诊断及自诊断报警程序、访问权限及安全闭锁程序测试、故障画面报警程序、故障确认及复位程序测试等。

(10) 在船厢无水调试阶段，开展主要事故工况与应对措施模拟试验调试，包括充泄水阀门不能正常关闭、制动器意外上闸、驱动 LCU 子站断电或网络断裂故障、集控系统电源故障、船厢水平检测设备故障等。

4. 调试成果

(1)通过船厢无水联合调试，完成了浮筒部分配水和液压均衡系统压力、行程的进一步调试与整定，为船厢解锁、运行奠定基础。

(2)通过船厢解锁调试表明，先解锁浮筒再用浮筒直接拉起船厢和先解锁船厢再解锁浮筒两种方式，在解锁过程中均会造成同步轴产生严重超标的扭矩，均不可采用；采用制动器上闸船厢和浮筒分别解锁是合理的船厢解锁方式，同步轴扭矩在控制范围内。

(3)调试表明，空船厢能够安全平稳升降运行，同步轴扭矩、船厢水平度均在控制范围内，增加抗倾导向后，测试了导轨的平行度，导向贴紧轨道运行能够主动适应导轨的安装偏差，运行过程平稳，未产生负面影响。在船厢运行过程中，出现船厢与土建墙壁局部剐蹭现象，对土建墙壁进行了处理。

(4)通过调试，检验了升船机集控命令与机构动作的一致性和正确性、对接流程控制动作步序的正确性、各机构之间动作闭锁关系的正确性和有效性、升船机故障保护动作的正确性和完备性、监控主机与各现地站之间数据通信的正确性。

(5)充泄水系统无水联合调试表明，突扩体显著改善了水流流态，降低了阀后压力脉动作用，提高了抗空化性能。在充水阀门空化振动问题得到很好解决的情况下，主辅阀可分别按65%和100%开度运行；在泄水阀门采用通气措施后，主辅阀可分别按70%和100%开度运行，升船机上行、下行速度得到明显提高、运行时间大大缩短，可以满足设计运行要求。

(6)完成了运行方式切换、上下游对接和对接解除动作流程、升船机正常上行下行流程(包括全自动运行、中途停机、中途切换等)、下班停运正常流程、故障处理流程、单向过船运行工况、双向过船运行工况等计算机监控系统各种流程调试。

(7)通过调试，工业电视、广播、通航指挥系统配合升船机运行良好，信号灯、语音提示正确，监控画面清晰、控制切换正常，通信、广播、工业电视系统主要性能及技术指标满足总体设计要求。

(8)完成了各类检测装置传感器及二次检测仪表接线正确性和可靠性检验、传感器位置优化调整、抗干扰性能测试、灵敏度标定等检测系统调试工作，使其技术指标满足总体设计要求。

(9)完成了升船机各电控系统安全可靠性、各类故障保护措施测试与调试，各类故障保护措施、保护程序与功能均达到设计要求。

(10)各典型事故工况模拟试验调试充分检验了升船机运行的安全性和应对措施的有效性。

总体上看，船厢无水联合调试进展比较顺利，为船厢有水联合调试奠定了良好基础。

10.1.3 船厢有水联合调试

船厢有水联合调试是指在完成船厢无水联合调试的基础上，在船厢载水、升船机负载发生较大变化的条件下，进一步检验升船机各系统设备工作性能、升船机全流程运行特性，进行必要的参数优化和整定。

1. 调试目的

(1) 通过船厢有水联合调试,检验设备性能及其安全可靠性,并对部分技术参数进一步整定。

(2) 检验船厢液压控制,检测船厢有水的调平能力,确定升船机船厢带水状态下进行船厢静态调平的技术方案,并进行调平试验。

(3) 进一步检验浮筒均衡液压控制、检测装置对浮筒的均衡能力,确定浮筒带水状态下静态均衡的技术方案,并进行调平试验。

(4) 优化充泄水系统的运行方式,探索充泄水阀门的最优开启方式,特别是船厢出水和对接阶段充泄水阀门的开启方式。

(5) 检验船厢带水状态下的升船机运行特性,分析其安全可靠性。

(6) 检验对接设备工作的可靠性,调整、优化相关设备的运行参数。

(7) 检验升船机设备质量是否符合设计和有关规程、规范、标准的要求,进一步调整设备的运行参数,检验设备的安全可靠性,使升船机设备的性能和技术指标达到设计要求。

(8) 对升船机充泄水控制系统各控制环节的参数进行调试和整定。

(9) 对升船机带水状态下的提升、下降、准确停位工况进行调试。

2. 主要调试内容

(1) 浮筒液压均衡系统调试;
(2) 承船厢液压调平系统调试;
(3) 卷筒同步轴系统调试;
(4) 承船厢与上闸首工作大门对接试验;
(5) 船厢出入水运行、与下游对接及解除对接调试;
(6) 升船机船厢有水联合运行调试;
(7) 船厢快速充水排水调试;
(8) 升船机计算机自动监控系统调试;
(9) 船厢有水事故工况模拟调试。

3. 调试方法

(1) 浮筒配水至设计容量,满足船厢载水 2.5m 的要求,在船厢、浮筒额定负载的条件下,对液压均衡系统进行平衡调试。

(2) 在船厢载水 2.5m 水深的条件下,制动器上闸,进行船厢高点追踪和低点追踪两种方式的船厢调平试验。

(3) 测试船厢加水、调平、全流程运行(包括出入水和对接)同步轴扭矩变化规律和卷筒转动情况,分析卷筒同步轴系统间隙及分布,检验卷筒、同步轴系统质量是否符合设计和有关规程、规范、标准的要求,进一步调整设备的运行参数。

(4) 在上游航槽与水库连通、船闸载水 2.5m 的条件下,进行船厢与上游工作大门对接和解除对接调试，检验对接和解除对接流程及设备运行的可靠性。

(5)由慢到快开展不同运行速度船厢出入水试验调试，测试船厢出入水过程中的各项技术参数变化规律，分析船厢出入水安全性和主要影响因素，制定合理的船厢出入水运行流程，在船厢下游对接位，开展下游对接方式、卧倒门启闭速度、容许对接水位差等论证，保障下游对接安全高效。

(6)在完成上下游对接与解除对接调试的基础上，进行升船机上行、下行全流程运行调试，考察升船机运行特性，明确导向系统的参与方式。

(7)利用水力式升船机自平衡的特点，进行船厢快速充水和放空试验调试，船厢在下游对接位卧倒门开启的条件下，通过升船机船厢慢速升降运行，使船厢内水体从下游端流出或船池水体流入船厢，完成船厢放空和充水，通过调试，提出合理的出入水运行速度。

(8)在船厢无水联合调试的基础上，对计算机监控系统各项功能进行调试、调整和完善，对系统性能指标进行测试和优化。

(9)在船厢设计负载条件下，进一步开展升船机主要事故工况模拟试验，在船厢无水联合调试的基础上，增加船厢漏水事故工况试验内容。

4. 调试成果

(1)通过调试，浮筒配重与液压均衡油缸压力和行程满足设计要求，船厢有水条件下调平系统具备良好的船厢调平效果。

(2)通过空船厢加水、船厢调平、船厢运行、对接等过程卷筒运动与同步轴扭矩测试，掌握了新旧同步系统间隙的大小和分布，船厢载水 2.5m 全行程运行同步轴扭矩变化在安全控制范围内，并稳定收敛，卷筒同步轴系统运行受力状态良好。

(3)检验了升船机上游对接和解除对接流程，在上游对接时，由于轨道不平度影响，夹紧装置在夹紧的过程中，导轮受力增大，致使夹紧装置的负荷变大，与夹紧连接的船厢部位发生变形，导致夹紧装置松开困难或在松开过程中发出啸叫声，后通过调整导向导轨间隙加以解决。工作小门门顶过水充间隙水方案节约了对接时间，但工作小门自重落门易发生卡阻，通过增大门体配重，运行状态有所改善。

(4)通过多个工况船厢出入水运行和下游对接调试，明确了船厢出入水运行不同阶段及阀门开度控制、对接过程制动器及夹紧装置等参与方式、卧倒门启闭时间、容许对接水位差等升船机运行安全参数。

(5)通过升船机船厢全行程运行系列调试，检验升船机自身运行的可靠性，在新同步系统条件下，船厢运行平稳收敛，各项技术参数基本固化，导向系统无须正常参与抗倾，可作为船厢抗倾储备，明确了船厢不同运行速度的阀门开启方式，以满足升船机不同货运量的需求，船厢运行速度对各项参数影响不大，升船机具备设计运行条件。

(6)通过船厢卧倒门打开出入水进行船厢快速放空和充水调试，根据同步轴扭矩的变化情况，明确了船厢出入水运行阀门控制开度。在船厢入水过程中，底部卧倒门两端入水至底部楔形角完全入水阶段，建议充水主、辅阀开度不大于10%，待厢内水体完全贯通后，充水主、辅阀开度不大于25%；在船厢出水过程中，泄水阀门开度不大于30%。船厢快速充水方式将船厢充水时间由6h缩短到0.5h，显著节约了充水时间。

(7)在船厢载水 2.5m 条件下,完成了升船机断电、船厢漏水、船厢急停和快停、空压机故障、制动器意外上闸等事故工况模拟和应对措施效果的检验与调试,进一步检验了升船机在设计运行状态下各种事故工况的危害性和应对措施的有效性,论证了升船机系统的运行安全。试验进行了详细的原型观测,相关成果见 10.2 节。

10.1.4 实船试验

实船试验是指在升船机完成船厢有水联合调试的基础上,选择设计代表性船舶,开展船舶往返通过升船机试验,进一步检验升船运行流程,优化、整定升船机各系统运行参数,保障升船机和船舶通航安全。

1. 实船试验内容

(1)观测试验船舶不同吃水、不同速度、上下游进出船厢的水面波动、船厢状态、同步系统受力等。

(2)观测不同对接水位差条件下卧倒门启闭(船舶存在的情况下)引起的水面波动、船舶系缆力、船厢状态、同步系统受力等。

(3)研究船厢下游对接锁定方式,模拟对接过程中(尤其是上游)发生水位变化的情况,进行应对试验。

(4)研究船厢内水面波动衰减特性,提出船舶进出船厢后卧倒门的关闭时间、关闭后到开始运行的等待时间建议。

(5)全行程运行过程中船厢倾斜量与船舶的系缆力、导向受力和同步轴扭矩的变化。

2. 实船试验技术要求

1)试验船舶要求

船舶应满足水面以上船高小于 8m 的要求。在船舶冷却水出口布置挡板,以防水体打湿船厢甲板。船舶配备合适的系缆绳和备用缆绳,消防设备、救生设备齐全。船舶配驾驶经验丰富的船长 1 名,专职水手不少于 4 名(符合海事部门要求),穿戴救生衣,无关人员禁止上船。试验前进行船舶设备性能安全检查,保持良好的适航状态。船舶与试验指挥部通信正常。

2)试验船舶选择

选择具有代表性的过机船型,满载排水量不小于 300t,通过现场调研,选择"澜沧江 8 号"甲板货船,如图 10-1 所示。该船舶船长 46.88m、船宽 7.6m、型深 2.5m、空载吃水 0.83m、满载吃水 1.5m、满载排水量 347t。试验船舶包括空载和重载两种状态,重载是向船舶配置 10 块标准的配重块(15t/块)共 150t,船舶停靠在上游引航道,利用坝顶门机起吊进行配载。

3)船舶驾驶要求

船舶进出船厢过程的行驶速度应为 0.3~0.7m/s,应尽量保持以某一固定速度(0.3m/s、0.5m/s、0.7m/s)行驶,船舶行驶速度由船速观测人员实时汇报。

第 10 章 调试与观测

(a) 空载　　　　　　　　　　　　(b) 重载

图 10-1　澜沧江 8 号

为提高试验效率,船舶要能够后退,从船厢退出或退回船厢,在上下游能够调头。

进厢试验,船舶从上下游靠船墩出发。图 10-2 为实船试验范围,根据船舶行驶速度和减速距离确定船舶开始减速位置。

图 10-2　实船试验范围

出厢试验,船舶按正常加速方式加速至试验船速,然后恒速出厢。

船舶驾驶人员应听从现场试验总指挥的统一指挥调度。

试验前组织船员考察现场条件,在行驶区域试航。

4) 水库调度要求

实船试验前,试验指挥部与水库调度部门建立联系,在试验期间尽量维持稳定的发电负荷、不泄洪,如有影响上下游水位的操作或预知库水位将发生较大变化时,提前通知试验指挥部。

5）其他配合要求

实船试验前，业主、监理、设计、施工、船舶、调度、科研等相关单位或部门对试验方案进行讨论，优化试验方案并制订应急预案；在试验过程中，各单位均要有代表在场，相互配合，有利于快速解决问题。

加强试验水域监管，禁止其他船舶进入该区域。

试验前，检查上下游引航道，应无影响船舶通行的障碍物。

试验前，检查上下游水位、泄水量、引航道波动、水深等是否满足通航要求。

6）安全控制指标

船厢纵向倾斜超过 50mm，暂停试验。

同步轴扭矩超过 190kN·m，暂停试验。

导向滚轮压力超过 50t，暂停试验。

导向底座与船厢加强板应力超过 200MPa，暂停试验。

引航道内水面波动超过 30cm，暂停试验。

水位变幅超过 ±0.2m/h，暂停试验。

船舶纵向系缆力超过 18kN，暂停试验。

3. 观测内容与测点布置

实船试验观测内容包括同步轴扭矩、导向受力、船厢局部受力、船厢内水面波动、船池水面波动、钢丝绳拉力、卷筒运动、船厢倾斜量、船厢振动、排气噪声、入水深度及拍击力、船舶系缆力、船舶进出船厢速度、船舶下沉量等。

1）船舶系缆力

采用拉力传感器观测船舶系缆力。在船艏和船艉缆绳上各布置一个拉力传感器，测量船厢运行、卧倒门启闭过程中船舶的系缆力。

2）船舶进出船厢速度

采用在船艏布置流速仪的方法测量船舶进出厢速度。

3）船舶下沉量

采用在船艉布置水深仪和水位计的方法测量船舶下沉量。

4）已布置的观测

船厢内水面波动、船池水面波动、导向受力、船厢局部受力、钢丝绳拉力、船厢倾斜量、卷筒运动、船厢振动、排气噪声、入水深度及拍击力等。

5）现场监控系统提供的监测数据

16个导向滚轮受力变化曲线、船厢行程变化曲线、船厢四个端点倾斜量变化曲线、船厢侧调平油缸油压变化曲线、浮筒侧均衡油缸油压变化曲线、竖井水位变化曲线、阀门开度变化曲线、船厢上下游卧倒门启闭运行曲线、制动器开关信号、上下游水位。

综上，现场布置的仪器设备列于表 10-1 中。

表 10-1 实船试验观测仪器设备

序号	类型	位置	量程	数量	安装方法
1	电阻应变计	同步轴	高灵敏度	20	粘贴
		油缸活塞杆		8	
		船厢		32	
2	水位计	船池	3m	12	布置于船池一侧
		下闸首	3m	2	固定于检修门槽内
		船厢底	6m	4	
		船艉	3m	1	固定于测架
3	波高传感器	船厢内	1m	13	
4	拉力传感器	船舶	10t	2	布置在缆绳中间
5	流速仪	船舶	0.01~4m/s	1	固定在悬臂钢架上
		船池出口	0.01~4m/s	1	
6	振动加速度传感器	船厢	100m/s²	1	
7	水准仪			3	
8	声级计	船厢		1	
9	动态应变测试系统			1	
10	水位测试系统			1	
11	振动测试系统	船厢上		1	
12	波高测试系统	船厢上		1	
13	流速测试系统	船上		1	
14	拉力测试系统	船厢上		1	

6) 观测站

根据现场测试内容,设置四个观测站,分别位于升船机船厢、下游平台(553m高程)、同步系统平台(614m高程)及船舶上。

(1) 船厢测站：布置应变测试系统,观测船厢应力；布置波高测试系统,观测船厢内波高、船厢倾斜量、船厢变形等；布置环境噪声测试系统,观测出入水噪声强度；布置振动测试系统,观测出入水过程中船厢振动。

(2) 553平台测站：布置水位测试系统,观测船池内水位变化、船厢入水深度、引航道水面波动、靠船墩处水面波动等。

(3) 614平台测站：布置动态应变测试系统,观测同步系统扭矩；卷筒转动观测装置,观测卷筒是否发生转动及转动角度。

(4) 船舶测站：布置拉力测试系统,观测船舶系缆力；布置水位测试系统,观测船舶下沉量等；布置流速测试系统,观测船舶航速等。

4. 实船试验概况

实船试验主要包括设计船舶进出船厢试验、船舶过机安全性检验。2015年11月25~29日,完成了试验船舶检验、试验仪器安装布置、试验方案审查等准备工作；11月30

日~12月8日，完成了设计船型船舶空载、重载，不同速度(0.3m/s、0.5m/s、0.7m/s)进厢、出厢试验，不同对接水位差启闭卧倒门同步系统受力特性及船舶系缆安全性试验，下游对接方式、制动器松闸条件研究，空载、重载船舶过机运行试验等。

5. 实船试验成果

通过实船试验获得以下主要结论。

(1)景洪水力式升船机顺利通过多次搭载设计船型船舶安全过机检验，表明景洪升船机从技术层面具备了过船试运行条件。

(2)空载、重载船舶不同速度进厢、出厢试验研究表明，重载船舶快速出厢是控制性工况，312t船舶0.75m/s速度出厢，引起船厢内的水面波高约20cm，同步轴扭矩波动达150kN·m，部分同步轴扭矩超标；船舶进出船厢各项参数变化与船速关系密切，随船速呈幂指数快速增大，设计提出船舶进出厢速度不大于0.5m/s是较为合理的。

(3)对接过程中存在水位差开启卧倒门试验研究表明，各项参数变化随水位差增大而增大，在±10cm水位差启门时，引起船厢内水面波动最大约20cm、船厢位移约7cm、最大纵倾波动约10mm、同步轴扭矩波动约70kN·m、最大系缆力3.82kN，满足船舶安全停泊要求。总体上看，±10cm水位差启门尚可接受，但船厢位移、水深变化过大，会造成船厢水深不足或溢流，建议下游对接过程中制动器抱闸并尽量减小对接水位差。

(4)解除对接时制动器松闸应满足油压变化条件，在调平油缸与均衡油缸压差变化0.1MPa内(或船厢水深变化±50mm内)，制动器可以直接松闸，超出该要求，需调整浮筒淹没深度，待满足油压条件后再松闸，下游对接松闸条件优于上游对接。

(5)下游对接与上行连续运行试验表明，因中间存在船舶系缆、熄火过程，船舶进厢和卧倒门关闭引起的波动没有明显的叠加效应，在船厢启动出水时厢内水面已非常平稳。

(6)船厢下游对接过程中通过自身升降调节水深时，应控制船厢运行速度，建议仅辅阀以10%开度运行。

(7)多次空载、重载船舶上行和下行过机试验表明，升船机载船运行特性与不载船时一致，升船机运行平稳、收敛，各项指标均在安全控制范围之内，船舶最大系缆力仅0.43kN。这不仅说明运行过程中船舶停泊安全，也反映出船厢运行非常平稳。

景洪水力式升船机实船试验调试表明其具备了正常运行条件，为保障其更加安全可靠运行，对后续工作提出了以下几点建议。

(1)制定景洪升船机过机船舶技术要求，包括①过机船型；②船型尺寸技术要求，如船舶最大长度、宽度、吃水、排水量、水线以上高度等；③进出船厢航速控制要求；④客船最大载人数，货船载运物品限制要求等。

(2)进一步明确升船机运行条件，包括上下游最高和最低通航水位、最大和最小通航流量、口门区通航水流条件、上下游水位变率和水位波动控制值及气象条件(风速、雾、雨)和夜间运行等。

(3)加强现场观测，进一步优化升船机运行流程，明确各项安全控制指标。

10.2 调试阶段原型观测

10.2.1 原型观测概况

鉴于景洪水力式升船机的原创性及原型观测的重要指导作用，在现场单项工程完成后，增加原型观测分析工程，指导升船机调试运行。

根据输水系统、导向系统、同步系统之间的相互关系，结合升船机有水调试的要求，将原型观测划分为以下四个部分：

(1) 输水系统原型观测。输水系统调试是后续导向系统及同步系统调试的基础，通过充泄水系统调试，提出慢速、中速、快速运行充泄水阀门开启方式，为后续调试提供条件。

(2) 导向系统原型观测。通过导向系统调试一方面可以获得导向系统的工作特性，另一方面可以验证导向系统抵抗船厢倾斜的能力及与同步系统联合运行的效果。

(3) 同步系统原型观测。验证同步系统单独工作、同步系统与导向系统联合工作的运行效果，通过调试观测，明确同步系统的抗倾效果，提出导向系统与同步系统联合运行的方式，保障船厢安全、平稳运行。

(4) 实船试验原型观测。在升船机具备安全平稳带水运行的条件后，开展船舶进出船厢、过机安全性等实船试验。

10.2.2 观测内容

1. 输水系统观测

开展充泄水阀门开启方式优化试验，观测内容主要包括动水压力、空化、振动、环境噪声、掺气量、排气量等，并结合升船机监控系统参数如竖井水位、阀门开度等完成研究工作。

2. 导向系统观测

在导向系统恢复后，针对导向系统和旧同步系统开展以下试验和观测工作：

(1) 空船厢运行试验。观测现场导轨的平行度，根据受力计算导轨摩擦系数。

(2) 船厢带水静态试验。制动器松闸状态下，向船厢内加水至1m、2.5m（在带1m水成功运行后再进行）深，观测导向受力、船厢变形、钢丝绳拉力、同步轴扭矩等，验证导向系统维持船厢带水稳定的能力。

(3) 船厢带水运行试验。在导向系统与现有同步系统联合作用、船厢带水稳定的前提下，进行船厢带水（1m、2.5m）慢速、中速、快速运行试验，观测导向受力、船厢倾斜量、同步轴扭矩等参数，分析导向系统对船厢带水运行的影响。

(4) 船厢出入水试验。船厢以不同速度入水、出水，观测出入水过程中导向受力、船厢倾斜量、钢丝绳拉力、同步轴扭矩、船厢内波高、船厢排气噪声、船池水面的变化，研究出入水过程中导向系统与同步系统的工作特性。检测钢丝绳长度、弹性模量等特性，并分析钢丝绳对系统的影响。

(5)下游对接卧倒门启闭试验。船厢入水后与下游对接,在制动器松闸、船厢不夹紧状态下,以不同水位差启闭卧倒门,同步观测船厢内波高、同步轴扭矩、导向受力。

3. 同步系统观测

在新同步系统安装完成后,开展以下试验和观测工作:

(1)新同步轴安装扭矩观测。在新同步轴胀紧前,安装扭矩传感器,观测同步轴胀紧过程中扭矩变化及胀紧后初始扭矩,并根据需要采取措施,将安装扭矩控制在设计要求范围内。

(2)空船厢运行试验。进行空船厢全过程慢速、中速、快速运行试验,观测同步系统、船厢的工作状态,获得新同步系统条件下升船机空厢运行特性。

(3)船厢加水试验。制动器松闸状态下,向船厢内加水至1m、2.5m(在带1m水成功运行后再进行)深,观测船厢倾斜量、船厢变形、钢丝绳拉力、同步轴扭矩等,考察新同步系统维持船厢带水稳定的能力。

(4)船厢带水运行试验。在新同步系统船厢带水稳定的前提下,进行船厢带水(1m、2.5m)慢速、中速、快速运行试验,观测船厢倾斜量、同步轴扭矩、船厢内水面波动等参数,获得船厢带水运行特性。

(5)船厢出入水综合研究。船厢以不同速度入水、出水,观测出入水过程中船厢倾斜量、钢丝绳拉力、同步轴扭矩、船厢内波高、船厢振动、排气噪声、船池水面的变化,研究出入水过程中新同步系统的工作特性。

(6)下游对接卧倒门启闭试验。船厢下游对接,在制动器松闸、船厢不夹紧状态下,以不同水位差、不同速度启闭卧倒门,同步观测船厢倾斜量、船厢内波高、同步轴扭矩等,分析卧倒门启闭对升船机工作状态的影响。

4. 实船试验观测

在升船机具备正常运行的条件下开展实船试验,试验和观测内容如下:

(1)船舶进出船厢试验,试验船舶不同吃水、不同速度、上下游进出船厢,观测船厢水面波动、船厢水平度、同步系统受力、船舶速度和下沉量等。

(2)卧倒门启闭试验,在不同对接水位差条件下观测卧倒门启闭(船舶存在的情况下)引起的水面波动、船舶系缆力、船厢状态、同步系统受力等。

(3)全行程运行试验,观测船厢倾斜量与船舶的系缆力、导向受力和同步轴扭矩的变化。

10.2.3 观测方法及仪器设备

1. 一体化观测方法

升船机是一个涉及多专业学科的复杂系统,多个专业学科之间存在明显的交叉、耦合特点。水动力学特性是基础条件,船厢正常升降运行、对接、船舶进出厢等过程及各种事故工况下的厢内水面波动,与船厢、钢丝绳、卷筒、同步轴、锁定机构等机械系统受力及液压系统压力变化是密切相关的;船舶进出船厢的综合下沉量是安全过机航速和吃水控制的依据,也与船厢水面波动特性、引航道非恒定流影响密不可分;船舶通过引航道口门区的航行特性需要与口门区通航水流条件共同考虑,以研判船舶通过口门区的航行安全;船厢水动力学、船舶停泊条件、钢丝绳等结构受力是确定升船机正常运行参数、评价事故工况安全性、指导电气控制设计的重要依据;对于下水式升船机,船厢出入水安全更是涉及船厢水面波动、船池水面波动、船厢变形、提升力变化、同步轴扭矩、附加水动力荷载(拍击力和吸附力)、船厢振动、排气噪声、出入水运行速度、电气控制等方方面面。因此,可以看出,在升船机建成后,开展升船机工作特性与安全评价原型调试观测是非常必要的,升船机复杂系统、多学科交叉等特点也决定了单一专业的原型观测很难达到很好的效果。

针对水力式升船机的特点,需要同步测定并分析包含同步轴扭矩、导轮压力、船厢倾斜量、竖井水位等近 30 个物理量的庞大数据,首次建立了集水动力学、结构动力学、机械、液压、电气、船舶等多种学科于一体的水力式升船机原型调试和观测分析方法,创新性地解决了导轨精度、出入水特性、同步系统间隙、卷筒精度现场测量难题,提高了水力式升船机原型观测的效率和准确性,科学评判了水力式升船机的整体运行特性。采用提出的升船机一体化观测技术(图 10-3),完成了景洪升船机共 300 多个工况的现场调试与观测试验,为景洪水力式升船机原型调试决策提供了技术支撑。形成的升船机一体化观测技术可广泛推广至其他类型升船机原型调试及观测工程。创建的升船机一体化观测技术已作为交通运输科技成果进行推广应用,并应用于三峡升船机、向家坝升船机实船试航观测分析中。

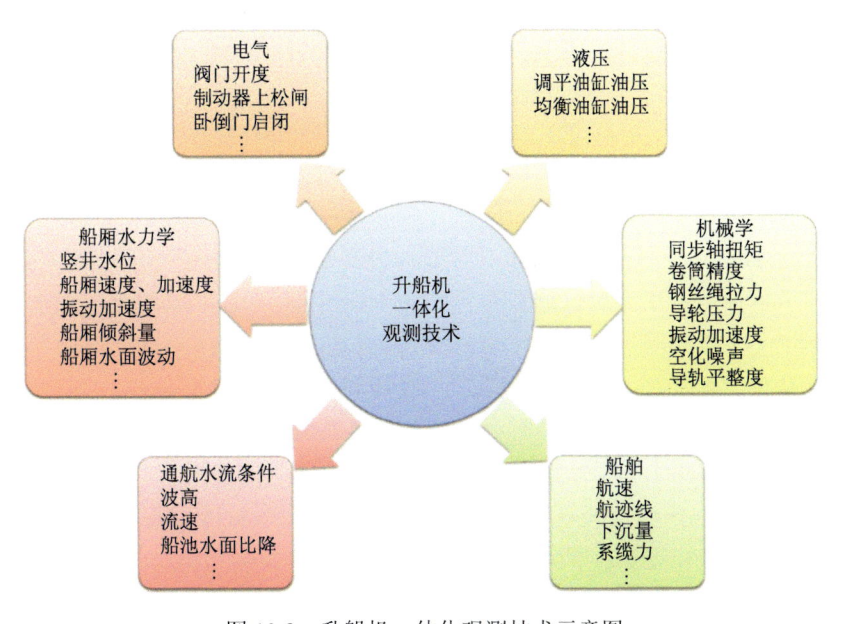

图 10-3 升船机一体化观测技术示意图

2. 同步系统受力观测方法

1) 基本方法

同步轴扭矩是反映升船机运行状态的重要指标，景洪升船机已将同步轴扭矩接入监控系统，当扭矩超过设计控制标准时升船机将自动停机，因此，准确测量并获得同步轴扭矩值至关重要。根据国内外相关资料可知，扭矩测量方法有很多，但较为成熟可靠的主要是应变式扭矩测量法。该方法测量时将应变片直接粘贴在被测物体表面，组成测量电桥，用应变仪测量由扭矩作用产生的剪应变或剪应力，推算出扭矩。考虑到景洪升船机现场的条件，在同步轴上贴应变片测量同步轴扭矩，是较为便捷、可靠的测量方式。尽量将同步轴上的应变计装贴在各同步轴中部，考虑测量精度和测量效果，应变片采用全桥布置，粘贴方式见图10-4。

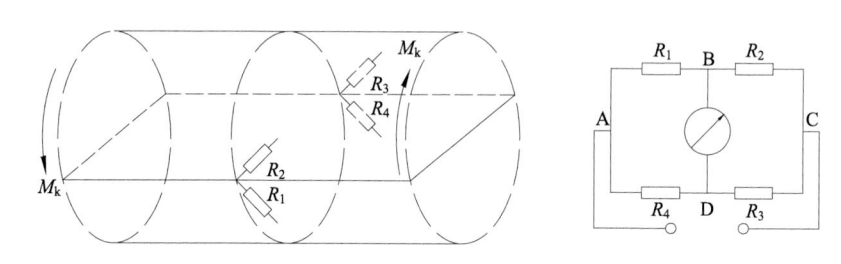

图10-4 应变片粘贴方式及桥路示意

$R_1 \sim R_4$ 分别为应变片电阻，M_k 为扭矩值，A、B、C、D 为不同电压点位

2) 无线传输扭矩观测技术

同步轴系统随着升船机运行不断转动，测量同步轴受力时，若采用有线传输时，信号线需要跟随同步轴缠绕，易混乱或刮断，因此，开发了无线传输技术，实现了传感器的供电与数据传输，解决了扭矩观测难题。

扭矩监测系统由应变传感器、感应供电及无线数据传输应变系统（遥测系统）、PLC预警采集系统、工控机、上位机监测软件、电控柜组成，相关测试技术参见5.3节。

3) 景洪升船机同步轴扭矩观测

升船机同步轴扭矩监测系统监测点布置一般覆盖整个升船机同步轴的关键点。以景洪升船机同步轴扭矩测试为例，测点布置如图5-61所示。12个监测点分别由12套独立的应变监测仪实时监测同步轴的扭矩信号，可以得到同步轴的扭矩变化规律和最大扭矩。在扭矩超过设定的阈值时，进行报警处理，确保船厢系统安全。

扭矩观测系统的主要功能是进行同步轴扭矩的监测。系统采用遥测技术方式，在每个旋转的同步轴监测点上粘贴应变片，实时获取同步轴产生的应变，进而获得实时扭矩。监测系统能够同时显示12个监测点的实时扭矩值、扭矩时谱图、同步轴旋转方向和监测点的运行状态，若扭矩值超出设定阈值则报警灯闪烁报警。此外，对于升船机的一些特定操作状态，可利用数据回放功能，导出操作期间的扭矩监测数据，进行后续的分析。

对景洪升船机同步轴扭矩观测系统进行了现场试验，通过系统数据回放功能导出试运行期间的部分数据，将扭矩变化情况与实际试运行工况一一对应，进行系统稳定性、可靠性分析。以中期一段监测资料为例，12 个监测点实测的扭矩变化情况如图 10-5 所示，在本试验区间的各个作业周期内，各监测点扭矩绝对值随着船厢上行振荡增大，到位后保持平稳，随着船厢下行又振荡下降。作业周期结束后，各监测点扭矩回到初始值附近，前后扭矩变化小于 10kN·m，监测系统运行稳定、可靠。

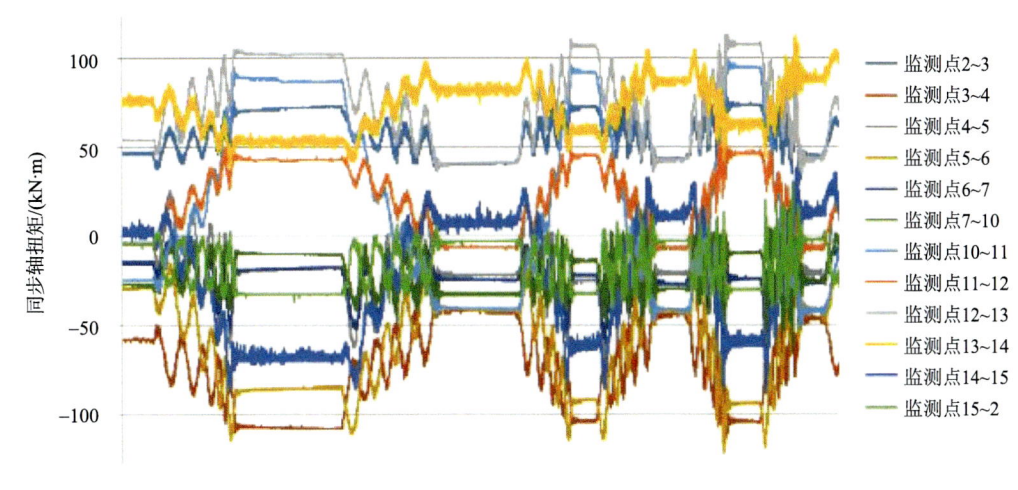

图 10-5　扭矩变化图

3. 船厢出入水受力特性观测方法

在船厢出入水过程中，存在复杂的流固耦合效应，船厢外侧受到的水体压力和浮力、自身的受力变形、上部提升系统的受力均在不断变化，船厢底部梁格内大量气体不断排出引起的振动与噪声、铺板出入水时刻的拍击力和下吸力等均是影响升船机安全平稳运行的因素。然而，对于船厢出入水过程中复杂的力学问题研究不多，尤其是原型观测资料更加匮乏。

船厢出入水过程中受厢内和船池水体波动、排气影响，船厢不可避免地出现振动。为掌握出入过程中船厢的振动情况，采用灵敏度较高的三向振动加速度传感器，布置在船厢右侧中间主纵梁顶部，主要测量水平横向、纵向的振动响应。在船厢底部四个角及船厢中间铺板位置共安装 5 只脉动压力传感器，观测船厢入水深度及受到的拍击力和吸附力。

在船厢出入水过程中，船池水面波动、水面比降会引起附加倾斜力矩，需在船池沿程均匀布置多只水位计，观测船厢出入水过程中船池水面的变化。图 10-6 为景洪升船机船池水位计测点布置，左侧布置 10 只水位计，为了考察两侧水面变化是否一致，在右侧布置 3 只水位计与左侧对比，共 13 个测点，另外，在下闸首检修门槽内布置 1 只水位计。

此外，通过在导向前后船厢主纵梁翼缘板上布置应变计，观测船厢局部应力。在船厢入水过程中，厢底梁格内大量空气要沿船厢开孔向外排出，而出水过程相反，需要补气。排气、补气效果与排气孔布置、面积、出入水速度等因素有关，效果不好往往会产生较大噪声并影响船厢运行，在船厢上布置 1 个声级计，测量船厢出入水过程中的噪声强度，若出现较强噪声，分析并提出处理措施和建议。

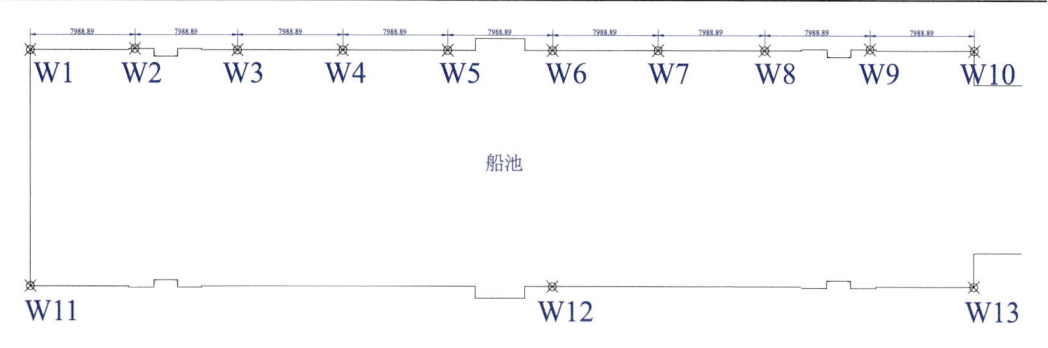

图 10-6　船池水位计测点布置(单位：mm)

4. 阀门空化振动观测方法

1) 动水压力观测

采用高精度脉动压力传感器测量充水系统非恒定流动水压力。由动态电阻应变仪、WaveBook/516E(采样频率为 20Hz 的低频，主要分析非恒定流压力过程)和 INV(采样频率为 1024Hz 的高频，主要分析非恒定流压力脉动及频谱)采集系统组成的测量系统完成非恒定流信号的采集和分析处理，水动力学测量系统见图 10-7。

图 10-7　动水压力动态电阻应变仪及数据采集系统

在充水阀室段共布置 24 个动水压力测点，测点位置见图 10-8，主要分布在充水阀门前后、突扩体及上下游管道上。突扩体压力测点位置见图 10-9。利用竖井水位及输水管路压力对阀门前后阻力及阀门段阻力进行计算。阀门前后压力用于判断阀门工作条件，突扩体内压力用于分析水动力特性。

2) 空化噪声观测

空化噪声作为空化溃灭过程的基本信息，是判断空化初生和发展的一种极为有效的手段。现场观测通过布置在阀门后的水听器监测水流噪声，采用先进的高速瞬态波形采集分析系统采集和处理噪声信号。该系统具有分析频域宽、采样频率高(最高采样频率达 40MHz)、失真小、功能齐全等特点，能够快速捕捉空化脉冲信号，实时进行频谱和波形分析。

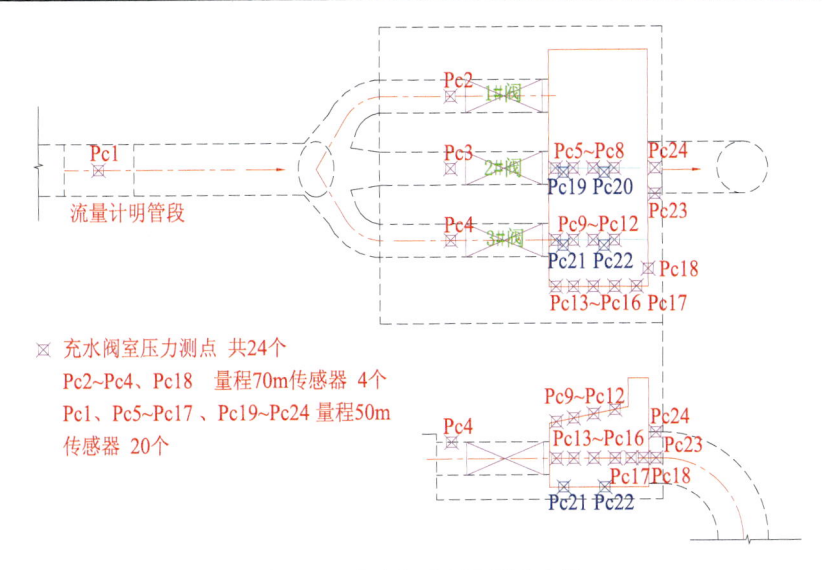

图 10-8 充水阀室压力测点布置

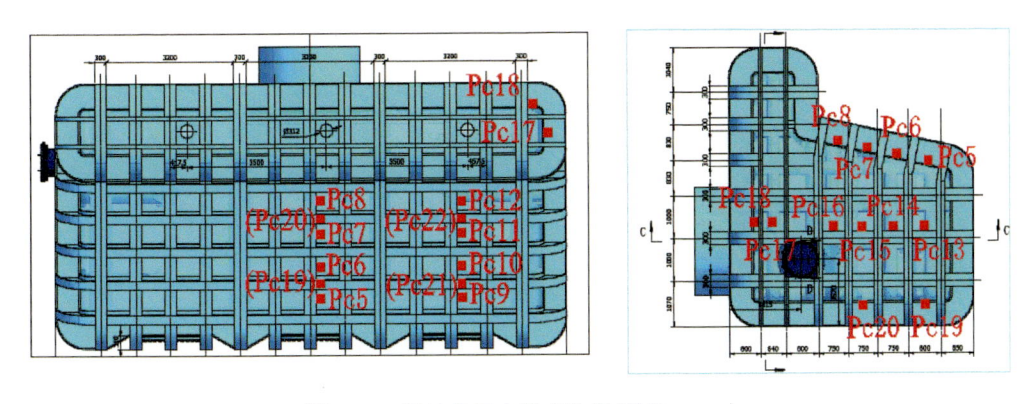

图 10-9 突扩体压力测点位置（单位：mm）

在充水阀室段布置 7 个空化噪声监测点，主要位于阀门出口、突扩体和突扩体后压力管道上（图 10-10）。7 个水听器同步连续采集数万个噪声波形文件，经系统处理后形成

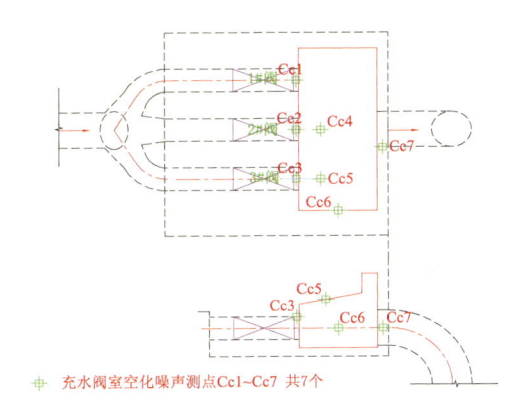

图 10-10 充水阀室段空化噪声测点布置示意图

空化噪声强度均方根序列文件，以便分析。该方法可避免常规谱分析方法的随机性，不但可以定量比较不同部位的空化强度及出现频率，而且可进行空化噪声信号的相关性分析，判断不同水听器的空化信号是否来自相同的空化源。

超高速瞬态空化噪声采集系统框图见图 10-11，充水空化噪声采集分析系统见图 10-12。

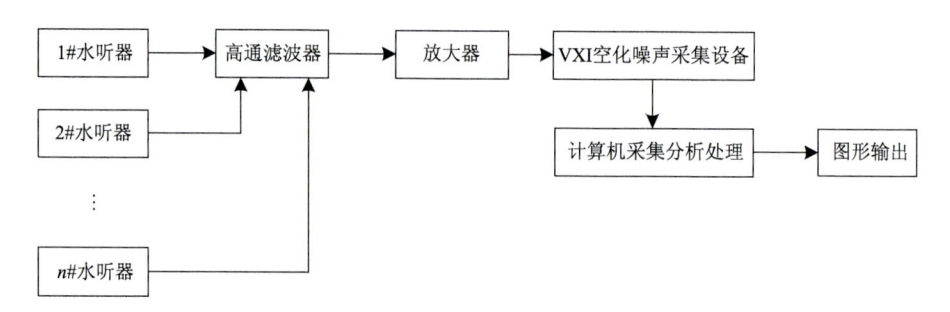

图 10-11　超高速瞬态空化噪声采集系统

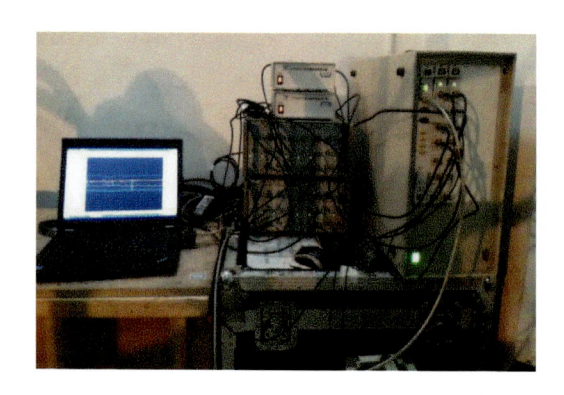

图 10-12　充水空化噪声采集分析系统图

3) 振动观测

根据工业阀门压力钢管振动的特点，采用对高频响应灵敏的压电式三向加速度传感器测量振动加速度。因现场振动观测部分测点需满足长期监测要求，传感器选型应与通常短期监测区别对待，稳定性、耐久性要求更高，还应考虑防水防潮、耐高温(部分传感器须在突扩体安装前布置)、方便接入现场监控系统等要求。因此，现场振动观测采用两套传感器及测试系统，如图 10-13 所示。常用的三向加速度传感器的振动信号经过电荷放大器放大滤波后，由采集系统采集、分析处理，振动监测系统见图 10-14；长期监测的振动加速度传感器采用研制的防水耐高温内置电路(IC)三向加速度传感器，通过恒流适配器直接输出电压信号，接入现场监控系统。传感器根据现场传输距离接线密封，带线率定，避免出现长距离传输信号衰减问题。

充水阀室段共布置 12 个振动加速度测点，如图 10-15 所示，主要分布在阀门前后、突扩体及其后的压力钢管上。每个测点测量 3 个方向的振动加速度。

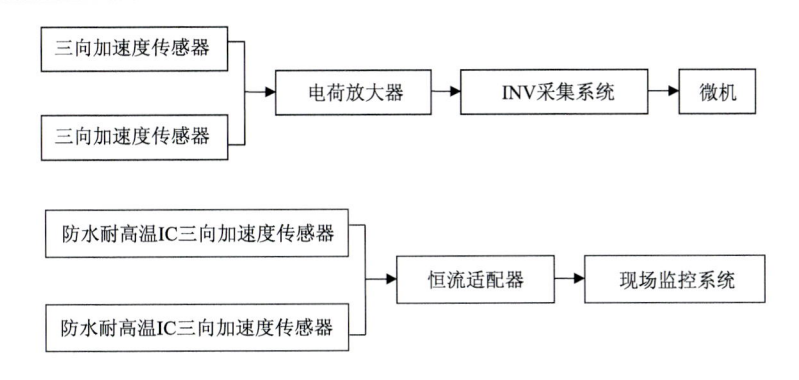

图 10-13 振动测试系统框图

图 10-14 振动监测系统

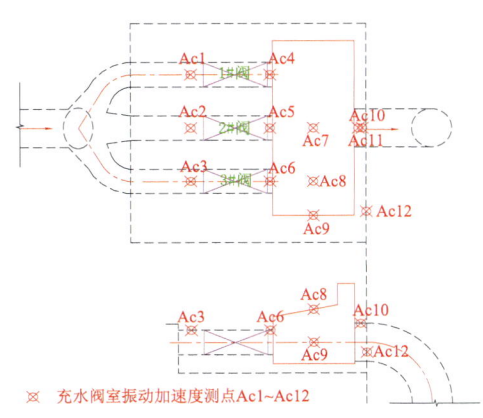

图 10-15 充水阀室段振动测点布置示意图

4) 环境噪声及掺气量观测

利用声级计测量环境噪声,该声级计测量范围为 30~130dB,可自动存储 4700 笔数据(采集频率为 1 次/s 时,可连续采集约 70min)。在充水阀室相同位置,以三脚架固定布置声级计计算机采集的方法,测量阀室内的环境噪声。

现场掺气量采用空压机厂家提供的串联在掺气管路上的空气流量计观测。可显示瞬时空气流量、温度、压力及累计流量。排气量采用在充水阀室排气钢管口位置安装风速仪探头的方法进行观测。

5. 仪器设备

为了全面监测景洪水力式升船机在各种工况下的整体运行特性,在升船机输水系统、同步系统、导向系统、电气及液压系统、船厢池、引航道等关键部位共布置了 340 只永久或临时的测试传感器(表 10-2)来收集数据及实现智能化。例如,在升船机同步轴布置了永久的扭矩应变计,收集实时同步轴受力数据,从而降低同步系统受力过大的风险;在输水系统压力钢管上布置高频响应灵敏的三向振动加速度传感器测量振动加速度,监测输水系统防空化特性;利用激光微距位移计创新性地提出了导轨精度测量方法等。前后投入了 14 台采集设备(表 10-3)对分布在升船机各个系统的海量数据进行大数据整合及分析,为原型调试现场决策提供了迅速和科学的反馈和支撑,为升船机试运行提供了第一手的观测资料,为未来景洪水力式升船机工程监测及控制的智能化打下了大数据平台基础。

表10-2 景洪升船机原型调试及观测主要测试设备

序号	测试设备名称	数量	单位	测量内容
1	压力传感器	40	支	脉动压力
2	三向振动加速度传感器	25	支	空化振动
3	水听器带前置放大和滤波	15	支	空化噪声
4	应变计	160	支	同步轴扭矩、油缸拉力、船厢应变、导轮压力
5	水位计	46	支	船池水位
6	波高传感器	28	支	船厢水面波高
7	SICK 激光微距位移计	17	支	轨道间隙平整度、导轮受力
8	拉力传感器	4	支	船舶系缆力
9	三维 ADV 流速测量系统(挪威)	3	支	水流流速
10	船舶航行记录仪(美国)	1	支	船舶航速
11	声级计	1	支	空化噪声
	共计	340	支	

表10-3 景洪升船机原型调试及观测主要采集系统

序号	采集系统名称	数量	单位
1	40M 高速空化噪声数据采集系统(中国)	2	台套
2	32 通道便携式通用数据采集仪-WaveBook(美国)	4	台套
3	64 通道便携式应变测量系统(中国)	1	台套
4	32 通道数据采集仪-INV(中国)	4	台套
5	32 通道动态应变仪(中国)	1	台套
6	32 通道波高测试系统(中国)	2	台套
	共计	14	台套

10.2.4 通航水流条件专项观测

通航建筑物下游引航道口门区通航水流条件是关系船舶通航安全的重要指标,开展通航水流条件原型观测对通航建筑物安全运行管理具有重要意义。针对景洪水力式升船机,采用了较为先进的跟随浮子高精度测量方法,开展了最小通航流量(约 500m³/s)和五台机组满发流量(3300m³/s)工况下游引航道口门区通航水流条件观测,掌握了下游口门区水流流态、流场流速分布情况,分析了船舶的通航安全性。

1. 最小通航流量下游口门区通航水流条件

在最小通航流量(发电)条件下,实测升船机下游引航道口门区流场如图 10-16 所示。景洪水力式升船机下游引航道隔流堤末段采用透空形式,水流经过透空堤进入引航道内,首先横向流动,然后近岸向下游纵向流动,在堤头附近形成范围很小、强度很弱的回流,从透空堤进入引航道的水流总体上沿纵向顺流而下,在口门区与主流汇合,在其影响下,主流产生的斜向流未能在口门区形成近岸回流,口门区内流场较为平顺。

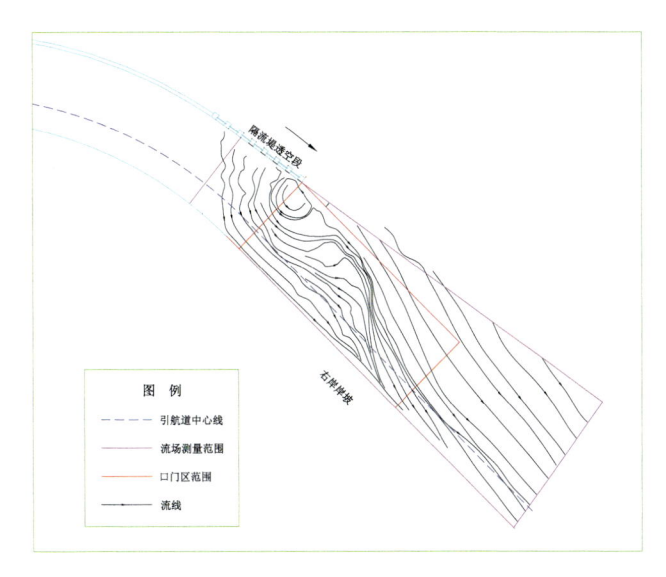

图 10-16 下游引航道口门区流场

从测点流速可以看出,在最小通航流量条件下,下游引航道口门区范围内流速总体较小,纵向流速均小于 2.0m/s,最大为 1.617m/s,横向流速均在 0.3m/s 内,最大接近 0.3m/s,在隔流堤堤头局部很小的回流最大流速为 0.259m/s,均满足规范要求。因此,可以看出,在机组发电小流量条件下,口门区通航水流条件较优,满足船舶安全通航要求。

2. 五台机组满发流量下游口门区通航水流条件

在机组满发流量 3300m³/s 工况下,下游引航道口门区水面平稳,波动较小,无明显不良流态,如图 10-17 所示。实测下游引航道口门区流场如图 10-18 所示,口门区内形

图 10-17 口门区流态

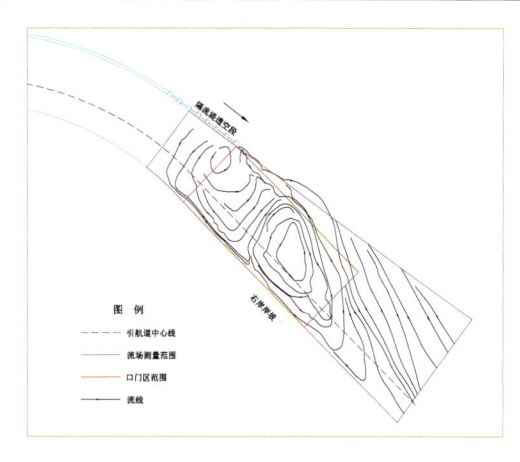

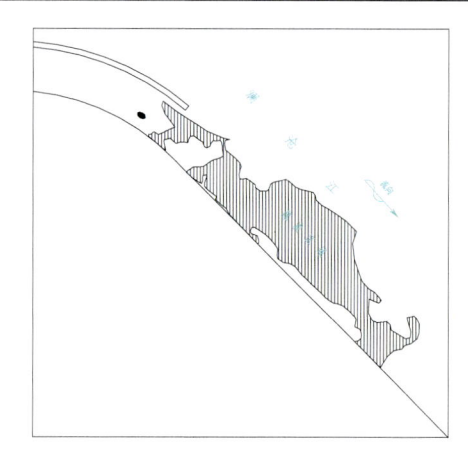

图 10-18　口门区流场与主要淤积区

成两个回流，一个是引航道口门下游 50~150m 范围的顺时针主回流区，另一个是在口门附近的逆时针次回流区，因回流主要靠近岸边的狭长范围内，且从水流流态看，两个回流强度均较弱，对船舶航行影响很小。

下游引航道口门区范围内流速总体较小，纵向流速均小于 2.0m/s，满足规范要求，有部分测点横向流速和回流流速超标，横向流速超标范围约为口门区的 10%，主要集中于口门区左上角(面向下游)局部区域和由回流造成的中部小范围区域；回流流速超标范围约为口门区的 5%，主要集中于口门区右下角靠近岸边较窄的区域(图 10-19 和图 10-20)。

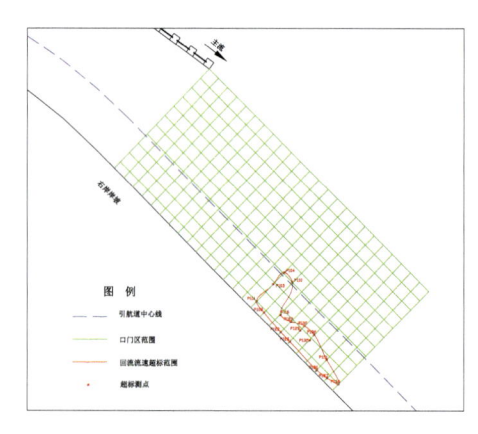

图 10-19　横向流速超标点位和范围　　　　图 10-20　回流流速超标点位和范围

尽管实测口门区横向流速和回流流速在局部区域超标，但并不影响船舶通航安全，实际中船舶的航行并非沿着引航道中心线，而是迎着主流行船，船舶受到的横流侧向作用很小，口门区左上角超标区域对船舶航行并无影响；对于靠近岸边的回流区，船舶行驶过程中并不经过该区域，局部回流超标也无影响；因回流引起的横向流速超标范围较小，且口门区内纵向流速很小，船舶能够以较快的速度穿过回流引起的横向流，顺利进入引航道，从船舶的尺度、动力和操纵性方面综合考虑，回流引起的横向流速超标对船舶安全航行影响不大。

因此，在五台机组满发流量条件下，尽管口门区局部水流流速超出规范要求，但对船舶安全通航影响不大，船舶能够安全通过下游引航道口门区。

10.2.5 主要观测成果

景洪水力式升船机是我国第一座具有自主知识产权的新型升船机，缺乏建设和运行相关经验，景洪升船机建设实践过程充满了挑战，是一次对水力式升船机不断探索、不断总结、认识不断深化的过程。为保障景洪升船机改造的顺利实施，2015年7~8月、2015年10~12月、2016年4月，通过业主、设计、监理、施工、科研等单位的共同努力与团结协作，按制订的观测方案，稳步高效地完成了景洪升船机三个阶段五个大项共220个工况的原型观测任务，达到了超预期的效果，提前实现了景洪升船机过船目标。

原型观测重点检验和论证了景洪水力式升船机船厢抗倾覆改造方案及输水系统充泄水阀门段改造措施的合理性和可靠性，以及事故工况下升船机的安全性，并对阀门和空压机运行方式、导向系统参与方式及船厢出入水、船舶进出船厢等提出了具体的技术要求，主要成果和结论如下。

(1) 景洪升船机一系列改造措施是成功的，升船机具备了正常运行条件。

原型观测充分论证了前期研究提出的各项改造措施的合理性，现场改造获得全面成功。现场观测数据表明：①改造后的输水系统运行高效、灵活、稳定，为升船机运行奠定了基础；②增设的导向抗倾系统在船厢发生较大倾斜时能够发挥抗倾和安全保障作用，并对船厢初期微小倾斜有明显的抑制效果；③新同步系统具备足够的船厢抗倾覆能力，能够保证船厢正常、平稳、安全地升降运行。

(2) 景洪水力式升船机是一个收敛、稳定的系统。

景洪升船机以同步稳定的水力提升系统为基础，具备主动抗倾覆能力的机械同步系统为核心，船厢自反馈抗倾覆导向系统为保障，通过三系统及其联合作用共同解决了水力式升船机承船厢载水倾覆问题。现场试验数据充分证明：①景洪升船机改造完成后，在升船机多组次、不同方式、不同速度升降运行过程中，船厢一直处于稳定收敛状态，景洪水力式升船机是一个收敛、稳定的系统；②景洪升船机空厢运行、带水无船运行、带水有船运行、船厢出入水、卧倒门启闭等过程运行平稳，各项技术指标均在安全控制范围之内。

(3) 水力同步系统为升船机高效平稳运行奠定了基础。

输水系统原型观测充分论证了基于模型试验所提出的充水阀门"突扩体+掺气"、泄水阀门"掺气"抗空化措施的合理性。观测结果表明，所采取的抗空化措施科学、合理，妥善解决了工业阀门大开度空化、振动问题，显著提高了阀门开启方式的安全性和灵活性。

通过现场调试，提出了快、中、慢三种充泄水阀门启闭和空压机工作方式，以适应不同货运量条件下的升船机运行要求。输水系统单独调试时，输水系统最大流量达到30m^3/s，船厢在空气中运行时间小于15min。现阶段升船机运行时间可控制在20min内，最大速度为4.5m/min，船厢升降运行平稳，最大加速度远小于0.01m/s^2，各竖井水位变化基本一致，相邻竖井最大水位差仅为6.0cm。

综合不同阶段升船机船厢运行特性、竖井水位波动和同步特性等观测资料表明：景洪水力式升船机输水系统布置方式合理，水力同步系统具有较高的同步性和稳定性，为降低船厢初始扰动、保障升船机安全高效运行奠定了基础。

(4) 在采用膜片联轴器消除间隙、增大同步轴直径、提高同步轴刚度的工程措施后，机械同步系统具备良好的抗倾效果，能够保证船厢的平稳运行。

新同步系统条件下，船厢带水 2.5m 全过程运行船厢水面波动很小，船舶最大系缆力仅 0.43kN，船厢倾斜量及船舶系缆力大小与同等规模和提升高度的卷扬提升式升船机基本一致。

新同步轴系统安装过程中，现场观测了同步轴扭矩情况，优化和减小了同步轴安装初始扭矩，浮筒-船厢解锁后最大初始扭矩仅为 34kN·m；升船机升降运行同步轴扭矩基本在 190kN·m 控制范围内变化，空中运行走线误差引起扭矩变化最大，为 143kN·m，出入水过程船厢端部荷载变化引起的扭矩最大，为 194kN·m。

观测结果充分表明：采用新同步系统后，船厢运行速度对各项控制参数无明显影响，多次运行重复性、复位性很好，改进后机械同步系统具备良好的抗倾能力。

(5) 在旧同步系统条件下，论证了导向系统的抗倾和安全保障作用。

导向系统能够发挥良好的抗倾作用，并对船厢初期微小倾斜具有明显的抑制效果，其参与运行改变了旧同步系统条件下升船机的工作特性，系统由不稳定发散变为稳定收敛。船厢带水全行程运行平稳，受导轨精度影响，最大倾斜量在 50～90mm，空中运行最大扭矩变化为 70kN·m，出入水最大扭矩波动为 135kN·m；导向与旧同步系统联合抗倾效果受导轮与导轨间距、导轨精度的影响。

导向系统的受力变形特性能够灵活适应导轨的不平整度，在导轨平行度最大偏差 18.5mm 的情况下，导轮最大压力约 25t，仍有较大余量，能够在船厢倾斜扩大的情况下发挥其安全保障作用。

在旧同步轴更换前，恢复的导向系统与旧同步系统配合工作，首次实现了试验性船舶安全过机。

(6) 在新同步系统条件下，明确了导向系统与同步系统的配合方式。

在新同步系统条件下，导向不接触、导向接触、导向贴紧三种参与方式现场试验表明：①新同步系统条件下，船厢运行能够保持较高的水平度(纵倾 20mm 内)，导向参与与否，同步轴扭矩变化过程基本一致，导向系统基本不发挥整体抗倾作用；②导向参与后，在导向系统刚度、导轨精度影响下，竖井水位波动有增大趋势，在导轨不平顺位置扭矩局部波动增大。

原型观测结果与模型试验基本一致，建议在新同步系统条件下，导向发挥其本职"后备安保"作用，按接触状态控制导轮与导轨间距，这与模型试验阶段提出的"加强轴抗倾为主、导向为辅，导向作为安全储备"吻合。

(7) 事故工况试验验证了改造方案的可靠性。

通过模拟船厢急停、空压机停机、漏水运行、制动器意外上闸等事故工况，证明了升船机在该类事故发生时只要采取适当操作，事故不会对升船机安全造成影响。船厢在快速运行过程中急停，船厢运行特性、船厢内水面波动、船厢倾斜量及水锤压力等均不会对升船机稳定运行产生威胁；船厢漏水流量为 0.28m³/s 的快速运行过程中，船厢倾斜量、扭矩等几乎没有发生变化，表明该漏水量对升船机的运行特性几乎没有影响；运行过程中空压机意外停机后，在低空化数条件下，阀门会发生明显空化，振动加速度幅值在 20g 以内，同时发现停机后由于水流惯性作用，空化会延迟 5~10s 发生，只要在停止通气后立即启动关阀门程序，阀门系统是安全的；在制动器意外上闸试验中验证了南京水利科学研究院理论计算的正确性，在满足制动力的前提下给出了达到设计运行时间（17min）的阀门开启方式。在升船机快速运行试验（22min、17min）中，船厢运行平稳安全，倾斜量、扭矩等指标均在安全控制范围内。下游引航道造波试验中，当引航道波动达±15cm 时船厢入水，扭矩变化值达 160kN·m，建议加强观测；此外，还进行了卧倒门打开船厢出入水试验，试验满足升船机安全稳定运行要求，将极大地提高船厢放水和加水效率。

(8) 设计船型过机试验综合论证了景洪升船机的安全性。

在最大允许对接水位差（±100mm）条件下开启卧倒门，最大系缆力为 3.82kN，船舶在船厢内满足安全停泊条件（船闸设计规范 300t 船舶允许的纵向系缆力为 18kN、横向系缆力为 9kN）。重载船舶快速出厢是控制工况，船舶进出厢速度按设计要求控制在 0.5m/s 以内较为合理。升船机载船运行无附加影响，各项参数变化与不载船运行时完全一致。

设计船舶空载、重载多次进出船厢、过机安全性试验表明，改造后的升船机在技术层面具备了正常运行条件。

通过原型观测，就以下相关问题展开讨论。

(1) 下游对接方式。

通过现场观测，下游松闸对接条件下，船厢内外存在 100mm 对接水位差开门时，船厢移动造成厢内水深变化近 200mm；300t 重载船舶快速出厢，同步轴扭矩波动达到 150kN·m，对接过程中还存在各种荷载叠加等不确定因素影响等，综合考虑后，建议船厢下游对接时，应以距离下闸首 20~50m 位置的水位为下游对接水位，船厢对接误差应小于 5cm，且制动器上闸。

(2) 制动器松闸条件。

制动器松闸有两个判断条件：一是同一卷筒上闸前和松闸前的油压压差变化值，建议变化在 0.1MPa 内可直接松闸，否则通过小开度充泄水调节浮筒淹没深度使之满足条件；二是相邻卷筒间油压压差的相对变化值，存在明显差异时应及时检查原因，在油压压差相差 0.65MPa 时，可引起同步轴 190kN·m 扭矩的增量，为把扭矩变化量控制在 100kN·m 内，建议按 0.32MPa 控制，根据初始扭矩和油压变化可判断松闸后同步轴扭矩是否超标。

(3) 导轨处理问题。

新同步系统条件下，船厢运行平稳收敛，整个运行过程中最大纵倾在 20mm 左右，导向不发挥抗倾作用，导向参与后受轨道精度影响扭矩局部波动增大，建议升船机有水调试期间按推荐的导向参与方式运行，经过多次运行检验后，确定是否需要对导轨进行局部处理。

(4)船厢出入水问题(船厢结构是否调整问题)。

船厢多次以不同速度出入水试验表明,船厢出入水运行平稳收敛,出入水速度影响不大,最大纵倾在 20mm 左右,扭矩小于 190kN·m,最大出入水噪声为 78dB,船厢振动加速度小于 0.2m/s^2,尽管入水过程厢底排气持续时间较长,但对运行的平稳性没有影响,船厢结构不需要调整。

10.3 实船试航观测

景洪水力式升船机是按通过 300t 级船舶设计,兼顾远期 500t 级船舶过坝。对其先后开展了两个阶段的实船试航,在 2016 年 8 月试通航验收阶段,先开展了 300t 级设计船舶实船试航,为升船机试通航验收提供了技术支撑;在升船机通过能力提升阶段,于 2018 年 7 月开展了 500t 级设计船舶实船试航,论证了通过 500t 级船舶的安全性,为升船机通过能力提升提供依据。

10.3.1 试航概况

1. 300t 级船舶实船试航

为保障景洪升船机顺利进入试通航,2016 年 8 月开展了 300t 级设计船舶实船试航。成立的升船机试航指挥部,下设通航调度组、航道海事组、升船机运行组、船舶驾引组、水力学观测组、船舶测试组及综合保障组。升船机试航指挥部组织编制了试航方案,明确各专业组职责和工作内容,并对整个试航计划进行了周密安排。

(1)水力学观测组 2016 年 7 月 31 日进场布置各类测试仪器,参试船舶"黔云 6 号"8 月 7 日到位后,船舶测试组上船布置各类测试仪器。

(2)8 月 8 日进行了下游引航道快艇造波试验,考察下游水面波动对升船机运行的影响。

(3)8 月 9 日进行了防撞试验,考察船厢防撞装置的可靠性和有效性。

(4)8 月 10 日进行了试航预备性试验,完成船舶上行、下行两个航次的试验。

(5)正式试航试验时间为 8 月 11~12 日,采用"黔云 6 号"一条船舶,进行上行、下行共 6 个航次的过机试验。

试验船舶选择澜沧江上"黔云 6 号"300t 级散货船,如图 10-21(a)所示。其主要技术参数:船长 50m,船宽 8m,试验装载 300t,吃水 1.7m,试验期间在枢纽典型常遇泄量(机组流量 2700m^3/s、1300m^3/s 和 800m^3/s)条件下进行了船舶试航试验,同时考察了机组负荷变化过程中引航道水流条件和对升船机运行的影响。

2. 500t 级船舶实船试航

为了考察景洪升船机通过 500t 船舶的可行性,提高升船机的通过能力,2018 年 7 月组织开展了 500t 设计船舶的实船试航。

(1)观测人员于 2018 年 7 月 5 日进场,6~7 日完成现场仪器设备安装调试。

(2) 7月8日下午完成了下游口门区通航水流条件观测。

(3) 7月10日，船舶配载完成后，正式开始实船过机试验。

(4) 7月10~12日完成了船舶四次下行-上行试验。

试验船舶选择澜沧江上"瑞丰9号"500t级散货船，如图10-21(b)所示。其主要技术参数：船长53m，船宽8.6m，满载500t，满载时吃水2.0m。在试验船舶载货达到500t时，船首、船中和船尾吃水相同，均为2.0m，船舶总的排水量达到745t。试航期间，电站出库流量为1350m³/s，均为发电流量。

(a) 300t级船舶　　　　(b) 500t级船舶

图10-21　试航船舶

10.3.2　观测方法

1. 船舶航行特性观测

船舶的航行特性主要包括航迹线、航速、方位角、漂角、微倾、舵角、主机功率等，各指标是判断船舶能够安全航行的重要依据，主要测试方法如下。

1) 航迹线、漂角、微倾等

通过在船舶上布置 SDI-600GI 惯性导航系统，直接测量获得船舶航速、横倾、纵倾、方位角及位置经纬度，并通过后处理获得船舶航迹线及漂角。

采用的 SDI-600GI 惯性导航系统是 GPS/INS 组合导航设备，内部有三个陀螺、三个加速度计和 NovAtel OEMV3 接收机，采用 GPS 和 IMU(惯性测量单元)紧耦合技术，提供比纯 GPS 导航或纯惯性导航系统更高精度的三维位置、速度和姿态信息。

设备需布置在船舶的中轴线上，为防止信号被遮挡，应布置在船舶驾驶舱顶部或甲板上空旷平整的位置。为了提高惯性导航系统定位测试的精度，在下游引航道岸边增设了辅助差分基站。

2) 舵角

操舵角采用舵角传感器连续测量，舵角传感器设置于舵机舱，传感器输出信号由 DASP 大容量采集分析系统实时显示、采集分析。

2. 船舶进出厢速度与下沉量观测

船舶航速与下沉量是船舶进出升船机船厢的重要技术指标,可直接为制定船舶吃水、进出厢速度控制标准提供依据。升船机承船厢水深主要由设计船舶吃水、船舶综合航行下沉量和安全余量三个部分组成。船舶综合航行下沉量主要由船舶航行下沉量和船舶航行推移波两部分决定,安全富余水深由非恒定流引起的水位波动、水位误差、安全余量等组成。为避免船舶进出升船机承船厢时发生船舶触底的安全事故,影响升船机正常运行,需要对船舶进出升船机承船厢时的富余水深进行控制,确定富余水深最重要的问题是确定船舶进出升船机承船厢时的下沉量。

观测船舶航行过程中下沉量的难度较大,若布置测深仪在船尾测量,则会因船舶螺旋桨搅动,造成水体掺气翻滚,无法获得可靠数据;若采用激光标靶摄像测量,则会因测量距离较远而误差较大,获得的数据精度较低。根据船舶下沉量的观测要求和特点,采用徕卡 TS60 超高精度自动跟踪式全站仪观测船舶的下沉量。船舶在上游进出厢时,全站仪架设在塔楼下游交通廊桥上,船舶在下游进出厢时,全站仪架设在下游右闸墙顶部,360°反射棱镜布置于船尾,在船舶行驶过程中,全站仪自动追踪棱镜并获取三个方向的坐标,计算获得船舶运行全过程的下沉量,同时获得船舶的位置及航行速度。全站仪测量距离在正常天气及能见度条件下可达到 1000m,下沉量测量精度达到毫米级,完全适应并满足船舶进出船厢的测试要求。将该设备应用到船舶进出船厢的观测中,显著提高了船舶下沉量的观测精度,还能同步输出船舶下沉量、航速及位置,为相关性分析提供更加准确可靠的数据。

3. 口门区通航水流条件观测

引航道口门区是船舶进出通航建筑物的咽喉,口门区通常存在扰流、斜流、回流等复杂流态,是安全通航的关键影响因素。

为适应不同的水流条件,提出两种方法进行口门区通航水流条件观测。

第一种是采用高精度的多普勒超声波流速仪(ADV)测量下游引航道口门区的流速分布,包括横向流速、纵向流速和回流流速,在口门区范围内沿纵向和横向基本等间距布置测点,需要辅助观测船舶,每个测点坐标采用 GPS 定位,流速方向采用罗盘控制。本方法属于直接接触式测量,能够准确获得三个方向的流速,但适应于通常的小流量情况,辅助观测船舶能够保持很好的稳定性。

第二种是采用 LSPIV 高精度超大面积表面流场测量系统,LSPIV 测试系统基于传统粒子图像测速技术(particle image velocimetry,PIV)的大范围表面流场测量技术,集成高性能工业相机、电动对焦和光圈控制,在方便操作的同时,得到高位深图像,通过图像表面模态识别算法,得到水体表面流速。设备可倾斜架设,通过图像校正算法和控制点标定,得到真实流场数据。一套设备可覆盖较大范围,软件算法对自然模态具有较强的识别能力,在自然纹理清晰的情况下,无需加人工示踪物质也可得到可靠准确的流场数据。所采用的观测仪器如图 10-22 所示。该方法为非接触式测量技术,适用于现场水流条件较为恶劣的情况。

图 10-22 口门区流速量测设备

10.3.3 主要观测成果

1. 300t 级船舶实船试航

2016 年 8 月 8～12 日顺利完成了景洪升船机设计船舶实船试航试验。通过代表性设计船舶"黔云 6 号"在 2700m³/s、1300m³/s、800m³/s 三种典型泄量下 6 个航次的试航试验，充分检验了升船机的运行特性、船舶的停泊条件、船厢和船池的水动力特性、上下游引航道的水位波动规律、下游引航道口门区水流条件、升船机及引航道的适航性、通航标示与指挥系统的合理性等，同时，顺利完成了多次设计船舶在不同速度下船艄、船舯撞击下游防撞梁试验，考察了防撞装置的有效性和工作特性。主要结论如下：

(1) 典型常遇泄量条件下，设计船舶顺利完成了多次上行、下行过坝，各项技术指标均在安全控制范围之内，景洪升船机具备了通航试运行条件。

(2) 升船机及引航道通航标示布置合理，交通指挥系统、通信系统、监控系统等工作正常，引航道及船厢适航性能很好。

①在整个试航过程中，升船机集控室与试航船舶之间的其高频通信联络正常，无干扰；
②现场交通信号灯、视频监控系统工作正常，语音广播用词用语规范；
③下游锚地(图 10-23)、上下游靠船墩、船厢均满足船舶停泊条件；
④设计船舶平面尺度较合理，在引航道内行驶、进出船厢顺畅，驾驶操纵容易，航速相对较快；
⑤引航道内船舶能够正常会让(图 10-24)；
⑥单个航次过机历时约 1h，各环节用时可优化压缩的空间不大。

(3) 升船机本体运行安全可靠、平稳收敛，多次运行重复性很好，各项参数变化过程基本固化。

①运行过程中，船厢最大纵倾约 20mm，船厢下行横倾偏大，约 40mm，同步轴最大扭矩小于 180kN·m，导轮压力小于 10t，各项指标均在安全控制范围内；
②下泄流量变化会造成水位变化，以及升船机行程相应变化，自动运行流程能够很好地适应水位大幅变化，升船机运行流畅，各类设备设施未发现异常；

图 10-23　下游锚地停泊　　　　　　　图 10-24　下游引航道内船舶会让

③快艇下游引航道造波产生的短周期碎波对升船机出入水运行特性影响并不明显，在入水过程中横倾略微增大可能由其引起。部分运行特性曲线见图 10-25。

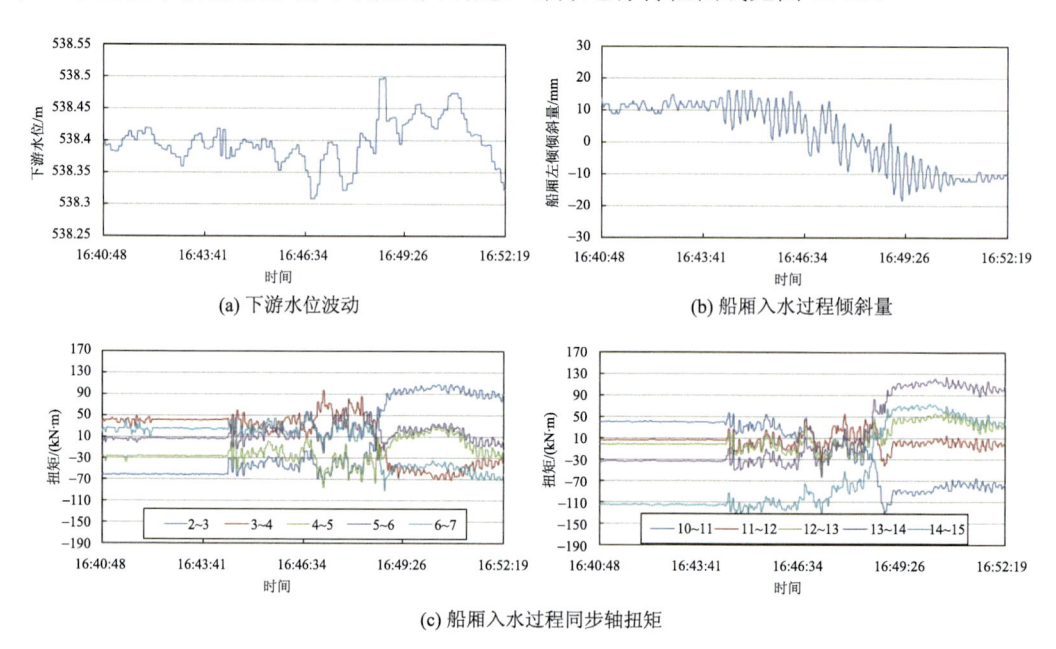

(a) 下游水位波动　　　　　　　(b) 船厢入水过程倾斜量

(c) 船厢入水过程同步轴扭矩

图 10-25　快艇造波对船厢出入水的影响

(4) 船舶上行、下行过机时各项航行参数满足要求。

①试航船舶在引航道内航速较大，为 2~3m/s，船舶进厢或船艉出厢的速度为 0.6~0.7m/s，航速略微偏大，就试验而言偏于安全；

②上游出厢和下游出厢船艉最大下沉量为 11~20cm，其中一组船舶出厢过程航速与下沉量见图 10-26，在船舶吃水 1.75m、船厢最低载水 2.3m 控制条件下，尚有 35cm 富余水深，满足不擦底的要求；

③船舶在引航道内航行及进出船厢较顺畅，船舶横倾角最大为 –0.9°，纵倾角最大为 –0.4°，考虑到引航道内有弯道，试航船在通过上下游引航道时，漂角均不超过 20°，船

(a) 航速　　　　　　　　　　　　　(b) 下沉量

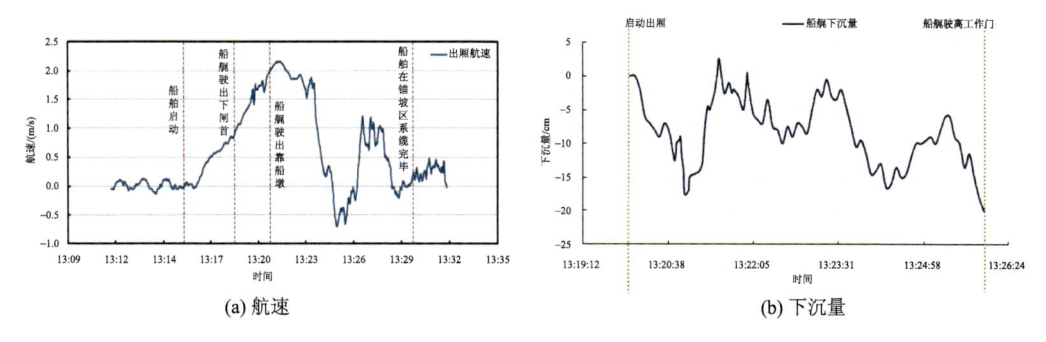

图 10-26　船舶出厢过程航速与下沉量

舶操纵总体较容易，唯有下游靠船墩距离下闸首较近，大尺度船舶从下游靠船墩进厢调整略有难度。

(5) 通过"黔云 6 号"在不同泄量条件下 6 个航次的试航试验，基本掌握了船舶过机全过程船厢及船池水动力特性，各项水力学技术参数满足设计要求。

①船舶过机过程船厢水面波动过程线如图 10-27 所示，升船机船厢带船在空中升降运行过程中船厢水面平稳，波动较小，波动幅值最大为 1.5～4.4cm。

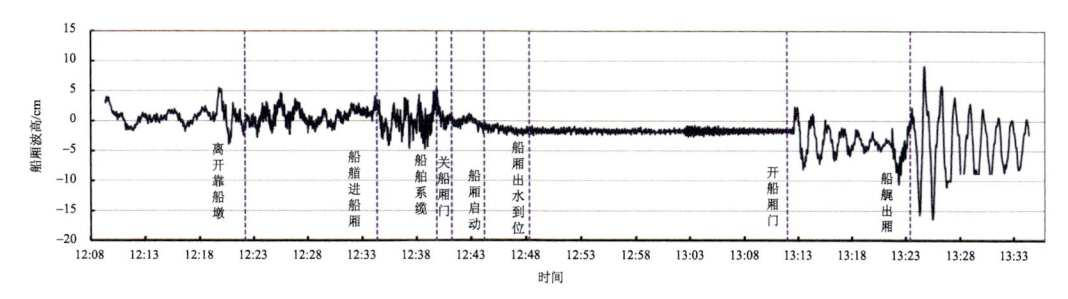

图 10-27　船舶过机过程中船厢水面波动过程线

②升船机船厢带船出入水运行过程中船厢水面平稳，波动较小，最大幅值为 2.3～2.5cm，船厢出入水不影响船厢稳定。

③升船机船厢带船出入水运行过程中船厢池水面变化较大，升船机上行船厢出水，船厢池内最大水位波动幅值为 31.6cm；升船机下行船厢入水，船厢池内最大水位波动幅值为 22.5cm。相同工况条件下，船厢上行出水引起的水位波动幅值大于船厢下行入水引起的水位波动幅值。

④船舶进出船厢过程中，试验期间正常情况下船厢内最大波动幅值一般在 16.5～28.5cm，引起的船厢最大倾斜力矩为 −5235.68～5645.81kN·m。

⑤船舶在引航道内快速航行产生的船行波会对船厢水面波动产生一定影响。试验期间利用快艇主动制造船行波，下游对接船厢内水面波动最大幅值约 15.5cm。

⑥引航道与船厢内水位差对船厢对接过程影响较为明显。船厢下游对接，开门时厢内水位比下游引航道水位低约 15cm，开门后船厢水深由 2.45m 变至约 2.6m，船厢内最大水位幅值达到了 21.8cm。船舶在引航道内快速航行产生的船行波也会对船厢水面波动产生一定影响。试验期间，船舶上游出厢速度较快，厢内水面波动幅值达到了 25.5cm，

造成溢流孔溢流。

⑦试验期间，电站泄量变化对船厢及船厢池水面波动影响不是很明显，船厢内外对接水位差及船舶航速是波动的主要影响因素，在制定升船机通航标准时，应对其进行严格控制。

(6) 典型常遇泄量工况下，上下游引航道水位非恒定流变化、波动、口门区通航条件均满足安全通航要求。

①试航期间，上下游水位变化过程见图 10-28，上引航道水位较平稳，在流量调节过程中，水位变率为 0.132m/h，对船厢上游对接无明显影响；下引航道水位变幅较大，水位变幅最大达 40cm，在泄量调节过程中，水位变率为 0.353m/h，对船厢下游对接有一定影响。

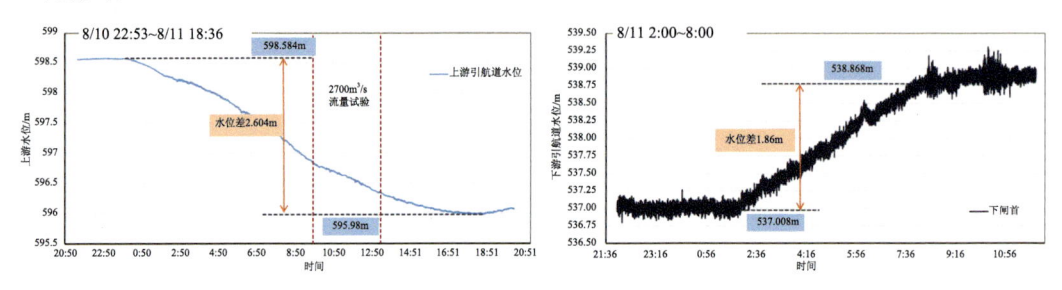

图 10-28 上下游水位变化过程

②电站流量对下游引航道水位变幅影响相对较大，不同流量下游引航道水位变幅差可达 20cm。

③上、下游引航道内水面波动通常在 30cm 以内，对船舶通行无明显不利影响。

④电站下泄流量为 2700m³/s 时，口门区流场结构及流速分布见图 10-29，河道主流最大流速约 3.90m/s，引航道内回流区下边界距隔流堤头约 160m。口门区部分区域受地形影响，横向流速为 0.43m/s，超出规范要求；锚泊区内，距右岸 20m 范围内最大横向流速为 0.32m/s，最大纵向流速为 1.23m/s，最大回流流速为 0.18m/s，基本满足规范要求；白塔大桥附近水流平稳，最大流速为 2.92m/s，除右岸折坡点局部区域外，引航道轴线往左岸 15m 范围内最大流速为 2.46m/s。因此，该流量下需通过引航道疏浚、清理对口门区流态进行优化，以保证行船安全。

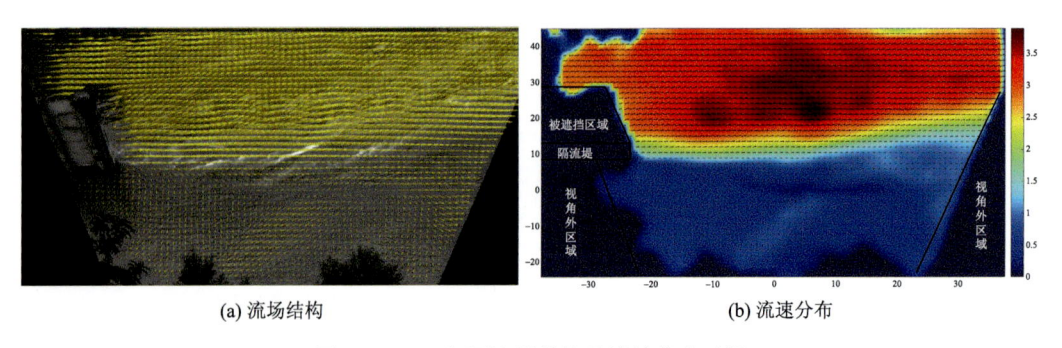

(a) 流场结构　　　　　　　　　　　(b) 流速分布

图 10-29 口门区流场结构及流速分布云图

⑤电站下泄流量为 1300m³/s 时,河道主流流速为 2.84m/s,引航道内回流区下边界距隔流堤头约 100m。引航道口门区和锚泊区横、纵向流速满足规范要求,白塔大桥附近区域水流平顺,无明显回流、漩涡和斜向流动,除右岸折坡点局部区域外,引航道轴线横向宽度 15m 范围内最大流速为 1.83m/s,满足规范要求。

⑥电站下泄流量为 800m³/s 时,河道主流流速为 2.40m/s。引航道口门区和锚泊区横、纵向流速满足规范要求,白塔大桥附近区域水流流态较好,除右岸折坡点局部区域外,引航道轴线横向宽度 20m 范围内最大流速为 1.6m/s,满足规范要求。

⑦在泄量调节过程中,下泄流量大于 2600m³/s 时,流量变化对主流流速影响更大,下泄流量小于 2600m³/s 时,水位变化对主流流速影响更显著。各流量下,引航道口门区、锚泊区和白塔大桥附近区域流态和水流条件均较下泄流量为 2700m³/s 时更优。

(7) 典型常遇泄量工况下,下游锚地、下游引航道靠船墩、船厢内、上游靠船墩等停靠区均满足船舶安全停泊条件。

①下游锚地处于引航道口门区,存在斜向水流、回流、主流等复杂水流流态,船舶系缆力特性受停泊位置流态、流速影响较大。如靠下游停泊,仅受主流作用,系缆力相对稳定;若靠上游停泊,则受到回流和主流的共同作用,船舶发生上下漂移摆动。总体上看,各流量条件下,下游锚地系缆力不大,基本在 10～20kN,满足安全停泊条件。

②下游临时靠船墩、上游停泊区靠船墩附近水域平稳,波动、流速很小,船舶在这两处停泊时缆绳基本不受力,满足安全停泊要求。

③船舶下行过程在船厢内停泊系缆力过程线见图 10-30。船厢内停泊条件略显复杂,包括以下几个方面:船舶进厢过程中,停靠制动,系缆力较大,最大约 21kN;卧倒门关闭过程中,受推波影响,实测系缆力为 1～7kN;船厢升降运行过程中,厢内水面平稳,船舶无漂移摆动,系缆力基本在 1kN 内,实测最大值为 1.73kN;卧倒门开启过程中,受开门波动及对接水位差影响,船舶系缆力较大,实测最大值为 15.9kN。

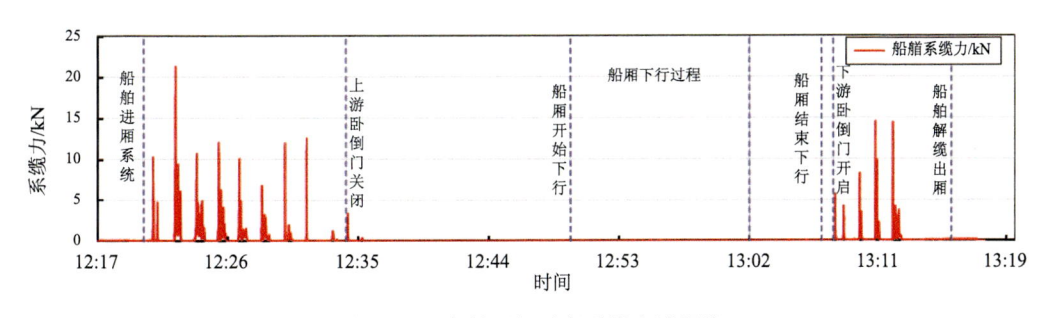

图 10-30 船舶下行过程系缆力过程线

(8) 设计船型船舶(装载 300t、排水量约 460t)在不同速度(达到了设计速度 0.5m/s)下船艏、船艉的十余组撞击试验中,船舶均被防撞梁有效地阻挡,防撞系统发挥了很好的防撞缓冲作用,满足设计要求。

①撞击试验中,受撞击位置影响,两侧防撞系统受力易产生差异,靠近船舶撞击的一侧受力偏大。

②随着撞击速度的增大,防撞油缸的油压、活塞杆受力和行程增大,在两次设计速

度撞击试验中，右侧防撞油缸油压达到 16MPa，发生溢流，活塞杆受力达到 100kN，与设计理论值一致，而活塞杆的行程略微偏大，但不影响防撞系统有效发挥防撞作用。

③撞击过程中防撞梁的运动与船舶的撞击部位结构特征关系密切，船艉竖直平面撞击，防撞梁在水平推力下向后、向上移动，浮出水面；船艏倾角斜面撞击，防撞梁受到斜向下的推力，向下、向后移动，被船舶下压。两种撞击方式防撞系统受力持续时间也有明显差异，船艉水平撞击受力恢复很快，历时 4~5s，船艏斜向下挤压受力恢复延迟，历时 20~30s。

④"黔云 6 号"船艏以 0.62m/s 的速度撞击防撞梁，船艏超过防撞梁不足 3m，正常情况下不会撞击到卧倒门，但在以后的运行过程中应关注不同过机船型是否存在撞击到卧倒门的风险。

(9)根据试航情况，提出下列建议：

①建议增加上游引航道通航条件判断，当上闸首检修门门顶水深不足 2.5m 时，发出警报。

②建议对下游引航道进行疏浚清淤，避免小泄量低水位条件下船舶擦底。

③建议采取措施处理上闸首漂浮物，因为其不仅影响船厢内水域环境，还有可能造成上游工作小门及卧倒门卡阻，影响升船机运行效率。

④建议对船厢甲板进行防水处理，防止船舶冷却水影响船厢仪器设备。

⑤建议通航船舶平面尺度限制在 50m×10.8m 内。

⑥建议在升船机不繁忙的情况下，船舶直接从下游锚地发航进厢，不再停靠下游临时靠船墩。

⑦建议在升船机运行期间，择机进行大泄量通航条件观测。

2. 500t 级船舶实船试航

2018 年 7 月 6~12 日，开展了景洪升船机 500t 级船舶实船试航。在出库流量 1350m³/s 条件下，完成了"瑞丰 9 号"试验船舶多次上行、下行过机试验原型观测，获得了升船机运行特性、船厢的水动力特性、船舶航行特性、下游引航道口门区通航水流条件、船舶停泊条件等资料，为论证 500t 级船舶通过景洪升船机的适应性和可行性提供依据。主要结论如下：

(1)试验船舶安全顺利完成了多次上行、下行过机，景洪升船机对 500t 级试验船型船舶具有良好的适航性能。

(2)升船机运行特性不受过机船舶吨位影响，输水系统水力特性、船厢倾斜量、同步轴扭矩等变化规律保持不变。运行特性曲线见图 10-31。

(3)船厢升降运行过程平稳，厢内水面波动很小，为 1~2cm，下行时略大，与船厢水平度波动有关；船厢对接卧倒门启闭引起的厢内水面波动为 10~14cm，存在水位差时波动略大，卧倒门启闭过程引起的水面波动如图 10-32 所示。卧倒门开启，厢内水面波动周期为 110s 左右，卧倒门关闭，水面波动周期约为 15s，卧倒门关闭时的波动周期与理论公式计算值较为吻合，而卧倒门开启产生的波动周期与计算值相差较大，公式需要改进；船舶出厢过程水面最大波动约 27cm，不同工况的水面平均波动在 18~20cm，实

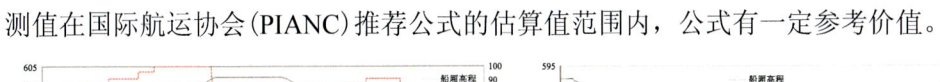

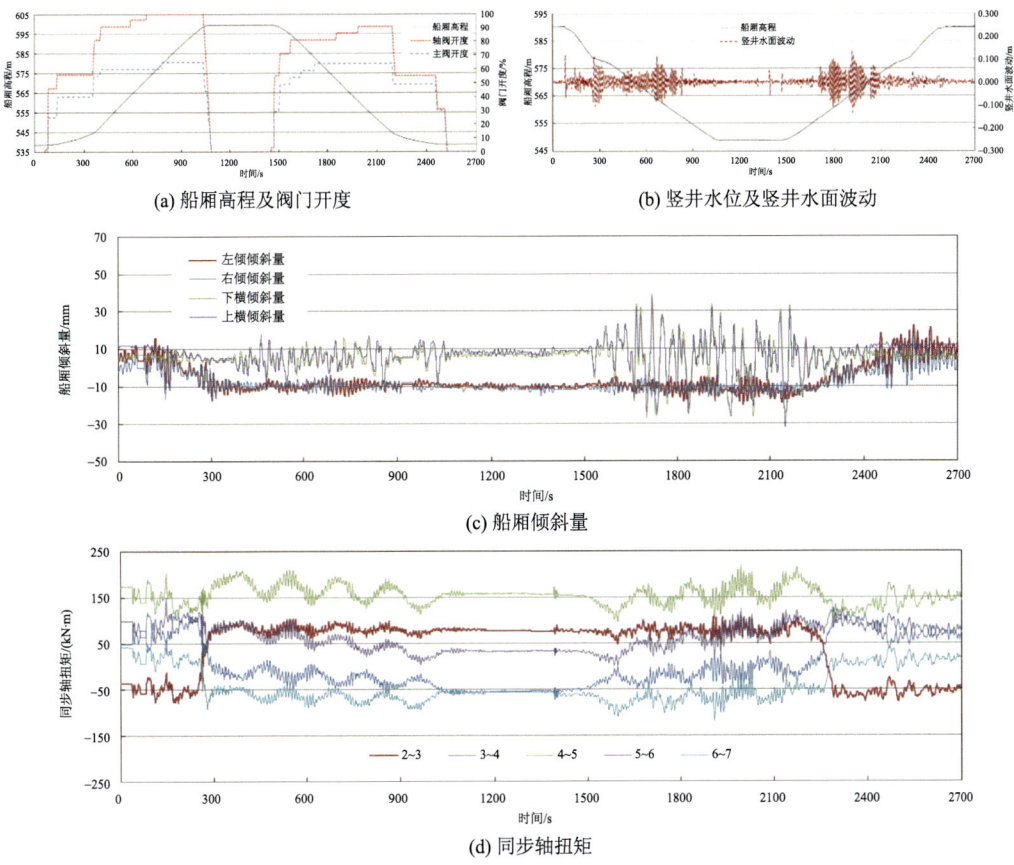

测值在国际航运协会(PIANC)推荐公式的估算值范围内，公式有一定参考价值。

(a) 船厢高程及阀门开度

(b) 竖井水位及竖井水面波动

(c) 船厢倾斜量

(d) 同步轴扭矩

图 10-31　升船机运行特性曲线

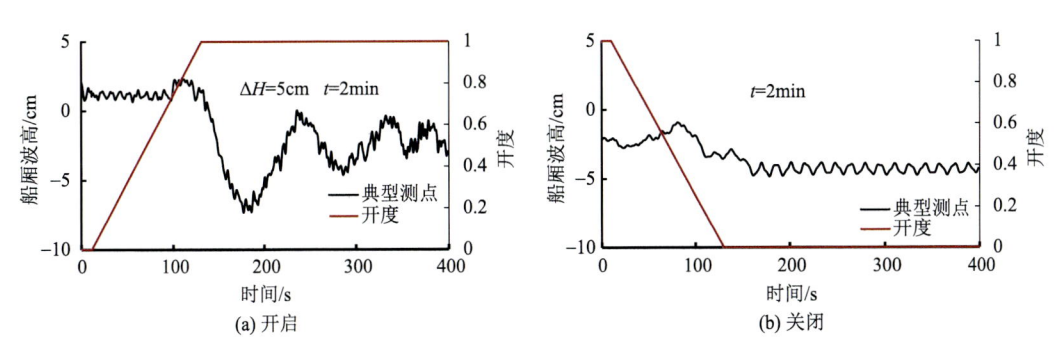

(a) 开启

(b) 关闭

图 10-32　卧倒门启闭引起水面波动

(4)在 1350m³/s 出库流量条件下，下游引航道口门区流态较好，实测横向流速均在 0.3m/s 以内，纵向流速在 2.0m/s 以内，沿岸边距口门约 100m 范围内出现回流，最大回流速度不足 0.3m/s，均满足规范要求；在船舶通过下游引航道口门区时，最大纵倾和横倾分别为 0.12°和 0.84°(图 10-33)，漂角在 20°内，操舵角左舵最大 17.5°、右舵最大 30.8°，船舶航行特性及操纵性能较优。

(a) 纵倾

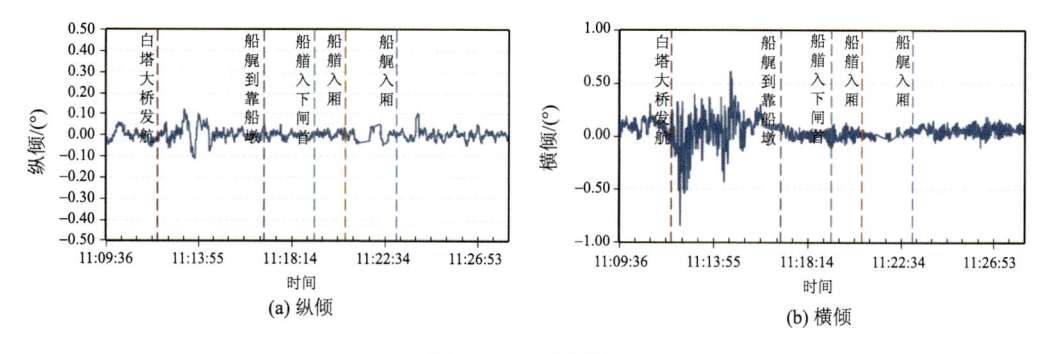

(b) 横倾

图 10-33 船舶微倾

(5) 船舶出厢航速与下沉量过程线如图 10-34 所示。船舶进厢过程所受阻力较大，航速总体偏低，船舶最大下沉量在 5cm 以内，相应的进厢航速在 0.5m/s 以内；船舶出厢过程最大下沉量约 15cm，对应船舶出厢航速在 0.6～0.9m/s。总体上看，船舶的下沉量不大，富余水深在 0.3～0.4m，满足一般要求。

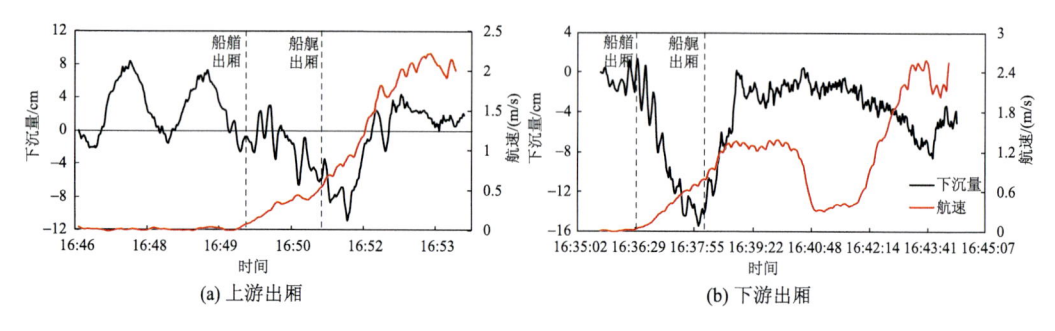

(a) 上游出厢

(b) 下游出厢

图 10-34 船舶出厢航速与下沉量过程线

(6) 下游锚泊区流态及流场结构如图 10-35 所示。下游锚泊区内静水区、回流区、回流顺流区、顺流区四处不同位置的船舶停泊条件观测表明，静水区水流流速和系缆力最小，回流区系缆力最大，顺流区流速最大、系缆力较大，回流顺流区系缆力较小。建议待闸船舶停泊在静水区或回流顺流区。

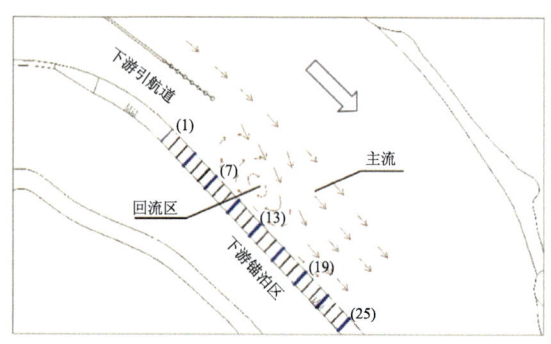

图 10-35 下游锚泊区流场基本结构

图中数字表示岸坡走道的顺序编号

(7)船舶在船厢内停泊实测最大纵向系缆力为15.1kN(图10-36),发生在厢内水位比厢外高10cm启门工况下,系缆力小于规范容许值,500t级船舶满足安全停泊条件。

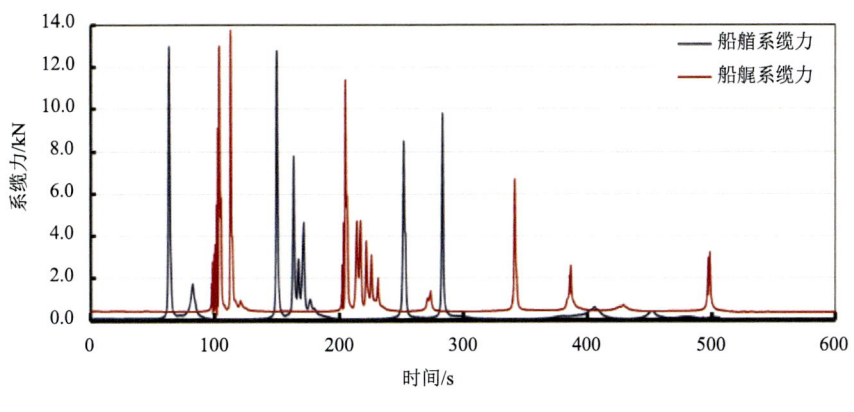

图10-36 船舶系缆力

(8)综上,从船舶下沉量和系缆力两大关键指标考虑,500t级试验船型船舶具备安全通过景洪升船机的条件,建议船舶进出厢速度控制在0.5m/s以内(船舶下沉量约0.1m),同时船厢对接尽量保证水深为2.5m的标准水深,避免水深偏差造成富余水深减小,为对接过程中非恒定流波动影响留有一定的安全空间。

10.4 典型事故工况试验及应对措施

随着现场有水调试进入尾声,景洪升船机即将进入试运行阶段。但是,对升船机安全运行可能产生影响的上下游水流条件、升船机漏水、制动器意外上闸、急停、空压机停机等事故影响尚没有明确的结论。因此,为了进一步考察升船机在各种事故工况下的运行安全性及稳定性,南京水利科学研究院在现场有水调试结束后进行了原型观测,重点检验各种典型事故工况下升船机的运行安全情况,并提出应对措施方面的建议。

10.4.1 船厢空中急停试验

为考察景洪升船机事故紧急停机的影响,共进行了6组船厢空中急停试验,即充、泄水工况各3组试验,急停时的流量为17.5~20m³/s。统计快速运行过程中急停试验资料,列于表10-4中,原型观测相关数据表明,船厢空中急停事故工况,升船机各运行参数均在正常范围内。

表10-4 快速运行过程中急停工况水力特征值统计

试验工况	主阀开度/%	辅阀开度/%	流量/(m³/s)	主阀关闭时间/s	辅阀关闭时间/s	事故门关闭时间/s	过流水体/m³	竖井水面波幅/m	船厢加速度/(m/s²)
充水最大流量关阀	64	71	17.5	31	33	—	180.5	±0.04	0.0034
充水最大流量关阀、落门	64	71	17.5	31	34	27	180.5	±0.04	0.0038

续表

试验工况	主阀开度/%	辅阀开度/%	流量/(m³/s)	主阀关闭时间/s	辅阀关闭时间/s	事故门关闭时间/s	过流水体/m³	竖井水面波幅/m	船厢加速度/(m/s²)
充水最大流量落门	64	71	18	—	—	27	732.8	±0.03	0.002
泄水最大流量关阀	55	100	19	27	48	—	239.0	±0.04	0.0033
泄水最大流量关阀、落门	55	100	19	26	47	26	228.2	±0.03	0.0034
泄水最大流量落门	55	100	20	—	—	26	398.3	±0.09	0.006

(1) 关阀/落门过程中及阀门/事故门完全关闭后，船厢倾斜量波动逐渐平稳并收敛于某一个值，6 组试验工况船厢最终的倾斜量——最大纵倾 20mm、最大横倾 10mm。

(2) 船厢在急停时的加速度均小于 $0.006m/s^2$。在下游单独关闭事故门时（流量为 $20m^3/s$），船厢加速度最大，为 $0.006m/s^2$（小于设计的 $0.01m/s^2$），竖井水位波动也最大，波动幅值在 ±0.09m 左右。这是因为在事故门关闭过程中，只有在开度小于 20%的关门过程中才对输水系统的阻力起控制作用，相当于在 5s 的时间内截断水流，时间仅为阀门关闭时长的 1/5 甚至更短，因此产生的水锤作用更加明显，能量传递到竖井面，表现为水位波动增加，同时竖井的自由表面对水锤能量起到耗散作用。在下游动水落门时，事故门前产生的水锤压力小于 7m 水柱，升船机突然关阀、落门的工况满足平稳性和安全性等要求。

(3) 船厢急停过程中，同步系统扭矩值有所波动，但属于正常运行过程中的扭矩波动。船厢急停过程中，随着船厢速度的减小，同步轴扭矩波动幅值也逐渐减小，最后稳定，没有发生突变等异常情况。

(4) 事故紧急停机应对措施：根据现场试验结果可知，故障紧急停机工况，无论是阀门单独关闭，还是事故闸门和阀门同时关闭，或是事故闸门单独关闭，升船机各项状态指标均在正常范围内，紧急停机不会给升船机运行带来较大的影响或危害，因此，通过论证，事故紧急停机无须应对措施。竖井泄水、船厢上行过程中紧急停机时应停止掺气，并在再次开阀泄水时，注意阀前大量气体排出的影响。

10.4.2 船厢漏水运行试验

在船厢漏水事故工况中分别进行了船厢在静止状态下漏水及船厢在运行状态下漏水两项试验：船厢在静止状态下漏水平均漏水流量为 $0.28m^3/s$，船厢水深由 2.45m 变为 2.30m，船厢侧失重 123.45t；船厢在运行状态下漏水平均漏水流量为 $0.275m^3/s$，船厢由 554m 高程快速上行至 594.7m 高程，船厢水深由 2.30m 变为 2.05m，船厢侧失重 209.75t。模拟船厢漏水事故工况试验见图 10-37。

原型观测资料验证了水力式升船机在船厢漏水事故工况下依然能够正常运行，相比传统的全平衡电力驱动升船机，具有无可比拟的优越性。

(1) 船厢在静态漏水过程中缓慢上升，表明水力式升船机自适应平衡系统在船厢漏水时发挥了作用，船厢失水后重量减轻，浮筒淹没水深增加以平衡船厢侧的重量变化，在此过程中，同步轴扭矩与倾斜量几乎没有变化(图 10-38)。

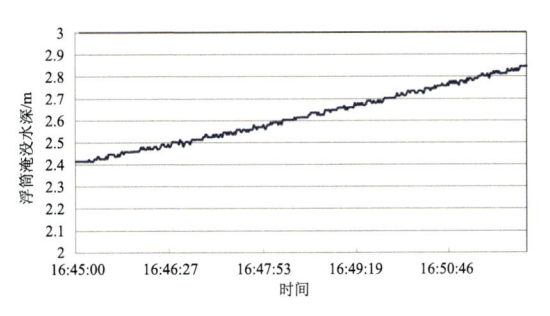

图 10-37　模拟船厢漏水事故工况　　　　图 10-38　平衡重淹没水深变化曲线

(2)船厢在快速运行过程中漏水，船厢纵倾、横倾量在 15mm 以内，与正常运行工况相比，同步轴扭矩随船厢高程变化的趋势和幅值基本一致，见图 10-39。因此，船厢在该漏水流量下运行对同步轴受力、升船机运行影响很小。

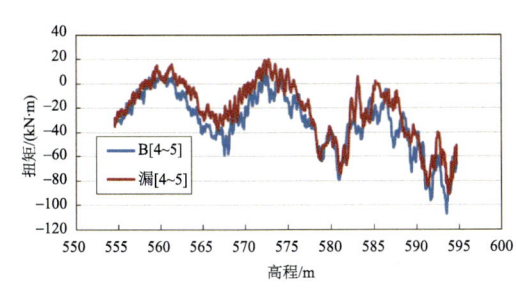

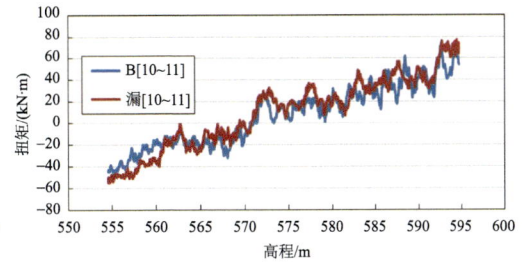

图 10-39　同步轴扭矩对比

"B"指正常运行工况；"漏"指漏水工况；数字指同步轴序号

(3)船厢漏水事故应对措施：按承船厢少量漏水(升船机完成当次运行后漏水量不会影响船舶的最小吃水深度)和承船厢大量漏水(升船机完成当次运行后漏水量会影响船舶的最小吃水深度，船厢大量漏水可能出现船舶触底的风险)两种情况分别提出应对措施。升船机运行过程中，如果承船厢出现漏水的情况，导致船厢侧的总荷载减小，根据水力式升船机的原理，浮筒侧将进行自动平衡，浮筒侧和船厢侧的平衡不会被破坏。当承船厢少量漏水时，升船机可以继续运行，为防止船舶行驶中可能出现触及船厢底部的风险，船舶应减速出厢，升船机完成当次运行后，再检查处理。当承船厢大量漏水时，升船机应快速运行到下游，进行下游对接，船舶驶出船厢，为尽量规避船舶行驶中的触底风险，船舶应减速出厢，待船舶出厢后，提起承船厢，排空船厢内水体，再检查处理。

10.4.3　船厢快速运行过程中空压机停机试验

1. 掺气系统故障试验

试验模拟了充泄水阀门不同开度、不同相对空化数运行时，因掺气系统故障停止向阀门通气的事故工况，停止通气后，阀门开度维持 1~2min，监测特征点的振动加速度。

在此条件下共进行了充水阀门不同相对空化数的 9 组试验,以及泄水阀门不同相对空化数的 5 组试验。

试验表明,阀门在大开度、低相对空化数条件下,通气停止后,阀门会发生明显空化,由于残存气体的保护和水流惯性的影响,空化一般延迟数秒后才发生,空化作用时特征测点振动加速度幅值小于 20g。因此,只要在掺气系统发生故障停止通气后立即关小阀门开度,提高相对空化数或直接关闭阀门即可,该事故工况对输水系统阀门的危害是可控的,阀门系统安全。此外,通过此次试验发现充水阀门空化与泄水阀门空化作用的位置不同:

(1) 充水主阀 55%开度相对空化数为 0.5,60%、65%开度相对空化数为 0.6 运行时停止通气,发出类似"砂石打在管壁上"的空化声,表明充水主阀空化直接作用于突扩体内壁,阀门关闭,空化声立即消失。

(2) 泄水主阀 55%、60%开度,相对空化数为 0.2 运行时停止通气,发出的空化声音沉闷,表明泄水阀门空化作用于水流内部,阀后管道比较安全。

2. 空压机事故停机应对措施

升船机按设计速度运行过程中,相应掺气系统需启动进行掺气。此时,如果空压机事故停机引起掺气系统意外中断,阀门又处于大开度运行工况下,则阀门可能出现气蚀及相应结构将承受额外的振动。当出现这种情况后,应立即将升船机的运行速度从高速调为低速运行,阀门承受短暂的气蚀和振动后将进入安全运行状态。

10.4.4 制动器意外上闸试验及应对措施

1. 制动器意外上闸试验

在该试验进行前预估了上闸后的过流体积和制动力的大小,从安全方面考虑,将制动器上闸后的制动力控制在 500kN 以内(设计的制动力为 900kN),共进行了充水流量由小到大 3 组、泄水 1 组意外上闸试验,工况见表 10-5。

表 10-5 制动器意外上闸试验工况表

工况	主阀开度 /%	辅阀开度 /%	总流量 /(m³/s)	计算过水体积/m³	实际过水体积/m³	计算制动力 /kN
充水抱闸关阀落门(一)	35	50	6.4	41.4	38.2	121
充水抱闸关阀落门(二)	40	60	8.6	64.0	57.4	181
充水抱闸关阀落门(三)	50	65	11.9	91.1	81.3	257
泄水抱闸关阀落门(一)	50	70	11.8	93	86.0	272

注:表中计算制动力为每个卷筒所对应的单套制动系统制动力。

试验表明:

(1) 4 组抱闸工况计算得到的过流体积比实际值大 10%左右,造成抱闸急停工况估算值偏大的原因可能是抱闸后浮筒固定相当于盖板,增加了系统阻力系数,所以实际过流体积比理论上小,计算结果偏安全。

(2)在制动器上闸瞬间,同步轴扭矩、船厢倾斜量均发生突变,突变值随抱闸时船厢运行速度的增加而增大,同步轴扭矩最大变化值为68kN·m(2#、3#卷筒),船厢倾斜量最大变化值为6mm,说明16组制动器上闸时间有不同步现象。

(3)经过理论计算,2#、3#卷筒抱闸时间差最大,约0.037s。在目前的制动器间隙条件下,预测当输水流量达到最快运行速度下的24.8m³/s时,制动器上闸瞬间可引起2#、3#同步轴扭矩突变值为145kN·m。建议调整制动器间隙,减小意外上闸产生的同步轴扭矩突变值。

(4)上闸时同步轴扭矩、船厢倾斜量产生的突变值在松闸后基本恢复。

(5)从升船机的安全考虑,未开展升船机按设计运行速度的意外上闸试验,4组试验的折算制动力均小于设计制动力900kN,泄水工况意外上闸试验工况产生的制动力最大,为272kN。结合试验成果,对升船机按设计运行速度的工况进行了分析计算,经过计算表明,在17min运行全程开度表最高运行速度时意外上闸产生的制动力为897kN,满足安全要求。根据试验成果,在升船机按设计速度运行下,分别对船厢上行意外上闸时关闭阀门同时落事故闸门、船厢上行意外上闸时单落事故闸门、船厢下行意外上闸时关闭阀门同时落事故闸门、船厢下行意外上闸时单落事故闸门、船厢下行关阀门同时落事故闸门几种工况进行了理论分析计算,得到了过水体积和制动力,见表10-6。

表10-6 制动器意外上闸计算成果表

序号	工况	主阀开度/%	辅阀开度/%	总流量/(m³/s)	计算过水体积/m³	计算制动力/kN
1	设计运行速度(上行)阀门最大过流量时关阀同时落门	65	100	25.5	278	373
2	设计运行速度(上行)阀门最大过流量时单落门	65	100	25.5	476	391
3	设计运行速度(下行)阀门最大过流量时关阀同时落门	65	90	24.3	266	842
4	设计运行速度(下行)阀门最大过流量时单落门	65	90	24.3	694	2193
5	设计运行速度(下行)承船厢对接时关阀同时落门	50	55	9.6	66	208

注:表中计算制动力为每个卷筒所对应的单套制动系统制动力。

通过制动器意外上闸试验,实际检验了升船机在制动器意外上闸这一严重事故工况下的运行安全性。通过理论计算分析了额定设计速度下,制动器意外上闸时,采取动水关阀和快速关门的事故处理措施,能够保证升船机安全。在升船机以设计速度运行,船厢下行过程中,单落事故闸门,有部分工况会出现船厢滑移的问题。

2. 制动器意外上闸应对措施

水力式升船机是一种能实现动态平衡的全平衡式升船机,在船厢侧的重量发生变化后，它能进行自动地适应调整。但是，升船机运行过程中，如果出现制动器意外上闸的工况，就截断了浮筒侧、船厢侧的这种荷载传递途径。根据承船厢的运行，制动器意外上闸分为船厢上行和船厢下行两种工况。

1）船厢上行

竖井泄水、船厢上行过程中，制动器意外上闸，升船机立即停机。此时，采取的措施是立即关闭泄水阀门和出口快速事故闸门。这种工况下，即使竖井水体泄空，制动系统也能有效制动，事故可控。

总制动力矩：

$$T_1 = F(制动力) \times R_1(制动半径) = 90 \times 16 \times 2.4 = 3456 \text{t·m}$$

浮筒脱空增加的不平衡力：

$$F_1 = (浮筒锥底体积 + 空中运行锥底以上淹没体积) \times 16 \div 2$$
$$= (18 + \pi \times 3.1^2 \times 2.2) \times 16 \div 2 \approx 316.51 \text{t}$$

船厢最大欠载的水体重量：

$$F_2 = 船厢水域面积 \times 最大欠载深度 = 838.32 \times 0.2 = 167.664 \text{t}$$

作用在卷筒上总的不平衡力矩：

$$T_2 = (F_1 + F_2) \times R(卷筒半径) = 484.174 \times 2.125 \approx 1028.87 \text{t·m}$$

综上，$T_1 > T_2$，总制动力矩大于卷筒上的不平衡力矩，此工况能够有效制动，事故可控。

2）船厢下行

竖井充水、船厢下行过程中，制动器意外上闸。此时，采取的措施是立即关闭充水阀门和进口快速事故闸门。但由于事故闸门后、充水阀门前，存在斜管段。在进口快速事故闸门关闭的过程中，一方面仍有部分水体通过事故闸门向竖井充水，另一方面事故闸门后斜管段内的水体向竖井充水。此工况下，制动器意外上闸后，在浮筒不移动的情况下，竖井新增水体将只填充竖井与浮筒间的环缝（间隙 0.15m），竖井水位上升速度很快，浮筒侧与船厢侧间将迅速产生一个较大的不平衡力。经计算，此时存在充水阀门能够正常关闭和不能正常关闭两种情况。

（1）充水阀门快速关闭。

以上游水位 602.00m、下游水位 535.14m 的水位组合（此水位组合下，船厢在空气中运行的时间为 12.7min，在水中运行的时间为 4.2min）进行计算，计算成果详见表 10-7。在阀门关闭的过程中，流经阀门的最大水体体积为 277.4m³，此水体将导致环缝水位上升 5.79m，产生的不平衡力为 2973.7 t·m。此不平衡力小于制动系统的总制动力矩 3456t·m，承船厢能有效制动。

（2）充水阀门无法关闭。

以上游水位 602.00m、下游水位 535.14m 的水位组合（此水位组合下，船厢在空气中运行的时间为 12.7min，在水中运行的时间为 4.2min）进行计算，在阀门不能关闭、仅关闭进口快速事故闸门的过程中，竖井水位的上升高度与制动器意外上闸时竖井水位的高程有关。经计算，在某些工况下，制动系统的总制动力矩不能平衡浮筒侧与船厢侧的不平衡力矩，承船厢会出现滑移的情况。具体计算成果见表 10-8。

表 10-7　计算结果

对接距离/m		船厢高程/m	辅阀开度/%	主阀开度/%	流量/(m³/s)	竖井水位/m	辅阀相对空化数	主阀相对空化数	过流水体/m³	备注
h_1	0	603.10	55	30	7.2	548.1	0.93	0.84	57.7	—
	0.5	602.60	70	50	17.1	548.3	0.70	0.23	150.6	通气
	4.5	598.60	80	55	21.5	550.3	0.73	0.22	215.4	—
	9.5	593.60	80	60	23.7	552.8	0.87	0.22	239.7	—
	16.5	586.60	80	65	25.0	556.3	1.10	0.25	265.2	—
	27.5	575.60	85	65	24.8	561.8	1.48	0.36	272.1	—
	38.5	564.60	90	65	24.3	567.3	1.95	0.51	277.4	—
h_2	6.0	542.14	55	50	9.7	578.5	6.23	1.60	65.6	停止通气
	4.9	541.14	55	50	9.6	579.0	6.44	1.66	65.2	卧倒门外缘
	4.3	540.54	55	50	9.5	579.3	6.57	1.69	64.8	翼缘
	2.5	538.74	55	50	9.4	580.2	6.97	1.79	63.5	楔形角
	2.1	538.34	55	50	9.0	582.0	7.89	2.03	60.9	—
	0.15	536.39	30	30	1.4	590.9	36.60	15.05	6.7	—
	0.02	536.26	0	0	0.0	591.5	0.00	0.00		下游对接位

注：表中 h_1、h_2 分别为船厢距上、下游对接位的距离。

表 10-8　充水工况制动器意外上闸仅落上游事故门计算成果表

对接距离/m		船厢高程/m	辅阀开度/%	主阀开度/%	流量/(m³/s)	竖井水位/m	竖井水体变化量/m³	制动力要求/kN	船厢滑移距离/m	备注
h	66.86	603.10	55	30	7.2	548.1	562	1775	1.04	—
	66.36	602.60	70	50	17.1	548.3	765	2236	1.81	—
	62.36	598.60	80	55	21.5	550.3	833	2236	2.06	—
	57.36	593.60	80	60	23.7	552.8	856	2236	2.15	—
	50.36	586.60	80	65	25.0	556.3	857	2236	2.15	—
	39.36	575.60	85	65	24.8	561.8	814	2236	1.99	—
	28.36	564.60	90	65	24.3	567.3	760	2236	1.79	—
	5.9	542.14	55	50	9.7	578.5	234	740	0	—
	4.9	541.14	55	50	9.6	579.0	231	733	0	卧倒门外缘
	4.3	540.54	55	50	9.5	579.3	230	728	0	翼缘
	2.5	538.74	55	50	9.4	580.2	225	712	0	楔形角
	2.1	538.34	55	50	9.0	582.0	214	678	0	—
	0.15	536.39	30	30	1.4	590.9	36	115	0	—
	0.02	536.26	0	0	0.0	591.5				下游对接位

注：表中 h 表示船厢距下游对接位的距离。

经计算，制动器意外上闸的危险工况出现在船厢下行、制动器不能关闭、仅落进口事故闸门的时候，此时承船厢可能出现最大 2.15m 的滑移，导致制动盘、制动系统的损坏，设备虽有损失，但整体风险尚可控。

10.4.5 下游引航道水面波动对升船机运行的影响观测

试验包括下游引航道造波条件下，船厢出入水及船厢平水对接、水位差 5cm 对接等内容。

(1)下游引航道波动在±15cm 范围内，入水过程同步轴扭矩和导轮压力波动明显增加，扭矩变化最大值为 160kN·m，导轮压力变化最大值为 4t。但扭矩及导轮压力绝对值仍在设计范围内，见图 10-40 和图 10-41。

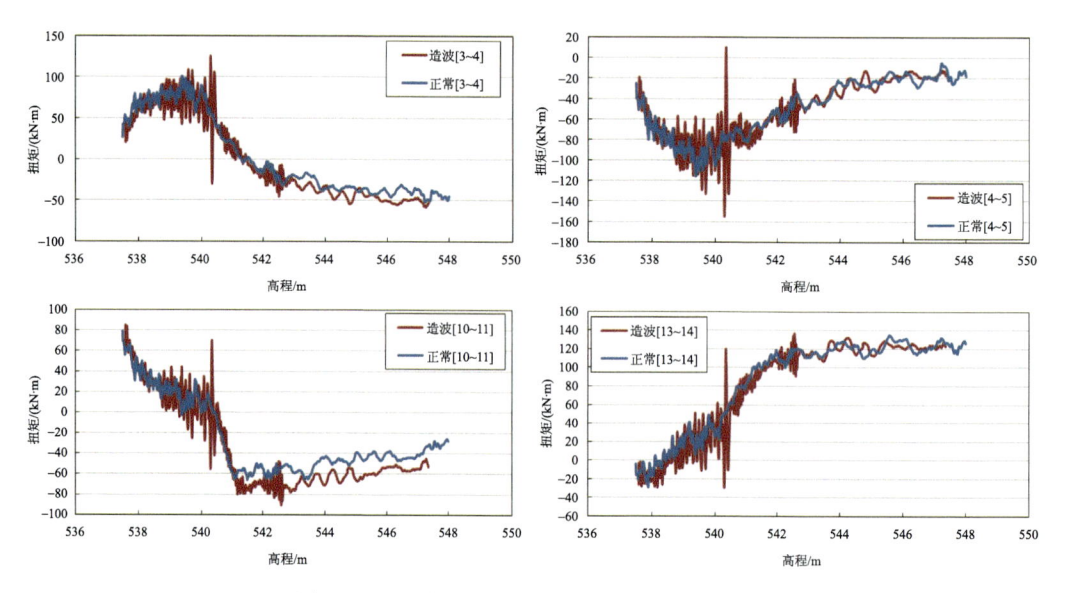

图 10-40 正常工况和造波工况同步轴扭矩对比

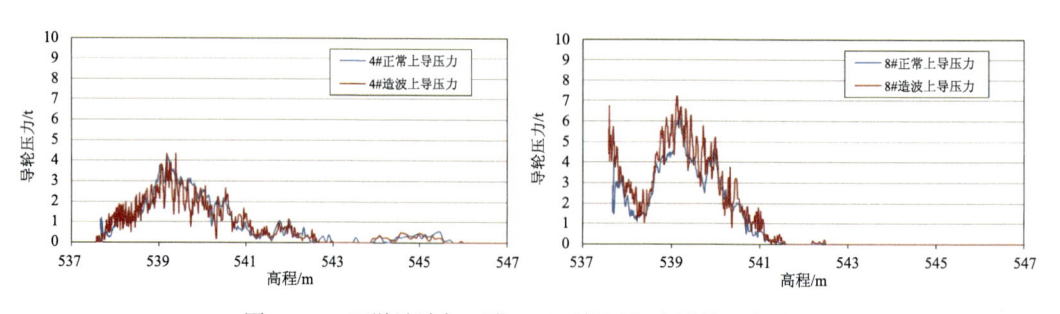

图 10-41 下游造波与正常工况下船厢入水导轮压力对比

(2)下游引航道波动对船厢出水影响较小，船厢出水初期下游引航道水面波幅为±15cm，在出水过程中波动逐渐减小，出水过程中同步轴扭矩随船厢高程的变化曲线与正常工况吻合较好。

(3)下游引航道造波，波幅约±15cm，船厢内水比船厢外低 5cm，船厢对接过程中，船舶最大系缆力为2.8kN，满足安全停泊要求。

10.4.6 安全控制指标统计

通过景洪水力式升船机调试与原型观测论证，提出升船机运行安全的部分重要控制指标，见表10-9。

表10-9 运行过程中实测指标统计表

项目	控制指标
同步轴扭矩值	190kN·m
船厢导向轮压力	≤60t
船厢水平度	40mm报警，70mm停机
阀后振动值	<20g
船厢载水深度	2.5m±0.2m
对接水位差	±100mm
船厢出水速度	≤0.04m/s
船舶进出厢航速	≤0.5m/s
引航道波高	≤30cm
卧倒门启闭速度	2min

第 11 章 建 设 管 理

本章介绍景洪升船机工程建设管理体制、模式与机制，阐述升船机工程安全、质量、进度、验收及试运行管理工作的总体开展情况和一些具体实施方法，为类似工程建设管理提供借鉴。

11.1 建设管理体制、模式与机制

景洪升船机工程建设沿用景洪水电站工程建设管理体制，采用平行承发包模式，建立了适应升船机工程特点的现场建设管理工作机制。

11.1.1 建设管理体制

景洪升船机工程实行以项目法人责任制为核心、由招标投标制、工程建设监理制和合同管理制组成的工程建设管理体制，在建设过程中严格遵守国家规定的基本建设程序和审批制度，不断加强项目管理和目标管理。

1. 项目法人责任制

景洪升船机工程作为景洪水电站的组成部分，与电站一同由国家发展和改革委员会核准建设，项目法人为华能澜沧江水电股份有限公司(以下简称澜沧江公司)，在工程现场设华能景洪水电工程建设管理局(以下简称建管局)。澜沧江公司统筹管控人员、资金等资源，负责对工程建设的宏观管理以及对关键、重大问题进行决策，建管局作为澜沧江公司的派出机构，负责授权内的工程现场建设管理。

建管局根据工程进展，动态设置职能部门，各部门在建管局领导班子统一指挥下开展工作，并与澜沧江公司对口职能部门联系，部门精简、职责明确、协调一致。根据工程进度实施人员动态调整，建立一支高素质、精干的工程技术和管理人员队伍，通过建立健全内部管理的制度化、规范化、程序化和现代化，做到了责任到位、办事高效、反应快速，同时也降低了管理费用。

2014年9月根据景洪水力式升船机改造工作需要，经公司研究，决定成立由澜沧江公司主要负责人任组长的景洪水力式升船机改造、调试工作领导小组。2014年11月领导小组根据水力式升船机补充科研成果批准实施设计单位提出的提高同步系统刚度、采用膜片联轴器减小同步系统传动间隙、恢复承船厢导向系统、充水阀掺气和设置突扩体、泄水阀掺气的补充方案，并全面指导后续工作。

2. 招标投标制

澜沧江公司和建管局按照分级管理原则，根据项目的性质和投资额度，分别在各自

的权限范围内组织招标工作。澜沧江公司与建管局招标管理体系完备，严格执行国家招投标法律法规，对工程分标方案、招标方式、招标文件编制、评标、合同谈判（即合同签订）等全过程进行严格管控，实行资格预审、评标和定标过程三分离，推行招标过程管理的同时设置适当的门槛，确保有实力的、信誉良好的承包人进入投标竞争；遵循公开、公平、公正、择优原则，以公开的招标、公平的竞争、公正的评标，优选工程监理、施工、制造、科研等承包商。

实行招标阶段风险预测与预控管理，坚持依据施工图进行工程招标，最大限度地避免和减少工程实施过程中的不确定因素和随意性；编制适当的标底，以合理适当的价格选择最优的承包人，从而减少项目实施过程中的协调管理难度，进一步节约了工程投资。

澜沧江公司、建管局根据权限组织招标签订的升船机工程主要合同见表11-1。

表11-1　景洪升船机工程主要合同

序号	合同名称	招标单位	备注
1	景洪水电站拦河坝、厂房和通航建筑物土建及金属结构安装工程建设监理合同		含升船机金结一期埋件监理
2	景洪水电站水力式升船机设备制造及安装、调试工程监理合同		含升船机金结设备安装监理
3	景洪水电站通航建筑物土建、金属结构及机电设备安装工程合同文件	澜沧江公司	
4	升船机设备采购合同		含调试工作
5	升船机电梯及其附属设备采购合同		
6	升船机桥式起重机设计、制造		
7	景洪水电站工程升船机消防设备采购与安装工程合同		
8	景洪水电站水力式升船机原型观测分析工程合同		
9	景洪水电站升船机用环网柜、400V配电盘及其附属设备		
10	景洪水电站升船机用10kV配电干式变压器及其附属设备	建管局	
11	升船机同步轴膜片联轴器选型测试与质量测试研究		

3. 工程建设监理制

通过招投标景洪水力式升船机优选两家监理单位，根据两家监理单位的专业特长及工程特点进行了界面划分，土建工程及涉及混凝土施工的金结一期埋件（含门槽、底槛、压力钢管及竖井钢衬等）由一家监理单位实施监理，闸门、启闭机等金结设备及全部机电设备的安装、调试由另一家监理单位实施监理。

对于水力式升船机这一参建单位较多的创新工程，在建设过程中建管局与监理双方对工程齐抓共管，在工程项目实施过程中建管局对参建单位进行全面协调，对关键步骤抓好统筹衔接，对建设过程全面主导，工作上要求更具前瞻性、整体性，监理工作的重点是负责具体工程措施的落实执行和纠偏控制，工作上要求更具有把关性与执行力。

4. 合同管理制

合同是工程实施的根本性依据，要做好工程建设的合同管理，建设管理单位必须首先做到严格履行合同，保证合同履行的公平、合理，要减少人为因素，一切管理行为应以恪守合同为中心，施工过程中建设管理单位、各部门及监理单位制定的各项管理措施与管理手段，均应在合同约定的框架下进行，不能随意做出更改作业程序或人为地发出与合同约定不一致的指令等不恪守合同的管理行为，对确实需要进行变更的项目应提前认真研究，明确变更的要求、范围及边界条件，下达清晰的指令，对变更的经济处理也同样严格遵循合同的变更条款，必要时聘请第三方咨询机构进行跟踪测算及实际成本统计、分析。

在严格遵守合同的同时，建设管理单位还要根据工程建设的特点，不断总结管理经验，不断完善、优化管理方法与管理程序，以合理的投资保证工程建设的安全、环保、优质，按期完建。应当注意的是，建设管理水平的提升应建立在恪守合同，保证公平、合理的基础上，不能为节省工程投资，对承包人进行压制。否则，很可能引发工程建设进度缓慢、质量不高、安全事故等问题，其造成的经济和社会效益损失会更大。

景洪建管局根据电站合同管理经验及升船机工程管理特点，在建设过程中实行了一系列行之有效的合同管理措施、管理办法，以事实为基础、以合同为依据，一方面管好了自身的行为，一方面规范、优化了工作程序，同时向参建单位加强了澜沧江公司、建管局各项合同管理制度宣贯培训工作，形成了"诚信、理解、合作"的合同管理氛围，在整个升船机建设管理中做到了合同执行过程无纠纷、变更处理客观公平，工程完工后顺利通过了多次内部外部审计，为升船机工程的全面建成提供了坚实的保障。

11.1.2 建设管理模式

景洪水力式升船机工程采用平行承发包模式(图11-1)，业主按照升船机工程专业及结构特点，划分为若干可独立发包的标段，分别通过招投标优选各承包单位，各承包单位分别与业主签订合同，独立组织施工，各个承包商之间的关系是平行的，对业主负责，并服从监理工程师的协调和监督管理。

11.1.3 建设管理工作机制

面对水力式升船机这一世界级创新工程，创新与风险并存，工程安全、质量与进度管理需要大量创新的工程科技、创新的管理方式及业主的统筹协调予以保障，统一构建起使工程顺利推进的建设管理工作机制。

建管局在澜沧江公司的领导下，根据升船机工程建设中的特点和难点，始终坚持实施以过程管理为核心的全面监督协调机制，在土建及设备安装阶段建立了"业主深度主导、参建单位支撑、科研院所参与"的现场工作机制，始终坚持以问题为导向，以解决工程难题为目标。在工程进入调试及原型观测阶段后，面对挑战的变化，适时调整为"业主统筹决策、设计科研支撑、参建单位实施"的现场工作机制，在全体参建单位的共同努力下，将科技工作深度融入安全管理、质量管理及进度管理中。在充满挑战的创新之

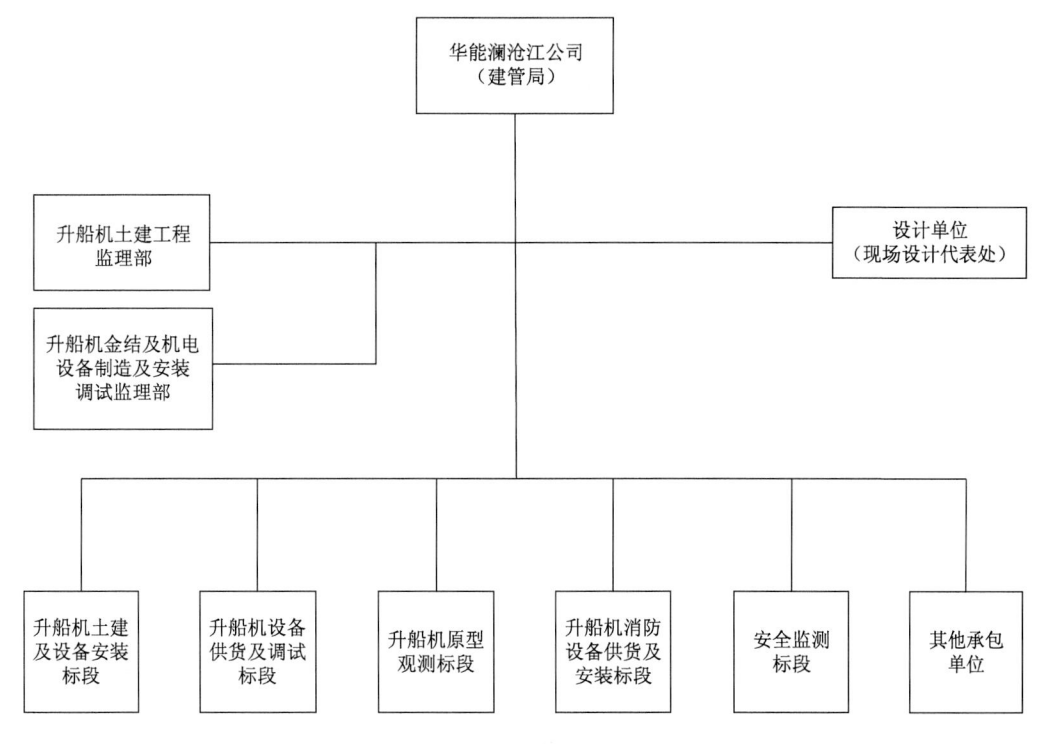

图 11-1　景洪升船机工程采用的平行承发包模式

路上攻坚克难，科学合理地解决各种工程建设技术难题，组织研发系列关键核心技术，在基础理论研究、设计理论与方法、工程实施关键技术等各环节均取得了大量创新成果，形成了成套建设体系，取得了水力式升船机这一世界首创工程的成功。

11.2　工程安全管理

景洪升船机工程建设安全管理主要包含以下四方面内容：一是建立健全安全管理体系，二是安全管理工作中实施的管控措施，三是安全管理工作中的重要抓手，四是安全管理工作成效。

11.2.1　安全管理体系

针对景洪升船机工程参与人员多、施工条件复杂、施工干扰大等特点，澜沧江公司与建管局不断落实"安全第一、预防为主、综合治理"的安全生产管理工作方针，始终高度重视安全生产工作，将其作为第一要务来抓，坚持把安全生产工作作为各项工作的重点，时刻清醒地认识安全现状，真抓实干地落实安全工作。在工程建设过程中不断组织各参建单位认真学习、贯彻落实国家有关安全生产的法律、法规，以及中国华能集团有限公司、澜沧江公司的安全会议精神，贯彻落实各项安全管理规章制度，坚持管生产必须管安全。每年建管局都适时组织召开安委会会议，安排、部署、解决工程建设施工中的重大安全问题和措施。

建管局组织各单位认真贯彻落实《中华人民共和国安全生产法》《电力监管条例》《建设工程安全生产管理条例》《安全生产许可证条例》《生产安全事故报告和调查处理条例》等法律法规，成立了景洪电站安全生产管理委员会，制定并颁发了《景洪电站工程安全生产管理办法》等安全管理制度，各单位也成立了相应的安全生产管理机构，根据各自施工特点制定了各种安全管理制度、安全操作规程等，不断修订、完善、建立健全了安全生产管理体系，制定并完善了各种安全规章制度，且不断更新完善，确保了体系的有效运行和各种安全规章制度的完善落实。

11.2.2 安全管理管控措施

(1) 全面落实安全生产责任制，认真开展各级各类安全生产专项整治工作。

澜沧江公司与建管局之间、建管局与各参建单位之间逐级签订年度安全生产责任状，加大安全生产事故考核和责任追究力度，坚持安全生产"四不放过"原则，全面落实安全生产责任制。

建管局按照国家及各级政府、华能集团公司、澜沧江公司有关开展施工安全专项整治和安全生产隐患排查治理专项行动的有关文件精神，认真制定了《景洪电站深化电力工程建设施工安全专项整治实施方案》和《景洪电站安全生产隐患排查治理专项行动实施方案》，明确指导思想、工作目标和工作重点，成立组织机构，提出工作要求和工作安排，并印发给电站各参建单位。建管局每年都组织开展交通安全隐患排查专项整治、消防安全专项检查、预防地质灾害专项检查、防洪度汛专项检查等隐患排查治理，以及预防坍塌、预防高处坠落、预防触电，加强重大危险源管理，加强大型施工机械设备安全管理等电力建设施工安全专项整治。通过"专项整治"和"专项行动"，促进了各单位安全生产管理工作，为升船机工程建设提供了稳定良好的安全生产环境。

(2) 高度重视危险作业项目安全措施的检查和落实。

建管局高度重视危险项目的安全管理，认真落实《工程建设标准强制性条文》有关规定。景洪升船机工程土建、金结、机电安装工程时间紧、任务重，交叉施工干扰大，大型模板吊装、排架搭设、升船机塔楼施工与船厢安装交叉施工风险因素多，升船机工程被列入澜沧江公司安全生产监管挂牌督办项目，建管局着力督促检查具有危险作业项目的参建单位认真制定生产安全措施方案并报监理审批，安全措施要求详细、可操作性强，建管局根据安全措施方案编写情况适时组织方案的审查，督促加强安全措施的落实和检查，确保了交叉施工的作业安全。

针对雨季施工安全，开展预防自然灾害专项检查；针对防洪度汛工作，开展汛前拉网式排查和汛中督促检查、汛后复查；高度重视节假日、两会期间等重要时期的安全检查，严格执行领导值班带班制度，利用阶段性、季节性安全检查推动和促进安全监督检查工作。

(3) 保证安全投入，持续推行安全文明施工标准化工作。

景洪升船机工程特殊的地理位置，对工程建设的安全文明施工有着更高的要求，为进一步提高景洪升船机工程安全文明施工设施、标志的规范化和标准化程度，增强项目建设的社会效应，高起点、高标准、严要求地创建水电建设安全文明一流施工现场，建管局与各施工单位签订了《安全文明设施标准化施工协议》，对施工现场安全设施的设置实行申报、验收及计量支付，保证安全生产投入的有效实施。

(4)落实综合治理原则，积极接受政府部门监管。

认真落实《中华人民共和国安全生产法》属地化管理的原则，牵头组织各单位按照职责积极与地方安全生产监管部门联系，积极探索加强安全生产监督管理的有效途径，得到了地方政府部门对景洪电站安全生产工作的监督指导，为防止和减少生产安全事故、保障电站建设顺利进行起到了有力的促进作用。

(5)文化建设助力安全管理。

建管局在工地积极组织开展日常性安全文化建设工作，同时在全国安全生产月活动期间，建管局及各参加单位在主要施工场所、办公生活营地大力开展宣传工作，通过全员参与，营造浓厚的活动氛围；开展了"安康杯"竞赛、安全知识演讲比赛、安全知识竞赛，发放了安全知识读本，举行了安全签名活动等一系列安全文化活动；开展了应急预案演练活动。通过安全生产文化建设，宣传了国家有关安全生产的法律法规，普及了安全知识，进一步明确了各级人员的安全责任，切实把安全生产法律法规知识普及到全体建设者，增强了全员安全意识，提高了自我安全保护能力。

11.2.3 安全管理重要抓手

在景洪水力式升船机调试工作中，建管局牵头成立由全体参建单位共同组成的现场调试指挥部，以科技保障、原型观测技术支持等为重要抓手，强调全过程管控，保证了水力式升船机调试这一开创性系统工程的安全。

1. 以科技保障安全

随着升船机工程进入调试及原型观测阶段，安全管理工作的重点发生了变化，由之前现场土建施工、金结机电设备安装等施工安全管理转向全新的调试安全保障，重点是要在调试工作中全面保证人身安全、设备安全。水力式升船机调试工作可借鉴的工程经验十分缺乏，面对大量水力式升船机特有的性能调试，建管局采取"业主统筹决策、设计科研支撑、参建单位实施"现场工作机制，充分发挥设计单位、科研院所及原型观测单位的技术优势，与其他参建单位的执行力优势结合成为一个整体。调试工作从运行机理出发，根据各项调试需要达到的目标、实现的效果及涉及的设备，对调试中的风险源进行全面分析辨识，从而有针对性地采取相应的调试工程安全措施。通过这一工作机制的成功运用，在这一阶段揭示了水力式升船机"水-机-厢"多重耦合作用下的船厢倾斜机理，提出了临界失稳判别标准，创立了水力式升船机船厢抗倾斜理论与技术，攻克了一系列水力式升船机特有的工程难题，同时调试与原型观测过程未发生不安全事件，体现了在创新工程中始终以科技促安全、保安全，实现工程安全管理工作目标的突出作用。

2. 原型观测与调试紧密结合

水力式升船机调试是涉及水动力学、结构动力学、机械学、电气自动化、液压系统控制及船舶流体力学等多学科、多专业的系统工程。因此，在调试阶段全面引入了原型观测，将原型观测与调试工作紧密结合，使原型观测融入调试工作，合并为原型调试观测。在实践中的具体做法：调试过程首先由设计单位编制调试技术要求、明确调试指标，建管局牵头组织编制调试方案与细则，明确调试操作步骤，尤其是通过反复分析讨论确定调试工作安全控制性指标，如同步轴扭矩上限、导轮压力上限及承船厢水平度变化量等，以及对超标情况的应对措施。每天调试工作开始前，将当天调试项目充分细化、分解、落实，并进行详细的技术交底与岗位分工，全体调试人员都做到岗位明确、职责清晰。原型观测单位根据调试具体项目提前布置好观测仪器仪表，全程跟踪、及时反馈，对调试结果进行验证，根据原型观测成果不断优化改进调试方案，做到了计划、实施、检查、改进的闭环管理。

原型调试观测及时发现并解决了多项技术问题，使全部调试工作得以顺利完成，充分证明了基础理论、设计等研究成果，并在景洪水力式升船机建设中得到成功应用。获得的系统性长序列大数据对认识、揭示水力式升船机的运行特性、系统的工作机制也发挥了至关重要的作用，所创建的一体化联合调试观测技术对验证各种技术应用效果、完善设计理论具有重要指导意义。可以说，原型观测与调试工作的深度融合进一步推动了水力式升船机的本质安全建设。

3. 在事故工况试验中发挥主导作用

在升船机调试阶段最后进行的是事故工况试验，目的是通过典型事故工况原型观测试验，考察各种事故工况对升船机运行的影响，提出有效的应对措施，明确升船机安全通航条件，为制订升船机运行操作规程提供依据。典型事故工况包括承船厢空中急停、承船厢漏水、掺气系统故障、制动器意外上闸及下游引航道水位波动等。事故工况试验是具有一定风险性的试验工作，在试验准备阶段，经过充分研究，确定了试验工况的安排遵循循序渐进的原则；在具体实施中，建管局作为现场调试指挥部总负责总协调单位发挥了主导作用，每项试验首先制定安全控制指标，保证各运行特性参数在可控范围内开展试验，预判试验结果，先验证风险性较小的事故工况，再逐步进行风险性较大的事故工况试验，一旦超出安全控制指标，立即停止试验。通过科学缜密的研判，关键时刻勇于拍板，重大操作敢下决心，保证了事故工况试验任务安全完成，取得了预期试验成果。

通过试验取得的成果构建了完善的水力式升船机事故工况安全应对体系，明确了保障升船机运行安全的各类闭锁关系，成功研发了水力式升船机运行安全监控系统。

11.2.4 安全管理工作成效

景洪升船机工程各参建单位均建立健全了安全生产管理体系，通过建章立制，加强管理和控制；开展专项活动，及时消除不安全因素和事故隐患；规范作业行为和管理，有效地防止生产安全事故的发生。安全生产管理体系运行有效，同时以科技保障安全、原型观测与调试紧密结合等安全管理重要抓手，使工程建设各阶段安全形势始终可控在控，实现了人身伤亡和安全生产事故双"零"目标。

11.3 工程质量管理

景洪水电站工程自开工以来，经过不断总结、完善，建立起了以业主、设计、监理、施工和质量监督总站构成的质量管理构架，即"业主负责、施工保证、社会监理、政府监督"的有效工程质量管理体系，各工程参建单位建立健全了质量保证体系和监督体系，通过各种制度、措施保证了体系的有效运行。

11.3.1 质量管理体系

在景洪升船机建设工程中建立健全了工程质量管理体系，制定了质量管理规章制度，严格按照《水利水电工程施工质量检验与评定规程》（SL 176—2007）的标准进行施工，明确了参建各方在质量管理中的职责、业务和质量责任，设立质量管理机构和专职人员，以及业主中心实验室，全面加强工程质量管理，加大对现场质量管理的监督和协调。建管局在澜沧江公司领导下，组织成立了景洪水电站工程质量管理委员会，全面组织、领导景洪水电站工程质量管理工作，并根据工程的进展、人员变动情况，及时调整，以适应工程进展质量管理需要。

景洪水电站工程质量管理委员会全面负责景洪水电站升船机工程质量管理，其体系组织机构见图11-2。

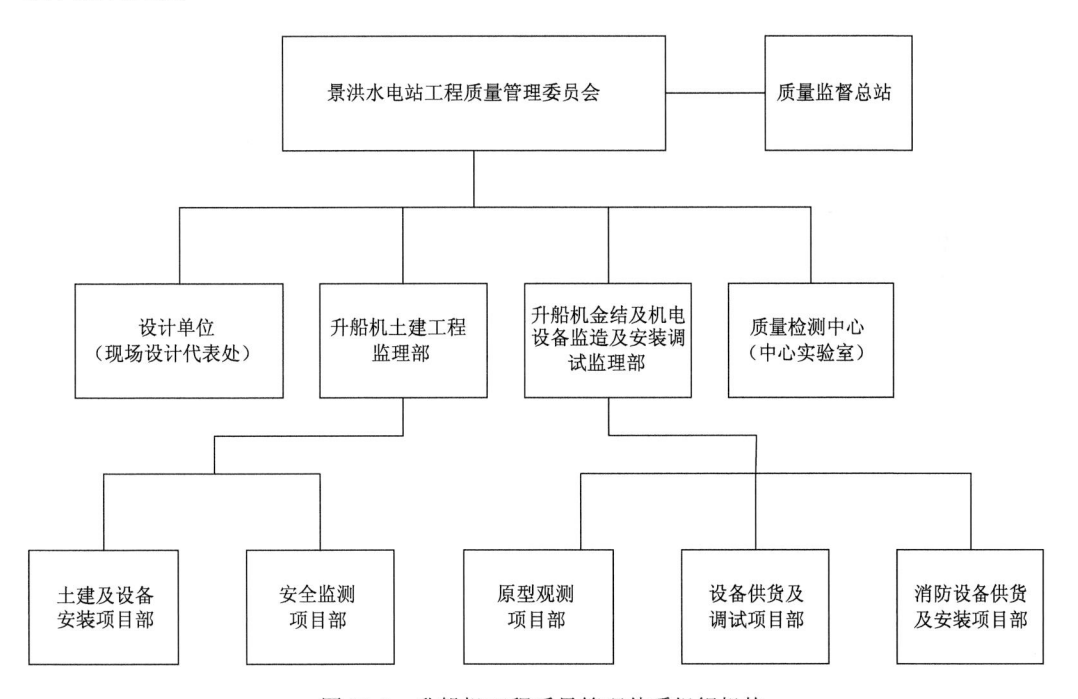

图11-2 升船机工程质量管理体系组织机构

1. 质量管理规章制度

建管局狠抓质量管理规章制度建设工作，先后制定并修订完善了《景洪水电站工程质量管理办法》《现场质量违规处罚细则》等 20 多项质量管理制度，督促各参建单位制定和完善管理制度，并对参建各方的质量管理制度进行了统一汇编，以便在质量控制过程中查阅、学习、使用。每年根据工程管理的需要，进一步完善了景洪升船机工程的质量管理制度建设，充分发挥业主的主导作用，加强制度执行落实的巡视检查监督，以制度、办法促进工程质量的规范管理，使参建各方在工程质量管理上有章可循、有据可依，不断改进提高。

1）质量管理办法

为加强工程建设的质量管理，依据国家有关工程质量的法规和条例，结合景洪水电站工程工期紧、任务重、质量要求高的具体情况，制定了《景洪水电站工程质量管理办法》，明确了各参建单位的职责，规范了项目参建各方(建设管理、设计、施工、监理、工程材料和设备的供应与制造等)的管理程序和形成工程质量过程中的行为。

2）质量管理检查考核制度

在景洪升船机工程建设过程中，建管局对工程质量管理工作始终高度重视，逐步完善质量管理规章、制度，并不断强化现场质量控制手段与措施，制定并严格执行质量管理检查考核制度和管理办法，包括质量月检查、月例会制度、现场质量违规处罚细则、原材料质量管理办法、混凝土温控管理办法及"样板工程"管理办法等。

2. 质量管理程序

1）质量验收评定工作程序

为明确景洪水电站工程质量验收评定工作的各项内容，建管局制定了《质量验收评定工作程序》，规范验收评定工作程序。

2）混凝土质量缺陷处理管理办法

为使景洪水电站工程主体建筑物混凝土质量缺陷处理规范化、制度化、程序化，建管局制定了《混凝土质量缺陷处理管理办法》，明确了缺陷分类标准、各类缺陷处理程序、参建各方职责等。

3）档案管理有关程序

建管局制定了《工程档案分类表》《竣工文件立卷归档管理办法》《竣工文件编制实施细则》等管理办法，明确了竣工文件的编制要求、验收程序、档案移交程序。

4）建立质量事故的处理程序

《景洪水电站工程质量管理办法》规定，现场发现质量事故必须在规定时间内逐级报告，项目管理部门组织参建各方进行现场检查，查阅施工记录，初步界定质量事故等级，提出处理方案。针对不同类别的质量事故明确了各单位职责和处理权限，规定了不同的处理程序，确保工程不留隐患。

11.3.2 质量管理措施

1. 业主质量管理

建管局设专职部门，配置专职人员，履行质量监督职责，对整个工程建设质量实施全面监督。同时，设立工程实验室、测量中心、物探检测队等相关职能机构，作为质量监督机构，加强工程实物质量监督控制。

景洪水电站工程设有经上级行业监管部门计量认证合格的中心实验室，配置有具有试验资质及相关经验的实验和管理人员，能满足景洪水电站升船机工程原材料、混凝土质量检测、混凝土配合比实验等工作的需要。测量中心具有国家甲级测绘资质，配置了有测绘资格证及工作经验的测量技术人员，能满足升船机工程测绘网建设、工程计量、质量抽查等工作的需要。物探检测队资质满足国家要求，其人员、设备配置满足景洪工程基础开挖、固结灌浆、缺陷检测等无损检测的需要。委托具有相关资质的第三方开展金属结构焊接质量检测工作，配备具有国家二级以上探伤检测资质的专业人员，能够满足升船机压力钢管、闸门、竖井钢衬等各项机械金结设备等现场制造、安装焊缝的检测工作。

业主单位按档案管理有关要求建立了高标准的档案室，配置了专职管理员，制定了档案检查验收、管理制度，参建单位的竣工档案经监理、建管局有关部门检查验收合格后，方可归档。

2. 设计质量管理

设计单位设有景洪工程项目部，在现场设有设计代表处，专业配置齐全，代表设计单位负责处理工程施工现场与设计有关的一切技术业务工作。

设计单位配备较强的设计技术力量，加强内部各专业、各接口之间的关系协调，完善设计过程质量管理和控制，现场设计服务、图纸供应、技术保障满足工程建设需要。设计代表处制定了施工现场巡视制度，发现质量问题及时向业主单位反馈。施工详图设计阶段的方案由建管局组织审定，设计单位根据审查确定的方案编制设计文件，建管局对其进行符合性审查后转监理单位复核，必要时建管局组织会审。对设计文件的层层严格把关确保了设计质量。

3. 监理质量管理

监理（监造）单位实施总监理工程师负责制，按照合同管理、技术管理、信息管理和现场管理职能划分，设置了相关职能部门，配备了各专业的监理工程师，建立健全了管理体系，制定了完善的管理制度，实现了规范化监理，较好地履行了监理合同赋予的"四控制、两管理、一协调"的监理职责，监理规划、监理实施细则控制有效，有关的监理质量记录和各种签证、验评运行总体正常。

4. 施工质量控制

升船机主体工程承包商均属国家特级企业,通过了 ISO9001:2000 质量体系认证。在中标承建景洪水电站升船机工程后,各企业均结合工程实际,建立了自身的质量管理体系,执行项目经理负责制,配置了专职质量总工程师;制定了质量目标、质量方针,成立了质量管理机构,配置了专职质量管理人员,制定了相应的质量管理规章制度,对重要工程和重要工序还制定了专门的质量保证措施。施工单位内部质量管理实行"三检制",每一道工序均要求施工班组初检、作业队复检、质安部终检合格后,申请监理验收,验收合格后方可进入下一道工序。对混凝土浇筑、混凝土温控、压力管道制造、安装焊接、同步轴系统安装等关键工序,专职质检员进行 24h 跟踪把关,促进了工序质量水平不断提高。施工单位有实验室、测量队、探伤检测队,对原材料、混凝土、焊接及安装质量进行检验和试验,对施工质量进行控制。

设备总成供货及调试单位具有 ISO9001:2000 质量体系认证、ISO14001:2004 环境管理体系认证,有良好的质量保证体系和完善的售后服务体系,出厂设备质量合格,满足合同及设计要求。

5. 主要管理方法

1) 严格执行强制性标准

景洪水电站工程建设管理局高度重视强制性条文的执行工作,严格按批准的设计文件组织设计、监理、施工、设备制造和生产等单位实施。建管局在工作中组织参建单位认真学习并贯彻落实《工程建设标准强制性条文》的有关规定,每年组织参建单位对《工程建设标准强制性条文(电力工程部分)》的实施情况进行自查,全面自查了综合管理规定、规划勘测设计、施工与验收三大方面 35 个规范要求的强制性条文的执行情况,并对个别单位和问题进行了复查,对存在的问题提出了具体整改措施,督促有关单位进行了整改。

2) 坚持开展质量月检查和月例会

坚持每月组织一次质量检查和召开月例会,对工程建设过程中存在的薄弱环节进行重点检查,或者开展专项质量检查,注重实效,使质量检查和月例会不流于形式,真正起到发现问题、落实整改、逐步提高的作用。

3) 深入开展质量月活动

每年 9 月份开展全国质量月活动,结合景洪工程实际情况,建管局组织各参建单位开展了张贴宣传标语、横幅,设置板报,开展质量演讲比赛、质量管理座谈会、质量培训、专题分析讨论会等重内容、讲实效的宣传月活动,在景洪工程建设中营造一种较好的质量氛围。

4) 大力开展"样板工程"评比、奖励活动

为了促进景洪工程建设质量的稳步提升,树立榜样,起到以点带面的作用,建管局组织开展了"样板工程"评比、奖励活动,通过参建各单位的共同努力,经施工单位自检、申报,监理部认真审核、复查后,报建管局组织参建四方联合验收、讨论、评选,

共验收并表彰了升船机竖井钢衬安装等 11 个"样板工程",并组织进行了授牌、观摩活动。

5)加强施工过程控制

建管局组织制定、印发了塔楼竖井安装与混凝土浇筑一体化成型施工工法,督促各参建单位制定完善各项作业指导书,用于现场指导施工。建管局加强施工过程的检查监督,发现问题及时督促有关单位进行处理;对基础验收、灌浆压水试验、现场工艺试验等重要工程部位、工序、隐蔽工程采取参建四方全过程联合验收、巡视检查等办法,确保工程质量不留隐患。

6)加强实物质量检测

建管局设立景洪工程实验室负责对景洪升船机工程原材料、混凝土质量检测、混凝土配合比实验等工作;测量队负责景洪工程测绘网建设、工程计量、质量抽查等工作;物探检测队负责固结灌浆、帷幕灌浆、缺陷检测等无损检测;委托具有资质的第三方检测机构对升船机压力钢管、竖井钢衬及突扩体等的制造、安装焊缝进行第三方检测工作,进一步加大了实物质量的抽检力度,有效地对实物质量进行管控。

11.3.3 质量管理重点项目

1. 科学决策保证工程"大质量"

作为一种全新形式的升船机从概念模型到工程应用的转化,景洪水力式升船机的建设过程也是一个对水力式升船机认识不断深入的过程。澜沧江公司委托国内多家科研院所及高校对升船机关键技术问题开展研究,利用数学模型、物理模型、理论分析和数值计算,对承船厢水平、同步轴扭矩、导向轮荷载等开展了六项专题研究,进行了六次现场原型试验和上千组次的模型试验,对设计提出的关键技术方案取得了基本一致的研究结论,认为提高同步轴刚度、减小同步轴间隙、增加导向装置可以保证船厢平稳运行。在这一科学论证的基础上,澜沧江公司果断决策,批准实施关键技术方案,并提出了明确的质量目标,建管局在后续实施过程中不断牵头组织细化具体设计、施工方案,采取了多项严格的质量管理措施,保证了关键技术方案的全面落实到位,实现了景洪水力式升船机的建成投运。

采用合理的研究方法、正确的技术研究路线,以及对关键技术开展全面充分的论证,得出可信的结论,从而对关键技术方案进行科学决策,是保证工程总体建设质量的前提和基础。

2. 解决高耸薄壁塔楼结构施工难题

水力式升船机作为创新工程,在建设过程中总是不断面临挑战。建管局始终坚持以解决工程难题为目标,以目标和问题为导向;与之相适应,建管局在土建及设备安装阶段积极发挥主导作用,充分发挥设计、监理、施工单位的专业力量优势,不断解决施工中出现的各种难题。例如,在解决竖井钢衬安装浇筑一次成型的施工问题时,建管局组织开展了多次竖井钢衬混凝土浇筑工艺与钢衬安装专项生产性试验,不断改进完善浇筑及安装工艺,研发了竖井钢衬在任何高度上的相对位置偏差的高精度测控方法,提出活动内支撑调圆机架结构,控制了竖井钢衬在浇筑过程中的变形,对塔柱结构进行材料分区,钢衬周围采用高流态混凝土,解决了混凝土与钢衬的脱空问题,形成了"内撑外拉、高流态砼、多点下料、对称振捣、分层浇筑"的超高大直径钢衬竖井群及中空高耸薄壁塔楼高精度一次成型施工技术,使直径6.5m的竖井钢衬浇筑后达到了圆柱度≤10mm、径向圆跳动≤5mm的设计要求,3#、10#竖井钢衬被评为景洪水电站"样板工程"。

长期安全监测数据表明,塔楼自施工完成以来,结构稳定,状态正常。

3. 突扩体制造安装工艺研究

在景洪水力式升船机上游阀室充水阀后布置突扩体,为阀后水流营造较大的缓冲区,改善阀后流态,使充水阀的过流能力得以充分发挥。突扩体外形为一不规则的六面体形状,属于大型异形钢结构承压容器,其最大外形尺寸为12.74m×6.14m×6.52m。突扩体由壳体、外包梁和内支撑梁系三部分组成,形成约300m³容积的钢制水箱,自重208t。

大型钢制突扩体在水电工程中属首次运用。受现场吊装条件限制,突扩体分为6块制造,每块为各不相同的异形不规则结构体。制造中遇到的主要问题有:突扩体各侧面连接方式均为弧形连接,壳体的各个角落及侧面转角连接处为异球形结构,且处于受力最大的部位,对焊缝错开等要求极高,用冲压等普通方式无法制造;外包梁是由大量工字梁焊接而组成的网状结构,内支撑梁系是由钢管相贯焊接组成的网状结构,焊接工作量巨大,且大部分焊缝质量要求按一类焊缝控制,焊接质量控制难度极大;突扩体整体焊接完成后进行退火消应处理,退火后突扩体面临变形的问题,给现场二次组拼增加了潜在的难度。对此建管局积极组织有关参建各方,充分发挥制造单位技术优势,开展多项制造工艺性试验,对异球形结构采用钢锭数控机床精加工;邀请国内焊接及无损检测专家通过理论分析、现场试验优化焊接工艺与检测标准;通过试焊考试,优选焊接操作人员,采用单面焊双面成型工艺保证一类焊缝焊接质量;派专人全程驻厂会同厂家共同制定整体退火工艺,做好退火前加固、退火后变形测量及残余应力测试等积极有效的质量管理措施,保证了突扩体整体制造质量优良。

突扩体安装中遇到的主要困难有:在深76m的地下阀室内现场安装,仅有的垂直吊装手段——主机房桥机只能将6块突扩体分块卸在唯一的地点,阀室内无可用的起重设备吊装就位拼装。安装方案在建管局组织研讨下经过6次修改完善,最终采用在阀室地面搭设现场拼装工艺平台,将6块分块逐块下放,千斤顶水平移动合拢整体组拼,由4台320t液压千斤顶同步将组拼后的突扩体整体顶升,拆除工艺平台,再整体顶降至地面埋件上,平移至最终安装位置,最后与地面埋件焊接固定。整个安装过程烦琐、复杂,每一个环节都必须严格控制。经过参建各方的共同努力,最终完成了突扩体安装,并通过了额定水压测试,额定静水压力下变形测量结果与设计有限元计算结果吻合。

突扩体的成功制造与安装,使景洪水力式升船机运行效率全面达到设计指标。

4. 解决导向装置制造与安装难题

景洪水力式升船机设有4组16个导向装置,单件重量约2.2t,布置在船厢上下侧端部,安装位置在承船厢主纵梁侧面,距混凝土塔楼仅 500mm,安装空间位置极为狭小,安装难度较大。为确保安装质量,建管局组织施工单位在安装前采用 1:1 木模进行现场安装模拟试验,研究确定了导向装置机架各部件交货状态、现场组装、焊接顺序,并根据试验结果在适当部位增设安装工艺孔,采取多项准备措施,使导向装置交货、安装衔接顺畅。

导向装置的受力采用销轴传感器进行监测,销轴与导轮之间的过盈配合及碟簧的预载和率定问题是导向装置制造的技术难题。为防止销轴传感器损坏,采用以冷冻轴替代加热孔的加工措施解决主轴与导轮的过盈配合问题,发明了导向装置预载和率定工装,解决了导向装置预载和率定难题。

通过安装模拟试验及采用新工艺、新装备,解决了制造与安装中的困难,现场安装质量得到充分保证。

5. 大型高扭矩低形变膜片联轴器试制比选

景洪水力式升船机同步轴系统采用膜片联轴器连接,要求在传递高扭矩情况下实现低形变,膜片联轴器是实现同步轴系统微间隙传动的关键部件。大型膜片联轴器在化工机械、矿山机械、冶金机械领域应用广泛,在水电工程中应用较少,为研究其性能是否满足升船机使用工况的需要,澜沧江公司组织设计、安装及调试单位对国内多家主要大型膜片联轴器生产厂家开展调研,优选两家根据设计指标分别开展全尺寸试制工作,并委托国内机械行业权威检测机构进行对比测试,测试包括超设计指标破坏性试验等,最终优选全面满足设计指标的厂家生产,对产品实施 100%出厂检测,同时委托检测机构进行 30%的抽检。

通过层层筛选、全面把关,保证了膜片联轴器制造质量,后期升船机原型调试观测表明,膜片联轴器各项性能达到设计要求,大型高扭矩低形变膜片联轴器在景洪水力式升船机工程中得到成功应用。

11.3.4 质量管理成效

景洪升船机工程各参建单位均建立健全了质量管理体系,制定了质量管理规章制度,在过程中不断自查、整改、改进、完善,确保景洪工程质量管理体系运行正常,各项规章制度得到了贯彻落实,尤其是不断创新研发和采用各种新技术、新装备、新工艺、新材料,坚持以科技保证质量,不断破解影响施工质量的难题,提出了水力式升船机机械同步系统设计、制造及安装控制标准,发明了微间隙大型封闭环形机械同步系统,充分体现了创新工程的质量管理工作特点,使升船机工程建设过程中的工程质量始终可控、在控。

11.4 工程进度管理

为实现升船机工程建设的工期目标,本节按进度管理体系、进度管理措施、进度实施情况和进度管理成效分别叙述,重点介绍进度管理措施。

11.4.1 进度管理体系

面对景洪水力式升船机创新的结构，极高的施工强度，参建单位众多带来的大量复杂协调工作，严格的安全、质量与工期要求，为实现进度管理目标，必须建立责任明确、运转高效、控制有力的进度管理体系。工程建设各方在项目法人、现场建管局的组织下，结合工程实际，建立了由项目法人、建管局、设计、监理、施工单位等共同组成，分层次管理，以工程进度总目标为导向的进度管理体系。

1. 项目法人

澜沧江公司作为工程项目法人主要负责下达工程进度总目标、里程碑目标，对影响工程进度总目标的重大技术问题、关键技术路线组织开展研究，审批建管局报送的总进度计划及年度进度计划，组织签订进度目标管理责任书，组织开展进度目标绩效考核，并对外协调处理与工程进展相关的外部关系。

2. 现场建设管理单位

建管局作为现场建设管理单位负责全面协调落实设计、监理、施工等单位进度管理职责，负责根据公司下达的工程进度总目标编制总进度计划，明确关键节点控制目标、主要形象面貌，将总进度计划逐级分解为年度计划、季度计划、月度计划，对关键工序施工、主要设备安装、系统调试等核心环节牵头编制专项进度计划甚至周计划、日计划，严格执行各级进度计划并落实到设计、监理、施工各参建单位，定期检查进度完成情况，研究分析工程实际进展与计划的差异问题，以问题为导向及时采取纠偏措施。建立协调会、专题会等会议制度，及时协调研究解决升船机工程建设中的问题。

3. 设计单位

设计单位按照规程、规范、标准及设计要求对工程总进度计划及年度计划提出意见与建议，按工程施工进展情况及时调整设计工作计划、供图计划，在主要工序开工前进行设计技术交底。设立现场设计代表处，及时跟踪工程施工进展，参加建管局组织召开的各类进度协调会、专题会，及时解决施工安装调试过程中影响施工进度的有关设计问题，并开展合理的设计优化工作。

4. 监理单位

监理单位根据监理合同，及时跟踪工程进展情况，协助建管局进行各级进度计划的编制，根据控制性总进度计划，审批施工单位年度、季度、月度的进度实施计划、资源投入计划及现场保障情况，跟踪进度计划的实施，与实际进度进行对比、检查、分析，对出现的偏差提出解决方案并督促落实；做好进度记录和统计工作。在现场定期召开监理例会，协调有关参建各方的关系，及时发现和解决影响工程进度的问题，促进工程建设的顺利推进。

5. 施工单位

景洪水力式升船机施工单位主要包括土建及金结机电设备安装单位、设备总成供货、调试单位及专业分项设备供应单位、原型观测单位等。各级各类施工单位依据相应合同，设备供应商按合同交货期交货，并按进度计划安排提供合同规定的技术支持服务。现场施工单位依据相应合同，根据建管局确定的进度计划编制施工、安装、调试、原型观测等实施方案、资源投入计划及现场保障措施，报监理审批，并按照审批后的计划投入人员、机械设备等施工资源，科学合理地组织现场施工；对工程进度做好记录与分析，逐日检查实际进度，采取有效措施纠正偏差，按监理要求提交各类进度报表。

11.4.2 进度管理措施

1. 建立健全进度管理规章制度

为保证进度管理体系的有效运行、规范操作，建管局先后制定了《升船机工程进度管理办法》《升船机工程现场周、月、季、年工作会议制度》《升船机工程土建机电协调管理办法》，以及关键时段的《每日碰头会制度》《现场值班制度》和关键部位的专项定期汇报制度，并参加澜沧江公司每月的工程建设电视电话会议、每季度的现场建设例会，每周报送工程进展情况，认真进行周检查、月考核和季总结，以周计划的完成来保证月计划的落实。通过参建各方的共同努力，形成了一整套适合景洪水力式升船机建设特点的进度管理规章制度。例如，在升船机塔楼浇筑到顶、主机房格构柱形成及桥机投入使用后，为了尽快形成主机房安装工作面，开展同步轴系统及其他机电金结设备安装工作，安排现场多项作业齐头并进，最下层承船厢拼装、中间层顶紧夹紧轨道埋设、二期混凝土浇筑、消防喷淋系统安装、上层浮筒吊装、最上层主机房网架屋面拼装的多层立体交叉施工。建管局在此施工期间，倒排工期，细化分解各项作业，组织参建单位严格执行每天两次的班前预报、班后通报制度，并在施工期间现场全程派驻工程技术人员，会同监理单位动态协调，使各参建单位均精准掌握各个部位的施工情况，合理安排本单位施工，各项作业得以安全高效地有序推进，按期形成了主机房安装工作面，为主要机电金结设备的全面安装创造了有利局面。

2. 统一协调，化分歧为合力

鉴于水力式升船机的首创性，在现场施工安装调试等工程实施过程中，对于一些特定的问题如何解决，设计、监理、制造、施工、调试、原型观测等参建单位出于自身专业特点、工程经验及认识深度不同等原因，对问题的理解不可避免地会出现诸多分歧，建管局必须从全局出发、管控分歧，通盘考虑，坚持确保人身安全、设备安全的底线思维。对每项难题一方面组织参建各方反复讨论、将想法充分表达，另一方面在技术上主动钻研深化认识，在结合各方意见的基础上果断决策，做出符合当时情况的最优解。例如，在浮筒解锁方案、承船厢首次载水运行、突扩体制造安装、导向系统安装、联合调试及事故工况调试等许多重点项目上，建管局首先组织进行充分讨论，分析出核心环节，抓住主要矛盾，然后要有针对性地制定确保人身安全、设备安全的控制性指标，接下来优化步序，避免次要矛盾转化为主要矛盾，最后统一认识，严格落实。以此使化解分歧的过程成为考虑更为成熟、准备更加充分、实施更为果断的过程，使各参建单位充分发挥出各自的优势，集思广益形成合力，通过共同努力保证升船机工程建设的快速推进，做到又好又快。

3. 抓关键、抓衔接、抓落实

在升船机工程进度管理过程中，建管局在具体做法上一直坚持"抓关键、抓衔接、抓落实"，在关键施工阶段和关键项目中，突出重点，措施具体。

"抓关键"就是要抓住各级进度计划中的关键线路、主要节点，关注相应配套及服务项目。升船机工程建设从总工期目标的实现到具体关键项目的实施，全面采用网络计划技术实施建设工程进度控制。在编制各级网络计划时，根据工期目标重点做好项目分解、逻辑关系分析、工作时间参数计算、关键线路确定及优化等几个环节。网络计划技术的应用，使各参建单位明确各自承担的任务与工期目标的关系，也使各级管理单位统一思想，明确主攻和主控的对象。例如，在升船机调试进度网络计划中，通过全面分析研判与计算，确定充泄水系统调试为整个调试工作的关键线路，具体如下：充泄水阀门无水单机调试→充泄水阀门模拟静态联调→流道首次充水(浮筒锁定状态)→进水口、出水口快速事故门调试(含动水落门)→充泄水系统有水调试(含水力学参数测定)→浮筒及承船厢解锁→承船厢无水联合调试→事故工况承船厢无水阶段调试→承船厢有水无船联合调试→事故工况承船厢有水阶段调试→承船厢有水载船联合调试。通过对这一关键线路的分析与确定，找出了每个时期上的关键项目，以及影响这些项目的关键部位和关键工序，梳理制约关键项目进度的主要因素，在具体实施中采取有力措施加以解决。

"抓衔接"就是从升船机工程建设全流程、各参建单位之间的工作接续关系上着眼，对于接续关系不甚明晰的环节，及时提前采取措施使队伍、专业、工序在时间、空间及组织上平顺连接，以实现无缝衔接。例如，在升船机调试准备阶段，建管局积极主动协调调试负责单位与配合单位，划分二者的工作界面，确定各自的工作职责，并通过进一步协调，实现资源共享，使调试负责单位与配合单位共同组成一支专业齐全、人员充足、配合紧密的调试队伍投入到调试工作中。调试队伍在各项调试工作中经受起了考验，圆满完成各项调试任务。

"抓落实"就是将确定的节点目标化作工作指令，迅速统一各参建方的思想和行动，并落实到单位及具体的责任人。例如，在由多个参建单位共同实施的联合调试、原型观测、船舶空载重载过机试验等项目中，加强前瞻考虑，超前研究，在各项工作开始前就进行细化分解，利用看板管理方法，将工作指令书面、形象地进行表述，并进行实施前的集中现场交底，落实到人，使参与人员充分交流工作内容、充分理解工作任务。这一工作方法贯穿了升船机调试及原型观测始终，取得了良好效果。

"抓落实"也是指关键工序关口前移，现场带班，靠前指挥。例如，在充泄水系统首次充水前，严格按照水轮发电机组流道首次充水前的检查要求，建管局会同监理、施工单位组成若干检查小组，从进水口快速事故门后到出水口快速事故门前，对600多米长的主管、支管、岔管全部检查到位，无一遗漏，保证了首次充水一次成功。

"抓落实"还指在重点项目上灵活组织，集中各参建单位力量组成临时统一机构，协作完成重点项目的实施。例如，在实船试航试验的组织实施过程中，统一整合参建各方力量，组织成立了升船机试航试验领导小组，下设通航调度组、航道海事组、升船机运行组、船舶驾引及观测组、水力学观测组、船舶测试组及综合保障组。试航领导小组组织编制了试航方案，明确各专业组职责和工作内容，并对整个试航计划进行周密预演，使实船试航试验一次性取得成功，为升船机试通航打下了坚实的基础。

4. 设备供货保障

在景洪升船机工程主要设备制造交货阶段，国内基建项目较多，设备供不应求的现象比较突出，必须采取有效措施确保按期交货。澜沧江公司一方面通过合理分标，充分利用现场资源，使浮筒、钢管、竖井钢衬、全部闸门均在现场制造，缓解了一部分制造交货压力；另一方面委托专业监造单位，在主要制造厂设立监造站，派驻专业监理工程师监督厂内制造进度与质量，协调制造厂内各部门，保证生产进度正常，并按时报送监造周报、月报，使澜沧江公司动态掌握设备制造交货进展情况。另外，澜沧江公司机电部不断加大催交力度，加强过程参与，强化进度跟踪，针对重点设备从本部派专人前往制造厂督促落实制造交货进度。

经过努力，景洪水力式升船机各项设备均实现了按期交货，同时按期交货更得益于中国华能集团有限公司、澜沧江公司良好的信誉和可持续发展战略。

5. 营造和谐氛围，促进工程建设

景洪水力式升船机参建单位多，施工安装、调试、原型观测等单位均来自省外，参建人员要在热带高温高湿环境下完成复杂繁重的工作任务，建管局一方面加强人文关怀，在合理的范围内尽量改善参建单位人员的工作生活环境；另一方面针对参建单位年轻人多的特点，倡导各参建单位间利用业余时间积极开展文体活动，如举办足球赛、篮球赛等，释放工作压力，促进单位、人员情感交流，营造了和谐的建设氛围，使各参建单位在工作中更易弥合分歧，共同面对挑战。通过升船机工程建设，各参建单位成为一支团结协作、互谅互让、拥有强大创造力与执行力的建设团队。

11.4.3 进度实施情况

升船机土建工程主要包括上游停泊区、上闸首、塔楼、下闸首、下游引航道及停泊区工程。

上游停泊区于2007年11月～2008年4月完成施工；上闸首混凝土浇筑于2008年3月～2008年11月完成施工；下闸首于2008年4月～2008年6月完成施工；塔楼混凝土浇筑为升船机土建工程关键线路，于2008年5月开始，至2008年12月浇筑至设计高程；下游引航道于2008年11月～2009年6月完成施工。升船机土建、金结及机电安装、调试工程进度实施情况见表11-2。

表 11-2 升船机土建、金结及机电安装、调试工程进度实施情况

序号	工作阶段	主要工作内容	开始时间	完成时间
1	土建、金结及机电设备埋件安装阶段	闸门及埋件、竖井钢衬钢管、浮筒及承船厢拼装	2008 年 2 月	2009 年 12 月
2	升船机主机房设备安装	卷筒及同步轴系统安装、钢丝绳缠绕、均衡调平系统、电控系统安装等及单机调试	2010 年 1 月	2010 年 10 月
3	升船机单机调试、分系统、船厢无水调试阶段	开展各分系统调试、承船厢无水调试	2010 年 11 月	2011 年 7 月
4	承船厢有水调试、调试阶段科研	开展承船厢有水调试、调试阶段科研及原型观测工作	2011 年 8 月	2016 年 4 月
5	升船机工程验收及试通航	开展升船机单位工程验收、安全鉴定、质量监督、实船试航试验及验收，试通航验收工作	2016 年 5 月	2016 年 11 月 15 日发布试通航公告

11.4.4 进度管理成效

景洪水力式升船机工程进度管理的特点与难点在于创新多、工期紧、参建单位多、协调工作量大、通航压力大。建设过程中业主发挥的作用主要是前瞻考虑，及时补位，提出问题，研究问题，对关键的项目采取特殊措施，始终起决策和组织的作用。设计单位克服了工期紧、创新设计难度大等诸多困难，面对不断出现的各种挑战，及时提出了科学的处理方案，保证了工程建设目标的实现，起到了工程建设"龙头"的作用。监理单位全力围绕总体进度目标要求，积极协调各合同标段，处理好进度与安全、质量、工期、环境保护、文明施工的关系，采取工作重心前移，重点部位和重要工序全程旁站、跟班作业等监理工作方法，保证了工程建设的各项目标能够在工程快速推进当中受控。各施工承包单位能够信任业主，摆正工程要求和企业利益的关系，勇于面对挑战，按期完成了一项又一项任务。

升船机全体建设者在工作中展现出了优异的职业素养、勤奋敬业的工作态度，上下同心，八方共进，全力地向既定目标冲刺，构建起和谐奋进的工作氛围，赢得了工程建设的胜利。

11.5 工程验收管理

景洪水力式升船机是云南省内建成的首座大型通航建筑物，验收工作涉及能源、交通两个行业，建设单位调研了国内部分已投运升船机，因这些升船机投运时间较早，验收流程与做法差异较大，所以景洪水力式升船机运行通航条件、验收界面、验收流程等一系列问题需要具体研究解决。

11.5.1 验收准备

1. 国家及行业相关法规文件

根据国家能源局发布的《水电工程验收规程》(NB/T 35048—2015)及有关文件，云南省发展和改革委员会委托水电水利规划设计总院负责水电站工程蓄水验收、枢纽工程专项验收和工程竣工验收。

根据交通运输部《航道工程竣工验收管理办法》的规定，省级交通运输主管部门负责本行政区域内航道工程竣工验收工作的监督管理，具体负责由国务院投资主管部门、省级人民政府有关部门批准或者核准的航道工程的竣工验收工作。

2. 验收划分

根据国家行业相关法规标准及工程文件，结合景洪水力式升船机工程实际情况，验收主持单位不同，验收侧重点不同，验收时序不同，但又相辅相成。升船机工程验收可分为内部验收和外部验收。内部验收是指建设单位组织的验收，包括升船机单位工程验收、启动验收；外部验收是指消防部门、省级能源主管部门验收、省级交通运输主管部门组织的验收，包括升船机消防验收、安全鉴定、质量监督、试通航实船试航试验、试通航验收、特殊单项工程验收等。

3. 验收主线

建设单位根据工程建设进展情况，编制了景洪升船机工程验收工作安排与进度计划(图11-3)，主动与能源、交通主管单位充分沟通，多方协商达成一致，确定验收主线：以《航道工程竣工验收管理办法》为主要验收工作依据，以完成升船机单位工程验收、消防验收、启动验收、质量监督、安全鉴定为前提开展实船试航试验，实船试航试验通过验收后建设单位编制试运行方案及过坝指南，由云南省航务管理局审批后发布试通航公告，并适时开展特殊单项工程验收工作。

11.5.2 验收实施

1. 建设单位验收

1) 升船机单位工程验收

景洪升船机单位工程共分为9个分部工程，包括下游引航道与上游靠船墩工程、土建工程、金属结构及机电设备安装工程、电气系统设备安装工程、装修工程、屋面钢结构及围护系统制安工程、消防系统安装调试工程、联合调试工程、原型观测工程。在分部工程验收完成后，施工单位提出申请，建设单位组织有关参建单位开展升船机单位工程验收，验收工作的重点主要是各合同标段工程完成情况，并进行验收质量等级评定，验收组认为升船机按照设计图纸及相关技术要求、规程规范施工完成，升船机试运行平稳、可靠，总体运行指标达到了设计要求，单位工程质量评定为优良等级。

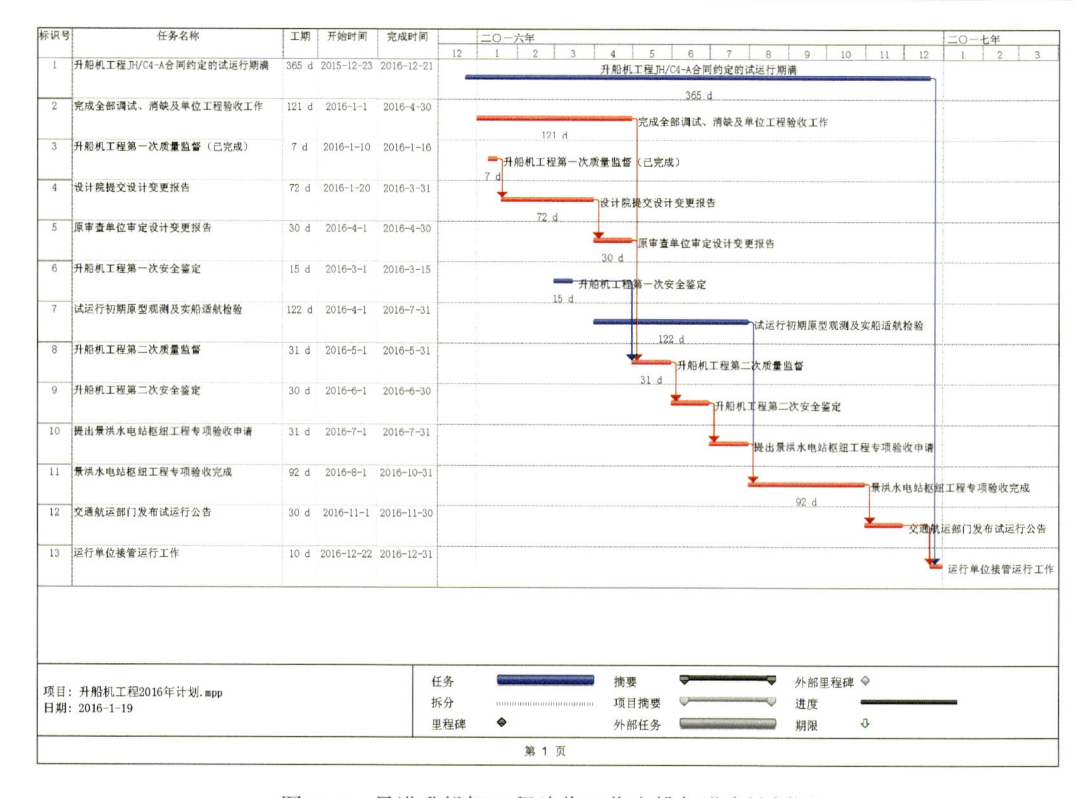

图 11-3　景洪升船机工程验收工作安排与进度计划图

2)升船机启动验收

在完成升船机系统联合调试后,建设单位参考水轮发电机组启动试运行有关规定,成立升船机试运行启动验收委员会,审查试运行启动验收大纲;查看工程现场,检查了试验数据,见证实船过坝;听取了工程建设、设计、制造、施工、监理、原型观测、生产等单位及启动验收委员会试运行指挥部、验收交接组的汇报;检查升船机试运行启动验收前需提供的资料;审查了升船机启动试运行大纲;对试运行工作提出要求,并对下一步工作进行安排。启动验收委员会认为景洪升船机已具备安全通过额定设计船舶的能力,同意景洪水电站水力式升船机投入试运行。

2. 消防部门验收

升船机消防设施建成后,2012 年 7 月,通过西双版纳州公安消防支队验收合格。

3. 省级能源主管部门验收

1)升船机工程安全鉴定

中国水利水电建设工程咨询有限公司依据国家及行业有关部门制定的有关规程、法规及相关技术规范和技术标准,对升船机工程设计、合同文件等,在工程安装调试、试通航前关键阶段,从设计、施工、制造、安装、调试等方面开展安全鉴定,提出意见和建议;安全鉴定工作的重点是检查升船机主体工程,设计、施工质量及安全监测条件,重点关键部位、出现过质量缺陷和事故等的部位的施工质量及初期运行情况；评价安全鉴定范围内工程项目安全投入试通航运行等条件。

2016年3月，中国水利水电建设工程咨询有限公司对升船机工程开展了第一次专项安全鉴定工作。2016年7月，中国水利水电建设工程咨询有限公司对升船机工程开展了第二次专项安全鉴定工作。安全鉴定意见为升船机各项流程、功能测试合格，升船机主要性能指标满足安全和试通航要求。

在升船机建设过程中的不同阶段，组织开展了多次安全鉴定活动，为升船机建设工程的顺利推进保驾护航。

2）升船机工程质量监督

由水电工程质量监督总站依据国家及行业有关部门制定的有关规程、法规及相关技术规范和技术标准，对升船机工程设计、合同文件等，在工程安装调试、试通航前关键阶段，从设计、施工、制造、安装、调试等方面开展质量监督检查，提出意见和建议。工程质量监督检查的重点是升船机土建及结构工程、金属结构工程、电气系统、安全监测工程的设计、施工、安装质量管理，工程实体质量、实船过坝验证，综合判定升船机主要性能指标能否满足试通航要求等。

2016年1月11～15日，水电工程质量监督总站专家组对升船机安装调试工程开展了质量监督检查活动；2016年7月25～30日，水电工程质量监督总站专家组对升船机工程开展了试通航专项质量监督检查。质量监督意见为景洪水电站升船机工程具备试通航验收条件。

3）升船机特殊单项工程验收

水电水利规划设计总院依据工程核准有关文件、技术规范和标准，升船机工程设计、合同文件等，在蓄水验收、枢纽工程竣工验收的基础上，从设计、施工、制造、安装、调试等方面综合判定升船机是否具备专项验收的条件等，其验收工作重点是上游停泊区、上游引航道、上闸首、塔楼段、下闸首、下游引航道、下游停泊区的通航建筑物土建、金属结构及机电工程质量、性能、安全，实船过坝验证等。

升船机特殊单项工程验收前需开展通航专项安全鉴定及通航专项质量监督，由云南省发展和改革委员会委托水电水利规划设计总院进行验收。

2016年11月，水电水利规划设计总院组织验收专家组开展了景洪升船机特殊单项工程现场检查工作。

2019年9月，中国水利水电建设工程咨询有限公司开展景洪升船机通航专项安全鉴定第一次现场活动；2019年10月，可再生能源发电工程质量监督总站开展景洪升船机通航专项质量监督第一次现场活动。

4. 省级交通运输主管部门验收

1）实船试航试验

建设单位在完成联合调试及启动验收，通过质量监督及安全鉴定后，进行了多次代表性船型过机试验，依据云南省航务管理局审批的试通航实船试验方案组织有关各方开展试验，主要目的是通过设计船型船舶的试航试验，检验升船机及其航道的适航性能、社会船舶通过升船机的适应性,为升船机安全运行管理及交通组织提供依据。

2016 年 8 月,通过流域集控中心协调电站下泄流量,完成典型下泄流量工况的设计船型船舶试通航实船试验。

2) 试通航验收

景洪升船机在完成试通航实船试验后,于 2016 年 8 月通过云南省航务管理局组织的试通航验收,升船机试通航验收的重点是检查导航建筑物、靠船建筑物、航道标识及助导航配套设施的功能、质量、安全性等,综合工程质量监督、安全鉴定及阶段验收意见,试通航实船试验报告,调度运行操作规程,实船过坝验证等。

在通过升船机试通航验收后,根据《中华人民共和国航道法》(2016 年修订)的要求,建设单位开展了试通航运行方案的编制,方案主要明确了通航调度机构、通过船型、通航水文及气候条件、过坝申报及审批流程、过坝注意事项等,方案编制过程中充分听取了相关航运企业及水路运输管理机构的意见,方案编制完成后以此为基础,建设单位同时编制了过坝指南,二者一并报送相应的航道管理部门审批,2016 年 11 月,云南省航务管理局批复试通航运行方案;2016 年 11 月,西双版纳航务管理处发布试通航运行通告。

11.5.3 验收管理经验

(1) 升船机安全鉴定中,首次开创性地实施了升船机"全程自动控制连续三次往返实船过坝通航试验"考核项目,验证了升船机运行的安全性及可靠性。

(2) 试通航实船试验中,首次突破性地开展了升船机船厢防撞系统实船撞击试验,完成设计船舶多次以不同速度船艉、船艏撞击下游防撞梁试验,考察了防撞装置的有效性和工作特性,为其他大型升船机船厢防撞装置试验提供了借鉴。

(3) 试通航实船试验中,开展了代表性设计船舶(载货 300t、排水量 460t)在三种典型常遇泄量下六个航次的试航试验,检验了升船机的运行特性及航道水域特性,符合流域梯级电站的特点及电站实际运行工况。

(4) 形成省内能源、交通部门共同认可的新型升船机工程验收模式,在符合相关法律规范文件的前提下,兼顾各方利益,共同商榷验收主线,内部验收、外部验收有序衔接,分工合作,有效地推进了景洪升船机工程的验收。

11.6 试运行管理

本节主要介绍运行单位按试通航验收意见及省航运管理单位审定发布的试运行方案开展试运行工作。

11.6.1 试运行组织机构

1. 升船机调度室

职责:负责景洪升船机通航调度管理工作,含过船审批(或审核)、过船登记、过船计划安排、对外联络与协调、锚地管理、航道巡视、航道秩序维持、航标维护等工作。

2. 升船机集控室

职责：负责景洪升船机运行操作、维护及检修工作，含过船操作、过船指挥、过船记录、设备巡检、设备维护消缺、升船机设备检修、升船机集控室值班、与通航调度室联络、船舶引航、指挥船舶系缆及解缆、特种设备操作、应急处理等工作。

3. 管理界面划分

船舶由升船机上游锚地至下游锚地枢纽河段(以下简称枢纽河段)、通行过坝的调度管理由运行单位负责。升船机的操作管理由运行单位负责。过坝船舶操作及船舶本体管理由船长负责。

11.6.2 过坝时间及船舶要求

1. 过坝时间

升船机运行单位制定年度升船机维护、保养、检修计划，报省级航运主管部门批准公布，维护、保养、检修期间船舶暂停过坝。船舶需提前24h向调度室提出过坝申请。

2. 过坝船舶规定

首次过坝船舶应提前七个工作日到调度室办理船舶资料建档、登记手续，未经注册的船舶不得过坝，景洪升船机过坝船舶为300t级，试通航前期船型尺寸暂时按照设计尺寸，即 46.2m×7.6m×1.75m(长×宽×吃水深)来要求，船型尺寸及实际排水量超过规定的船舶不得通过升船机。升船机通航净空高度为8.0m。船舶水面以上最大高度超过8.0m的原则上不得通过升船机。如有高度超过8.0m的船舶确需通过的，需特殊审核及等待在适当的水位下安排适当的时间通过。

过坝船舶进入枢纽河段前，船长负责组织对船舶进行自检，自检范围包括舵、锚、主辅机、航行信号、通信、助航、消防、救生、应急设备、装载、系缆设施、船舶吃水线标志等，确保船舶适航、船员适任。船舶过坝前应填写申请表交调度室审核，船长对所提供资料的真实性负责。装有无线电台船载终端的船舶应保持船载终端处于正常使用状态。船舶过坝应遵守调度室调度指令，根据通行信号有序进出引航道及升船机。试通航期间运输危化品、易燃易爆品的船舶不得通过升船机。船舶进入枢纽河段，不得向水体投弃垃圾，排放污染物、生活污水或其他有害物质。存在影响通航安全隐患的船舶不得通过升船机。

11.6.3 通航条件规定

试通航期间通航水位及流量要求：上游通航水位在591.00～602.00m；下游通航水位在536～539.4m；通航流量在800～2700m^3/s。根据上游来水情况逐级开展通航流量适航观测，逐步加大通航流量。

出现因防汛、抗旱、泄洪需要，达不到升船机运行条件；六级及以上大风、能见度低于 500m、特大暴雨等极端天气；受地震等地质灾害影响，升船机设备及建筑物进行检查期间；升船机进行检修期间的任一情况，升船机调度室应当及时向所在航道管理机构报告，并通告等候过坝的船舶暂停过坝。

11.6.4　船舶过坝流程

1. 船舶过坝申报

过坝船舶由升船机调度室统一管理，包括登记、复核、编制调度计划及下达过坝指令。调度计划编制遵循"安全第一、兼顾效率、重点优先、先到先过、合理分流"的原则。船舶过坝应当遵循满闸(承船厢)放行的原则。在过坝船舶少，船舶未能满闸(承船厢)时，船舶等候过坝时间一般不应超过 2h。船舶过坝原则按到港先后次序安排。重点船舶过坝计划安排顺序：特殊任务(警卫任务、军事运输、载运抢险救灾物资等)船舶，客船和整船载运鲜活货物的船舶，载运重点急运物资的船舶。

过坝船舶宜提前 24h 向升船机调度室申报过坝要求，以便提高过船效率。申报方式可以采用调度室现场申报后电话申报。船舶过坝应如实申报：船名、船员信息及证件、货种、实际载货量、本航次船舶最大尺度(总长、总宽、船舶水面以上最大高度、最大吃水)、实际排水量、过坝航向、始发港、目的港、计划过坝时间、联系方式等。国家禁止通过升船机的船舶或载运国家规定的水路禁运货物的船舶不得申报过坝计划。调度室对申报材料进行核查、信息登记，审查通过则安排过坝时间，条件不符合的将申报材料驳回。

2. 船舶进入锚地

书面申报材料审查通过的船舶按调度室要求时间到达上游(或下游)锚地指定停泊区停靠，接受船舶现场检查复核。现场复核通过后，船舶根据调度指令，从上游(或下游)锚地驶出，依次进入引航道等待进入承船厢。锚地使用必须服从锚地停泊指令，不得超出锚地范围停泊，也不得擅自进入锚地水域或私自变更泊位。船舶因故未能按计划驶离锚地时，应向升船机集控室报告并说明原因。不得损毁系泊、锚泊设施，不得遮蔽助航标志、锚地专用标志、锚地指示和警示标牌等通航标识物。系泊或锚泊期间，按规定留足配员，船长与大副、轮机长与大管轮不得同时离船；加强值守，密切关注锚地及周边环境动态，发现存在危及船舶和货物安全的情况时，及时采取防范措施。

3. 船舶通过升船机

船舶通过升船机采用单向运行方式。船舶收到允许进厢语音播报及进厢信号灯变为绿色后，以规定航速驶入承船厢、靠右停泊、系缆、关闭发动机，船长向升船机集控室报告。

承船厢上行或下行，抵达对接位对接完成后，船舶收到允许出厢语音播报及出厢信号灯变为绿色后，启动发动机、解缆、驶出承船厢，完成过坝。船舶进入、驶出承船厢的航速应≤0.5m/s；进入引航道的速度不得超过 1.0m/s，出引航道的速度不得超过 1.2m/s。

船舶应按照升船机语音广播系统和交通信号灯指示进出船厢,严禁抢进抢出。船舶在承船厢内应按指定位置停靠,不得使用承船厢甲板上系船柱挂缆绳制动,不得损坏承船厢相关设施。船舶系缆、解缆人员只有在接到允许船舶驶出承船厢的信号后才可以对船舶解缆,严禁提前解缆。丢失锚链、螺旋桨、钢缆等物品时,应及时报告升船机集控室。升船机运行过程中,严禁人员上下或装卸货物。严格控制火源,防止发生火灾。

11.6.5 安全保障要求

通过枢纽河段的船舶及人员应遵守运行单位相关规定,服从升船机工作人员指挥。承船厢上升或下降过程中,发生意外情况,承船厢内人员需要紧急撤离时,应按照语音广播提示通过下游侧疏散爬梯、下游疏散廊道有序撤离。进入承船厢内部的所有人员必须穿救生衣。

升船机非运行时段,过坝船舶应当在指定的锚地停靠。船舶过坝时要严格遵守安全管理的有关规定,指定专人进行消防安全巡查,加强驾驶室、厨房等重点部位的防控,禁止明火,禁止从事一切可能影响过坝安全的水上作业活动。枢纽河段内禁止游泳、钓鱼等其他禁止事项。

过坝船舶违反安全保障要求,造成升船机设施损坏的,运行单位有权依法追究相应船舶责任。相关管理部门可依据国家有关法律、法规、规章的规定进行处罚或采取强制措施。情节严重构成犯罪的,依法追究刑事责任。

11.7 建设管理感言

澜沧江,风生水起,千里激流,汹涌澎湃……

"创新是引领发展的第一动力;幸福都是奋斗出来的。"在景洪电站工地,"创新+实干"始终指引着"世界首创、中国原创"的水力式升船机工程建设。

11.7.1 平凡数字不平凡

2008年2月,升船机主体工程开工建设;
2011年7月,完成升船机单机、分系统及船厢无水联合调试;
2015年8月,调试过程中首次实现船舶上、下行通过升船机;
2016年4月,完成升船机原型观测及系统调试;
2016年5月,升船机工程通过单位工程验收;
2016年7月,先后通过升船机工程安全鉴定和质量监督;
2016年8月,完成实船试航试验,通过试通航验收;
2016年11月,试通航运行方案获批,发布试通航运行通告,升船机投入试通航运行,社会各类船舶安全过坝。

景洪水力式升船机工程共取得专利授权50余项,其中发明专利授权20余项、国际专利1项,获省部级科技成果推广2项、施工工法1项,出版专著3部,发表论文48篇。

景洪水力式升船机关键核心技术等项目先后获得国家技术发明奖二等奖、云南省科学技术进步奖特等奖、水力发电科学技术奖一等奖、中国航海学会科学技术进步奖特等奖、中国华能集团公司科学技术进步奖一等奖、中国水运建设行业协会科学技术奖一等奖、河南省科学技术进步奖二等奖和中国机械工业科学技术奖二等奖。

一个个平凡数字的背后，体现了澜沧江水电人咬定目标不放松，以智慧、勇气和实力，亮剑澜沧江，攻坚克难，敢为善成，在水电工程通航建筑物建设史上书写了浓墨重彩的一笔。

11.7.2　创新管理建奇功

(1)统一认识，创新思路。

理念先于行动，思路决定出路。2004年，华能澜沧江公司景洪水电站通航建筑物决定采用当时只有概念模型的水力式升船机，这就意味着我们选择了一条敢为人先的艰难创新之路，也必然成为水电、航运业内拭目以待的焦点。国内外无设计、科研、施工经验可供借鉴，无设计、制造规范标准，只能"第一个吃螃蟹""摸着石头过河"。澜沧江公司明确指出："必须充分认识到工程的重要意义和面临的诸多困难，发扬千辛万苦、千方百计完成任务的敬业精神，逢山开路、遇水搭桥的开拓精神，敢为人先、敢为人所不能的创新精神，公司永远是项目建设的坚强后盾。""长风破浪会有时，直挂云帆济沧海"，是机遇，更是挑战，为了完成澜沧江公司的重托，为了成就梦想的伟业，建管局责无旁贷，迎难而上，立下"军令状"，背水一战。大家坚信，既然敢于选择这条路，凭借公司管理团队多年来在水电领域的综合经验，就有能力处理复杂的工程问题。在工程管理实践中大胆尝试、不断探索总结，形成了"业主强力牵引、设计科研主导、全程模型试验、协同攻关创新"的特色管理方法，攻克了一道又一道难关。

(2)科研引领，技术攻关。

景洪升船机是我国自主研发的一种新型升船机，建设实践过程充满了挑战，遇到了一系列前所未有的技术难题。科研、技术是先导、是基石，建设单位始终坚持以科研为主导推动工程建设。在国家863计划、国家自然科学基金项目、交通运输部科技项目、云南省院士自由探索项目、企业重大工程科技攻关项目的支持下，在马洪琪院士的带领下，坚持"以企业为主体，市场为导向，产学研相结合"，强化业主单位在科技创新工作中的主导作用，加强与国内外科研机构的合作，先后有十余家单位、数百名科技人员参加和开展科技攻关，通过理论研究、数学模型计算、物理模型试验和现场原型观测，针对水力式升船机的设计理论和方法、水力驱动系统同步技术、船厢运行平稳性与抗倾覆技术、高水头工业阀门防空化技术、非恒定变速条件下船厢运行控制技术、微间隙机械同步系统、设备制造安装技术等重大技术难题进行了全面系统的研究，形成了水力式升船机建设成套技术，并将研究成果成功应用于景洪水力式升船机的建设，成就了世界首座水力式升船机，实现了水力式升船机从概念模型到工程应用的转化。

(3)把控全局，决策果断。

水力式升船机工程的创新性和复杂性，决定了业主必将面临极大的风险。在船厢有水调试初期，意外出现船厢失稳、同步轴扭矩过大的情况，这是一项致命性的危险，调试工作被迫暂停。面对机、电、液、水力学等庞大的系统工程，短期内难以找出问题的根源，有人质疑技术不成熟，水力驱动式行不通，项目可能要"搁浅"。公司承受着巨大压力和煎熬，社会上恢复通航的诉求，工地上承包商的索赔，各种矛头直指建设单位。在科学上的创新需要勇气，更需要智慧，想都是问题，做才有答案。在此后的一段时间里，建设单位一边努力化解矛盾、稳定队伍，一边组织设计、科研单位以问题为导向，在原调试成果的基础上，渐进式深入，有针对性地开展景洪升船机六项抗倾斜专题研究、补充进行了六次现场原型观测试验，经过大量研究分析，找到了问题的根源，确定景洪升船机技术路线是可行的。初心不改，路对了就不怕远，参建各方重新回到了同一个目标，坚定了道路自信，科学客观地采用统一推进、分步分序实施的战略。在较为充分的论证下，率先启动了导向系统的安装工作，进一步的现场模型试验为整体方案的完善和科学决策提供了坚强的支撑。2014年11月，景洪升船机整体优化方案出炉并通过内部评审，升船机现场技改实施工作全面启动。在面对工程中的重大困难和挫折时，建设单位实事求是、敢于担当、把控全局、决策果断。

(4) 精心组织，过程管控。

如何少走弯路，"又好又快"推进升船机工程建设？建管局面临着严峻考验，在融合水电工程管理及升船机项目特点的基础上，以人身、设备安全为底线，总结出"一图两会三抓"的管理方式。"一图"即网络进度控制图，在深入研究工程目标的基础上，结合现场实际，科学制定网络进度控制图，突出关键主线，明确各项任务和时间节点，优化资源配置，动态调整。"两会"即专题工作会和工程协调会，专题工作会主要是安排工程重点工作任务及研究解决专项"疑难杂症"；工程协调会主要是检查落实工作完成情况及协调各方接口界面上的问题。"三抓"就是抓关键、抓衔接、抓落实，抓关键就是抓关键线路上的工作项目，以及为关键项目配套或服务的项目；抓衔接就是做好队伍、专业、工序在时间、空间及组织上的衔接；抓落实就是把业主的决定迅速转变成监理指令，并化成承包单位的行动。景洪升船机主体工程土建及金属结构施工期为2008年2月～2009年12月，历时23个月；设备安装工期为2010年1月～10月，历时10个月；单机、分系统及船厢无水联合调试工期为2010年11月～2011年7月，历时9个月。这几项主要工期在当时国内同等吨位升船机建设施工中均为最快纪录。在升船机工程项目管理上，建管局精心组织、群策群力、过程管控，用弹奏交响乐的方式突出主旋律，形成以业主为指挥核心、以工程建设为龙头的各合同单位齐抓共管的多维工作状态。

(5) 航电联合，协同验收。

水力式升船机是景洪电站枢纽的重要组成部分，是云南省建成投入使用的第一座通航建筑物。澜沧江公司与云南省交通航运部门对通航建筑物的验收尚无先例，工程涉及能源、交通两个行业，建成后的投运验收规范与条件、验收工作界面与程序、通航建筑物与电站枢纽衔接、运行与调度关系等一系列问题都摆在验收双方面前。通过与能源、交通运输主管部门反复多次的协商沟通，借鉴国内已建航电工程的验收经验，最终确定验收主线：以《航道工程竣工验收管理办法》为主要验收工作依据，以完成单位工程验收、质量监督、安全鉴定为前提开展实船试航试验，试验通过验收后建设单位编制《试运行方案》及《过坝指南》，由云南省航务管理局审批后发布试通航公告，升船机投入试运行。在升船机安全鉴定工作中，首次开创性实施了升船机"全程自动控制连续三次往返实船过坝通航试验"考核项目。在试通航实船试验中，首次突破性地开展了升船机船厢防撞系统实船撞击试验，为其他大型升船机船厢防撞装置论证提供了依据。针对流域梯级电站的特点，选择几组代表性通航流量，开展了升船机试通航实船试验，既符合电站实际运行现状，又保证升船机的安全性和功能性，满足设备运行及航运调度要求。在大家的共同努力下，开创了省内能源、交通部门共同认可接受的升船机工程验收模式，多项第一次尝试考核项目将写入升船机验收标准。

11.7.3 辛勤实干结硕果

(1) 上下一心，团结实干。

以一当十并不难，难的是以十当一。这好比升船机的十六只浮筒升降联动，很难做到完全同步一致。只有人心聚、政令通，才能步调齐。澜沧江公司各级领导多次深入工地视察调研，听取工作汇报，解决工程难题，亲切看望、慰问奋战在建设第一线的广大员工，为他们带来了亲切关怀和殷切希望，极大地鼓舞了参建各方的斗志，为景洪升船机建设注入了强大的精神动力。建管局紧紧抓住"上下一盘棋"的理念，以电站党委提出的"接地气、树正气、顺心气、振士气"为工作指引，注重人性化关怀，让大家充分行使主人翁的权利和义务，领导干部率先垂范，管理重心前移，深入一线，及时掌控现场工程状况。在联合调试阶段，工作任务尤其繁重，不确定因素多，突发问题多，试验程序连续不间断，升船机现场时常见到建管局领导的身影，他们一忙一整天，和大家一起商量解决现场问题，一起在工地吃工作餐，一起谈笑风生。在建管局这个"主心骨"的支撑下，参建各方始终保持着攻必克、战必胜的昂扬斗志，紧紧地拧成一股绳，心往一处想，劲往一处使，上下一心，撸起袖子加油干。

2016年8月升船机实船试航试验，这是一块最难啃的"硬骨头"，如果不能完成这个节点目标，整个通航工期将被推迟。这次试验能否成功必须做到"万事俱备+东风"，"万事俱备"指试验船舶、配重、设备、仪器完好，人员到位，确保万无一失；"东风"指满足试验工况的电站下泄流量。项目主管部门竣工办制定出详细的实施计划，大家各司其职，经常是"白加黑"，工地简易工作餐、一身灰、一身汗已是常事，没有谁喊一声苦，说一声累。在谈到休假时，大家总是淡然一笑："澜沧江水电人的生活大部分时间都是在工地上度过的，这算不了什么。"在各方的共同努力下，争取到非常难得的极限工况流量，实船试航试验一次成功。凝望着江面上的过往船舶，建管局领导感慨万千："工程建设能走到今天，工程各个目标节点的胜利突破，各项指标的出色完成，这源自一个非常优秀的团队。"

(2) 人才培育，成果喜人。

"景洪升船机工地上汇集了国内顶尖的技术，这里难题最多、博士最多、专家最多，学习机会非常难得。"这是建管局领导时常说的一句话。为了攻克技术难关，广大技术人员不知道度过了多少个难眠之夜，经受了多少次挫折和失败，在工程实践中相互讨论碰撞，大胆尝试，学习创新。这一切新技术、新工艺的研发和采用背后，最关键的是掌握了核心技术，历练了队伍，培养了人才，储备了技术力量。人们无法想象，要有多强大的信念，才能在每个节点逐一过关斩将；要有多非凡的智慧，才能让每次困难告别山穷水尽，迎来柳暗花明。一分耕耘一分收获，凭借着饱满的工作热情、执着的敬业精神、严谨的工作态度，"干一行、爱一行、专一行"，节假日留守工地，抓进度，搞协调，为升船机早日通航而倾心奉献。2016年，升船机设备制造安装调试总监刘义发被评为澜沧江流域建设功臣；2017年，升船机原型观测项目经理胡亚安教授获首届全国创新争先奖，建管局升船机项目管理部门黄群主任被评为云南省劳动模范。他们代表了广大升船机工程建设者的价值观、道德观和精神风貌，展示了敬业奉献、顽强拼搏、开拓创新的崇高品格，无疑是一种良好的时代标杆和社会楷模。

做难事必有所得，十余载艰辛付出，终结累累硕果。2016年11月8日，时任中共中央政治局常委、国务院副总理张高丽，交通运输部部长李小鹏等领导考察景洪升船机并给予高度评价。2019年4月，第十五次全国通航建筑物学术交流会暨大型升船机创新设计国际学术交流会在景洪召开，对升船机安全、平稳、高效运行给予了肯定。中国工程院马洪琪院士认为，水力式升船机为世界首创、中国原创，具有我国完全自主知识产权，是世界通航技术领域的重大创新。国际水运界权威组织国际航运协会内河委员会主席认为，中国发明的水力式升船机，是除传统的钢丝绳卷扬提升式和齿轮齿条爬升式外的第三类垂直升船机，它的出现丰富了升船机的类型和设计方法，从原理上突破了传统升船机的技术瓶颈，更具技术优势，为高坝通航领域提供一种全新、先进、实用的技术选择，是升船机历史上的一个重要里程碑事件。

建管局向澜沧江公司如期递交了一份圆满的答卷，向社会兑现了中断十二年之久的景洪—思茅航段恢复通航的承诺。为符合中、老、缅、泰四国签署的《澜沧江—湄公河商船通航协定》的境内外船舶提供安全便捷的航运通道，为实现澜湄合作的国家战略及"一带一路"倡议发挥了重要推动作用，对促进云南地方社会经济发展、提高航运效益具有重要意义。

十年磨一剑，成功过程是坚守、求真、进取的寂寞远征，这是澜沧江水电人的心路历程。景洪升船机工程建设是澜沧江水电开发的一个缩影，是澜沧江水电人不断践行中国华能"服务社会、注重科技、学习创新"的神圣使命，是为中国华能"三色"公司增光添彩的生动写照。

澜沧江，从美丽的西双版纳穿过，咆哮、奔流，尽情欢歌；景洪电站，掩映于热带雨林中，宁静、雄伟，光彩璀璨……

第 12 章　结论与展望

升船机作为大型水利水电水运枢纽主体工程之一，是现代水资源综合利用体系中的关键基础设施，尤其在水头 70m 以上高坝通航领域具有难以替代的优势。升船机提升重量通常达数千吨以上，涉及水力学、工程结构、机电控制、设备制造、运行维护等诸多学科问题，技术十分复杂，迄今仍受到设备制造能力制约，尤其是升船机的运行安全性和可靠性一直是阻碍其快速发展的重要技术难题。传统升船机采用电力驱动机械提升的原理，平衡重侧重力恒定，一旦船厢侧发生漏水情况，原有的平衡系统被打破，需要投入电机强制平衡。在水位快速变化下船厢与引航道对接困难；同时提升重量受到设备制造能力的制约，运行过程中机电设备故障率高，维护复杂。

针对传统升船机安全保障技术复杂、大水位变幅下对接困难的现状，本书编写组依托国家 863 计划、省部级科技计划、重大工程专项科研项目等 20 余项科技攻关项目，历时十余年研究实践，发明了一种以水力驱动代替电力驱动的全新升船机类型——水力式升船机，并在澜沧江景洪升船机建设中得到成功实践。水力式升船机利用平衡重浮力的变化，驱动船厢运行，在诸如船厢漏空等极端事故下，平衡重与船厢始终维持平衡状态，实现了升船机发展史上真正意义上的自适应"全平衡"，消除了安全隐患。特别是我国中西部山区河流通航水位变幅大、变率快，为了提高通航效率常采取船厢入水对接的方式，船厢出入水过程中其提升重量变化达数千吨，传统电力驱动式升船机电机功率显著增加，而水力式升船机则利用平衡重淹没深度的变化适应船厢荷载变化，可从根本上解决我国通航枢纽水位大幅、快速变化的升船机对接难题。此外，水力式升船机取消了电机驱动装置和复杂的机械提升系统，避开了传统升船机制造安装运行维护难题，运行可靠性高；同时以水力驱动取代电力驱动，适合大吨位船厢建设，适用性强。因此，水力式升船机的应用前景十分广阔。

随着经济发展水平的提高，对枢纽通过能力提出了更高的要求，千吨级升船机建设是西部山区河流高坝通航的发展趋势。水力式升船机的工作原理决定了这种新型升船机尤其适合大吨位、大水位变幅的升船机建设，但是船厢规模由 500t 增大到 1000~2000t 级时，平衡重与竖井的数量、截面尺寸，以及输水系统截面积相应增加，由此引出的升船机总体布置形式、大流量条件下竖井水位同步及液面稳定性问题是千吨级水力式升船机需重点解决的关键技术难题。

12.1　大吨位水力式升船机水力驱动系统优化研究

景洪水力式升船机采用的水力驱动系统为"独立竖井+等惯性输水系统"的形式，等惯性输水系统的设计原则是分流口至每个出水支孔的惯性长度相等，在平面上布置第一次和第二次分流，在立面上进行第三次和第四次分流(第三次分流和第四次分流布置在塔柱结构中)。水流每经过一级分流口后均利用直角弯管改变流向进入下一级分流,通过四次分流,将上游主管道中的水流分配到各独立的竖井中。该输水系统从几何构造来看,分支管道是完全对称的,如图12-1所示。

这种水力驱动系统在工程中应用时,由于等惯性输水系统需在有限的空间内进行4级分流,受竖井底高程和基础开挖高程的制约,分流口前的直管长度通常较短,导致水流在分流前没有完全平顺,存在偏流现象,影响下一级分流,需采取多种流量均衡措施,保障各竖井水位同步升降。同时,采用等惯性布置,船厢吊点数必须为2^n个,这也给不同尺度的船厢布置带来了困难。

景洪水力式升船机的研究表明,采用"独立竖井+等惯性输水系统"的输水形式,竖井之间仍存在一定水位差,使用竖井之间设置连通管道等多种流量均衡与液面稳定技术,能够解决70m级提升高度和500t级船厢规模的水力式升船机竖井水位同步性问题。

而随着升程的提高和船厢规模的增大,竖井水位同步性问题会更加突出,因此有必要对水力式升船机的竖井水位同步技术做进一步研究和讨论。在后续研究中,提出了一种适用于高升程千吨级水力式升船机的"长廊道纵向均匀出水+均衡稳压消能室+独立竖井"新型水力驱动系统,该水力驱动系统以两侧塔柱底部长廊道顶支孔纵向均匀出水输水形式为基础,在竖井与塔柱底部纵向出水支孔间设置贯通均衡稳压消能室,消能室上部为相互隔离的独立竖井与平衡重,如图12-2所示。

图12-1 "独立竖井+等惯性输水系统"结构示意图

图12-2 "底部竖井联通+长廊道输水系统"结构示意图

与"独立竖井+等惯性输水系统"相比,提出的新型水力驱动系统降低了竖井底高程、增加了竖井初始水深及平衡重下方水垫层厚度,有利于提高竖井水位的同步性,同时减小水流对平衡重的扰动;竖井底部联通区域可以充分消能并起到调整竖井水位差的作用;上部竖井为圆柱体形,受力条件较好,有利于结构稳定。此外,采用该技术时塔柱内竖井数量和船厢吊点不需要按2^n布置,机械同步系统和船厢结构布置及设计更加方便。

利用三维数学模型,计算并分析了两种水力驱动系统在升船机提升高度分别为150m、120m、100m、80m时,相邻竖井产生的最大水位差,见表12-1。

表 12-1　竖井水位同步性对比

提升高度/m	竖井最大水位差/m	
	"独立竖井+等惯性输水系统"	"长廊道纵向均匀出水+均衡稳压消能室+独立竖井"
80	0.30	0.07
100	0.34	0.12
120	0.39	0.15
150	0.47	0.15

计算结果表明，采用"长廊道纵向均匀出水+均衡稳压消能室+独立竖井"新型水力驱动系统，在提升高度为 100m 时，最大竖井水位差仅为"独立竖井+等惯性输水系统"水力驱动系统的 35%。

12.2　2×1000t 级水力式升船机总体布置

依托某通航建筑物扩能工程，按 2×1000t 级提升重量设计水力式升船机，升船机上游通航水位为 215.0~223.0m，下游通航水位为 153.0~163.3m，船厢有效水域尺寸为 165m×12.0m×4.0m（长×宽×船厢水深，船厢底部形状为 0.3m 深的楔形体），船厢外形尺寸为 180m×16.6m×8.7m。根据水力式升船机设计理论，对水力升船机的总体布置、输水及水力提升系统主尺度进行计算。初步确定的 2×1000t 级水力式升船机总体布置见图 12-3。

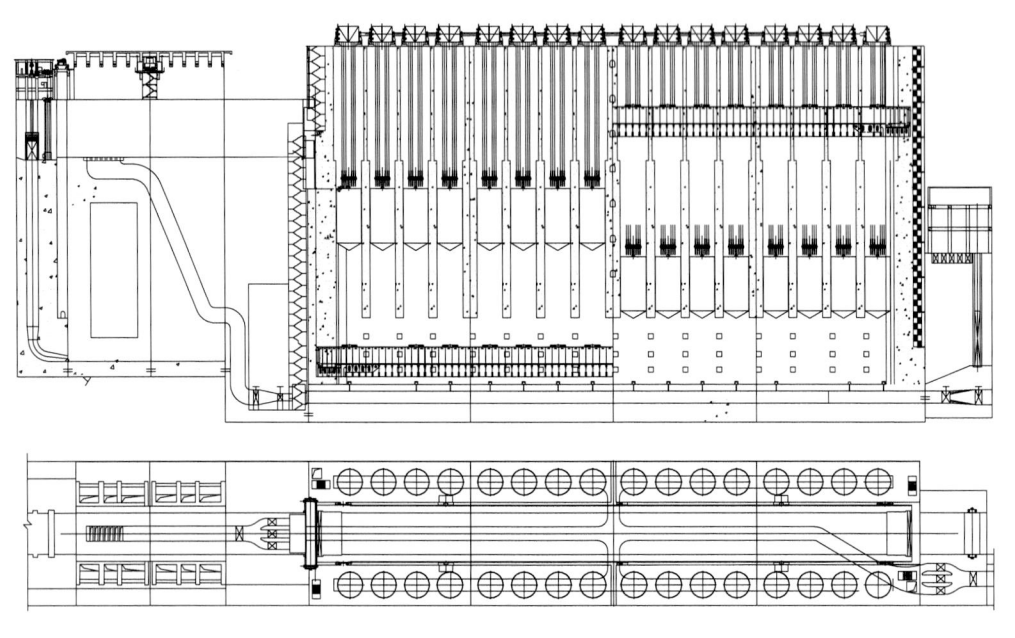

图 12-3　2×1000t 级水力式升船机总体布置图

针对 2×1000t 级水力式升船机的总体布置、输水及水力提升系统主尺度进行计算和数值仿真，升船机的各项指标基本达到设计要求，升船机总体布置、输水系统及平衡重等关键结构尺寸选择比较合理。

(1)水力式升船机采用"长廊道纵向均匀出水+均衡稳压消能室+独立竖井"新型水力驱动系统，竖井水位同步性明显优于"独立竖井+等惯性输水系统"，可应用于大吨位船厢和高升程水力式升船机设计。

(2)运行速度按 10m/min 设计，充、泄水阀门以 t_v=120s 启闭，船厢上升和下降运行时间分别为 630s、550s，空中上升、下降运行平均速度分别为 10.2m/min 和 9.6m/min，最大输水流量分别为 163m³/s 和 160m³/s。

(3)在阀门防空化方面，运行过程中输水阀门计算的最小相对空化数略低于 0.5，根据已建工程运行经验，采用阀前通气与阀后体型优化相结合的措施可解决阀门空化空蚀问题。

参 考 文 献

包纲鉴, 陈锦珍. 1995. 福建水口水电站工程 2×500t 级垂直升船机整体模型试验研究总报告[R]. 南京: 南京水利科学研究院水工水力学研究所.

包纲鉴, 郭明. 1996. 广西岩滩升船机整体模型试验研究总报告[R]. 南京: 南京水利科学研究院水工水力学研究所.

刁明军, 方旭东, 刘贤鹏, 等. 2009. 景洪水电站 1#、2#表孔泄洪对升船机塔楼结构振动影响水工模型试验研究报告[R]. 成都: 四川大学.

宫必宁, 孙斌, 严杰, 等. 2008. 景洪水电站水力式升船机塔楼结构静、动力试验研究报告[R]. 南京: 河海大学.

贵州乌江水电开发有限责任公司. 2015. 乌江流域水电开发工程建设管理实践与探索[M]. 北京: 中国电力出版社.

胡晓林, 龚永生. 2008. 景洪水电站工程的进度管理[J]. 水力发电, 34(4): 1-4.

胡晓林, 刘金山, 杜建民, 等. 2020. 景洪水力式升船机建设管理报告[R]. 景洪: 华能景洪水电工程建设管理局.

胡亚安. 2011. 水力浮动式升船机应用基础研究[D]. 南京: 南京水利科学研究院.

胡亚安. 2014. 景洪水力式升船机充水阀门常(减)压模型试验研究[R]. 南京: 南京水利科学研究院.

胡亚安, 李中华. 2014. 景洪水力式升船机现场观测成果报告[R]. 南京: 南京水利科学研究院.

胡亚安, 李中华, 宣国祥, 等. 2005. 景洪水电站水力式升船机关键技术研究 输水系统水力学模型试验研究报告[R]. 南京: 南京水利科学研究院.

胡亚安, 李中华, 宣国祥, 等. 2006. 景洪水电站水力式升船机关键技术研究 升船机 1:10 整体模型试验研究报告[R]. 南京: 南京水利科学研究院.

胡亚安, 李中华, 宣国祥, 等. 2010. 乌江思林水电站垂直升船机 1:10 全整体物理模型试验研究报告[R]. 南京: 南京水利科学研究院水工水力学研究所.

胡亚安, 马洪琪, 李中华. 2017. 水力式升船机水力学应用基础研究[M]. 北京: 人民交通出版社.

胡亚安, 宣国祥, 李中华. 2008. 云南澜沧江景洪水电站水力浮动式升船机关键技术研究[R]. 南京: 南京水利科学研究院.

黄建文, 周宜红, 赵春菊, 等. 2016. 水利水电工程项目管理[M]. 北京: 中国水利水电出版社.

姜亚庄, 贺德斌. 2003. 清江隔河岩两级升船机中间渠道及下游引航道船舶牵引方式优化方案[J]. 岩土力学, (24): 186-188.

交通部水运科学研究所. 1959. 世界升船机发展趋势[M]. 北京: 交通部水运科学研究所.

金一心. 2006. 升船机适用条件的研究[J]. 水运工程, (10): 160-163.

李中华, 胡亚安. 2010. 水力浮动式升船机设计原理[J]. 水运工程, (7): 116-120.

李中华, 胡亚安, 郑大迪. 2002. 水力式升船机基础理论研究与模型设计[R]. 南京: 南京水利科学研究院.

马仁超, 李自冲. 2021. 水力式升船机抗倾斜理论专题报告[R]. 昆明: 中国电建集团昆明勘测设计院有限公司.
钮新强, 宋维邦. 2007. 船闸与升船机设计[M]. 北京: 中国水利水电出版社.
《瀑布沟水电站》编辑委员会. 2009. 瀑布沟水电站. 第一卷 建设管理[M]. 北京: 中国水利水电出版社.
任继礼, 朱虹. 2000. 长江三峡水利枢纽水力式升船机方案研究报告[R]. 武汉: 长江勘测规划设计研究院.
孙精石, 周华兴, 赵德志, 等. 2001. 关于升船机的调查研究[J]. 水道港口, 22(3): 141-145.
谭守林. 2005. 沙沱水电站水力浮动式升船机研究[J]. 水利水电技术, 36(9): 78-80.
唐冠军. 2001. 德国升船机考察札记[J]. 中国水运, (11): 43-44.
王处军. 2016. 水力式升船机竣工安全检定设计自检报告[R]. 昆明: 中国电建集团昆明勘测设计院有限公司.
王永新. 1990. 国内外过船建筑物的建设和发展[J]. 水力发电, (8): 44-47.
王永新. 1991. 国内外升船机的建设和发展[J]. 水运工程, (11): 36-39.
王作高. 1982. 比利时斯特勒比——布拉克里升船机[J]. 水运工程, (9): 40-44.
吴德镇. 1982. 升船机发展及其概况[J]. 水运工程, (10): 21-24.
吴一红, 张东, 章晋雄, 等. 2007. 景洪水电站输水系统数值仿真分析计算报告[R]. 北京: 中国水利水电科学研究院.
吴一红, 张蕊. 2007. 景洪水电站水力式升船机塔楼结构有限元静动力分析及安全评价报告[R]. 北京: 中国水利水电科学研究院.
伍鹤皋, 徐良华, 石长征, 等. 2007. 景洪水电站升船机引水系统钢岔管计算研究报告[R]. 武汉: 武汉大学.
项菁, 蔡辉. 1992. 水坡式升船机的试验研究[J]. 水运工程, (3): 32-40.
许飞. 1983. 我国第一座水坡升船机[J]. 水运工程, (4): 40.
扬自熏. 1987. 安徽省寿县斜面升船机中间试验工程简介[R]. 北京: 交通部水运规划设计院.
佚名. 1973. 国外近期港工航道发展概况(三)——国外船闸和升船机概况[J]. 水利水运科技情报, (1): 1-10.
佚名. 2001. 世界上第一台旋转升船机[J]. 水利科技, (S1): 46.
张步斌, 郭明. 1996. 我国升船机发展前景分析[J]. 矿山机械, 24(8): 18-20.
张勋铭, 田泳源, 杨逢尧. 1998. 丹江口枢纽升船机设计研究与运行分析[J]. 人民长江, (S1): 6-9.
赵德志, 迟杰. 2001. 半水力和水力式升船机探讨[J]. 水利水运工程学报, (增刊): 161-166.
赵德志, 宗慕伟. 1987. 斜面升船机原体水力学试验研究[J]. 河海大学学报, (6): 17-25.
中华人民共和国交通部. 2002. 船闸水工建筑物设计规范: JTJ 307—2001[S]. 北京: 人民交通出版社.
中华人民共和国交通运输部. 2011. 中国水运建设 60 年——建设技术卷[M]. 北京: 人民交通出版社.
中华人民共和国水利部. 2011. 水工设计手册[M]. 2 版. 北京: 中国水利水电出版社.
中华人民共和国水利部. 2016. 升船机设计规范: GB 51177—2016[S]. 北京: 中国计划出版社.
周贞. 2002. 清江高坝洲垂直升船机方案比选[J]. 水力发电, (3): 32-34.
D. 费斯克. 1994. 易北河侧运河上吕内堡升船机的运行经验[J]. 欧阳常恒, 译. 内河航运与水道杂志, (13): 14-16.
Metrsshaut G. 1991. 隆库尔斜面升船机电气设备概貌[J]. 朱裕民, 译. 人民长江, (3): 60-64.

大 事 记

1993～1997 年，完成预可行性研究报告，推荐采用右岸垂直升船机方案。

1999 年，可行性研究报告推荐选用右岸 300t 级齿条爬升式升船机方案。

2004 年 8 月，中国电建集团昆明勘测设计研究院有限公司提出《景洪水电站升船机提升方式比选研究报告》，主要研究结论认为采用水力式升船机形式是可行的。

2004 年 8 月 23 日，澜沧江公司和昆明院组织召开了《景洪水电站升船机提升方式比选研究报告》技术咨询会议，参加会议的有梁应辰院士等专家。咨询意见认为景洪水电站通航建筑物采用水力式垂直升船机方案是合适的。

2006 年 12 月 15 日，国家发展改革委印发了《国家发展改革委关于云南澜沧江景洪水电站项目核准的批复》（发改能源〔2006〕2852 号），同意建设云南澜沧江景洪水电站工程。

2007 年 11 月 10～12 日，水电水利规划设计总院会同云南省发展和改革委员会在云南省景洪市主持召开了《云南澜沧江景洪水电站升船机设计变更专题报告》审查会议，同意景洪水电站采用水力式垂直升船机方案。

2008 年 2 月，升船机塔楼开始混凝土浇筑施工，标志着景洪水电站水力式升船机主体工程全面开工建设。

2009 年 6 月 9 日，水电水利规划设计总院印发《关于印发〈云南澜沧江景洪水电站升船机设计变更报告审查意见〉的函》（水电规机电〔2009〕3 号），同意景洪水电站采用水力式垂直升船机方案。

2009 年 12 月 31 日，塔楼混凝土浇筑至设计高程。

2010 年 9 月 26 日，完成承船厢总成及主机房设备安装。

2011 年 7 月 7 日，完成升船机单机、分系统及船厢无水联合调试。

2012 年 7 月 9 日，升船机建设工程通过消防验收。

2015 年 8 月 15 日，调试过程中首次实现船舶上、下行通过升船机。

2016 年 1 月 11～15 日，水电工程质量监督总站专家组对升船机工程开展了试通航专项质量监督第一次现场检查。

2016 年 3 月 21～25 日，中国水利水电建设工程咨询有限公司对升船机工程开展专项安全鉴定第一次现场活动。

2016 年 4 月 20 日，完成承船厢有水调试与原型调试观测。

2016 年 5 月 23 日，升船机工程通过单位工程验收。

2016 年 7 月 12 日，完成了全程自动控制连续三次往返实船过坝通航试验。

2016 年 7 月 15 日，完成了升船机工程专项安全鉴定第二次现场活动，安全鉴定主要结论为景洪升船机工程具备安全运行条件，可投入试通航。

2016 年 7 月 25～30 日，完成升船机工程试通航专项质量监督第二次现场检查，主要检查结论为景洪水电站升船机工程具备试通航验收条件。

2016年8月11~12日,完成了典型下泄流量工况的设计船型船舶试通航实船试验。

2016年8月31日,通过云南省航务管理局组织开展的试通航验收。

2016年11月8日,中共中央政治局常委、国务院副总理张高丽对景洪水力式升船机科技创新情况进行考察调研,交通运输部部长李小鹏、云南省委书记陈豪等陪同调研。

2016年11月10日,云南省航务管理局批复试通航运行方案。

2016年11月15日,云南省澜沧江西双版纳航务管理处发布试通航运行通告。

工 程 照 片

照片 1　景洪升船机下游（拍摄时间：2020 年 12 月 2 日）

照片 2　景洪升船机上游（拍摄时间：2020 年 12 月 2 日）

照片 3　景洪升船机塔楼（拍摄时间：2020 年 12 月 2 日）

照片 4　升船机机械同步系统(拍摄时间：2020 年 12 月 2 日)

照片 5　景洪升船机承船厢(拍摄时间：2020 年 12 月 2 日)

照片 6　景洪升船机充水阀门及阀后突扩体(拍摄时间：2016 年 8 月 8 日)

后　　记

　　景洪水电站水力式升船机作为澜沧江—湄公河流域规模最大的通航设施，为中国原创、世界首创，具有完全自主知识产权，在世界通航技术领域和升船机历史上具有重要意义，为高坝通航领域提供了一种全新、先进、实用的技术选择。景洪水力式升船机打通了澜沧江—湄公河水运主通道，为境内外船舶提供了便捷快速的服务，有效落实了中、老、缅、泰四国签署的《澜沧江—湄公河商船通航协定》，为实现澜湄合作的国家战略及"一带一路"倡议发挥了重要推动作用。"水力式升船机关键技术及应用"获 2018 年度国家技术发明奖二等奖。国际航运协会内河委员会主席 Philippe Rigo 认为，水力式升船机从原理上突破了传统升船机的技术瓶颈，是升船机史上的重要事件。

　　回顾景洪水电站水力式升船机的科研、建设和管理之路，生动诠释了华能澜沧江水电股份有限公司"建设一座电站、带动一方经济、保护一片环境、造福一方百姓、共建一方和谐"的社会责任理念，充分体现了各个参建单位及科研人员等敢为人先、敢为人所不能的创新精神，充分体现了各个工程建设者披荆斩棘、攻坚克难的无畏气魄，充分体现了中国水电人贯彻"人类与自然环境协同发展、和谐共进"的使命担当。

　　历史发展的车轮滚滚向前，各种新技术、新知识层出不穷，景洪水电站水力式升船机的科研、建设和管理经验告诉我们，只有不断跳出"舒适区"，摆脱"路径依赖"，勇于挑战自己，勇于创新，以积极求变适应时代变化，才能成为行业的引领者。江河泱泱，山高水长。根据中共中央、国务院印发的《交通强国建设纲要》，到 2035 年，我国将基本建成交通强国，内河水运作为最低碳的输运方式，发展潜力巨大。我国西部山区河流 300m 级高坝通航及千吨级升船机的发展趋势，为水力式升船机技术的发展提出了更大的挑战，我们将踔厉奋发、不负韶华，为水力式升船机和内河水运的发展做出新的贡献！

《景洪水力式升船机》编写组